U0946121

钩沉历史资料

荟萃传统英华

载道启智化人

续写锦绣未来

《菏泽历史文化丛书》之五

编委会主任　张　伦　李春英

主　　　编　韩广洁

学 术 主 编　潘建荣　张金鼎　张德学

亮丽的菏泽名片

——菏泽“一都四乡”文化（上）

樊庆堂　张素云　编著

图书在版编目（CIP）数据

亮丽的菏泽名片：菏泽一都四乡文化 / 樊庆堂，张素云编著. -- 北京：中国文史出版社，2024.4
（菏泽历史文化丛书 / 韩广洁主编. 第三辑）
ISBN 978-7-5205-4657-7

Ⅰ. ①亮… Ⅱ. ①樊… ②张… Ⅲ. ①文化史—菏泽
Ⅳ. ① K295.23

中国国家版本馆 CIP 数据核字（2024）第 080230 号

责任编辑：胡福星

出版发行：中国文史出版社
社　　址：北京市海淀区西八里庄路 69 号　邮编：100142
电　　话：010-81136606　81136602　81136642（发行部）
传　　真：010-81136655
印　　装：菏泽英华彩印有限公司
经　　销：全国新华书店
开　　本：787 × 1092　1/16
印　　张：33.5
字　　数：450 千字
版　　次：2024 年 12 月北京第 1 版
印　　次：2024 年 12 月北京第 1 次印刷
定　　价：1080.00 元（全 6 册）

菏泽大田牡丹　　摄影：桑秋华

菏泽牡丹（赵粉）

清·胡湄 玉堂富贵图

清·马逸 国色天香图

菏泽馆藏书画作品

停车 住宿 酒席 会议
宾馆

曹州书画院　　摄影：马春霞

菏泽馆藏书画作品（明·唐寅　落霞孤鹜图）

民间艺术：石雕牡丹（单县牌坊上的透雕牡丹）

目　录

第二编　中国书画之乡

第三编 中国民间艺术之乡

序

历史是城市的记忆，文化是城市的灵魂。菏泽市中华文化促进会策划并组织编纂的《菏泽历史文化丛书》全部付梓，标志着这项历时十一年、填补菏泽文化通史空白的宏大工程圆满收官。这是菏泽文化强市建设的一件盛世喜事，对于挖掘、传承和弘扬菏泽优秀历史文化具有重要意义。

菏泽历史悠久、人文厚重，传说乃伏羲之桑梓、尧舜之故里，先为商汤之京畿，继属曹国之疆土，是中华文明的重要发祥地之一。翻阅历史长卷，步入文化长廊，这片古老美丽的土地孕育了绵延千年的灿烂文化，滋养了灿若星河的名人巨匠，曾数度成为中原地区重要的政治、经济、文化中心。远古至夏商时期，传说中的“三皇五帝”在此留下足迹，伏羲授渔猎、造八卦，帝尧制历法、兴禅让，虞舜耕历山、陶河滨，带领先民族群繁衍生息，开启华夏文明之源。西周至战国时期，菏泽人文荟萃、百家争鸣，齐鲁、荆楚、吴越、中原文化在此交汇融合，涌现出一批著名的思想家、文学家、军事家，被《史记》誉为“天下之中”。秦之后的两千多年封建社会时期，菏泽虽饱经沧桑、几经沉浮，但深厚的历史文脉赓续不辍，孕育了象征繁荣昌盛、幸福和平的牡丹文化，蕴含忠孝仁义、重信守诺的水浒文化，体现风俗人情、先民智慧的非遗文化，奠定了菏泽“一都四乡”的文化根基。近现代，作为冀鲁豫边区的首府，这里发生过彪炳史册的红三村保卫战，见证了刘邓大军强渡黄河的战略转折，更诞生了数不尽的仁人志士，用满腔热血和赤胆忠心浇灌出生生不息的“菏泽红”。

习近平总书记指出，修史立典，存史启智，以文化人，这是中华民族延续几千年的一个传统。《菏泽历史文化丛书》坚持以史为据、依史寻源，集中展现了菏泽历史概貌和文化辉煌时期，系统介绍了菏泽的贤哲志士、民俗风物、非遗艺文、战争史话和“一都四乡”等内容。这套丛书共十四卷十六册800余万字，文风朴实、秉笔直书，采撷英华、荟萃众美，钩沉历史、通贯古今，是一部全面反映菏泽历史文化的资料性文献。细细品读，定会深切感受到菏泽历史文化的厚重与璀璨、曹州大地的苍茫与崇高、先贤圣哲的智勇和才情、风土人文的深邃与隽美……历史是最好的教科书，只有铭记历史，才能深刻了解过去、全面把握现在、正确创造未来。我们要以高度的文化自信，深入挖掘菏泽历史文化，坚持创造性转化、创新性发展，古为今用、推陈出新，让历史文脉融入现代生活，让文化基因代代相传。

回眸来时路，菏泽市委、市政府始终牢记习近平总书记“后来居上”的殷切嘱托，全面贯彻落实党中央决策部署和省委工作要求，坚定不移推动高质量发展，经济总量、财政收入分别突破4000亿元、300亿元大关，均跃居全省第8位，实现了由“全省垫底”到“跻身中游”的历史性跨越。展望前行路，菏泽已站在新的历史起点上，全市广大党员干部群众要坚持以习近平新时代中国特色社会主义思想为指引，用好《菏泽历史文化丛书》，学史明理、以文铸魂，从历史经验中获得启迪，从文化传承中凝聚力量，从先贤实践中汲取智慧，全力加快突破菏泽、后来居上步伐，奋力谱写无愧于先贤、无愧于时代、无愧于后世的辉煌新篇！

是为序。

中共菏泽市委书记 张伦

菏泽市人民政府市长 李春英

二〇二三年十二月

引言

菏泽市中华文化促进会策划并组织编纂《菏泽历史文化丛书》，始于2013年。菏泽市委、市政府对这套丛书的编纂高度重视，给予了有力支持。本市十几名专家、学者在编纂中付出了辛苦劳动和不懈努力。现在，这套丛书已陆续付梓。该丛书是菏泽历史文化的百科全书，堪为菏泽文化建设的一项重要工程。

菏泽历史悠久，文化底蕴丰厚。

远古至夏商时期，菏泽为中华民族的重要发祥地之一。历史文献、远古遗存显示，这里是华族、夏族和东夷族群社会与文化的交融之地，各部族首领和远古先贤们或诞生于此，或创业于此，开启了广阔深厚的远古文明。

两周时期，这里河网纵横，交通便利，人口繁盛，经济发达，为齐鲁文化、荆楚文化和吴越文化的交汇之地，被称为“天下之中”，曾孕育了影响深远的兵家文化、道家文化和儒商文化。

秦代之后的两千多年封建社会中，菏泽虽饱受黄河水患和战争离乱之祸，几经兴衰变迁，但深厚的文化传统仍脉延长续，历代名家贤达辈出，文化成就彰明昭著。

至近现代，菏泽作为民主思想的较早传播地和一方革命老区，民主运动和武装斗争风起云涌，薪火相传，以鲁西南战役为代表的革命战争文化永载史册。

在漫长的历史发展进程中，菏泽还孕育了灿烂的文化艺术，以牡丹、戏曲、书画、武术、民间艺术为主的特色文化，以诗歌、文赋、风物、民俗为基础的地域文化等，在中华民族的艺术百花园中大放异彩、耀眼夺目。

以上表明，菏泽在齐鲁和华夏文明的史册中，书写了一页页光辉灿烂、源远流长的历史篇章。

基于以上人文背景，我们经过广泛征集和挖掘资料、史料，精心打造了这套《菏泽历史文化丛书》，使之为继承弘扬中华民族的优秀传统文化，为建设美好、文明、富裕的菏泽服务。

《菏泽历史文化丛书》，是奉献给菏泽人民的精神食粮。这套丛书计 14 卷 16 册，分三辑先后编纂出版。丛书涵盖的主要内容为：菏泽史上四大文化辉煌时期、菏泽非物质文化遗产、菏泽历史名人、菏泽历代科举登科录、菏泽“一都（牡丹之都）四乡（戏曲书画武术等）”、菏泽水浒文化、菏泽艺文、菏泽风物、菏泽民俗和商周时期的菏泽杰出人物伊尹、范蠡、庄子、孙膑等。这套丛书的最大特点，一是时间跨度长，从远古至近现代，悠悠五千余年；二是史实涵盖面广，既包括古今重大文化活动、历史事件和名人志士，又包括个性鲜明的地方特色文化，充分展示了菏泽悠久的历史和丰厚的文化底蕴。《菏泽历史文化丛书》宏富博大，出版这套丛书具有重要的现实意义和深远的历史意义。

首先，丛书给人们提供了一份宝贵的文化遗产和精美的爱国主义教材。丛书从纵向和横向多层面、多角度，比较系统完整地记述了菏泽的历史、文化。横观世事知风雨，纵览史实知兴衰。丛书对于我们进一步了解菏泽，以史为鉴，增强自豪感，树立民族自尊心，陶冶热爱家乡、建设家乡的志向和情操，无疑是十分有益的。丛书各卷中许多史料、图片鲜为人知，是经过广泛走访民间，接触各种线索，查阅多种典籍，或与大专院校、研究机构的专家学者交谈、切磋而获得的。书中相当多的史实、成果是挖掘抢救出来的，弥足珍贵。若不是经过这次大规模收集整理和撰写，丢失难以避免，会留下无尽遗憾和不可挽回的损失。可以说，此套丛书的出版，在菏泽历史文化传承中作用极大。随着时间的推移和岁月的流逝，丛书的价值和重要性将会更加凸显。

其次，丛书有助于提高菏泽人民的人文素质、文化品位，因而对菏泽的文化、社会、经济发展都是十分有益的。文化是灵魂，文化是打开人们心扉、打开社会封闭之门的钥匙。这套丛书会让人们增长历史知识和历史智慧，明确文化与社会、经济的互动作用，自觉加快文化建设的步伐；随着文化品位的提升，文化翅膀将会使菏泽飞得更高、更远，让外部世界更多、更快地了解菏泽、认识菏泽，进而助推菏泽的突破、跨越。

对《菏泽历史文化丛书》的编纂，市有关部门和袁焕勇、冯林、陈一东等同志给予了鼎力相助，我们表示衷心的感谢。

历史是凝固的现实，现实是流动的历史，文化则是历史和现实的折射与升华。菏泽的历史文化、特色文化、革命文化底蕴丰厚、博大精深。在本书编写过程中，我们力求实现科学性、知识性与趣味性的统一，尽量做到图文并茂、雅俗共赏。但是，由于年代久远、资料欠缺，加之我们学识所限，在事件和人物选录、内容取舍、文字表述、图片配置，甚至史实等方面，都可能产生错讹或不妥之处，恳请社会各界有识之士批评指正。

菏泽市中华文化促进会主席 **韩广洁**

二〇二三年十二月

前　言

菏泽历史悠久，是中华民族的重要发祥地之一。

菏泽文化灿烂，是中华文化的瑰宝。

“一都四乡”文化，是菏泽一张亮丽的名片。

古文献显示，以凤鸟为图腾的太昊华胥氏部族活动于鲁西南的济水流域，以龙为图腾的雷泽氏（遂人氏）部族活动于今鄄城、郓城、巨野一带的羊里水、雷泽、大野泽流域。中华初祖伏羲诞生于此，华夏先民长期在此繁衍生息。后来，生活在黄土高原的夏族先民和生活在鲁中丘陵地区的东夷族先民，陆续迁徙汇聚到这里，他们相互交往融合，创立了华夏族文明。黄帝、颛顼、帝喾、尧、舜等部族（五帝）的诞生、成长也多与菏泽相关，或在菏泽长期生活。菏泽境域内留有大量远古先民们开发和奋斗的足迹，他们带领中华儿女谱写了中华文明辉煌乐章的伟大序曲。历史上的菏泽，交通便利、商贾云集，数度为中原地区经济文化中心，有“天下之中”的美誉。菏泽人杰地灵，名人辈出，众多历史名人诞生在这里。近现代，菏泽是全国著名革命老区之一，为中华民族的独立和中国人民的解放事业做出了巨大的贡献，建立了不朽的功勋，谱写了新的历史华章。

历史悠久的菏泽孕育了灿烂的文化，这里以牡丹、戏曲、书画、武术、民间艺术为基础而形成的地域文化，特色浓郁、个性鲜明，在中华民族的艺术花园中大放异彩、耀眼夺目。

本卷以此为重点，打造了**亮丽的菏泽名片菏泽“一都四乡”文化卷**：“一都”即中国牡丹之都；“四乡”分别是中国戏曲之乡、中国书画之乡、中国武术之乡、中国民间艺术之乡。鉴于本卷涵盖的内容丰富，容量较大，为方便出版，特编辑上、下两册。上册为中国牡丹之都、中国书画之乡、中国民间艺术之乡；下册为中国戏曲之乡、中国武术之乡。

中国牡丹之都——在姹紫嫣红的花卉世界里，牡丹雍容华贵，形美色艳，为花之魁、花之冠、花之王。菏泽是驰名中外的牡丹之乡，牡丹栽培历史悠久，隋唐时期开始种植，明清便甲于海内。中华人民共和国成立后，菏泽牡丹进入繁荣发展时期。而今，菏泽牡丹花色品种之多，栽培面积之广，在我国乃至世界，堪称第一，无与伦比。经过几十年的研究、鉴别、筛选、分类，菏泽牡丹已形成九大色系、十大花型，计1100多个主要品种，牡丹栽培面积已达１０万亩，菏泽市委、市政府因势利导，把牡丹作为一项重要产业来抓，确立了“牡丹搭台，经贸唱戏，广交朋友，发展合作”的战略思想，并从1992年起，连续成功举办了29届菏泽国际牡丹花会，不仅提高了菏泽牡丹的知名度，而且为菏泽扩大开放、发展经济提供了良好的机遇。在此基础上，市委、市政府又适时提出建设中国牡丹城和中国牡丹之都的发展战略，牡丹资源圃、基因库先后建立，境内形成方圆35平方公里的牡丹产业区，菏泽成为世界上重要的生产、科研、观赏和出口基地。中国花卉协会牡丹芍药分会经过严格审定，先后于2006年11月和2012年3月正式命名，并向世人公布菏泽市为“中国牡丹城”“中国牡丹之都”。

中国书画之乡——菏泽书画，从古至今，历尽沧桑，饱融历代菏泽人的智慧。伊尹从汤言而画九主，首开以绘画谏君辅政之范例；大周时期所立《屏盗碑》，以“三绝”石书褒扬为民清盗保平安的任使君；铁面御史何尔健愤作《苦民图》，以书画严惩了贪官污吏；清代监生赵树屏，诗配画进京为民请命，救了一方灾民……菏泽书画历代名家辈出。南北朝时期定陶人曹仲达，画佛像“北齐称最工”；诗文书画皆精的宋代巨野人晁补之，不仅以其文章道德世家名震朝野，而且其书画受到“唐宋八大家”之一的苏轼赞美；明代“曹州名士”田峤、田峨二兄弟，其书法名气时称“江北二田（峤、峨）”；清代翰林曹垣，宫廷楹联多出其手……历史寻踪，可谓名家蔚为大观。中华人民共和国成立后，菏泽书画空前繁荣。书画新秀竞辉，书画佳作频频参与国内外高品位的书画大展，被广为收藏，荣获很高赞誉。晁楣、张得蒂、李眉川等大家及上官超英等一大批后起之秀，在独创流派的书画之旅中闪射时代之光……菏泽现有中国书法家协会、中国美术家协会会员 49 人，山东美术家协会、山东省书法家协会员 300 余人，并出现了巨野“中国农民绘画之乡”、单县“中国楹联之乡”和大批书画乡镇、书画村。菏泽书画之乡名副其实，当之无愧。

中国民间艺术之乡——民间艺术是文化遗产的重要组成部分，是历史文脉延续发展的重要见证和载体。菏泽民间艺术资源丰富，包括传统美术、传统技艺、传统体育、传统游艺与民间乐舞、曲艺、杂技等，其项目及传承人之多，均居全省全国前列。菏泽民间艺术堪称菏泽历史文化的“活化石”，是菏泽古老族群的身份记忆，它蕴含着菏泽人特有的精神价值、思维方式、想象力、创造性和文化意识。

中国戏曲之乡——菏泽戏曲历史久远，是地方戏曲成长的摇篮。这里戏剧团体众多，剧目丰富，剧种齐全，被省内外专家誉为中国戏曲声腔剧种博物馆和展览会。植根于鲁西南平原的山东梆子、枣梆、大平调、两夹弦、四平调、大弦子戏、柳子戏等剧种，唱腔韵味浓郁，地方色彩鲜明，经过几百年的积淀、锤炼与传承，形成了其独有的文化特质与风采，在中国戏曲史上占有相当的位置。菏泽戏曲各剧种名人辈出，代代相传。他们艺术造诣深厚，在不同时代的文艺舞台上，塑造了许多光彩照人的艺术形象，打造了一批影响极大的优秀剧目。中华人民共和国成立初期，定陶两夹弦剧团黄云芝等进京演出《三拉房》，受到党和国家领导人的接见。20 世纪五六十年代，柳子剧团黄遵宪主演的《孙安动本》，轰动全国；近年来，大平调剧团何西良主演的《天职》感人至深，梆子剧团李健主演的《山东汉子》荣获中国戏曲文华奖。此外，全国著名的豫剧表演艺术家马金凤、崔兰田，也出生在菏泽地区。

中国武术之乡——中华武术源远流长，博大精深。千百年来，菏泽武术薪火相传，形成了众多门派，全国 100 多种拳术门派中菏泽就有几十种之多。菏泽还是水浒拳、孙膑拳的发祥地。中华人民共和国成立后，菏泽各县区武术社团普遍建立，先后有牡丹区、鄄城县、东明县、单县 巨野县被授予全国武术之乡，武术村庄遍布全市。各类馆校众多，全市多达200余所。菏泽市武术运动学校是全省唯一一所公立单项运动学校,为各县区培训了大批人才。郓城县宋江武校2002年被评为全国十大名武校之首。曹州武术学校是全国规模最大的武术馆校之一，2004年被教育部列为全国同类学校中唯一一所教研实验基地。菏泽武坛涌现了众多的风云人物。历史上五帝之一的虞舜曾师从单卷学文习武。著名军事家孙膑，回归故里后创立孙膑拳。名将吴起啮臂离家，以文韬武略名垂青史。梁王彭越靠武功助刘灭项。福建陆路提督马济胜，率领2000官兵平定台湾张丙的数万乱军，确保了祖国领土的统一完整。吴德新、田在田、张宪周以弥冠群伦的武功技艺，在殿试中夺得武科状元。据统计，在清代的武术科举中，曹州就有状元3名、榜眼2名、进士54名、举人100多名，书写了菏泽武术史上的灿烂篇章。近现代，菏泽武术界更是名人如云，中华武林百杰王守义、世纪武星张玉萍，新中国首位武状元陈超，新科武状元杨晓静，还有赵翠荣等近百人荣获武英级运动员称号。在各级各类体育比赛中菏泽都取得了骄人的成绩。1928年国术国考中，菏泽的杨士文力挫群雄，夺得了最优等。在中华人民共和国成立后的全国武术观摩交流、全国、全省重大武术大赛中，菏泽武术健儿夺金摘银、蟾宫折桂，展示了菏泽武术的迷人魅力。

“一都四乡”堪为菏泽的象征，更是菏泽的骄傲。菏泽特色浓郁、个性鲜明的“一都四乡”文化，魅力四射，把菏泽品牌叫得更加响亮，把菏泽名片擦得更加鲜艳。编纂出版菏泽“一都四乡”文化卷，对于菏泽人增强自豪感，树立自尊心，陶冶热爱家乡、建设家乡的情操，无疑是十分有益的。同时，也让外部世界更多、更快地了解菏泽、认知菏泽，进而助推菏泽的突破、跨越。

樊庆堂　张素云

二〇二三年十二月

第一编

中国牡丹之都

概　述

牡丹是原产于中国的著名花卉，它花型硕大、姿态艳丽，唐宋以来，为士庶阶层所共赏。牡丹也是中国花文化最为集中的象物，在它身上承载了中国传统文化无比丰富的精神内容。古人喜欢以物比德，所以，金、铁、玉、石以喻君子之坚韧，梅、兰、竹、菊以喻君子之高情。然而，花之于牡丹，则兼有上述之德。牡丹生于山野，故劲枝道干，尽逞其刚；牡丹竞放于晴日，故娇花嫩蕊，不掩其柔。因此，欧阳修才说，牡丹是得天地中和之气，有不偏不倚之德。所以，牡丹之德是中国传统儒家理想中君子人格的全面、高度的体现。

牡丹文化的形成和发展，经过千百年的风雨历程。它发端于唐朝的都城长安，五代至北宋，牡丹文化的中心转到了洛阳。明清以来，曹州成为名副其实的牡丹生产、观赏和销售中心，从而理所当然地成为牡丹文化的重镇。可以这样说：唐朝长安时期的牡丹文化，更多地具有皇家文化的色彩，它发源于宫苑，流行于街衢。虽然有士庶的参与，但总的色调却是朱红大紫、光彩耀目。中唐、北宋至五代以洛阳为代表的牡丹文化，更多地具有文人休闲的特征，其色调也开始变得雅致、清丽。因为洛阳是远离长安的文人休闲之地，这些文人有更多的闲情逸致来关注花花草草。明清时期曹州的牡丹文化，更多的是平民化的，因为当时的人们栽种牡丹如种瓜种豆，这是他们的衣食所需。广泛的栽植、八方的流通，招致了四方喜好牡丹的文人雅士的注意，他们每每以获得或观赏到曹州牡丹为荣，所以，才有了“曹州牡丹甲天下”的美誉。

菏泽地处中原，自古就是中国开发最早、土地条件最好、人口最稠密的地区。这里河川广布，人文资源丰富，为伏羲桑梓、尧舜故里。汉代以前，是中国经济的重心所在。所以，成汤在这里建北亳，刘邦在定陶践帝位，以至《汉书·地理志》称这里人有“先王之遗风”。所以，结合了深厚的人文历史文化，是今天西安、洛阳、菏泽人民乃至全中国人民的共同财富，它所承载的丰富文化意涵，是我们应该努力挖掘和深度阐释的。

在姹紫嫣红的花卉世界里，牡丹雍容华贵，形美色艳，不愧为花之魁、花之冠、花之王。历史悠久的曹州牡丹，更是中国古老文化遗产中的一颗明珠。史载：“至明，曹南牡丹甲于海内。”而今，菏泽牡丹栽培面积之广、花色品种之多，在我国乃至世界，堪称第一、无与伦比。牡丹是菏泽的象征、菏泽的名片、菏泽的骄傲。作为“菏泽‘一都四乡’文化”之“中国牡丹之都”，从一个侧面充分彰显了菏泽鲜明的地方特色和独具魅力的牡丹文化。

中国牡丹之都建设，是菏泽牡丹发展的必然趋势，也是建设文化大市的重要组成部分。菏泽古称曹州，是驰名中外的牡丹之乡，牡丹栽培历史悠久，隋唐时期开始种植，明清便甲于海内。中华人民共和国成立后，菏泽牡丹进入又一个繁荣发展时期。特别是改革开放以来，菏泽牡丹迎来历史的春天，迅速走向全国、奔向世界。牡丹催花、鲜切花、品种选育、无土栽培、组织培养、太空育种等科学技术的成功应用，更为菏泽牡丹的发展提供了广阔的空间。全市建有“曹州牡丹园”“百花园”“古今园”“中国牡丹园”等牡丹观赏园10余处。目前，菏泽牡丹栽培面积近10万亩，全市共有9大色系、10大花型、品种1280多个。方圆35平方公里的牡丹产业区已经形成，牡丹资源圃、基因库也先后建立。培育牡丹骨干生产、加工企业14家，各类牡丹产品销售企业120余家，取得牡丹专利200余项，成功开发了牡丹籽油、牡丹化妆品、牡丹功能性食品等11类260个产品。菏泽成为世界上牡丹栽培面积最大、品种最多的生产、科研、观赏、销售和出口基地。菏泽市委、市政府因势利导，把牡丹作为一项重要产业来抓，并从1992年起，连续成功举办了30届菏泽国际牡丹花会，3届世界牡丹大会，经济贸易硕果累累，不仅提高了菏泽牡丹的知名度，而且为菏泽扩大开放、发展经济提供了良好的机遇。

在此基础上，菏泽市委、市政府又适时提出建设中国牡丹之都的战略，以期借助这一金色品牌为菏泽社会和经济发展助力，为菏泽实施新突破鼓劲，从而让艳丽的牡丹随着壮美的菏泽一起走向世界，让菏泽插上牡丹品牌的翅膀，飞向更加美好的明天。2020年5月，设立中国牡丹之都（菏泽）卓越贡献奖和“花开盛世”牡丹系列奖项，以评选表彰为引领，全面提高“中国牡丹之都”品牌的影响力、辐射力，扩大了菏泽城市知名度和美誉度。

菏泽建设中国牡丹之都战略，已得到国家有关部门的认可。中国花卉协会牡丹芍药分会经过严格审定，于2006年11月正式命名并向世人公布菏泽市为“中国牡丹城”。2012年3月18日，中国花卉协会命名菏泽市为“中国牡丹之都”。这标志着菏泽已进入中国名都的行列，它必将为菏泽的快速发展营造更加良好的氛围，产生巨大的推动作用。

“中国牡丹之都”由“牡丹古今篇”“牡丹名品篇”“牡丹文化篇”三大板块组成，其内容包括菏泽牡丹发展史略、牡丹名园和珍贵品种，以及灿烂的牡丹文化，内容丰富，史料翔实，图文并茂，生动活泼，集史料性、文学性、知识性、趣味性于一体，具有较高的阅读、欣赏、收藏、研究价值。

第一章　牡丹古今篇

牡丹是中国特色的传统名花。有关牡丹的文字记载，最早见于《山海经》和《诗经》，距今已有3000多年的历史。牡丹花大色艳，雍容华贵，芳香馥郁，历来是富贵吉祥、繁荣昌盛的象征，素有“花王”“富贵花”“国色天香”的美称，它彰显的是一种娇艳之美、品格之美、神韵之美。

菏泽是驰名中外的牡丹之乡，牡丹栽培历史悠久。菏泽牡丹栽培始于隋唐，至明清步入兴盛时期。相传，隋炀帝时（605—616），曹州牡丹花师齐鲁恒嫁接牡丹移植西苑（洛阳），这说明在隋代菏泽已有人种植牡丹。明初洪武年间（1368—1398），曹州牡丹乡花农曾在芦堌堆修花神殿，供奉12花神，祈求花神赐福，下广州卖牡丹顺利发财。确有文字记述在明弘治年间（1488—1505），明代，曹州已成为全国牡丹栽培中心。据清代苏毓眉编著《曹南牡丹谱》载：“至明而曹南牡丹甲于海内。”著名文学家蒲松龄也在其《聊斋志异》中称“曹州牡丹甲齐鲁”。之后，虽几经兴衰，无论是栽培面积，还是花色品种，曹州牡丹在全国都占有重要地位。至近代，菏泽牡丹品种由乾隆末的50余种增加到204种，且有9大色系、10大花型，栽种面积也由当初的数千亩发展到一万多亩，其品种之多、面积之大为全国所仅有，菏泽已成为我国最大的牡丹产地。

1986年后，牡丹发展迎来大好机遇，完善扩大园区，丰富栽培花系，培育优良品种，开发牡丹产业。对于牡丹的研究，始终贯穿栽培发展之中，1982年4月成立菏泽牡丹研究所，其后各种牡丹科研机构、经济合作组织相继成立，在牡丹栽培、新品种繁育、病虫害防治、催花、切花、嫁接以及牡丹开发利用方面的研究都有突破性进展。一大批学术专著、论文面世，除观赏外，还研发出食用、药用、保健等系列产品，牡丹进入产业化生产阶段。

菏泽牡丹以花大、色艳、形美、科技含量高赢得广泛好评，在历次花展中都以绝对优势夺取大部分的奖牌，“菏泽牡丹甲天下”“菏泽牡丹之乡”享誉海内外。国色天香的牡丹历来受到文人墨客的青睐，在菏泽这方土地上从古至今，大量赞美牡丹的诗词歌赋、民歌民谣、故事传说、小说戏剧、绘画雕塑、电影电视等以牡丹的优美艺术形象，陶冶着人们的情操，形成菏泽特有的“牡丹文化”。同时，牡丹也融入剪纸、雕刻、图案、刺绣、建筑等领域，以至人们生活的方方面面。自 1992 年始的菏泽国际牡丹花会更将牡丹文化发扬光大。经贸、旅游全面发展。1994 年，雍容华贵、国色天香的牡丹被选定为国花，给菏泽牡丹发展注入新的活力。

至 2005 年，仅主城区就有世界最大的牡丹园——120 公顷的“曹州牡丹园”，新老名品荟萃的“百花园”，独具特色的“古今园”“天香公园”等，全市牡丹栽培面积 6667 余公顷，共有九大色系，1100 多个品种，成为世界上最大的牡丹生产、观赏基地。全市拥有牡丹研究技术人员 370 多人。一代又一代的菏泽花农在引进国内外牡丹品种不断丰富本地品种花色的基础上，将菏泽牡丹带到了全国、世界各地，取得经济效益的同时，也宣传了菏泽（牡丹），收获了友谊。至 2021 年，菏泽国际牡丹花会已成功举办三十届，花会共接待中外游客 5000 万人次，有 1000 多位省级以上领导，10000 人次外宾到菏泽参会。菏泽人栽培牡丹，喜爱牡丹。可以说，牡丹与菏泽人的精神、情感紧密相连、息息相关，牡丹已成为菏泽独有的文化标志和地方品牌。菏泽将伴随着牡丹的飘香，走出山东、走出中国、走向世界。

第一节 初出山野露芳容

——唐代以前的牡丹

“春来谁作韶华主，总领群芳是牡丹。”牡丹是我国的传统名花，它花大色艳，雍容华美，芳香馥郁，历来是富贵吉祥、繁荣昌盛的象征，素有“花王、富贵花、国色天香”的美称。菏泽种植牡丹的历史悠久，是当今我国最大的牡丹产地，先后获得“中国牡丹之乡”“中国牡丹城”“中国牡丹之都”的称号。牡丹早已融入菏泽血脉，成为菏泽人生活、菏泽文化的重要组成部分，到菏泽，不能不看菏泽牡丹，写菏泽文化，不能不写菏泽牡丹；而菏泽牡丹是中国牡丹的一部分，要探究菏泽牡丹的历史发展和当今盛况，不能不从中国牡丹的发展说起。

牡丹属于芍药科芍药属落叶灌木，又名木芍药、百两金、鹿韭、鼠姑、谷雨花、富贵花等。原为生长于我国川陕、青藏、云贵、豫鲁等地山区的野生灌木，散见于海拔1500米上下的山坡和林缘。19世纪欧洲著名生物学家达尔文在《动植物在家养状况下的变异》一书中写道：“牡丹在中国已经栽培了一千四百年。”实际上，按现有的文献记载推算，我国引种、栽培牡丹的历史还应提前。

牡丹在早期并不叫“牡丹”，而是与现今的芍药同称“芍药”。关于“芍药”的记载，最早见于《山海经》和《诗经》。《山海经》中有四处写到“芍药”：绣山、条谷之山、勾（木加尔）之山、洞庭之山，“其草多芍药”。这四处的共同点，均为山谷之中。这说明，当时的“芍药”（牡丹）虽然还处于原始的野生状态，但是已经被人们所发现并受到足够的重视，这也透露出人们已经发现了这种植物与人们生活之间的重要关系，否则，不可能进入如此难得的文字记载。也许这就是人们研究、驯化种植芍药（牡丹）的开始。《山海经》卷首有刘秀校上奏，称为伯益所作。王充《论衡》《吴越春秋》亦如是说。史称伯益乃舜、禹之臣，舜时掌管火及山林鸟兽，后又助禹治水，发明打井之法。若此说成立，则“芍药”之名最早出现于公元前21世纪之前，距今已四千余年。也有人认为《山海经》为周秦间人所述，因为书中多夏商以后地名。即使按这一说法，“芍药”之名的最早出现，也在公元前11世纪，距今三千余年。

我国最早的诗歌总集《诗经》对“芍药”的记载是在《郑风·溱洧》中：“维士与女，伊其相谑，赠之以芍药。”春天里百花盛开，小伙姑娘两情相悦，调笑玩耍，小伙向姑娘赠送美丽的“芍药”（牡丹）花，表达心中的爱慕之情。这里的“芍药”，已不单单是一种观赏的植物了，而是被当作了表达爱情的信物，是美好爱情的象征，被赋予了更神圣的意义，具有了丰富的意蕴。这是牡丹（芍药）首次进入文学作品，它反映了当时人们对这种花卉的喜爱和珍重，也反衬出了美丽的牡丹花在人们生活中的地位和作用。你看，它的首次登场，就给后人们留下了多么美好的印象以及多少遐想的空间！

成书于战国时期的《黄帝内经》，首次有了“牡丹”的记载：“清明五日，……牡丹华。”这个记载，记录了牡丹开花的节气时间，进一步明确了牡丹的观赏功能，也可说明当时观赏牡丹花已成为人们重视的一项生活内容。

成书于秦汉之间的《神农本草经》一书，则首次记载了牡丹的药用功能：“牡丹，味辛寒，主寒热……除症坚淤血，留舍肠胃，安五脏，疗痈疮。一名鹿韭，一名鼠姑。”中华人民共和国成立后在甘肃武威县柏树乡出土的东汉早期墓葬医简中，也发现有牡丹治疗“血瘀病”的记载。东汉医圣张仲景在他的《金匮要略》一书中所记录的“大黄牡丹汤方”，其药材配伍包括“大黄四两，牡丹一两”。这些记载，说明在至晚在秦汉时期，牡丹根皮已经作为重要的中药被人们大量应用了，牡丹进入了医药领域。作为药用的牡丹在早期无疑是采自山野，即野生牡丹，但随着用量的增加，不排除人们将其引种、驯化的可能，以提高牡丹根皮的产量和质量。这个阶段，至少在距今 1800 多年以前。

确切表明牡丹进入观赏领域并作为人们的艺术活动对象的，是南北朝时期的三条记载。

其一是在《太平御览》《酉阳杂俎》均有记载的南朝诗人谢灵运（谢康乐）的一句话：“永嘉水际竹间多牡丹。”谢灵运是个山水诗人，他在游览山水中发现了人们在竹林间栽植的牡丹，十分惊喜地将这一发现讲给友人并载之于书简。他贬官永嘉太守是在 422 年，由此推知早在 1580 多年前，我国已经有了人工栽培的牡丹了。

其二是《刘宾客佳话录》记载：“北齐杨子华有画牡丹。”史载杨子华曾为北齐直阁将军员外散骑侍郎，常画马于壁，夜听蹄啮长鸣；图龙于素，舒卷辄云气萦集。天子重之，使居禁中，天下号为画圣，非有诏不得与外人画。杨子华是迄今有史可考的把牡丹作为绘画题材的第一人。可惜他的画藏于禁中，秘而不宣，后人未能看到他的绘画作品，包括他画的牡丹。

其三，据查中国美术史，在早于北齐的晋代，大画家顾恺之就有牡丹画。他根据曹植《洛神赋》的意境绘制了《洛神赋图》，上有腾龙，下有牡丹，洛神飘忽其间，神龙、名花、美女三者浑然一体、美不胜收。

后两个记载说明，在南北朝时期，牡丹作为绘画题材已经进入了艺术领域。我们据此可以推断，牡丹的人工栽培与它的观赏功能、文化意涵的强化，两者是相辅相成、相互促进的。正是早期的人工栽培驯化，使牡丹的形态美更突出，观赏性更强，进而进入了艺术领域，从而推动了人们对它的观赏功能的认同和提高；而人们对牡丹的较为普遍的审美兴趣和审美需求，反过来又推动了更多的人进行牡丹的栽培和驯化改良，使之具有更高的观赏价值和艺术意涵。而这个相互促进的历史阶段，大体应不迟于汉魏南北朝时期。

还有两条历史材料可以为这个观点提供佐证。其一是关于河北省柏乡县的汉牡丹。相传该县北郝村校园原为汉代弥陀寺旧址，昔寺僧种有牡丹。据县志载，汉光武帝刘秀巡守过此，见牡丹盛开，赋诗赞颂。对此除当地人世代口碑相传外，还有清代及民国时期官府所立保护牡丹的告谕碑。告谕碑载有诗文若干，称寺院牡丹花大如莲，富丽妖艳，重楼复瓣，一株开花数十朵，花色有粉红、深红云云。

其二是唐人所撰《海山记》记载：隋炀帝在洛阳辟地二百里为西苑，诏天下进奇花异石，“易州进二十箱牡丹，有（赤加贞）红、（革加呈）红、飞来红、一拂黄、颤风娇等品名”。这两条史料从一个侧面说明，至晚在隋代，民间牡丹的人工栽培已经具有相当高的水平了，花型、花色已经远远脱离了野生的原始形态，而且也已经形成了品名。牡丹的这个栽培进化过程，并不是在很短的时间内就可以完成的，尤其在当时的生产力水平和科技水平之下，其进程相当缓慢。由此可以推知，牡丹的人工栽培，肯定在隋朝之前的一个时期，甚至可能在东汉以前。至今远不是1500多年的历史了。

总之，汉魏南北朝以前的一两千年间，是野生牡丹的发现和早期引种驯化时期。从这一漫长历史阶段所保留下来的关于牡丹的很少的文字记载中，我们还是能够看出，牡丹这一独特的花卉品种，一经被人们发现便引起了关注和重视，其作为花卉的观赏功能和作为药材的药用功能，逐步为人们所发现和开发应用，从而使牡丹踏上了人工引种和驯化的漫漫长路，并初步展现了其光彩夺人的天姿丽质，开始承载了社会所赋予的文化意涵。牡丹的发展史，从此掀开了崭新的一页。

第二节　登堂入室成大观

——唐宋时期的牡丹

到了唐宋时期，牡丹迎来了它历史上的第一个发展高峰，可谓登堂入室、蔚为大观。

由前文可知，从隋朝起，牡丹已经进入了皇城禁苑，从此京城（当时为洛阳）的牡丹栽培开始兴盛起来。唐代（618—907）牡丹栽培逐渐扩大规模，至开元中盛于都城长安。

唐人舒元舆《牡丹赋》中说道：天后之乡，西河也，有众香精舍，下有牡丹，其花特异。天后叹上苑之有阙，因命移植焉。由此，京城牡丹，日月浸盛。宋代诗人王禹偁在《芍药》诗序中也说：自天后以来，牡丹始盛，而芍药之艳衰矣。长安牡丹是不是由于武后下令移植才得以兴盛谁也不必当真，但在武后当政时期开始繁盛却有两方面使之必然的客观因素。一方面，起码在隋朝以前牡丹在民间已有种植，唐朝定都长安以后，牡丹由民间向都城发展是必然的事，经过几十年繁育发展，至武后时繁盛起来合情合理；另一方面，牡丹兴衰系于国运，唐王朝从建立到武后时已有六七十年，经过贞观之治，经济发展，社会安定，一派升平气象，人们开始追求华美富贵，牡丹之盛，恰逢其时，正应其运。

唐王朝后期，战乱频仍，社会动荡，牡丹兴盛的社会基础不复存在，于是长安牡丹趋于衰落，中间经过五代十国，至北宋时期，牡丹又在洛阳重新兴盛起来，其盛况不亚于当年的长安。洛阳在宋代虽非国都，但其牡丹之盛，有其独特的历史渊源。一者洛阳在历史上做过多朝国都，自隋炀帝起就大规模栽植牡丹，唐朝时洛阳为东都，武则天经常前往巡游，虽然她滥施淫威，下令将敢于抗旨拒绝冬天开花的牡丹贬往洛阳的传说不足凭信，但她敕令往洛阳不断栽植牡丹当属常理。这样，至北宋时牡丹在洛阳的栽培已有300多年，积累了一定牡丹栽培基础，形成了一定的种花、养花传统。二者洛阳数次为国都，人才积聚，藏龙卧虎，文化积淀深厚，为牡丹兴盛奠定了人文基础。三者宋朝定鼎天下，经济发展，国力强盛，百业兴旺，在号称“西京”的洛阳，牡丹兴盛的社会基础也就具备了。有此几端，一时间洛阳牡丹号称“甲天下”。

唐时长安、宋代洛阳的牡丹之盛，其盛况如何？

其一，从至尊天子、文人雅士到市井平民，人人爱牡丹、赏牡丹、买牡丹成为时尚，无不以观赏牡丹为一大乐事。“开元时，宫中及民间竞尚牡丹”（《事物纪原》）；“庭前芍药妖无格，池上芙蓉静少情。唯有牡丹真国色，花开时节动京城”（刘禹锡《牡丹》）；“花开花落二十日，一城之人皆若狂”（白居易《牡丹芳》）；“帝城春欲暮，喧喧车马度；共道牡丹时，相随买花去。家家习为俗，人人迷不悟”（白居易《买花》）；“长安牡丹开，绣毂辗晴雷。若使花长在，人看应不回”（崔道融《长安春》）。李肇在《国史补》中写道：“京城贵游尚牡丹，三十余年矣，每春暮，车马若狂，以不耽玩为耻。”这是唐代长安竞尚牡丹的景况。在官民共赏牡丹的习尚中，皇宫中的牡丹观赏活动，更是起着引领社会潮流的作用。据柳宗元《龙城录》记载，在唐高宗时，就曾赐宴群臣共赏“双头牡丹”。《杨妃外传》记载：“开元中，禁中初种木芍药，即今牡丹也。得数本红、紫、浅红、通白者，上因移植于兴庆池东沉香亭前。会花方盛开，上乘照夜白，妃以步辇从，诏梨园子弟。李龟年手捧擅板押众乐，前将欲歌。上曰：‘赏名花，对妃子，焉用旧乐词为？’遂命李龟年持金花笺，宣赐翰林学士李白进清平调词三首……”这是盛唐时期一次空前的牡丹观赏音乐会，与会者有当朝天子李隆基和其宠妃杨玉环，有诗坛圣手李太白，还有歌坛名家李龟年。正是在这次盛会上，李白写出了咏牡丹的千古绝唱清平调三章。另据唐人文章记载，除了赏花以外，唐宋时期宫中和民间还崇尚牡丹插花。杨诚斋诗云：“牡丹芍药蔷薇朵，都向千官帽上开”；苏轼也有诗曰：“人老簪花不知羞，花应羞上老人头。醉归扶路人应笑，十里竹帘半上钩。”这为牡丹观赏时尚的形成，无疑起到了推波助澜的作用。

其二，牡丹种植规模大、栽培水平高。唐时长安牡丹从皇宫御苑扩散到达官宅第、富豪家院、佛寺道观，可谓有园林花草处皆有牡丹。史载太平公主的山庄里，“前后花多少，直到南山不见人”。经过人们长期的引种、驯化、改良，长安时期的牡丹已经远远脱离了野生时期的单色、单瓣性状，其形态、颜色、气韵已经达到了相当高的水平，极具观赏价值。牡丹的种植技术已经有了相当的发展，也出现了一些莳养牡丹的名师高手。“兴唐寺有牡丹一窠，元和中着花一千二百朵，其色有正晕、倒晕、浅红、浅紫、紫白、白檀等，独无深红，又有花叶中无抹心者，重台花者，其花面七八寸”；“穆宗皇帝殿前种千叶牡丹，花始开香气袭人，一朵千叶，大而且红。上每睹芳盛，叹曰：人间未有”（段成式《酉阳杂俎》）；“兴善寺素师院牡丹，色绝佳，元和末，一枝花合欢”（段成式《酉阳杂俎续集》）；传说当时洛阳有个叫宋单父的善于种花，应唐玄宗李隆基之召，到骊山种了一万多本，颜色各不相同（据《龙城录》）。在宋代的洛阳，牡丹栽培技术更是得到长足发展，“韩君问我洛阳花，争新较旧无穷已。今年夸好方绝伦，明年好更还相比”（梅尧臣《韩钦圣问西洛牡丹之盛》），以至“四十年间花百变”，“往往变来成新枝”（欧阳修《洛阳牡丹图》）。据今人对唐、宋两代诗、词、文、赋及牡丹谱记的研究，唐代时牡丹品种已由隋代的12种增加到40余种，至宋代已发展到200余种。宋时还出现了人工催花技术，“以纸饰密室（实为简易温室），凿地作坎，硬竹置花其上，粪土以牛溲硫黄，尽培溉之法（合理施用水肥），然后置沸汤于坎中，稍候，汤气熏蒸（升高温度），则扇之微风（适当通风、调温），盎然融淑之气，经宿则花放矣”。（明·田汝成《西湖游览志余》）

其三，牡丹进入了官场、文坛的诗词歌赋唱酬活动之中，成为当时文学创作的重要题材，涌现了一大批歌咏牡丹的传世诗词、文赋作品。据《历代咏牡丹诗词四百首》一书编者统计，在所选清以前历代咏牡丹诗词419首中，唐至宋代共292首。可见唐宋两代文人雅士咏歌牡丹风气之盛。在唐宋时期的诗人词人中，几乎人人都介入牡丹诗词的创作。特别是李白、杜甫、白居易、刘禹锡、苏轼、欧阳修、王禹偁等诗词大家，人人都有牡丹吟咏之作，而且留下了大量脍炙人口的传世经典作品，以至成为吟咏牡丹的千古绝唱。这些牡丹诗词，感情真挚，摹写逼真，想象丰富，既真切地传达了牡丹的美艳神韵，又较好地表达了人们对牡丹的喜爱之情。其中，有为数不少的牡丹诗词、文赋直接记述、描写了牡丹品种的特色及发展演化情况，除去欣赏价值外，对后人认识牡丹还具有相当的科学价值。

其四，上自宫廷、官场，下到士族和平民百姓的赏牡丹热，也大大提高了牡丹的身价，促进了牡丹的种植和经营，使当时的牡丹业初步具备了产业的特征。诸如："近来无奈牡丹何，数十千钱买一棵"（刘浑《牡丹》）；"牡丹一朵值千金"（张又新《牡丹》）；"一丛深色花，十户中人赋"（白居易《买花》）；"客言近岁花特异，往往变出成新枝。洛人惊夸立名字，买种不复论家赀"（欧阳修《洛阳牡丹图》）等诗句，真实地反映了当时牡丹身价之高，以及达官贵人们为了得到一棵名贵牡丹或新奇品种而不惜重金的情形。既然有买者，就必然有人以种植和经营牡丹为营殖之道。唐代长安，"人种以求利，一本有值数万者"（《国史补》）。据宋代《洛阳名园记》载："池亭独有牡丹数十万本，凡城中赖花以生者，毕家于此。至花时，张幕幄，列市肆，管弦其中……今牡丹岁益滋，而姚黄魏紫，一枝千钱……"同是宋代的胡元质在其《牡丹记》中记载了与洛阳牡丹差不多同时兴盛的成都牡丹盛况："……花散落民间，东门外有张百花、李百花之号，皆培子、分根，种以求利，每一本或获利数万钱。"看来当时存在一个以栽培牡丹、经营牡丹为业的群体确切无疑。牡丹产业的经济价值还表现在促进旅游业的发展上。唐人舒元舆在其《牡丹赋并序》中记述长安观赏牡丹盛况："每暮春之月，遨游之士如狂焉……九衢游人，骏马香车。有酒如渑，万座笙歌。”“三十年持一钓竿，偶随书荐入长安。由来不是求名者，唯待春风看牡丹”（张祜《京城寓怀》）。天下多少慕牡丹之名而不远千里而来的游人，填街塞巷，“牡丹花发酒增价，夜半游人犹未归”（邵雍《洛阳春吟》）。其带动餐饮、娱乐、客栈业的兴旺自不待言。牡丹带来了多层次经济价值，而巨大的经济价值又支撑并推动着牡丹的进一步兴盛。

应该特别提出的是，宋代出现的一批牡丹理论专著（谱记），对牡丹的研究有了很大的提高。主要有欧阳修的《洛阳牡丹记》；周师厚的《鄞江周氏洛阳牡丹记》《洛阳花木记》；张峋的《洛阳花谱》等。这些牡丹谱记记述了牡丹的发展脉络及当时的盛况，记载了当时的牡丹品种及其特性，总结了牡丹栽培管理方面一整套较为完整的经验，为后人探究当时牡丹的发展、演化情况留下了极其宝贵的资料。

与北宋时在洛阳形成牡丹栽培中心同时或稍晚时期，在江北的陈州（今河南省睢阳）、四川的天彭，也形成了牡丹栽培的次中心，一时也盛况喜人。据张邦基《陈州牡丹谱》记载：洛阳牡丹之品，见于花谱，然未若陈州之盛且多也。园户种花，如种黍粟，动以顷计。南宋诗人陆游作《天彭牡丹谱》，书中云：牡丹在中州，洛阳为第一；在蜀，天彭为第一……天彭号“小西京”，以其俗好花，有京洛之遗风。但此两地牡丹规模、影响都远不能和洛阳相比。

总之，唐宋时期是我国牡丹栽培和观赏的一个极盛时期。这一阶段的牡丹，全面走进了城市各阶层的生活。由于皇家的贵重和倡导，达官贵人和仕子胥吏首先融入了观赏、酬唱牡丹的潮流中，影响所及，至于平民百姓，一时间，栽培、观赏牡丹成为时尚，皆以不能为耻。这样一来，无疑使得牡丹的栽培得到极大的推动和普及，不仅京城普遍栽植，也必然向中小城市和村野乡间波及，不然我们就无法解释南宋及元代洛阳牡丹衰落后，为何在陈州、彭州、亳州、曹州等地迅速形成了新的栽培中心；社会时尚的推动和各阶层的广泛参与，也使得牡丹的栽培水平得到很大的提高，这由当时的牡丹谱记所载牡丹品种之多、诗词唱酬中新品异种的不断出现可见一斑。尤须提出的是，随着牡丹进入官僚仕子的生活和对牡丹的吟咏、酬唱、描绘成为时尚，在牡丹诗词歌赋图轴大量产生的同时，我们对牡丹文化功能的开掘也达到了所未有的境界，“国色”“天香”“花王”“第一香”等各种对牡丹的赞誉称号在这一时期相继出现并形成共识而约定俗成，“文化牡丹”或“牡丹文化”这一附加的身份意涵，已经远远超出了牡丹固有的身份价值。

第三节　浴火重生兴曹州

——明清时期的曹州牡丹

自古花运随国运。自北宋末年以至元末明初，因战乱频仍，社会动荡不安，古都洛阳的牡丹逐步衰败，从此再也没有出现过在都城繁盛无比成为全国栽培中心的景象。然而“野火烧不尽，春风吹又生”，深深植根于国人心中的牡丹情结，支撑着牡丹种植业在动荡的年代里顽强发展，北方不行向南方，都城不行向偏远中小城市，城市不行向乡村，宫苑官场不行向市井民间。在此期间，先后出现过河南陈州、四川彭州、江南杭州、北方北京、西北兰州、安徽亳州、山东曹州等若干牡丹栽培繁盛区。

南宋末年频繁的战事和沉重的税赋，使洛阳人赏花、种花之心渐淡。洛阳牡丹逐渐衰败。此时陈州（今河南睢阳）牡丹盛且多，园户种花如种黎粟，动以顷计，规模和品种、花色都超过了洛阳。及至金兵南下，陈州牡丹也未能幸免摧残。而此时，偏居西南的四川未受干戈，少有战乱之苦，牡丹得以顺利发展，花色和品种日趋丰富，出现了重瓣花，花色有深红、浅红、深紫、浅紫、淡黄之多。南宋诗人陆游去天彭（今四川彭州）游赏牡丹，感叹天彭颇有当年西京洛阳好花之风，专门写了《天彭牡丹谱》。江南一带（杭州等地）的牡丹也得以发展，与四川天彭一并成为当时的栽培中心。

随着元代的低潮期过去，明初以后牡丹业又逐步兴起。明代城市发达，商业活动增多，“人生看花，情景和畅，穷极耳日，百年之中，能有几时？”是当时社会的普遍情绪。随着城市消费的兴起，牡丹商业栽培复苏，“培子分根，植以求利，每一本或数万钱”。牡丹在私人宅第、农家院落获得大发展。牡丹栽培不再以首都为中心，而是在全国范围内呈星罗棋布之势，其中安徽亳州牡丹、山东曹州牡丹，成为一时之盛。

北京自辽、金先后建为国都，牡丹栽培即日渐繁盛。元大都皇宫内，“四处尽植牡丹百余本，高可五尺”（《大都宫殿考》）。至明代，北京宫苑中牡丹仍多（刘若愚《明宫史》），且宫苑外也有种植，如位于城西北的李园，“牡丹以千计，芍药以万计，京国第一名园也”，“开时足称花海”（清《泽农吟稿》《燕都游览志》）。梁家园是卖花人梁氏营建的花园，据《篁墩集》记载：园中牡丹芍药几十亩，每花时云锦布地，香冉冉闻里余。论者疑与古洛中无疑。明代西直门外极乐寺“门外古柳，殿前古松，寺左国花堂牡丹”。可见明代牡丹即有“国花”之称。清代皇宫内鲜花四时无缺，入冬讲究“玉堂春、富贵花”的摆设，富贵花即指牡丹花。清末故宫御花园、颐和园国花台、白纸坊崇孝寺牡丹较盛。慈禧以花王牡丹自比，敕定牡丹为国花，命将“国花台”三字刻于石上。

安徽亳州牡丹闻名于明代薛凤翔所著《亳州牡丹史》。书载，亳州之有牡丹，发端于明弘治年间，先从山东曹州（治所在今菏泽城）引种了状元红、金玉交辉等九个品种，以后又“遍求他郡善本移植亳中，亳有牡丹自此始”。薛凤翔之祖父在城外建“常乐园”，开建园之风，以后又建“薛氏南园”“东园”“松竹园”“宋园”“杨园”等，牡丹品种“不数年百变矣”，逐步增加到 274 种。《亳州牡丹史》中说：“欧阳永叔《牡丹记》亦谓洛阳天下第一。今亳州牡丹更甲洛阳，其他不足言矣。”书中编列亳州牡丹花 274 种，对其中 150 余个品种的形状颜色等做了详细描述，并记述了亳州人人灌花、剪花、看花的风俗，“吾亳以牡丹相尚。计一岁中，鲜不以花为事者。方春时则灌花，芽生寸许则剪花，甫至谷雨则联袂结辙以看花，暨秋而分而接，人复为之”。后人对该书给予很高的评价。只可惜亳州牡丹只兴盛了百余年，至清代即湮灭不闻，在历史上影响不是很大。

一、曹州是久负盛名的牡丹产地

与亳州牡丹差不多同时兴盛，然盛况一直延续至今的，是曹州牡丹。至明清两代，曹州牡丹开始大量种植，不少文献都记载了当时曹州牡丹的发展盛况。

关于曹州牡丹的起源，据宋代传奇小说《海山记》载，隋炀帝继位后，命在洛阳辟地200亩为御苑，诏天下诸州献花卉以供赏玩。百花盛开时，牡丹艳压群芳，香飘四溢。隋炀帝携众妃登楼观花，一妃叹道：牡丹虽美，可惜楼高看不清楚。炀帝遂命召天下花工会聚洛阳，培植高齐楼台的牡丹。当时山东曹州有个叫齐鲁恒的花师，花艺精绝，尤擅牡丹栽培，他用杏、桃、枣、桑、槐、椿等10余种树木试验嫁接牡丹，最终在椿树上嫁接牡丹成功，所接牡丹开花，高过楼台，人称“楼台牡丹”。由此可见，在隋代菏泽已有人种植牡丹，并具备了较高的栽培技术。据此推算，菏泽牡丹栽培历史已有1300余年。

第一个将曹州牡丹载入明代典籍的，还是鸿胪寺少卿、亳州人薛凤翔。他在《亳州牡丹史》多出写到曹州牡丹：“金玉交辉……此曹州所出”；“曹州亦能种花。此外有八艳妆，盖八种花也，亳中仅得云秀妆、洛妃妆、尧英妆三种……更有绿花一种，……出自邓氏，真为异品，世所罕见”；“又有万叠雪峰，千叶白花，亦曹之神物，亳尚未有”；“飞燕红妆……得自曹县方家”；“状元红……弘治间得自曹县，又名曹县状元红”。所记出自曹州或曹县（古时曹州亦称曹县）的共有8种之多。这说明曹州牡丹自明朝弘治年间已开始兴盛起来，并有了很好的牡丹品种向外输出。

明代文学家、万历进士、工部郎中谢肇淛，也在《五杂俎》中写到曹州牡丹的盛况：

牡丹，自闽以北处处有之，而山东、河南尤多……余之濮州曹南一路，百里之中，香气迎鼻，盖家家圃畦中俱植之，若蔬菜然。缙绅朱门，高宅空锁，其中自开自落而已。人生看花，情景和畅，穷极耳目，百年之中，能有几时？余忆司理东郡时，在曹南一诸生家观牡丹，园可五十余亩，花遍其中，亭榭之外，几无尺寸隙地，一望云锦，五色夺目……衣上余香，经数日犹不散也。

文中描绘了一幅曹州乡间的牡丹花开图，显示了曹州牡丹种植的规模之大、园户之多及牡丹花卉之美。明代于慎行编修的万历《兖州府志·风土志》亦记载：“古济阴（曹州）之地，……土人好种花树，牡丹、芍药之属，以数十百种。”当时曹州牡丹栽培集中在城东北一带，花圃连阡接陌，鳞次栉比，万紫千红。

如果说谢肇淛的描写还只是一个过路的外乡人看到的曹州牡丹的一个侧面，那么，曹州人、明朝万历年间官至户部尚书的何应瑞下面这首诗，则从另一个角度写出了曹州人对牡丹那种深入骨髓的钟爱：

廿年梦想故园花，今到开时始在家。
几许新名添旧谱，因多旧种变新芽。
摇风百态娇无定，坠露丛芳影乱斜。
为语东皇留醉客，好教晴日护丹霞。

一个在外游宦二十多年的游子，终于在花开时节回到了家乡，回到了梦牵魂绕的牡丹园。看到花园里又多了许多旧花谱上没有的新品种，那些老品种也开出比以往新奇的花朵，满园的牡丹花开得那么娇态可人，心中的喜悦和爱恋真是无法表达，唯有祈求司春的东皇神让春天放慢脚步，少些风雨，好让这丹霞般的牡丹花将美丽长留人间。诗中不仅写出了曹州人心中对牡丹的那种割舍不断的深厚感情，也反映出牡丹在曹州这片土地上的历史之悠久，以及当时曹州牡丹的盛况。诗中所说的“故园”，即何应瑞先辈所建的“何园”，又称“凝香园、正春园”，何应瑞官居尚书后，改称“何尚书花园”，是明清时期曹州城东北一带众多牡丹名园之一。此园当时种植牡丹品种繁多，当今牡丹谱系中著名的“何园红”“何园白”牡丹，就是该园培育出的牡丹优良品种。

除了笔记诗文，明代的志书也记载了曹州的牡丹。万历年间于慎行修《兖州府志·风土志》，有这样的记述：“（曹州）古济阴之地……物产无异他邑，惟土人好种花树，牡丹、芍药之属，以数十百种多者至数十亩，士族以资游玩，贫人赖以营殖。”

总之，自明初以来，菏泽逐步成了栽培观赏胜地。至明代万历年间已经和亳州牡丹同时臻于胜境。以后超越亳州，成为全国首屈一指的牡丹产地。

至清代，曹州牡丹发展更臻繁盛，影响也越来越大，“甲于海内”之说逐步为世人所认同。考察这一时期曹州牡丹的特点，首先是有了专门的谱记。继康熙年间苏毓眉《曹南牡丹谱》之后，乾隆年间怀宁人余鹏年作《曹州牡丹谱》，道光年间曹州赵楼桑篱园主赵孟俭著《桑篱园牡丹谱》，宣统年间赵世学作《新增桑篱园牡丹谱》，其他还有晚清时期当地教育家毛同袪作《毛氏牡丹谱》等。这说明当时文人和当地的花师们对牡丹有了认真而深入的研究，相继为曹州牡丹“建档立传”，初步改变了它埋首于田野乡间默默无闻的局面。

这些牡丹谱记不仅整理记录了当时栽培的牡丹品种、种植管理方法等，还在序、跋中介绍了当时曹州牡丹的种植、经营情况和当地官民爱花、观花习尚，使后人可以通过这些文字，更多地了解牡丹在曹州的发展盛况。如苏毓眉在《曹南牡丹谱》·序中提出“至明而曹南牡丹甲于海内”之后介绍道：“己酉三月，牡丹盛开，余乘款段遍游名园。虽屡遭兵燹，花木凋残，不及往时之繁，然而新花异种，竞秀争芳，不止于姚黄、魏紫而已也。多至一二千株，少至数百株，即古之长安、洛阳恐未过也。”这还是经过明清之际的战乱，曹州牡丹劫后余生的情况。

又经过一百多年，余鹏年在《曹州牡丹谱》中写到的曹州牡丹情况是：“曹州园户种花，如种黍粟，动以顷计，东郭二十里，盖连畦接畛也”，“曹州自移花日后，旁午于道者，盖亦载花车班班云。”虽寥寥数语，但讲明了牡丹种植规模之大以及商业销售之兴盛。该谱还记述了曹州牡丹“可以火烘开者三种”，说明曹州人已经有了牡丹的人工催花技术。再以后，《桑篱园牡丹谱》《新增桑篱园牡丹谱》及序跋，则记述了道光至宣统间晚清时期的牡丹种植情况。“盖牡丹曩称洛阳甲天下，乃其浓纤、肥瘦、深浅、妍媸、物色变态领异标新，实有逊山左”，“山左十郡二州，语牡丹者，则曹州独也；曹州十邑一州，语牡丹者，则菏泽独也……鲁山之阳，范堤之外，连延不断数十里”（清·何迥生《桑篱园牡丹谱·序》）。“方今国朝，郅治太平，竞尚花木，牡丹一种，驰名四海；赏花诸君子，北至燕冀，南至闽粤，中至苏杭，言牡丹者，莫不谆谆乎我曹焉”（赵世学《新增桑篱园牡丹谱·序》）。

清代曹州牡丹的另一个特点，是更多地被载入了志书，在史籍中争得了一席之地。乾隆年间周尚质修《曹州府志·风土志》载：“牡丹芍药为名品，江南所不及也。”宣统年间张曜等修《山东通志》云：“曹州，牡丹最盛，居民有以此为业分运各省者。”光绪年间凌寿柏修《新修菏泽县志》对牡丹记述更为详尽：“牡丹、芍药各百余种，土人植之，动辄数十百亩，利厚于五谷。每当仲春花发，出城迤东，连阡接陌，艳若蒸霞……土人捆载之，南浮闽粤，北走京师，至则得厚利以归，故每岁辄一往。”王鸿孙修《菏泽县乡土志》载：“菏邑为曹名区……刚榴、柿饼、木瓜、牡丹等物，甲于天下，无愧山左之特产也。牡丹种色甚夥，亦本境出产大宗……牡丹商，皆本地土人，每年秋分后，将花捆载为包，每包六十株，北赴京津，南浮闽粤，多则三万株，少亦不下两万株，共计得值约有万金之谱。”光绪年间重修的《曹县志》也载：尝考，牡丹至宋始盛，初盛于洛下，再盛于亳州，至于今，亳州寂寥而盛事悉归曹州。

这一时期的曹州牡丹还有一个特点，那就是更多地进入官吏和文人学者的视野，或被写进诗词、文赋、杂记、小说，或被绘入丹青画卷，文以花名，花以文传，声名日播。同时当地的民间文学和艺术活动，也越来越多地增加了以牡丹为题材的内容。

这期间写有牡丹诗文作品的，除了出生于曹州或在曹州为官者如刘藻、何觐、向云泽、臧眉锡、郭如仪、刘大绅、孙星衍、赵新、马邦举、刘辉晓等之外，当时驰誉朝野的文人学者蒲松龄、王士祯、郑燮、曹寅、翁方纲、姚元之等，也都曾以曹州牡丹入其诗文之中。著名文学家王士祯在其《池北偶谈》中记述曹州牡丹道：“欧阳公牡丹谱云，牡丹出丹州、延州，东出青州，而洛阳为天下第一。陆务观作续谱谓，在中州洛阳第一，在蜀天彭第一。今河南唯许州、山东唯曹州最盛，洛阳、青州绝不闻矣”；“曹州牡丹，品类甚多，先祭酒府君尝往购得黄、白、绿数种。长白李氏独得黑牡丹一丛，云曹州止诸生某氏有之，亦不可多得也”。不仅写到曹州牡丹的地位，也写到曹州牡丹品种之珍贵，其评价还是相当公允的。康熙朝名臣、文学家曹寅在《城西看牡丹四捷句》一诗中写道：“可知国色无兼美，刚数曹州又亳州。”从中可以看出当时曹州牡丹在京师已经很有名气。著名小说家蒲松龄在其不朽之作《聊斋志异》中，以曹州牡丹为题材，创作了《葛巾》这篇美丽凄恻的人、仙爱情故事。从小说情节来看，作者或者亲自到曹州考察过牡丹，或者听人介绍曹州牡丹并诸名园甚详，否则难以做到篇中所述与当时曹州牡丹实况如此契合。其中洛阳牡丹系曹州牡丹所繁衍之说应属小说笔法不足取信，但“曹州牡丹甲齐鲁”之论，则应是以当时的基本事实为依据的。借助名家名篇，曹州牡丹更加盛名远播。

二、明清两代的曹州牡丹名园

明、清两代，菏泽城东北一带逐渐出现了上百处牡丹园。著名的有赵氏园、凝香园、毛花园、桑篱园、巢花园、公署园、张花园、铁梨寨花园、绮园等十几处。花园面积小者五六亩，大者百余亩。花园的主人或是达官士绅，或是民间花师，或是殷实的花农。他们精心培育，优选花种，使牡丹花开得艳丽夺目、蔚为大观。每年谷雨前后，人们呼朋邀友、扶老携幼，竞相到牡丹园里赏花，形成十里空巷观牡丹的盛况。这些牡丹名园，作为花农展示栽培技术的平台，代表了当时牡丹栽培的最高水平，并对牡丹的品质优化和规模扩展起到重要示范作用。

（一）明代牡丹名园

菏泽众多牡丹名园，多始建于明代，其中最为著名的有凝香园、赵氏园、毛花园、桑篱园、巢花园、公署园。这些牡丹名园，多存续至今，并有较大发展。

凝香园　也叫何园、正春园，始建于宋、元之际，是明代朝廷重臣何尔健购置的家产，因何尔健之子何应瑞为万历朝工部尚书，所以凝香园也称何尚书花园。此园位于菏泽城东岳楼村，占地200余亩，是当时曹州最大的牡丹园。著名的“何园白”“何园红”等珍品牡丹，就出自此园。

凝香园不但以牡丹种植面积大、品种多著称于当地，并有何家父子吟诗佳话流传于后世。一年春天，何应瑞回乡探亲，观赏园内牡丹后写下了一首七律《牡丹限韵》，其中四句为“摇风百态娇无定，坠露丛芳影乱斜。为语东皇留醉客，好教晴日护丹霞”，记述了凝香园牡丹的娇艳胜景。50余年后，何应瑞之子何觐考中清康熙年间进士，任内阁中书，回乡探亲观花游园，追念先人，也写了一首《咏牡丹》，其中四句是：“淡妆恰共归云碧，浓抹还随旭日红。欲报花神新句得，清平逸调至今工。”何家精心培育的凝香园，在菏泽牡丹文化史上有着十分重要的影响。

赵氏园　赵氏园始建于明嘉靖年间，由曹州城东北赵楼村赵邦瑞创建。至清道光年间，赵氏后人赵玉田继承祖业，进一步精心培育牡丹，菏泽著名的“天香独步”“种生红”“种生花”“邦宁紫”等牡丹珍品，皆出自此园。

赵氏园曾有一段流传至今的佳话。清道光年间，曹州府科举主考官马邦举喜爱牡丹，每逢花开季节总要来此观赏。他见主人赵玉田待人和气，文雅淳朴，虽年近九十，白发苍苍，仍致力于牡丹园艺，非常敬佩。马邦举几次给老人赏钱，他都推辞不受。赵玉田九十寿辰时，马邦举书赠“似兰如松”寿匾一方，以表达对老人的敬佩之情。此匾现存于曹州牡丹园牡丹博物馆。清同治年间，曹州知府赵新来这个花园观花，欣然作《看牡丹赠园主赵叟》诗：“数亩园田世守贫，团焦一榻仅容身。名花似解嫌寒俭，特起楼台傲主人。”盛赞了园主安于清贫、爱花敬业的品格。

毛花园　此园始建于明代，因地处毛家胡同而得名。毛花园占地5亩，虽面积不大，但所栽牡丹花大色艳，并且建有柏坊、松狮、松柏编柱等景观，当地称之为袖珍花园。清人成德乾有《过毛氏园》诗：“微吟小醉踏春行，瞥见园林百媚生。也有天姿曾识面，几多国色不知名。芳菲莫怪美人妒，潋滟应关花史情。坐久景闲心亦静，绿杨深处啭流莺。”盛赞了毛花园的美景。

民国时期，园主人为世家名医毛景瑞。毛景瑞一面在乡里行医，一面培育牡丹。他精心培育出上好的药材牡丹“曹丹”，另有黑牡丹“墨花魁”“种生黑”等也非常有名。毛花园中曾有姚黄牡丹树一棵，高过人头，开花七八十朵，一个个像金绣球，在当时绝无仅有。

桑篱园　此园地处菏泽城东北赵楼村北，园内种植牡丹、芍药，花园四周间作桑苗编织为篱，故名“桑篱园”。

明万历年间，桑篱园的主人是名医赵瑞波。某年，赵瑞波去陕西行医，采药于秦岭山中，偶然发现野生牡丹甚美，采回两株栽于自家园中，未能成活。次年秋，他又复往秦岭山中采移，终于在园内栽活开花。自此牡丹品种逐渐繁多，遂成一方名园。近代诗人刘汉晨《颂桑篱园主人》诗云：“桑篱二字非徒然，来自明宗万历年。本意入山为采药，却收国色齐带全。”讲的就是这个故事。蒲松龄《聊斋志异·葛巾》中的桑姥姥，描写的就是此园中的桑树仙。

清道光年间，经桑篱园主人赵孟俭精心培育，园内牡丹品种达数百种，并育有“赵园红”“赵粉”等名贵牡丹，自此桑篱园冠盛一方。赵孟俭是一位育花能手和研究专家，他分类记录园中牡丹的品性，著有《桑篱园牡丹谱》，成为菏泽花农为自己所种牡丹作谱第一人。谱成后，当地名士何迥生为之作序，时曹州科举主考官马邦举题跋。

巢云园　巢云园位于凝香园北郭楼村，是明朝万历间户部尚书郭允厚家中的花园。后来郭允厚的次子郭如仪晚年隐居在这里。据菏泽县志记载，郭如仪，字明心，号松岩，状貌英伟，博学能文，淡于名利，见义勇为，清康熙二十二年（1683）新泰训导，后病归故里隐居城东别墅云留庄（即今郭楼村）。云留庄前有牡丹园名巢云园，园中百年古松合抱，娆娇离奇，牡丹尤盛。花开时，郭如仪与四乡名流饮酒咏诗，欢度晚年。他生前著有《牡丹种植谱》两卷，藏于家中，今已失传。郭如仪去世后，其子郭琼经管花园，巢云园牡丹仍盛而不衰，花开时节，车马云集。

公署园　明万历年间，菏泽城内有公署园，园内种有牡丹。谷雨时节，前往赏观者，流连忘返。园中有花亭，州官胡廷晏在万历末年作《兖西道公署园亭记》，述说当时园亭之盛：“解官抵家，视吾奚囊，复无曹濮一物，独有一亭风景依依在目。诸亲友觅曹南土物，吾即盛夸牡丹之繁，园亭之盛，取吾诗而歌咏之。”

（二）清代牡丹名园

清代，菏泽除续存许多明代牡丹名园外，又新增了一批名园，名气较大的有张花园、铁梨寨花园、绮园等。

张花园　此园位于菏泽城东岳程庄，属清代张翰林家的花园，面积约10亩，园内遍栽牡丹和奇花异草。

张花园修建十分考究，为众多牡丹园中的精品花园。园门有用松柏编织修剪而成的城堡、牌坊、狮子、老虎、仙鹤造型。蔷薇为墙，黄杨为柱。园内甬道两旁植以麦冬，栽有松杉、古槐、杨柳等，绿草如绒，假山流水，风光无限。所种牡丹中有绿、黄两种颜色的珍品，枝茂叶荣，为当地所稀有。每逢花季，游人如织，车马盈门。日军侵华时，家人外逃，无人管理，园圃荒废。

铁梨寨花园　此园位于菏泽城东北赵楼村东北。园主人赵世学（1869—1955），字师古，自幼勤奋多才，本想博取功名，却因在投考文生时，被人冒名顶替，愤慨万端，遂决心一生不入仕途，在家养花务农。他在铁梨寨花园中，种植了牡丹、芍药、蜡梅、海棠等，花园十分繁盛。

赵世学后被本村聘为私塾先生，一面养花，一面教书，并写了《新增桑篱园牡丹谱》《新增花谱序》和《牡丹富贵说》等。他在《新增花谱序》中写道：“闻花木之生，古称洛阳，今也遍植我曹南”；“方今国朝，邦治太平，竞尚花木，牡丹一种，驰名四海。赏花诸君，北至燕冀，南至闽粤，中至苏

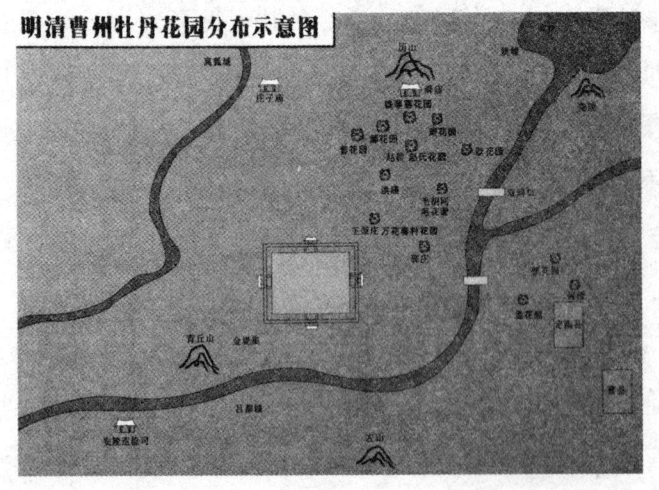

明清曹州牡丹花园分布示意图

杭，言牡丹者，莫不谆谆乎我曹焉”。文中充满身居花丛的自豪，极尽对菏泽牡丹的钟爱之情。

绮园　此园位于城南，始建于清代，面积约 5 亩，中辟南北小径，两旁尽植牡丹。每年谷雨后牡丹花放，姹紫嫣红，交错如锦，夺目如霞，前来赏观者终日不断。绮园主人晁国干著有《绮园牡丹谱》，今已失传。晁国干的表叔、贯城教谕刘辉晓于道光十九年（1839）写的《绮园牡丹谱记》，有手抄本传世。

三、明清曹州牡丹的对外交流

菏泽牡丹的繁荣发展，与日益扩大的对外交流有着很大的关系，这当中既包括菏泽牡丹不断向外地输出，又包括对外地牡丹品种的不断引进。明、清时代，菏泽牡丹随着栽种面积的扩大，牡丹的商品化程度逐渐提高，出现输出与引进双向交流的局面。这种交流，进一步促进了菏泽牡丹的发展。

菏泽牡丹对外输出时间久远。明代亳州人薛凤翔在其所著《亳州牡丹史》中，就记录了亳州的“金玉交辉”等 9 种牡丹，均来自曹州，这是菏泽牡丹对外输出最早的历史记载。以后，清初王士祯在他的《池北偶谈》中也有从曹州购得黄、白、绿、黑等珍稀牡丹品种的记载。清嘉庆年间，浙江嘉兴人安吉训导计楠编撰的《江南水乡牡丹谱》，曾记载从曹州引进牡丹优良品种 19 个。清康熙年间江宁织造曹寅在《城西看牡丹》一诗中写道：“可知国色无兼美，刚数曹州又亳州。”即是说曹州牡丹被引进北京城西花园的情景。

菏泽牡丹种植面积大，品种多，种植经验丰富，在全国影响大，所以慕名前来购买牡丹种苗的人很多。随着其声誉不断提高，对外输出的规模越来越大。清光绪年间所编《菏泽县志》载：“牡丹、芍药各百余种，土人植之，动辄数十百亩，利厚于五谷。每当仲春花发，出城迤东，连阡接陌，艳若蒸霞……土人捆载之，南浮闽粤，北走京师，至则得厚利以归，故每岁辄一往。”清宣统年间所编《山东通志》云：“牡丹曹州最盛，居民有以此为业分运各省者。”据近代所编《菏泽县志 · 乡土志》载：菏泽牡丹“甲于天下，无愧山左之特产也。牡丹种色甚夥，亦本境出产大宗……牡丹商，皆本地土人，每年秋风后，将花捆载为包，每包六十株，北赴京津，南浮闽粤，多则三万株，少则不下两万株，共计得值约有万金之谱”。近代所编《毛氏牡丹谱·弁言》亦载：“菏泽牡丹之出途，北至燕冀，南至闽粤，东则沿海一带，普遍苏杭等处，贩运几遍中国。”现代所编《赵楼牡丹花谱》序中说：“推销最多的一年，仅广州一地就远销八万多株。”

历史上，菏泽牡丹对外输出主要是南下运往广州销售，称之为“下广”。因广州是著名的“花城”，买花看花是其传统习俗，尤其是每逢春节，家家户户总要摆上几盆花，因此在那里，反季节的曹州牡丹花则被奉为上品。菏泽花农 “下广”，一般是二三十人结伴前往。每年入冬，当地村民就为下广州卖花忙活起来，开始整枝选棵打包，即将带着“土托子”（根部老土）的牡丹，每 60 棵打成一包（约一二百斤重），每家少则 500 包，多则 1000 包左右。临行前，所有出发的人及其家人都要到花神庙祭拜“花神”，祈求花神保佑。

据当地民间传说，历代牡丹专业村赵楼村北 1 公里处有鲁山，是战国时桂陵之战遗址。鲁山上原有明初洪武年间所建花神庙，是当地农民为祈求牡丹繁盛而修的。后庙宇毁圮，居于鲁山的卢堌堆村民发起重修，将鲁山改为卢堌堆。当地花农每年秋冬季“下广”卖牡丹，之前和之后都要到花神庙祭祀祷告，祈求花神保佑平安发财。此庙 1953 年才拆除。

菏泽城东北牡丹办事处一带居民，几乎都是明初从山西洪洞县移民过来的，当地民间至今流传着这样的歌谣：“洪武二年把民迁，安居就在花果园……这里虽非神仙境，十人到此九称羡。”这“花果园”和“花神庙”对照起来看，明初迁民之初或之前，这里已经种花了，其中包括牡丹。赵楼村 1906 年出生的牡丹技术员赵锡山，在当地是一个有学问的人，他生前多次说道：祖上迁来时，此地就有牡丹，唐朝就有。他的这个说法，赵楼牡丹办事处的许多老花农、老花师都从上辈人那里听说过。对以上传说和历史材料进行综合分析，可以认为，虽然没有确切历史记载足以认定，但曹州在明朝以前就有牡丹种植这一推想，还是有相当可信性的。对此，清末民初菏泽著名教育家和园艺家、毛氏牡丹花园第二代主人、《毛氏牡丹花谱》作者毛同苌，在他的《毛氏牡丹花谱·弁言》中分析道："是花，昔为洛阳胜景，今为吾曹特产。余由今追昔，鄙乡旧有万花故园。是古时非无牡丹，何故特以洛阳出名？洛阳地系皇都，胜名易传；吾曹地处偏僻，虽有牡丹故不彰耳。嗣后，时移势殊，地质变迁，洛阳渐次殄灭矣，而吾曹牡丹乃著。"客观地讲，他的观点还是颇有道理的。

菏泽人下广州卖花，早时多走水路，即经黄河东下入海，进渤海、东海、南海，到广州登陆。后来下广卖花水陆兼行，主要有两条线路：一条是用红车子推到龙口装船，经海路到广州；另一条是先推到济宁，从运河装船到浙江钱塘，然后再转轮船漂洋过海到广州。"下广"时间一般是霜降时节动身，一路上少则一个月，多时 50 多天，其间历尽千辛万苦，大约农历十月底到广州。然后，在当地培植，春节期间开花时销售。"下广"发财者不乏其人。菏泽城东北最大的牡丹园——曹州牡丹园所处的"赵楼"村之名，就源于该村赵姓花农历代"下广"卖花发财多有建楼者。村中也流传有某花农某年"下广"归来路上淋雨，回家后"晒元宝"的传说。但"下广"亏本，甚至倾家荡产者也时有发生，有的甚至客死他乡。赵楼有名的养花能手赵俭父子就为此客死异地。所以，当地流传着这样一首歌谣："推车挑担卖牡丹，糊口急需血汗钱；上路难料生与死，出门不知何日还；都说牡丹主富贵，花农却似苦黄连。"这首歌谣，记述了"下广"人的苦难和辛酸。

菏泽牡丹对外输出不仅限于国内，也曾走出国门被引种到国外。清光绪十三年（1887），英国东印度公司的亚历山大分公司，就引种了菏泽在广州催花的牡丹，植于英国的丘园。这是菏泽牡丹走出国门、传入欧洲的最早记载。之后，菏泽牡丹被国外引种逐渐广泛，据资料统计，至今已有 30 多个国家和地区引种有菏泽牡丹。

菏泽牡丹的对外交流，还坚持不断引进、充实、扩大牡丹种植品种。据史料记载和历代花农相传，明清时期，菏泽从外地引种牡丹，多源于北京、洛阳、亳州等地。一些花农从外地引种牡丹新品种十分执着。明万历年间，曹州花农兼名医赵瑞波去陕西行医，回来路过秦岭采药时，发现了野生牡丹，曾两次来往曹州、秦岭之间，挑选颜色好的带回来进行培育。清末菏泽种花能手赵邦宁，听说胶东崂山有野生牡丹，便千里跋涉，辛苦寻找采集。在返回途中赵邦宁不幸病亡，随行家人遂将野生牡丹带回菏泽细心培植，最终繁育成功。为了纪念赵邦宁，这种牡丹被取名为“邦宁紫”。菏泽花农祖祖辈辈坚持不懈，为引进牡丹新品种，充实扩大牡丹新花色，付出了辛勤的努力，从而赢得了菏泽牡丹的进一步繁盛。

四、牡丹常盛不衰的原因

菏泽牡丹之所以能够持续发展，历经数百年而长盛不衰，除了牡丹花的观赏价值，主要还得益于当地适宜的自然条件、传统的种植习惯和花农长期积累的牡丹栽培技术，以及牡丹相对其他经济作物较高的收益价值。

其一，菏泽有适宜牡丹生长的优越自然条件。菏泽地处北温带，为黄河冲积平原，土质肥沃，半淤半沙，四季分明，雨量适中。适宜的土壤和气候条件，非常适合牡丹的生长。特别是菏泽城东北赵楼村一带，土质沙壤适中，松软肥沃，并且地处城郊，道路河网纵横，交通便利，这些都为大规模牡丹种植提供了绝好的条件。

其二，牡丹由观赏栽培转变为经济作物种植。数百年间，菏泽花农把牡丹作为传统经济作物栽培，如同种植庄稼和蔬菜一样，动辄十几亩、几十亩，靠牡丹种植获取经济效益。这种情况，致使清末民初时期菏泽牡丹种植面积多达数千亩。每年谷雨前后，菏泽城东北方圆几十里几乎是牡丹花的世界。这种规模，是唐代长安、宋代洛阳仅供达官贵人观赏的园圃种植所无法比拟的。

其三，菏泽花农有培育牡丹的悠久传统和长期积累的栽培技术。菏泽当地的许多牡丹谱志中，都详细介绍了种、栽、分、接、浇、养等多个方面的牡丹栽培和管理技术。清代余鹏年所编《曹州牡丹谱》，对菏泽牡丹的栽培技术作了全面而详尽的记述。谱中不仅详细记载了牡丹的移花技术，还系统介绍了牡丹的田间管理、病虫害防治等。这些成熟的技术，保证了菏泽牡丹的栽培和改良。

其四，菏泽牡丹具有突出的商品特点。牡丹栽培“利厚于五谷”“贫人赖以营殖”。牡丹全身是宝。根皮可以入药，名为丹皮，有清热凉血、活血化瘀之功效。丹皮还可以制作牡丹茶，《本草纲目》载：“久饮可延年益寿。”菏泽是我国药用丹皮的主要生产和供应基地。牡丹花能制作饮料、化妆品，还能直接食用。明清时代就研制出以牡丹为原料的菜肴配制方法。如以牡丹花为主要原料的“牡丹银耳汤”，汤清味美，清淡爽口。牡丹的这种广泛的用途和较高的经济价值，致使明清两代菏泽发展成为全国最大的牡丹栽培中心，花农们大量种植销售，收入颇为可观。

总之，当地适宜的自然条件，牡丹自身的经济价值，牡丹花农的种植情结和精湛技术，加上城乡民众爱花种花习惯，诸多因素造就了长盛不衰、“甲于海内”的菏泽牡丹。

第四节 花逢盛世更娇艳
——步入当代的菏泽牡丹

明清时期曹州牡丹虽然获得“甲于海内”的美誉，但那种所谓盛况，并不是平稳持续发展的，它受社会动乱严格制约和自然灾害的严重干扰，呈现的是时兴时衰的历史状况。尤其自清末开始，由于战乱频仍，民生凋敝，曹州牡丹发展又一次陷入低潮。列强入侵，军阀混战，特别是日寇铁蹄践踏，将菏泽牡丹产业逼入绝境。至1949年中华人民共和国成立时，牡丹种植已经很少，品种损失严重。

“国兴花自艳，天德结绣裳。”中华人民共和国成立后，菏泽牡丹开始了它历史上又一个繁荣发展时期。特别是改革开放以来，菏泽牡丹更是进入了历史的春天，从种植规模、科技水平、经济效益、文化品位等方面都得到了空前的发展。菏泽牡丹种植面积现已达到10万亩，花色品种达到1100多个，在全国乃至国际的历届花卉展览、评比中“冠压群芳”，“曹州牡丹甲天下”真正变成了现实。

中华人民共和国刚一成立，政府就高度重视抢救和恢复牡丹生产，鼓励花区农户保护现存牡丹品种，扩大种植。以后在合作社和人民公社时期，当地政府努力抵制“左”的政策影响，针对牡丹这一传统特色经济作物采取了许多特殊扶持政策。如当时的赵楼公社将几个村种植牡丹的土地和劳力集中起来，成立“特产队”，排除干扰专心从事牡丹生产。在三年困难时期，为了保护牡丹生产，政府向牡丹面积较大的村队群众发放粮票、煤票、油票、化肥等给予补贴支持，国家在“曹丹”（曹州牡丹之根皮，中药材，因质量优于一般丹皮故称“曹丹”）收购中也采取了相应的优惠政策。推行生产责任制之初，牡丹收益一度偏低，为了防止一部分群众拔掉牡丹种棉花，当地政府又向上级申请了专项资金，用于扶持牡丹生产。这样一来，牡丹种植面积很快由解放之初的不足百亩，发展5000余亩，超过了明清鼎盛时期。

为了逐步扭转长期以来牡丹药用为主、观赏为辅的局面，20世纪80年代，省、地、县政府相继拨款百余万元，高标准建设了“曹州牡丹园”“古今园”“菏泽百花园”“天香公园”等几个牡丹花园，其中“曹州牡丹园”面积达到100余公顷，是当今国内也是世界上最大的牡丹花园。1982年，当时的中共中央总书记胡耀邦亲临牡丹园视察，鼓励当地领导和花农大力发展牡丹产业，努力做到四季有花，更好地服务于人民生活。

进入21世纪，菏泽市政府从发展牡丹产业、建设现代化旅游城市的总体战略出发，采用政府扶持和商业运作相结合的办法，坚持高标准设计、高标准建设，先后投入6000余万元，对“曹州牡丹园”进行了大规模改建扩建，公园牡丹种植面积更大、园林化水平更高。随着牡丹产业化水平的提升，牡丹的商品价值与日俱增，大田商品牡丹种植面积迅速扩大。截至2006年底，菏泽的牡丹种植区已经发展到十几个乡镇和城区办事处，此外还有较为集中的牡丹生产繁育基地30余处，总面积达到10万亩。菏泽已成为当今世界面积最大的牡丹栽培中心。

菏泽花农祖祖辈辈爱花护花情痴意切，种花育花心灵手巧。在明清时期，这里的花农们就培育出了“金玉交辉”“赵粉”“豆绿”“何园红”“何园白”等牡丹优良品种，这些品种不但在本地传留至今，而且不断流传到外地。花农们这种世代相传的牡丹情结在新社会更浓，育花技术提高更快，其积极性和创新精神得到极大迸发。众多情挚艺高的花农和科研工作者相结合，推动着菏泽牡丹的栽培技术日新月异，新品种繁育硕果累累，产业开发渐臻佳境，使菏泽牡丹声誉与日俱增。

新中国成立之初的五六十年代，菏泽的牡丹科研还主要是遗留品种的搜集保全、集中种植、提纯复壮等，使濒于失传的品种群得以恢复和扩大，为以后的发展奠定基础。同时，在科研专家的帮助下，花农出身的技术员开始接受现代育种和植保技术。

进入 20 世纪七八十年代，利用传统有性繁殖、无性繁殖技术与现代科技手段相结合的方法，新培育出的牡丹新品种逐渐面世。到 1972 年，就选育并鉴定了 150 个优良品种。进入 80 年代中期，菏泽牡丹品种已经由清朝末年 200 多个发展到 600 多个。以后良种繁育步伐进一步加快，成果愈加显著。2002 年 4 月，菏泽 103 个牡丹新品种通过了中国牡丹芍药品种审定委员会的审定，这是中国首次一批审核通过最多的品种。到目前，已获得国家质检总局原产地标记注册认证的就有 1156 个品种。另外还有新培育的近 300 个品种正在申报注册。

经国家林业局批准，于 2004 年 8 月在菏泽建造了面积达 300 余亩的中国牡丹新品种驯化测试中心和中国牡丹基因库，现已成为测试牡丹新品种和从事牡丹基因研究的科研中心与基地，有力地推动了我国特别是菏泽牡丹的可持续发展。牡丹品种如此之多，在全国首屈一指。这些新品种除在本地种植外，并大量供应全国各公园、园林和药材种植单位。其中“迎日红”“紫花魁”“粉中冠”等新品种由于具有较强的抗逆、抗病、耐寒等特性，每年有数万株运往沈阳、哈尔滨等东北各地落户，改写了“牡丹不过关”的历史；由菏泽牡丹与凤凰山牡丹杂交选育的“凤丹红”“凤丹粉”等新品种，耐高温、耐湿热特性显著，解决了长期以来观赏牡丹在南方栽培成活率低的难题，每年大量输往南方各大城市公园栽培。

花农和牡丹科研专家相结合，我国在牡丹的栽培、植保和催花、切花、盆栽牡丹、案头牡丹等技术的研究上也取得可喜成果。其中菏泽牡丹人工催花研究成果尤其丰硕。这里人工催花传统悠久，在明清时期，每年秋后将大批牡丹刨出打包，车载船装，“北走京师，南浮闽粤”，进行南方的室外催花和北方的室内催花。当时北方催花挖地窖当温室，没有玻璃，就用绵纸涂上桐油代替，用烧火炕的办法进行加温。中华人民共和国成立以后，菏泽的花农们很快就开始了传统催花技术的挖掘整理和新技术的探索，特别是创新采用了现代科技成果，运用人工智能调控牡丹生长周期，科学控制光照和温度湿度，不仅使南方的露地催花技术更趋成熟，也使北方温室催花技术达到了炉火纯青的境界，还研究试验成功了北方大田催花。现在，菏泽牡丹再也不是一年“花开花落二十日”，而是一年四季任何时候都可以实现人工控制开放，祖祖辈辈“四季有花”的梦想终于变成了现实。

菏泽牡丹在科研创新历程中，科学技术专家的参与、现代科技成果和手段的运用、政府科研机构的设立，起到了至关重要的作用。从 20 世纪 50 年代开始，当地政府就陆续邀请国家花卉专家到菏泽指导牡丹生产培育，组织当地科技人员与农民花师一起进行牡丹科学实验。全国著名牡丹专家、北京林学院周家琪教授，山东农业大学喻衡教授、杨念慈教授等，经常与当地的老花农一起进行牡丹技术切磋，一道进行牡丹品种收集、培育、鉴定，并培养了赵孝知、赵孝庆、孙景玉等一批年轻的花农技术员。特别是喻衡教授，20 年间长期深入菏泽，呕心沥血写出了《曹州牡丹栽培技术经验》《菏泽牡丹》等专著，产生了很大的影响。20 世纪 90 年代以来，全国著名牡丹专家王莲英教授、秦魁杰教授等也多次深入菏泽，对菏泽牡丹科研、生产、推介及牡丹产业化进行全面指导。

1982 年，在政府指导下成立了菏泽牡丹研究会。该会以当地牡丹技术人员为基础，聘请喻衡、王莲英等专家参与指导，目前会员已达 100 多人。1985 年由山东省科委批准，成立了菏泽市牡丹研究所，下设牡丹良种繁育场、牡丹冷藏厂等科研企业。现在全市从事牡丹花卉研究的科学技术人员达 372 人，其中高、中级技术人员 242 人。牡丹科研实现了专家与花农相结合、传统技术与现代科技相结合。在牡丹有性繁殖中，既不排除传统的自然授粉杂交变异，又注重采用定向杂交、人工授粉等方法优中育优；在无性繁殖中，既采用传统的自然分墩、插条育苗、人工嫁接等繁育方法，更注重采用生物工程技术和组织培养的手段进行优种快繁；在畦种育苗中，既采用晾、晒、捂等传统办法控制变异，更注重采用核辐射、空间微重力场等高科技手段促其突变。特别是在2002年3月25日至4月1日，由菏泽选送的200粒牡丹种子，搭乘“神舟三号”飞船飞上太空，绕地球 108 圈后返回地面，成功进行了空间微重力条件下的太空育种，返回后迅速种植在曹州百花园。现在这批太空牡丹长势良好，科研人员正对其变异状况进行密切观察和深入研究，以期育出具有“太空”特色的牡丹新品种。结合栽培研究实践，菏泽的牡丹科技工作者在过去十几年间共编撰出版菏泽牡丹学术著作 30 余部，在专业报刊发表学术文章 1000 余篇，对菏泽牡丹的栽培经验进行了科学总结和推介，在全国花卉界产生了相当大的影响。

参评参展屡屡折桂夺冠。菏泽牡丹沐浴着盛世阳光和改革开放的雨露，乘着现代科技的东风，娇艳的花朵开得更硕大、色彩更绚烂、芬芳更馥郁。自 20 世纪 70 年代以来，菏泽牡丹及其配套技术积极走出去参评参展，在全国和国际的擂台和展台上屡屡折桂夺冠，带给世人无限的惊喜。

1974 年开始，菏泽牡丹先后在广州、上海、南京、成都、海南岛、兰州、沈阳、无锡、北京、青岛、黑龙江、澳门、香港及法国波尔多、美国匹兹堡等国内外几十个大中型城市参展，并且非常成功。特别是在港澳几度春节的牡丹花展销，轰动世界。

1978 年 1 月在澳门举办的“中国牡丹花展览”会上，展出曹州牡丹 2000 株，成为世界游人注目的中心，观众达 40 万人，被称为“牡丹盛会四百年首见”。

1988 年 3 月在香港举办的“国际花展”上，菏泽牡丹备受崇爱，港督卫奕信爵士夫人特意在牡丹旁留步，小心翼翼地托起一朵“赵粉”，深深地闻了闻。

香港盆景协会的主席，还特意托人购买菏泽牡丹。展出结束，香港市政总督特意给菏泽颁发“锦袍红牡丹展出奖”冠军奖。

在 1987 年至 2005 年国家举办的六届花卉博览会上，菏泽牡丹获奖占绝对优势。其中除名优品种牡丹获得多项大奖外，还有多项重大开创性技术获得大奖，如在首届全国花卉博览会上，菏泽牡丹新品种选育、牡丹大田催花技术研究获得国家科技进步奖；在第二届全国花卉博览会上，菏泽牡丹催花研究获得一等奖；在第三届全国花博会上，凤丹牡丹实生苗嫁接观赏牡丹在商品化生产中的应用研究获得一等奖……在第六届全国花博会上，更夺得金奖 5 项、银奖 13 项的骄人佳绩。

从 1992 年全国第一届花展到 2001 年的第五届全国花展，菏泽牡丹都以其花大、色艳、型美、科技含量高而赢得观众和花展评委的好评。

为更好地发挥牡丹资源优势，更多地把牡丹推向国内外市场，1996 年春，菏泽举办“首届中国菏泽牡丹花会展销会”。会上除菏泽、荷兰举办大型牡丹、郁金香联展外，各省、自治区、直辖市共有 58 个展团、18 个系列、460 个品种、38 万盆（株）展品参加展出。仅前三天，花卉成交额就达 2.3 亿元，其中菏泽与荷兰一项牡丹展销协议高达 1600 万美元。

2002 年 2 月在广东举行的全国牡丹花展中，菏泽牡丹技压群芳，一举夺得 13 项金奖中的 8 项，37 项银奖中的 22 项，77 项铜奖中的 52 项。

从 1987 年至 1993 年，先后在我国香港和法国波尔多举行的多次世界花卉博览会上，菏泽案头牡丹、盆栽牡丹分别获得多项“最佳展品一等奖”“优异一等奖”和“一等奖”“银质奖”等大奖，赢得了很高的国际声誉。

特别是 1999 年在我国昆明举行的世界园艺博览会上，菏泽牡丹一举夺得了 3 项大奖中的 2 项、12 项金奖中的 10 项、36 项银奖中的 26 项、60 项铜奖中的 43 项。这样，在此次博览会的 111 个牡丹总奖项中，菏泽牡丹独得 81 项，创造了“世博会上牡丹奖，七分天下属菏泽”的佳绩。昆明世博会举世瞩目，牡丹评奖结果在国内外园艺花卉界引起很大震动，业内外人士无不叹服菏泽牡丹的超强实力。

菏泽牡丹真正迎来了发展的春天。如果说，曹州牡丹在明清时期“甲于海内”的声誉更多的是来自文人雅士观感的话，那么，今天“菏泽牡丹甲天下”的结论，则更多的是在大量数据的基础上，经过了多层次、多角度反复比较之后得出的。无与伦比的种植规模，遥遥领先的种群数量，冠压群芳的好评嘉誉，份额独步的销售市场，使它的客观性、科学性、可信性不容置疑。凤凰涅槃，浴火重生。历经劫难的菏泽牡丹，至今终于可以纵情地展示醉人的娇容，挥洒沁人的馨香，把美丽带给人间了。

第五节　涵英集萃育丹华

——当代的菏泽牡丹名园

新中国成立以后，由政府主导，对牡丹栽培集中区的众多花园进行规划调整，按照保留传统、发展特色、有利观赏、方便旅游的原则，重点建设了曹州牡丹园、菏泽百花园、古今园、天香公园等几个牡丹园。

花园之间，在种植面积、新奇品种、布局精巧等方面既互相学习和交流，又相互明争暗比，客观上推动了牡丹种植业的发展和提高，对一些传统优秀品种的传承和改良，对新品种的选育产生了较大的推动作用。牡丹花园又是牡丹观赏窗口，当地百姓和中外游客领略曹州牡丹绝世风采的看台，也是文人雅士、艺术工作者切磋诗文、采风写生和科研人员施展技艺的园地，对于发展和弘扬牡丹文化，提高牡丹科技含量功不可没。

在菏泽城区，各部门、各单位和中华路、人民路、黄河路等主要城市干道的绿化带及十几处城区绿地，都栽满了牡丹、芍药、月季、木槿等花木，城区处处飘溢着沁人心扉的花香。

曹州牡丹园　位于菏泽城东北部人民路、花园路之间，始建于1957年，1982年改建，2002年扩建，总面积100公顷，是世界上面积最大、品种最多的牡丹园。

目前，曹州牡丹园面积已达1600亩，牡丹品种1237个，芍药品种600多个，其他乔、灌木、地被植物共计200余种，是目前世界上牡丹、芍药种植面积最大、品种最多的植物园林。为拉长旅游链条，促进菏泽文旅产业发展，2021年牡丹节期间，曹州牡丹园将在白天观赏牡丹的基础上，点亮“夜游模式”，其中包括时长50分钟的大型水上实景演出《曹州吟》、灯光秀表演《梦幻曹州牡丹园》、牡丹仙子巡游。

曹州牡丹园建筑风格汇古今中外于一体，既古色古香、气势恢宏，又坦荡开阔、洒脱大气。

西大门是仿明代组合建筑，排楼十斗、三昂、重翘、绿瓦、歇山顶；立柱以上，全木卯榫结构，仿古彩绘，金碧辉煌，上书原中国书法家协会主席曾任中共山东省委书记的舒同亲笔“曹州牡丹园”五个镏金大字，熠熠生辉。排楼两旁，配套八字宫墙，连接古式配房，青砖筒瓦，翘角飞檐。整组建筑古朴壮伟，浑然一体。

迎西大门排楼，高竖纯铜铸造的“国花鼎”，高5米，重5吨，鼎上是一颗硕大的铜明珠造型，铸有该园1053个牡丹品种名字，以此将积淀深厚的民族历史文化和接古通今的悠长牡丹文化巧妙地融汇一起。

曹州牡丹园的中央建筑是宏伟耸立的仿古建筑观花楼，楼名由曾任中国书法家协会主席的刘炳森题书。登楼四顾，千亩牡丹花海尽收眼底。楼前的“天下第一香”碑，被誉为“三妙碑”：一是大书法家爱新觉罗·傅杰的书丹妙；二是当地名士何淑淦的跋语妙；三是政协名士刘月亭的撰联妙。

观花楼南有“国花馆”，徽派建筑，别具一格，总面积4500平方米，由清华大学和中央美院联合设计，是世界上第一座牡丹博物馆。内设序厅、历史厅、鲜花厅、牡丹精品厅、文化艺术厅等。鲜花厅由中国花协牡丹芍药分会会长王莲英教授亲自设计布展，在这里，一年四季都可以看到盛开的牡丹。牡丹精品厅是世界上牡丹品种最全的图谱库，展示牡丹品种达1056个。

牡丹广场位于牡丹园的偏东部，总面积8000平方米。主题造型“国花魂”高16米，直径14米，由中央美院设计制作，以抽象、含蓄而洒脱的精美造型，象征古老而年轻的菏泽历史悠远又生机勃发。广场上9根高9米、直径1米的文化柱石，饰花岗岩高浮雕精美图案，反映了菏泽市五千年的文明史。

广场西侧是再现的雷泽湖。据传，我们的祖先虞舜曾“耕历山，渔雷泽，陶河滨”，所讲三地均处菏泽。这次牡丹园大扩建，又开挖30000平方米的人工湖，为先祖谋生的古代湖泊复名，实为千古雅事。湖中饰有音乐喷泉，9个主喷头，56个小喷头，喷高达30米，组成8种不同美丽图案，在七彩灯光照射下，缤纷璀璨，使人如入幻景。

牡丹广场西邻，“国色无双，天香独步”景点，是立体的牡丹观赏区。此处牡丹采取九级台阶式逐步升高栽种，直达土山之巅。盘山石阶路侧，以玉兰为主，合并而成花瓣路，合欢、石南、火辣、华山松、红叶李和木本绣球点缀其间，使游人盘旋曲径花层间，体品“天香夜染衣”之雅感。

过牡丹山、服务区，便是牡丹园中的“梅林石韵”。这里新种梅树近千株，配以千奇百怪的天然巨石200余尊。每石必有精妙书法题写的奇名雅号，令人神思逸想、回味无穷。

观赏牡丹的主景区，是观花楼与国花馆之间的牡丹大田。每当谷雨时节，各色牡丹竞放，九大色系，十类花型，千余个品种，其鲜、其娇、其艳、其香、其姿、其态……实为国色天香，无与伦比。一望无际的花洋花海花世界的接天势派，使游人无不如痴如醉，为之倾倒而流连忘返。万花丛中，是素白组雕“葛巾玉板”，更把人带入那无限美妙的神幻仙境。

盛世牡丹荣。今天的曹州牡丹园，不仅“牡丹甲天下”，而且满园景点变化无穷，“花之语”“花之韵”“花之魂”“花之海”“花之潮”五大景观区，花海潮涌，山湖辉映，奇石疏林，曲径通幽……向游人提供的不仅是赏心悦目的园林之游，而且是内涵丰富的文化之旅。

菏泽百花园　原名曹州百花园，位于菏泽城北郊牡丹办事处洪庙村，与“曹州牡丹园”“古今园”“凝香园”合称“菏泽牡丹四名园”。

此园与规模宏大的“曹州牡丹园”隔路相望，园仅百亩，却源远流长，婉若园林大族中“小家碧玉”，独具情姿，引人入胜而流连忘返。

据记载，此园原为明朝万历三十八年（1610）进士、工部尚书何应瑞所建，购田30余亩，广植各色牡丹和其他花木，当时民称“尚书花园”。几经沧桑，至清末时代，已易主曹州总团练郝省谦。郝又在四周遍栽桃、梨、柿等果木，园内增植牡丹、芍药珍稀品种和其他奇花异草，并打井修塘，养殖金鱼、鲤鱼，时称“郝家花园”。每年阳春时节，繁花似锦，车水马龙，宾客云集，盛极一时。后因连年战乱，天灾人祸，花园萧条败落，民国时期已诸花凋枯，几为荒野。

中华人民共和国成立后，洪庙村民重振祖业，在旧园址复种牡丹、芍药，很快聚零成片，恢复建园，名为“洪庙花园”。1982年政府拨款扩建，更名“百花园”。1990年，进一步定向性再扩建，园内面积达百亩，经南京园林设计院专门设计，内建古式回廊、花亭、喷泉、雕塑，定名为“菏泽百花园”，集中栽植世代传留下来的牡丹珍品，大力培育名贵牡丹新品种。至今，该园已拥有精品牡丹20多万株，珍贵观赏芍药10多万株，红、黄、兰、白、黑、绿、紫、粉及复色共九大色系、560余个品种。其中一株明代牡丹，高4米，冠5米，老枝苍劲，绿叶葱笼，每年硕花400余朵，被称为“牡丹之王”，盛开时如锦如霞，观者无不加额叫绝。由该园“花艺掌门人”孙景玉耗17年心血培育的珍奇新品“景玉”牡丹，其花硕大，玉洁冰清，通体似玉，金蕊沁香，凛冽袭人，被誉为“白牡丹之极品”。至今，孙景玉老人亲领园工培育的牡丹新品种已达400余个，其中“乔子红”“向阳红”“曹州红”“景玉白”“水晶球”“青香玉翠”“金星雪浪”“绛幕隐玉”“碧天蓝月”“贵妃出浴”“青龙镇宝”等70余种，已被列入珍贵牡丹新品种，曾在国内外重大花事展赛中获大奖、金奖、银奖、冠军奖、一等奖、新品奖、科技进步奖等780余项次。1999年昆明世界园艺博览会，共设牡丹奖项111个，此园独得52项之多。

菏泽百花园虽源于数百年牡丹古园，但不故步自封，通过“请进走出”，引入日本等国优良牡丹品种“金宝”“金阁”“太阳”“花王”等数十个；又走出家门、国门，在苏州、杭州、广州、上海等大城市和日本、美国、荷兰、新加坡等国进行名贵精品牡丹、芍药展览与交流，吸纳古今中外牡丹精华，使此园愈加精品荟萃。

2002年9月中旬，中国首批200粒“太空育种牡丹”种子在“曹州百花园”

落户，这是世界上第一批“太空育种牡丹”。

“牡丹太空育种”主要是利用太空环境中宇宙射线辐射、高真空、微重力等综合因素的作用，使牡丹种子出现某些地球上无法获得的变异，从而大大提升牡丹的品种质量，在花色、花型、株型、叶型、花期等方面实现质的突破。

200 粒种子于 2002 年 3 月 25 日— 4 月 1 日，随“神舟三号”飞船在太空中围绕地球飞行了 108 圈，经过 6 天零 18 小时，完成了人类首次在失重条件下对牡丹进行的太空变异实验。

200 粒太空牡丹于 2002 年 9 月中旬播种后，10 月开始生根，生长良好。2006 年 4 月首次开花，太空牡丹比现有牡丹品种花大，色泽艳丽，抗性强，花期长。

古今园　位于菏泽白花园南一公里处，是距城区中心最近的一处牡丹园。古今园前身是明代万花庄村民创建的“万花庄花园”，园内主植牡丹、芍药，间植其他花木。花园经明末战乱，日渐荒芜。至清代乾隆年间，王梨庄（万花庄后改名）人岁贡王孜诵（号花村）重修牡丹园，编制松坊、松狮、松羊等。后因天灾人祸，花园又一度萧条。清末以后王氏族人屡次重修牡丹园，所植牡丹远销北京、南京、苏州、杭州、香港等地。民国初年，花园被曹州府武备张培荣据为己有，改名军门花园。日寇侵略及国民党统治时期，天灾人祸，民不聊生，花园几近荒废。

中华人民共和国成立后，花园回到花农手中，牡丹栽培面积年年扩大，花色品种不断增多，逐步走向繁荣。1982 年，政府又拨专款重修花园，因其阅古历今，饱经沧桑，故名“古今园”。以后又多次拨款新建了民族特色的园门，古朴典雅；白色花园围墙，颇具现代园林风格；拱桥流水，假山喷泉，相映成趣。园内花卉面积 50 余亩，种植牡丹优良品种 300 余种，另有芍药、蜡梅、迎春、月季、玫瑰、丁香、海棠等奇异花木几十种。培育 200 余年的松编牌坊——孜诵坊，壮观优美，堪称一绝；松编狮、虎，惟妙惟肖；树龄 200 多年的龙头槐虬枝盘旋；100 多岁的翠兰松，如烟似雾；200 多年的线柏，江北只此一棵；金丝吊蝴蝶树，春末开花，秋季花朵成为蝴蝶状，如万条金丝垂吊着一只只蝴蝶，十分奇特。因其松编造型独具特色，1985年，国务院派人专程把古今园培育的两队松编动物运往北京，栽于中南海紫光阁前。

天香公园　位于菏泽市中心区的天香牡丹公园，1990年修建于中华路北侧赵王河东岸。公园占地24.62公顷，园内景观植物以牡丹为主，拥有“玉版白”、“豆绿”等珍贵牡丹180余种。景区松柏森森，竹林苍翠，花水相间，园林小道曲径通幽。园内建筑古朴典雅，天香亭白龙盘柱，天香湖碧波荡漾，动物岛百兽相戏，游乐场妙趣横生。

每值假日，天香公园成了孩子们嬉戏玩耍的乐园；每日晨昏，这里又成了人们休闲健身的好去处；每当牡丹花期，位于菏泽城区的天香公园，像洛阳王城公园一样，各色牡丹盛开，色彩艳丽，花香四溢，吸引着成千上万的市民一睹牡丹芳容。

何家花园　又名“凝香园”，位于菏泽开发区岳程办事处岳楼行政村。花园现存留40亩，其景观大致分三大部分：何氏宗祠、何家碑林、园内各类奇花异草。这里种植着菏泽人引以为傲的牡丹和生长了数百年的松柏、丁香、蜡梅，它曾为古曹州最精美的私家花园，是我国古代北方八大名园之一。菏泽久负盛名的绿牡丹、黑牡丹也源于何家花园，何家花园见证着菏泽牡丹的发展历程。何家花园在“姓”何之前，已经存在数百年。据说，隋唐时代就有此园，正式建于宋代。宋代此园名叫“东皋园”，是曹州府第一游览名胜。元朝时蒙古族袁姓占据此园，取名“正春园”。后来袁家败落，被明万历三十八年进士、工部尚书、菏泽城东何楼村何应瑞购得，后人开始称其为“何家花园”“何园”。园内有600多年的凌霄树，400多年的桧柏，数百年的蜡梅和1000多年的翠松，附近的何应瑞墓地桧柏成林、苍郁参天。

盛华牡丹园　位于菏泽市牡丹区黄堽开发区宋楼村南，为成立于2008年的山东盛华农业发展有限公司所建。该园占地面积2066.48亩，包括牡丹观赏园900亩、文化园120亩、采摘园1000亩；牡丹展览馆6000平方米，影视艺术中心15000平方米，生态餐厅8000平方米，各种旅游设施10000平方米。

中国牡丹园　位于牡丹办事处大郭集村，北靠220国道，东临京九铁路，最初规划时命名为“菏泽国际精品牡丹园”，是继曹州牡丹园、百花园、古今园三大名园外菏泽的又一重点牡丹园，后改名为中国牡丹园。栽植牡丹芍药品种900余个、80余万株，赵粉、东方金、海黄、首案红等为珍稀品种。占地1200亩，计划投资6.2亿元。主要建设牡丹芍药种植园，着力于搜集、整理、鉴定、保护、栽培牡丹芍药种质资源，油用牡丹品种的培育、推广及开发利用，建立健全牡丹全产业链生态发展模式，推进牡丹产业化进程。中国牡丹园建成后，将成为世界最大的牡丹品种保护、繁育基地和牡丹观赏基地。按照项目设计，为营造四季有花、园区常绿的景象，中国牡丹园内除了种植牡丹、芍药外，另外将栽植菊花20万株、薰衣草60万株、蜡梅11万株及油菜花等，还有被荷兰誉为国花的郁金香，园内引进郁金香20万株，分七块片区，分别为蓝、绿、粉、紫、黑、黄等六种色区及混搭区。

冠宇牡丹园　位于牡丹区临商路（鄄城路）黄堽镇马厂北邻，园内有460亩的精品牡丹，500多个品种，还有百年牡丹、几十年生大棵牡丹。

第六节　雍容华贵走天下

——对外交流中的菏泽牡丹

菏泽牡丹是在对外交流中发展起来的，可以说，它具有与生俱来的开放性。在不断引进外地优良品种的同时，菏泽的优良牡丹品种也不断地输出到外地。这种输出在明代就出现了，以后随着曹州牡丹声誉的提高，输出的规模越来越大。中华人民共和国成立后，特别是改革开放以来，菏泽牡丹受到全国各地和世界各国的空前重视与欢迎，牡丹产品（种苗、鲜花、药材）及其栽培生产技术的对外输出，出现了前所未有的局面。时至今日，菏泽牡丹的曼妙身姿，已经走遍了全国，也大步走向了世界，为天下亿万人民带来美好的享受。

作为种苗，菏泽牡丹的对外输出，可以追溯到明朝。薛凤翔在其《亳州牡丹史》中，记录了“金玉交辉”等9种牡丹珍贵品种，均得自曹州。这是菏泽牡丹对外输出最早的历史记载。也可以说，菏泽牡丹在历史上首次亮相，就是在对外交流的舞台上。以后，清初的王士祯在他的《池北偶谈》中也有从曹州购得黄、白、绿、黑等珍稀牡丹品种的记载。嘉庆年间（1809）浙江嘉兴人计楠编撰的江南水乡《牡丹谱》，所记载的曹州牡丹品种就有19个。虽然历史记载很少，但不难想象，凭着当时曹州牡丹“甲于海内”的声名，慕名到曹州购买牡丹种苗的一定不少。“闻道牡丹新种出，万钱索买小红芽。”从明人李悦心的这两句诗来看，万钱索买牡丹新种者，决不会只是个别现象。

新中国成立初期，全国其他牡丹产区由于过去长期战乱破坏牡丹濒于灭绝，菏泽牡丹在搞好自身恢复发展的同时，担负起了向这些产区供应种苗帮助恢复的重任。以洛阳为例，20世纪50年代周恩来总理前往视察时，看到洛阳牡丹面积和品种很少了，已濒临绝境，便当场指示：牡丹是中国的国花，要赶快抢救。于是洛阳一边派技术员来菏泽学习，一边开始从菏泽大批购进牡丹种苗。从1957年开始，每年购买10万株至20多万株不等，1957年一次买10万株，2002年买去30万株，其中一个隋唐牡丹园就买了12万株。可以说菏泽牡丹成了洛阳牡丹恢复发展的坚强后盾。

当时的北京，每年都从菏泽移植大批牡丹，北京的各大公园，都栽有菏泽牡丹，景山公园东门里的牡丹，就是1953年从菏泽王梨庄花园移去40多个品种发展起来的；北京植物园1980年兴建香山卧佛寺牡丹园时，一次从菏泽买去260多个品种2000多株。中南海、国务院及党和国家领导人如毛泽东、周恩来的故居，也都栽植了菏泽牡丹。亳州也多次引进菏泽牡丹，1980年亳州汤陵园公园、薛阁塔公园一次就从菏泽购去牡丹1万余株。此外，甘肃榆中和平牡丹园、江苏盐城枯枝牡丹园、山西太原双塔牡丹园及迎泽牡丹园、上海植物园牡丹园等全国各大中城市牡丹园、公园，都引种栽植大量菏泽牡丹。

1997年和1999年，在上海和昆明举办的全国第四届花卉博览会和世界园艺博览会上，菏泽分别以珍贵牡丹品种建立了曹州牡丹园，会后都将牡丹园赠送给了当地政府。20世纪90年代以来，菏泽花农走出去独资或联营在北京、上海、云南、石家庄、青岛、西北坡等地建设了成规模的牡丹园或牡丹栽培基地。据统计，自20世纪90年代以来，菏泽每年输往国内各地的牡丹种苗近百万株。北起黑龙江，南到广西、海南，东起台湾地区，西到新疆、西藏，全国几百个大中城市，都有菏泽牡丹在那里生根、开花。

菏泽牡丹也走出国门，被引种到世界几十个国家和地区。据记载，清光绪十三年（1887），英国东印度公司的亚历山大，引进了菏泽在广州催花的牡丹，栽植于丘园。这是菏泽牡丹最早走出国门、传入欧洲的最早记载。20世纪六七十年代，出口对象还局限于苏联、朝鲜及东欧一些国家，除换取少量外汇外，主要是传递友谊。从70年代后期开始，出口国逐步扩大到日本、美国、韩国、加拿大、澳大利亚以及荷兰、英国、法国等欧洲国家。1989年秋天，应日本邀请，菏泽派出牡丹专家赴日考察，并达成帮助日本岛根县建立"曹州牡丹园"的协议。此后三年，岛根县相继从菏泽引进192个品种的牡丹共1万余株。日本东京等地也植有菏泽牡丹。据不完全统计，截至2002年，菏泽输往日本各地的牡丹种苗达16万多株。

2005年2月，菏泽市与韩国金浦市签订了友好城市协议，金浦市在市政前的中心广场建立了1000平方米的菏泽牡丹园，当年11月，菏泽6大色系、16个品种、295株精品牡丹，漂洋过海扎根金浦，成为两市人民友谊的见证。

美国从1978年开始引进菏泽牡丹，到2002年，引进总量达到31万多株。在美国费城、加州、康涅狄格州等地，都种植着菏泽牡丹。在欧洲，号称花卉王国的荷兰引进大宗菏泽牡丹。据一份资料统计，自1993年到2002年的10年间，荷兰进口菏泽牡丹的数量竟达99万多株。目前，菏泽牡丹已经在世界上30多个国家和地区落地生根，种苗总输出量160余万株，品种600余个。

在输出的同时也有引进。明清时期，菏泽当地就有花农从北京、洛阳、秦岭引进牡丹品种的记载和传说。中华人民共和国成立以后，花农和科技人员在销售本地牡丹的同时走遍祖国的东南西北，从云南、西藏等地引进了大花黄牡丹等野生牡丹，从甘肃引进紫斑牡丹，从南方引进枯枝牡丹等，利用远缘杂交优势，试验培育新品种。20世纪60年代，为缓解国家对"曹丹"药材的急需，菏泽花农从安徽引进大量凤凰山牡丹（药用品种），试验与当地牡丹嫁接，大大提高了药材产量，同时也探索出了将凤丹改造成观赏牡丹的科学途径。1997年菏泽的凤丹嫁接观赏牡丹研究项目在上海第四届全国花博会上获得一等奖。在引进国外品种上，主要是日本和美国的品种。从1981年以来，先后引进日本的金帝、岛锦、天一、太阳、初乌、花王等十几个品种3000余株。从美国引进的品种有金碗、金色时代、阿尔汗北约、黑谷拉达斯等十多个品种。

菏泽牡丹之所以能持续发展，历经五六百年而辉煌至今，其内在动力，在于它的商品性和产业特质。从明朝开始延至清代、民国，菏泽花农种植牡丹“动辄顷计”，“连阡接陌”，最主要的目的不在于春季观花，而在于每年秋后“北走京师，南浮闽粤”，搞催花销售。北方的温室催花主要是北京，供应皇宫及达官贵人家中春节摆放，数量不是很多。大量的菏泽牡丹，是先车载后船装，经黄河、渤海、黄海、东海、南海，到广州、香港等南方城市，进行大田催花供应春节市场，菏泽人俗称“下广”。广州、香港一带商品经济发达，人们过年图吉利，视牡丹为富贵吉祥的象征，过年家家要买牡丹。菏泽牡丹花大色艳，经花农精心调节光照和温度湿度，正好在春节前两三天开放，非常受欢迎，价格也很高，所以花农们“至则厚利而归”。运去几千株牡丹，如果弄得好，回来就能买几亩好地。所以，种植牡丹“利厚于五谷”是菏泽世代花农的信念，几百年间以此为业，“贩运几遍中国”。

改革开放以来，菏泽催花牡丹在市场经济大潮中得到了极大发展。由于新科技、新材料的应用，不论南方大田催花，还是当地大田催花；不论当地温室催花，还是北方温室催花，技术都有飞速提高，真正实现了一年四季有花。催花牡丹市场得到了空前拓展，由20世纪80年代的年销售几万株，到90年代的年销售十几万株至几十万株。进入21世纪以来，年年都在50万株以上。据2003年统计，当年在当地和外地进行冬季催花的菏泽牡丹不下100万株。由于技术的提高，菏泽牡丹用于人工催花的品种，由明清时期的寥寥几种，现在增加到几百种，新培育的牡丹优良品种基本上都能用于催花；而且催花的质量也是过去无法相比的，成花率大幅度提高，开放时间由原来的5天左右提高到10天以上；枝叶和花蕾的比例，枝叶的颜色，叶面宽度和伸展度，更加接近自然状态。因此，菏泽催花牡丹在市场上越来越受欢迎。在广州的春节花市上，卖出过一朵50元的价钱。据业内权威人士分析近几年的销售情况认为，菏泽催花牡丹基本上占领了全国80%的市场。

菏泽牡丹在其发展过程中，得到一代又一代痴情育花人的恩惠关爱，也砥砺出了一代又一代育花的名家高手。这些“玩花子”的能工巧匠，不仅在菏泽培育出了美艳冠世的花王，也将自己的育花绝技随着菏泽牡丹外销的脚步，输往国内外各地。隋代的菏泽花师齐鲁恒曾受诏进皇家御园培植楼台牡丹大获成功，留下一段历史佳话。如果说那是传说不足凭信的话，那么，今天一批又一批菏泽花师在全国各地牡丹园和催花温室中忙碌的身影，则是活生生的现实。

要说菏泽牡丹的技术外传，还要说洛阳。20世纪五六十年代，洛阳为抢救和恢复牡丹产业，在大批购进菏泽牡丹种苗的同时，也派出技术人员来菏泽学习。洛阳王城公园派出技术员王二道、王三道兄弟，拜菏泽赵楼老花师赵守重等人为师，一学就是六七年。后来王氏兄弟二人成了洛阳的牡丹技术权威，先后带出了大批技术人才，成了洛阳牡丹界的“王家军”。直到20世纪80年代，洛阳市委书记还亲自带领40余名技术员来菏泽学习牡丹栽培新技术。

北京在刚解放不久，就从菏泽聘请了花农王文德、王孔山、王孔明、王学增等到景山公园等大公园担任牡丹技术员。王文德“玩花子”有一手绝活，有一年6月在钓鱼台国宾馆门前栽活了两株1米多高的老牡丹，因此赢得了“牡丹王”的美称。他在北京园艺界有很高的声誉，也带出了很多徒弟。1980年安徽亳州从菏泽购进1万株牡丹种苗建设牡丹园时，同时也聘请了菏泽花师许传进担任技术指导。太原、西安、石家庄、青岛、上海等城市，都有菏泽人在担任园艺师。近几年，菏泽在做强做大牡丹产业的同时，适应全国美化绿化城市的需要，打出了“天香园艺”劳务品牌，先后培养了牡丹园艺人才近万人输往全国各地，常常供不应求。

菏泽花农在历史上就有总结经验、撰写花谱的传统，清代赵孟俭作《桑篱园牡丹谱》，以后赵世学作《新增桑篱园牡丹谱》、晁继襄作《绮园牡丹谱》、毛同袭作《毛氏牡丹花谱》，等等，不仅开了花农撰写花谱的先河，其花谱在弘扬牡丹文化、传播牡丹技术方面发挥了相当大的作用。掌握了现代花卉科技的花农在科技人员指导下，或单独或合作，撰写了一批牡丹栽培技术专著和论文。据统计，菏泽先后出版牡丹专业书籍30余部，发表牡丹研究论文及其他有关牡丹的文章1000余篇。菏泽牡丹研究会还多次受国家有关学术机构的委托，在菏泽举办牡丹专题学术会议或牡丹栽培技术培训班。菏泽的牡丹专家还应邀多次在中央电视台等媒体举办专题讲座，先后4次派员参加洛阳的牡丹品种鉴定会，经常应邀参加北京、西安等地的牡丹品种审定会等学术会议。菏泽在牡丹领域的成功经验和创新成果，在全国花卉界都产生了相当大的影响，受到同行的高度评价和尊重。

第七节　花海似锦人如潮

——聚焦历届菏泽国际牡丹花会

将菏泽牡丹的盛誉以前所未有的力度和广度传播到国内外并使之深深植根于人们心中的，要数从1992年开始的每年一届的菏泽国际牡丹花会。作为国家观光旅游项目，由国务院批准，1992年4月在菏泽举办了第一届菏泽国际牡丹花会，以后每年4月中旬至5月下旬，都要举办一届牡丹花会，至2021年已连续举办了30届，取得了巨大的成功。

以2013年为界，之前称为菏泽国际牡丹花会，之后更名为菏泽国际牡丹文化旅游节。

2019年，在牡丹文化旅游节的基础上，增加了世界牡丹大会，“一节”变成了“一会一节”。2019年4月12日，由山东省人民政府、中国花卉协会主办，菏泽市人民政府、中国花卉协会承办的2019世界牡丹大会举行。

2021年“一会一节”扩容为“两会一节”。2021年“两会一节”，指的是2021世界牡丹大会、第30届菏泽国际牡丹文化旅游节和2021菏泽市文化旅游发展大会。以牡丹为主题的“节会”，为菏泽牡丹产业发展搭建了一个增进交流、加强合作、扩大开放、共谋发展的重要平台。

30年来，菏泽牡丹文化旅游节活跃了群众文化生活，丰富了文化旅游产品供给，繁荣了地方经济，为菏泽搭建起了与世界沟通交流的桥梁，为菏泽富民强市注入了源源动力，为菏泽改革发展增添了活力动能，牡丹节已成为我市一年一度的大事、盛事，已成为菏泽人民心目中“文化旅游的盛宴，人民大众的节日”。

每年的牡丹文化旅游节，都是菏泽最美的时节。国色飘香，满城芬芳；宾朋云集，人如潮涌。30年一路走来，菏泽牡丹文化旅游节越办越好，常办常新，其经济、文化、社会、品牌影响等综合效应不断放大，已从最初单纯的牡丹观赏，演变成为促进菏泽全面发展的“金字招牌”。在牡丹文化旅游节的带动下，菏泽经济社会发展，城市空间布局优化，天更蓝，水更清，人民的获得感、幸福感不断提升。

30年过去，“菏泽国际牡丹花会”成为中国著名牡丹旅游节庆之一。近年来，曾荣获“全国花卉类节庆十强活动”“中国最具影响力的品牌展会”等称号，菏泽市也被评为“中国优秀旅游城市”“中国优秀节庆城市”等荣誉称号。通过举办牡丹花会，提高了菏泽牡丹的知名度，使菏泽成为享誉全国的“中国牡丹之都”。

一、赏花活动规模空前，菏泽牡丹名扬四海

谷雨四月看牡丹，谷雨节早已成了花乡人的牡丹节。人间四月天，菏泽人最期待的，是满城盛开的牡丹花。牡丹，是菏泽人最深沉、最真挚、最热烈、最赤诚的爱。菏泽牡丹自明朝开始独领风骚五六百年，一朵花在百转千回间，留下了无穷的传奇故事和眼前的繁花似锦。

正因为有了牡丹，有了牡丹文化旅游节，菏泽市民在这个惠风和畅的季节里，拥有了牡丹之都特有的节日，有了春天特有的狂欢。

每年花会期间，四海宾朋云集菏泽，各路客商纷至沓来，国内外游客摩

肩接踵、笑语欢歌。花如海人如潮，热闹非凡，大有“花开花落二十日，一城之人皆狂欢”之势。牡丹花期较短，积蓄了一年的精气神往往在一夜之间迸发开放，它不开则已，一开则倾其所有，终要开得一个天香秀色、倾国倾城。放眼望去，成方连片的牡丹竞芳争秀，一派锦绣繁华扑面而来。远观花团锦簇、姹紫嫣红，近看异彩纷呈、艳若蒸霞，让人目不暇接、美不胜收。置身在缤纷的牡丹园林，徜徉在千姿百态的花海丛中，呼吸着袭人的芬芳馨香，那种迷恋欢喜，无论用何种语言描述，都无法再现身临其境。驻足花前，凝神贯注那一刻，牡丹所展现给你的是雍容华贵、绚丽娇艳、香气四溢、仪态万种。

牡丹花会尽管以“以花为媒，广交朋友，文化搭台，经贸唱戏”为宗旨，但首先被推向前台的毕竟是牡丹。为了办好花会，倾倒五洲四海的观花客人，各牡丹花园的花师们充分发挥菏泽牡丹面积广大、品种繁多、花大色艳的优势，施展真功绝技，让国色天香的牡丹开放得更加华美娇艳，使观花的客人置身花海之中，顿感五彩璨璨如霞，遍地云锦无边，万亩馨香怡人，令人乐而忘归。除了自然开放的牡丹，每年还举办牡丹精品展、艺术插花展、盆栽牡丹展销等，伴以牡丹新品种鉴赏命名研讨等科研学术活动，让客人目不暇接，为之倾倒，直叹“曹州妩媚世无双”，“要看花海菏泽来”。此外，花会期间丰富多彩的文化活动也令游客大开眼界、流连忘返。据粗略统计，每届花会期间前来观花的国内外游客都在200万人次左右，相当于举办花会前每年赏花游客的几倍、十几倍乃至几十倍。前15届花会累计接待近3000万人次，其中既有党和国家现任领导及一些退下来的老领导，又有来自世界各国的政要和知名人士；既有文化艺术界的名家大腕，又有经济贸易界的名商巨贾；当然更多的则是来自全国各地及世界上一些国家和地区的普通游客。菏泽牡丹震撼和感动他们，他们也把菏泽牡丹以及牡丹之都菏泽的美名传向四面八方。这是菏泽牡丹500多年发展史上从未有过的盛况。

二、经贸活动红红火火，经济成果可圈可点

各类经贸活动一直是各届牡丹花会的重头戏，市和各县区、乡镇政府以及各系统、各企业，以花为媒，广邀嘉宾，并推出大批经贸项目以供合作。每年花会期间，来菏参加经济、贸易、科技洽谈活动的境内外客商都在千人以上，多时达到3000多人，各种考察、洽谈、交易活动紧张有序进行。历届牡丹花会签订引进了许多外资经贸合同，合同利用美国、日本、加拿大、西班牙、韩国、新加坡和中国香港、中国台湾等60多个国家和地区的巨额外资；每届花会达成的引进市外内资项目更多，合同引进的资金都在数十亿元人民币。以花为媒达成的大批经济建设项目，引进的大量国内外资金，给菏泽的经济建设和社会发展提供了巨大的外力支撑，使菏泽的城乡面貌在十几年间发生了翻天覆地的改变。菏泽人世世代代爱之护之的牡丹，在改革开放的新时代，向主人献出了空前丰厚的回报。

如今的菏泽，一条条道路宽阔平整，一座座高楼拔地而起，大剧院、演武楼等标志性建筑越来越多，绿化亮化工程持续推进。菏泽区域性中心城市建设步伐持续加快，一批商贸物流、文化旅游等特色中心节点项目相继落地建设。牡丹机场已经通航，鲁南高铁2021年底建成，雄商高铁正式获批。刚刚过去的“十三五”，完成投资590亿元，是“十二五”期间的2.36倍。“十三五”时期，是菏泽发展史上聚力突破、浓墨重彩的五年，经济总量由全省第13位跃居第8位，前进了5个位次，增速全省第一，人均水平摆脱了全省末位。

鉴于菏泽国际牡丹花会连续15年的成功，2006年，这一活动被评为“中国花卉类节庆活动十强”。

第八节　应运而生的“中国牡丹之都”

——站在新起点的菏泽牡丹

人们习惯性称呼菏泽为“牡丹之乡”，事实上菏泽早在2012年3月16日就加冕了“中国牡丹之都”。

菏泽因盛产牡丹，1996年被中国花卉协会授予“中国牡丹之乡”称号。2006年11月，中国花卉协会命名菏泽市为“中国牡丹城”。2012年3月18日，中国花卉协会命名菏泽为“中国牡丹之都”。

2006年11月上旬，从北京传来一个振奋人心的喜讯：中国花卉协会牡丹芍药分会经过严格审定，正式发文命名菏泽市为“中国牡丹城”！

这一特大喜讯，令800多万名菏泽人，也使国内外无数钟情菏泽牡丹的人们，倍感欢欣，深受鼓舞。它将走过500余年发展繁盛之路的菏泽牡丹，推上了一个前所未有的历史起点。站在这个起点上，菏泽人抚今追昔，总结牡丹发展的成功经验，同时也在思考，如何通过“中国牡丹城”的全方位打造，再创菏泽牡丹无愧历史的新辉煌。

在审定授予菏泽市“中国牡丹城”称号的决定时，全国的花卉专家及有关方面的专家们一致认为：菏泽市牡丹生产规模大，在国内外具有较高的知名度，是全国牡丹生产、贸易中心；牡丹产业化程度高，精深加工产品具有自主知识产权，达到国家有关行业标准，产品市场占有率高，牡丹产业已经成为地方支柱产业；不断培育新品种和提高栽培水平，对中国牡丹品种的发展和栽培技艺的提高做出了重要的贡献；能充分发挥牡丹在城市绿化、美化中的作用，使牡丹文化得到继承和弘扬；具有悠久的牡丹栽培历史和深厚的牡丹文化底蕴；全市牡丹社会化信息服务组织健全，管理规范，有一支较强的科技队伍。这个评价，公允、中肯，在专家们看来，菏泽当选“中国牡丹城”确属实至名归，实乃顺理成章。

2011年7月，中国花卉协会在全国开展“中国××之都”“中国××之乡”“中国××之城”的命名授牌活动，我市随后提出申报。我们认为，菏泽这些年来，牡丹种植面积越来越大，牡丹产业链条越拉越长，菏泽牡丹已由过去的单一观赏逐步走上全方位发展的综合开发生产之路，原来的称号“中国牡丹之乡”“中国牡丹城”已涵盖不了菏泽牡丹产业发展的现状。

2012年3月18日，中国花卉协会正式命名菏泽为“中国牡丹之都”。在下榻的菏泽牡丹大酒店，85岁高龄的著名书法家欧阳中石先生，挥毫写下了“中国牡丹之都”六个大字。

的确，菏泽荣膺“中国牡丹之都”称号，既是曹州牡丹历史积淀的成果，更是新时期菏泽牡丹顺天应人、超常发展的必然。经过中华人民共和国成立后 70 多年特别是改革开放以来 40 多年的发展，菏泽牡丹无论是种植面积、花色品种，还是历届国内外展评获奖数量和等次，都稳居全国的“头把交椅”。借助市场经济的东风，菏泽牡丹的产业化得到了充分的发展，牡丹的经济价值得到了极大的体现。在菏泽，牡丹不仅是富贵之花、吉祥之花，还是产业之花、富民之花。牡丹鲜花、牡丹催花、牡丹盆景、牡丹无土栽培、牡丹鲜切花、牡丹干花等等牡丹系列产品，空前扩大和延伸了牡丹观赏的空间和时间；牡丹酒、牡丹茶、牡丹菜、牡丹化妆品、牡丹保健品等一系列的牡丹加工和衍生品和传统的牡丹中药材一道走进了人们的实用领域，从多方面为人类造福。所有这些都切实开拓了牡丹的市场领域。

据有关方面的统计，近几年全国牡丹产品每年的销售量在 1.5 亿元以上，年创汇额在 400 万美元以上，其中菏泽牡丹占了绝大部分的市场份额。菏泽作为全国的牡丹种植、观赏、科研、贸易中心的地位，已绝不是菏泽人“自我感觉良好”，而是全国花卉界专家们的共识，还是全国各界知名人士的公议。2005 年牡丹花会期间，来菏泽的牡丹权威专家进行专题座谈，我国著名牡丹专家王莲英教授开场就说：“菏泽牡丹的品种和面积都是全国之冠，牡丹的主要名贵品种都在菏泽，菏泽是我们国家最重要的牡丹基地。这是菏泽的资源和财富。你们把菏泽的牡丹搞好，也就是把中国的牡丹搞好了！”早在 20 世纪 80 年代初，我国著名作家汪曾祺在观赏了菏泽牡丹后撰文感叹说：“凡称某种某物甲天下者，每为天下人所不服。而称‘菏泽牡丹甲天下’，则天下人皆无异议！”

对专家和知名人士的这种共识和公议，国家有关部门乃至中央人民政府，也相继给予了权威“认证”：

1996 年，菏泽被国家授予“中国牡丹之乡”称号。

2002 年，菏泽市牡丹区被国家标准化管理委员会批准为“牡丹芍药标准化示范区”，这也是全国第一个牡丹、芍药标准化示范区。

2003 年，国家质量监督检验检疫总局专家组，在全面审查材料和实地考察的基础上，通过了菏泽牡丹原产地标记注册审核。

特别要提出的是，2000年6月，国务院批准撤销原菏泽地区，设立菏泽市，市区驻地、原县级菏泽市撤市设区，命名为“牡丹区”。以特产植物命名一个县级行政单位，此举从国家政治地理角度，进一步确立了菏泽牡丹在全国的重要地位。至今，牡丹区下属以“牡丹”冠名的行政、事业、企业单位有近千个。

有如此坚实的铺垫，菏泽市荣获“中国牡丹之都”称号，也就不是意外之事了。

一朵花激活一座城，一座城滋养一朵花，牡丹产业之花一枝独秀，这是花与城的不解之缘。在牡丹产业健康发展的基础上，牡丹文化在菏泽城乡得到大力弘扬。种牡丹、赏牡丹成为习俗。现在除了大型牡丹园和十几个乡镇大规模种植牡丹外，牡丹的芳踪遍及菏泽城乡的角角落落，城乡居民的庭院、阳台栽牡丹，机关、学校、企业单位的花圃、绿地里种牡丹。最近几年，菏泽市在城市建设中大力突出牡丹之都特色，在所有城市公园、街头绿地、马路隔离带栽植了大量牡丹。随着牡丹栽培技术的进步，很多人家的案头还摆上了盆景牡丹或切花牡丹。每到谷雨时节，市民不仅可在花园里观赏牡丹，而且在生活、工作地点和行进之间随时都可欣赏牡丹的天姿丽质。真可谓“花城处处飞霞彩,娇艳满城香满城”。走过菏泽城乡,你会发现牡丹元素无处不在。牡丹区、牡丹路、牡丹机场、牡丹大酒店、天香公园、牡丹广场、牡丹新城，一大批以牡丹命名的各类设施与遍布全城的牡丹园相映成趣，各种各样的牡丹元素已经深深嵌入这个城市的角角落落。赏牡丹是菏泽人的一项重要生活内容，花开时节就是菏泽人的重大节日。家家洒扫庭除，人人穿戴一新，扶老携幼，呼朋邀友，相约去观花，像过大年一样喜庆热闹。

自从举办菏泽国际牡丹花会，这种官民共同参与的观花活动，更加隆重热闹，几个大型牡丹园天天摩肩接踵、人如潮涌。

花会期间的大型文艺演唱会、地方戏曲展演、武术舞狮大赛、斗鸡斗羊表演、牡丹书画艺术展、大型花车路游等文化、体育活动场场相接，处处丝竹悠扬，日日歌吟澜夜，旋闻角斗铿锵，又见笔泼五彩，人们在饱览牡丹美景的同时，也享受到一场文化的盛宴。每逢国庆、春节等重大节日，人们除了参观催花展览，很多爱花人家还要买上几盆放在室内细细观赏。

菏泽人对牡丹的喜爱，早已超出了看花的范畴。平时品牡丹茶，节日饮牡丹酒；女士用牡丹化妆品，穿牡丹服装；产品商标，店铺字号，喜用“牡丹”“花王”之类；购买家具器物，爱选牡丹图饰；参加娱乐活动，爱听牡丹戏，爱唱牡丹歌，等等。生活中一行一动，自觉不自觉地就和牡丹联系在一起了。牡丹是美丽的象征，很多人喜欢以牡丹为题材作画，不仅有专业的画师，也有许多业余爱好者。

巨野县乡乡都有农民画牡丹，巨野县是中国文联 2000 年命名的全国唯一的中国农民绘画之乡，也是 2012 年中国工笔画学会命名的中国工笔画之乡。全县拥有 4 个绘画专业镇，50 个专业村，30 余家基础画院，从事书画产业人员达 15000 余人。绘画作品以工笔牡丹为主，以雅俗共赏、工整曲雅、色彩绚丽、雍容华贵等特点享誉海内外，去年创作绘画作品 120 余万幅，作品远销 40 多个国家和地区。牡丹文化和牡丹产业，成为菏泽创建“中国牡丹之都”的双翼。

在这喜庆和自豪的时刻，菏泽的干部群众更加感谢从中央到山东省各届领导对菏泽牡丹事业的关心和支持。

在改革开放之初的 1982 年，当时的中共中央总书记胡耀邦亲临赵楼牡丹园视察，他听取了当地干部的汇报，兴致勃勃地参观了花房和大田牡丹，高兴地称赞“牡丹乡人有能耐，心灵手巧”，并指示：“要发挥自己的优势，让牡丹走出国门，力争一年四季有花看。”最后，他当场拍板“建设一座像样的牡丹园”。很快，占地 100 公顷的“曹州牡丹园”和其他几个特色牡丹花园就建立起来了。

2002 年，中共中央政治局常委、全国政协主席李瑞环在山东省领导张高丽等陪同下视察了“曹州牡丹园”。他在花田小路上边走边高兴地说：“多听不如实看，菏泽牡丹确实甲天下！”他提出：“要发挥优势，致富四方，走向世界。”临别时，他挥毫为牡丹园题词：“万紫千红总是春。”

中共中央政治局常委、中纪委书记吴官正，在担任山东省委书记期间，多次到菏泽视察调研，指导工作，其中对菏泽牡丹的发展也做出重要指示。另外，时任全国人大常委会副委员长陈慕华、王光英、李锡铭、廖汉生，全国政协副主席万国权、吴学谦、何鲁丽，以及退下来的老领导万里、田纪云、李德生、段君毅等，也先后到菏泽视察、观赏和了解牡丹，对菏泽牡丹发展提出了重要指导意见和建议。

2013 年 11 月 24 日至 28 日，习近平总书记在山东考察。11 月 26 日，习近平总书记来到菏泽市尧舜牡丹产业园，走进展厅、车间，了解牡丹产业发展带动农民增收致富情况。得知牡丹不仅可观赏、药用，还炼出牡丹籽油，开发出茶、精油、食品、保健品，总书记十分感兴趣。他拿起一瓶牡丹籽油，打开瓶盖闻了闻，询问定价、产销情况。他表示，今天长了见识，令人印象深刻。“一个地方的发展，关键在于找准路子，突出特色”，他指出，菏泽农业优势不能丢，要继续巩固加强。领导的关怀和支持，为菏泽牡丹的健康快速发展提供了强大的物质和精神动力。

荣膺“中国牡丹之都”称号，菏泽人一则以喜，一则以忧。市委、市政府提出，要以中国特色社会主义理论为指导，学习兄弟城市先进经验，扬长补短，高标准、全方位打造“中国牡丹之都”，再创菏泽牡丹无愧于历史的新辉煌。为此，2022 年 9 月，市委、市政府印发了推动牡丹产业高质量发展的二十条措施，包括加快新品种培育和种植示范基地建设，大力推动牡丹产业重点项目建设，建设牡丹博物馆，提档升级牡丹景区，开创牡丹文创产品等。几项重要工作，已经启动运作。

提高牡丹科技含量，让牡丹研究稳居领先地位，使菏泽牡丹花开更娇艳。加大牡丹科研投入，充分利用现代科技，不断改进提高牡丹的培育、催花、切花、盆栽和保鲜等各方面的技术。培育分别适合大田观赏、盆栽、催花、切花和药用的新品种，使牡丹品种更加多而优，花色更加鲜而艳，花期更加长久，直到比较经济地实现四季都有牡丹花看。以市场为导向，通过科技手段，使牡丹的每个品类都能以最佳状态各尽其用，发挥最大价值。

提高牡丹产业化水平，使之成为全市经济的强力支柱。在提高牡丹商品率上下功夫，搞好优质牡丹的规模种植，实现各个产品的规模化、标准化生产，适应现代花卉市场的需求，提高市场竞争力。深化牡丹园经营管理体制的改革，使之更与现代科技和现代市场相适应。建立现代化的花卉销售体制和机制，为菏泽牡丹顺利进入全国和全世界的花卉市场提供畅通渠道。

提高牡丹价值的综合开发利用水平，形成一批品牌牡丹系列产品，实现牡丹价值的最大化。菏泽现有 10 万亩牡丹，仅每年观赏之后的牡丹鲜花数量就相当可观，如何充分利用这些宝贵资源是一个重大课题。在已经初步开发出的系列产品基础上，加大研发投入，稳定提高质量。对已经成熟的产品，快速形成和扩大生产规模，提高市场占有率。继续不断开拓牡丹自身价值的新的利用领域。

提高牡丹文化的影响力和带动力，擦亮菏泽这张城市名片。在广泛开展牡丹文化活动的同时，进一步强化牡丹在城市绿化、美化中的功能，逐步形成"城中有花，花中有城"牡丹城特色。在现有城区广植牡丹的基础上，在新建的环城公园、赵王河公园和拟建的环堤公园，加大牡丹栽植量，尽快形成菏泽的两大花环、一大花带。加快牡丹旅游区建设，以"建设高品位、特色化的旅游景区"为目标，以现有的牡丹观赏区为基础，将曹州牡丹园、古今园、百花园以及赵楼北部的大田牡丹统一建成一个牡丹旅游区，保持原有的花卉种植园的自然风貌，采用自然式布置，结合地形和其他花木、山石等自然和谐的配置，形成原生态的田园景色。引花出园、引花上路、引花上树，主干道和主行区要遍地有花，处处见花，打造真正甲天下的牡丹观赏景区，建成名副其实的"中国牡丹之都"。

为推动全市牡丹产业和牡丹文化艺术繁荣发展，真正叫响"中国牡丹之都"品牌，2021 年牡丹花会期间，市委、市政府举行"花开盛世"2021 中国牡丹之都颁奖盛典，隆重表彰在牡丹产业创新发展、牡丹文化传承挖掘方面的优秀人才、优秀团队和优秀企业。经过严格考核评审，巨野《花开盛世》巨幅工笔画创作团队、赵孝知牡丹研发团队获卓越贡献奖，分别奖励 30 万元，产生"金牡丹奖"6 个，分别奖励 10 万元，产生牡丹系列奖项一、二、三等奖及其他奖项 345 个。

新的起点，新的机遇，历经数百年风霜的菏泽牡丹，迎来了又一个春天，开始了历史上无可比拟的又一次兴旺繁盛时期。

第九节 国花梦圆正当时
——世人热议的国花评选

如果说牡丹花会还是菏泽人自己行动起来，深入开发牡丹的价值，将牡丹的影响推向全国和世界的话，那么，酝酿于 20 世纪 80 年代、1994 年进行了初步评选、至今尚未定评且有关争论仍在继续的全国范围的国花大评选，则为全国人民进一步认识牡丹、了解菏泽提供了一个难得的外部机遇。

关于牡丹就是中国国花的概念，历史上形成已久。唐代就有“唯有牡丹真国色”的诗句，后又以“国香”“国貌”“国色”来称颂和指代牡丹。至明代“国花”一词正式出现。据记载，明天启年间的北京极乐寺，“门外古柳，殿前古松，寺左国花堂牡丹”。光绪二十九年（1903），清政府敕定牡丹为“国花”。因此，《汉语大词典》释“国花”一词有“我国旧时有以牡丹为国花之说”。中华人民共和国成立后，1959 年周恩来总理视察洛阳时曾说道：“牡丹是中国的国花。”1982 年，花卉专家陈俊愉教授在《植物》杂志上撰文，提出评选国花的建议。1985 年，牡丹研究专家喻衡教授在《大众花卉》上发表《牡丹应是国花》的论文，引起强烈共鸣。洛阳、菏泽先后将牡丹评定为“市花”。1987 年，中国“十大名花”评选揭晓，为中国国花评选奠定了基础。

在 1994 年春天召开的全国人大八届二次会议上，中国花卉协会会长何康等 30 位人大代表，联名提出“尽快评选我国国花”的议案获得通过。

1994 年 9 月 24 日，全国人大常委会副委员长陈慕华在全国评选国花新闻发布会上，向社会各界发出呼吁：“国花”是国家安定、民族兴旺的象征，尽早把“国花”确定下来，对于推动两个文明建设、振奋民族精神、树立民族进取心和自豪感，都具有十分重要的意义。把“国花”评选活动推向了高潮。

11 月 14 日，陈慕华副委员长在北京召开第二次新闻发布会，宣布了两个候选国花方案：（1）一国一花，选牡丹；（2）一国四花，选牡丹、梅花、菊花、荷花。12 月 23 日，全国国花评选办公室发出了《关于国花评选情况的通报》，通报了最后对两个候选方案的筛选结果：根据 31 个省、市、自治区（包括深圳特区）上报的结果，赞成一国一花（牡丹）的有 18 个省，占 58.6%; 赞成一国四花的有 11 个省，占 35.48%; 另有两个省提出新的四花方案，即以兰花换荷花。全国国花评选领导小组经过认真研究，一致同意牡丹为中国的国花，其他呼声较高的兰花（春）、荷花（夏）、菊花（秋）、梅花（冬）为中国四季名花。至此，全国大规模的群众性评选告一段落。按规定程序，上述评选结果及详细情况，由农业部上报，最后由全国人大常委会或人民代表大会通过，公布于世。

虽然国花评选的工作没有继续往下进行，人民盼望的国花至今还没有最终产生，并且其间关于国花方案的争论还时起微澜；但无论如何，通过当年全国的国花大评选，牡丹花的影响更加深入人心，牡丹知识在全国人民中得到了大普及，赢得了大多数国人的钟爱。

第二章 牡丹名品篇

菏泽牡丹种植面积大，花色品种多，花大、型美、色艳，早在明代就有“曹南牡丹甲于海内”的美誉。

菏泽牡丹遍布牡丹区多个乡、镇、办事处，现有种植面积达10万亩。每当仲春花开，出城迤东，连阡接陌，艳若蒸霞，简直是花的海洋。改革开放以来，每年都有一二百万名国内外游人来此赏花游园。

菏泽注重对牡丹名品的培育和开发。菏泽牡丹有1100多个品种，珍贵品种多集中在四大牡丹名园。

曹州牡丹园面积1800亩，是目前世界上品种最多、面积最大的牡丹园，集中了菏泽牡丹从古至今的发展成果，是菏泽牡丹的主要观赏区，也是全国牡丹观赏旅游和生产科研中心。百花园面积100多亩，有牡丹品种600多个，更以传统珍品多，花色齐全，分布合理，便于观赏而闻名。园内培育的春红娇艳、赛雪塔、百园粉等十几个新品种，具有极高的观赏价值，是菏泽牡丹的珍贵品种园。古今园始建于明代，建设别有洞天，环境幽静，小桥流水，亭榭假山，松坊古木，远离都市喧嚣，独具村居安闲，漫步花田小径，细端国色丽姿，另有村居野店情致。天香公园是市区新辟的牡丹观赏公园，有山有水，有亭有榭，有花有鸟，曲径通幽，宛如天然，是闹市中难得的清静所在。园内珍贵品种牡丹俱全，其高低参差、错落有致。在园内登临假山之巅，泛舟湖面之上，赏花览景，令人心旷神怡。

第一节　九大色系

菏泽牡丹经过历代的培育，不断催生出众多珍贵的牡丹品种。目前，牡丹已形成红、粉、紫、白、黄、蓝、黑、绿、复色九大色系。

牡丹不仅美在其色，还美在花色之奇。有的牡丹花瓣下部有紫黑色花斑块，块块相连似乌龙；有的花瓣边缘微微泛白，如轻雾笼罩；更有的花瓣中央夹一道或深或浅之细纹，宛若彩虹穿云；奇特的“青龙卧墨池”，花开墨紫色，花蕊卷曲呈青绿色，犹如一条青龙徜徉于墨色水池之中。最奇者是初开微绿、盛开转淡红、其后再转大白的“娇容三变”，为人们津津乐道。甚至有一花双色的“花二乔”、一株双色的“朱墨双辉”，就更是花中珍品了。

菏泽牡丹美在其色，还美在其名、美在其姿、美在其味、美在其韵。细赏牡丹，有的牡丹花有饱含诗意的名字和美丽的神话传说；有的牡丹花开百朵竞放，千枝竞秀，争奇斗艳；有的牡丹花香气浓浓，沁心润脾，令人有痛饮美酒之感。人们徘徊流连在牡丹花前，置身于花的海洋之中，无不如梦如幻，心旷神怡，有着无尽的美的享受。

红色牡丹如霞似火　红色牡丹品种多达451种，是各色系牡丹中品种最多的一种。红色牡丹因其品种多，色调不尽相同，又细分为紫红、粉红、深红、桃红、玫瑰红，等等。“迎日红”如旭日东升、光彩奕奕，烈日下越晒越艳；“胭脂红”初开时细腻娇嫩，颜色鲜艳与胭脂无异；“咱先红”盛开后如燃烧之火，灿烂热烈，近谢时顶端先白，红白相映，光彩照人。

粉色牡丹低吟浅唱　粉色牡丹最基本的特征是粉如人面桃花，故名。此类牡丹共有152个品种，在九大色系中位居第二。其主要品种有“绝代佳人”“粉云追月”“梨花春雨”“紫丽罗汉”“赛贵妃”“美人面”等。

紫色牡丹浓云若雾　紫色牡丹多达106种，亦是各大色系中品种较多的一种。“紫色娇艳”“紫玉撒云”“落霞”“紫纱罗”，等等，都是紫色系列牡丹中的佼佼者，其中尤以“葛巾”牡丹有其美丽的故事相传，弥足珍贵。

白色牡丹冰清玉洁 白色系列牡丹多达90个品种。其色主要特征胜似千年积雪，洁白无瑕。白色牡丹中“白天鹅”“冰清玉洁”“五月白”“玉版白”“梨花迎雪”“白鹤展翅”等为主要代表品种。白色牡丹在万花丛中亭亭玉立，十分端庄高雅。

黄色牡丹金光闪烁 黄色系列牡丹与白色系列牡丹品种接近，亦为90余种。诸多黄色系列牡丹花开之时，其色酷似新生雏鹅，十分惹人喜爱。黄色系列牡丹名品众多，唯“姚黄”金光闪烁，堪称花中之冠，尤为珍贵。

蓝色牡丹端庄优雅 蓝色系列牡丹多达74个品种，花色多为粉蓝、浅粉蓝，名贵品种有“蓝蝴蝶”“蓝紫玉”“蓝绣球”“青心蓝”“蓝宝石”等。其中最为珍贵的品种“蓝白玉”，花初开时呈粉蓝色，盛开时花瓣粉紫，略带蓝色，宛若蓝田的白玉，端庄优雅。

黑色牡丹乌金闪耀 黑色牡丹有32个品种，分单瓣型、多瓣型、蔷薇型、荷花型、台阁型、绣球型、菊花型种种，色分黑红、黑紫、紫红等，酷似乌金，宛如墨染。

绿色牡丹晶莹似玉 绿色牡丹属牡丹中的稀有珍贵品种，种类较少，目前仅有11个品种。其代表性品种如“清香球”“娇容三变”“翡翠球”等，一般花蕾初放时为黄绿色、浅绿色，晶莹似玉；盛开后为白色或粉红色，与众不同。

复色牡丹叠如彩虹 复色牡丹，顾名思义，其花色不是单色，一般每朵花有两种或两种以上颜色。花瓣或红白、或粉蓝、或粉红、或浅红而间杂紫色斑点。复色系列中“二乔”为传统名贵品种，同株有粉红、紫红两种颜色的花瓣，实为罕见。复色系列在九大色系中种类仅有7种，是十分稀有珍贵的牡丹。

第二节 十大花型

菏泽千余个牡丹品种，除按红、紫、白、粉、黄、黑、蓝、绿、复色九大色系分类外，又按花型进行分类。中国花卉协会牡丹芍药分会会长王莲英，作为我国研究牡丹的著名专家，在广泛吸取各方面的意见后，结合个人几十年的研究成果，提出了比较科学的牡丹花型分类方案。从总体上说，牡丹的花型分为两大类，即单花类和台阁类，每类中又分若干具体的花型，综合起来共有十大花型。（中国牡丹原文）

菏泽千余个牡丹品种，除按红色、紫色、白色、粉色、黄色、黑色、蓝色、绿色、复色九大色系分类外，又分为单瓣型、荷花型、菊花型、蔷薇型、托桂型、皇冠型、绣球型、金环型、楼子台阁型和千层台阁型十大花型，各色、各类都有名花珍品，观赏价值极高。在 1982—2002 十几年的历届国内外花博会（展）中，菏泽牡丹获奖众多，影响很大，好评如潮。仅在 1999 年昆明世界园艺博览会上，菏泽牡丹就一举夺得 111 个单项奖中的 81 个，占奖牌总数的 72%，其中获大奖 2 个、金奖 10 个、银奖 26 个、铜奖 43 个，远远超过洛阳、上海等地的牡丹，冠压群芳，位居榜首。同时，菏泽牡丹珍品还大量出口国外和台、港、澳地区。菏泽以无与争辩的事实堪称“中国牡丹之都”，堪称中国牡丹观赏、科研、种植和输出中心。

单瓣型　牡丹的花瓣一般为 5—15 枚，排列整齐、平展、宽大。雄雌蕊发育正常，花露心，结实能力强。

代表品种：

黑撒金：花为单瓣，紫黑色，明亮润泽，近花心有明显的黑色晕斑。花开后，乌瓣黄心，好似墨上撒金。

凤丹：花纯白、浅粉或浅紫色花瓣。

黑紫莲：瓣形圆整，花深紫，略带黑色。

荷花型　牡丹的花瓣一般为 20 — 40 枚。瓣型较大，排列整齐。雄雌蕊发育良好，花露心，有结实能力，花朵开放时花瓣常内抱，形似荷花。

代表品种：

玉版白：花瓣形如板，颜色洁白如玉。

黄花葵：花淡黄色，略带浅紫色晕，花瓣平展，状如葵花。

奇蝶：花粉紫色，花瓣呈放射状有紫白相间的花纹，形状美如蝴蝶。

似荷莲：花粉紫色，开花整齐，花朵直上，如亭亭玉立之荷花。

菊花型 牡丹的花瓣一般为40—100枚，大小相似，排列整齐。花心微露。雄雌蕊发育好，有结实能力。

代表品种：

黑花魁：花色深墨紫色，基部尤深，花形菊花状，十分名贵的黑色品种。

大金粉：花粉色，着花多，单花期长，又名盛丹炉。

紫二乔：又名洛阳红，花紫红色。花瓣多轮，由外及内层次缩小，层次分明。花姿端正，落落大方。

御衣黄：花淡黄色，花瓣宽大，波状，如御袍，珍贵品种。

凌波仙子：花深粉红色，菊花状。本品枝叶繁茂，花色鲜艳娇嫩，姿态端庄，如碧波中的仙女。

丛中笑：花粉红色，着花多，花朵富丽端庄，花色清雅。

蔷薇型 牡丹的花瓣一般为100—150枚，内外花瓣大小显著差异，逐渐变小，无明显界限。花心微露，花瓣多时不露心。雄蕊大部分瓣化、退化或稍有瓣化及退化现象。

代表品种：

花二乔：复色系列品种，同株、同枝上可同时开紫色和粉色的花，甚至一花二色，故依三国时美女大乔、二乔之名而命名为“二乔”。

银红巧对：花浅红色，基部有紫色红晕，开花整齐，花期长。

种生黑：花浅黑紫色，花瓣质而软，珍贵的黑色牡丹。

托桂型 牡丹的外瓣一般为2—3轮，宽大平展，排列整齐；内瓣狭长直立，与外瓣有明显界限。雄蕊全部瓣化，雌蕊正常，少见退化变小。

代表品种：

冰凌罩红石：花浅粉红色，瓣绿白色，中心色泽深，白中透红，光亮晶莹，犹如冰中红石，为粉色品种之上品。

争春：花粉红色，花葵端庄富丽，花泽淡雅，因花期早而得名“争春”。

胡红：花浅红色，花形丰满端正，花瓣层叠，色泽艳丽，是传统牡丹的上品。

皇冠型 牡丹的外瓣宽大平展，内瓣高耸，瓣间偶尔夹杂有正常雄蕊或退化成的丝状物。雄蕊几乎全部瓣化，雌蕊正常或瓣化，有时退化或消失。

代表品种：

蓝田玉：花粉蓝色，花开丰满，细腻润泽，晶莹有光，远观如蓝田美玉，观赏价值高。

赵粉：花粉红色，花繁叶茂，色泽淡雅，香气袭人。

青龙卧墨池：花浅墨紫色，花中花蕊成青绿色，故称“青龙卧墨池”，著名传统品种，极具观赏价值。

魏紫：花紫色，花朵丰满，端庄华丽，润泽有光，观赏价值高。

昆山夜光：花初开略带绿色，盛开为青白色，晶莹似玉，芳香怡人，因色泽青白，熠熠生辉，夜间于远处可见，是白色花系牡丹中的佼佼者。

白玉：花初开为粉白色，盛开转为纯白色，花色洁白如玉，花形丰满端丽，被称为“白色之魁”。

墨魁：花紫色，花型似绣球，圆润富丽。

蓝花魁：花色粉中带蓝，鲜洁粉嫩，花朵丰满端庄。

冰罩蓝玉：花粉红色，略带蓝晕，因花色白中透蓝，花心色深，宛如冰中的美玉，故得此名。

残雪：花初开乳黄色，盛开为白色，微透淡粉色。因开花少，似枝头残留积雪，观赏价值较高。

玉夫人：花开粉红色，此品种早春叶如碧玉，加之花色清雅，被喻作美人肌肤。

落雁：花深粉红色，娇柔细腻，花形丰满高耸。

绣球型　牡丹的花瓣重叠成绣球状，内外瓣之间无明显分界线，大小、形态极为相似。雄蕊瓣化程度较高。

代表品种：

豆绿：花色稀有，初开为绿白色，花朵硕大下垂，为古老而珍贵品种。

绿香球：花初开为浅绿色，盛开转为粉色，状如绣球。

千褶绣球：花紫红色，外瓣圆整，花朵直立，内瓣层层叠起，形如绣球。

金环型 牡丹的外瓣为2—3轮，宽大伸直。外瓣之间残留一圈正常的雄蕊，呈金环状。雄蕊瓣化成高耸花瓣群，雌蕊正常或瓣化、退化。

代表品种：

姚黄：牡丹中的“花王”。花朵高耸挺立，端庄丰满。花开整齐，花冠硕大。观赏价值高。

千层台阁型 牡丹由两朵或两朵以上的单花上下重叠而成，酷似台阁，故名。其中上下两朵单花或重叠几朵单花为千层类。

代表品种：

墨剪绒：花墨紫色，花瓣细碎如剪绒。

卷叶红：花深红色，此品种小叶卷曲，故得此名。

脂红：花洋红色，润泽细腻，适于清晨或阴天观赏。

一品朱衣：花红色，瓣端粉色，细腻而润泽，色艳，为著名老品种。

贵妃插翠：花粉红色，盛开后瓣端变粉白，花容姣美，细腻如美人之面。

楼子台阁型 牡丹由上下两朵单花及上下重叠的几朵单花所组成。它与千层台阁型的区别在于花蕊瓣化程度高，属最高级花类。

代表品种：

假葛巾紫：花紫色，花蕾偏圆，花朵丰满。

火炼金丹：花色鲜红，如炼丹炉内熊熊燃烧的大火。

仙桃红：花红色，边缘色浅，花朵硕大，花形丰满高耸。

万花魁：花浅红色，该品种少见，由三层花朵重叠而成，花形高耸如楼，富丽堂皇，极具观赏价值。

第三节 珍品荟萃

菏泽各色系、各花型牡丹中，都有许多稀世珍品，具有很高的观赏价值，远远超过其他地方，冠压群芳，位居榜首。牡丹珍品分传统珍品和新育珍品两大类，其中最具代表性的有70余种。

一、传统珍品风韵犹存

玉版白 株丛低矮，直立，枝细而硬。叶稀疏，小叶长卵形，缺刻少而深，叶面绿色无紫晕。花为单瓣类，因其颜色洁白如玉，瓣形如板而得名。荷花型，开花较早。生长缓慢，但着花多，是古已著称的白花品种。

黑花魁 株丛低矮，半开展。枝细叶软，平伸，小叶卵圆形，缺刻少而尖，有淡紫色晕。花色深墨紫色，基部尤深，菊花型。雄蕊正常，偶有瓣化，雌蕊正常。花梗虽短，但开花时花朵伸出叶面。较耐日晒，中花品种。生长势较弱，成花率高，是十分名贵的黑色品种。

花二乔 又名二乔、洛阳锦。株丛高而直立，枝细硬，节间长。叶斜伸，质硬。花为蔷薇型，复色，同株、同枝上可同时开出紫红和粉色的花，甚至可以一花二色，故依三国时美女大乔、小乔之名而命名为“二乔”。开粉红色花的叶，缺刻多而浅，黄绿色；开紫色花的叶，缺刻少而深，绿色；开紫、粉二色花的叶则接镶嵌的位置，在枝上相应位置着生相应于两种花色的叶片。属中花品种，为典型的嵌合体，生长强健，开花多，十分珍贵。

姚黄 植株高大直立，着叶稀疏，枝细硬，小叶卵圆形。全花呈皇冠型或金环型，外瓣3—4轮，阔大，内部均为雄蕊瓣化成的细碎花瓣，皱褶层叠，端部残留有未瓣化完全的花药。全花高耸挺立，端庄丰满，是牡丹中的“花王”。中花品种，生长旺盛，着花多，开花整齐，花冠丰满，观赏价值高，是庭院栽培的优良品种。

豆绿 株丛低矮，开展。枝细，节间短。小叶长阔卵形，缺刻多，叶面稍带紫晕，叶背密生绒毛。花为稀有的绿色或黄绿色，盛开后呈绿白色，皇冠型或绣球型。基部呈紫斑，花瓣质厚而硬，内瓣密集，雌蕊退化或瓣化。晚花品种，生长较弱，着花少，花柄弱，花朵下垂，是古老珍贵的品种。

蓝田玉 株丛低矮而开张，枝粗节短。叶平伸，小叶质厚，短肥而圆，缺刻少而浅，叶面具明显紫晕。花粉蓝色，瓣基紫红色，皇冠型。外轮花瓣平展、扩大，内瓣细碎而皱褶，瓣端残留部分花药。本品种生长势中等，着花较多，开花丰满，花色粉中透蓝，细腻润泽，晶莹有光，远观如蓝色美玉，是观赏价值高的传统品种。

梨花雪　株丛低矮，开展，枝细弱，节间短。叶小而稀，小叶卵形，缺刻少，一回三出复叶。花白色，皇冠型，中花品种。因生长势弱，不易繁殖，是珍稀的老品种之一。

赵粉　株丛中高，开展，枝细弱略弯，节间长，着叶稀疏，平伸。小叶长卵形或长椭圆形，质软，缺刻浅而尖，叶面青绿，无紫晕，边缘略上卷。花粉红色，一般为皇冠型。同株也可同时开出荷花型、金环型、托桂型的花朵。花梗粗，但开花时略有垂头。中花品种。生性强健，生长旺盛，着花多，花繁叶茂，色泽淡雅，清香袭人，是庭院街道美化的优良品种，也可用于冬季催花。

胡红　又称大胡红、宝楼台。株丛低矮，半开展，枝粗节短，叶大型，茂密，小叶圆，质厚，缺刻少而浅，叶面深绿色，多紫红色晕。花浅红色，皇冠型，有时呈荷花型或托桂型。晚花品种。生长强健，着花多，花形丰满端正，花瓣层叠，色泽鲜红艳丽，是传统中的上品，也是良好的催花及盆栽品种。

十八号　株丛高大直立，枝粗节短。叶中型，斜伸。小叶近圆形，质地厚，缺刻少而钝，叶面光滑，黄绿色。花红色，千层台阁型，有时呈皇冠型。花繁叶茂，花色细腻，开花整齐丰满，株形匀称端庄。中花品种。生性强健，生长旺盛，着花多，属老品种之一。

假葛巾紫　楼子台阁型。花蕾扁圆形。花紫色，下方花外瓣2轮，大而平展，基部具深紫色晕；内瓣质硬而折叠，紧密。雄蕊瓣化完全，雌蕊瓣化成紫色彩瓣；上方花花瓣少，略大，雌雄蕊皆瓣化或退化消失。花梗长，稍软，花朵侧开，晚花品种。株形中高，直立。枝较粗，一年生枝长，节间短，鳞芽狭尖形。中型长叶，质厚而硬。小叶长卵形或长椭圆形，缺刻少，端渐尖，边缘上卷，叶面深绿色。生长势中，成花率较低，花朵丰满，分枝少，萌蘖枝亦少。

墨撒金　株丛偏矮，直立。枝细硬，叶平伸，质软，稀疏。花为单瓣，紫黑色，明亮润泽，近花心具明显的黑色晕斑，雌雄蕊正常，雄蕊花药金黄色。花开后，乌瓣黄心，好似墨上撒金，故得此名。中花品种。长势虽弱，但着花较多，是观赏价值较高的黑色品种之一。

凤丹　传统的药用、观赏两用品种。株丛高大，直立，枝细节长。叶为二回三出羽状复叶，小叶 15 枚，狭长椭圆形，缺刻少，近全缘，仅顶生小叶偶有 2 — 3 裂。叶面暗绿，叶背灰白。花纯白、浅粉或浅紫色，单瓣型。雌雄蕊正常，易结实。该品种生长强健，着花繁多，适栽范围广，产根量大，质量上乘。因结实力强，也常用作培育新品种的亲本材料。

古斑同春　株丛中高，偏矮，半开展，枝粗节短，叶稀疏，斜伸。小叶长卵形，缺刻少，叶面绿色。花粉白色，荷花型。花瓣质硬，形大，边缘浅齿裂，基部具明显的紫色斑块，雄蕊正常，偶有瓣化，雌蕊正常。中花品种。该品种性强健，生长旺盛，着花多，朵朵向上，且结实率高，是庭院、街道绿化的优良品种。

朱砂垒　株丛中高，半开展，枝粗节短。叶大型，斜伸，质地厚，小叶卵形，缺刻深，端部下垂，叶面深绿色。花为浅红色微带紫色，荷花型。该品种生长强健，着花繁茂，结实力强，是最为常用的冬季催花品种之一，也适于庭院及街道绿化美化。

似荷莲　株丛高而直立，枝细硬，节间长。叶片稠密，斜伸。小叶长卵形，缺刻少而尖，叶面绿色无紫晕。开花整齐，花朵直上，如亭亭玉立之荷花，遂得此名。花粉紫红色，瓣宽大而皱，瓣基有紫色斑块。荷花型，雌雄蕊正常。该品种生命力强，生长旺盛，着花多，是庭院及街道美化的优良品种。

黄花葵　株丛较高，直立，枝细硬，节间长。叶稀疏，斜伸。小叶近圆形，较大，缺刻少而钝，叶面青绿。花淡黄色，略带浅紫色晕，荷花型，雌雄蕊正常，雄蕊偶有瓣化。结实力强，早花品种。该品种生长旺盛，着花繁多，花瓣平展，状如葵花，是著名的老品种，适于庭院及街道美化之用。

御衣黄　株丛中高直立，枝细硬而节短。叶斜伸，稀疏，小叶阔卵形或卵形，缺刻少而浅。叶面粗糙，外缘有紫色晕，叶背黄绿色。花淡黄色，荷花型或菊花型，花瓣宽大波状，质硬。该品种生长弱，着花稀少，是珍贵的黄色品种之一。

菱花晓翠 株丛中高，半开展。枝细节长，略弯，叶斜伸，稀疏。小叶长卵形，缺刻少而浅，下垂。花浅紫，带粉色，花瓣中央有一条粉色脉纹，荷花型，有时为托桂型或皇冠型。外瓣质软，不整齐，瓣端正中明显下凹，基部有紫红晕，内瓣由雄蕊部分瓣化而来，稀疏，皱曲。房衣白色。雌蕊退化。花形轻盈、飘逸，虽长势较弱，但开花繁多，是人们喜爱的老品种。

酒醉杨妃 株丛高大开展，枝粗而软，弯曲，叶大型，质厚而软，极稀疏。小叶卵形或长卵形，缺刻多，下垂。花浅粉紫色，荷花型或托桂型，有时为皇冠型。花较大，花梗长而软，花瓣亦弯而软，花色白中透红，状如酡颜。生长旺盛，着花多。因花梗软，花朵侧开或垂头，加上枝叶稀疏下垂，好似醉酒之杨妃，不胜扶持，是著名的老品种。

大金粉 又名盛丹炉。株丛中高，开展，枝粗节长，叶大而长，稠密，平伸。小叶狭长椭圆形，缺刻少或无，叶面深绿，微有紫晕。花粉色，菊花型或荷花型。该品种生性强健，生长旺盛，着花多，花繁叶茂，单花期长，是优良的庭院及街道美化品种。

种生黑 株丛偏矮，直立，枝粗叶硬，节间短。叶为一回三出复叶，斜伸，小叶长卵形，缺刻少。叶幼时墨紫色，后转为深绿色。花为蔷薇型，浅墨紫色，瓣质厚而软，基部具黑紫色晕。部分雄蕊瓣化，雌蕊虽正常，但结实力差。中花品种，稍晚，长势弱，分枝少，着花亦少，是珍贵的黑牡丹品种之一。

紫二乔 又名洛阳红。株丛高而直立，枝细硬，节间长。叶片斜伸，小叶卵圆形，缺刻多，质地硬，边缘带紫晕。花紫红色，带光泽。蔷薇型，有时呈菊花型。花瓣多轮，由外向内层层缩小，层次分明，花瓣基部有墨紫色斑块。中花品种。该品种花姿端正，落落大方，生命力旺盛，着花繁茂，适应性强，是常用的冬季催花品种之一。

青龙卧墨池 株丛开展，枝繁叶茂。叶肥大而圆，质厚，小叶卵形，缺刻少而钝。叶面绿色带紫晕。花浅墨紫色，托桂型，有时为皇冠型。基部色泽明显加深、宽大、圆整的二轮外瓣围绕着细碎而卷曲的内瓣，正中的雌蕊瓣化成青绿色、狭长、翻卷的彩瓣，故得名“青龙卧墨池”。观赏价值高，生长旺盛，着花多，是著名的老品种之一。

魏紫　又称大魏紫。植株低矮而开展，叶平伸。花紫色，皇冠型，外瓣形大质硬，内瓣直立折叠，瓣端残留瓣化不完全的雄蕊。清代，魏紫被尊为“花后”。晚花品种。生长虽缓慢，但着花较多，花朵丰满，端庄华丽，润泽有光，是观赏价值较高的传统品种。若管理不当，会出现大小年现象。

冰凌罩红石　株丛较高，开展，枝细稍弯。叶大而稀疏，斜伸。小叶长卵形，缺刻少而钝，下垂，叶面粗糙具淡紫色晕。花粉红色，皇冠型或托桂型。外瓣1—2轮，质薄，基部具深紫红色斑，内瓣卷曲，稀疏，雌蕊瓣化。因花梗软，开花时略下垂。中花品种，生长弱，着花量少。因盛开时浅粉红色，瓣缘白色，中心色泽深，白中透红，光亮晶莹，犹如冰中红石，故得此名，是粉色系品种的上品。

状元红　株丛中高，半开展，小叶长卵形，边缘略上卷。皇冠型或金环型，花紫红色，叶稍微淡。生长旺盛，但着花量少，是著名的老品种之一。

烟笼紫珠盘　又名烟笼紫。株丛偏矮，半开展。枝较细，节间短，叶片斜伸。小叶长椭圆形，叶面深绿色，叶背多绒毛。花黑紫色，基部色泽更深，花瓣细腻有光泽，质若金细绒，花朵丰满整齐，皇冠型。外瓣宽大圆整，平展如盘，故得此名。该品种生长势虽弱，但着花多，观赏价值高，自古就被列入名贵品种。

昆山夜光　又名夜光白、青龙池、月宫花等。株丛较高，枝粗叶硬而疏，小叶卵形，缺刻少，叶背多毛。花为皇冠型，初开略带绿色，盛开则为青白色，晶莹似玉，芳香怡人，因色极洁白，熠熠生光，夜间于远处亦可见，所以也被称作为“灯笼”。晚花品种，生长旺盛，着花不多。此花喜阴、好暖，是白色花系中的佼佼者。

娇容三变　株丛较高，半开展，枝粗叶稀，小叶长卵形，缺刻少而尖，下垂，叶面粗糙。花为绣球型。据薛凤翔《亳州牡丹史》载：“娇容三变，初绽紫色，及开桃红，经日渐至玫红，至落乃更深红。诸花色久渐退，惟此愈进，故曰三变。

阴阳之处开者，各不相类，其色之变，亦不止于三也。”中花品种，生长较旺盛，但着花稀少，是古牡丹中的珍品。

首案红　也称紫根牡丹。枝叶肥大粗壮，花朵丰满端庄，典型的皇冠型。具有花期长、耐日晒、枝繁叶茂的特点，天然的三倍体品种，也是珍稀古老品种之一。

露珠粉　株丛较矮，半开展，枝细节短。叶稀疏，小叶卵形或阔卵形，缺刻少，叶面深绿色，似有白霜，叶背有绒毛。花粉白色，色泽细腻，瓣基粉红色，端部色淡。皇冠型，花瓣薄而软，外瓣大而圆，内瓣皱褶，细碎。开花时色彩娇艳晶莹，花瓣细看可见有无数圆点，如清晨之露珠，故名“露珠粉”。该品种生长弱，但着花多，适应性差，分枝、萌蘖枝少，不宜繁殖。

白玉　株丛低矮，半开展，枝细节短，着叶稀疏。叶中等大小，平伸，小叶卵圆形，质厚，缺刻少而浅，叶面粗糙，有紫晕。花为皇冠型。初开时粉白色，盛开时转为白色，外瓣平展，基部具紫色晕，内瓣质软皱曲，排列匀称而紧密。该品种生长旺盛，着花多，花色洁白如玉，花形丰满端丽，开花繁茂，被古人尊为“白色之魁”，是庭院及街道美化的优良品种。

小胡红　株丛低矮，半开展。花、叶与胡红相似，但均比胡红小，为与胡红相区别，故名小胡红。晚花品种，偏早。长势不如胡红强健，但着花较多。

鸡爪红　株丛低矮，半开展，枝细节短。叶中型，平伸。小叶卵形，多深裂，并沿叶脉向上拱起形似鸡爪。花红色有光泽，皇冠型。花瓣质地细腻，雄蕊瓣化，雌蕊退化变小或瓣化。中花品种，偏晚，生长一般，着花少。

墨魁　又名紫魁。株丛中高，开展，枝粗而弯，节间短。叶肥大而厚，小叶阔卵形，缺刻浅而钝。叶面深绿色，粗糙，具深紫色晕。花紫色，瓣基具墨紫色斑。皇冠型。外瓣形大质硬，内瓣皱褶，紧密，隆起。雌雄蕊退化或瓣化。花似绣球，圆整富丽。中花品种，生长势强，着花多，宜用作庭院及街道美化。

脂红　又名胭脂红。株丛中高，半开展，枝粗节短，叶稠密。小叶长卵形，缺刻深，叶脉明显，叶面黄绿色。花洋红色，润泽细腻。千层台阁型。

花瓣质薄而软，基部有紫红斑。从花蕾透色到初花期，色如胭脂，极其艳洁，盛开后色泽灰暗，观赏性降低。不耐日晒，宜于清晨或阴天时观赏。中花品种，生长旺盛，着花多。

一品朱衣　又名赤朱衣、夺翠。株丛低矮而开展，枝细软，节间短。叶面深绿，叶小型，稠密，斜伸。小叶卵形，缺刻多而浅，稍下卷。花红色，瓣端粉色，细腻而润泽。千层台阁型。该品种生长一般，但着花多，花色艳，是庭院及街道美化的优良品种，也是著名的老品种之一。

火炼金丹　又名种生红。株丛低矮，半开展，枝粗节短。叶稠密，小叶卵形，缺刻少，边缘上卷，叶面黄绿色。花为楼子台阁型。下方花花瓣紧密，不整齐，雌雄蕊瓣化成正常花瓣，上方花花瓣少，皱叠，瓣缘齿裂多，雌雄蕊退化。该品种长势一般，着花少，中花品种，偏晚。因花色鲜红，如炼丹炉内熊熊燃烧的火焰，故得此名。

天香夺锦　皇冠型。花蕾圆形，花紫红色，外瓣两轮，基部具深紫红色晕；内瓣折叠，紧密，瓣间杂有少量雄蕊；雌蕊退化变小，花梗细硬，花朵直上。中花品种。株型中高，直立。枝细硬，一年生枝较短，节间短；鳞芽圆尖形，暗紫红色。小型圆叶，质硬而厚，稀疏。小叶卵圆形，缺刻少，端钝，叶面深绿色，具深紫色晕。长势中，成花率高，萌蘖枝少。

二、新育珍品芳容初绽

丛中笑　菏泽赵楼牡丹园于1965年育成。株丛直立，中等高度，枝细而硬，节间短，小叶卵形，缺记得深，边缘紫红色。由于花醒软，开花时略有叶里藏花现象。花粉红色，瓣端色浅泛白，基部具紫色斑，菊花型。瓣质硬形圆，瓣缘平滑，排列整齐，雄蕊正常，雌蕊柱头多。中花品种，该品种生长强健，着花多，花朵富丽端庄，花色清雅，是美化及街道绿化的优良品种。

蓝花魁　菏泽百花园于1979年育成。株丛中高，半开展，枝粗壮，节间短。叶中型、斜伸，叶柄粗硬，上面深紫色。小叶长卵形，边缘微上卷，叶面深绿色有浅紫色晕。花色粉中带蓝，皇冠型，外瓣圆整，基部浅红色晕，内瓣卷皱，稠密，端部尖齿裂，瓣间有少量残留雄蕊，雌蕊正常。早花品种。生长强健，着花多。该品种花色鲜洁粉嫩，花凤丰满端庄，是观赏价值较高的庭院、街道美化的品种。

贵妃插翠　菏泽赵楼九队于1970年育成。株丛直立，枝粗壮。叶片斜伸。小叶质厚，卵圆形，缺刻少，趺面粗糙，边缘具深紫色晕。花粉红色，盛开后瓣端变粉白，细腻润泽如美人面，千层台阁型。下方花花瓣排列整齐，雄蕊少，雌雄蕊化成淡绿色的彩瓣，显露于花朵上方；上方花花瓣稀少，直立高耸，雌雄蕊退化变小。中花品种。生长旺盛，花多，花容姣美，观赏价值较高，是花名俱美的新品种。

墨紫莲　菏泽百花园于1982年育成。株丛中高，直立，枝细硬，节间短。叶大型，顶小叶阔卵形，侧小叶阔披针形，边缘稍上卷，缺记得少而浅，叶面粗糙，质地厚。花深紫，略带黑色，单瓣，2—3轮，瓣形圆整，质地厚硬，具光泽。雌雄蕊均正常。早花品种。生长旺盛，着花多，特别耐强光直射，最宜植于光线强、日照充足的小气候环境。

奇蝶　菏泽赵楼牡丹园于1990年育成。株丛中高，直立，枝细硬，节间短。叶稀疏，小叶卵或卵圆形，缺刻多，边缘带紫晕，上卷，花瓣质地较硬，具放射状紫白相间的斑纹，基部有明显的色斑，雌雄蕊正常。晚花品种。生长一般，但着花多。该品种形美色新，状如彩蝶，又极耐日晒，单朵花期长，是观赏价值较高的新品种，适于作庭院及街道美化。

艳溢香融　菏泽赵楼牡丹园于1990年育成。株丛低矮，开展，枝短而硬，节间短。叶较密，中等大小，质地稍硬。小叶卵形或近卵形，叶面皱，浅绿色。花深红色，有光泽。菊花型。花被排列整齐，层次分明，质地稍硬，上有放射状红色脉纹。雄蕊正常，雌蕊偶有瓣化现象。中花品种，偏早。长势一般，但着花繁茂，花色明媚而艳丽，并且芬芳馥郁，故得名艳溢香融。是适于庭院观赏的优良品种。

紫蓝玉　菏泽百花园于1979年育成。株丛低矮，半开展，枝粗壮，节间短。叶小、稀疏，小叶长卵形，缺刻少，趺面深绿色，略带紫色晕。花紫中带蓝色，菊花型，偶有单瓣或荷花型。花瓣质地较硬，由外向内层层减少，具明显的紫蓝色放射状脉纹，雌雄蕊正常，偶有瓣化。早花品种。生长一般，但着花多。因株形矮小，特别适作盆栽观赏。

桃源仙境　菏泽赵楼牡丹园于1986年育成。株丛中高，半开展，枝条粗壮，一年生枝短，叶稀疏而软，斜向上伸。小叶广卵形或卵形，边缘稍曲，缺刻多而深。花深粉色，基部色深，菊花型。花瓣整齐，从外至内渐小，层次清楚。瓣端齿裂，雄蕊正常，雌蕊正常或稍有瓣化。早花品种。生长强健、旺盛，着花多，抗逆性强。花形圆整、端庄大方，唯花开时略藏于叶下，可用作庭院、街道美化。

进宫袍　菏泽赵楼牡丹园于1990年育成。株丛中高，半开展，枝粗壮，节间长。叶大型，稠密，平展。小叶卵形或卵圆形，顶小叶深裂或全裂，裂片缺刻多而深，叶面略带黄绿色。花紫红色，菊花型。花瓣多轮，层次分明，排列整齐，由外向内逐渐减小，雌雄蕊正常。晚花品种。生长旺盛，着花多，株形圆整，耐湿热，适于在江南广大地区推广，也较多地用于冬季催花。

凌波仙子　菏泽赵楼牡丹园于1995年育成。株丛中高，直立。枝较粗硬，节间短。叶繁密，质硬，斜上。小叶卵形或阔卵形，缺刻少而深，叶面浅绿，边缘带此晕。花深粉红色，为菊花型。花瓣8—10轮，逐渐变小，排列整齐，瓣基部有深紫红色斑。雄蕊偶有瓣化，雌蕊小，9—13枚。中花品种，偏早。生长旺盛，着花多，株形紧凑，抗逆性强。本品种枝叶繁茂，花色鲜艳娇嫩，姿态端庄，亭亭玉立，如碧波中的仙女。

银红巧对　菏泽赵楼牡丹园于1966年育成。株丛中高，半开展，枝粗硬。节间短，叶稀疏而小，斜伸，小叶长卵形，黄绿色。花浅红色，基部有紫红色晕，蔷薇型或菊花型。花瓣排列整齐，雌蕊变小。中花品种，生长旺盛，着花多，且开花整齐，单朵花期也长，耐日晒。是适应性广、抗病力强、观赏价值较高的优良品种。

珊瑚台　菏泽赵楼牡丹园于1970年育成。株丛低矮，半开展，枝细而硬。叶小而多，小叶片长卵形，缺刻浅而尖，叶面深绿色。花浅红色，基部有墨紫色斑块，药瓣质地较薄。皇冠型。中花品种。生长强健，着花多，株形紧凑，花形端庄丰满，层层叠叠，高耸如台。单朵花期长，观赏价值高。

青龙戏桃花 菏泽百花园于1984年育成。株丛中高，半开展，枝条细弱，节间长。叶片平伸，小叶卵形，缺刻少而浅，略带紫色晕边。小叶柄长而软，小叶下垂，花粉色，皇冠型。外瓣大而平展，基部色较深，质地柔软，内瓣狭长而密集，向心卷曲，每片内瓣中央夹一道紫色细纹，雄蕊少量，夹于瓣间或花心处，雌蕊瓣化成狭长的青绿色彩瓣。中花品种。长势中等，但着花多。花姿妩媚，花色娇柔，花心处瓣化的彩瓣形如青龙，故得此名。

冰罩蓝玉 菏泽赵楼牡丹园于1969年育成。株丛中高，半开展，姿态匀称，枝粗壮，节间短，小叶卵圆形，缺刻少，端部略下垂，叶面灰绿有淡色晕。花粉红色，略带蓝晕，花瓣基部略深。皇冠型。外瓣宽，内瓣挺直，雌雄蕊瓣化，瓣间偶有未瓣化完全的雄蕊。早花品种。生长缓慢，着花较多。因其花色白中透蓝，花心处色深，宛如冰中的美玉，熠熠生光，故得此名，是观赏价值较高的新品种。

争春 菏泽赵楼牡丹园于1983年育成。株丛低矮而开展，枝细而软，节间短。叶小型，平伸。小叶片长卵形，缺记得少而浅，端部常因失绿而呈黄褐色。花粉红色，皇冠型，有时呈托桂型。外瓣质地硬，基部色泽稍深，内瓣稀疏，皱褶，有少量雄蕊夹于瓣间，雌雄蕊退化变小。早花品种。长势弱，但着花多，花容端庄、富丽，花色淡雅，观赏价值高，因花期早而得名。

藏枝红 菏泽赵楼牡丹于1986年育成。株丛低矮而开展，枝细而硬，节间短。叶繁密，中等大小，斜伸。小叶卵圆形，缺刻浅而钝，叶面粗糙。花紫红而具光泽，基部具黑紫色晕。皇冠型。外轮花瓣质地硬，内瓣整齐而紧密，常夹有雄蕊，雌蕊退化或瓣化而绿色瓣。晚花品种。生长强健、旺盛，着花多，适应性和抗逆性均较强。因梗较短，藏于浓绿的枝叶中，犹如羞涩的少女，故得名藏枝红。适用于庭院、街道美化，也可作盆栽及案头观赏。

景玉 菏泽百花园于1978年育成。株丛高而直立，枝细硬，节间长，缺刻浅伸，质软而稀疏。小叶长椭圆形，缺刻浅而稀。叶面深绿色，稍有紫晕。

花粉白色，盛开后转为白色，皇冠型。外轮花瓣薄而软，平展，基部粉红色，内瓣整齐而匀称，较狭长。有少量雄蕊夹于花瓣间。晚花品种。生长旺盛，着花极多，花形端庄大方，花色洁白如玉，开花整齐一致，抗逆性强。该品种原名赛雪塔，因由百花园中孙景玉技师育成，故更名景玉，是庭院美化的优良品种。

菱花争春 菏泽赵楼牡丹园于1990年育成。株丛中高、偏矮，开展。枝细硬，节间短。叶稀疏，斜伸。小叶卵形，缺刻少而浅。叶面略发具紫色晕。花粉蓝色，有放射状脉纹直达瓣端。内瓣常有花药残留，并夹有少量正常雄蕊。雌蕊退化变小或瓣化。早花品种。长势一般，但着花多。该品种花色淡雅，花姿端庄又不失妩媚，是观赏价值较高的新品种，可作庭院美化。

残雪 菏泽赵楼牡丹园于1989年育成。株丛直立，中高，枝细而硬，节间短。叶片粗糙，斜伸。小叶卵圆形，缺刻钝，叶面粗糙，黄绿色。花初开时乳黄色，盛开后转为白色，皇冠型，有时呈托桂型。外轮花瓣由雄蕊瓣化而来，中央夹有雌蕊瓣化形成的黄绿色彩瓣。中花品种。生长旺盛，但着花量少。花色洁白，微透淡粉色。因开花少，似枝头残留的积雪，故得此名，观赏价值较高。

玉夫人 菏泽赵楼牡丹园于1990年育成。株丛中高，偏矮，枝细软，节间短。叶中型，斜伸。小叶卵形或长卵形，缺刻少而浅，边缘略上卷，叶色青绿。花粉红色，皇冠型。外瓣宽大，质地薄软，内瓣卷曲而稀疏，近心处花瓣较大而皱，雌蕊少量瓣化，淡绿色。中花品种，偏早。生长一般，但着花多。该品种叶色绿，早春时节芽、枝及幼叶绿如碧玉，是早春观芽、观叶的好品种，加之其花色清雅、瓣质柔嫩，被喻作美人肌肤，故得名“玉夫人”。

皱叶红 菏泽赵楼九队于1979年育株。株丛低矮，半开展，枝细叶疏。叶片平伸，小叶长卵形，叶色深绿。花浅红色，皇冠型。外瓣形大质薄，有明显脉纹，基部具紫斑。内瓣曲皱，瓣间夹有少量雄蕊，雌蕊退化。中花品种。该品种虽生长缓慢，但着花多。因叶脉深而粗，叶面皱褶，故得此名。

落雁 菏泽赵楼牡丹园于1980年育成。株丛中高，开展，枝软而弯曲，节间稍短。叶大型，质软，稀疏，平伸。小叶卵形，缺刻少，端部略下垂。叶面深绿，边缘具浅紫色晕。花深粉红色，有光泽，皇冠型。外轮花瓣形大、质硬，边缘浅粉色。内瓣细宽、卷曲，近心处的花瓣则较大，中间夹有少量雄蕊，雌蕊基本正常。中花品种，偏早。生长旺盛，着花多，花色娇柔细腻，花形丰满高耸，观赏价值较高。

紫红争艳　菏泽赵楼牡丹园于1976年育成。株丛高而直立，枝细节长。叶小而稀疏，小叶卵形而长卵形，上半部缺刻多，端部下垂，叶面深绿色，脉纹深。花深紫红色，有光泽，皇冠型。外瓣波曲如绉绸，基部有墨紫色斑块，内瓣翻卷，端部残留黄色花药，雌蕊瓣化为白色彩瓣。生长强健，开花繁茂，花朵谢后，花瓣不易脱落，是观赏价值较高的庭院美化品种。

粉中冠　菏泽赵楼牡丹园于1973年育成。株丛中高，开展，枝硬节短，叶密质软，斜伸。小叶长卵形，缺刻浅而尖，叶面光滑，绿色。花粉色，中下部略深，皇冠型。外瓣形大，内瓣皱褶、紧密，高耸丰满如球，雌蕊瓣化成黄绿色彩瓣。中花品种。该品种生性强健，着花繁茂，开花整齐，适应性广，抗病力强，是新品种中的优良者。适于庭院及街道美化，也是冬季催花品种之一。

绿香球　菏泽赵楼牡丹园于1975年育成。株丛高而开展，枝粗壮，弯曲、节间长。叶大型，稀疏，斜伸，厚而软。小叶长卵形或卵状披针形，缺刻少，色深绿。花为绣球型，有时呈皇冠型。初开时浅绿色，盛开时转为粉色，基部色泽较深，内外瓣差别不大，内瓣紧密而凑集，状如绣球。雌蕊退化变小或瓣化。花梗长而粗，但较软，开花较迟。生长较旺盛，着花多，花色珍奇，丰满如球，且抗病、耐盐碱，是庭院、盐碱地绿化美化的好品种。

卷叶红　菏泽赵楼牡丹园于1973年育成。株丛高，半开展。枝粗壮，节间长。叶大型，斜伸。小叶深裂成全裂，裂片缺刻少，边缘波曲上卷，端部下垂，端突尖处下钩。叶面粗糙，微有紫晕。花深红色，千层台阁型。下方花花瓣自外向内渐小，质地细软，有光泽，基部有小块紫斑，雄蕊有瓣化，雌蕊则瓣化成绿色彩瓣。上方花花瓣稀少，雌雄蕊退化。中花品种。生长旺盛，着花多，抗逆性较强。该品种小叶卷曲，故名卷叶红，是庭院栽植和街道美化的优良品种。

千褶绣球　菏泽赵楼牡丹园于 1990 年育成。株丛中高，直立，枝细硬，节间短。叶小而稠密，斜伸。小叶椭圆形，边缘波曲、上卷。花紫红色，绣球型，外瓣圆整，质地厚硬，基部有不明显的小块紫红色斑。内瓣密集而折叠，雄蕊几乎全部瓣化，近心处有少量残留，雌蕊正常，偶有瓣化。晚花品种。生长一般，但着花多。花朵直立，内瓣层层叠起，状如绣球，观赏价值较高。

墨剪绒　菏泽赵楼牡丹园于 1983 年育成。株丛中高，半开展，枝粗节长。叶片小，平伸。小叶长卵形或披针形，顶小叶全裂或一面全裂，缺刻多而尖，边缘略上卷。叶面深绿色，具紫色晕。花墨紫色，千层台阁型。中花品种。该品种因瓣碎柔软，花近黑色，花瓣细碎如剪绒，故得此名。生长强健，着花较多，是庭院和街道美化的优良品种。

仙桃红　菏泽百花园于 1985 年育成。株丛高大，半开展，枝粗壮，节间长。叶中型、稠密、下垂。小叶卵形或阔卵形，缺刻少而尖，边缘波贡上卷。叶面绿色，无紫边。花红色，边缘色浅，基部有紫红色斑。楼子台阁型。下方花瓣软而薄，多轮，雄蕊全部瓣化成正常花瓣，雌蕊瓣化为长条形彩瓣；上方花瓣少，较大，近心处花瓣细小，雌雄蕊退化。中花品种，偏晚。生长旺盛，但成花率稍低。花朵硕大，花形丰满高耸，适应性强，较抗叶斑病。是庭院及街道美化的优良品种。

万花魁　菏泽赵楼牡丹园于 1990 年选育而成。株丛高，半开展。枝粗壮，节间长。叶大型，稠密。小叶广卵形，顶小叶常一侧开裂，叶面脉纹明显。花浅红色，楼子台阁型。下方花外瓣 6 轮、阔大，基部深紫色。内瓣密集，小而皱曲，瓣间夹有少量正常雄蕊，端部有花药残留。雌蕊瓣化，形如正常花瓣；中层花外瓣 2 — 3 轮，较阔大，内瓣小而少，卷曲，瓣间偶有正常雄蕊；上方花外瓣 1 — 2 轮，长而叠皱，内瓣小而密，雌蕊退化变小。晚花品种。长势特别强健，但着花不多。该品种为较少见的由 3 朵花重叠而成的台阁类品种，花形高耸如楼、富丽堂皇，观赏价值高。

第三章 牡丹文化篇

花卉，是大自然从容袒露着的神秘微笑，是灿烂生命最甘美炽热的笑容，它不仅能启迪人们美好的情感，带给人们无限美妙的艺术构思，更能培养人们高尚的情操、深厚的修养——因为，表象简单的花卉，蕴含着文化的累积和嬗递在其中。

牡丹的自然美，冠绝群芳，其独特的天然神韵（姿），给人以富丽、祥和的精神向往和心理满足。大红大绿的强烈色彩，在中国人传统意识中一直是大富大贵的象征；雍容华贵的仪容，是兴旺发达、吉祥如意的瑞兆。这种观感和体验，与连绵的岁月变迁相随，逐渐积淀在我们民族的血脉之中。人们栽之种之、歌之咏之、书之画之、雕之纹之，通过以牡丹为主题的各种文化形式寄寓心绪，将自身美好的情感托之于牡丹的形象……涓涓细流，汇成有鲜明地域情趣和不同艺术魅力的牡丹民俗美、人文美，形成了多元的牡丹文化，温润、惠泽着灾难深重的中华各民族人民长久以来一直渴慕幸福的心灵。

牡丹文化的构成非常广泛，它包容了哲学、宗教、文学、艺术、园林、建筑、服饰、食品、风情、民俗等所有文化领域。诗词歌赋、传说故事，书画工艺，碑坊墓葬、寺院建筑、雕塑镂刻……可谓丰富多彩、洋洋大观。以牡丹为内容的类书、史料、文集、专著不下数百部，仅牡丹诗词就有数千首，文赋上千篇，传说故事数百个，涉及牡丹的小说、演义、传奇数十部，以牡丹命名的地名、江河、山岭、物品以及以牡丹为内容的戏曲、电影电视、画册、歌曲等更是数不胜数。2004 年，菏泽市投资近千万元兴建的世界第一座牡丹博物馆，就集牡丹历史、诗词文赋、故事传说、类书专著、建筑镂雕、戏剧歌舞、乡风民俗、书画工艺、影视摄影等诸多展板内容，向人们集中展示了牡丹文化博大精深、丰富多彩的表现形式和内涵。

第一节　牡丹诗词题咏

牡丹素有“花中之王”的美誉。牡丹雍容华贵，富丽堂皇，典雅祥和，是国泰民安、民族兴旺的表征。牡丹，是中国人寄寓了最丰富感情的名花，承载了无数人的喜怒哀乐、家国悲欢。它具有清新高雅、自强不息、甘于奉献的优秀品格，具有不妥协、不苟且、不媚俗的高贵风骨。它高洁圆满，端庄秀丽，仪态万方，有梅之骨、兰之幽、竹之刚、菊之傲、莲之净。在人们心目中，牡丹是美的化身，给人以美的感知、美的享受和美的满足。

牡丹把美丽献给人间的奉献精神和富丽堂皇的姿容，为众多文人墨客所陶醉、所倾倒，令历代文人墨客挥毫泼墨，不吝赞美之辞，由此也就涌现出了难以胜数的牡丹诗词。

在我们中华民族五千年的文明史上，牡丹诗词灿若繁星、浩如烟海，成为中国传统文化宝库中的一颗璀璨明珠。牡丹诗最早见于《诗经·郑风·溱洧》篇，至唐咏牡丹诗蔚然成风。据不完全统计，我国历代咏牡丹诗有数千首。据《宋史郭延泽传》载：“延泽援户部员外郎，致仕，居濠，城南有小园以自娱，其咏牡丹千余首，聚图集万余卷。”郭延泽一人就有咏牡丹诗千余首，聚图集万余卷，那么我们整个中华民族的咏牡丹诗词，又何止几千首呢？在菏泽市，咏牡丹、颂牡丹更普遍，1985 年，菏泽市的杨茂兰，就搜集选录唐至清代牡丹诗词 419 首，以《历代咏牡丹诗词四百首》作书名，由中国展望出版社出版。1996 年，菏泽学院李保光教授主编的《国花大典》一书中，就集有牡丹诗词 745 首。2021 年，宋茂民主编的《中国古代牡丹诗词大全》，收录我国历代牡丹诗词 4300 首，涉及 1700 余人。

世界上还没有一种花经历了 3000 年，而一直被人们钟爱、歌吟、咏诵。唐代刘禹锡诗词有“国色”之美誉，宋代杜安世诗词有“国貌”之叹，明代沈周诗词有“国艳”之赞，清代蒋廷锡诗词有“国香”之颂，近代王学仲诗词有“国姿”之美称，今人又多有称“国粹”“国花”者。这些“国”字当头的溢美之词，唯有牡丹可以当之无愧、安之若素，欣然以从。

“国花”是人民群众给予牡丹的最高赞誉，位显名重。“国花”，代表着国家之文化形象，象征着民族精神，蕴含着民族感情。今天的菏泽市牡丹区，是世界上面积最大、品种最多、花色最全的牡丹生产、科研、出口基地和观赏旅游区。每年谷雨时节，牡丹姹紫嫣红、绰约多姿、花香怡人，笑迎八方来客。

有牡丹的地方，必然就有牡丹诗词。这些古今牡丹诗词，是人们浓郁牡丹情结的真实反映，又是对牡丹坐实“国花”宝座的深情呼唤，对于弘扬传播牡丹文化必将产生积极有益的影响。

“唯有牡丹真国色”，“万花丛中第一流”。牡丹诗词作为我国牡丹文化海洋中的朵朵浪花和细流，闪射着璀璨夺目的光彩。

一、古代牡丹诗词

《诗经》　《诗经》是我国历史上第一部诗歌总集，内容分风、雅、颂三部分。选自《诗经·郑风》中的《溱洧》一诗描写热恋着的情侣在三月上巳节里游乐溱洧的情景，基调热烈、轻快，充满了节日的欢乐气氛。它把青年男女的爱情放在广阔的大自然中去描写，在立意上显得更加真切自然和奔放，使人如临其境、如闻其语。诗的最后三句是说：那些小伙子和大姑娘，相互调笑喜洋洋，赠送芍药花儿香（古之芍药即牡丹）。

溱洧

溱与洧，方涣涣兮。
士与女，方秉蕑兮。
女曰“观乎”？ 士曰“既且”。
“且往观乎！”洧之外，洵訏且乐。
维士与女，伊其相谑，赠之以芍药。

溱与洧，浏其清矣。

士与女，殷其盈矣。

女曰“观乎”？士曰“既且”。

“且往观乎！”洧之外，洵訏且乐。

维士与女，伊其相谑，赠之以芍药。

（《诗经·郑风》）

李白

李白（701—762），字太白，号青莲居士，祖籍陇西成纪（今甘肃省天水市附近），出生于碎叶（唐代属安西都护府，在今吉尔吉斯斯坦北部），唐代伟大的浪漫主义诗人。

他从25岁开始，长期在各地漫游，先后寄居湖北安陆、山东任城（今济宁）。天宝初年由道士吴筠引荐，任供奉翰林。玄宗命李白作清平调三首。此诗写于禁中木芍药（即牡丹）盛开之时，李白在诗中将名花与妃子共咏，兴到笔随，婉转精切。

清平调三首

一

云想衣裳花想容，春风拂槛露华浓。

若非群玉山头见，会向瑶台月下逢。

二

一枝红艳露凝香，云雨巫山枉断肠。

借问汉宫谁得似，可怜飞燕倚新妆。

三

名花倾国两相欢，长得君王带笑看。

解识春风无限恨，沉香亭北倚栏杆。

（《李白集校注》）

刘禹锡

刘禹锡，字梦得，进士，曾任监察御史，苏州刺史，太子宾客，唐代文学家。

赏牡丹

庭前芍药妖无格，池上芙蕖净少情。

唯有牡丹真国色，花开时节动京城。

皮日休

皮日休，字袭美，号逸少，进士，曾任太常博士，晚唐诗人，文学家。

牡丹

落尽残红始吐芳，佳名唤作百花王。

竞夸天下无双艳，独立人间第一香。

王禹偁

王禹偁（954 — 1001），字元之，宋济州巨野（今菏泽市巨野县）人，是首开北宋一代诗风的杰出的现实主义文学家。太平兴国八年（983）进士，累官至左司谏，知制诰。曾被贬为滁州、扬州、黄州知州。后死于被贬谪的黄州齐安（今湖北黄冈），世称王黄州。著有《小畜集》《小畜外集》，共 43 卷。

山僧雨中送牡丹

数枝香带雨霏霏，雨里携来叩竹扉。

拟戴却休成怅望，御园曾插满头归。

（《菏泽牡丹志》）

陈师道

陈师道（1053—1102），字履常，又字无已，号后山，宋彭城（今江苏徐州）人。为文师曾巩，论诗推服黄庭坚，为“苏门六君子”之一。宋哲宗绍圣中，因其岳父郭概任曹州知州，家境贫寒的陈师道带着妻儿到曹州寄住二年，在曹州留下了许多诗篇。诗中所写的芍药即牡丹，这首描写牡丹的诗，写得颇有新意。

谢赵生惠芍药

九十风光次第分，天怜独得殿残春。
一枝剩欲簪兀髻，未有人间第一人。

（《曹州历代诗词选注》）

晁补之

晁补之（1053—1110），字无咎，号归来子，宋济州巨野（今菏泽市巨野县）人，元丰进士，曾任吏部员外郎、礼部郎中兼国史编修、实录检讨官等职。与黄庭坚、张耒、秦观并称“苏门四学士”。崇宁二年，晁补之被免官，在故乡巨野过了七八年的闲居生活。著有《鸡肋集》《晁氏琴趣外篇》等。

夜合花·和李浩季良牡丹

百紫千红，占春多少，共推绝世花王。西都万家俱好，不为姚黄。谩肠断巫阳。对沈香亭北新妆。记清平调，词成进了，一梦仙乡。天葩秀出无双。　　倚朝晕，半如酣酒成狂。无言自有，檀心一点偷芳，念往事情伤。又新艳，曾说滁阳。纵归来晚，君王殿后，别是风光。

（《全宋词》第一册）

徐笃

徐笃，字行之，号墨庄，自称柳河钓叟，明曹县（今菏泽市曹县）人，万历年间在世。自谓谪仙后身，著有《墨庄诗草》。

牡丹

不负东君用意栽，今年尤胜去年开。
全倾嫩萼粘飞絮，低压柔枝映绿苔。
漫道名花来洛下，浑如神女下阳台。
写真那借丹青手，细把新诗为尔裁。

（《曹南文献录》）

晁冲之

晁冲之，字叔用，宋济州巨野（今菏泽市巨野县）人。补之从弟，少有才华，宋哲宗绍圣年间，屡荐不仕，隐居具茨山（今河南禹县北），世称具茨先生。著有《具茨集》。

如梦令

门在垂杨阴里，楼枕曲江春水。
一阵牡丹风，香压满园花气。
沉醉，沉醉，不记绿窗先睡。

（《全宋词》第二册）

苏祐

苏祐（1493—1573），字允吉，号舜泽，别号谷原，明濮州（今菏泽市鄄城县）人。嘉靖五年（1526）进士。历官广东道御史、兵部侍郎、兵部尚书。苏祐文词华丽，诗格爽朗，著有《谷原文章》4卷、《谷原诗集》10卷。

上谷台中牡丹

春到花枝开不稀，姚黄魏紫尽芳菲。

清华拟贮黄金屋，弱丽愁胜翠羽衣。
浥露偏怜颦处好，行云应笑梦中非。
一尊独赏高台上，何谢栏杆曲曲围。

（《谷原诗集》）

何应瑞

何应瑞，明曹州（今菏泽市）人，万历三十八年（1610）进士，官工部尚书。

牡丹限韵

廿年梦想故园花，今到开时始在家。
几许新名添旧谱，因多旧种变新芽。
摇风百态娇无定，坠露丛芳影乱斜。
为语东皇留醉客，好教晴日护丹霞。

（《曹南文献录》）

樊继祖

樊继祖，字孝甫，号双崖，郓城人，明嘉靖兵部尚书、工部尚书，终以太子少保致仕。著有《双崖奏疏》《山海纪程》《金丹集》等。

南园花开请赏

海棠半落牡丹开，群卉争艳共簇台。
为语中州宋殿撰，好惬情赏出城来。

樊学曾

樊学曾，郓城人，樊继祖之曾孙，明万历年间曾在太仆寺、光禄寺为官，后任兴都参军，创作十分丰富，有《菉竹轩草》《秋霁玄吟》等传世。

寺僧约观牡丹

桃时杏日不争浓，叶帐阴成始放红。
映艳远分金掌露，暮香深处玉堂风。
名遗兰社千年后，贵擅声歌百醉中。
如梦如仙忽零落，暮霞何处绿屏空。

（《秋霁玄吟》）

陈廷敬

陈廷敬（1639—1712），字子端，清山西泽州（今山西晋城）人。顺治进士，累官至文渊阁大学士，兼吏部尚书。谥文贞。著有《尊闻堂集》等。

向云泽自曹州以牡丹见遗赠答

春风料峭几枝斜，浓艳依然带露华。
牧佐旧为芸阁吏，曹南今有洛阳花。
写生银管曾修史，入席天香抵坐衙。
茅舍竹篱还称否，凭君相赠引烟霞。

（《曹南文献录》）

何觐

何觐，字天咫，清曹州（今菏泽市）人，康熙六年（1667）进士，授内阁中书。明工部尚书何应瑞之子。

咏牡丹

纷纷姚魏斗春风，绣幄荆扉富贵同。
无限异名添旧谱，因多奇艳出新丛。
淡妆恰共归云碧，浓抹还随旭日红。
欲报花神新句得，清平逸调至今工。

（《曹南文献录》）

刘大绅

刘大绅，字寄菴，清云南宁州（今云南华宁）人，乾隆四十五年（1780）进士，曾知曹县（今属菏泽市曹县），有惠政。

崔绍先邀看牡丹

路人轻盈杨柳弯，浓华尽在曲栏间。
氤氲荀令风前坐，绰约杨妃醉后颜。
从教芝兰香别涧，笑输桃李点空山。
如何也许林泉客，率尔空山共往还。

（《曹南文献录》）

黄子云

黄子云（1691—1754），字士龙，号野鸿，清江苏昆山人。初期诗较刻意，善白描，后稍颓放。有《野鸿诗稿》等。

毛氏园观牡丹

十亩芳菲园，名花最后看。
乍疑春欲醉，可爱露难干。
倚日自矜宠，回风不受寒。
药阑频徙倚，吟望夕阳残。

（《清诗别裁集》卷三十）

王国维

王国维，字静安，号观堂，清末秀才，我国近现代在文学、美学、哲学、古文字、考古学等各方面享有国际声誉成就卓著的学术巨子、国学大师。

题牡丹

摩罗西域竞时妆，东海樱花侈国香。

阅尽大千春世界，牡丹终古是花王。

刘藻

刘藻，初名玉麟，字麟兆，号苏村，清巨野苏集人。乾隆元年（1736）授翰林院检讨，历任太常寺少卿，左佥都御史、内阁学士等。著有《笃庆堂文集》。

牡丹

春风已老众香国，冶杏夭桃无颜色。
总持春事赖花王，领袖群芳有余力。
晓露初拆紫玉芳，晚烟半护黄金蕙。
照影临池自袅袅，含香对月尤薿薿。
主人久空色香界，绿意红情已寂默。
数亩荒园自锄理，春韭秋菘是所亟。
郡国名花人共艳，匪我思存屏异域。
去年友人致数本，不应弃置聊封殖。
忌意东皇正有情，催放天葩无吝啬。
海云风尾幻形容，倒晕檀心费镂刻。
顿令小圆擅风光，收转春光回衔勒。
时闻柳外莺声来，唤起花魂花不识。

（《曹南文献录》）

赵新

赵新，清天津（今天津市所辖静海区一带）人，道光二十二年（1842）举人，曾任曹州知府。《豆绿》和《冰清》两诗写于曹州任上。

杂咏牡丹

豆绿

群芳卸后吐奇芬，高挽香鬟拥绿云。
谢绝人间脂粉气，远山眉黛想文君。

冰清

铅华洗净着清风，独抱冰心样不同。
写艳无须朱点染，肖形真个玉玲珑。

梨花雪

如广寒宫见丽华，娉婷月下一枝斜！
梨花白雪工摹拟，从此休将玉色夸。

掌花案

火珠闪烁映丹霞，艳到如斯更莫加。
若使移教端节放，居然斗大石榴花。

看牡丹赠园主赵叟

数亩园田世守贫，团焦一榻仅容身。
名花似解嫌寒俭，特起楼台傲主人。

二、现代牡丹诗词

题曹州牡丹

（北京）楚图南

绿艳红香烂彩霞，春回大地绽奇葩。
须知富贵仙乡种，已是人间自由花。

赞曹州牡丹

（北京）刘开渠

曹州似锦满城花，朵朵明艳难分差。
巧手千秋画不尽，留下丹青赠万家。

咏菏泽牡丹

（山东）舒同

菏泽牡丹菏泽春，街标赏卉宴佳宾。
花称国色香第一，酒暖神州席尚温。

癸亥春游曹州牡丹园口占

（北京）宋振庭

神往曹州不知年，几曾梦里舞蹁跹。
老年只觉天地阔，放步畅游牡丹园。

题曹州牡丹

（北京）启功

木芍药发沉香亭，谢君题诗早正名。
众卉任教南土盛，花王北国擅芳馨。

曹州牡丹

（北京）柳倩

仲春花发绿凝光，艳若丹霞万亩霜。
郑洛娇容夸国色，曹州妩媚世无双。

琅玕倚遍怀赵粉，海誓盟时愧玉环。

泄露春心非所愿，尘泥纵萎又何妨。

题曹州牡丹书画展览

许德珩

名花富贵，香飘十里。

仪态万千，叹为观止。

作富贵图自题

（上海）峻 青

盖牡丹为我国名花，富丽鲜艳，姿态万千，素有国花之誉。故以此象征祖国当前之崭新景色，以及未来繁荣富强、兴旺昌盛也。

挥毫欣作富贵图，无限情思寄丹青。

花为国色不傲群，蕊有天香满宇中。

千朵朱英舒锦绣，万片绿叶舞东风。

姚黄魏紫何其艳，只缘日丽又晴空。

回乡抒怀

岳 野

1986年4月，时逢牡丹花盛开，观者潮涌，情怀各异。我离乡48载，更是百感交集。

阳春三月看牡丹，荟萃四方曹州宽。

最是深情游子意，永锁黄河恋中原。

咏菏泽牡丹（二首）

（济南）王希坚

其一

艳丽世无双，风光竞洛阳。
群芳难媲美，不愧百花王。

其二

谷雨欣来牡丹乡，万千游客兴如狂。
拈花近摄多情影，笑靥春风散异乡。

曹州牡丹颂

胡洁青

欠羡曹州结伴行，千红万紫映名城。
巧匠跃进创新求．著笔花乡赞好声。

题画牡丹

（济南）于希宁

雨过鼠姑争向阳，千姿万态逗人忙。
古称洛花佳天下，今听九州菏泽香。

阿里山观牡丹（三首）

高秉涵

我离乡漂泊台湾已50余年，饱尝思乡之苦，在我心中，牡丹象征着故乡，所以每年谷雨时节，我必登上台湾唯一种植牡丹的阿里山，观望牡丹，以解怀乡之痛。

今欣闻菏泽市牡丹文化学会会刊《牡丹文化》创刊，特咏诗三首，以表祝贺。

一

阿里山上牡丹花，枝叶并茂令人夸。
每年谷雨登山去，恰似回到菏泽家。

二

春风谷雨牡丹开，好似仙女下凡来。
雍容华贵玉环样，天生丽质西施胎。

三

岁岁年年天涯，愁闻牡丹乡花。
身似梁上飞燕，筑巢总傍人家。
我欲扬帆归去，无奈难渡海峡。

作者高秉涵先生，菏泽市牡丹区人，台湾菏泽同乡会会长，台湾孔孟学会会长。

曹州牡丹

蒋和森

菏泽花似海，艳夺天下春。
南来参观日，笑煞看花人。

故土情

张秀云

谷雨牡丹别样红，含娇滴翠掩丽容。
千里来游牡丹乡，只缘胸怀故土情。

咏牡丹（诗二首）

朱希江

金玉交辉

富贵花乡富贵神，满园白玉满园金。
入时打扮好儿女，丽姿辉耀报新春。

春红娇艳

春颜占尽碧桃红，莹莹霞光耀眼明。
都道人生尚淡雅，浓妆自古更钟情。

曹州牡丹吟

王永成

调寄水龙吟

桃花谢了残红，时光荏苒伤春去。牡丹园里，眼迷神醉，盎然春意，映雪蒸霞，流金滴翠，吐红燃炬。配玉雕仙子，柏编腾象，多情趣，神情注。自古名花共慕，兴游人，怎堪计数。单鸣铃响，清音高奏，吆声摊户，曲径言欢，丛集留照，缘廊徐步。引骚人墨客，骋怀神往，更添诗绪。

胭脂

丽质浓颜非斗艳，雍容华贵亦恭谦。
胭脂露湿东风来，只为不开桃李前。

曹州牡丹咏

郭满录（菏泽学院）

暮春三月，偕友小游。时值牡丹初绽，溢香泛彩。甚为惬怀。慨然赋诗一首以赠之云："梦断魂销三月天，小楼风物正依然。冷水欲温橘亦碎，花香长在口齿间。"诗不尽意，又赋长句，以咏曹州牡丹之盛，兼抒情怀。

澹荡春光次第开，谁家仙子下瑶台。
人人尽说牡丹好，艳称齐鲁有《聊斋》。
我说牡丹少风骨，杨女出浴晕娇腮。
忽忆忤旨遭贬事，爱其峥峥骨气在。
堂皇不娇非凡品，天香渍冰难染埃。
桃夭李冶少端严，叶花呈媚动瑟瑟。
秾华香溢地酿就，珂雕玉琢天剪裁。
天道有意可怜人，曹州三月花似海。
绿杨深处流莺啭，南浦别歌动人怀。
人生欢愉能几时，花前何不浮大白。
况与佳友游春暮，会须一饮三百杯。

万民齐拥一国花

姚九忠

雍容大方牡丹花，冠领群芳真奇葩。
堂皇富丽呈瑞彩，天赐国色靓中华。
不作孤芳愁黄昏，哪堪一艳杀百花。
漫道贵貌隐节骨，敢抗武氏有几家。
独步天香百花王，无双国艳万众夸。
占断春光谁与比，古今咏唱满华夏。
大国硕花天作美，玉宇丽日曜丹霞。
莫听高士放奇论，万民齐拥一国花。

牡丹诗六首

赵统斌

赵粉

粉蝶款款至，春燕夜惊飞。
风来撩彩袂，雨过涤芳菲。
阡陌常相戏，街衢亦争辉。
馨香十里重，长伫不思归。

昆山夜光

幽幽山色静，款款玉人来。
素帛绕纤臂，夜光映雪腮。
花非花自语，人戏人常乖。
郁郁香盈袖，莹莹月一怀。

紫瑶台

日暮西风倦，瑶台生紫烟。
南天星醉客，北海月捞仙。
金带翩跹舞，红衫袅娜旋。
人间得一睹，幸降三生缘。

观音面

白云游碧空，古寺响风铃。
日暮经声缈，星稀香火浓。
人间童子笑，天上莲花红。
圣迹着仙道，梵音处处听。

景玉

休言糙手拙，专擅理芳魂。
叶展一张毯，花开数朵云。
朝暾霞染露，午照雪凝神。
土下藏心愿，春来喜示人。

出水芙蓉

向晚意悠悠，披霞弄扁舟。
花飞三国夏，叶望一湖秋。
衫袂随风舞，蛾眉遇雨愁。
沐完惊野雉，掩面尢言羞。

牡丹赋

卢明

四月人间，东风送暖，与春共盛，唯有牡丹。

意态雍容，为众生所羡；天生丽质，非常物可攀。花大尺许，比之群卉，如高柱之于矮墩，日月之于星斗。瓣多过百，较之众花，似绣毯之于薄布，云锦之于寒烟。花肌凝脂，比之他树，象白嫂之于黧妞，嫩皮之于糙脸。花型变换，极尽富丽之态；花色纷呈，已穷五彩之鲜。花颜傅粉，恰似天外神仙；花蕊环列，犹如万根金簪。

岂止艳压群芳，更有高情可鉴。存中庸之神韵，得儒雅之心源。阴阳得宜，动静有端。旺而不躁，润而呈鲜。仪态端庄，不妖之艳；性情敦厚，不滥之宽。位高而不骄，任重而不厌。不倚大而欺小，不恃宠而狂狷。贵能携贱，暖能济寒。创高标而众生摹习，生美韵而世代留传。有此等品格，故能受蒲茅之拥戴，应松柏之赞叹。

牡丹未放，春不能尽其性；牡丹盛开，春方能称其全。些小桃李之属，见机取巧，闻风争先，故而匆匆早逝，何曾等到春满；看此牡丹之质，随节养性，厚积劲绽，貌似姗姗迟至，却成天下大观。养精而蓄锐，宁静而致远。不惜力，不弄巧，顺势而为，奋发而成。富贵乎？富贵哉！古今共求之意，谋之何须讳言；四海同盼之境，达则堪当称赞。

更可赞者，贵而有道，富而有由。娇而不媚，艳而无嫌。以沙透而性通达，拒泥淤而无迂执。安身瘠土三尺，不避辛劳千般；耐过百日严寒，方有一次盛绽。心向阳光，可得无限温暖；身滋雨露，迎来万里春天。发达而不忘其本，兴旺而善谋来年。香飘四野，随春风熏沐大地；花开万朵，把美丽带给人间。

以富贵之资，甘于奉献。花精护肤，以己之美而美人；献身为食，为人之餐而佐餐。集瓣成茶，香飘雅士之口；填籽为枕，清透平民之眠。酿料成酒，助文人雅兴；出根为药，帮病者康健。为富能仁，有爱人之情怀；为贵善怜，有助人之意愿。美哉牡丹，美于厚重，美于通达，集精华而成其势，借其势而益人间，与万类共创美景，携百草同享春天。

绵绵兮牡丹，川上山间，千年万年。得天地之灵气，赋性情于自然。故能合造物之法则，得生机于春天。美丽兮牡丹，园圃庭院，新生嬗变。合世人之心愿，寓美学之理念。故能成天下之珍物，获钟爱于人前。楚楚兮，冰玉之貌，艳压群媛；谦谦兮，君子之风，可比古贤。端庄兮，秀妇之韵，想见历代女贤。奇妙兮，逸闻趣事，引来情思万千。

国色天香，都城宫苑，有多少动人故事，代代流转。丰骨腴态，村舍田间，有多少深切情味，年年不断。佳话，奇缘，诗情画意；桩桩，件件，精神显现。绿珠殉情于旧主，化作石园之白；仙子忠诚于时令，何辞贬离长安。仙女报恩，携青龙潜卧墨池；状元眷妻，化红袍再叙前缘。红玉再生，命酬恩爱夫婿；葛巾多情，因爱嫁向远县。

太平盛世，谷雨时节，且看牡丹园中，花如海，叶无边；红绣成堆，玉球缀满；紫冠累累，黄裳灿灿；枝繁花盛，惊女羡男。

美丽哉牡丹，大气哉牡丹。谷雨时节，观花生感。面对美物，愿献诗篇，诗曰：

何致千娇百媚身，高情积聚自芳芬。
不争小宠方成大，能获洪福善济贫。
玉蕊朝阳春梦暖，柔枝恋土宿根深。
蜂蝶唤起同园舞，携手同迎万里春。

咏牡丹二首

林湘

一

独享花间第一枝，画家提笔意迟迟。
挥毫蘸尽烟霞色，只得佳人半点姿。

二

万千红紫破朝霞，富贵加身羞自夸。
四月芳菲已将尽，此花开罢不言花。

七律·游曹州百花园感赋

孙传仁

百花园里春来早，魏紫姚黄斗艳忙。
惟有千红比西子，更无一萼效东娘。
莫言国色妍期短，非叹昙花谢日长。
何盼芳时能永驻，但愉留得满天香。

第二节 牡丹文赋

一、古代牡丹文赋

牡丹花富贵说

清·毛同苌

富者，人情之所慕；贵者，世人之所荣。富也，贵也，非最足以动人日景仰之心，爱慕之情乎？然不惟人中富贵为然，即花之富贵亦如是焉。今试即牡丹一观。

夫牡丹一花，吾不知起于何地，始于何时，逮至李唐之际，爱者甚众，然究无富贵之称也。及宋周子作《爱莲说》，而富贵之名以起。是花也，昔为洛阳胜景，今为我曹特产，色擅三春之盛，品超万花之上。一旦节届谷雨，香蒸色润，黄者如金，白者如玉，以及红、紫、绿、黑等色，绚然夺目。众香国里，堪与斗富者谁乎？当此富艳流彩，贵容生光，所谓一品富贵者此耳。况以篱边树木环绕，一若桃为奴，李为婢，又足状其富贵之景也。

宜乎，牡丹之花冠乎群芳之谱也，而吾则别有感焉。我想，花之性质不同，而人之性质亦异。彼莲擅君子之骨风，清高可爱；菊标晚节之幽香，隐逸足慕；梅藏雪里之艳萼，孤瘦宜人。是莲有轻乎富贵之度，菊有忘乎富贵之容，梅有异乎富贵之相，然何以李唐之后莲与菊、梅爱之者寥寥无几，爱牡丹者比比皆是耶？昔周子有言曰：“牡丹，花之富贵也。”又曰：“牡丹之爱，宜乎众矣。”噫嘻，富贵之足以移人也。予也，生于富贵之乡，曾为富贵之园主，亦可曰素富贵，行乎富贵云尔。夫岂同富而贵焉知不义乎？又岂同富且贵焉知可耻乎？彼逐风尘羡富贵而来者，将尽为富贵中人矣。吾故曰：富者，人情之所慕；贵者，世人之所荣也。

富贵花说

清・毛同苌

清高者莲也，隐逸者菊也，孤瘦者梅也。清高则有轻乎富贵之度，隐逸则有弃乎富贵之容，孤唐则有远乎富贵之相。然不意富贵而以富贵称者，乃有牡丹。床赛马览群芳之谱，牡丹为最，非以其富丽堪爱，贵容堪夸，足以动人之观瞻也，亦有他故焉。夫当风和日丽，时过谷雨，次第而开，艳朵层叠，富有三春之盛；楼殿辉煌，贵为万花之王。斯时也，不惟修花地主，恍若富贵之翁，即看花人到，亦尽若贵门之。噫嘻，锦城香国，观乎牡丹而花之众美毕俱矣。宜乎称为富贵花也。惜也，富贵仅在于牡丹也。使富贵而在于人，则忠信孝悌，固有之富也。有以修之，将心花灿烂矣。仁义道德，人之良贵也，有以培之，将意蕊芬芳矣。由是，佩实衔华，名芳一世，岂不胜于天香染处、国色酣时也哉！此吾所以为人惜也。幸也，富贵第在于牡丹也。使富贵而在于人，处满则必盈，居高则必危。古往今来保富持贵、艳富全归者，曾有几人？而罹患构败痛心者，何以不可胜道也？是富为祸根，贵为祸萼。夫花何异？彼凡卉之微，曾遭挫折之惨，况富贵名花，更足为害媒矣，此理所以为人幸也。余也，生于富贵之乡，富我德贵理义者，未见何人，而贪富慕贵者，胡为纷纷而来也？今当富贵花开，游而观之，不禁有感于怀。世之观是花者，其亦与予有同情乎！

赵世学

赵世学，（1869—1955），字师古。菏泽人。自幼好学，酷爱牡丹，除本《记》外，还著有《新增桑篱园牡丹谱序》等。

铁梨寨赵氏花园记

清·赵世学

园以花名，盛景也。以视学圃种菜傍野芸瓜者，不大有奇观乎？鲁以南，花植满地，于赵楼村后望之，一色清秀，群木掩映，铁梨寨花园也。夫铁梨何以为园哉？其木也，因之针刺丛生，刍荛难往，可保夫花木也。是园也，约地一亩有余，创之赵氏先人，守之赵氏后昆，修之平之，盖数世于兹矣。方今树木成林，四方而罗列者，青桐黄杨，参于前也；古柏柔桑，居于后也；翠竹兰松，生于左也；紫荆青杨，在于右也。其间珍卉奇木，难以备举。当中群花所植，五步一畦，一步三株，南北有伦，东西有序。有以富贵称者，牡丹是也；有以洁素著者，蜡梅是也；有以隐逸名者，金菊是也。他如玉兰、海棠，各植一处；碧桃、红梅，独种两傍。其余木槿、草桂诸品，不一而足；芙蓉、月季等类，悉数难穷。每逢阳春，万花开放，斗菲竞芳，各呈巧装。叶舒文章之美，碧意连天，枝摇灿烂之容，霞光映日。彩结万点，艳生五色，自尔朵起层楼，雅趁云影之下；香飘入座，恰宜风光之前。烟绡阴护，千株巧变之势不同，览不完形形色色；云搞撤雨霁，一日态换之情各异，看不尽重重新新。要之，色擅三春，近处相观者，足以赏景；名驰四海，远方来购者，亦能治钱。彼夫御苑规模，非不广也，而无以安理居；上林花木，非不富营养沼泽也，而无以养吾身。理意斯园之修，固知先人素性爱花，因花兴利，夙相传家，贻厥子孙者也，奚止特观美景而已哉！今理为花主人，固能知此景而立是说也。而他园主人，容有知者，而不能道也。余也不才，读书无几，亦不善文，敢不避陋，谨为是以记之。复乃为歌曰：

嗟园之乐兮，乐且无央。园日涉以成趣兮，鸟语花香。门虽设而常关兮，日就月将。时翘首而遐观兮，上下天光。对花木以消忧兮，福寿而康。想三经而就荒兮，谨除不详。念一春以无事兮，只为花忙。邀理朋兮，携我友，相乐以斯园兮，终于生于徜徉。己未风度三月十九日铁梨寨花园主人师古名世学感触而作。

牡丹富贵说

清·赵世学

大凡花木之名，各有美称，非称之美也，称美而实有适当其美也。以故，莲有清洁之品以君子称之；菊有晚节之馨，以隐逸称之；独牡丹有王者之号冠万花之首，驰四海之名，终且以富贵称之。夫既称呼富贵，拟以清洁之莲，而未合也；律以隐逸之菊，而未宜也。甚矣，富贵之所以独牡丹也。

吾观牡丹一花，谷雨开放，国色无双，有独富焉，群芳园中孰堪比此艳丽乎？天香独步，有良贵焉，众香国里孰堪争此芬芳乎？而且蕊放层叠，朵起楼台，粉黄黛绿，红白黑紫，灿然足观者，亦莫不色失万花，艳擅三春也。称之富贵，谁曰不宜！是花也，秀开锦地，自昔极洛阳之盛景，艳夺花国，于今我曹南而独盛，栽之培之，立万世无疆之业；近者远者，来四方有道有财。岂非天造地设，以养一方之人，而生此极富极贵之牡丹者欤？从而可知，有富贵之物，即是有富贵之福，有富贵之福，即有富贵之人。富也贵也，是诚花使之然，而素入此富贵之境也，则素富贵，势不得不行乎富贵矣。嗟乎，人亦孰不欲富贵？而独于牡丹之中得之富贵，是牡丹之富贵之不义乎。岂有富贵之可耻乎？是不深究。但即牡丹之富贵言之，其富也，富而无骄，非君子而实亦君子者也；其贵也，贵而不挟，非隐逸而实亦隐逸者也。岂第君子为莲之所特号，隐逸为菊之所独称哉！要之，牡丹一花，罗列众品，非贫实富；姿貌绝伦，非贱实贵。贵而且富，富而且贵，宜乎梅之叹瘦，桃之称婢也。盖未有富贵之号，谁则强为之称，而既加富贵之名，吾且聊为之说，复乃为之辞曰：

天地万物，独贵异常。牡丹一种，百花之王。花开富贵，绣成文章。洛阳名盛，曹南称强。三月初放，万锦毕张。名驰四海，曜比三光。无双国色，独步天香。锦城花国，芳园帝乡。桃红献媚，葡绿进觞。群芳捧寿，独秀当阳。失色桃李，争媚海棠。三春大盛，万寿无疆。荣开财府，喜朝花堂。梅应叹瘦，菊难较长。生是使然，何用不臧！灉沮两岸，桂陵一方。作福作寿，继续永昌。鲁阳之地，千古流芳。丙辰桃月，有感而作。

二、现代牡丹散文

在中国历史上，牡丹文赋的出现，则大大晚于诗词。直到唐宋时代，有文字记载的牡丹文赋尚不甚多。到了近现代，文人学士以新的美学视角，清丽淡雅、言真意切的文字，着力展现牡丹生命力的饱满酣畅，特别是在盛产牡丹的地方，涌现了大量的优秀牡丹文赋名品佳作。在山东省菏泽市，散文作家忆明珠、汪曾琪、石英、海田、许评等均都以独到的视角，描绘了花王牡丹不从众、不媚俗、傲骨而富贵的刚毅品性和王者风范，让读者从中感受到了雄浑阳刚的牡丹美、壮丽浩荡的牡丹美、痛快淋漓的牡丹美，烁于枝头，归于泥土，跨越安顿和衰老，不吝惜生命惊心动魄的牡丹美。

菏泽牡丹

汪曾祺

菏泽的出名，一是因为历史上出过一个黄巢。京剧《珠帘寨》说他“家住曹州并曹县”（曹州是对的，曹县不确）。一是因为出牡丹花，菏泽牡丹种植面积大，最多时曾达五千多亩，1976 年调查还有三千多亩，单是城东“曹州牡丹园”就占地一千亩；品种多，约有四百种。

牡丹花期短，至谷雨而花事始盛，越七八日，即阑珊欲尽，只剩一大片绿叶了。谚云：“谷雨三日看牡丹。”今年的谷雨是阳历 4 月 20 日，我们 22 日到菏泽，第二天清晨去看牡丹，这真是一场花的盛宴、蜜的海洋，一次官能上的过度的饱饫。漫步园中，恍恍惚惚，有如梦回酒醒。

牡丹的特点是花大、型多、颜色丰富。我们在李集参观了一丛浅白色的牡丹，花头之大、花瓣之多，令人骇异。古人云牡丹“花大盈尺”，不为过。他叫我们用手掂掂这朵花，掂了掂，够一斤重！苏东坡诗云“头重欲人扶”，得其神理。牡丹花分三大类：单瓣类、重瓣类、千瓣类；六型：葵花型、荷花型、玫瑰花型、平头型、皇冠型、绣球型；九大色：红、紫、白、粉、黄、黑、蓝、绿、复色。能称“三类、六型、九大色”。姚黄、魏紫，这里都有。紫花甚多，却不甚贵重，古人特重姚黄。园中最出色的是绿牡丹、黑牡丹。绿牡丹品名豆绿，盛开时恰如新剥的蚕豆。挪威别伦·别尔生说花里只有菊花有绿色的，他大概没有看到过中国的绿牡丹。黑牡丹正如墨菊一样，当然不是纯黑色的，而是紫红得发黑。菏泽用“黑花魁”与“烟笼紫珠盘”杂交而得的“冠世墨玉”，近花萼处真如墨染。菏泽牡丹的“代表作”，大概是清代赵花园园主赵玉田培育出来的“赵粉”。粉色的牡丹不难见，但“赵粉”极娇嫩，为粉花上品。传至洛阳，称“童子面”，传至西安，叫“娃儿面”，以婴儿笑状之，差能得其仿佛。

菏泽种牡丹，始于何时，难于查考。至明嘉靖年间，栽培已盛。《曹南牡丹谱》载：“至明曹南牡丹甲于海内。”牡丹，在菏泽，是一种经济作物。《菏泽县志》载：“牡丹、芍药各百余种，土人植之，动辄数十百亩，利厚值以归。”现在全国各地名园所种牡丹，大部分都是由菏泽运去的。清代即有“菏泽牡丹甲天下”之说。凡称某种某物甲天下者，每为天下人所不服。而称“菏泽牡丹甲天下”，则天下人皆无异议。

牡丹的根，经过加工，为“丹皮”，为重要的药材，这是大家都知道的。菏泽牡丹皮，称为“曹丹”，行市很俏。

菏泽盛产牡丹，大概跟气候水土有些关系。牡丹耐干旱，不能浇“明水”，而菏泽春天少雨。牡丹喜轻碱性沙土，菏泽的土正是这种土。

牡丹是长寿的。菏泽赵楼村南曾有两棵树龄二百多年的脂红牡丹，主干组如碗口，儿童常爬上去玩耍，被称为“牡丹王”。袁世凯称帝后，营州镇守使陆朗斋把牡丹王强行买去，栽在河南彰德府袁世凯的公馆里，不久枯死。今年在菏泽开牡丹学术讨论会，安徽的代表说在山里发现一棵牡丹，已经三百多年，每年开花二百余朵，犹无衰老态。但是牡丹的栽培却是很不易的。牡丹的繁殖，或分根，或播种，皆可。一棵牡丹，每5年才能分根，结子常需7年。一个杂交的新品种的栽培需要15年，成种率为千分之四。看花才10日，栽花15年，亦云劳矣。

参观了牡丹园，李集大队的支部书记早就摆好了纸墨笔砚，请写几个字留念。我写了四句：

造化师人意，春秋在畚锸。

曹州天下奇，红粉黄金甲。

告别的时候，支书叫我们等一等，说是要送我们一些花，一个小伙子抱来了一抱。带到招待所，养在茶缸里，每间屋里都有几缸花。菏泽的同志说，未开的骨朵可以带到北京，我们便带在吉普车上。不想到了梁山，住了一夜，全部开了。

正是：菏泽牡丹携不去，且留春色在梁山。

1983 年 5 月 6 日于北京

牡丹乡赏花轶事

郭同文

在春风拂面、气候宜人的谷雨时节，我来到了著名的牡丹之乡菏泽。菏泽原称曹州，在《曹州牡丹》一书中记载：“至明，曹州牡丹甲于海内。”在明代薛凤翔《亳州牡丹史》中也记载，明代时曹州牡丹就为“第一品”。

今日的牡丹之乡，中外游人云集，人们为这雍容瑰丽的“国色天香”而倾倒。

当我来到菏泽“曹州牡丹园”的时候，远远就闻到了沁人肺腑的花香，这里是花的海洋，红、黄、白、黑、蓝、绿、紫、粉、黑、复色九色牡丹竞相开放，那蓝牡丹色如蓝天，使人心旷神怡；那白牡丹洁白无瑕，给人以爽快之感；那黄牡丹如蓝天上的星星，光彩熠熠；那黑牡丹，黄绿色的枝条，配着密密层层的尖叶，托着黑中透紫、黄蕊翩翩的大花朵，就像一条条乌龙卧在一座座墨池中；那红牡丹，不仅有唐代传下来的品种“四枝红”，还有明代传下的“忍济红”、“平实红”，还有花农们世代精心培育的“一品朱红”“璎珞宝珠”“春红娇艳”“桃花滴翠”……

这红牡丹中的“酒醉杨妃”，无比娇艳：枝条细长疏生，稀稀的叶儿又薄又软，花大如盘、重重叠叠，玉白泛着红润，这大而美的花朵，把花枝压得有些倾斜……望着这“酒醉杨妃”，我不由得想起了唐代大诗人李白歌咏牡丹和杨贵妃的诗篇《清平调》。那是唐天宝初年，牡丹花开时节，在长安的玄宗皇帝与杨贵妃来到沉香亭观赏牡丹，命乐师李龟年招翰林学士李白前来写诗助兴。玄宗对李白说："朕和妃于今观芍药花（唐代称牡丹为木芍药）盛开，千娇百媚，欲观花听乐，命你作词。"李白要求赐酒："臣是斗酒诗百篇。"玄宗当即赐酒，李白饮后，面对眼前多种牡丹——紫牡丹、白牡丹、粉牡丹、"四枝红"牡丹等，立即赋了三首《清平调》，诗中写道：

云想衣裳花想容，春风拂槛露华浓。
一枝红艳露凝香，云雨巫山枉断肠。
名花倾国两相欢，长得君王带笑看。

意思是，杨贵妃穿着云霞般的衣裳，如同春风轻拂着带露的牡丹一样美丽。这含露的红牡丹花艳而色香，比楚王梦见的巫山神女还要美丽。娇艳多姿的牡丹花与倾国倾城的杨贵妃相互辉映，君王越看越是高兴。

唐玄宗读了李白的《清平调》龙颜大悦，让李龟年即时演唱，让花奴击羯鼓，玄宗自己也拿起玉笛吹着伴奏，杨贵妃手拿一枝牡丹花，笑领歌意……

今日牡丹之乡的"酒醉杨妃"，就是"名花倾国""国色天香"。

在这婀娜多姿、婆娑欲睡、五彩缤纷、琳琅满目的万花丛中，有一种"葛巾紫"牡丹，花大得出奇，浓紫中泛着鲜红，盛开的大花朵飘飘洒洒，花瓣千层，像披上了无限美丽的紫色葛巾。这种牡丹，多数茎高六七尺，最高的达一丈余，叶片长达七八寸，叶面鲜绿，叶背有白粉。这就是清代大作家蒲松龄在《聊斋志异》中所热情歌颂的葛巾牡丹。

《聊斋志异·葛巾》中开篇写道："常大用，洛人。癖好牡丹。闻曹州牡丹甲齐鲁，心向往之。"于是他由洛阳来到曹州，当时还是早春天气，牡丹还未开花。他便日夜徘徊在牡丹园中，并作《怀牡丹》一诗。待"花渐合苞"之时，他更是"寻典春衣，流连忘返"。在牡丹园中，他遇到了牡丹花仙葛巾紫，与之相爱。后来，与叔妹玉版花仙来到洛阳，葛巾紫花仙与常大用、玉版花仙与常大用弟弟常大器分别结为夫妻。婚后，各生一子。由于常大用疑心她们为“花妖”，葛巾紫与玉版掷儿堕地飘然而去，常大用悔恨不已。数日后，堕儿的地方生出牡丹二株，一夜之间长了一尺多高，当年开花，一紫一白，朵大如盘，较寻常之葛巾、玉版，瓣尤繁碎。数年，茂荫成丛。……自此牡丹之盛，洛下无双焉。

由此可见，曹州葛巾紫牡丹与洛阳的葛巾紫牡丹乃是一脉相传。难怪一位洛阳的老画家，千里迢迢来到菏泽“曹州牡丹园”，他打开画夹，坐在木凳上，对着这葛巾紫牡丹心揣神摹起来。他彩笔挥动，不一会儿，一棵亭亭玉立、繁花盛开的牡丹在画面上出现了。

老画家画了葛巾紫牡丹之后，望着这牡丹园中千百万朵盛开的牡丹说：“这里真是满园春色画不尽呀！”

来自北京、上海、天津、南京、苏州、西安等各大城市的刺绣艺人、印染设计师、美术工作者、作家、诗人、记者、企业家，都在万花丛中，聚精会神地捕捉、描绘这“花中之王”的优美形象。

来自北京的一位记者说：“现在北京中山园的花圃里，有六百多株牡丹竞相怒放，引来许许多多赏花人，外国友人也络绎不绝，这真是‘唯有牡丹真国色，花开时节动京城！’这六百多株牡丹，许多是从菏泽引去的品种，其中就有秀美华丽的‘酒醉杨妃’牡丹和紫中泛红的葛巾紫牡丹。”

一位来自广州的刺绣老艺人说：“菏泽牡丹也盛开在广州。经过菏泽花农和广州花农的精心培育，在我们广州出现了‘冬赏牡丹！’就是像武则天《腊日宣诏幸上苑》中所说的：‘花须连夜发，莫待晓风吹，’隆冬时节，牡丹花开。在冬赏牡丹中，不仅有当年被武则天烧焦了也不开的焦骨牡丹品种，还有名贵的‘乌龙卧墨池’牡丹，也有葛巾紫牡丹。”

我听着听着，目光又投向了眼前这棵像披上紫色葛巾的紫牡丹，不由得想起了五代书《五杂俎》中的描写：“红色可使紫，叶单可使干，花小可使大，子小可使繁。天赋有定质，我力能使迁。自矜接花手，可夺造化工。”牡丹乡的老花农、接花手们，不仅完全做到了，而且远远超过了。他们培育了四百余品种的万紫千红的牡丹花，不仅开放在菏泽，而且开放在全国二十多个大城市；不仅开放在祖国大地，而且开放在平壤、汉城、东京、纽约、莫斯科……

花墨相辉动京城

笔 尘

岁月溯至1985年，3月25日至4月7日，曹州牡丹专题书画展在中国美术馆举行，同时展出花大色艳香浓的曹州催花牡丹150余盆。花墨相辉，开了先河，轰动京城。

曹州牡丹专题书画展是中共菏泽市委、菏泽市人民政府1984年夏季酝酿秋季决定的，宣传菏泽、开放菏泽的一项重大活动。几经协商，1985年1月14日确定由中国书协、中国美术馆、山东省文化厅、山东省书协、山东省美协、菏泽市人民政府联合举办。展览工作委员会顾问有全国人大常委会副委员长胡厥文、许德珩，全国政协副主席赵朴初，全国美协代主席吴作人等40人。主任委员是中国书协主席舒同、中国美术馆馆长刘开渠、文化部副部长周而复以及山东省文化厅厅长肖洪、山东省美协主席于希宁、山东省书协副主席张逊三、菏泽市市长潘兴玺，委员12人。征集展览作品的工作自1984年9月12日起，通过发函邀请，登门邀请，举行笔会等形式，至1985年2月底，征集到美术作品275件、书画作品280件。这些作品来自28个省、市、自治区的285位作者。他们当中有刘开渠、黄胄、楚图南、沙孟海等著名画家，有省市级书协、美协、书画院的主席和院长，有大学教授，有专业书法美术工作者，还有李万春、吴素秋、谢添等著名京剧、电影表演艺术家。

为确保牡丹1985年3月25日开放，菏泽市政府早在1984年9月6日，就组织力量开展了牡丹定向促成技术攻坚工作，选择了一片四年生、适宜催花品种较多、植株健壮、花芽饱满的牡丹，采取了就地架起塑料大棚，安上锅炉加温的办法，经过55天的努力，终于获得成功。

花美，花盆也要美。为此特别定做了大号瓷盆，盆上有牡丹图案及花开富贵四个大字，精致美观。

这批负有特殊使命的曹州牡丹催花是租用空调汽车，并有技术人员护理运往北京的。

在筹办这次展览的过程中，得到了山东省政府办公厅主任刘汉彬、中共中央党校顾问宋振庭等许多同志的帮助，1984 年 10 月 30 日，国防科委后勤部部长杨恬帮助在北京民族饭店召开新闻发布会、座谈会、笔会。段君毅、舒同、杨国宇、卓琳、王定国，杨恬及著名书画家董寿平、崔子范、许麟庐、李凌云等出席。书画家乘兴挥毫泼墨。崔子范三笔两抹一幅《十分春色》，令人啧啧称赞。董寿平画的是《双头墨牡丹》，舒同挥毫书就“曹州牡丹甲天下”，博得热烈掌声。

书画展开幕那天，北京城万里无云、风和日丽，唯时节刚过春分，寒意未消，前来参加开幕式的嘉宾，大都穿着棉衣。

开幕式上午 9 时举行。中共中央政治局委员书记处书记处杨德志，全国政协副主席肖华、中国书协主席舒同为展览剪彩。山东省委书记、省长梁步庭，中国对外友好协会副会长、文化部副部长周而复先后讲话，中顾委常委段君毅、轻工业部部长杨波、商业部部长刘毅、全国政协常委魏传统，山东省领导同志高克亭、郭贻诚、陈雷、徐文园、菏泽地委书记于波海、菏泽市委书记李宝珊、市长潘兴玺以及首都书画界人士 500 多人出席。

进入美术馆一楼东西大厅可以看到：簇簇争奇斗艳的催花牡丹有序地陈列中央、芳香袭人，四周展板悬挂的 300 件全国一流的书画精品相映生辉。展出 13 天，观众逾 10 万人次。参观者中，有全国人大十六届三次会议、全国政协六届三次会议的山东代表及委员，有日本、美国、加拿大、民主德国、土耳其、南斯拉夫等 30 多个国家和地区的使馆官员，有首都各界人士。他们有的看了三次、四次，甚至五六次。普遍反映这次展览花墨相辉、新鲜别致，办得特好。纷纷签名留言，新闻界、《人民日报》、《新华社》、《光明日报》、中央广播电台、电视台等不仅发了消息，有的还刊登了专题文章。文化部外联局录制了专题电视片，列入对外文化交流项目，向全世界发行。

故家牡丹系乡情

李保光

人生来就是爱美的，一个远离故土的人，故乡的一草一木往往引起许多美好的回忆。牡丹花本身是美的，而故家菏泽的牡丹，就愈加美，寓居台湾孤岛的菏泽同乡，对此体会得更深刻、更具体。

最近，我在台北出版的一个内部刊物上发现，有不少菏泽同乡回忆故家牡丹的文章，姜振铎在《菏泽风土文物谈》中写道：

城东北六里王李庄一带的牡丹，广为栽植，约三十余村，以此为主此，是为菏泽牡丹之生产中心，每年春季，为学校郊游远足之胜地，未及花区，即视白茫茫一片，花团锦簇，稍近，即花香扑鼻，令人心旷神怡。……

寓居台湾的同乡郑文山，亦作《怀菏泽牡丹》诗并序：

春节以来，乡绪绵绵，不能自已。忆及看牡丹亭，犹感印象如新。有言“洛阳牡丹甲天下”，似已成为传说流言；而菏泽牡丹，确沿明清以至开国，盛植不衰。其艳丽、其馥郁、其灼大、其端庄，压倒群芳，誉居王座，亦不为过。今就往年日览景色，摹拟五言古诗一首怀之，并藉之以飨吾菏在台后生。

洛阳牡丹好，菏泽比不差。株桩连阡陌，初春抽新芽。寒食吐嫩苞，谷雨遍著花。琼冠大玉盘，瑶英薄窗纱。黄白分高品，绿墨最异佳。白紫急斗艳，千红竞骄夸。匠心夺神工，数颜同枝丫。国色称富贵，天香吹万家。明清犹存者，举世誉奇葩。杨柳摇曳垂，桃李锦添花。轻风舞蝶蜂。疏林唱鹊鸦。留连观赏客，日坠待月斜。

读此诗并序，你将有何感想？我是被她那诚挚的乡情打动了，即和诗一首：

祖国牡丹好，菏泽历不差。出城连阡陌，春来发新芽。清明孕蓓蕾，谷雨放早花。豆绿紫玉盘，赵粉白雪塔。姚黄居一品，魏紫堪称佳。九色奇争艳，游人况相夸。七手夺天工，十锦集一丫。国色愿共赏，天香过海同峡。野火烧余香，春风生奇葩。杨柳依依垂，桃李纷纷华。异香迷蝶蜂，老树宿昏鸦，遥望归乡客，待到日西斜。

一年一度的菏泽牡丹又吐蕊开放了，这朵朵牡丹花，都牵系着海外赤子的思乡之情，愿他们早日归来，与同乡亲友共赏这国色天香、共度这良辰美景。

牡丹情

陈 光

谷雨时节看牡丹，不知菏泽今年的牡丹生长得怎么样。年轻时曾在“牡丹之乡”工作过十几年，年年与牡丹打交道，冥冥之中，便与这名花有了千丝万缕的心灵约定。每到春天，自然便想起了牡丹。记忆的天窗一下子打开，思绪便飞回到二十多年前。

那是 1997 年 7 月，奉调到菏泽工作。报到前做了点功课，知道菏泽经济欠发达，但牡丹花很有名气，是全国著名的“牡丹之乡”。牡丹为花中之王，有“国色天香”之美称。下车伊始，便想去看看。很可惜，花季已过，只能等来年。

在此之前不曾见过真牡丹，但从有记忆的那天起便扎根在脑海里。从书中看过，在古诗词里读过，从画中欣赏过。读过唐代诗人舒元舆的《牡丹赋》，描绘了牡丹的千姿百态和京城栽培历史及花季繁荣，语言优美，对仗工整，描述细致，想象丰富，是辞赋中的上品。读过宋代欧阳修所撰《洛阳牡丹记》，列举了多种牡丹的来历和形态特征，并记述了牡丹由药用本草扩展为花卉观赏的历史。明代剧作家汤显祖创作的传奇剧本《牡丹亭》，则是描写了官家千金杜丽娘对梦中书生柳梦梅倾心相爱，伤情而死，最后人鬼相恋、起死回生、永结同心的故事，是中国戏曲史上杰出的作品之一。至于清朝刘鹗所著《老残游记》中讲述的“牡丹花下死，做鬼也风流”的故事，更是让人产生许多遐想。接触的有关牡丹的诗词很多，当首推唐代文学家皮日休的“落尽残红始吐芳，佳名唤作百花王，竞夸天下无双艳，独占人间第一香”和刘禹锡的“庭前芍药妖无格，池上芙蕖净少情。惟有牡丹真国色，花开时节动京城”，既写出了牡丹的高雅典丽，也写出了对牡丹近乎痴迷的疯狂热爱。每到过年时节，牡丹画便走进千家万户，在最显眼的地方释放着它的妩媚。还听到过人们评价谁家女孩儿长得俊俏但皮肤黑，叫“黑牡丹”，于是，牡丹于我从小便是一种极其高贵典雅、让人望尘莫及的梦中之花，那是一种恍若隔世的倾慕。

如今来到了牡丹之乡，各界人士对家乡牡丹的“自豪”便不时传入耳中。有种说法是，当今中国牡丹“四大特色美”：洛阳牡丹妩媚的美，广州牡丹飘逸的美，上海牡丹清秀的美，菏泽牡丹野性的美。而野性的美是最让人向往的美。

说菏泽的牡丹是野性的美，我觉得还真是再贴切不过！一则，菏泽市人种牡丹，一种就是几万亩，就像大田里种棉花一样，太粗犷。二则，菏泽是水泊梁山之地，自古人们性格豪放，大碗吃肉，大杯喝酒，三句话不顺耳就拔刀相见。生长在这地儿上的牡丹花儿有点野性，当然也就不为过了。至于说野性的美最让人上眼，估计是与“家花不如野花香”这俗语有关。

在国家举办的第一次也是唯一一次世界级园艺博览会即中国99昆明世界园艺博览会（A1类）上，菏泽牡丹技压群雄，一举夺魁，共获得了119枚牡丹奖项中的81枚。其中3枚大奖，菏泽牡丹夺得2枚；12枚金奖，菏泽牡丹摘取10枚；36枚银奖，菏泽牡丹拿来26枚；60枚铜奖，菏泽牡丹获43枚。中外专家评委一致评价：“菏泽牡丹不愧为国色天香。”那次博览会，山东馆的主题是“一山（泰山）一水（黄河）一花（牡丹）一圣人（孔子）”，菏泽承担的任务是现场种好5亩牡丹，确保从“五一”到“国庆”半年时间牡丹连续开放。我是这次任务的总负责人，压力山大，但签下军令状，必须坚决完成，因为关系到国家和山东省的形象。任务圆满完成，上级给予表彰，评比结果是公道的。

四月的菏泽，是所有爱花之人的一场视觉盛宴。尤其对牡丹花情有独钟的人来说，更是一年一度期待已久的一场赴约。清明刚过，心便悸动不已，期盼谷雨到来，牡丹早日花开，也好一览芳容。记得很准确，那是1998年4月18日上午，在主持了第7届菏泽国际牡丹花会开幕式后，陪同客人来到菏泽市区东北角的曹州牡丹园。正是观赏牡丹的绝佳时节，牡丹园大门外早已香车鳞次栉比，游客摩肩接踵。走进园中，不禁大吃一惊。抬眼望去，几千亩各色牡丹同时开放，几万名游人尽情游览，一片花的海洋、一片人的世界。只见无边的牡丹五彩缤纷、繁花似锦，姹紫嫣红、流香溢彩，花香扑鼻、沁人心脾，花屏迭显、春色无边。心醉神迷，仿佛踏入了仙境，美得让人惊叹！

菏泽牡丹分红色、黄色、绿色、白色、黑色、蓝色、粉色、紫色、复色等九大花色，各个色系又有深、淡、浓之分，今天竞相开放。这一片红牡丹，浓胭重彩，灼灼如火；那一片黄牡丹，艳若朝阳，金贵耀眼；这一群蓝牡丹，神态清秀，妖艳婀娜；那一团黑牡丹，端庄别致，姿貌绝伦；这边一大片粉牡丹，素雅恬淡，鲜艳明媚；那边是一大片紫牡丹，端庄大气，超凡脱俗；刚看完一片白牡丹，玉骨冰心，冷傲清爽；又见一簇簇绿牡丹，碧色照人，别具风韵；最神奇的是复色牡丹，名为“二乔”，花两色，红白相间，美轮美奂。各色牡丹，尽显风姿，随风摇曳，蔚为壮观。牡丹花开，惊艳了菏泽、惊艳了世界！

菏泽牡丹雍容华贵，千姿百态，有单瓣型、荷花型、菊花型、绣球型、皇冠型、蔷薇型、金环型、托桂型、千台阁型、楼子阁型等十大花型、1230多个品种，今天尽展绰约丰姿，令人赏心悦目。单瓣的花大如盘、简约纯粹，清清爽爽，恰似线描速写；复瓣的、千瓣的叶片重叠繁密，造型富丽堂皇，极其庄重大雅，宛若工笔彩绘。看这几株明黄色的“姚黄”，光彩照人，亭亭玉立；那几株深红色的“魏紫”，暗红矜持，贵妇养神；这一片白中透红的是“赵粉”，面若桃花，醉意绵绵，少女含羞；那几株花蕾与叶子几乎一个颜色的是“豆绿”，清爽雅致，暗香怡人，堪称牡丹中的极品；那一棵“酒醉杨妃”，红装素裹，低头掩面，暗送秋波；这一株“昆山夜光”，玉洁冰清，素洁无瑕，清爽袭人。这里还有一株玉翠荷花牡丹，株高丈余，冠5米，同时开花400余朵，据说已有400年历史，游人至此，莫不钦羡不已，叹为观止。面对这风格迥异、千娇百媚的菏泽牡丹，所有画笔都难以涂染，一切美言都黯然失色。

天香国里有美丽，千万人流隐花间。国色倾城人竞涌，欢声笑语赞牡丹。我们随着蜿蜒的人流在花间慢慢漂移，饱览这国色天香，人与花都在画中。古人说赏花讲究色、香、韵，这色和香自不必说，最高境界就是韵味了。韵，即花之神韵，须得赏花人细心品味，方能领略一二。牡丹之韵就在于气度非凡，格调高雅，代表着雍容华贵、繁荣昌盛，象征着吉祥如意、和平幸福。事就怕比，不看牡丹的时候，看别的花也觉得好看，但是看了牡丹之后，其他的就觉得有点单薄了！

第一次观赏牡丹园，心灵受到极大震撼。不管是那波澜壮阔的规模，还是那万紫千红的景色，都大大出乎意料之外。红绿相衬笑日月，层层春光层层裹；裁下一缕太阳红，千年花色醉春风；国色天香不是梦，牡丹花开梦亦真！改革春风吹拂千山万水，开放大潮冲刷神州大地，现代化车轮一日千里，我们的祖国，不正是这样一座活力四射的牡丹园吗？人如花，花似人，人花相通，花由人种。我坚信，花乡人的心灵是纯洁的、善良的、美好的。有了美好的心灵，就一定能培育出更加精美绝伦的花朵来！

菏泽人在全国率先试验成功了牡丹催花技术和抑花技术，通过温度调控，使牡丹四季开花成为现实，而且成为产业。一年三百六十天，不管什么时候，盛开的牡丹花随时可以进入千家万户，进入大型会展中心或者节庆现场，牡丹的价值成倍提高。在此同时，牡丹鲜切花、品种选育、无土栽培、组织培养等科研课题取得重大突破，菏泽牡丹的品种逐年增加，质量不断提高，多次运往北京植物园、中南海、故宫、上海、南京、洛阳等园林风景区栽植。还远销日、美、英、法、德、俄、加拿大、荷兰、泰国等三十多个国家和地区，并为日本岛根县建立了“中国牡丹园”。菏泽牡丹花销量已占国内份额的 85%，而且昂首挺进了国际市场，以牡丹为主的花卉业已成为激发菏泽农民致富活力的重要因素。

大千世界，孕育着美好，蕴藏着希望，菏泽牡丹，经过无数次进化演变和风雨中洗礼磨炼，方才出类拔萃，脱颖而出，成为真正的“花中之王”。

我爱牡丹，爱她的娇媚，也爱她的高贵；爱她的典雅，也爱她的多姿；爱她的艳丽，更爱她的热情。“何人不爱牡丹花，占断城中好物华。疑是洛城女神作，千姿万态破朝霞”。但我更爱花城的人，花城人民是智慧的、勤劳的、纯洁的、美丽的、热情的、公道的、正派的、无私的。今生今世，能够在花城工作一段时间，是一种光荣和幸福。

我是菏泽人民的儿子，我深深地爱着这片土地、这条黄河、这里的人，如同我爱牡丹花。

情注牡丹城、情系牡丹城、情洒牡丹城、情满牡丹城，想来想去，还是“牡丹情”更确切一些。就以此为题，成此文。

2019 年 3 月 30 日于济南

牡丹花开冠群芳

张存金

牡丹原本是天生野长的自然植物，是在中华大地上诞生起源并逐步分化发展起来的木本名贵花卉。当我们的祖先架木为巢、游猎而生的时候，牡丹早就“遁于深山，自幽自芳”了。进入文明社会以后，牡丹首先从《山海经》悄然走近华夏先祖，自苍茫山野中进入尘世，又从《神农本草经》悠然走进黎民百姓的身体，从物理上调理人们的身心，继而从《诗经》怡然走进青年男女的爱情，从情感上浸润人们的精神。直到大唐盛世，牡丹堂而皇之地走进京都、走进王城相府、走进皇家宫苑、走进天子殿堂，一举成为名动京城的“国色天香”，成为艳冠群伦的“花中之王”。数千年来，一直雄踞于群芳之首，稳占“人间第一香”。

牡丹夺冠称雄势在必然，其花朵硕大丰满、鲜艳夺目，且品种繁多、芳香浓郁，尤其雍容华贵、仪态万方，这种无与伦比的天姿丽质，正适应文明社会人们崇尚高雅的审美情态和精神追求。历代诗人、文学家、艺术家和民间艺人创作了大量赞美牡丹的诗词歌赋、民歌民谣、小说戏剧、绘画雕塑、电影电视，以牡丹的优美艺术形象，滋养着人们的精神，陶冶着人们的情操，形成了我们特有的淳厚隽永的“牡丹文化”。于是，在中国广袤大地上绚烂开放的牡丹，就牢牢扎根于华夏儿女的心灵深处，成为整个中华民族蓬勃向上、奋发图强、豪迈进取的民族精神和优秀素质的象征。

国运昌时花运昌。中华民族向来就是一个爱美、爱花的民族。我们的祖先爱花、护花、种花的历史，几乎和他们生息繁衍发展壮大的历史一样深厚悠久。牡丹在明代即被称为“国花”，亿万中华儿女之所以如此执着、长久地钟爱牡丹，如此不约而同地尊奉牡丹为“国花”，主要就是牡丹所展现的富丽堂皇、典雅端庄、华而不妖、富而不骄的特质，正是富贵繁荣、吉祥幸福、兴旺发达的寄托与标志。在我国历史上，国家繁荣、社会升平，牡丹园圃也呈现繁盛；社会动乱、国势衰微，牡丹园圃则随之萧索凋敝的现象，曾几经发生。牡丹能够在有唐一代自山野顺利登堂入室，走进国家高层，让花开花落遽成举国之欢，从皇室贵胄，到市井百姓，俱“以不耽玩为耻”，竟至“一城之人皆若狂”。这种空前盛况，正是国运昌隆的体现。北宋末年及晚清民国时，由于战乱频仍、国力消耗、民不聊生，牡丹的境况自是萎靡不振、满目萧条。可见，牡丹的命运就是世事兴衰的一面镜子，牡丹是当之无愧的盛世花、富贵花。

今天，中国牡丹欣逢盛世，沐浴春晖，葳蕤繁茂，生机勃发。过去常说，中国牡丹看中原，中原牡丹看洛、菏（洛阳、菏泽）。实际上，自明清时期起，全国的牡丹栽培中心就已经转移到了菏泽。此番兴替，多见于正史及文人专著。《山东通志》《曹州府志》都明确记载：“曹州牡丹最盛”，“江南所不及也”。博学多识的滨州沾化人苏毓眉，在《曹南牡丹谱》中直接指出：“至明，而曹南牡丹甲于海内。”名贯天下的淄博桓台人王士祯，在《池北偶谈》中亦言之凿凿，牡丹“惟曹州最盛，洛阳青州绝不闻矣”。有清一代，曹州牡丹更臻繁盛，声名远播。据余鹏年《曹州牡丹谱》载：“曹州园户种花如种黍粟，动以顷计，东郭二十里，盖连畦接畛也。”光绪《菏泽县志》载：“每当仲春花发，出城迤东，连阡接陌，艳若蒸霞”，景色十分壮观。对曹州牡丹研究有素的本地文人赵世学，说得更为真切：“方今国朝，邦治太平，竞尚花木，牡丹一种，驰名四海。赏花诸君北至燕冀，南至闽粤，中至苏杭，言牡丹者，莫不谆谆于吾曹焉。”曹州牡丹声誉远扬，广受喜爱，以致驰誉朝野的蒲松龄、王士祯、郑板桥、曹寅、翁方纲等文人学者，都对其青睐有加，纷纷写诗赋文咏赞，建构了极为浓重的牡丹文化意蕴。蒲柳泉先生的生花妙笔，用拟人的手法，撰写了曹州牡丹葛巾、玉版的故事，说是洛阳书生常大用“癖好牡丹”，“闻曹州牡丹甲齐鲁，心向往之”，遂亲往踏春寻芳，与牡丹葛巾一见钟情，流连忘返，最终喜结连理，恩爱有加，并行医治病，普济众生，还玉成了牡丹玉版与兄弟的美满姻缘。这个故事虽然出自“聊斋”，但并非“志异”，而是人间常事、人之常情。反映了身处花乡的洛阳人对曹州牡丹的向往，反映了菏泽牡丹与洛阳牡丹的亲缘关系，更反映了菏泽牡丹富贵华丽之下的善良品性和济世情怀。

相当一个时期以来，菏泽牡丹一直以花大色艳、富态大气、品种繁多、面广量大、开发利用超前而甲于天下，并以锦绣精品园，牡丹生大田而独具特色。1999 年菏泽牡丹在昆明世界园艺博览会上一举夺冠，独揽牡丹奖项中的所有金牌，曾经给菏泽人留下美好的记忆。由“中国牡丹之乡”，到“中国牡丹城”再到“中国牡丹之都”，国家权威机构的冠名，让这个四省交界、八方通衢的中原古城，伴随着牡丹花的浓郁芳香而名扬四海誉满天下。

作为牡丹之乡的菏泽人，一向对牡丹情有独钟，不仅高度重视牡丹的种植、保护和开发，更是把全方位提升牡丹的经济价值、社会价值和审美价值列为重要战略举措。花乡人从来没有像今天这样厚爱牡丹、倾情牡丹。他们确实像种庄稼一样侍弄牡丹，像养孩子一样护持牡丹，像教学生一样培育牡丹，像搞项目一样研发牡丹。一年一度的牡丹文化旅游节已成为 960 多万花乡人的盛大节日，也成为五湖四海客商宾朋的真情翘盼。每逢谷雨时节，一望无际的农田里，成方连片的牡丹竞秀争芳，远观花团锦簇、姹紫嫣红、锦绣遍野，近看异彩纷呈、灿若丹霞、鲜艳夺目，让人目不暇接、美不胜收。曹州牡丹园、古今园、凝香园更是荟萃名花异种，绮丽多姿，媲美争辉，那可是让人惊喜的繁华旖旎。特别是菏泽人自己悉心培育的“赵粉”“魏紫”“姚黄”“葛巾”“玉版”等，与花农的姓氏融为一体，在花丛中含笑绽放，一看就出类拔萃、别具风采。从世界各地慕名而来的人们，摩肩接踵，如痴如醉，流连忘返，一时花海人潮，欢歌笑语，蔚为大观。京九铁路穿境而过，南来北往的乘客不下车即可闻到扑鼻的馨香，看到炫目的花海，常常留下许多诗情画意的怀想。勤劳智慧的菏泽人，不断从牡丹的金枝玉叶中，提炼出各种各样的精粹产品。这些牡丹的衍生物像天使一样，飞向祖国各地、飘往世界各方。真空保鲜的不凋花走进千家万户的厅堂，晶莹透明的牡丹油走进市民百姓的厨房，味道佳美的各色食物饮品走向男女老幼的餐桌，护肤美容的化妆品走入年轻女性的闺房。善解人意的牡丹，熏香了菏泽人多彩的岁月，早已成了这座城市和这方水土的亮丽名片，充当了经济发展、文化繁荣及对外交往的美好使者，为菏泽人民架起了通往小康社会的桥梁，充分展现了中国牡丹之都奋力赶超、政通人和、幸福安乐的兴旺景象。

当天下的牡丹一如既往地囿在庭院里，圈在园圃中的时候，唯有菏泽的牡丹，自古至今一直生长在黄河冲积而成的这块广袤无垠的平畴沃野里，要风得风，要水得水，得享天籁，得接地脉，得赢人气，自由自在，率性成长，因而成就了这种独具魅力的端庄典雅之美、朴实大方之美、富丽丰满之美。这是一种不施铅华的素颜美，不着雕饰的自然美，天生地设的灵性美。

菏泽牡丹是菏泽人用心血和汗水浇灌的香花奇葩，值得菏泽人民永远骄傲和自豪。但作为准国花的牡丹绝不属于一方一地，而是属于全中国，属于全世界。牡丹已成为我国各族人民共同的审美语言、审美理想和审美追求。牡丹的芳踪艳迹已遍及大江南北，香飘五湖四海。各地的牡丹都有各自的优势、各自的特色和各自的发展轨迹，加强交流、相互学习、共同发展应当是不约而同的心愿，全力推动牡丹尽早成为法律意义上的国花，应当是灵犀相通的呼唤，把牡丹的芳菲和美丽奉献给全人类，更应当是义不容辞的责任。

菏泽一向重视对牡丹文化的研究，明清以来，留有许多记载和探讨牡丹的理论专著，如苏毓眉的《曹南牡丹谱》、余鹏年的《曹州牡丹谱》、晁继襄的《绮园牡丹谱》、赵孟俭的《桑离园牡丹谱》、赵世学的《牡丹富贵说》、毛同袭的《毛氏牡丹花谱》，等等。论述了菏泽牡丹的历史渊源、栽培技术、名贵品种和牡丹园圃兴盛及世人欣赏牡丹几近痴迷的情景。中华人民共和国成立以后，在各级党政的关心支持下，研究工作更上一层楼。菏泽学院、牡丹区政府最早建立了牡丹研究机构，李保光、周家琪、喻衡、李嘉珏等几位德高望重的文化人辛勤耕耘，推出了一批批研究成果。菏泽学院教授李保光先生就是研究曹州牡丹用力最勤、用时最长、成果最丰的一位专家学者。

牡丹文化博大精深，是中国传统文化宝库中的重要资源。菏泽现在是，将来也必定是牡丹栽培和研发的全国性中心，牡丹文化的研究也势必成为全国的高地。菏泽这方面的工作虽然有了良好基础，但仅仅是万里长征走完了第一步，今后的路还长，任务更艰巨。我期待更多的年轻人，勇敢地挑起牡丹文化研究的大梁，拼搏奋斗，勇往直前。让理论之花像牡丹一样辉煌灿烂、历久弥新。

盛世繁荣富贵来，牡丹花开正逢时。历尽贫寒的牡丹，百花丛中最鲜艳；常接地气的牡丹，众香国里最壮观。冰封大地的时候，牡丹正孕育着生机一片；春风吹来的时候，牡丹会把美丽带给人间。

牡丹的品格

潘守皎

牡丹的人格

中国人喜欢将名花人格化，在所有名花中，可以说牡丹具备儒家理想型君子人格，即持重、谦和、温润与刚正。在这里，持重的意思是坚毅、稳重，牡丹不怕贫瘠、苦寒，具有坚毅、稳重的品格。谦和的意思是谦逊、不争，牡丹开在晚春，它不愿与众芳争艳，所以，符合儒家人格理想中的“谦德”。温润的意思是温和、亲近，牡丹形象端庄，花瓣洁净柔和，有玉一般的质地，具有儒家君子的温和品质。刚正的意思是刚强、正直，牡丹对于栽培有特定的要求，如果委曲其本性进行栽种，牡丹就会死去，这就是刚直的品格。

持重。牡丹花开艳丽，为世间“尤物”，一直被称为富贵之花。在豪门巨富竞相追逐的唐代，确曾有“王侯家为牡丹贫”的事例。所以，白居易有过“一丛深色花，十户中人赋”（白居易《买花》）这样的感叹。但牡丹的贵重自持，并非一般意义上的价格昂贵，而是其品格的坚毅和稳重。这就是它耐高寒、耐贫瘠的坚韧秉性，还有它扎根于山野，经风雨而不易其性的沉静与稳重。牡丹最初大多生长在贫瘠的山间、高原，大都在海拔1000米以上的地方，原生紫牡丹、大花黄牡丹甚至生长在海拔超过3000米的高原山区。它们默默地开放，不为人知，甚至于人们常常斫以为薪。可是就在贫瘠、寂寞和清寒之中，却孕育了牡丹的馨香与高贵，这也非常符合古人关于"艰难困苦，玉汝于成"的君子成长之路。这就是牡丹持重品格的含义。

谦和。牡丹开在百花之后，是春天离去时留给人们最难忘的关于花的记忆，这成就了牡丹谦和、不争的品质。唐朝诗人殷文圭说："迟开都为让群芳，贵地栽成对玉堂。"（《赵侍郎看红白牡丹因寄杨状头赞图》）所以，牡丹晚开，是其谦和品格的重要体现。这种品格即所谓的"不争"，是儒家君子必备的。孔子曾经说："君子无所争，必也射乎！"除去射箭较艺之外，君子不与别人相争。因为古代君子，气质翩翩，在于以理服天下人，以道行人间事。君子修德以正身，"矜而不争，群而不党"（《论语·卫灵公》）。然而，牡丹开得迟，但仍改变不了其王者气质，所以，陆游的诗里说："牡丹底事开偏晚，本自无心独占春。"（《寄题王晋辅专春堂》）

温润。牡丹形象端庄、温润，让人们联想到君子的温和品质。"言念君子，温其如玉"（《诗经·秦风·小戎》），古人以玉比德，是因为玉温润而有光泽。"君子无故，玉不去身"（《礼记·玉藻》），因为玉是君子温润之德的象征。牡丹花瓣洁净柔和，有玉一般的质地，在这一点上，牡丹与玉天生类似。所以，很多牡丹名花也都以玉为名。如冠世墨玉、玉翠蓝、玉版白、红玉楼、白玉、紫玉、绿玉、墨玉、冰清玉洁、清香白玉翠、白玉盘、紫兰玉、玉翠荷花、玉盘托金、玉楼点翠、紫线界玉、蓝田玉、玉盘等。正因为如此，君子的温和品质，与玉的温润光洁、牡丹的纯净鲜丽有同等意义。

刚正。牡丹为灌木植物，初生于苦寒贫瘠之地，但它株型疏朗、枝丫遒劲，而且牡丹栽培有方，不肯屈其本性。所谓"处以南面即生，俾之他向则死"（李渔《闲情偶寄·种植部·木本第一》），即在种植牡丹的时候，让它正面朝南就会生长，朝其他方向就会死。也许其他的花还能受点委屈，牡丹绝不肯通融，因而向我们展示了其刚正不阿的品质。武则天因为牡丹不按自己的意志在冬日开放，便将牡丹贬往洛阳的故事虽然是个传说，但比照牡丹不得其地不生，不得其时不开的本性，这样的传说也并非完全无据。民间关于牡丹仙子善良刚正的故事不胜枚举，这也许是人们更愿意把美丽、善良与正义结合，才生发了如此多的美好联想的原因。宋代高承《事物纪原》中这样评价牡丹："是不特芳姿艳质足压群葩，而劲骨刚心尤高出万卉，安得以'富贵'一语概之！"意谓牡丹不只有压倒群芳的姿色，还有刚正不屈的本性，怎么是"富贵"二字可以概括得了的呢？清代人李渔则赞叹牡丹有"肮脏不回之本性"，即是说牡丹的本性就是刚直的。

倔强。牡丹的君子品格值得人们称道，其倔强的精神也令人动容。牡丹是肉质根植物，当它遭遇逆境或者根系无法吸收外部营养的时候，它会耗尽所有养分供给最后一朵花开放。让生命在慢慢的坚持中逝去，把最后的美丽留给春天和人间，这是怎样一种牺牲精神？

"国色春娇，不逐风前柳絮飘"（宋·曾觌《减字木兰花》），牡丹生于山野之间，它的贵重、刚正源自它的本性和初心；"纷纷桃李自缭乱，牡丹得体能从容"（宋·释道潜《僧首然师院北轩观牡丹》），牡丹成长于晴天丽日之下，它的谦和、温润则是因为它得天地中和之气，并"持晚节"的表现。"从来品目压天下，百卉羞涩莫敢同"（宋·释道潜《僧首然师院北轩观牡丹》），所以，牡丹之格，是君子之格、王者之格。牡丹之所以为百花之王，是由其艳绝的姿色和高贵的品格所决定的。因此，牡丹之格是儒家"内圣外王"型君子品格的象征，是儒家理想君子人格全面、高度的体现。它不是只追求洁身自好、不染俗尘的君子品格，而是在追求自美品格之外，又有事功与兼济品格的映射。这种品格是具有现实意义的，它告诉我们，人生不能只留下高情俊德，还要留下奋斗和事业。所以，牡丹之格，是人生成功的品格。乾隆《牡丹》诗写得好："屈间陶宅不须此，只合东山伴谢安。"

牡丹的意象

在中国文化中，很多事物都依据其本质特征，被赋予一定的文化象征意义。牡丹之意，便是指牡丹的意象、象征意义。牡丹是中国的名花，自从它走进人们的审美视野，便逐渐地被无数诗人、画家作为意象使用，从而使其象征意义丰富而多元。

在牡丹最初进入审美视野的唐代，人们更多追逐的是牡丹的形色之美。李正封的名句“国色朝酣酒，天香夜染衣”就是对牡丹美色和馨香的绝佳赞誉。在“花开花落二十日，一城之人皆若狂”（唐·白居易《牡丹芳》）的古都长安，奔走于寺庙园林间，人们看不够的就是牡丹花的姿色艳丽和花大如盘。虽然有人从中生发出对美好事物的珍惜以及人事衰荣的感慨，但如刘禹锡那样看重其格、重视其情的还是少数人。因此，唐人对牡丹的欣赏更多地停留在俗文化的层次上。宋人则不同，他们以貌取神，直就风雅，从而升华了牡丹文化的精神，甚至连前人赋予牡丹的富贵之义，都打上了雅化的标签，使牡丹所寓意的富贵，成为“柳絮池塘淡淡风”的人生境界。明清以来，牡丹诗词虽有众多的作者，但在牡丹意象的内涵上，依然承袭唐宋人的观念。

牡丹意象的主要象征意义有：

盛世太平。牡丹雍容富丽，大气华贵，是太平盛世人们青春豪迈、昂扬自信、积极进取的最好象征。古人把牡丹看成是天地生气的代表、国家气运的体现。因为怒放的牡丹展现出生命力量的强劲和旺盛，也蕴含着天地造化的玄妙之功。人们可以从中感悟宇宙运行的真意，体会天人合一的大道、民胞物与的人文情怀。自唐以来，牡丹花事鼎盛、文化高涨的几个期，都是太平盛世。无论是盛唐玄宗开元时期、中唐宣宗中兴时期，还是北宋仁宗“百年无事”时期，抑或是清朝康乾时代。“九重烟暖折槐芽，自是升平好物华”（唐·翁承赞《擢探花使三首》之二），“人人一朵牡丹春，四海太平呼万岁”（宋·方回《三月二十九夜二更杭火焚花巷寿安坊至四月一日寅卯止》），这正是俗语“太平花盛太平时，富贵花开富贵地”之意。

富贵荣华。从唐代开始，人们就把牡丹作为富贵荣华的象征。“径尺千余朵，人间有此花。”（唐·刘禹锡《浑侍中宅牡丹》）人们惊诧于牡丹的花大色艳，倍加珍惜上苍的无私赐予，当牡丹花开的时候，经常用锦帘绣幕加以保护，并用金盘贮之华屋，“障行施烂锦，屋贮用黄金”（宋·范镇《李才元寄示蜀中花图》），以至“秦陇州缘鹦鹉贵，王侯家为牡丹贫”（唐·王建《闲说》）。由于人们对牡丹的贵买、贵养、贵用和贵赏，因而造就了牡丹富贵花的名声。五代画家徐熙以牡丹为题材作《玉堂富贵图》，此后，牡丹作为富贵荣华的象征，愈益深入人心。而且，牡丹还日渐成为人生成功的象征，为上至帝王将相、下至士庶百姓所追捧。“小院风柔蛱蝶狂，透帘浑是牡丹香”（宋·赵佶《宫词其三一》），在诗人们眼中，富贵者、成功者每每与牡丹相伴。

青春美好。由于牡丹开在春季，加之牡丹形色娇媚、充满生机和朝气，因此，它也成为青春美好、少年得意以及人生风流的象征。齐己《湘中春兴》云：“更无轻翠胜杨柳，尽觉秾华在牡丹。”秾华艳丽的牡丹，就像充满青春朝气的男女，同是韶华灿烂的时候。欧阳修被贬夷陵，但他说“曾是洛阳花下客，野芳虽晚不须嗟”（欧阳修《戏答元珍》），我已经看过了世间的牡丹花，其他山花野草即使看不到也就不值得叹息了。由于牡丹和人的青春、生命产生了联系，由此人们也经常在观看牡丹之时生发出很多人生的不同感慨：“北地花开南地风，寄根还与客心同”（唐·张嫔《观江南牡丹》），“鬓从今日白，花似去年红”（唐·谦光《赏牡丹应教》）。

故国乡土。牡丹被作为故国乡土的象征，其实在它一走进人们的审美视野时就已见端倪了。舒元舆《牡丹赋》中说：“天后之乡，西河也，有众香精舍，下有牡丹，其花特异。天后叹上苑之有阙，因命移植焉。”武则天把家乡的牡丹移植上苑，不只是“上苑之有阙”，其中一定有寄托乡思的念头。而牡丹作为乡思的象征，一直存在于后人的诗文中。宋代许景衡《吕子光惠牡丹》云：“六年不见故园花，每到花时只自嗟。多谢故人分国艳，尚怜羁旅惜春华。”明朝何应瑞《牡丹限韵》也说：“廿年梦想故园花，今到开时始在家。几许新名添旧谱，因多旧种变新芽。”牡丹由故园上升为故国的象征，则主要是在南宋以后。京、洛一带曾是北宋繁华的中心，靖康之变之后，这里便落入金人之手。被迫南渡的士大夫文人，常常以牡丹作为故国乡土的象征，表达惜花爱国之意。陈著《次韵洛阳秦庆父贽见》云："相逢交义重，一笑世情轻。问到牡丹外，凄然百感生。"陈与义的《咏牡丹》则更有代表性："一自胡尘入汉关，十年伊洛路漫漫。青墩溪畔龙钟客，独立东风看牡丹。"

牡丹之情

在中国人看来，花是有灵之物，也是有情之物。寄情于花是中国文化的传统，移情于花也是审美活动中必有的现象。牡丹之情，即指寄托在牡丹花上的种种人类情感。刘禹锡《赏牡丹》诗中说"池上芙蓉净少情"，话外之意就是说，牡丹有情、牡丹多情。的确，在众多的花卉中，牡丹寄寓了人们最多、最丰富的情感，也寄寓了普通人更多的美好理想：有人喻为君子，有人引为知己，有人视为红颜，有人作为兄弟，有人寄托乡思，有人感叹别离。没有一种花像牡丹这样与我们如此亲近、如此同声同气。所以，牡丹盛开之时，人们倾巢而动："三条九陌花时节，万户千车看牡丹。"（唐·徐凝《寄白司马》）牡丹凋零之际，也有人为之声声叹息："惆怅阶前红牡丹，晚来唯有两枝残。"（唐·白居易《惜牡丹花二首》）

舒元舆在《牡丹赋》中这样描写牡丹不同的情态：红的如朝阳，白的如皓月；淡雅类素土，浓烈胜鲜血；相向犹迎送，相背同诀别；开放的像在谈笑，含苞的像在呜咽；俯视的似有无尽愁绪，仰望的似有无限喜悦；缠绕的似在起舞，侧身的似将摔跌；靠着的如在沉醉，弯着的如受挫折；密集的似是巧织，疏离的似有亏缺；鲜艳的如经洗涤，惨淡的如相离别。在体物言情方面，舒元舆可谓洞察秋毫，牡丹百态、人生情状，于此毕现。

明代兵部尚书苏祐写过一首《南宅牡丹》："载启花朝宴，中楼锦瑟张。高才非李白，异品有姚黄。日映疏疏影，风传冉冉香。言承环膝喜，春在含孙堂。"这首诗道尽了历经宦海波涛，晚年回归田园之后的喜悦：又到花朝节了，家宴开启，琴声盈耳，牡丹开放，儿孙绕膝。这就是传统中国人向往的古代富贵人家的生活，在这里，牡丹不只是诗人喜悦心情的点缀和衬托，它也有多子多福之意。

中唐元稹、白居易是一对被传为佳话的诗友，两人一起吟诗、一起赏花。因为仕宦和家事，元稹几次往返长安和洛阳。两人在长安时，经常同赏西明寺的牡丹，贞元二十年（804），元稹随岳父及新婚妻子韦丛赴东都洛阳，白居易一人来到西明寺看牡丹，写了这样一首诗：“前年题名处，今日看花来。一作芸香吏，三见牡丹开。岂独花堪惜，方知老暗催。何况寻花伴，东都去未回。讵知红芳侧，春尽思悠哉。”（《西明寺牡丹花时忆元九》）诗中表达了对元稹的友谊和思念，并用双关的语言戏称随韦丛而去东都的元稹为“寻花伴”。

牡丹之韵

牡丹之韵，指牡丹的风致、情趣。中国古典审美文化注重事物品格、精神之美，但事物形态上的圆润丰盈之美，也常常被重视，唐代尤其如此。唐朝艺术以丰肥浓丽为审美取向，从留存下来的艺术作品中的美女形象就可以看出。无论这些女性是少女还是少妇，年龄是大还是小，大多面如满月、丰颊秀眉、腰肢圆浑，其装扮袒露而大胆。牡丹之美也是浓烈、大胆和毫不含蓄的，正好符合大唐人的审美心理，这也是牡丹在唐朝走进人们审美视野的重要缘由。宋代文化虽然理性、内敛，但对现实的沉浸和感叹依然是审美的主调。正如李泽厚所说：“时代的精神已不在马上，而在闺房；不在世间，而在心境。”（《美的历程》）在这样的情形之下，态度雍容的牡丹，依然是追求理与韵的宋朝人眼中的最爱，他们从中生发出更为丰富的牡丹文化内涵，从而让牡丹的形象更加具有风致。

元明以降，牡丹审美更趋自然、雅致，明人薛凤翔在《亳州牡丹史》之《花之鉴》中称：“花佳处亦有十等：曰精神、曰天然、曰娇媚、曰丰伟、曰温润、曰轻妙、曰香艳、曰飘逸、曰变态、曰耐残，各有攸当。”在薛凤翔所述以上牡丹“十韵”中，“精神”和“天然”可以作为对所有牡丹花神韵、风致的概括。“娇媚”和“丰伟”又可以作为牡丹美的两极，即阴柔的美和阳刚的美。

精神，指活跃，有生气。宋代邵雍早就提出了“花妙在精神”的观念。他在《善赏花吟》中说：“人不善赏花，只爱花之貌。人或善赏花，只爱花之妙。花貌在颜色，颜色人可效。花妙在精神，精神人莫造。”他认为真正善于欣赏牡丹的人，绝不仅仅是耳目之娱，一定会从牡丹的怒放之中，体会天地生气，并领悟“生生之谓易”的无穷妙理。

娇媚，原是指姿貌、声音柔美动人，这里多用来形容牡丹含苞初放之际的神态。牡丹花开艳丽，但将要开放的牡丹犹如欲露还羞的少女。唐代诗人王贞白《白牡丹》诗写道：“谷雨洗纤素，裁为白牡丹。异香开玉合，轻粉泥银盘。”此时的牡丹花瓣就像是少女用纤纤玉手刚刚剪裁出来，又像是刚刚涂过轻粉的银盘，散发着幽幽的香气，娇羞之态不掩其动人之姿。所以，唐人罗隐又诗云：“若教解语应倾国，任是无情亦动人。”（《牡丹花》）

天然，指事物自然生成的、不加修饰的本色。牡丹之美便是不加修饰的天然之美，这种美，亦即美学上所谓的“清水出芙蓉，天然去雕饰”的自然之美。与人工雕饰的美相比，它鬼描神画、无可挑剔，一枝一叶、一颦一笑，都无限合理而又风韵天然。清·弘历《咏牡丹拟禁体》：“叶概花姿天与真，松为好友石为邻。可知气韵饶群卉，肯以容华媚主人。蝶醉未醒风似麝，僧参初定月如银。凭轩不杂笙歌赏，恐使清标渐染尘。”

丰伟，原来形容人身体丰满魁梧，这里形容千叶牡丹的丰满厚重，具有阳刚之气。白居易《牡丹芳》云：“浓姿贵彩信奇绝，杂卉乱花无比方。”诸花常常被比喻为女性，然而牡丹则不同，在象征女性艳丽娇媚的同时，也偶被人赋予阳刚之义：“品格高低各自春，大如玉斗满如轮。前贤曾谱花王说，唯有姚黄始是真。”（宋·姜特立《和巩宰送牡丹三首》之三）乾隆更是把它比作山间隐士和寺院浮屠：“夏前春后每云仍，衣白山人衣紫僧。”（《牡丹》）

第三节　掌故传说

在积淀深厚、丰富多彩的牡丹文化中，有许许多多的传说故事流传于世。《笔记小说大观》中谢公两遇牡丹仙的故事，蒲松龄《聊斋志异》中葛巾玉版的故事，《醒世恒言》中“灌园叟晚逢仙女”（即后来改编的电影《秋翁遇仙记》）的故事，都是妇孺皆知、家喻户晓。

在菏泽，就连牡丹的由来，也流传着这样一个美丽的传说。说是唐代女皇武则天，因牡丹抗旨被其贬往洛阳。途中突然狂风大作，将一牡丹仙子吹落到滚滚东去的黄河，到了山东地界，又一个浪花将那牡丹仙子推出黄河大堤，没想到那牡丹就此在曹州落地生根，世代繁衍，以后竟成为牡丹家族中的旺族。至明清，就有了“曹南牡丹甲海内”“曹州牡丹甲齐鲁”的记载。

故事，作为人民群众口头文学的艺术形式，闪烁着人们理想的异彩，赋予世人对真善美的希望。中国作为牡丹的故乡，以牡丹为题材的民间故事、历史掌故，广泛流传民间，在 1987 年菏泽整理的民间文学三大集成《故事卷》中，就收集整理牡丹故事上百篇。

蒲公妙笔写葛巾

清代文学家蒲松龄在其不朽巨著《聊斋志异》中，讲了一个牡丹仙女葛巾的故事。话说河南洛阳有个常大用，平生最爱牡丹。他听说曹州牡丹甲齐鲁，心中非常向往，渴望能有机会去一饱眼福。有一次，正好因为有一件事情要到曹州去，常大用非常高兴，多年夙愿可以了却了。

到了曹州，常大用专门找了个官宦人家住下，恰好这家有一处在当地很有名气的花园。求得主人的允许，常大用就在花园中住下了。当时正是初春二月，牡丹尚未发芽，常大用只好耐心地住下来，每天在花园中徘徊，仔细地观赏牡丹的生长情况，盼望着牡丹能早日开放。其间，常大用写了《怀牡丹》

诗百绝，时常吟诵，自得其乐。不多久，牡丹花渐渐地含苞待放了。常大用却是又喜又忧。喜的是，牡丹已是含苞待放了；忧的是，一个多月，他身上的钱也花完了。考虑再三，他还是无法放弃能够看到即将盛开的曹州牡丹的机会，于是，他就把穿不着的衣服典当出去，等待着花期的到来。

一天早晨，常大用又去园中看花，遥见一妙龄女郎和一老妇人正在花园中。他怀疑是此地哪家大户的家里人，没有惊动她们，就回屋去了。到了傍晚，常大用又去园中看花，那女郎还在那里。到了近处，常大用偷偷地端详那位女郎，穿着富丽，天姿国色，撩人心动。那女郎见了常大用，并不十分躲避，却从容地对他一笑向假山后面躲去了。

常大用被这天仙般的美女弄得目眩神迷，心想：她一定是仙女下凡，人世间怎么会有如此美貌的女子呀！于是，不由自主地向女郎躲去的方向搜寻过去。绕过假山，没想到，却正好碰到那位老妇人，那女郎正坐在近处一块石头上，看见他显得很吃惊。那位老妇人连忙用自己的身体遮挡女郎，厉声呵斥着："你这狂妄的小子，究竟想干什么？"常大用却跪下说道："这位女郎一定是仙女下凡！小生冒昧了。"老妇人愤怒地训斥他："简直是胡说八道。真该叫人把你送到官府里去，治你的罪！"常大用非常害怕，手足无措。但那位女郎却笑了笑，对老妇人说："我们走吧。"说完，就走了。

常大用无精打采地回到屋里，心里想到，如果女郎回去后把今日之事告诉了她的父兄，一场责骂、污辱恐怕是不可避免了。晚上，一个人躲在空荡荡的屋子里，他后悔自己今日的举动实在是太唐突了。可又想，刚才那位女郎并没有怒容，也许并不把它当成一回事。就这样，常大用既后悔，又害怕，一夜辗转反侧，竟然病了。第二天，幸运的是女郎家并没有人来兴师问罪，心里才稍稍安宁了些。然而，他又不由得想起那女郎的音容笑貌来，由害怕而变为十分想念。就这样，不过三天，常大用满面憔悴之色，竟成了重病，卧床不起了。

这天晚上，常大用昏昏沉沉地刚一入睡，忽听屋门一声响，那老妇人手捧一只药碗进来了。老妇人说："我家葛巾姑娘，亲自配成这剂毒药给你，快喝下去吧！”常大用十分吃惊：“我与葛巾姑娘，素无怨仇，为什么竟然要毒死我呢？唉，也罢。既然这药是姑娘亲手调的，与其相思而病，不如喝药而死。”说罢，接过药来一饮而尽。那老妇人笑笑，就走了。

奇怪的是，常大用喝下药去，却觉得一股香气沁人肺腑，头脑清爽，好像并不是什么毒药。想着想着，他便酣然睡去。第二天早晨醒来，只见红日满窗。试着起来，大病若无，心中更加坚信那女郎是下凡仙女。他心中默默地祈祷能够再次见到女郎。

这一天，常大用在园中一丛树木之后，迎面遇上那位女郎。见四下里无人，他惊喜地急忙跪在地上。那女郎伸手轻轻地拉他起来。常大用惊喜交加，握住了她那洁白的玉腕，顺势站了起来，只觉得这只手温软而细腻，并闻到她身上散发出一种奇异的香味，常大用觉得全身骨节都酥软了。正想说点什么，那位老妇人忽然蹒跚而来。那女郎让大用藏于假山之后，指着南边说：“晚上你来吧，南面小墙以内有一座四面红窗的屋子，就是我住的地方。我放好梯子等你。”说完匆匆而去。常大用呆站在那里，满腹怅然，真有些魂飞魄散了。

好容易等到天黑，大用搬梯子登上南墙，果然见墙那边有梯子竖在那里。他高兴地下去，果然见有红窗在，到了窗前，听到里面有下棋的声音，悄悄地站在窗下，不敢向前，等了一会儿，他越墙回去了。

常大用心神不定，坐立难安，他又第二次来到红窗之下，听到下棋的“嗒嗒”声更密了。

他顺窗缝看去，只见那女郎正与一白衣女郎下棋，那老妇人也在座，有一个丫鬟侍候他们。他只得再次返回来。到他第三次登上墙头，已是三更天了。忽然听到老妇人说：“谁把梯子放这儿了？”招呼丫鬟把梯子抬走了。他只好怏怏不乐地回来了。

第二天晚上再去，梯子已先预备好了。来到红窗之下，幸好四下无人，急忙推门进去，只见女郎独自坐在那儿若有所思。一见常大用，慌忙起来，满面羞涩。常大用作揖说：“我自感福薄，从不敢妄想什么，今日你我有如此良机，真是三生有幸啊。”说着，就靠近了女郎。那女郎身材苗条，美丽迷人，连她呼出的气儿也像兰草的芬芳。

两人正在亲密地交谈，忽听近处有人说话。女郎急忙说：“我妹妹玉版来了。你先藏到我床下去吧。”他只好从命。他刚藏好，一个女子走进来，笑着说：“你这败军之将，今天还敢和我较量吗？我已经沏好了茶，准备与你战一通宵。”女郎以身体困乏为由推辞。玉版再三请求，见不答应，便开玩笑地说：“你这样舍不得离开屋子，难道姐姐在屋里藏了男人不成？”女郎见她强意相邀，只得随她去了。

常大用听到脚步声远去，便爬出来。他又气又恨，于是便想在屋里找件东西，也好带回去做个纪念。找来找去，在床头发现有一水晶如意，上边系着一条紫巾，芳洁可爱。于是，揣在怀里，越墙回到自己的屋子。

常大用在自己屋里玩赏那水晶如意，衣袖一动，似乎还闻到那女郎的体香，因而更加倾慕女郎。然而想到自己夜闯人家闺房，怕受到刑律制裁，再也不敢前去，但珍藏着如意，希望女郎能够来找。

隔了一天的晚上，女郎果然来了，她笑着说：“我一向认为你是个正人君子，却原来是个贼啊！”常大用高兴地说：“是的，我确实拿了你的东西。但我之所以偷拿了你的如意，是因为想借此取个吉祥之兆，希望咱们的事能够遂心如意啊。”两人越谈越亲密，于是私定了终生。常大用问女郎道：“我认为你是仙女下凡，幸蒙你的垂爱，我真是福分不浅。但唯恐你离我而去，幸福难以长久。”女郎笑着说：“你太多虑了。我不是什么神仙，只是对你太痴情了。此事要严加保密，如让别人知晓，后果不堪设想。”常大用答应了，但始终怀疑她是仙女，一定要她说出真实姓名。女郎说道：“既然你认为我是仙女，又何必知道我的姓名呢？”常大用又问：“那么，那位老妇人又是谁呢？”女郎答道：“她是桑姥姥。小时候我常常得到她的照顾，一向把她当长辈相待。”说罢，女郎起身要走，对常大用说：“我那儿人多，你去了多有不便，我有机会来找你吧。那水晶如意是妹妹玉版的，你还是让我带回去吧。”

从此，每隔三两天两人就会面一次。常大用沉浸在幸福之中，不再想回家的事，但典当衣服的钱又花光了。他准备卖掉骑来的那匹马。此事被女郎知道了，对他说：“你为了我，把钱花光了，典当了衣服，再卖掉马，我于心不忍，千里迢迢，你凭什么返回家乡呢？我个人还有点积蓄，可帮你一下。”常大用推辞说：“感谢你的一片盛情，咱二人相爱至深不足以报答你，而今又耗费你的钱财，让我怎么做人呢？”女郎执意地说：“就算暂时借给你吧。”于是拉着他的胳膊，来到一棵桑树下，指着一块石头让他搬开，又从头上拔下金钗，往地下刺了几十下，说：“挖吧。”他顺从地用手扒了扒，不一会儿，地下露出一只瓮口来。女郎探手从瓮里取出银子近五十两，常大用阻挡不住，女郎又从里面拿出十来个元宝。最后，常大用还是只要了一半银子。不知不觉又过了几天。这天夜里，女郎对常大用说：“近来咱们的事有些风言风语，长此下去不是好办法，我看咱们还是商量个对策为好。”常大用很害怕：“究竟该怎么办呢？我平生老实谨慎，为了你，我把一切置之度外了。只要能和你在一起，刀山火海，我无所畏惧！你说怎么办吧？”女郎见他态度坚决，就决定和他逃到洛阳去，并且让他先骑马回去，自己随后乘车前往。常大用回到家，正准备去迎接女郎，没料想女郎乘车也到了家门。众乡邻听说他娶来一位美貌贤惠的妻子，纷纷前来祝贺，并不知道他们是逃回来的。但常大用心里总感到不大坦然。女郎说：“我们情投意合，心甘情愿，谁也不会干涉我们，你不必怕。”时间一天天过去，常大用也慢慢地放下心来。

常大用有个弟弟，叫常大器，此时17岁了。女郎见他聪明伶俐，相貌英俊，于是提出让妹妹嫁给他为妻。常大用恐怕他们出逃的事被人发觉。但女郎说：“不妨事。我已经想好了办法。玉版妹妹与我最好，最想念我，只要派一人前去，她定可前来。”于是，女郎就派桑姥姥乘车前往曹州。几天以后，桑姥姥到了曹州。将要到达花园时，她下了车，让车停在路上等候，她一个人趁夜深人静进到园中，不一会儿就把玉版领出来，登上车就往回赶。

女郎计算着马车的时日，估计要来的那天，让常大器穿上结婚盛装，到几十里外去迎接，果然碰到了桑姥姥和玉版乘坐的车子。于是，常家欢欢喜喜地为大器完成了婚礼。从此，兄弟二人都娶了美貌贤惠的妻子，常家的日子越过越红火，家境日益富裕起来。

有一天，有几十个贼寇骑马突然闯进常家院中。常大用知道事情不妙，全家登楼躲避。贼寇把楼围起来，气势汹汹。常大用在楼上俯视着众贼寇，问："咱们有什么仇吧？"贼寇回答说："没有。但我们今天来，有两件事相求：第一件，听说你们兄弟的两位夫人世间无有，请让咱弟兄们看看；第二件，我们一行五十八人，请给我们每人金子五百两。"此时，楼下堆满了木柴。贼寇威胁，若不答应，就要放火焚楼。常大用答应给他们金子，但他们并不满足，家人非常害怕。女郎与玉版几次想下楼，都被常大用拦住。但她们终于按捺不住，冲下楼来，站在楼梯中间，说："我姐妹都是天上仙女，暂时来人间生活，难道还怕你们这伙贼寇吗？我想即使送你们万贯黄金，你们也不敢要吧！"贼寇们吓得跪拜在地，纷纷说道："不敢不敢。"女郎和玉版见此情景，正要回到楼上，突然一贼寇说："她们是骗人的，不要上当！"

女郎反身站在楼梯上，大声呵斥："你们想干什么，就早早地说出来，现在还不算太晚。"众贼寇你看看我，我看看你，都不敢说话。姐妹俩从容走上楼去，众贼寇一哄而散。

两年以后，女郎和玉版各生了一个男孩。女郎也渐渐地说出是魏姓，母亲被封为曹国夫人。但常大用很是怀疑，在曹州从未听说过有姓魏的大户，况且大户人家的小姐失踪了，怎么会没人寻找呢？但他又不敢追问女郎。但常大用一心要解开心中的谜团。他找了个借口再一次来到曹州，到处打听，也没有听说有魏姓的大户。于是，他仍旧来到上次借住的花园里，来到主人的一间正房，忽见墙上有一首诗，题为《赠曹国夫人》，心中大惊，于是就问花园主人。主人笑着请他去看曹国夫人。原来主人请他看的是一株牡丹，枝繁叶茂，生机勃勃，长得和房檐一样高。常大用问为何如此称呼它。主人解释，因为这个品种是曹州第一，所以有人戏称之为"曹国夫人"。常大用又问，这是哪个品种，主人回答说，叫作"葛巾紫"。于是，常大用更加认定，女郎是花妖所变。常大用回到家中，但不敢当面质问女郎，就把看到的《赠曹国夫人》诗念给她听。女郎听后骤然变色，冲出屋去把玉版叫来，并且把两个孩子也抱来了，对常大用说：“三年前，我为你的真诚所感动，于是把身心全部交给了你。不想你却百般猜疑，我们怎能白头偕老？”女郎和玉版悲愤之下，双双举起儿子，朝地下扔去，两个孩子随即不见了踪影。常大用惊呆了，葛巾和玉版也像彩云一般飞去了，常大用悔恨不已，一个幸福的家庭化为泡影。

几天以后，两个孩子堕地的地方长出了两株牡丹，一夜之间就长了一尺多高，当年春天就开了花，一株开紫花，一株开白花，花朵大得像玉盘，比普通的葛巾和玉版要好看得多。几年以后，就繁衍成一片。后来被人移到其他地方，又不断地产生一些新的品种，千姿百态，各呈风采。

吕洞宾戏牡丹

从前，有个姑娘跟着爹爹在洛阳开药铺。这姑娘名叫牡丹，长得如花似玉，洛阳城里的公子哥儿常上药铺调戏她。她怕在那里待长了出事，就和爹爹搬到曹州府，在城东北城角的赵庄开了个小药铺。

八仙中纯阳公吕洞宾听说了这件事，心里琢磨开了：这牡丹姑娘一定长得非常美貌，不然为啥引蝶招蜂呢？他就慢慢访到了曹州。这一天，吕洞宾来到曹州赵庄，见一个老头在药铺里忙活，就说：“掌柜的拿几味药，不知你药味全不全？”“别看俺的药铺小，百味药俺都有，拿方来吧。”吕洞宾说：“我没药方，凭嘴说吧。第一味药我取你老和少，第二味药我取你母心宽，第三味药我取不耽三，四味我要顺气丸，五味药我要甜似蜜，六味药我要苦黄连，七味药我要硬如山，八味药我要软如绵。”那先生一听，呆了，这哪里是要药，分明是胡搅蛮缠，就低着头回到柜房里面去了。

牡丹见爹爹愁眉不展，唉声叹气，就问：“爹，往日都是欢天喜地，今日咋唉声叹气？”那先生说：“唉，女孩家休要多问。”牡丹说：“女儿问问怕啥哩！兴许女儿能给爹爹排愁解闷哩！”

那先生把来者如何要药说了一遍，牡丹听了，说：“爹，不必烦愁，女儿前去，自有法儿对付他。”

牡丹走进了柜台，吕洞宾搭眼一瞧，果然名不虚传，真是一个绝世美人儿。忙说：“你爹抓不起这八味药，你这个黄花闺女能抓起这八味药吗？”“能。”“你就快点抓吧！”

牡丹姑娘说：“一家人都有老和少，闺女都为父心宽，孝顺儿子不耽三，贤惠媳妇顺气丸，新婚夫妇甜如蜜，寡妇死儿苦黄连，朝廷王法硬如山，受审囚犯软如绵。”吕洞宾一听，这牡丹姑娘不但长相好看，还心灵口巧，真对上了呢。心想：我再出个题难难她，就又说：“我再要四味药，你能抓起来吗？”牡丹说：“咋不能？你说吧！”

吕洞宾说：“姑娘，我要你身上一脸白，要你身上一点红，要你的东西倒着挂，要你身上聚宝龙。”牡丹一听非常生气，这不是有意调戏姑奶奶吗？哼，你今日别想占姑奶奶半点便宜，就说：“你姑奶奶我擦上宫粉一脸白，抹上胭脂一点红，姑奶奶的罗裙倒着挂，今日姑奶奶做个梦，送子娘娘来送子，炮声留在天空中，下来的小儿给亲娘对药名。”

吕洞宾听了脸一红，说：“你知道我是何人？”“你是八仙中的骚仙，不正经，姑奶奶我早就看出来了。”说着拿起直尺就打，吕洞宾连忙逃走了。

祝英台与牡丹

传说从前山东境内有个祝家庄，庄上有个祝员外，祝员外有个千金，奶名九红，起名祝英台。

祝员外家是当地一大富户，院里有一棵 3 尺多高的牡丹。每年谷雨时节，那棵牡丹花大色艳，香气四溢，备受祝员外呵护。

祝英台是祝员外的老生闺女，老员外自然把她当成了宝贝，百般疼爱。英台不光长得美丽动人，而且琴棋书画、描龙绣凤无所不通，因而前来说媒提亲的踩破了门槛儿，可她不是相不中人才，便是看不中长相，竟无一人中她的心意。

祝员外去世后，英台的嫂嫂又给她说了自己的兄弟，可是不合英台的意，从此惹恼了嫂嫂整日指鸡骂狗，唠叨英台这也不对，那也不对。嫂嫂又在哥哥耳旁刮起枕边风，哥哥生性怕她，对她的话百听百依，对英台也就冷眼相看了。

祝英台看家里没法待，便决心女扮男装到杭州去读书。她把此事与娘一说，娘哪里同意，儿去千里母担忧啊！可是见女儿决心已定，又看儿媳对女儿如此刻薄，只好相哭一场，为女儿收拾行李。

英台最爱她房前那棵牡丹花了，每隔三五日便洒上一次水。此时要出远门了，只得再次为它浇上一次水。她站在牡丹花前，不由流下了泪。

母亲把英台送到大门外。英台流泪说：“娘，孩儿出去不会做出对不起祖宗的事，请娘放心。娘若思念女儿，就看那牡丹花吧，它是女儿的心。如果那花枯死了，女儿就回不了家了。”

祝英台从家里走后，老太太每思念女儿，就为牡丹松土浇水，在牡丹前待上一个时辰。

可英台的嫂嫂却在牡丹上打起了主意，她要把牡丹弄死，在婆婆面前怨恨小姑子英台在外干下了伤风败俗之事。这天，她烧了一壶开水，劈头向牡丹浇去，谁知那牡丹不但没被烫死，反而叶儿更绿、花儿更红、棵儿更旺了，她见了更从心底恨。这次趁婆婆走亲没回，英台的嫂嫂索性把牡丹连根挖断，放在太阳光下。谁知，这牡丹又没枯萎，一夜之间又枝繁叶茂，生长如初了。这日她又要朝牡丹下毒手，这时，祝英台学满三年从杭州正巧回到家。嫂嫂羞悔难当，一头朝牡丹撞去，不料变成了一个两头尖尖的小小钻心虫！

朱元璋与“魏紫”牡丹

明代，曹州牡丹已名震京城。皇帝朱元璋要到曹州看个究竟。这年谷雨时节，他带着军师刘伯温，来到曹州东北的桑篱园，看见红、黄、黑、绿、白、兰、紫、粉八大色牡丹，光彩耀眼、香气袭人，一望无垠，天堂一般，胜过京城御花园。朱元璋嫉妒心很强，只许皇家压百姓，哪许百姓胜皇家！于是，立刻下了一道圣旨：把桑篱园内所有的牡丹移入御花园。

圣旨一下，铁锨乱挖，忙坏官兵，苦了农家。好端端的牡丹园，被挖了一片又一片，就像个人身上长了千疮百孔，花农们只好在一旁流眼泪。村西头有位老爷爷，仗着德高望重，冒死进言，讲了牡丹园的好处，请求圣上高抬贵手。朱元璋稳坐圣辇，眼皮只一眨，御林军便挥起木棍，把老爷爷赶出园外。乡亲们忍悲含怨，齐刷刷跪了一大片，三呼“万见开恩”。赵义爬到圣辇之前，表示愿将最好的花儿，每年选上一车，送到京城。朱元璋一使眼色，御林军上前一人拧起赵义一只胳膊，扔出花园。赵义妻子魏花，见皇上执意要挖光牡丹，便不顾众人劝阻，一阵风似的旋来。她虽身怀六甲，但体态却十分轻盈，御林军拦都拦不住。

魏花来到圣辇之前，飘飘下拜，朱唇一动，一串言辞，就像珍珠落在玉盘上：“万岁，灭元兴明，造福百姓，是皇上圣意。上苍感动，降此花园，是皇上的恩德。如今若毁掉花园，不是违背了万岁的本意吆？！”问得朱元璋面红耳赤，无言以对。刘伯温闻听，心中大惊，这穷乡僻壤哪来伶牙俐齿之人？他对魏花滴溜溜审视一遍，心中有了主意。又见朱元璋骑虎难下，便上前奏道：“主公，刚才这位女子说得对，牡丹园确实是村民的命根子，毁了此园有违灭元兴明、为民求福的圣意。俗话说，物贵于缺而不贵多。既然圣上喜爱牡丹，那就挖一棵移到京城御花园照管。望圣上施舍圣恩！”跪在地上的农民，齐呼“万岁恩典！”朱元璋一时不解其意，却知道刘伯温胳膊肘儿不会向外拐，就来了个顺水推舟，让刘伯温去挑一棵最好的牡丹带走。谁知刘伯温挑花尖刻，高大的不要，矮小的不要，花朵满枝的不要，绿叶成荫的不要。偌大的一座牡丹园，竟没一棵中他意的，他不知不觉转到赵义门前，一眼相中了那棵开紫花的牡丹。大家见保住了牡丹园，都来感谢刘伯温，只有魏花心中叫苦。

原来，刘伯温是能掐会算的人，他已看出魏花的底细，如果不带走她，桑篱园将永远胜过御花园。众人面前不好和朱元璋直说，只有暗下毒手。

再说魏花见士兵挖门前的牡丹，便抹着眼泪对赵义说：“事到如今，我不能不告诉你了：我魏氏牡丹，在泰山修炼成仙。去年母亲到西天参加花仙会，见村民为人善良，却苦难深重，特别是你抱着饥腹，慷慨献粥，更让她老人家心里不忍，这才让我下凡和你一起救济百姓，实望我们夫妻能白头偕老，没想到刘伯温看出根底。他挖花是假，要我是真。我叫他带走我的人，留下我的心，挖走我的身，留下我的根。我只好把腹中婴儿留在根下了……”说罢，一阵风起，魏花不见去向。

朱元璋此时已乘上圣辇，带走了叶垂花败的牡丹。

赵义扑在门前花坑之内，哭得晕了过去。

村民们看着残花遍地的桑篱园，劝着赵义，悲悲凄凄。

不料，来年春天，在赵义门前牡丹花坑里，又长出一棵紫葳葳的牡丹。那牡丹花开千层，花大如盘，一朵花有七百多瓣；花香浓郁，飘散十里。村民们知道这是花仙魏花的孩子，便取名魏紫。从此，牡丹由种生变成了根生，魏紫牡丹繁衍不绝。

袁世凯与牡丹王

在曹州牡丹乡，流传着这样一句谚语：“老梅花，少牡丹。”意思是说，梅花越老，开得越丰腴鲜艳；而牡丹呢，恰青春时（指栽种五六年之后）花儿开得才最雍容华贵。可是，人们传说，民国初年，曹州赵楼村南有一棵生长了近二百年的牡丹树，叫脂红。这棵牡丹，树高丈二，枝长丈八，主干有碗口般粗细，开花红似胭脂，人称“牡丹王”。

牡丹王花开数百朵，红霞一片，香气袭人。夏天，老人们坐在树下乘凉，孩子们爬到树上玩耍。这件事在十里花乡传为奇谈。时间久了，当地的百姓官员真是无人不知、无人不晓。谷雨时节，牡丹王盛开，几百里之外的人都来观赏。

当时，曹州镇守使陆郎斋对“牡丹王”早有所闻，亲往一看，果真名不虚传。此人不学无术，又专横粗暴，惯会巴结上司，当地百姓对他恨之入骨。他多次提出要买“牡丹王”，花农们执意不允，只好作罢。

窃国大盗袁世凯准备在北京做皇帝，陆郎斋一看时机已到，为了讨好袁世凯，青云直上，就想拿这“牡丹王”作进贡礼。这年春天，牡丹花又开了。

陆郎斋带领 1000 人马，耀武扬威地来到赵楼牡丹园，只见五彩缤纷的花海之中，“牡丹王”鹤立鸡群般地高高挺立着，红光耀眼，浓郁的花香沁人肺腑。陆郎斋心中暗想：好一株牡丹王！我若能得手，呈献上去，还愁得不到荣华富贵？想到这里，便狠心强行买下这棵“牡丹王”。

闻讯而来的花农们苦苦哀求：“不行啊！这‘牡丹王’是俺花乡的传世之宝呀！挖不得呀！”陆郎斋哪里肯听？在花农们的抗议、哭骂声中，陆郎斋强行挖走了“牡丹王”。

陆郎斋得到了“牡丹王”，喜气洋洋。接着，他又派了专车，亲自护送到北京。袁世凯见后，喜出望外，陆朗斋的官职也连升三级。

后来，袁世凯又令陆郎斋护卫着把“牡丹王”送往河南彰德府（今安阳市），栽到袁世凯的公馆里。

没过多久，“牡丹王”在袁氏公馆枯死，做了 83 天皇帝的袁世凯，也被全国人民赶下台。

牡丹乡的花农们得知“牡丹王”枯死的消息，悲恸欲绝。有人赋诗一首：

灌注心血百余载，枯死异乡刀剜心。
窃国大盗用小人，国遭灾难花不存。

“藏珠”牡丹的由来

谷雨时节，堪称“国色天香”的曹州牡丹竞相开放，五彩缤纷的花朵开满枝头，笑迎中外游客。只有一种牡丹与众花不同，人们叫它“藏珠”。

那是明代永乐年间，曹州东北有个绮园，园内栽种着千株牡丹。经营这座牡丹园的花农叫何玉章。何玉章 40 岁那年妻子去世了，撇下一个刚满 4 岁的女儿何珍，父女俩虽说衣不愁，吃不愁，总有一种冷清、苦闷之感。乡亲们都劝他续娶妻室，他总是推说自己年纪大了。但村上人都知道，他是疼爱女儿何珍，怕后娘给孩子气受。何玉章又当爹又当娘，忙完家里忙地里，为了孩子，他宁肯自己吃苦受累。

一天，吃过晚饭，小何珍在油灯下学画牡丹花，何玉章给女儿缝补衣裳。

他笨手粗线的总是补不好，手指头几次被针扎出了血。忽然，听见有人敲门，他以为是村上的二狗蛋又来串门，开门一看，门前却站着一个瘦弱的女人。还没等何玉章问话，那女人便抹着泪说：“大哥，俺姓刘，是河南人。这几年大旱，田里颗粒没收，出来逃荒，走不动了。”何玉章见她可怜，忙拿出两个窝窝头塞给刘氏：“吃吧！”那刘氏看了一眼何玉章，低声说：“给一把铺草，我在这里住……”没等她说完，何玉章急忙摆手：“不！不！我是单身汉，不方便！深更半夜，在一个屋子里……”

“叫姑姑跟我睡吧！”小何珍跑过来，拉住刘氏的手，悄声说：“俺爹的手扎破了，你给我补补衣裳吧！”刘氏看着可爱的小何珍，笑了笑低头走进屋里，一声不响，拿着衣服坐在床上缝补起来。她缝补得那样细心、那样好，把小何珍乐得直跳高。何玉章在一旁不知所措，只往门外瞅，生怕被别人撞见。偏偏这时，二狗蛋来了。他一进门，愣住了：“哟，大叔啥时候成亲了？也不给老侄子说一声，还没给你贺喜哩！”何玉章正要分辩，二狗蛋嘻嘻哈哈地笑着跑了。何玉章急得直跺脚：“叫你走，你不走，你看看这事闹得……”刘氏把补好的衣裳放下，刚站起身来，又被何珍拉住了。刘氏弯腰把小何珍抱起来，在小脸蛋上甜甜亲了一下，何珍笑了，笑得脸蛋红红得像朵牡丹花。

随着一阵嬉笑声，小房子里挤满了人，这个要吃喜糖，那个要喝喜酒，院子里鞭炮“嘣嘣叭叭”直响，闹得何玉章欲辩不能，哭笑不得。邻居大婶抱走了小何珍，二狗蛋撵走了众人，嘱咐大家明日来吃喜酒，转身把房门紧紧锁上了。

何家两口人变成了三口人。家里多了一个女人，日子就变了样，衣服脏了有人洗，鞋袜破了有人缝，从田里干活回来，不用自己动手就能吃上热乎饭。何玉章更满意的是刘氏待何珍像自己的骨肉一样亲。

第二年，刘氏生了一个丫头，取名叫何珠。刘氏对何玉章说：“我多想给你生个儿子。”何玉章却说：“儿子哪有闺女好？闺女孝顺。”这话叫何玉章说对了。15年后，两个闺女都长大成人了，她们孝敬父母，从不惹老人生气。虽说姐妹俩相差五岁，可个头却长得一样高，模样长得一样俊。来观赏牡丹的人都说她俩是一个娘生的双胞胎。姐妹俩很要好，有累活争着干，有好饭让着吃，白天一块田里干活，晚上一个床上睡觉，好得像一个人，形影不离。只是刘氏自从生了亲闺女，对何珍就不那么亲近了。叫何珍下田锄地，把何珠留家绣花，有好吃的东西也偷偷留给自己的亲生闺女何珠。何珠生娘的气，嫌她偏心眼。何玉章对这些事一点儿不知，直夸刘氏教女有方。

转眼间，何珍和何珠都有了意中人，就是不对外人讲。她俩低声谈、悄声说，不嫁富豪不嫁官，要嫁个勤劳、忠厚的庄稼汉。妹妹何珠是个有心人，她在绮园培育了一棵牡丹，这牡丹花叶稠密，枝条又硬又直。她要等姐姐出嫁时，把这株牡丹送给姐姐当陪嫁。只是这株牡丹长了三年还没开花，谁也不知是啥品种，何珠却把它看成了宝贝。

这年春天雨水好，绮园的牡丹开得分外艳丽，何珠培育的那株牡丹也生出了花骨朵，她高兴得不肯离开半步。这日，何珠正在园内为牡丹洒水，见一群人簇拥着一个穿黄衣服的老头走进来，原来是永乐皇帝下江南路过曹州，来观赏绮园的牡丹。那雍容华丽、秀韵多姿的牡丹使永乐皇帝着了迷。他看那花儿迎风摆动，犹如美女的笑脸，皇帝一时高兴，提笔写了两行字："宫中三千佳丽美，不及绮园花一枝。"

曹州知府将字捧在手中，细细观赏品味，赞不绝口。他抬头看见何珍，又看了看手中的字，笑了：原来皇帝看中了何玉章的女儿，要选她入宫为妃！他庆幸自己聪明过人，没失去升官发财的良机。其实，皇帝并无选妃之意，只不过是赞美牡丹花比皇宫妃子还漂亮。可曹州知府偏说皇帝写的"绮园花一枝"是指何玉章的女儿，并要亲自将"贵妃娘娘"护送进京。

消息传来，绮园乱作一团，哭声一片。何玉章不知皇上看中了哪个女儿，不知应送哪一个入宫。刘氏舍不得将亲生女儿何珠送进宫去，她知道，进皇宫犹如进牢笼，皇宫里藏着几千名秀女美人，皇帝稍不如意，不是把妃子赐死，就是打入冷宫。娘家大姐云儿被选入宫去，到死没见皇上一面。她不能眼看着亲生女儿跳进火坑。何珍、何珠姐妹俩哭成了泪人，她们骂皇帝是"风流鬼""贪色徒"，自己不愿去，也不想叫姐姐、妹妹去。

知府把送“贵妃娘娘”的大轿都准备好了，一个时辰没过，来人催了三次。何玉章把刘氏和两个女儿叫到面前。问哪一个女儿愿入宫做妃，两个女儿都不答话，只是啼哭。刘氏说：“何珠年纪小，就叫何珍去吧！”何珠一听，止住哭泣，说道：“不能让姐姐去，皇帝在花园里看见的是我，哪能连累姐姐！要死要活我认命了。”“不！还是我去！”何珍急忙说：“咱俩模样相似，皇帝也难分辨，妹妹在家代姐姐多多行孝。”说着便与父母、妹妹拜别。何珠上前一把拉住，不肯相让。姐妹俩争执不下，何玉章也没了主意。刘氏对何玉章说：“两个女儿都愿前往，不如抽签定夺！”何玉章无奈，只好命刘氏找来两根竹签，夫妻俩去内室制作。姐妹俩相互劝慰，心中暗暗祈求，让灾难降到自己身上。这时，刘氏从内室悄悄出来，将何珠拉到一旁，低声说：“女儿愿入宫为妃，母亲就成全你。只要你抽那根红头签，就能如愿了！”何珠含泪点头。何玉章拿竹签刚一出内室，何珠就将红头签抢到手中，拿出一看，上边写着一个“留”字。再看姐姐手中的签，上边用黑笔写着一个“走”字。何珠知道是母亲从中使坏，她悔恨自己上了母亲的当，两眼盯住刘氏，气得浑身颤抖，一句话也说不出来。

姐姐何珍走了，妹妹何珠却病倒了！父亲的安慰，母亲的劝说，她听不进，不吃不喝，只是哭泣。

三日后，有人来报：“贵妃娘娘过黄河时，遇上风浪，船翻人亡。”何珠听后，如五雷轰顶，她从床上爬起来走进花园，对着她亲手为姐姐培育的那珠牡丹，泪如雨下，她慢慢地双膝跪下……

等人们来花园寻找何珠时，见她怀抱着那棵牡丹死了。牡丹的绿叶掩盖着她那痛苦的脸。何珠将牡丹抱得那样紧，分都分不开，埋葬何珠时，只好连人带牡丹一块入土了。

第二年，入土的牡丹又长出来了，花叶稠密，枝条又硬又直。奇怪的是，那花朵不是开在枝头，而是藏在绿叶下，犹如一张少女的脸藏在稠密的绿叶丛中。仔细观看，就会看到那银红色的花朵上挂着点点水珠，犹如伤心的泪水，人们给这种牡丹起了个名字叫“藏珠”。

"荷苞"牡丹的故事

在菏泽牡丹乡，至今还流传着一个关于荷苞牡丹来历的故事。

相传，在明朝时，曹州牡丹早已繁花似锦，但那时并没有荷苞牡丹。曹州牡丹乡有一个名叫赵安的花农，女儿春蕊，年方十八，聪明伶俐，眉目俊秀，是个标致的女孩。她在花丛中行走，百花总是垂头掩面，自愧丑陋，人们都叫她"羞百花"。姑娘还十分勤劳，每天早起晚睡，在田间洒水锄草，整修花枝，方圆数十里的人们谈起春蕊，无不交口称赞。

春蕊与邻村青年秋生，情投意合，真诚相爱。白天，一块劳动，又说又笑；晚上，在花间月下，倾吐痴情，山盟海誓，永不变心。

大有不测风云，人有旦夕祸福。一日，春蕊、秋生正在田间劳动，曹州官府的差役前来抓丁。秋生用力挣脱，春蕊也拼命阻拦，都无济于事。秋生和村里的几个小伙子都被抓走了，春蕊悲痛万分，拼命呼喊，泪如雨下。顿时，天昏地暗，鸟儿惊飞。

好好的一对鸳鸯被拆散。春蕊失去了情人，倍感孤独，日夜思念，不知暗中流过多少泪。多少个不眠之夜，姑娘面对清月，手扶柴门，盼望亲人归来。然而春去秋来，只见落花随水去，不见亲人把家回。

后来春蕊为表思念之情，决计绣一只荷苞，等秋生回来赠给他。于是她巧裁绫罗，精选绒线，赶绣荷苞。晚上，她面对孤灯，边绣边唱：

左手捧绫右握针，根根绒线心连心。

绣对鸳鸯浮绿水，棒打不散情意深。

再绣凤凰戏牡丹，富贵荣华万年春。

荷苞虽小情意重，一只荷苞一片心。

姑娘把全部心血和感情都倾注在荷苞上，荷苞绣好后，姑娘就揣在怀里，让它紧紧地贴住自己温暖的心房，单等秋生回来，赠送给他。

谁知，就在这年春天谷雨时节，曹州知府前来观花。一见春蕊有"闭月羞花"之貌，"沉鱼落雁"之容，便魂飞体外，顿生霸占之心。第二天，知府便派人带着厚重的彩礼，前来求婚。春蕊忠于爱情，当场拒绝，并将来人痛骂了一顿。

知府恼羞成怒，哪肯罢休，见出彩礼求婚不成，就来个半夜抢亲。

在这一天夜里，城里来的官兵包围了春蕊家的花园。春蕊自料难以脱身，便毅然投进花园中的水井，殉情自尽。

天亮后，乡亲们含泪将春蕊的尸体从井中打捞出来，葬于花丛之中。

三年后，秋生逃出虎口，回到日夜思念的家乡。然而，他万万没有料想到春蕊已离开人世。他发疯似的跑到春蕊的坟前，顿足痛哭起来，泪下如雨，哀声动地，哭得连树上的鸟儿也停止了歌唱。

秋生正哭之间，忽听有丝丝的响声，睁眼一看，见坟上长出一株奇异的花草来。这花从没见过，一串串粉红色的小花，形如荷苞，十分好看。乡亲们得知后，也纷纷跑来观赏。大家都说，这是春蕊姑娘死得冤屈，特来显灵，给秋生送来了荷苞。大伙便给这花起了个名，叫“荷苞花”，后来，也称“荷苞牡丹”。就这样，一传十、十传百，代代相传。因此，牡丹乡至今仍流传着这个忠贞纯洁的爱情故事。

“绿玉”牡丹夺花魁

曹州牡丹园面积之大、品种之多，堪为天下之最，花园里的牡丹花色，除黑、白、红、黄、粉、兰、紫之外，还有一种珍品，那就是绿牡丹，这绿牡丹名叫豆绿，此花初开时青绿色，盛开时色渐淡，色如青豆，娇嫩妩媚，清爽宜人。传说，豆绿牡丹是百花仙子头上的玉簪变的。

当地有个风俗，每到谷雨这天，附近花农都要在百花园举行一次赛花会。把最好的牡丹移进自己园中花盆，端到赛花会上来，摆在石台上。谁家的牡丹若被评为一品花，那写有“花魁”二字的镏金匾便挂到谁家花园门上。花农们为夺得“花魁”金匾，每年都在培育着新的牡丹珍品。

这年，赛花会分外热闹，天不亮，花会上已是人山人海。百花仙子扮成一个乡村姑娘，挤在人群中，和大家一起观赏着各色牡丹。围观人最多的是王家花村的红牡丹，那牡丹花大色艳，花瓣重重叠叠，花朵颤颤欲坠，好似艳红色的绣球。花农王二站在石台上，洋洋得意地望着众人，心里想："花魁"金匾今年要挂在我家花园门上了。百花仙子挤上前去，围着牡丹看了看，微微一笑，说道："此花虽好，不属上品！"王二一听，两目圆睁，说道："小丫头乳臭未干，懂什么上品下品！我这牡丹红如火，取名就叫'丹炉焰'。论花型，讲花色，哪棵牡丹能与它相比？"旁边一老者看看百花仙子，笑着说道："听你口气，似懂养花之道，老朽倒想听听你的高见。"百花仙子指着"丹炉焰"道："此花棵株矮小，枝条细嫩，不如'脂红'挺拔健美，又不及'状元红'潇洒多姿。此花盛开时虽美，近谢时花朵变成黑紫颜色，枯萎的花瓣不落地上，却残留枝上，如丑女吊死在枝头，更为减色。"几句话说得老者连连点头，说得王二目瞪口呆，想不到这小丫头还有两下子，花谢的情景她如何知晓？看来定是位行家！王二不愿认输，正要开口争辩，忽听一阵喧哗，原来"奇香园"的花农又搬来一株牡丹。众人"忽"地一下围上去，百花仙子一看连声称赞好花！那花朵是银红色，鲜洁透亮，异常夺目。花蕊由绿色花瓣组成，红中点翠，更显艳丽。这就是红色牡丹中的珍品大胡红。众人赞不绝口，公推大胡红为"花魁"。顿时，锣鼓喧天，鞭炮齐鸣，"花魁"匾额挂在了"奇香园"门上。

王二心中懊恼，搬起牡丹"丹炉焰"，挤出人群，匆匆回到王家花村。原以为今年能夺得"花魁"，想不到半路上杀出来个大胡红！他望着自己的牡丹，见那花朵将要萎谢，他恨得咬牙，口中说道："我三年的心血白费了！"说着，拿起一根木棍，朝"丹炉焰"砸去。木棍还没落下，百花仙子飘然而至，说道："好花需要心血浇灌，三年就想育出珍品牡丹，你想得太容易了。"王二一见是她，将木棍狠狠摔在地上，坐在一旁喘粗气。百花仙子见他是个性格倔强的青年，故意激他说："你这个人只有争胜心，就是没有血气，吃不得苦，受不得罪！"王二一听跳起来："我咋没有血气！只要能育出珍品牡丹，吃苦受罪我不怕，刀山火海也敢上！"百花仙子说道："你若有志气？便按我的话去做，捧来黄河滩上土，取回东海湾中水，此地栽下花一株，八年之后夺花魁。”说罢，她从头上拔下碧玉簪一支，丢在地上。那簪儿绿光一闪，便进入土中，王二抬头看那女子，也不知何处去了。

王二在玉簪入土的地方留下暗记，便去黄河滩捧土了。他不分昼夜地走啊走，鞋磨破了，他光着脚走，脚底磨出了血泡，他就用布将脚包起来，一瘸一拐地往前挪，来到黄河滩，他取出一条布口袋，捧了半口袋沙土，顾不得喘息，又急忙往回走。这天，他来到离曹州五十里的白河洼，突然下起瓢泼大雨。这里前不靠村，后不着店，难找个避雨的地方。王二背着沙土艰难地走着，等他走出大洼，肩上找的沙土已被大雨冲得一干二净了。王二双手捧着空口袋，难过地哭了。他擦干眼泪，又返回黄河滩，二次取回土来，谁知，来到白河洼又下起雨来。王二把沙土放在胸口，趴在地上，用身体紧紧地护着口袋。大雨过去了，天也黑了，王二冷得浑身打战，他硬挺着一夜走了五十里路，终于把黄河滩的土带回来了。栽上牡丹根，王二又去东海湾取水。他一路上受的罪，那就别提了，去一趟东海，翻山越岭，整整走了一年零三个月，他回来那天，村上的人都不敢认他：脸色蜡黄蜡黄，身上干瘦干瘦，衣服破成一条一条的，连说话的力气都没有了。

王二取回水，小心地浇在牡丹根上。三年，牡丹发芽了；五年，牡丹长叶了；七年，牡丹棵长高了；到了第八年春天，牡丹开花了。王二一看，是绿花！是青绿色的花！

绿牡丹开花的消息轰动了曹州城，来观赏牡丹的人挤破了花园门。王二想起了那碧玉簪，给绿牡丹起了个名字叫“绿玉”。因它盛开时如青豆色，也有人叫它“豆绿”。这年，“豆绿”夺得了“花魁”金匾，“奇香园”的花农要用整个牡丹园换王二那棵“豆绿”，王二不愿。他说：“别说你一座牡丹园，你给我千两黄金也不换！”

从此以后，曹州就流传着“绿玉值千金”的说法。现在，已很少有人看到豆绿牡丹了。不过，令人欣慰的是，在北京牡丹展览会上，美国人出10万元没买走的那棵豆绿牡丹，仍栽植在菏泽古今园内，曹州牡丹园里也栽有两棵。

秦岭深处遇牡丹

在曹州牡丹乡，凡是谈论起曹州牡丹起源的，都要提到赵瑞波的名字。相传，明万历年间，赵楼青年名医赵瑞波去陕西行医，在回来的路上，绕道秦岭山中去采药。刚近山脚，只见一年轻貌美女子，打着青伞，骑着手驴，边走边唱着“花儿”山歌：

青伞毛驴汗泱泱，
秦岭上，
满眼都是牡丹花。
阿哥寻见小阿妹，
花丛中，
不断头儿的痴情话。
……

瑞波早就熟知牡丹根皮的药用性能：辛甘微寒，入手足少阴厥阴，泻血中伏火，破积血，通经脉，治中风五痨……但当地很缺，远地购买，价格又昂贵，若能自种自制，极为方便。想到这些，他上山的劲头更足了，便随着那女子的歌声前行。攀上几个小山头，一转弯那女子不见了，歌声也消失了。正在发愁，他往前面山坡上一看，真是“柳暗花明”！红的、紫的、白的、粉的，五颜六色，煞是好看。他便迈开大步往那里走去。近前一看，满眼都是高高低低、大大小小的牡丹花儿。因为它们是野生，没有家种的朵儿大，又都是单瓣，但颜色的鲜艳，却似乎超过家栽的。他高兴极了，虽在异地深山，但一点也不感到孤单，他觉得这周围的每朵牡丹花，个个都像艳妆含情的女子，期待着能有人把自己带到人间，把自己的青春和美丽奉献给那些勤劳、勇敢、善良的人们。他从腰间抽出药铲，挑选最好看的几色连根挖了出来，用草绳捆好，放到了行囊里；又紧了紧腰带，便高高兴兴地从原路下了山，寻得出关东归的正道。一路上风餐露宿，一点也不觉得苦，不多日了便回到家中。

瑞波选择自家一块最好的地块，将移来的牡丹栽上，并精心管理着。可是，好花难栽。第二年春天，这些移来的牡丹没有花，也没有叶，刚刚露出几个绿芽芽，不久，就枯萎了。

瑞波很伤心，朋友劝他说：“你这次失败，是移栽的季节不对。八月十五是牡丹的生日，在牡丹生日前后移栽，才好成活。”瑞波听到这话，茅塞顿开，便决计到秋八月，再去秦岭。

瑞波七月底动身，二登秦岭，一去一个月，满载而归。他将带回的牡丹又栽到原来的地方。第二年春天，果然生出茁壮的幼芽。功夫不负有心人，谷雨之后，移来的牡丹便吐蕊开放，有红、白、粉、紫四色，仍是单瓣。

瑞波分析了牡丹生长的习性，及时施肥，精心管理。不几年，就由单瓣花变成了重瓣，起了楼子，甚为好看。

瑞波感到，用这有限的几十棵牡丹来炮制“丹皮”，不够用，还必须大量栽培，增添新品种。他听说，洛阳虽经金、元两代战乱的洗劫，牡丹陷于衰败，几乎绝迹，但在乡间却还保存着二乔、姚黄、魏紫等十多个上色品种。他又不辞劳苦，长途跋涉，去洛阳取回十多个新品种，扩大了自家的花园。

崂山寻得紫牡丹

传说很久以前，曹州古今园有一个书生，姓赵名邦宁，自幼父母双亡，家中只有一个老管家。邦宁天资聪明，喜爱花草，听说哪里有奇花异草，不管路程多么远，也要寻来栽于园中。

这天，他来到东海边的崂山，想寻些好花带回，但找遍山上山下，也没有中意的。他失望地来到一条小河边，突然发现河边茅屋旁有一棵奇特的牡丹：正紫色的花朵，暗紫色的花茎，紫红色的叶柄，紫绿色的花叶。只有那花蕊是黄绿色的，叶子翻卷下垂，好像身穿破烂衣裳的少女。邦宁想，这棵花得马上浇水了，不然就会枯死。可是附近没有人家，唯一的这座茅屋门还紧锁着。哪里去找提水工具呢？邦宁无奈，只好用双手捧起河水，一滴一滴洒向那萎缩的牡丹。他一口气捧了十几趟，才刚刚把地皮浇湿。后来，他脱下自己的外衣，在河里浸湿，再把水拧在牡丹花下。他跑了一趟又一趟，内衣都被汗湿透了，直到那得了水的牡丹花渐渐水灵起来，才肯坐下来歇息。

不知不觉，太阳落山了，茅屋的主人回来了。主人是一个80多岁的老汉。邦宁忙迎上去，两人一见如故，寒暄之后，便闲聊起来。原来这老汉年纪大了，身体又有病，被他女儿接去住了些日子。因他时时惦念这棵牡丹，才赶回来看看。邦宁问起这棵牡丹的情况，老人说："这棵牡丹从我记事起就有，不知多少年了，年年长得花繁叶茂，惹人喜爱。可惜我年纪大了，手脚又不灵便，也顾不上多照料它了……"老人望着牡丹，深深地叹了一口气。邦宁闻听，便向老人诉说自己如何爱花如命，表示愿用身上所有的东西换取这棵牡丹。老人见邦宁忠厚老实又是一个爱花的人，便将这棵心爱的牡丹赠给了他。

邦宁高兴极了，忙给老人叩头。邦宁归乡心切，便向老人讨了一个大花盆，把这棵牡丹连根带土栽在盆里，决定连夜赶回去。但路途遥远，跋山涉水，怎么运呢？用车拉吧，万一道路不平把盆震坏了咋办？邦宁犯起愁来，左思右想，觉得不如抱着最保险。主意已定，便把行李往背上一捆，抱起花盆就上路了。

这天，邦宁为了多赶路，错过了投宿之地。眼看天色已晚，前不着村，后不靠店，只好硬着头皮继续赶路。又走了几里，后来实在累得支持不住了，两眼一黑，"扑通"一声跌倒在地，怀里抱着的花盆摔得粉碎。邦宁爬起来，顾不得身上疼痛，急忙将牡丹捧起，头上磕破的鲜血，滴滴落在花心里。他还想往前走，可花盆没了。为了保住这棵牡丹，他打算就地栽下。邦宁用手往地上一摸，地上湿漉漉的。心想：真是花不该死有人救。邦宁用手挖了个坑，把牡丹栽了进去。他对着牡丹祷告道："牡丹啊牡丹，你想在这儿住下吗？那好吧。"邦宁就在牡丹旁边搭个草庵，住了下来。

再说，邦宁的老管家等了一年没见邦宁回来，很是着急。第二年春天便委托邦宁的表弟带着银两、赶着车一路寻找。最后在这荒郊野外，找到了邦宁的住址。这棵紫红牡丹，已被他培育百余棵了。可他却为培育牡丹，操劳过度，去世一个多月了。

表弟把这百余棵紫红牡丹移栽到盆里带回家乡曹州。当时曹州还没有这种花色，为了纪念赵邦宁，人们就把这种牡丹叫“邦宁紫”。

第四节　牡丹佳话

一、牡丹“出访”的故事

世人盛爱牡丹，一枝牡丹摇曳满城春光，成为菏泽对外交流的使者，留下了无数动人的故事。牡丹之盛名，离不开一代又一代文人雅士的歌咏赞美。特别是改革开放以来，许多文化名人与菏泽因牡丹而结缘，翰墨丹青，牡丹文化，通过口或笔咏牡丹之美、扬菏泽之名。他们从别样的视角，看到精彩的菏泽牡丹。

牡丹出访泰国，亲王赠银钵致谢

牡丹是富贵吉祥之花，和平友谊的象征。1992 年春节之后，山东省人民政府外事办公室援助泰国王室“山地开发计划”，菏泽赠送 50 个品种的牡丹，帮助“金三角”附近居民放弃种植罂粟，试种牡丹，菏泽市牡丹专家赵建修随行指导种植。泰国王室、政府非常重视，举行了隆重的交接仪式。泰国王后出席，一袭华服，满面笑容，前面是 20 盆初绽芳容的牡丹，泰国亲王披莎迪亲自参加。当时赠送 200 株牡丹苗，其中 20 株是催花牡丹。含苞待放的牡丹出现在交接仪式上，非常喜庆。省政府外事办 3 名同志在泰国待了一个星期，泰国亲王披莎迪全程陪同，负责牡丹移交事宜。这些牡丹栽种在泰国北部的安康山农场，全部成活，成功开放。第二年 1993 年，菏泽第二届国际牡丹花会期间，泰国亲王披莎迪及其夫人一行四人，于 4 月 26 日专程来菏泽访问，并参观了曹州牡丹园。其间，披莎迪亲王向菏泽地区行署专员李明先赠送了银钵以表感谢，银钵直径 16.8 厘米，高 16.3 厘米，泰国是佛教之国，钵作为僧人所用之食器，常被泰国领导人作为礼物赠送给其他国家，李专员随派人送菏泽地区档案馆保存。牡丹和银钵，是中泰友谊的象征。

国际交流的使者

据了解，中华人民共和国成立后，菏泽市牡丹出口的历史可以上溯到 20

世纪五六十年代。1963 年，向朝鲜出口牡丹 2000 株，向苏联出口 3000 株，品种包括赵粉、葛巾紫等数十个品种。改革开放以来，日本、泰国、美国、法国、荷兰、德国等国家纷纷引种菏泽牡丹，建立牡丹园。20 世纪 80 年代初，原县级菏泽市与日本福岛县须贺川市缔结为友好城市，日方多次从菏泽购买观赏牡丹，并在当地建成了中国牡丹园。1984 年，该市市长高木博率团来菏泽，学习牡丹种植繁育技术。1980 年，赵楼牡丹园 1300 株牡丹出口到日本，涉及紫二乔、昆山夜光等 33 个品种。1980 年，日本牡丹种植和经营专家安部功来菏泽访问，双方达成三年牡丹交流计划。1983 年，日本牡丹协会会长乔田亮二来菏泽访问，1989 年，中国牡丹考察团访问日本，当时，中方为岛根县八束町建立了一处牡丹园，由菏泽提供 70 个牡丹品种。1990 年至 2006 年，中国留学生岳德、冯清波把菏泽牡丹引种到日本，最多时一次就输入到日本三四万株。同时也与日本的牡丹品种交换，今天我们在牡丹园见到的岛锦、黄冠、连鹤等，都是引进的日本牡丹品种。一株株菏泽牡丹漂洋过海，在异国他乡绽放国色天香，成为对外友好交往的使者。

菏泽牡丹法国获大奖

1992 年，菏泽牡丹参加了法国波尔多国际花卉博览会。为保证展览万无一失，准备了两套方案：1991 年 9 月，提前将一批牡丹输送到法国，由法国合作伙伴养护管理。博览会举办前夕，赵楼牡丹园空运到法国 80 株精品牡丹。在那届波尔多国际花卉博览会上，菏泽牡丹获得唯一一块银质大奖。

2500 株菏泽牡丹绽放台湾

2015 年 5 月，时任山东省副省长赵润田率交流团应邀对台湾进行考察访问，确定于次年年初在台举办以菏泽牡丹为主题的赏花活动。技术人员从菏泽精选 2500 株牡丹苗裸根带入台湾，并在佛光山利用冷库进行低温保存，然后搭建大棚，就地进行室外摧花。2016 年春节期间，2500 株菏泽牡丹亮相台湾佛光山，广大台湾同胞得以一睹菏泽牡丹的芳容。那一年，为配合牡丹花展，佛光山进行了大量的电视、平面、户外宣传，将牡丹花展作为当年春节灯会的最大亮点。

菏泽牡丹东渡扶桑

2016 年，2500 株菏泽牡丹亮相台湾佛光山，受到岛内民众的热烈欢迎。星云大师特意为菏泽牡丹创作了一首歌。佛光山方面希望菏泽牡丹继续到位于日本的佛光山法水寺展出，这一想法得到国台办、山东省台港澳办的大力支持。山东开元牡丹科技有限公司承担了此项任务，2020 年春节前开始准备，精选了 2500 株 5 年生牡丹苗，冲洗、修剪、杀菌、消毒，就在准备工作进行时，一场疫情突然到来，海关、检疫等部门积极提供方便，2020 年 2 月 10 日前后，2500 株牡丹漂洋过海东渡日本。面对特殊环境、特殊条件，采用牡丹苗分批出库、风障保温、药品保花等非常规手段，保证菏泽牡丹如期开放。2020 年 6 月，带着美好的寓意，凝结着诸多美好祝福的 2500 株菏泽牡丹，在日本佛光山法水寺如期盛开，给同处疫情的日本人民带去吉祥和希望。

二、文化名人与菏泽牡丹情缘

冰心老人的牡丹情

“宽敞的卧室内，一尘不染的书桌上摆着大花瓶，花瓶里注满清水，供养两枝粉红色的牡丹；片片秀雅的嫩瓣托着点点晶莹的水珠，弥散的馨香在空气里流动。”作家竹林在一篇《冰心与萧乾》的文章中写道。将牡丹置于书桌，可见牡丹在冰心心目中的分量。冰心不仅喜欢牡丹，还喜欢以牡丹等花比喻女作家的才华和魅力。她的晚年名作《人世才人粲若花》就以牡丹、梅、兰描绘女性文学的百花艺园。1992 年 3 月，菏泽作家魏玉传到北京拜访冰心，当听说菏泽将举办首届牡丹花会时，冰心老人动情地说：“对菏泽牡丹，我早有所闻，菏泽牡丹历史悠久，品种多，面积大，发展快，已超过洛阳牡丹，可见菏泽人杰地灵花也好！我真想到菏泽看一看，可惜我老了，腿脚不灵了，走不动了。”1992 年 11 月初，魏玉传写信告诉冰心老人，京九铁路将从曹州牡丹园附近通过，并请冰心为菏泽牡丹题词。冰心欣然挥毫，题写了“十里散香苏地脉，万花低首避天人”两句诗，充分表达了她对菏泽牡丹的赞美和喜爱。冰心曾用这两句诗题老舍夫人胡絜青的牡丹画。这两句诗出自清朝学者洪亮吉的诗《辛酉年三月十五日在舍闲看牡丹》，全诗为“十里散香苏地脉，万花低首避天人。得天独厚开盈尺，与月同圆到十分。”

荷泽牡丹绽放京城

2022年北京冬奥会筹备、举办期间，代表着菏泽人民热情与祝福的100余盆催化牡丹亮相国家奥林匹克体育中心，受到冬奥会组委会及各国领导、运动员的喜爱。2017年5月，“一带一路”国际合作高峰论坛在北京举行，2465盆菏泽牡丹绽放天安门广场，为论坛添彩助力。2019年4月30日至5月12日，“国色天香——紫禁城里赏牡丹”在故宫举行，15000盆牡丹，26000枝鲜切花及牡丹衍生品、牡丹文创产品与海内外游客见面。参加此次展出的菏泽牡丹涉及九大色系、十大花型、70余个品种，包括姚黄、魏紫、豆绿、赵粉在内的牡丹名贵悉数亮相。事实上，北京景山公园、圆明园、中南海、奥林匹克公园都种植有菏泽牡丹。景山公园东门里的牡丹，是1953年从菏泽移去的，当时移去40多个品种，后又陆续移植，现已发展到200多个品种，面积三亩左右。“菏泽牡丹精品展暨赠碑仪式”曾在北京植物园举行，中宣部原部长陆定一参观后，为雍容华贵的菏泽牡丹所折服，欣然题词：“姚黄魏紫昆山白，曹州良种到京来。”

茅盾为文学刊物《牡丹》题名

原菏泽地区文联主席朱希江先生，曾担纲《牡丹》文学编辑部十余年，在牡丹之乡菏泽创办本土的文学专刊，为文学界营建自己的阵地，有一千条理由定名为“牡丹”，当拿回批文后，刊名让谁题写的问题一时众说纷纭。后来朱希江同志提出让中国作协老主席、著名作家茅盾题名的建议。通过郓城籍老作家、时任八一电影制片厂副厂长岳野，终于求得了茅盾的墨宝。茅盾题写的“牡丹”二字典雅秀丽、端庄大方，就像牡丹花一样漂亮。这让菏泽的《牡丹》文学杂志，从一诞生就携带着华贵和吉祥，茅盾题字这段佳话也成了文学圈常说常新的菏泽故事。

欧阳中石题写“中国牡丹之都”

菏泽因盛产牡丹，1996年被中国花卉协会授予“中国牡丹之乡”称号，

2006年11月又命名菏泽为“中国牡丹城”。2012年3月18日，中国花卉协会正式命名菏泽为“中国牡丹之都”。在下榻的菏泽牡丹大酒店，85岁高龄的著名书法家欧阳中石先生听到这个消息十分高兴，挥毫写下了“中国牡丹之都”六个大字。写完之后，他谦虚地询问在场工作人员：“怎么样，写的还行吗？”如今，“中国牡丹之都”六个大字，已经融入菏泽牡丹标识图案。随着菏泽牡丹文化的传播、产品的开发，欧阳中石先生的书法作品将为千万菏泽人所熟悉。这幅作品收藏在菏泽市档案馆。

牡丹区档案馆还珍藏着姚雪垠先生的书法作品“腾飞中的牡丹之乡”。1992年春，为迎接第一届菏泽国际牡丹花会，原菏泽市摄制电视专题片《腾飞中的牡丹之乡》，撰稿人时维亮进京专程拜访了姚雪垠先生，姚雪垠欣然题字“腾飞中的牡丹之乡”。此件作品长160厘米，宽46厘米，真书行笔，寓巧于拙，朴实无华，其谦谦学者之风范跃然纸上。

此次进京，时维亮还成功邀请央视著名主持人罗京为电视专题片配音。因罗京要为三天后随中央领导人出访日本作前期准备工作，等回来要10天后了，时间等不及，这使罗京很为难。最后，罗京说，他马上联系录音师，当晚就加班给录制。第二天早上，时维亮就收到了罗京送来的原稿和录音带。罗京在原稿上做了密密麻麻的标记，好几个多音字都加了注明，他的敬业精神令人十分感动。2009年6月5日罗京病逝，但他那带有磁性的温暖声音，一直回响在菏泽这个牡丹飘香的地方。

著名学者蒙曼说牡丹

“到了清朝蒲松龄写《聊斋志异》的年代，曹州的牡丹已经非常优秀，优秀到可以拿出自己独有的品种，来反哺洛阳，这就是当年曹州牡丹的威风。”牡丹花开时节，中央民族大学教授蒙曼特意为菏泽牡丹录制了一段视频。在这段名为《蒙曼说牡丹》的视频中，她对菏泽牡丹赞赏有加。

事实上，这不是她第一次赞赏菏泽牡丹，2017年7月14日晚，中央“魅力中国城”节目菏泽对阵新疆石河子的竞演擂响“战鼓”，蒙曼介绍说：“牡丹是木本植物，明朝以后菏泽就成为中国牡丹的栽培中心。”同一年，蒙曼在央视“绿水青山看中国”节目中称赞道：“明朝以后牡丹的全国种植中心就是菏泽，北京种植的牡丹百分之九十都是来自菏泽。”

在《蒙曼说牡丹》中，蒙曼说，中国是牡丹的原产国，历史上，在黄河流域和长江流域的河谷之中，到处都是盛开的野牡丹。牡丹是本土花、富贵花、英雄花。“明清时期有了一个新的说法，叫作曹州牡丹甲天下。”蒙曼说。

蒙曼还讲了《聊斋志异》中“葛巾”的故事，“洛阳有一位才子，名字叫常大用，爱牡丹成痴，他听说曹州牡丹好，就专门跑到曹州去，等着看牡丹开放。”后来，葛巾和玉版分别嫁给了常大用及其弟弟，三年之后姐妹俩分别生了一个儿子。

“第二年的春天，当时（孩子们）接触地面的那个地方，长出两株非常茂盛的牡丹，一株是紫的，一株是白的，那不就是葛巾和玉版吗？这两株花在洛阳引起轰动，大家都来看，都来移植，然后洛阳才有了满城的牡丹。”蒙曼说。

“当年是曹州牡丹甲天下，如今是什么？菏泽牡丹走天下，这就是我们最好地接续了祖先的传统，然后又把它发扬光大，这就是我们牡丹之都的魅力。”蒙曼说，今天菏泽牡丹已经随着发达的物流走向世界了。

蒙曼说，唐朝诗人徐凝曾经有诗写道：“何人不爱牡丹花，占断城中好物华。”我觉得如果牡丹真能够成为我们的菏泽精神、中国精神，成为菏泽大使、中国大使，走向世界、走向未来的时候，我们就可以把这句诗改成：“何人不爱牡丹花，占断人间好物华。”蒙曼说。

第五节　牡丹戏剧

牡丹为花中之王，有“国色天香”之称。牡丹，雍容华贵、美颜绝尘，一直被视为富贵、吉祥、幸福、繁荣的象征。无论是阳光下的灿烂，还是风雨中的摇曳，都风情万种，让人心旷神怡。千百年来，它不但以其天姿国色为天下花圃争辉，还在无数戏剧佳作中，留下了令人难忘的卓越风采。我国众多的传统剧目，以牡丹为素材者不乏其例。历代戏剧家，将牡丹看作美满和理想的化身而热情歌颂，留下了许多脍炙人口的篇章。

把牡丹拟人化，编成戏剧演唱，用舞台剧形式展现牡丹文化，自元明清的戏剧中均有记载。如明代戏剧家周宪王（朱有墩）创作的《风月牡丹仙》杂剧就比较有名，是写宋代文学家欧阳修赴东京应试，行至洛阳天色已晚，夜住月坡堤张家园，闲吹洞箫一曲，引来了赴群仙之会回洛阳的牡丹仙女，二人产生了爱情。戏剧演出中，舞台背景有的配上富丽堂皇的牡丹花，扮演牡丹角色的演员，风姿绰约、光彩照人，宛若花畦中亭亭玉立的株株牡丹，给戏剧舞台平添几分迷人春色。牡丹戏剧是中国戏剧艺术史上的珍品，剧情大多是表达高尚、热烈、美丽的爱情追求和对美好人生理想的热切祈盼，这些优美动人的情节，委婉清晰的格调，使人们焕发出对生活的热爱，得到美的精神享受。

牡丹亭

元杂剧思想与艺术的高峰——汤显祖的《牡丹亭》，以牡丹歌颂真情、至情的浪漫主义诗情画意，震撼着人们的心灵。年轻的杜丽娘游园赏春时萌动情思，梦中与柳生在牡丹亭畔温爱欢会，怎奈一瓣落花惊醒春梦。丽娘从此开始了对爱与美的不懈追求，哪怕千难万险、九死一生，她都不改变、不退缩、不放弃。这种青春的激情，一如牡丹“舍命不舍花”追求美丽理想境界的执着热烈，是最能扣动心弦的强烈情感。牡丹亭畔的这一幕“惊梦”，脍炙人口，几百年来在舞台上常演不衰。

绿牡丹

《绿牡丹》是明末著名戏曲作家吴炳最成功的一部喜剧作品。剧中写书生柳希潜、车本高、顾粲三人，争着要娶沈重之女沈婉娥，沈重令三人以绿牡丹为题，各作诗一首。柳请馆师谢英代笔，车请妹妹车静芳代笔，只有顾是自己做的。车静芳见到柳诗后，十分喜爱。但恐怕不是柳自己做的。沈重父女也怀疑有人作弊，请柳、车两人面试，作弊的事被揭穿。后来乡试时，谢英、顾粲两人考中了，遂与车静芳、沈婉娥成婚。剧本情节曲折，喜剧性较强，比较真实地反映了明朝后期知识分子的精神面貌，对当时科场考试中存在的各种弊端，进行了辛辣的讽刺。

牡丹仙子

根据清人蒲松龄《聊斋志异》中“葛巾”的故事改编的戏剧《牡丹仙子》，记述了这样一个故事：洛阳书生常大用仰慕名花，来到山东曹州府三清观寄住。牡丹花仙悄悄爱上了常大用，便幻作少女，与他结为知心。曹州太守倚仗权势要把紫牡丹移栽府中。常大用哭倒在画栏前，葛巾飘然而来，二人洒泪诀别。凤姨赐予仙露，常大用七天七夜浇活了葛巾，葛巾等牡丹仙子随常大用同回洛阳。从此，洛阳牡丹繁盛，流传千载。

牡丹案

《牡丹案》是菏泽市一级剧作家马家振创作的大型古代故事剧。菏泽县（今牡丹区）豫剧团首演。该剧说的是曹州知府杨平和外甥罗金虎，为夺桑篱园名贵牡丹，将花农赵银龙打死。赵银龙之妹赵翠芳为兄呼冤，大堂之上，罗金虎拒不招认，其母罗氏怂恿地痞王银虎，自招误伤人命。知府欲判赵翠芳诬告之罪，夫人杨氏看出破绽，劝知府深查细访，后得知赵银龙是杨夫人的仇人之子，欲将此案草率了结。杨夫人不计个人恩怨，巧审智断，使杀人真凶自投罗网。1982 年参加山东省戏剧月演出，马家振获剧本创作奖，剧本发表于 1983 年总第 19 期《戏剧丛刊》。

戏牡丹

《戏牡丹》又名《吕洞宾戏牡丹》。山东梆子传统剧目。事见金院本《白牡丹》、元明杂剧《吕洞宾戏白牡丹》。剧本写吕洞宾知苏州万全药店白悦里之女白牡丹有仙体，有意度其成仙，便与柳树精化成道士、道童，一起来到药店讨药。店主拿不出所需之药，吕洞宾砸招牌激白牡丹出堂。吕洞宾点出药名，语含戏谑，白牡丹对答如流，一口破解。吕洞宾受到奚落，现出真身，说明原委，白牡丹悔愧，请求度脱。因吕洞宾已泄露天机，度脱不灵，乃相约来年三月。吕洞宾回山，见太白金星留字责他下凡，并减其五百年道行。抄本藏山东省艺术研究所。

第六节 牡丹书画

一、古代牡丹绘画

中国绘画史递嬗演化，而以人物、山水、花鸟三大类鼎足而立。传仓颉以鸟兽、花草之迹像制作象形体之始，至汉代帛画上之夔凤人物，以及有花草、鸟兽形象之画砖，六朝时代敦煌壁画着色艳丽的花鸟，都显示着中国花鸟画的确立。

自晋代起，宫廷画家为迎合贵族审美而对现实花鸟进行玩赏描绘，牡丹遂进入绘画领域。东晋画家顾恺之在其《洛神赋图》中画有洛水边上盛开的牡丹花。这幅画是牡丹进入观赏栽培的重要依据。以后，北齐杨子华画牡丹极分明，可惜此画藏于宫廷，秘而不传，人们只能从刘禹锡所著的《刘宾客嘉话录》中见到文字记载。

唐人花鸟画，边鸾最为驰誉，精于设色，浓艳如生，其《牡丹图》，推为绝笔。宋代御府藏边画33幅，其中3幅为牡丹画：《牡丹图》《牡丹由鹇图》和《牡丹孔馆图》。边鸾于京都宝应寺西塔院下还画有大型牡丹壁画一幅。唐画家于锡亦善画花鸟，有《牡丹双鸡图》传世。王耕，唐浙人，“王耕善画，而牡丹最佳，春张于庭庑间，则蜂蝶骤至”。

五代时，出现了不少牡丹画家，知名者有于兢、梅行思、滕昌祐、黄筌黄居宝父子、徐熙等。

于兢，善画牡丹，幼年从学，因睹学舍前槛中牡丹盛开，乃命笔状之，不浃旬，夺其真矣。遂日苦思无倦，动必增奇，有《写生牡丹折枝全本》传世。

梅行思，一名再思。江夏（今湖北省云梦县）人，善画人物，兼工花鸟，最工画鸡，世曰“梅家鸡”，画“斗鸡”尤精：竦然而待，昂然赴敌，磔毛怒瘿，莫不如生。至于饮啄闲暇，雌雄相将，众雏散漫，呼食助叫，态度有余，曲尽赤帻之妙。北宋宣和间，御府收藏梅画41幅，其中有《牡丹鸡图》1幅，《斗鸡图》6幅。

滕昌祐，字胜华，吴人，工写生，尝于所居植名花异草，以资其画，所写折枝花卉，随案傅彩，着色鲜妍。宣和御府所藏65幅，9幅为画牡丹，诸如《牡丹睡鹅图》《湖石牡丹图》《龟鹤牡丹图》《太平雀牡丹图》《牡丹图》。

黄筌，字要叔，成都人，以工笔画早得名于时。17岁事蜀后主王衍为待诏，至孟昶，加检校少府监。筌画竹师滕昌祐，鸟雀师刁光，山水师李昂，鹤师薛稷，龙师孙遇，资诸家之善而兼有之，脱去格律过诸公，御府所藏佳作349幅，其中画牡丹17幅，诸如《牡丹图》《牡丹鹁鸽图》《山石牡丹图》《牡丹鹤图》《牡丹戏猫图》《太湖石牡丹图》《衔花鹿图》。

黄居宝，字辞玉，筌次子，少聪謦多能，画得父传，工花鸟及松石，画情高远，风姿俊爽，其画宣和御府所藏41幅，其中4幅为画牡丹：《牡丹猫雀图》《牡丹太湖石图》《牡丹双鹤图》等。

徐熙，钟陵人，江南名族。善写生，多游山林园圃，以求情状。写花卉，不以色晕淡成，而是落墨枝叶蕊萼，然后傅色，骨气风神，古今绝笔，兼有黄筌之神。有《风牡丹图》等40余幅画牡丹作品流传于世。其《风牡丹图》，叶千余片，花只3朵，一在正面，一在右，一在众枝乱叶之背，枝叶花摇曳于春风中，静中有动，情态逼真。宋宣和御府所藏徐画共249幅，只牡丹画就有40幅，占近六分之一，有《牡丹图》《牡丹梨花图》《牡丹杏花图》《牡丹海棠图》《牡丹山鹧图》《牡丹戏猫图》《牡丹鹁鸽图》《牡丹游鱼图》《牡丹湖石图》《红牡丹图》《折枝牡丹图》《写生牡丹图》《牡丹桃花图》《风吹牡丹图》《写瑞牡丹图》《牡丹夭桃图》《蜂蝶牡丹图》《牡丹芍药图》。每幅都有寓意，牡丹寓富贵、鹁鸽寓和平、桃花寓高寿等。

宋代牡丹种植面积迅速扩大，以洛阳为中心，遍及中原，蜀中天彭也有牡丹种植，表现牡丹的绘画名家也大批涌现，代表画家有：徐崇嗣、徐崇矩、黄居采、赵昌、易元吉、崔白、吴元瑜、乐士宣、赵仲佺等。

徐崇嗣，熙之孙，工写生，长于草木禽鱼，绰有祖风，不用描写，只以丹粉点染而成，号“没骨图”。宋御藏142幅，其中牡丹图11幅，诸如《牡丹图》《牡丹鹁鸽图》《牡丹鸠子图》《写生牡丹图》《荣牡丹图》《牡丹芍药图》《蜂蝶牡丹图》等。

徐崇矩，熙之孙，崇嗣之弟。熙画花竹、禽鱼、蝉蝶、蔬果之类，极夺造化之妙，而崇矩不坠所学，宋府所藏14幅，有4幅为牡丹图。

黄居采，字伯鸾，筌季子，画艺敏赡，妙得天真，时人争购，得之者尤富。宣和御府藏332幅，其中46幅为牡丹图，诸如《牡丹图》《牡丹花猫图》《牡丹鹦鹉图》《牡丹竹鹤图》《牡丹锦鸡图》《牡丹山鹧图》《牡丹鹁鸽图》《牡丹黄莺图》《牡丹花鸽图》《牡丹戏猫图》《湖石牡丹图》《写生金瓶魏花图》《牡丹金盆鹧鸪图》《牡丹太湖石雀图》《顺风牡丹黄鹂图》等。

赵昌，字昌之，广汉（今四川省广汉县）人，一说剑南人，善画花卉，每晨朝霞下，绕阑槛谛玩，手调彩色写之，自号“写生”，其折枝、蔬果尤妙。宣和御府所藏154幅，其中牡丹图12幅，诸如《牡丹图》《牡丹锦鸡图》《牡丹鹁鸽图》《牡丹猫图》《写生牡丹图》。

易元吉，字庆之，长沙人，天姿颖异，花鸟蜂蝶，动辄精奥，时称徐熙后第一人，有所画《牡丹鹁鸽图》传世。

崔白，字子西，濠梁（今安徽凤阳县）人，善画竹、羽毛、道释之类，尤长于写生，所画《湖石凤牡丹图》《牡丹戏猫图》流传于后。

吴元瑜，字公器，京师人，善画，师崔白，能变世俗之气，有《写生牡丹图》传世。

乐士宣，字德臣，祥符（今河南省开封市）人，宫廷宦官，画花鸟尤得生意，有《牡丹鹁鸽图》。

赵仲佺，字隐夫，太宗玄孙，明敏无他嗜好，独爱墨翰，草木禽鸟，画中有诗，有《写生牡丹图》。

明代画牡丹高手不乏其人，较著名者有孙龙、徐渭、唐寅、吕纪、释海怀等。

孙龙，又作孙隆，字从吉，自号都痴，明初画家，昆陵人。工山水人物，尤擅花鸟、草虫、蔬果，其写意花鸟画的艺术成就和他的“没骨图法”，对后世泼墨写意极有影响。其《牡丹图册》中的一幅折枝牡丹，虽只画一朵单瓣花，乍看似乎单调乏味，但大花独秀，笔力苍劲，给人以伟岸、淳朴之感。左上方题“都痴道人龙”。

徐渭，字文清，更字文长，号天池，晚号青藤者人。山阴（今浙江绍兴）人，性好奇，尝落款“田水月”（“渭”字分解）。中年始画花卉，涉笔潇洒，天趣灿发，书诗文画全能。他用泼墨法表现牡丹，是一个创举。水墨写意，泼辣豪放。

唐寅，初字伯虎，更字子畏，自称江南第一风流才子，吴人，弘治戊午举应天解元。善山水、花鸟，作牡丹画多幅，并题诗相配：谷雨花枝号鼠姑，戏拈彤管画成图；平康脂粉知多少，可有相同颜色无？谷雨豪家赏丽春，塞街车马涨天尘；金钗锦袖知多少？多是看花烂醉人。

吕纪，字廷振，号乐愚，一作乐渔，鄞（浙江鄞县）人，所画凤鹤花树，灿烁夺目。有《牡丹锦鸡图轴》流传于世。

释海怀，僧人，号太涵，嗜酒任放，写牡丹最工，淡墨欹斜，纵笔点染，深浅向背，灼灼欲生。

清代善画牡丹者，人才济济，蒋廷锡、高凤翰、恽寿平、胡璋、虚谷、任伯年、吴昌硕等人，颇有名气。其中以吴昌硕作品最丰。

蒋廷锡，字扬孙，号西谷、南河，常熟人，康熙癸未进士，逸笔写生，或奇或正，或率或工，或赋色或晕墨，意度堂堂，风神生动，所画《花卉扇面》（山石、双蝶、荷包牡丹）颇有特色。

高凤翰，字西园，号南邨。胶州人，画山水，纵逸不拘于法；写花卉，奇异多得天趣。乾隆三年戊午新月所作《牡丹图并题》横卷，为其画牡丹代表之作。

恽寿平，初名格，字寿平，又字正叔，号南田，别号云溪外史。武进人，晚居城东，又号东园草衣。迁白云渡，又号白云外史。生而聪敏，8岁咏莲花诗，惊其长者。诗书画，时称三绝。工花竹禽虫，独开生面，海内宗之。写生牡丹，简洁精当，赋色明丽，《牡丹册页》，折枝描绘，婀娜多姿；《国香春霁》牡丹图，色调清新，花貌夺玉。

胡璋，字铁梅、寅子，桐城人，工山水及人物，花鸟画亦颇有成就，有《牡丹群猫》立轴传世。

虚谷，僧人，俗姓朱。家广陵，兵燹之中，披缁入山，不礼佛号，以书画自娱。山水、花卉落笔冷隽，蹊径别开。客沪时，求画者云集。光绪甲戌春月，所绘《牡丹图轴》传世。

任伯年，名颐，字伯年，浙江山阴（绍兴）人，幼从父学画，后师任熊、任薰（后合称“三任”），中年后寓居上海，卖画为生，写生画多传神之笔，善花鸟、人物、山水。牡丹画作品占相当比例。如《牡丹白头翁》（富贵到白头）、《牡丹孔雀》（富贵荣华）。《牡丹图轴》纸本，纵151.2厘米、横82.2厘米，写于光绪辛巳年闰七月七日。看去像是红、蓝、黄、白、粉五棵不同颜色的牡丹，生于山石间，与大风抗争。牡丹有大开、半开和含苞待放者，疏密相间、错落有致，蕴含着勃勃生机，大有狂风不可摧、高处不畏寒之气概。

吴昌硕，名俊、俊卿，字昌硕、仓石，别号缶庐、苦铁，浙江吉安人，曾任县令，旋去职。30岁后始学画，取明清诸家之长，以写意之笔作花卉、蔬果，极出新意。画有《牡丹图轴》《牡丹白头翁》《牡丹兰石》《牡丹水仙图轴》《牡丹》《玉堂贵寿图》《花果图轴》《岁朝清供图轴》《牡丹水仙》《天香凌波图轴》《牡丹水仙》。光绪戊申秋，作者65岁时所画《天香夜湿图轴》，画的是一丛长在岩石边的野生牡丹，枝叶微倾，生意盎然。

此外，张熊的《花鸟四屏·牡丹》立轴，居廉的《花果·牡丹水仙》立轴，其从兄居巢的《牡丹》立轴，于非闇的《蜂花》（牡丹）、《花蝶》（牡丹）横轴，金梦石的《满堂富贵》《牡丹水仙》立轴，陆翀的《四季平安》（牡丹、莲、菊、梅）立轴，张善孖的《花卉》（牡丹水仙）立轴和张兆祥的《五色牡丹》等，皆为极佳作品，反映出他们对花王牡丹的喜爱，以及对美好幸福生活的企盼。

二、现代牡丹书画

民国时期，陈师曾与黄宾虹、徐悲鸿时称“民国画坛三杰”，他们较著名的牡丹画有二：其一为《牡丹轴》题：“庚卯三月十四日约余戟门越原、汤定之等同至崇孝寺赏牡丹，以此纪之。”其二《牡丹红轴》题：“棠梨开后牡丹红，僧院重来坐午风。为有城南诗约在，花前莫愁酒杯空。此去年高庙看牡丹诗也，戊午初夏。”

中华人民共和国成立后，牡丹种植得到恢复和发展，人们向往和平幸福的愿望与日俱增，对牡丹花的偏爱也增强了。画家们便施展才能，泼墨作画，描绘牡丹的力作大量涌现。仅毛泽东故居藏书画家赠品中，就有许多是画牡丹风采的，略列如下：

陈半丁三幅：《春满乾坤》（松石牡丹），《花好月圆》（月中牡丹、月外百寿），《瓶花图》（梅、石、水仙、牡丹）；廖一中一幅：《牡丹祝寿图》（松石牡丹）；齐白石等集体创作一幅：《和平幸福图》（石、鸽、万年青、牡丹）；汪慎生一幅：《花鸟图》册页之三《牡丹》，题：“四时长放浅深红。”

此外，台湾《养和堂珍藏书画集》中，收齐白石《牡丹幽石》图，题诗为：“野花自瘦家花肥，倚石依墙风不摧。尝到邻翁园里看，也曾栽过二三回。”落款：“老萍并题。”

菏泽作为全国最大的牡丹栽培、科研和观赏基地，成为全国广大美术工作者的写生作画的创作基地，并在全国各地和当地举办了多次牡丹画展，其中1985年与中国书法家协会、山东省文化厅在北京中国美术馆联合举办的《曹州牡丹专题书画作品展览》，就展出了300幅牡丹作品。其中包括李苦禅的《春浓图》，题“曾见牡丹数十种归写之”；娄师白的《为寻芳菲到曹州》；于希宁的《婀娜多姿》，题“雨过鼠姑争向阳，千姿万态逗人忙，嫣红姹紫漫如海，写取华枝婀娜妆”；俞致贞、刘力上的《久恋到白头》；何方华的《姚黄》，题“千叶重楼，嫩黄娇艳，晶莹高洁，光彩照人，特异于众花。牡丹为花王，此则为王中之王，出宋时姚姓民家，千年名种，繁衍至今，极为珍贵”。

王企华的《洗去脂粉独露清标》牡丹图幅、孙其峰的《春在枝头》、许麟庐的《三月春浓》、董寿平的《国色国香》、崔子范的《十分春色》、周俊鹤的《姹紫嫣红春消息》牡丹图幅等，也十分引人注目。还展出了吴野洲的《富贵不骄》牡丹图幅，题“歌到清平称绝调，花开富贵不骄人”；赵建民的《蕊有异香》牡丹图幅，题“挥毫故作富贵图，无限情里寄丹青。花为国色不傲群，蕊有天香满宇中”。

在菏泽，创作、研究、欣赏牡丹作品已成为人们生活中必不可少的重要内容。谈笑有画友，往来皆品评，户户绘新枝，家家挂丹青，已成为老百姓的时尚。因此，大批专业画家无不向着研究、创作牡丹书画倾斜，2005 年 11 月，曹州书画院的 16 名职业画家，作为被北京人民大会堂邀请献艺的地方书画家集体所创作的 16 幅牡丹书画作品，全部被珍藏于人民大会堂内，展示了菏泽“书画之乡”“牡丹之乡”的艺术风范和魅力。

菏泽市巨野县是中国文联命名的“中国农民绘画之乡”，以书画艺术为主的牡丹文化成为巨野群众文化生活中独具特色的文化现象。早在 20 世纪 60 年代，以黄恩涛、刘昌杰、周申、陈同、董森、王世超等为代表的一大批牡丹书画家脱颖而出。他们在继承牡丹书画传统艺术的基础上，紧扣时代脉搏，以丹青妙笔抒发理想壮志，描绘牡丹的艳姿神韵，创作了大量优秀的牡丹绘画作品，多次入选全国美展和省美展。

在长期的书画创作实践中，巨野书画家继承传统，博采众长，形成了自己独特的创作风格，书画作品呈现浓郁的地方特色，一幅幅争奇斗艳的牡丹图，透露着生活的气息、泥土的芳香。巨野县的当家画种工笔牡丹，就是结合现代工艺手段，精工细作而成。它勾勒严谨，工整典雅，色彩绚丽，充分展示了牡丹雍容华贵的特点，巨野牡丹画多次在全国和省级大型书画展中获奖。目前，全国各地知名画院、画店收藏和销售的工笔牡丹画中，百分之八十以上出自巨野画家之手。北京荣宝斋、琉璃厂、广州友谊商店、西安古楼书画市场、济南齐鲁画店、文物总店等全国各大画店都经销巨野县的牡丹书画作品，并有许多作品远销到日本、韩国、新加坡等国家和中国香港地区。

第七节　牡丹摄影、摄像、歌曲

菏泽牡丹产业的发展，给菏泽摄影、摄像事业带来新的发展机遇。自 20 世纪 70 年代以来，菏泽以牡丹为题材的摄影、摄像活动日趋活跃，专业和业余摄影、摄像工作者相结合，拍摄、摄制了大量精美的牡丹图片和牡丹艺术片、专题片。这些作品的出现给人们以美的享受，丰富了社会文化生活。同时进一步向外展示了菏泽牡丹的魅力，促进了菏泽经济、社会事业的发展。

一、牡丹与摄影

早在 20 世纪 70 年代，菏泽老一代摄影工作者薛玉玺就与山农大教授喻衡合作出版了《菏泽牡丹》彩色画册。1978 年，山东画报社在菏泽举办摄影培训班，为菏泽牡丹摄影培养了一批专业人才，一批摄影新秀迅速成长。桑秋华、王建国、王超英勇于创新和总结，近几年陆续推出了一些摄影专著，为牡丹摄影提供了经验。菏泽市摄影家协会、菏泽新闻摄影家协会、菏泽市青年摄影家协会等多个摄影团体相继成立。目前，菏泽专兼摄影工作者和摄影爱好者近千人，形成一支浩浩荡荡、生机勃勃的摄影队伍。

菏泽牡丹摄影成果丰硕，创作出一大批优秀摄影作品。薛玉玺先后拍摄并出版了《中国牡丹》、《国花颂》（合作）、《牡丹之最》等 10 多部大型牡丹摄影画册。摄影家桑秋华，多年来拍摄积累各类牡丹资料图片 2 万余幅。他还出版了《国花牡丹》《菏泽牡丹》《国花神韵》等多部大型牡丹图书、邮票及牡丹系列扑克、挂历等，作品《菏泽牡丹城》被中央电视台天气预报栏目采用，可谓硕果累累。焦延河、焦德龙、马春霞还开设了大型照相馆，备有大型彩扩设备，带动了一批牡丹摄影爱好者，他们也创作了大批牡丹精品图片。戚传海、乔方辉、王英、李玲等一批专兼职摄影工作者，创作出一大批优秀牡丹摄影作品。2020 年 11 月，潘守皎主编的《中国牡丹》摄影画册，既阐释了牡丹文化，普及了牡丹知识，讲述了牡丹故事，又选用了桑秋华、张国庆、林建安、马春霞、焦德龙、黄伟等人的高水平牡丹摄影照，是一册图文并茂，融知识性、欣赏性为一体的综合性精美牡丹画册。

牡丹以其天香丽姿，吸引了大批国内外摄影家。中国香港、澳门地区和日本及东南亚等国的摄影团体、名人，都来菏泽拍了大量牡丹图片。全国各个省份的摄影团体和摄影家纷至沓来，拍了大量牡丹图片，许多外地摄影工作者出版了介绍菏泽牡丹的画册、专著，在媒体上发表了不少牡丹图片作品。

二、牡丹与摄像

伴随着牡丹摄影的出现，牡丹摄像也相继发展起来。除本省、本市电视台外，中央电视台、兄弟省电视台和国家电影制片厂，都在菏泽拍摄了牡丹艺术片、专题片和电视剧、电影。一年一度的菏泽国际牡丹花会期间，中央、省电视台和制作中心来菏泽拍片者更是络绎不绝。20 世纪 90 年代初，由菏泽学院教授李保光撰文、中央电视台著名节目主持人罗京解说、陈益民摄制的电视艺术片《花乡曲》，在中央电视台连续多次播出，后译成英文解说词在美国播出，在国内外都产生了很大的影响。新华社摄影制作中心联合 50 家省市电视台摄制的《京九之旅菏泽行》电视片，在中央电视台和京九铁路沿线省市电视台播出，其影响空前，充分地向外地、向世界展示了菏泽和菏泽牡丹。据不完全统计，10 多年来，仅中央电视台播放的菏泽牡丹电视新闻片、艺术片、电视摄剧等就达 70 余部。

三、牡丹歌曲

牡丹之歌

《牡丹之歌》是电影《红牡丹》的插曲，著名歌词作家乔羽作词，唐诃、吕远谱曲，蒋大为演唱。这首歌赞颂了牡丹的品格，给人以蓬勃向上的激情：

啊！牡丹，百花丛中最鲜艳；

啊！牡丹，众香国里最壮观。

有人说你娇媚，娇媚的生命哪有这样丰满？

有人说你富贵，哪知道你曾历尽贫寒。

啊！牡丹，啊！牡丹，哪知道你曾历尽贫寒。

啊！牡丹，啊！牡丹，哪知道你曾历尽贫寒。

冰封大地的时候，你正孕育着生机一片；

春风吹来的时候，你把美丽带给人间。

啊！牡丹，啊！牡丹，

你把美丽带给人间，你把美丽带给人间。

菏泽国际牡丹花会会歌

经国务院批准，菏泽市自1992年开始，每年4月举行菏泽国际牡丹花会。该会《会歌》由著名歌词作家乔羽作词，著名音乐家王立平谱曲，著名歌唱家彭丽媛演唱。

谷雨时节牡丹开，

牡丹花开客人来。

献给您一阵阵浓郁的芳香，

献给您一重重绚丽的色彩。

哎！献给您菏泽人的一片情和爱，

哎！献给您菏泽人的一片情和爱。

客人来了花儿开，

花儿开了客人来。

让我们愉快地携起手来，

让我们欢乐地唱起歌来。

哎！让我们共享一个美丽芬芳的世界，

哎！让我们共享一个美丽芬芳的世界。

天下第一香

菏泽市政协委员刘月亭作词、郭成志谱曲、著名歌唱家彭丽媛演唱的《天下第一香》，音韵清丽，曲调明快，广泛流行于民间。

人说牡丹是天香，曹州的天香更芬芳，富贵花呀幸福花，织成了彩云和霞光。花开牡丹千顷浪，飘来天下第一香，都说天上仙境美，难比曹州牡丹乡。噢牡丹噢仙女回故乡哪，曹州花香飘四方，联谊会结友谊长，父老乡亲喜迎客，四海盛赞曹州第一香，天下第一香。

人说牡丹是天香，曹州的天香更芬芳，富贵花呀幸福花，织成了彩云和霞光。赵王河水清又长，牡丹仙女迎客忙，朵朵仙花片片情，花香情深友谊长。噢四海噢盛赞第一香哪，曹州花香飘四方，联谊会结友谊长，父老乡亲喜迎客，四海盛赞曹州第一香，天下第一香。

第八节　牡丹图案、工艺

一、绚丽多彩的牡丹图案

牡丹图案作为装饰语言，具有浓郁的民族气息，是我国人民所喜爱的传统图案之一。它以富丽饱满的形态和艳丽夺目的色泽，在我国人民心中享有特殊的地位。作为中华民族精神象征，它融进了人们对生活的美丽憧憬和良好祝愿，意寓着中华民族繁荣昌盛，源远流长。正因为艺术家将此主观意愿主动地熔铸在牡丹的形态之中，才使牡丹纹饰的生命力具有长久不衰的艺术魅力。

人们创造了众多的富于装饰性的图案和纹样，使牡丹现身于建筑、织锦、刺绣、陶瓷、骨雕、木雕、玉器、铜镜、绢画、剪纸甚至日常用品之中。从古代用其作地名、人名、物名到当代用于商标、广告、邮票、信用卡、装饰仪容、美化环境、庆典祝贺，牡丹及其花语意境的运用屡见不鲜。

作为吉庆祥瑞符号，牡丹图案和纹样在魏晋南北朝时期的石窟、壁画、藻井及石刻中已出现。但牡丹意象常见并广泛盛行始于唐朝。在当时社会极流行的仕女图和工艺品上牡丹图案频繁出现，形象丰满，繁简疏密有致，富丽华贵，多为弯曲成“S”形且繁生而连绵不断的蔓草纹，后人称之为“唐草纹”。在壁画、藻井和石刻、织锦、染缬等图案中，蔓草牡丹纹是当时最具特色的装饰形式。唐代妇女也喜爱以牡丹纹为图案的金银饰品。

内蒙古赤峰市三眼井村古墓壁画上，对称地画着一束牡丹花，顶部四角各画一凤凰展翅，周围并以牡丹花纹点缀。这幅源于唐代的“凤戏牡丹”的图案组合十分丰富，被历代帝王视为宫廷“尽善尽美，富贵吉祥”的象征，在民间则寓意“婚姻美满，夫妻和睦，吉祥幸福”。

两宋时期，牡丹则大量出现于瓷器上、人文花鸟画中及用绫、罗、绸、缎、纱等制作的服饰上。从被广泛应用的牡丹图案中可知宋时欣欣向荣的景象，当时牡丹的影响也已不仅仅局限于中原地区。元明时期，牡丹题材的作品发展为以整株大花为主，花朵肥厚，枝叶繁茂，几朵大花之中有花蕾隐约陪衬。进入清代，用牡丹组合成吉祥图案的风气尤为盛行，从最高统治者至一般平民普遍使用。

近现代以来承袭传统，在以牡丹图案为主题的服装设计、服装表演上，设计师以工笔技法，红为底色，衬托大朵的牡丹花，单朵或数朵成群，展现高贵大方、雍容华丽的气质。我国台湾地区在 1994 年上半年开始流通三套花卉邮票，一套为《十竹斋画谱》4 枚，分别表现牡丹等四种花卉；一套为故宫牡丹古画邮票；另一套选用故宫博物院珍藏的清朝画家邹一桂所绘的《状元红》及《汉宫春》墨写牡丹。

绫、罗、绸、缎等各类丝织品及织绣、印染是应用牡丹图案最多的地方。历代丝绸布帛上的牡丹图案，唐代牡丹纹比较丰富，但色暗花稠；宋代有“串枝牡丹纹罗”“云锦”（牡丹）等。现藏于日本正他院的“唐锦”，有狮子与唐草（牡丹）奏乐纹绵、紫地织出狮子纹，左右配饰唐草并有琵琶、笛、鼓等奏乐者。另外唐花山羊纹绵：有茶地以相对二山羊为图案，间饰牡丹花，花型优美、动人。

欧洲人最早也是通过中国织乡的花纹图案认识牡丹的。至今，牡丹是苏乡、汀乡、蓝印花布等极为常用的花纹图样。金银饰品、家居用品中，如铜镜、睡枕、钱包、鞋垫也常用一些牡丹图案。在我国各地寺院壁画或出土的古墓壁画中，都有许多牡丹图案。北京法源寺壁画，绘有牡丹、莲花、月季、芭蕉等；西藏的布达拉宫中的壁画也绘有牡丹等吉祥之物。

二、巧夺天工的牡丹工艺

牡丹工艺广泛应用于生产和社会生活之中，充分彰显着作为花中之王的牡丹的无穷魅力。

牡丹雕塑 牡丹雕塑在牡丹工艺中占有重要位置。提起牡丹雕塑，我们自然会想起象征给人们带来幸福的“牡丹仙女”和“牡丹仙子”雕塑。在菏泽千亩曹州牡丹园中，飞天一样的牡丹仙子置身于牡丹花海之中，格外引人注目和神往。在北京景山公园、北京植物园牡丹园、洛阳王城公园、昆明世博园都有各类形态的“牡丹仙女”和“牡丹仙子”雕塑。所有这些牡丹雕塑，婀娜多姿、栩栩如生，备受喜爱。

雕塑既有塑像的立体感，又有绘画的韵味。在我国众多的民间建筑和手工艺品上，十分注重雕塑，其中牡丹雕塑居突出位置。古往今来，在各种木雕、石雕、砖雕中，无不飘荡着牡丹的神韵。建筑木构件中雕饰尤为突出，多为象征吉祥的牡丹图案，其雕工精细、内容丰富、意境深邃。我国北方众多的石雕、砖雕中，不乏“凤凰戏牡丹”“孔雀牡丹”“长寿牡丹”“满堂富贵”的图案，都具有很高的艺术价值。始建于明景泰五年（1454）的孙膑祠堂，位于鄄城县孙老家村，祠左右山墙顶端各有菱形牡丹砖雕一块。门两侧上方各有用砖雕组成的仙鹤牡丹图案，砖雕做工细腻精巧，真实感特强，颇具民族风格。明清时代，菏泽一些古建筑上就注意雕刻有牡丹。清乾隆四十三年（1778）建造的单县百狮坊，坊上除雕有百个形态各异的小狮子外，还有大面积透雕牡丹。工匠巧妙地运用平、圆、浮、透雕技法，雕刻精细、逼真，剔透玲珑、栩栩如生，堪称全国罕见的牡丹石雕。

牡丹剪纸 牡丹剪纸是牡丹工艺的一个重要方面。以牡丹为题材的剪纸艺术在菏泽历史悠久，广为流传。菏泽每年的传统节日和各类庆典活动，均有牡丹图案的剪纸，作为一种传统和时尚，生生不息，为人们所喜爱。葛秀英、郭红、周艳丽、刘爱华、杨秀玲、常凤玲、王庆卓、任崇理、孙继岭、白玉芝、胡秀荣、张月英等，都是菏泽知名的牡丹剪纸艺人，他们巧手创作了大量的牡丹剪纸艺术作品。

剪纸艺人葛秀英，中国书画家协会会员，中华民族文化促进会剪纸艺术委员会会员，菏泽市民间文艺家协会副主席，菏泽市中华文化促进会剪纸艺术专业委员会会长。她自幼酷爱书画和剪纸艺术，近年来创作了大量剪纸艺术作品，并多次参加全国艺术书画展，同时获得众多奖项。2004 年以来，其剪纸作品《国色天香》获第三届“金长城杯”全国书画大赛金奖，剪纸《牡丹》获当代书画艺术家研究院金奖，两幅套色剪纸《牡丹扇面》获中国书画研究院金奖，剪纸牡丹四幅屏被中国牡丹博物馆（国画馆）收藏。2006 年 4 月，全国人大常委会原副委员长邹家华为其亲笔题写了“努力发扬民间文化剪纸艺术”的题词。是年，葛秀英还被授予“全国首批文化和谐使者”荣誉称号。经过一代代剪纸艺人的不懈努力，菏泽牡丹及其花语意境进一步得到弘扬。

第九节　牡丹方志选录及谱序举要

一、牡丹方志笔记选录

牡丹，无论是过去还是现在，始终是人们文化与生活中的花卉，并反映在史志艺文、科学研究中。当牡丹在唐、宋时期兴盛之时，牡丹专记专谱已开始出现。宋代僧人仲休撰写的《越中牡丹花品》，记述了南方牡丹。北宋文学家欧阳修的《洛阳牡丹记》，系统介绍了洛阳牡丹的出处、产地、风俗及品种命名的由来，并记载了 24 个品种的特点，相当专业地对牡丹的育种方法、花型演化趋势，特别对播种、嫁接选育新品种的方法进行了总结。周师厚的《洛阳牡丹记》、陆游的《天彭牡丹谱》等，影响后世深远。唐、宋之后，著名的牡丹谱还有明朝薛凤翔的《亳州牡丹史》、清代苏毓眉的《曹南牡丹谱》、余鹏年的《曹州牡丹谱》等。此外，《遵生八笺》《群芳谱》《花镜》中亦均有专门的牡丹章节。大量谱记的出现，为后人了解牡丹的历史发展、栽培、育种、品种数量与形态特征及当时的风土人情，提供了大量的线索，是十分珍贵的技术经验总结和历史文献资料。

到现当代，植物学家、园艺工作者、历史学家陆续出版了些牡丹科研、科普著作，中国花卉协会牡丹芍药分会也定期出版专刊，有关牡丹的文献大量出现。其中影响较大的有喻衡的《曹州牡丹》《菏泽牡丹》《牡丹花》《中国牡丹与芍药》，王莲英、袁涛的《中国牡丹与芍药》，菏泽地方史志办公室的《菏泽牡丹志》等。最新出版的《中国牡丹品种图志》（王莲英主编）是目前系统而全面地介绍我国牡丹的大型专谱，图文并茂，是我国当代牡丹发展史上里程碑式的著作。

在古代地方史志和文人笔记中，有关曹州牡丹的文字记载所在多有。特别是明清两代，记述曹州牡丹的文字，更是比比皆是。现举其要者，选录如下。

明谢肇淛《五杂俎》载:“牡丹，自闽以北，处处有之，而山东、河南尤多。《埤雅》云：‘丹延以西及褒斜道中，与荆棘无别，土人皆伐以为薪。’未知果否也。余过濮州曹南一路，百里之中，香气迎鼻，盖家家圃畦中俱植之，若蔬菜然。缙绅朱门，高宅空锁，其中自开自落而已。”

“人生看花，情景和畅，穷极耳目，百年之中，能有几时？余忆司理东郡时，在曹南一诸生家观牡丹，园可五十余亩，花遍其中，亭榭之外，几无尺寸隙地，一望云锦，五色夺目。主人雅歌投壶，任客所适，不复以宾主俗礼相谑。夜复皓月，照耀如同白昼，欢呼谑浪，达旦始归。衣上余香，经数日犹不散也。”

明于慎行修《兖州府志·风土志》载：“（曹州）古济阴之地……物产无异他邑，惟土人好种花树。牡丹、芍药之属，以数十百种。”

“（曹县）古之楚丘……好种花树甚于州境，多者至数十亩，士族以资游玩，贫人赖以营殖。”

明胡廷晏《兖西道公署园亭记》载：“曹故饶于牡丹，得数本莳之，指曰：姚黄将吐，芬芳袭人，方恋恋然；如远行客过故乡，依依其不忍舍。……它日解官抵家，视吾奚囊，无复曹濮一物，独有一亭风景依依在目。诸亲友觅曹南土物，吾即盛夸牡丹之繁，园亭之盛，取吾诗而咏歌。”

清王士祯《池北偶谈》载：“欧阳公牡丹谱云，牡丹出丹州、延州，东出青州，南出越州，而洛阳为天下第一。陆务观作续谱，谓在中州洛阳第一，在蜀天彭第一。今河南惟许州，山东惟曹州最盛，洛阳、青州绝不闻矣。”

清姚元之《竹叶亭杂记·曹南牡丹谱后记》载：“又尝见斌笠耕太仆藏江纬画内园牡丹二册……册前有江自记一幅，记后一诗。记云：‘牡丹自李唐爱者甚众。’舒元舆云：‘天后之乡西河也，精舍下有牡丹，其花特异。’天后叹上苑之有阙，因命移植焉。由此京中日月浸盛，至今传其种类，四海皆知所尚。惟江南亳州、山左曹州水土相宜，蕃延者较异于当年。予夙慕之，每以不见为恨。甲戌春，因上购采新异种类，必先绘图以献，次选其本移栽内廷。予借以从事，历春而秋，得遍涉诸园。及事竣，省其栽培之法，复列其种类，植之小圃。又经年而变其色朵枝叶之不同，洵知水陆草木之花，无更有齐其美者。予亦不愿自私其独得，爰谱之以公诸海内，名公画家探择焉，未必无小补耳。五月初四日辰时，在畅春园进呈写生牡丹二十八种册子。恭承御顾问。口占记事：‘文章半世无知遇，赖有丹青供圣明。惜未绘图呈菜色，敢题花句效清平。’老迂江纬。钤江纬之印（白文），天章（朱文）。余题其后云：‘老迂此册，用笔兼洋法而着色鲜艳，花叶如生，真能品也。册本二十八幅，今失其四，为可惜耳。’兹书于《曹南谱》后，以见牡丹之盛。然闻甘肃和州所出最佳，传者绝少，又不知何如也。”

清乾隆年间周尚质修《曹州府志·风土志》载：“花卉之繁，他方所有大抵略备。牡丹、芍药为名品，江南所不及也。……牡丹、芍药之属，以数十百种，士族资以游玩，贫人赖以营殖。”

清光绪年间凌寿柏修《新修菏泽县志·疆域》载：“花卉之繁，凡他邑所有，其数略备。牡丹、芍药各百余种。土人植之，动辄数十百亩，利厚于五谷。每当仲春花发，出城迤东，连阡接陌，艳若蒸霞。土人捆载之，南浮闽粤，北走京师，至则得厚利以归，故每岁辄一往。”

凌寿柏修《新修菏泽县志·人物》载：“郭如仪字明心，号松岩，明户部尚书郭允厚之子，生而状貌英伟，博学能文而见义必为。……如仪淡于名利，康熙二十二年，以岁贡生为新泰训导，教学有方，士甚德之。不数年，即移疾归居巢云园，不入城市，莳花种竹，以自娱。善于书及花石，邻人野老求之即应，惟不肯上贵人屏障。著有《松岩吟稿学步》，草《牡丹种植谱》若干卷。”

清光绪年间王鸿孙修《菏泽县乡土志·物产》载：“大哉坤德，万物资生矣。扬则其利金银，雍则其利玉石，若荆、若青、若冀、若并等州，或利齿草，或利林漆，或利蒲鱼，或利布帛，各因其土地之宜，以发其精华。特达之品，迁地弗良，信有征矣。菏邑为曹名区，虽无深山大谷，为羽毛齿角之薮，而河济交会，灵秀所钟，如植物中之刚榴、柿饼、木瓜、牡丹等物，甲于天下，无愧山左之特产也。

“牡丹种色甚夥，亦为本境出产大宗。产城东北一带，每年土人外运销售甚夥。……牡丹商，皆本地土人。每年秋分后，将花捆载为包，每包六十株，北赴京津，南浮闽粤，多则三万株，少亦不下两万株，共计得值约有万金之谱。”

清光绪年间重修《曹县志·物产·花卉》载：“牡丹，非土产也，好事者买莳园圃，灌养得法，时为盛美临邑。邢侗《与王士龙书》：‘吾家园最饶芍药，动以数亩计，顾独乏牡丹，即寥寥数茎，浃岁不花，总花才单瓣，贫薄，无重楼富贵之态，且色目多中下，不称名王大国。而乡子庐儿，犹谓邢家花事葳蕤。正如尉佗王不识汉天子，至足羞耳！曹有王五云先生，家多异蓄，于牡丹尤富，闻灶下薪，枥间刍，杂进不问，而济南生保一花半叶如琼枝，知王先生当无吝分饷之也。敬托周使为绍，乞得数十孤根，散洛阳芳姿于乡里同志，大是快事。异时，曲阑小树，杯酒淋漓，用余沥醉花神，敢不愿先生万年，万年！’而谢肇淛亦云：‘司理东郡时，曹南观牡丹为平生快事云。’”

“尝考，牡丹至宋始盛，初盛于洛下，陶谷以为洛阳花福是也。再盛于亳州，尝见洛阳牡丹谱及欧阳文忠牡丹谱，不逮亳州谱远矣。彼时已有六七百种，分五色排次序。至于今，亳州寂寥而盛事悉归曹州。曹距州仅百里，当昔盛时，而姻戚往还，童仆连络，故佳艳时，获怡赏，亦重价多相购植。李悦心诗云：‘生憎南亩课桑麻，深坐花亭细较花。闻道牡丹新种出，万钱索买小红芽。’盖实录云。自戊子遭变后，盛事遂减，园亭亦毁，无复曩昔之致。及迩年频遭河患，城南一带，巨浪滔天，新沙坏地，谋生不得，安问花事哉！”

“芍药，远自三代，见于诗书，近被牡丹夺席，可称蝼伏。昔人谓唐人重芍药，故名牡丹为‘木芍药’。非也。芍药赏鉴已久，而牡丹创出，惊异之际，草率未定，故取为欣赏，被以佳名。至于今，事久论定而芍药不废者，留殿牡丹后尘耳！故有‘婪尾春’之称。”

“牡丹名园尽在城南，而菊花幽槛，率出城北。自屡经水灾，城南湮没千家，而城北幽槛亦与并销。大抵灾重蓄寡，人鲜乐事矣。花圃盛事，他皆单寂，而结队盈畦，惟牡丹、菊英，可称春秋两佳。然牡丹艳盛不过十日，故殿以芍药，而菊之素淡，自足可以占尽三秋，故无烦再思其辅。”

清宣统年间张曜等修《山东通志·疆域志·物产》载：“曹州，牡丹最盛，居民有以此为业分运各省者。”

二、牡丹谱序举要

曹南牡丹谱

清·苏毓眉

牡丹，秦汉以前无考，自谢康乐始。唐开元始盛于长安。每至春暮，车马若狂，以不就赏为耻。逮宋，洛阳之花又为天下冠，至明而曹南牡丹甲于海内。《五杂俎》载，曹州一士人家牡丹有种至四十亩者。康熙戊申岁，余司铎南华。己酉三月，牡丹盛开，余乘款段，遍游名园。虽屡遭兵燹，花木凋残，不及往时之繁，然而新花异种，竞秀争芳，不止于“姚黄”“魏紫”而已也。多至一二千株，少至数百株，即古之长安、洛阳恐未过也，因次其名，以列于左。

注释：苏毓眉，山东沾化县人，清康熙年间任曹州儒学学正。

曹州牡丹谱·序

清·安奎文

曹州牡丹之盛，著于谈资久矣，而记述未有专书。怀宁余伯扶孝廉，博学工诗，主讲席于此。壬子春，予以报最北上，及旋役至曹，伯扶（余鹏年字伯扶）为予言：“二月杪，覃溪阁学师来按试，试竣相见，嘱以花应作谱。”伯扶因考之往籍，征诸土人，别其名色种族，及夏月而谱成。冬，予谒师于省垣，受其谱而读之，厘然可备典故。师因嘱予序，而付诸梓。

昔欧阳公于钱思公楼下小屏间，见细书牡丹名九十余种，及其著于录者，才二十余种耳。今曹州乡人所植，盖知之而不能言，而士大夫博雅古者，又或言之而不切时地。伯扶乃能定古今，证同异，又附以栽接之法，俾后之骚人墨客，皆得有所援据。而予以莅事之余，得闻师门绪论，复得伯扶名笔，以共传不朽，实与邑之人士胥厚幸焉，故不辞而序其概如此。

乾隆癸丑（1793）春三月，知菏泽县事宛平安奎文序。

注释：安奎文，河北宛平人，清乾隆举人。乾隆五十三年八月出任菏泽县知县。

曹州牡丹谱·自序

清·余鹏年

《素问》：清明次五日，牡丹花。牡丹，得名其古矣？考《汉志》，有《黄帝内经》；《隋志》乃有《素问》，非出远也。《广雅》：白术，牡丹也。《本草》：芍药，一名白术。崔豹《古今注》：芍药有草木二种，木者花大而色深，俗呼为牡丹。李时珍曰："色丹者为上，虽结子而根上生苗，故谓之牡丹。"昔谢康乐谓"永嘉水际竹间多牡丹"。又苏颂谓：山牡丹者，二月梗上生苗叶，三月花，根长五七尺；"近世人多贵重，欲其花之诡异，皆秋冬移接，培以壤土，至春盛开，其状百变。"斯其盛也欤！唐盛于长安，在《事物纪原》，洛阳分有其盛，自天后时已然。有宋鄞江周氏《洛阳牡丹记》，自序求得唐李卫公《平泉花木记》，范尚书、欧阳参政二谱，范所述五十二品，可考者才三十八，欧述钱思公双桂楼下小屏中，所录九十余种，但言其略。因以耳目所闻见，及近世所出新花，参校三贤谱记，凡百余品，亦殚于此乎？陆放翁在蜀天彭为《花品》云，皆买自洛中；僧仲休《越中花品》绝丽者，才三十二。唯李英《吴中花品》，皆出洛阳花品外；张邦基作《陈州牡丹记》，则以牛家缕金黄傲洛阳以所无。薛凤翔作《亳州牡丹史》，夏之臣作评，上品有天香一品，万花一品。东坡所云"变态百出，务为新奇，以追逐时好者，不可胜记已"。曹州之有牡丹，未审始于何时，"志乘"略而不载；其散载于它品者，曰曹州状元红、乔家西瓜瓤、金玉交辉、飞燕红妆，花红平头、梅州红、忍济红、倚新妆等，由来亦旧。

予以辛亥春至曹，其至也春已晚，未及访花。明年春，学使者阁学翁公来试士，谒之，问曰："作花品乎？"曰："未也。"翁公案试它府，去缄，诗至，曰："洛阳花要订平生。"盖促之矣。乃集弟子之知花事者、园丁之老于栽花者，偕之游诸圃，勘视而笔记之；归而质以前贤之传述，率成此谱。欧阳子云：但取其特著者次第之而已。

乾隆五十七年（1792）四月十日，怀宁余鹏年自序于重华书院。

注释：余鹏年，初名鹏飞，字伯扶，江苏怀宁人，清乾隆举人。工诗善画，著有《饮江光阁诗抄》《梦笺书屋词》，与当时的菏泽县知县安奎文交往甚密。

桑篱园牡丹谱·序

清·何迴生

“锦里叨看花富贵，俗怀僭问竹平安。”鄙之旧联也。言虽俚，亦足以略见吾里之概。里处邑之北鄙，距城十里之遥。右临灉水，左接桂陵柿叶，灉水荷花，属邑之八景，非邑之大观也。足为大观者，殆莫如牡丹。盖牡丹曩称洛阳甲天下，乃其浓纤肥瘦、深浅妍媸，物色变态、领异标新，实有逊山左。是其贵耳贱目欤？抑古若彼，而今若此欤？山左十郡二州，语牡丹者，则曹州独也；曹州十邑一州，语牡丹者，则菏泽独也。菏泽为郡为里者不知其几，语牡丹之出者，惟有城北一隅。鲁山之阳，范堤之外，连延不断数十里，而其间为圃者更不知其几。而贯盛一方者，桑篱园也。

桑篱园，同里赵氏花园也。赵氏之族世喜牡丹，而其尤著者，其一为玉田赵昆岳；其一为孟俭赵克勤。克勤与玉田虽雁行而齿相悬。盖玉田为我老友，而孟俭又是以我为老友焉。

孟俭者，即桑篱园主人也。其种桑结篱，代彼版筑，以御践履，园以此得名。园中无所不树，而要以牡丹为之主。若殿春，若真腊，以及一切花藤卉丛，犹未足当其半。括略算，牡丹株殆以数千，种殆以数百，主人以言者，悉策取而汇之于谱。于是，按《群芳》所载而有于今者，收入一册；又于《群芳》所未载而有于今者，仿其注而变通之，更收入一册。合甲乙两册，共得若干种。册繁，主人一手一眼，又苦于操作，摒挡拮据，目不暇给，是不能不需时日久而后成也。至于擅名致胜，是不能一一端详其后。

孟俭为人弱，不好弄于物，无忤庭训，亦其天性也。然而聪明过人越绝，意气峭孤，生平虽未尝入塾请业，而周之六经，梁之千文，莫不诵了义彻，即自订花谱一节，亦略见其概矣。乃居恒悒郁，自嘲为谓“舍本事末则重不如农，射逐蝇头则清不如士。苟负郭可服，阿堵所不乐道也”。窃尝喻以抱关击柝者，人代耕也；移花接木。君代耕也。椿萱腊高，俯仰用宽，顾以赖之者，病之欤？

数岁，会谱成，辱教嘱序。知不胜任，而又不果辞者，重拂其意也。良以知之，详而悉之，审审者莫余若也。舍弁而为之跋者，虚其右以待能者也。初教于前，以启其端者，文学李君奉庭家司马蔚章也，继书其后，以纪其略者，古稀下叟何迥生也。

时值龙飞道光戊子（1828）春也。书既，更取名言以殿后，劭曰：自食其力不为贪，卖花为业不为俗也。

注释：何迥生，曹州城北马邱人，生活在清乾隆至道光年间。《桑篱园牡丹谱》为桑篱园主人赵孟俭所著，已失传。该谱的序和跋为菏泽牡丹乡手抄本。

桑篱园牡丹谱·跋

清·马邦举

余性嗜香草，喜闻园客遗事。来曹数年，游城东北赵楼赵家园。见玉田先生萧萧白发，隐于园中，为农为圃之业，乃人生乐事也。余因赠以“似兰如松”四字以慰其心。今余来问之，既殁七年矣。到桑篱园，孟俭才三十五岁，气象安静，亦如玉田当年。余与莘邑孙瑞圃同来，跋此数语，以志于卷尾。余文于曹，时值道光十二年（1832）三月十四日。

注释：马邦举，相传为清道光年间曹州府主考官。

绮园牡丹谱·序

清·刘辉晓

花之以富贵之品浓艳冠时者，首推牡丹。世以崇梅爱菊为高，爱牡丹者近俗。不知彭泽孤山际，休明登台省，终以清寒隐逸而逃也。然，小隐天津，冷眼富贵，亦宜于春日暄妍，移情贵客。韶光明媚，省识花王，来曹州之葭密都。

州城南，地多桑麻，养花者少。余表兄献廷先生性爱菊，罗致根芽数十百种，每重阳前后移盆列几，布满室堂，不减东篱遗韵。及表兄弃世，余表侄国干养菊不辍。庄西广栽果木，周匝一园，中置一草亭，缭以柏墙，外门东向，曰“绮园”。亭前养菊，秋晚移请客室，郁郁芬芬不改昔年，所谓视其几案不忘父志耶。但纸醉金迷，仅蛩寒蝶瘦之天；燕舞莺娇，少酣酒染衣之植。是有家承之秋实，无庶子之春华也。于是亭之西，界以藩篱，较植菊之园广轮倍加，别立一园。中为南北小径，左右调为两畦，尽植牡丹。每株相间各五尺许，不下四五百本。谷雨后，余尝两至其地，见姹紫嫣红，含蕊皆放，交错如锦，夺目如霞，灼灼似群玉之竞集，煌煌若五色之相宣。何只四香阁上露莹红珠，百宝栏边香吹锦撷，亦怡颜哉！然余素未究其心，不别其类，益昧其名，空闻魏紫、姚黄，讵识鞓红、欧碧？幸余表孙继襄频频指示，并选出牡丹花谱一册，且嘱为序。谨按其述说，挈黑、白、黄、紫、绿、红、杂色为纲，析以叶之尖圆，茎之短长，宜阴宜阳为注，核其名一百四十有奇。举是花之形状、品格、性情，无不尽注于谱。余叹为一草一木莫不有理，是格物之一端乎！

抑闻牡丹始名木芍药，而后有谢公康乐（即晋谢灵运）肇赐嘉名；厥后，白氏作歌，欧阳制序，钱思公书诸屏障，考其用精不若是谱也。且是花以洛阳甲天下，他若殷红一色，其羡临芳殿前，粉雪千群，争夸慈恩寺里；沉香亭，君王带笑；仙春馆，妃子留痕。俱长安旧事。今恐枳橘变化，而未宜乎他土也。乃地脉转移，南北无定。曩以何氏凝香园一时擅胜。未几，郡北赵氏桑篱园更出其右。今则晁氏绮园之花与郡北多寡不等，而丰硕蔚茂，各各得色；有突过于从前。此昔人谓羯鼓催花，花神相助，精彩其在斯乎？邵子诗，冷眼人间富贵花，想其对此而亦转盼垂青，正若昌黎之“长年世事皆抛尽，今日栏边眼暂明”也。因题诸谱而为之序。

时值道光十九年（1839）岁在已亥武定府阳信县岁进士任贯城教谕刘辉晓题。

注释：绮园相传在菏泽城南晁八寨一带。现无存。武定府：清置，故治即今山东滨州。岁进士：即岁贡。明、清学制，府州县学员国家供给伙食长久者，每岁或数岁选一二人贡诸京师入国子监肄业，谓之岁贡。教谕：学官名。

新增桑篱园牡丹谱·自序

清·赵世学

鲁山之阳，草木丛生，其种植修平者盖不知始于何时创自何人也。闻花木之生，古称洛阳；今也，遍植我曹南，而洛阳之花木近无所闻焉。是知世运之变迁，地脉之转移，人事之改更，不可以一地拘也。故当阳春烟景，万花竞放，玉兰、海棠同备巧妆之容；碧桃、红梅各呈粉姿之态；其当阳尤美，望之灿然而富贵者，牡丹是也。牡丹之类，普盛原野，然而纯红、通白、粉、黄、黛、绿，拔其至丽者，宜莫如我赵氏园中为之最盛焉。

牡丹一种，亦名木芍药，按之旧谱仅百五十余色，更加以种养类分，其相继而新生者亦五十余色，共约二百余色，不为不多矣。特恐种类既多，沿传而后，牡丹之色抑或缺而不全也。余也，因素爱花，欲必保其全盛，莫若按类增谱为得计焉。于是，诵读之暇，故即旧谱幅摺之余补缉增多，其各色即附于各色之后，各名即加以各名之注，急急乎厘定考详，合新旧而统为一谱也。岂不美哉，岂不快哉！后之览者，亦将有感于斯谱而因名求全者，即余今日增谱之力也。方今国朝，邦治太平，竞尚花木，牡丹一种，驰名四海；赏花诸君，北至燕冀，南至闽粤，中至苏杭，言牡丹者，莫不谆谆乎于我曹焉。是为序。

曹南鲁山阳师古赵氏自序于铁梨寨花园学屋窗下。大清宣统元年三月既望日新增。宣统三年（1911）春三月订注（牡丹谱及花目从略）。

注释：赵世学在原赵孟俭著《桑篱园牡丹谱》百五十余色的基础上，又增补五十余色，共二百零二色，世称《新增桑篱园牡丹谱》。

毛氏牡丹花谱·弁言

清·毛同袭

牡丹亦灌木也。初号木本芍药，于唐始名为牡丹。沿及于宋，周子作《爱莲说》，又有富贵花之称。是花，昔为洛阳胜景，今为吾曹特产。余由今追昔，鄗乡旧有万花故园。是古时非无牡丹，何故特以洛阳出名？洛阳地系皇都，胜名易传；吾曹地处偏僻，虽有牡丹故不彰耳。嗣后，时移势殊，地质变迁，洛阳渐次殄灭矣，而吾曹牡丹乃著。

余居于是乡久，已见之真，亲闻之熟矣，今试约略言之。牡丹之种植，有种生，有嫁接，有分栽，生生不已，始能愈出愈奇。牡丹之性质，栽宜秋分前后，不宜春夏；宜青沙，不宜淤土；宜加肥料，不宜水浇。开放之际，或宜阳，或宜阴，或宜半阴半阳，同是牡丹，资质略有不同。牡丹之花，单瓣者疏而洒，千层者密而丰，平头者圆如盏，起楼者大如盘。且也，此缩颈得而颜若羞，彼低头者而容如醉；更有亭亭高出者，而形呈放达态度，亦属不一。牡丹之姿色，有黄、有白、有红、有紫、有黑、有绿、有粉、有蓝、有数色萃集一朵，有一朵始终三变，精彩宜人，胜日光之七色。牡丹之体格，叶则若青、若紫、若粉红，若尖而碎，若圆而厚。以及蕾之圆者如蚕蛹，尖者如狗牙；干之低者短而促，高者细而耸，何花何名，识者一目了然。

牡丹之出途，北至燕冀，南至闽粤，东则沿海一带，普遍苏杭等处，南洋群岛，贩运几遍中国。所惜者，未能运售外洋，开一绝大利源，实属可惜。

抑又闻之，鄗乡旧有百果村、梨花村、万花村，三村鼎立，果木环绕，杂花遍野，而最足动人爱慕者，牡丹是也。每当谷雨节到，日暖风和，宛然天香深处，气蒸色润，俨称国色无双。其精彩之丰富，品格之高贵，养气之清秀，直足令人心花灿烂，意蕊芬芳者矣。宜乎，群芳之谱，牡丹为最。李唐之后，世人皆爱之也。今者，适有霍君、夏君惠然肯来，探牡丹之形状，研牡丹之性质，特种类甚繁，一时难以备述，因以残缺花谱赠送一览，二君心焉喜之。后复射新谱，所以不揣谫陋，聊提拙笔以敷陈，谨具俚语为弁言，其为识者以笑之。

毛氏牡丹花园主人毛同袁谨志，民国十六年（1927）春月。

注释：弁言是放在书籍卷首相当于前言或序文一类的文字。弁，古代的一种帽子，引申为放在最前面。

第二编

中国书画之乡

概　述

中国书画，世界艺术殿堂的瑰宝。山东菏泽，闻名于世的书画之乡。

在这片“天下之中”“民族摇篮”的沃土上，沉积着中华民族书画艺术之源，深藏着中华民族书画艺术之根。远古先祖舜帝“耕历山，渔雷泽，陶河滨”，从这里起步人类的文明生活，开人类文明的先河。舜帝之妹嫘，以其能画而名“画嫘”，史典据此称她为“画祖”。这些虽是古老的传说，但也不是空穴来风，当代从这里发掘的诸多古堌堆和古墓葬遗存中，那陶片上由简到繁的生动饰纹，那骨、石、铜、玉上的优美刻画和图案，正是书画艺术初现的晨曦之光。

有人说菏泽书画是一条河，它源于远古龙山文化的陶饰、石刻，流经红土山汉墓的铜鼎、玉雕，穿过历代珍存的碑书、瓷画……激浪扬波，长流不息。这条五彩缤纷的艺术长河，历尽世代沧桑，饱融菏泽人民的智慧，愉悦和陶冶菏泽人民的心性情操，已是他们生活乃至生命中不可或缺的组成部分。从古至今，更有历代菏泽人以书画为长策、为利器、为衣食而大展其用。伊尹从汤言而画九主，首开以绘画谏君辅政之范例；大周时期所立《屏盗碑》，以“三绝”石书褒扬为民清盗保平安的任使君；铁面御使何尔健愤作《苦民图》，以书画严惩了贪官污吏；清代监生赵树屏，诗配画进京为民请命，救了一方灾民；晚清秀才邓树屏，义卖书法作品，换得银圆，全部献给黄河决口受灾民众……所以，菏泽人民又动情地把书画艺术称为源远流长、奔腾不息的艺术之河、智慧之河、生命之河。

菏泽书画艺术的长河，哺育菏泽书画历代名家辈出。南北朝时期定陶人曹仲达，画佛像“北齐称最工”，以其“曹家样”的“曹衣出水”而与后来“吴带当风”的巨匠吴道子辉映画坛；诗文书画皆精的宋代巨野人晁补之，不仅以其文章道德世家名震朝野，而且和“唐宋八大家”之一的苏轼诗画往来不断，苏轼赞其“绝人甚远，必显于世”。他的绘画理论“像外说”，更是影响深远。明代与书坛“四大家”往来唱和的“曹州名士”田峤、田峨二兄弟，其书法名气时称“江南一董（其昌），江北二田（峤、峨）”。清代翰林曹垣书法名噪一时，宫廷楹联多出其手……历史寻踪，名家辈出，概览其貌，蔚为大观。

书画颂盛世、盛世荣书画。中华人民共和国成立后，特别是改革开放的浩荡东风漫天吹来之际，菏泽书画更呈现万紫千红、春色烂漫的空前繁荣，其发展之速、规模之大、品位之高，均达到前所未有的鼎盛时期。新一代的菏泽书画精英，解放思想，舒展手笔，挥毫泼墨，开拓创新，或承继、光大前人书画艺术的真谛，或引领、激励当今书画艺术的奋发，或讴歌青山绿水的壮美，或谱写花鸟虫鱼的娱人，或描就伟大祖国欣欣向荣的盛世画卷，或绘出美好家园步步康庄的幸福彩图……笔走龙蛇，彩起蒸霞，更把书画之乡装扮成流光溢彩的花团锦簇世界。伴随着改革开放和市场经济发展，菏泽群众性的书画艺术活动日趋活跃，各类培训和展览交流活动遍布城乡社区，各类学校开设了书画课程，书画队伍不断壮大，中青年书画艺术人才不断涌现，一大批学生考入书画专业本科、研究生，现已活跃在全市各个文化教育单位。

菏泽书画新秀竞辉，菏泽书画佳作频登“大雅之堂”。国内外高品位的中国书画大展，天安门、中南海、人民大会堂和国家顶级书画收藏、集散中心荣宝斋，都有菏泽书画的新秀新作接踵而至，并荣获很高赞誉，频获金银奖项。晁楣的版画，纳入中国版画的开创性流派；张得蒂的雕塑作品，堪称世界级的艺术精华；李眉川的梅竹兰草直追前朝大师郑板桥；上官超英等一大批后起之秀，也在独创流派的书画之旅中闪射时代之光……名噪全国书苑画坛的还有何方华（四川）、李荣海（北京）、王奂（山西）、鲁风（贵州）、庞媛（北京）、黄海澄（广西）、刘鲁生（山东）、潘鲁生（山东）、曹桂生（陕西）、张岩（陕西）、田昆（天津）、吴东魁（北京）、刘守安（北京）等。至2021年，在菏泽市域之内的就有张剑萍、谢孔宾、许汝良、于鲁俊等中国书法家协会会员80人、中国美术家协会会员77人，山东省书法家协会会员403人、山东省美术家协会会员313人之众。重要品牌活动“牡丹奖”山东省书法作品双年展永久落户菏泽，“花开盛世”中国牡丹之都（菏泽）牡丹美术书法大赛已连续举办两届，全部面向国内外征稿。菏泽出现了巨野“中国农民绘画之乡”，东明县“中国书法之乡”，单县“中国楹联之乡”和大批书画乡镇、书画村。巨野县以农民为主体的工笔牡丹绘画队伍异军突起，群众性的各类书画组织遍布全县，仅民间工笔牡丹画，就占全国工笔牡丹画出口销售总额的80%，足见阵容之宏阔、创作之繁盛。巨野巨幅工笔牡丹画影响世界，《花开盛世》《锦绣春光》等作品先后亮相上合组织青岛峰会、中国国际进口博览会。东明的县、乡都建立了书法家协会，高中、初中、小学都设有专门的书法专业、书法课，形成了县、乡、村书法网络体系。菏泽书画之乡，名副其实，当之无愧。

菏泽书画的时空星光灿烂，菏泽书画的殿堂珍品生辉。蔡邕亲书的“汉隶妙品”《张公碑》、虞世南亲书的盛唐“第一碑”《孔子庙堂碑》、赵孟頫亲书的“文笃书绝”《张成碑》……悠悠华夏的书法瑰宝在这里闪射巅峰之光；文徵明、沈周、唐寅、龚贤、朱耷、郑燮、刘墉、高凤翰……炎黄骄子的绘画珍品在这里竞发夺目之彩；更有当代书画名家的丰厚佳作，装点得菏泽书画殿堂愈加琳琅满目、光彩照人。

本编以历史为轴线，以人物、事件、作品为节点，点、线、面结合，密织成篇，构架成卷，从中可循菏泽书画历史之脉、可览当今菏泽书画盛世之貌。

第一章 历史寻踪

第一节 书画源流

中国是世界上最古老的文明国家之一，具有悠久的历史和灿烂的文化。书法和绘画，则是中华悠久历史和灿烂文化的结晶。中国书画，世界艺术长廊中的瑰宝。山东菏泽，闻名于世的中国书画之乡。

菏泽书画艺术是以久远的历史文脉、多姿多彩的艺术门类、星汉灿烂的书画人才、名品迭出的创作成果，组成了菏泽书画之乡这座浩瀚繁茂、神奇迷人的艺术森林。

艺术使生命多姿多彩，充满生机。这是因为，中国的书画艺术有着鲜明的民族传统特色，它既是源于人们的生产、生活，又以其特有的手段和形象表现人们的生产与生活，同时又作为宗教、政治、伦理、教育的手段和工具来约束、规范、指导乃至升华人们的活动。唐代张彦远在他的《历代名画记》中开篇伊始便说：夫画者，成教化，助人伦，勇神变，测幽微，与众籍同功，四时并运，发乎天然，非由述作。源于生活，高于生活，指导生活，惩恶扬善，是中华民族绘画艺术产生和发展源远流长的强烈传统理念。绘画在中华民族的政治、社会和物质生活中都占据着重要而神圣的位置。

中国书法与绘画，在材质、形式和审美方面，有着十分紧密的联系。平时，我们在观赏一幅画时，往往是画中有书、书中有画，珠联璧合、相得益彰。所以，中国历史上提出了书画同体论。根据远古传说中的《河图洛书》和许慎的《说文解字·序》所载“六体书”，他推说书与画最初是混为一体的：是时也，书画同体而未分，象制肇创而犹略，无以传其意，故有书；无以传其形，故有画。天地圣人之意也。按字学之部，其体有六：一古文，二奇字，三篆书，四佐书，五缪篆，六鸟书。在幡信上书端，象鸟头者，则画也。这一观点其后由书画同体之“象形”一种而扩大为六书全体，逐步明确发展为“书画同源”，明清文人更视其为金科玉律。盛大士在《溪山卧游录》中写道：书画本出一源，昔圣人观河图洛书之象，始作八卦。清代邹一桂在其《小山画谱》中，将“书画同源”作为卷中之首要标题。

书画同源，皆“源”于远古史前文化，都是由简渐繁、从线条到文图，以石器、骨器、玉器、陶器、瓷器、铜器等为“载体”，产生和发展了书画艺术。为此，岩画石刻、陶器纹饰、甲骨文、画像石、玉器雕刻、铜器纹饰等，就成了远古书画源头的珍贵标证。

地处“天下之中”的菏泽，为数众多的古堌堆所展示的文化遗存，闪射着中国书画源头的灿烂之光，显现出书画文化的悠久历史。

既然书画艺术如此神妙、珍贵，岂不是我们当今建设文化大市强市，构建和谐菏泽的一笔宝贵财富和资源吗？

一、堌堆文化——菏泽书画之根

菏泽位于黄河下游冲积平原，所属九县区遍布着400多座新石器时代的堌堆遗址。这些大大小小的远古遗址，实际上都是先民们生活聚居的原始村落。20世纪80年代以来，生活在这里的人们经常捡拾到一些带有纹饰的陶片。在发掘中还出土不少溢发着远古神韵的陶制品。陶制品上装饰的绳纹、篮纹、弦纹、方格纹、附加堆纹等，就是中国书画艺术的初萌和雏形。可以说，古堌堆遗址中深藏着中国书画艺术的根。作为远古绘画，显示了我们祖先在数千年前即具有灵敏的头脑和卓越的艺术才智。菏泽这条绚丽的书画历史长河，正是以此为源头而长流不息。

灰陶纹饰：先民书画的萌动

莘冢集堌堆位于菏泽市曹县西北约10公里、南北长168米、东西长192米，总面积3256平方米。1976年至1979年春，有关部门先后对该遗址进行了两次发掘，清理灰坑7个，各开口于第三、四、五层。从出土的陶器质地、色泽、器形和纹饰分析，特征基本一致。其中二号坑包含遗物最丰富，有大量陶器残片、骨器和少量石器。可复原的陶器有十余件，器形有杯、罐、碗、盆、漏斗、带流壶、器盖、网坠、纺轮等。这些陶器以泥质陶为主，次为夹砂陶、夹蚌沫陶。陶色以灰陶为多，黑红陶较少。装饰以素面为主，也有部分方格纹、篮纹、绳纹、附加堆纹、弦纹等。经专家整理分析，此遗址为大汶口、龙山、商、周四个时期的文化堆积，以龙山文化层为最厚，那些形迹各异的简单纹饰线条，正是书画艺术源头的一束晨曦之光。

褐陶纹饰：远古书画的雏形

萧堌堆遗址位于菏泽市郓城县西北李集乡杨集村东约300米，西北距黄河约1500米，为新石器时代遗址。其主要文化内涵表现为大汶口、龙山、岳石文化和商、周、汉等文化遗存。

堌堆原高8米，现存遗址面积约3200平方米，稍高出地面，土质呈黑灰色，暴露大量石器、陶器残片，文化内涵非常丰富。龙山文化遗物有细泥橘黄陶鬶、夹细沙灰陶鼎足、泥质灰陶素面磨光器盖、锯形黑石刀、黑陶罐残片、蛋壳陶片、白陶片等。商、周时代遗物有：夹细撒沙灰陶鬲，饰不规则的绳纹；夹细沙褐陶缸，饰细绳纹；泥质红褐陶盆，卷沿、卷唇，腹上部有附加堆纹一周，堆纹下饰绳纹、弦纹两周。据考古推断，6000年前大汶口文化时期我们的先民曾在这里休养生息，生动的陶器纹饰，就是他们绘在器物上的画面。

纹饰多变：书画艺术的学步

安邱堌堆位于菏泽城东南12公里佃户屯办事处曹楼村东，现存堌堆长、宽各50米、高3米，四壁断面暴露有文化层。经钻探发掘，积厚达4米以上，总面积5000平方米，属新石器时代至商、周时期古文化遗址。

该遗址文化内涵极为丰富，很受考古专家关注并一再涉足。1984年，北京大学考古系教授邹衡曾带领数名考古研究生和本科生，专程前来对该遗址进行研究发掘，找到岳石、龙山和商代的文化堆积层。

对该遗址考古研究发现，其文化遗存有的与造律台龙山文化面貌相同。

其特点是：灰陶占绝对优势，黑陶、褐陶有一定数量；器表以素面较多，方格纹、篮纹和绳纹亦数量不少，其中又有方格纹居首，篮纹多饰于瓮，绳纹多饰于甗。有的属岳石文化，其特点是：陶器中粗陶较多，沙粒大，胎壁增厚，多褐红色。在甗的腹部和裆部有斜道、“十”字形划纹或圆形坑窝纹附加泥条，方格纹很少。在豆、罐、器盖等器物上多凸棱、旋纹装饰，另有少量绳纹。

这里发掘出的商代文化堆积层，有明显历史延续性。以灰陶居多，开始有一定数量褐陶，且陶胎增厚。纹饰以绳纹为主，亦见三角形划纹，方格纹似已绝迹。

安邱堌堆文化遗址，展现了一幅社会和文化不断向前发展的轨迹。饰纹的简繁变化，显示着初萌期书画艺术的蹒跚步履。

方格纹罐：绘画艺术的孕育

西侯楼堌堆位于菏泽市巨野县城南西侯楼村西 100 米、南北长 350 米，东西宽 120 米，面积 42000 平方米，土质灰黑色，是巨野县最早的文化遗址，已有 5000 年历史。

该遗址发掘出的大量遗物中，有新石器时代晚期的鬶柄、鬲足、花边罐、方格纹罐等；属商、周、汉文化的有：鬲、罐、盆、口瓮、壶、鼎、豆等。其中有菏泽首次发现的大汶口文化遗物。在属龙山文化的遗物中，首次发现了夹沙灰陶花边罐。这些古遗存充分证明，在那浩渺久远的远古时代，我们的祖先已开始在这片土地上创造人类文化与文明，方格纹罐上的花边孕育着远古时期的书画艺术。

陶器图案：绘画艺术的诞生

黑堌堆位于菏泽市成武县城东 24 公里处的白浮图镇董庄村东北约 500 米处，长 10 米、宽 7 米、高 5 米，因土质是浅黑色，故称“黑堌堆”。

发掘中发现大批石匣墓葬和砖石墓。殉葬器物有陶鼎、陶壶、陶豆、陶俑、铜镜等，还发现石斧、鹿角、画像石。在这些遗存的陶器上，刻有蛇、熊、狗、水鸟、鱼等图案，虽然笔画简单，但线条流畅明快，形象生动传神。从出土的深腹罐、篮纹罐、小口罐、子母口罐等分析，此堌堆属龙山、商、周文化遗存，与河南省永城王油坊遗址、郑州二里岗遗址等近似，从侧面反映了当时的社会、经济和文化艺术状况。这些简明形象的画像石，昭示着绘画艺术的真正诞生。

二、汉墓遗存——菏泽书画瑰宝

原始的书画艺术起源于器物上的简单纹饰和图案，表现在骨、石、玉、陶、铜等各类载体上。菏泽古墓特别是汉墓出土的这些珍贵文化遗存，是古代书画艺术的瑰宝。

红土山汉墓器物

发祥于今菏泽市巨野县境内的红山文化，与我国新石器时代的龙山文化、马家窑文化、仰韶文化等齐名，均为中华民族文化的摇篮和源头，是我国史前绘画的生动体现。

红山（又称红土山）汉墓位于巨野县东 22.5 公里的红土山东侧半腰处，此墓封土为红褐色（石灰岩），高 30—40 米。整个山头被红褐土所覆盖，远远望去，仿若土山，故称之为红土山。

该墓 1968 年被发现，东西长 70 米、南北宽 4.7 米，墓道中发现有木车、车马饰和马骨。1971 年至 1972 年春，山东省博物馆曾在此发掘，挖至墓门。1977 年由菏泽地区汉墓发掘小组清理发掘，历时 3 个月。

这座大型崖墓，由封土、墓道、墓坑和墓室四部分构成。首先是在山岩开凿痕。石圹挖好后，再在圹内用石砌墙，隔成墓道、墓室，然后填土夯实，铺防盗石层，再用红褐土将整个山头封盖。

随葬品：由于墓室塌陷，加之长年浸水腐朽，故大部分器物被砸碎，有些器物已难以辨识。修整后统计，共计 1056 件。其中陶器 28 件，铜器 526 件，漆器 18 件，玉器 43 件，铁器 405 件，其他 35 件。随葬品极为丰富，证明西汉时期厚葬之风极为盛行。

红土山汉墓，是菏泽地区目前发现的大型崖墓。该墓虽出土不少带铭文的器物，但均无明确的纪年，且与死者的关系不大。该墓的时代其上限似晚于西汉文帝时期，下限要早于昭帝、宣帝时期，略相当于景、武时期。从墓葬规模、随葬品的数量和质量分析，墓主人的身份应属于王、侯级。

据《汉书·外戚传》载，西汉时期，李夫人深得武帝宠幸，病重期间，武帝亲往探望，李夫人恳请“愿以王及兄弟为托”。李夫人病故，追上尊号曰孝武皇后。因此，汉武帝对其少子刘髆特别照顾。昌邑哀王刘髆，虽然受削藩之限，但他与汉武帝有这种特殊关系，营造如此规模的陵墓是可信的。此墓距汉昌邑国所在地仅 13 公里，刘髆在汉武帝后期即位昌邑王，与此墓年代相符。因此，我们认为这座墓的死者是昌邑哀王刘髆可能性较大。

从这些遗存文物看，书画艺术已从简单的陶器纹饰，进化到铜、玉、石等器物的复杂文图与艺术雕刻，书画艺术迈出渐趋成熟的一大步。

图文精美青铜鼎

青铜鼎西汉炼丹制药器。1977 年红土山汉墓出土。通高 32 厘米，口径 26 厘米，足高 16.5 厘米，耳宽 10.9 厘米。素面，子母口，圆鼓腹，圆底，蹄状足，沿上附有对称长方形镂空竖耳，腹中部饰有一周凸棱。器盖为覆透状，盖顶有三个鸟形环钮。腹下部飨铭文二行：“容四斗，重一钧。”实重 7855 克。此鼎体大厚重，且有铭文，铸造精致，造型优美，为汉鼎中所罕见。

青铜鼎早在中国历史进入文明时代起，就成为奴隶主贵族身份等级的标志和统治者权力的象征。相传禹铸九鼎，代表天下九州。从此九鼎便成为夏、商、周三代的传国之宝。而后，作为旧王朝覆灭，新王朝的建立，都以后代夺了前代的鼎为象征。故朝代更迭叫“迁鼎”，开国建号叫“定鼎”，而图谋王权叫作“问鼎”。鼎的使用有着严格的界限。到西周时，用鼎已形成一套完整的制度，叫作“列鼎制度”，即不同身份的人使用不同数目的鼎，“天子九鼎，诸侯七鼎，大夫五鼎，元士三鼎或一鼎”。春秋后，一些墓葬常出现鼎的数目与墓主人身份不相符，超过了列鼎制度用鼎数目的规定，反映出奴隶制逐渐走向“礼崩乐坏”的历史状况。红土山西汉昌邑王墓除炼丹鼎外，同时还出土列鼎 9 件，尺寸、大小依次递减，形成由大而小的序列，已属天子规制，也充分证明了这一现象。

铭文遒劲青铜镜

镜子是日常生活用具，家家皆有，人人都用。人们最早临水倒映，后来用铜盆盛水，照看影子，盛水的铜盆又称之铜鉴。随着时间的推移，人们用青铜铸成平面，加以磨光，代替水平面，成为最早的铜镜。青铜镜在所有的青铜器中延续时间最长，上溯商周，下至清代，绵延数千年，最终为玻璃镜所取代。铜镜的铸造，每个朝代都有其各自的特征，尤以汉镜和唐镜的形制，工艺最为丰富和精美。

四乳连弧草叶纹镜，1977 年红土山西汉墓出土。镜径 21.3 厘米，厚 0.4 厘米。三弦钮，方钮座，钮座外有方栏铭文带，阳铸“服者君卿，延年益寿，安兴未央”16 字，隶篆体。方栏外饰四组草叶纹，有四乳钉相隔。边缘饰内向十六连弧纹。此镜纹饰繁缛，铭文遒劲，造型美观，铸造精工，是汉代青铜镜中的精品，具有很高的书画艺术和研究价值。

祭天礼地瑞玉璧

中国的玉器有着十分悠久的历史。考古发现证明，在原始社会时期，人们使用石器的同时，几乎也发现并使用了玉器。随着人类社会的发展，玉器的制作、使用及其功能也不断地发展演变。至原始社会后期开始，我们的祖先便赋予玉以特定的性质和特殊的社会功能。从此，玉器与中国传统文化紧密联系在一起，成为中华民族重要的、具有神秘色彩的艺术瑰宝。

玉璧，是古代的重要礼器，最初是从原始社会时期的有孔石斧演变而来的，其形为平圆形中间有小圆孔的板状体。古时候，人们认为天是圆的，地是方的，东南西北都有方位神主宰着。为祈求风调雨顺、国泰民安，每年都要举行隆重的祭祀天地和方位神的仪式，祭器也要用与天地四方诸神的色彩相配的玉器。早期的玉璧多光素无纹饰，周代以后，多为纹饰璧，主要装饰有龙纹、凤纹、兽面纹、谷纹和蒲纹等。谷纹和蒲纹璧又是奴隶主贵族表示身份等级的瑞器。

玉有山石之坚贞，又具有水一般的晶莹，而且色彩斑斓，是日月山川的精华，古人认为玉有灵性，能够和自然界各种神灵沟通。佩戴在身上可以辟邪、禳灾，能够护身、治病，是洁行的象征。所以，较小的玉璧又是人们喜爱的佩饰。春秋战国以来，儒家思想把传统的道德观念比附于玉上，认为玉具有仁、义、礼、智、信的道德内涵，“君子比德于玉”。在这种思想影响下，人们尚玉、贵玉之风日盛。古人认为璧是圆形之物，是和平友好的象征，而玉又具有诸多美德，是高尚之物，所以又多用玉璧作为信物和高贵礼品相赠，以表诚意。

玉璧在所有的礼玉器中，产生的时间最早，使用的年代也最长，它不仅用于朝聘、祭祀，而且还多用于丧葬。据考古资料证实，在商周至汉代的大型墓葬中多有出现。特别是汉代，随葬玉璧数量之多，制作之精美，可谓空前绝后。1977 年，红土山西汉昌邑王刘髆墓出土玉璧 28 件，其中最具代表性的一件玉璧璧径 23.4 厘米、肉宽 9.2 厘米、孔径 5 厘米、厚 0.7 厘米。璧面纹饰分为两个分区，外区雕琢 4 组双身合首龙纹，造型曲伸夸张，具有丰富的想象力和极强的艺术感染力。内区主纹为涡纹，地纹为菱形网纹，布局匀称规矩，全次分明。此璧质地优良，制作精工，构图严谨，纹饰繁缛，为汉代制玉之佳品。

礼仪重器青玉圭

1977 年出土于红土山西汉墓。该墓为大型竖穴崖墓，由封土、墓道、墓坑及墓室组成，随葬器物 1056 件。其中玉器 43 件，多置于棺内，玉圭置于死者头部。该圭长 9.2 厘米、宽 2.3 厘米，0.6 厘米。质地为半透明青玉，温润而泽，间有少许土褐沁。素面，尖首，折肩，方底，磨制光洁，棱角分明。

玉礼器在原始社会既是仪仗器，同时又是氏族首领的个人财产。主要器物有圭、璧、琮、璜居多，至春秋战国时期，玉制礼器则以圭、璧类为大宗，认为这两种器物能超脱自然，同祖先神灵相通，或能增加仪式的隆重程度而惊动鬼神。其中玉圭的使用范围则更加广泛，并且用制非常严格，它的形制大小也因爵位及所用之事的不同而异。“以玉作六瑞，以等邦国，王执镇圭，公执桓圭，侯执信圭，伯执躬圭，子执谷璧，男执蒲璧。”“谷圭以和难，以聘女；琬圭以治德，以结好；琰圭以易行，以除慝。”（《周礼·春官·宗伯》卷五）。另外，“祭祀之地，以青圭礼东方，以赤璋礼南方，以白琥礼西方，以玄璜礼北方”。这种用玉制度在很大程度上说明了仪礼玉器的政治和宗教的象征意义。

红土山西汉墓出土的青圭，质地优良，制作规整，是墓主人身份、地位和权力的象征。它不仅为研究我国古代玉器的发展、演变提供了珍贵的实物资料，而且对于研究西汉时期的政治、文化以及礼仪、丧葬制度有着十分重要意义。

精工妙品玉剑饰

“古之君子必佩玉。”在中国几千年的奴隶社会和封建社会中，玉器是权力、道德、礼仪的象征。西汉时期，男子喜欢佩剑，尤注重剑的装饰，以显示自身地位和权力。剑饰的质地有木、漆、铜、银和玉等，其中以玉饰最为珍贵。玉剑饰，又称玉具剑，有首、格、珌、璏。玉饰剑，剑增风。玉具剑多雕琢螭龙或猛兽，寓勇猛锐利之意。使佩剑极尽威武之貌，平添几分华贵，以显示其身份与威严，并有辟除邪魔之作用。剑饰所用玉质厚而坚，选料考究，制作精工。1977年红土山西汉墓出土的金丝铁剑，是该墓8件剑中最大的一件。剑长120.5厘米，其中柄长38.8厘米。剑柄缠绕10组金丝剑身锈蚀严重已残断，剑鞘亦朽，一套玉具剑——玉首、玉格、玉珌、玉璏保存完整。

玉首是安装在剑柄顶端的饰。长6.5厘米、宽5厘米、厚1.6厘米。因长期土浸，呈黄褐色。玉首浅雕云纹为地纹。上浮雕5只螭虎，形态各异盘绕其间，构图巧妙，雕琢精工。上端因造型而宜隙入或廓出，凸凹参差、生动活泼，加之采用镂空艺术手法，更显得玲珑剔透。下端为方形，有三孔，是为剑柄插入处。

玉格，又称镡或珥，为柄与剑身之间的饰。长1.6厘米、中厚2.5厘米，正面中凸成弧形，高浮雕突起一螭虎，扭颈曲身，占据整个器面，构图想象力丰富，雕琢细致入微。背面为菱形，浅雕云雷地纹。

“珌，下饰也。”又称作剽，即佩剑（刀）之鞘末端的饰。此珌长6.3厘米、宽3.8厘米、厚2.2厘米，黄褐沁玉。正、背两面皆阳琢云纹为底纹，浮雕一只螭虎盘绕于两面，体态轻盈夸张舒展自如。

玉璏，亦称文带，为佩剑挂带上的饰。长6.2厘米、宽3.1厘米，正面呈弧形，浅雕螭虎一只，造型生动，背面有銎，为系带之用。

玉剑饰起自周代，至汉代而兴盛，至晋代衰落，尔后人们渐用金银、玳瑁、蚌蛛等物替代之。《晋书·舆服志》云：“汉制自天子至于百官，无不佩剑，其后惟朝带剑，晋世始代之以木，贵者犹用玉首。”《周迁舆服杂事》云：“汉仪诸臣带剑，至殿阶解剑，晋世始代以木，贵者犹用玉，贱者用蚌、金银、玳瑁为雕饰。”晋代之后“真剑亡而玉具也随之没矣”。

平剑饰一般均配以单件或双件，配三件者已不多见，这套珍贵的玉具剑四饰全具，实属罕见。其构图之巧妙、纹饰之繁缛、造型之生动、线条之流畅、刀法之娴熟、雕琢之细腻，无不反映出古代先民聪颖的智慧和高超的艺术才华，至今令人叹为观止。

品性高洁汉玉蝉

蝉，形状可爱，鸣声响亮，蜕于浊秽，而浮游于尘埃之外。很早以前就受到人们的关注。玉蝉则是古代常见的玉器造型之一。

玉蝉的用途大体可分为三种。一种为佩蝉，顾名思义，是古代专门佩戴在人身之上作避邪和装饰之用的佩件。另一种为冠蝉，是缀于帽子上的饰物。再一种就是专门放置于死者口中的葬玉，又称之为玉琀，古人认为蝉性高洁，出污泥而不染，饮甘露而飞鸣。再者蝉秋凉而逝，入土来年又出生，能够周而复始、生生不息。因此，死者口含玉蝉可祈望转世再生。

汉代讲究厚葬，葬玉之风尤盛，而汉代玉蝉最具特色，精练的“汉八刀”工艺，简犷有力，刀刀有锋。1977 年，红土山西汉墓出土的一件玉蝉，长 4.5 厘米、宽 3.5 厘米，为鸡骨白色土浸玉。器面平滑光洁，边缘棱角分明，线条简练流畅。寥寥数刀，就刻画出蝉的双眼、翼翅和身躯。此蝉不同于其他琀蝉的是，背面刻有阴线圆卷，并钻有 3 个小孔。小孔应是当时作为冠饰缝缀之用。由此可见，此蝉系先为冠蝉，尔后改做琀蝉之用。此玉蝉造型雕工精妙，不愧为玉雕珍品，堪称玉制立体绘画。

匠心独具玉握猪

玉猪，又称玉握，是死者两手中的握玉。1977 年红土山汉墓出土的一对玉猪长 12 厘米、宽 2 厘米、高 2.5 厘米。为浅褐色土浸玉，玉料圆润，琢制光洁。造型美观，构思巧妙。猪身修长呈卧状，头前伏，眼角微翘，双耳后抿。臀部则充分利用了玉料的原有弧度，显得非常自然、逼真。器身采用阴线雕刻，以线条的弯曲伸展表现猪的肢体特征，既有刀刻的刚练，又兼线画的优美，可谓匠心独具。

汉代大兴厚葬之风，以玉殓葬成为时尚。葬玉的种类很多，玉握只是其中的一种，常见的还有玉琀、玉衣、玉塞、玉面幕等。玉握以玉猪较多。

这对玉猪没有繁缛的纹饰，仅数条阴线就将猪的形象刻画得栩栩如生、惟妙惟肖。它融会了匠心高深的艺术修养，是汉代简洁、雄健、粗犷玉雕技法的经典之作，同时也是精美的玉制写意画。

三、珍品流传——菏泽书画史迹

书画艺术从远古陶纹饰到复杂的古墓画像石，由古朴的铜纹饰到玲珑玉雕和精美瓷器画，树起一个个里程碑，标示着这条艺术长河激浪扬波奔流向前。而那些世代流传的文化珍品，则彰显出菏泽书画的闪光史记。

东汉古墓画像石

绘画，《中国大百科全书》定义为："用色彩和线条在平面上描绘形象的美术类。"早期的绘画遗存，大多因附着于硬质材料才得以保留下来，如崦画墓室画像石、陶器纹饰、玉器纹饰、青铜器纹饰、砖瓦上的图像、木质器物上的图像等，所以早期的绘画不一定是绘，还有可能是"制"。

菏泽市境内出土的画像石，就属于我国早期的重要绘画品类。这些墓葬画像石多分布在牡丹区、巨野、成武一带，其雕刻技法有平雕、浮雕、阴线雕等；雕刻内容多为水波纹、几何纹、栉齿纹和车马出行图等，其线条精细纤巧、图像形态生动。近期在巨野县大谢集镇昌邑集附近发现的一座古墓室，经专家鉴定为东汉时期的贵族画像石墓。2005 年 6 月，昌邑集村民在万福河内取土时，意外发现了这座古墓。整个墓室完全用优质青石砌成，呈西北—东南方向，分三个开间，高出地表约 3 米。墓室门楣和石梁、石柱上都以二龙攀壁为主题，雕刻非常精美，充分显示出当时高超的雕刻绘画水平。整个石柱分为柱础、柱身和柱顶三部分组成，其柱础雕饰为瓦楞纹羊头形象，风格独特。

昌邑集位于巨野县城南27公里处，是西汉山阳国、昌邑国的都城，昌邑在春秋战国时期为邑，秦时设县，西汉时期为郡治，景帝中元六年（前144）置山阳国，封梁孝王之子为山阳王，昌邑遂成王国都城。据专家考证，这座东汉时期画像石墓的发现，对研究汉代的社会、政治、书画文化等都有很高的价值。

无价之宝宰甫卣

宰甫卣是晚商青铜器，高31.5厘米、口径11—13厘米、腹围59.5厘米、重5.1公斤。盖有蘑菇形钮，盖顶和器腹饰兽面纹，盖沿和圈足饰夔纹、兽面纹，口沿下有小兽头，提梁饰勾连纹，两端各有小牛首。器盖和器底内壁对铭3行共23字：

“王来兽（狩），自豆录（麓）。才（在）〈礻奚〉师，王乡（飨）酉（酒）。王光（贶）宰甫贝五朋，用乍（作）宝{将鼎}（奖）。”大意是：殷王自豆麓狩猎归来，在禊地宴飨时，赏给宰甫五串贝，宰甫因作此器以志其事。

殷商铜器铭文一般只有一两字，多者数字。像宰甫卣这类长篇词铭文的铜器极为罕见。宰甫卣的发现和确认，为研究殷商地理、历史文化及铜器断代提供了重要标本。从书画艺术角度来说，饰纹、书法皆精美的宰甫卣也是一件无价之宝。

白釉黑花人物罐

国家一级文物，罐直领圆唇，上鼓腹，急收成细腰，腰部以下细直，圆实足。口径14.7厘米，腹径29.8厘米，足高17厘米，底径13.8厘米，通高33厘米。

罐内壁施生赭色薄釉，露土黄色胎，胎质坚硬，有切旋刀痕，造型古朴典雅，釉质蒙润细腻。

罐表纹饰多为黑彩，肩、腰部两道宽纹带将器表分为三部分，以腹部的人物、花鸟为主。罐口沿、唇部为生赭色釉，口沿下有一窄纹带，颈部环饰六组细云纹，颈下又有两窄纹带，肩部为一宽纹带环绕，宽纹带的内、外两侧各有两道窄纹带环饰，与颈下窄纹带形成一圆环，其间饰以变体花卉。四朵菊花均匀分布在环内，菊花周围饰以烦琐的缠枝葡萄图案，且遍布大小不等的咖啡色点饰。

腹部两窄纹带之间，用黑彩画成三个不规则的椭圆形框，首尾依次相接。框Ⅰ内左边为一株大树；浓荫蔽日，三块太湖石居于大树的前方和两侧，间有花草，右面为一座假山，小巧玲珑，其上花卉丛生，远空白云隐现；中间立一少年，束发无须，宽襟袍袖，长衣及足，腰系飘带。发带临风起舞，长衣为风飘拂，右手在髋前，左手置腰后，脸微右偏，一副闲逸神色。框Ⅱ内构图大致同Ⅰ，只是人物右手垂后，左手前移，作行走状；头更偏右，似观右后物。框Ⅲ内饰以简洁的缠枝，一只鹦鹉静立枝上，空中白云飘逸，衬托出恬静的气氛。三框相接处构成六个三角形，其间皆以变体云纹填饰。腰部上、下两端亦各有两窄纹带，中间以十三个“司”字形云纹装饰一周，上下贯通，使整个瓷缸纹饰浑然一体，最下方有一道宽纹带环绕足部，既协调了纹饰的整体布局，又清除了瓷缸的“头重脚轻”之感，恰到好处。

所有纹饰均用毛笔勾画。缠枝、云枝之设景布局，虽略嫌烦琐，却全无拘谨之笔，画师胸有成竹，信手勾抹，笔法娴熟、简洁，形成流畅自然的独特风格。画菊，先用笔旋出几道罗纹，再以折笔粗勾一圈即为花瓣；咖啡色点饰，全无规则，即兴笔而就；画人物则线条流畅、飘逸，寥寥数笔，勾画出画中少年信步秋野、豪赏细吟的情态，生动传神瓷罐之造型典雅、别致，纹饰之独特、生动、流畅、自然，烧制之精巧，都不失为我国古代陶瓷中的珍品。

宋白釉黑花人物罐，于郓城县宋故城址出土，1976年征集入藏。1980年，曾在“山东省考古新成就”及珍藏文物展览中展出，并已收入《文物精华辞典》。

开光禽纹四系罐

1989年出土于章疑镇东刘庄村。高59.2厘米、口径13.4厘米、腹围111厘米、底径17厘米。圆唇，短颈，鼓腹，宽圈足稍外撇。上部为白釉黑花，颈部对称饰有4个叶状系（鼻），4组羽状纹点缀其间，腹部开光（窗）对称饰云鹤图案和扁形羽状纹；下部施黑褐釉；器里无釉。该罐器大胎厚，釉下黑花，笔法洗练、画面疏朗，为元代磁州窑系的典型产品。磁州窑，是活跃于北宋至元代我国北方的著名民窑之一。主要集中在河北省磁县观台镇，鼓城镇为中心的地方，因古属磁州而得名。窑址遍布河北、河南、山东等地，其风格以烧制白釉釉下黑、褐彩瓷为其主要特征。在瓷器史上，以“风调率真”“创变新种”等著称，尤其是用绘画装饰器物，开我国瓷画艺术之先河，对后世的影响极为深远，特别是为明清瓷器的进一步发展奠定了基础。

这件四系罐气势雄浑，烧制精良，白釉晶莹，黑釉光亮；绘画率意自如，线条流畅；构图洒脱，生动活泼，给人一种精丽而飘逸的艺术感受。

玉壶春瓶称极品

元代釉里红玉壶春瓶 1975 年出土于陶庙镇苏坑元代墓。瓶高 28.1 厘米、口径 7.5 厘米、底径 9.3 厘米、腹径 15 厘米。敞口，细颈，垂腹，圈足，造型优美舒朗，呈水滴状。器身装饰，层次分明，颈部绘有成组的卷云纹，腹部饰主题纹饰为缠枝牡丹图，白地红花非常艳丽，红色微显晕散状。器胎薄而细密，叩之清脆。通体施釉，莹润光洁。

釉里红是元代出现的一种装饰工艺，以铜料为呈色剂，在胎上绘画填色后，罩透明釉于高温下一次烧成。由于呈色不稳，难以控制，铜红料边缘易出现不同程度的晕散，红色也易烧成灰、黑等现象。但此瓶的红色纯正艳丽，当属釉里红瓷器的精品。

玉壶春瓶是古代瓶类中特有的一种，大约在宋代开始再现、定型。其名因“玉壶春酒”则得。元代玉壶春瓶的装饰逐渐丰富起来，出现了青花、釉里红等新的釉彩品种，用途也由单一的盛酒器成为人们陈设、欣赏的艺术品。

釉里红映日，玉壶春色新。这件玉壶春瓶无论从造型、工艺、釉色方面还是烧制温度的掌握上，都是恰到好处。虽然出土时已残缺裂纹，但其仍不失为一件极具研究和收藏价值的艺术珍品。

白玉雕狮夺天工

白玉雕狮，长 17.9 厘米、厚 4.5— 6 厘米、高 7.5 厘米。白色中泛黄，不透明，内含柳裂纹路，质地略干。采用立体透雕手法，雕刻出一对大狮子互相追逐，旁边有一只小狮回头张望，前有一绣球仍在滚动。三狮相嬉戏，生趣盎然。狮子形态逼真，造型准确，眉目传神。雕刻刀法自如，遒劲有力。狮子五官精确，位置合体，前爪后爪细致入微，鬃毛微耸，历历在目。整件玉雕构图完美，一气呵成。可谓巧夺天工，堪称精美的玉雕画。从其选材、造型和雕刻技法研究分析，拟为明代中期佳作。

高足鼓腹草叶纹罐

高足鼓腹草叶纹罐系元代瓷器，高 26.2 厘米、口径 16.5 厘米。短直领广肩，圈足，鼓腹，腹部彩绘褐色花卉，草叶条带纹。内壁为赭色釉。此类罐在菏泽市境内发现数量较多，有的在腹部彩绘人物、花鸟等。此罐造型古朴，图案写实，充满乡土气息。因其造型像只鸡大腿，故俗称“鸡腿罐”。有较高的历史、文化和书画艺术研究价值。

四、历代碑刻——菏泽书画长廊

碑刻，是纪念、追思和褒扬已故前人或标示记述某重大事项的一种手段和形式。我国自汉代始，树碑立传之风盛行，碑文的撰写、书丹、镌刻和雕饰，形成特有的碑刻文化，特别是碑刻书法艺术日臻完美。数尺见方之石，成了历代书法大家纵横驰骋的展示之窗和用武之地，且历久不衰。

作为书画之乡的菏泽，更是名碑璀璨。其中书坛巨匠蔡邕书《张寿墓碑》、虞世南书《东庙堂碑》、赵孟頫书《张成墓碑》以及“文笃书绝”《渡君碑》、书文刻“三绝”《屏盗碑》等，尤其华彩夺目，实为传世极品。历代碑刻组成了菏泽书画的历史长廊，使后人尽情领略中华书画艺术的时代之光。

蔡邕书张寿墓碑

东汉时期，树碑立传之风特盛，遗存甚多，琳琅满目。现存于菏泽市成武县的《张寿墓碑》就是“体法百变，独步古今”的东汉大书法家蔡邕亲笔所书。

蔡邕（132—192），字伯喈，东汉陈留（今河南开封）人，不仅是著名文学家，而且“工书画，善鼓琴”。建宁（168—172），为中郎，校书东观，刊正六经文字，书于太学石壁，天下模学。又创“八分书体”。为书坛独树一帜。汉灵帝曾召蔡邕画赤泉侯五代将相于省，兼命其作赞并书。蔡邕向以绘画、书法、文章擅名。散文长于碑记，工整典雅，多用偶句，时颇受推崇。通晓经史、音乐、天文；善书法，创飞白，工篆隶，尤以隶书著称，方挺严整，点画俯仰，体法多变，有骨气洞达，爽爽有神，“体法百变，独步古今”之评。熹平四年，灵帝诏许蔡邕与堂溪典写定“六经”文字，部分由蔡邕自书丹于石，立太子门外，世称“熹平石经”。又曾于鸿都门见二匠用扫帚写字，得到启发，创“飞白”书，后人竞相模仿。蔡邕所画、书、赞的《赤泉侯五代将相》，被世人赞为“三美”，实开诗、书、画“三绝”之风。他还有《讲学图》《小列女图》传艺。他的女儿蔡琰（文姬），书法界随其父，杰出的一代才女，多才多艺，曾被魏王曹操特意从匈奴赎回，让其继承父志，并作成《胡笳十八拍》，成为艺阁文坛的传世佳话。

张寿墓碑，全称《汉故竹邑侯张君之碑》，建宁元年（168）立。张寿（88—168），字仲吾，东汉竹邑侯相，曾任谏议大夫、尚书右丞。《成武县志·人物志·乡贤》有传。“建宁元年五月辛酉卒，葬于文亭山后。墓高如陵阜，蔡中郎为之碑。”

《隶辨》载：该碑原文542字。但明代时毁其下截，时仅存上段16列，每列14字，中间凿去40字，仅存184字。后经自然剥蚀和人为因素，又毁损30字，现可识读者尚有150余字。

该碑于明万历年间，由成武县令揭堵孔壁，洗其困辱，砌在县孔庙戟门东壁，才得以保存下来。康熙年间，移至学宫，置于衣亭。清乾隆五十六年，林绍龙任成武知县，又将其嵌在新建的“敬一亭”廊壁上，并题跋。“敬一亭”毁于20世纪50年代初，经地方仁人移至成武县干部职工业余学校，砌在西屋墙内，和黄华老人（元书法家王庭筠）诗碑共砌一室，躲过了20世纪60年代毁碑烧石之劫。

该碑书法水平很高，受到历代金石学家推崇。历代金石学家多有考评。宋代文学家、历史学家欧阳修为该碑作跋，跋称该碑为蔡邕撰书。并收入其编写的金石著作《集古录》中。欧阳修见到此碑时，碑尚完好无损。欧阳修治学考证严谨为世人公认，因此他的考评和题跋是可信的。后人及一些金石著作和志书多沿用此说。清代著名金石学家方朔、邓石如、朱彝尊、牛运震、翁方纲等也均考证过此碑，并作评题跋，方朔称其为“汉隶中的妙品”。清隶书宗师邓石如对此碑是钟爱有加，30岁得此帖，终生临摹，妙得其趣，称“汉隶古朴雄奇以《张仲吾》为最”。

《金石图说》评：“张寿碑大体与白石神君碑相似，方整廉谨，凝若列圭，汉之未造也。然开曹魏以来隶法不浅矣。”该碑书法主要特点是：古朴雄奇，方劲严谨，大巧若拙，字形结体或大或小、或长或扁，不囿于线格，均由笔画和字的结构决定，无拘无束，一任自然。横画以方笔起始，笔笔如铸，撇捺波挑，自由奔放，雄迈静穆，变化多端。细微之间，横生妙趣，故显遒古雄奇之姿。1926年上海扫叶山房《四体大字典》，曾选用其中部分字作范字；1978年齐鲁书社出版《山东秦汉石刻》刊用该石影印拓片，并作介绍；《中国书法鉴赏大辞典》也介绍了该碑书法；1987年又有该碑单行碑帖出版发行。近年来，有不少著名书法家专程来成武观赏该碑，该碑1979年被列为山东省碑刻，列入国家珍贵历史文物。

昌邑故城渡君碑

1999年3月20日，菏泽市巨野县文物管理所人员在汉代昌邑故城遗址发掘出完整的东汉碑一座，碑额题有“故行事渡君之碑”等字。

“渡君碑”以石灰岩制成，置于长方形覆斗式碑座上，碑额为尖状三角形，碑身呈“圭”形。此碑体完整无损，周身遍刻纹饰，底层环刻菱形纹，其上收分，刻几何纹，座面阴刻波状纹，间饰朱状纹，与汉代画像石纹饰类同。碑文所记渡君，生前为地方官吏，其职务或为功曹，后为行事，通于儒学，为地方所重，“正色在朝”“建忠臣君”“声重位薄”。其文皆隶书。

汉碑出土原本很少，新出土的完整碑更少。碑文的书法布局四边皆不对称，这在汉碑中还是首例。特别是碑座遍刻纹饰，在汉碑中也属罕见。碑文书法与蔡邕所书的《张寿墓碑》相近，笔画消瘦而不觉雷同，字体横放纵敛，上下疏朗，横向稍密，碑文都集中于碑身中心部位，上下左右空白无字，这在汉碑中极为少有。因此，《渡君碑》无论在书体、纹饰和布局等多方面都有其独特个性，为汉碑和书法研究提供了不可多得的珍贵资料。

虞世南书庙堂碑

虞世南（558—638），字伯施，越州余姚人，唐初书法家。官至秘书监，封永兴县令，人称虞永兴。深得唐太宗器重，称其“有出世之才，遂兼五绝：一曰德行，二曰忠实，三曰博学，四曰文辞，五曰书翰”。并称“有一于此，足为名臣，世南兼之”。能文辞，工书法，先习魏晋六朝碑版，真草隶篆精通。后亲承王羲之七代孙智永传授，继承了二王（羲之、献之）的书法传统，外柔内刚，笔致圆润遒劲，形成了圆融秀润、沉粹静穆的书风，人称虞体，成为唐初楷书的艺术巨匠。与欧阳询、褚遂良、薛稷并称“唐初四大书法家”。现珍藏于菏泽市成武县的《孔子庙堂碑》（即东庙堂碑）为其正书碑刻的代表作之一。

成武县的孔子庙堂碑，正书，唐初著名书法家虞世南撰文并书。碑文记述了唐高祖武德九年（626）封孔子二十三世后裔孔德伦为“褒圣侯”及修葺孔庙等事项。此碑初建于贞观七年（633）。据《庚子消夏记》说，当时“车马填集碑下，毡拓无虚日”，不久碑石即见毁灭。《辞源》记载：武后长安三年（703）又重刻一次。相王李旦篆额，冠以“大周”二字。大中四年（850），祭酒奏主琢去。仅存“孔子庙堂之碑”六字。后来石也不存。北宋建隆、乾德间（960—967）再经王彦超据拓本翻刻。该碑“书法俊朗圆腴，内刚外柔，为唐楷典型之一”。（《辞海》）

据《辞源》《辞海》和《成武县志·金石志》载：“庙堂碑有四：一在西安，一在曲阜，一在成武，一在饶州之锦江书院。”饯州、曲阜本皆未之见。故现存重刻本有二：一在陕西西安碑林，号称“西庙堂碑”，为宋初王彦超摹刻，明嘉靖时地震，石断为三。一在山东成武，亦称“成武本”，或“东庙堂碑”。该碑无刻石年月。可是清代金石学家翁方纲跋云：“成武县学虞书庙堂碑，不著上石岁月，以欧阳集古及鲜于困学二家之言考之，知陕本泐于北宋时。而陕北汹处，此具有之，则非宋后刻也。”又据元虞堪胜伯《序》云：“定陶河决得之，此《序》在至正二十六年，尤可证也，且行次位置与陕西不同。”又甘扬声跋曰：“西安本即今贴肆所售者，此本为朱莲亭宰成武时所赠，行次空格与西安本不同。”“成武本”碑文排序遇“夫子”“大唐”“皇帝”“皇上”均抬头，另起一列，铭文部分也抬头另起一列。这种碑文书写格式更合唐初官方文书和碑文书写格式。“陕本”仅作空一格处理，无作抬头，基本上通碑满排。据此，一般认为“陕本”系据唐拓剪本摹刻，而“成武本”则是按唐碑整拓复制，它完全保持了原碑的书写格式。因此，清代金石家翁方纲曾跋云：“成武本”行次位置与陕本不同，是从唐初本摹无疑耳。

该碑高 2.09 米、宽 0.89 米、厚 0.22 米，字 33 行，行满格 33 字，碑上部凿錾点密密麻麻，下部剥蚀严重，字迹多温涣不清。该碑原置于成武县学，中华人民共和国成立后由县文化馆保存。

《孔子庙堂碑》艺术价值较高，被誉为唐碑第一。碑文通篇 2040 余字，洋洋洒洒，珠玑连篇，极富文采。其书法用笔圆腴、法度严谨、笔势舒展、疏放灵润、韵度十足，一派平和中正之气象，前人以“沉粹”形容之。北宋黄山谷诗云：“孔庙虞书贞观刻，千两黄金哪购得。”喜爱书法者得成武本学之，亦可知永兴笔意。书因人而重，物以稀为贵，虞书已是凤毛麟角，极其少见。“东庙堂碑”虽系摹刻，当属稀世之珍品。该碑 1979 年被山东省列为重要碑刻。

赵孟頫书张成碑

赵孟頫是中国历史上最具影响的大书法家，被誉为“书名天下”“元朝第一”，今菏泽市成武县珍存的赵孟頫所书《张成墓碑》，即是“赵体”的精品佳作。该碑书法运笔稳重，出神入化，结构严谨，韵致古雅，姿势雄健，对当今书法也有重要意义和引领作用。

赵孟頫（1254—1322），字子昂，号松雪，另号欧波、水晶道人等。吴兴（今浙江湖州）人；宋宗室，赵匡胤十一世孙，秦王德芳之后。宋亡后，出仕元朝翰林院学士承旨，光禄大夫，有“被遇王朝，官居一品，名满天下”之誉，死后封魏国公，谥号文敏。

《张成墓碑》全称《兵部侍郎张公墓碑》。碑身高440厘米、宽120厘米，厚44厘米。字22列，满行60字。螭首龟趺，制式宏伟。由元代翰林侍讲学士中奉大夫知制诰同修国史元明善撰文，元代大书法家集贤学士资德大夫赵孟頫书丹，元代资善大夫御史中丞王毅篆额，刻于元仁宗延祐二年（1315）。

张成墓碑其碑文内容为张成的生平事迹。碑文载：张成居于济宁之虞城，曾仕金，为大河埽军长，金灭，成北徙，三迁至成武县，于至大四年（1311）用其子（严中大夫两淮都转运盐使张孜）思制赠中宪大夫中书兵部侍郎上骑都尉清河郡伯。成与其夫人孟氏沛县河太君合葬于成武县之小房里，碑之左侧刻有四言铭赞，其字迹不可辨认。

该碑局部剥蚀，中部錾凿，字迹不清，余多数尚能辨认，此碑有裂缝一道，用铁板在其缝处进行了加固，原有一碑楼保护，20世纪50年代后期被毁。此碑文字和书法价值很高，故一向为世所珍。

撰写碑文的元明善，清河人，早以文章自豪，深于春秋，出入秦汉间，晚益精诣。仁宗时官至翰林直学士，诏节尚书经文，译其关政要者以进，书成，每奏一篇，帝必称善。该碑文，述事交代清晰，文若行云流水，《曹州府志》及《成武县志》均将其碑文收录《艺文志》。

为该碑撰写碑额的王毅，原汶上人，举进士，官翰林学士，承旨，后官至中书平章政事。其篆“兵部侍郎张公墓碑”八字，运笔稳重，结构严谨，颇具功力。其当世三位名人共事一碑，堪称文笃书绝，是十分宝贵的历史文化遗产。

皇封苗公先茔碑

此碑位于成武县城北20里苗楼村东南约100米处，为元朝皇庆元年（1312）十月建，距今已690余年。由于年代较久，碑下部淤积地下。现地上部分高340厘米、宽120厘米、厚33厘米。碑帽高140厘米，碑首雕刻盘龙，额曰“谦访苗公先茔碑铭”，后面额曰：“苗氏宗系之图”，原有碑楼，解放战争中为国民党军队破坏。据周围群众说，地下尚有1米，并有龟趺。

该碑为国子博士从仕郎江南诸道行御史台监察御史刘泰撰文，中顺大夫陕西诸道行御史台治书侍御史马儆之书写，资善大夫御史台中丞冀德方篆额。碑文正楷，师法羲之，体势峻拔，风神秀逸，字体端庄秀润，绰约多姿，古雅可人，一派大家风范，当地好书者时有磨拓。

碑有序，记叙了苗好谦从他的曾祖迁于此地以来的情况。其曾祖名已失传，娶李氏、陈氏为妻。其祖父为李氏所生，名苗润。其父苗全，生五男，好谦为长。其先茔碑是好谦和他的弟弟好让、好古、好问、好义所立。

碑前有翁仲，已淤积于地下，中华人民共和国成立初仅存头部，“文革”中被毁。平坟时曾有砖室墓出土，系悬棺，多在地面以下 4 米余深，但无文物出土。

“谦访苗公先茔碑”正面字迹尚清晰，略有破坏，碑身开始出现裂痕。

苗好谦《成武县志·乡贤》有传。初为元郡察院属员，历工部枢密院史曹，其禀赋寡默刚毅，谙练事体，清廉公正，具有改革创新精神。大德元年擢为大宗正府都事，大德四年升为丞务郎，大都路都总管推官，后又升为御史台监察御史。大德六年，迁江南诸道御史都事。大德十一年，加奉训大夫签淮西江北道肃政廉访史。其为政，弹劾不法，执宪绳违，威声凛凛，奸脏为之胆落。入朝为司农丞。他善课农桑，著有《载桑图说》，仕宗褒称：“农桑农食之本，此图甚善。”赐衣一袭，命刊印千帙，散之民间。又晋升为御史中丞。卒，赠中书参知政事，谥训肃。敕封立先茔碑，当朝三御史分别为此碑撰文、书写和篆额，实为书法金石史上罕见之举。

大周“三绝”“屏盗碑”

全称大周推庞大奉义翊戴功臣特进检校太保使持节济州诸军事行济州刺史兼御史大夫上柱国西河郡开国公食邑二千三百户任公屏盗碑，简称屏盗碑。原立于巨野县城北关护城河外路西。五代后周显德二年（955）立。由于历代黄河水患淤积，该碑大部分被淹没于地下，暴露地面约 80 厘米。为弘扬民族优秀文化，充分发挥历史人文资源的巨大作用，2002 年，在社会各界的大力支持下，屏盗碑被发掘出土，移立于永丰塔之阳，并修建了碑亭，以加强保护，壮其观瞻。该碑龟趺螭首，优质青石裁成。碑身下宽上窄呈梯形，通高 516 厘米，宽158—142厘米，侧宽62—55厘米，重约13.5吨；龟趺高100厘米，长293厘米，宽160厘米，重约9吨。朝议郎行左拾遗充集贤殿修撰李昉奉敕撰，翰林待诏朝议大夫行司农丞张先振奉敕书。

任史君名汉权，四川人，以武略事累朝，以占功登贵仕。初牧于丹州，有排乱折冲之绩；移治于赵州，有安边镇静之功，所至皆留能名。他任济州刺史后，“齐之以刑，导之德”，屏盗息民，澄清四封。于是，百姓拥戴，为其请命竖碑颂德。周世宗大悦，诏令述文，以示嘉宠。

屏盗碑为高浮雕螭首，首高116厘米，上雕8条龙盘绕，龙首对称下垂于左右两侧，瞠目张牙，舞爪拱珠。额间篆书“大周任史君屏盗之碑”3行9字。字径约14厘米，为军事判官朝议郎试大理司直兼殿中侍御史张穆所篆。

碑阳刊文26列，慢列75字不等，共计1543字。其中正文22行计1408字。字径约4厘米，行书体。碑文记载，后周皇朝新建济州，治于巨野县。时“山幽薮深，亡命攸萃”，最为难治。一些“游惰之夫释耒耜之用，钩锄弦木，窃弄于乡闾之间”，尚或“诱轻生之民，聚无赖之徒，巢枭穴狡，窃发于晦暝之中”。周世宗诏命政绩卓著的前赵州刺史任汉权移治济州，惩盗化民。任公“嫉盗之意切，诛盗之令严，去盗之术行，屏盗之誉显”。“介马负先驰之勇，阴门提夜出之兵，狼心尽革，民患皆除。”然后“缓之以约束，宽之以法令，养之以惠爱，劝之以礼让”，使民风好转。“里无惰农，乡无狡童”，农工商贾，康庄播颂。

撰文者李昉，字明远，深州饶阳（今属河北）人，五代后汉乾祐间进士。至后周，世宗赏爱其才，累官左拾遗、集贤殿修撰、屯田郎中、翰林学士等职。而后入宋，加中书舍人，知贡举，受诏同修《太祖实录》，后拜工部尚书、右仆射、中书侍郎平章事等职。有文集50卷，并主编《太平御览》《太平广记》《文苑英华》等巨著，其修辞法度谨严，层次分明，述论并茂，文字精练，使人拍手称绝。

此碑书法艺术极高，整体布局得当明快流畅；笔法取二王神韵，虚实映照、动静相交。结体婉丽流美而筋骨分明，形态变化多姿而气势连贯，富有极强的节奏感，给人以隽秀飘逸、飞运通用的艺术感受。书者张光振，其传略不见记载，但就其奉敕而书来看，应为当时著名书家，不知何故，未被列入史籍。

屏盗碑向以“文好、书佳、刻精”著称，气宏势凝，久享盛名，父老相传为“三绝碑”，即文绝、书绝、碑绝。始自五代，历经宋元明清，至今已千余载，而字画完好无损，弥足称奇。它不仅为证史补史提供了可靠的实物资料，而且对于研究古地理环境和地貌变迁以及文学、书法艺术的发展具有极其重要的价值和意义。

华严三圣刊经碑

华严三圣刊经碑，北齐河清三年（564）立。此碑几经迁徙，多次重立，原位于大义镇小徐营村西石佛寺。解放初期寺废，大量石刻造像俱残毁或散失，唯刊经碑幸存。1989 年文物复查时发现，1990 年，暴风雨中倒塌的窑场工房将其击倒，碑身断为两截，现藏于巨野县文物管理所。

此碑为高浮雕蟠螭额像碑，素面方座，座高 26 厘米、长 135 厘米、宽 90 厘米。碑峰高 290 厘米、宽 88 厘米、侧宽 17 厘米。其中碑首高 55 厘米，浮雕 4 条龙交缠盘绕于两面，龙首下垂，舞爪拱珠，设龛造像一铺三身。主尊为佛，高 25 厘米，跣足立于圆台，双臂被毁，面部亦残。面相方圆，耳大垂肩，高肉髻，着袒右肩袈裟，衣纹呈阶梯形，稀疏清晰，排列有序。两侧为菩萨，高 23 厘米，体态婀娜，面佛相向跣足立于圆台上。头戴宝冠，上着帔帛，腰系带，腹部饰一圆形物，下着衣裙。左侧者右手执莲蕾，左手抚于胸，头部残。右侧面相丰满俊秀，左手执蕾，右臂残缺，仅存手部，持一物难以辨认。据碑文有“华严经”字样而断，这组造像当为华严三圣，即卢舍那佛与文殊、普贤二菩萨。碑额整体构图巧妙，布局得当，雕刻精致，技法娴熟。从形制的风格来看，显然与山东其他地区的像碑多圆首、圭首有所不同。而与河南地区的像碑相近似。巨野县近壤于豫，此碑应是受其像碑艺术影响的产物。

碑阳刊经文 8 行，共计 201 字，主要内容为佛说破斋者随饿鬼地狱。书体为隶书，字径 10 —11 厘米。章法字距小于行距，宽结舒展，典雅端庄。结体严谨而不拘泥，个别点画有意出奇移位，以方整中求变化，以平稳中见灵动。其用笔多为圆笔，笔画浑厚丰满、淳朴遒劲，承其隶书法度，又露楷之端倪，横折笔出现楷化现象，显现出浓厚的近代艺术风格和特色。此外，此碑较多地使用了别体字和变体字，个别字沿袭了小篆的笔画结构。同时，还出现了4个简化，是迄今已知年代最早的简化字，从而把我国出现简化字的历史上推到南北朝时期。

碑阴亦蟠螭首，二龙拱珠设题额，额刊功德主姓名，6行26字，字径5厘米，正楷书法。下刊发愿文及布施人150余人，碑左、右两侧均刊有诸题记，字迹多漫漶磨泐。右侧面为“大安元年三月十八日季口立碑人本村徐忠等队塘闫希记”“弘治十年十月十七日重立住持道女大都维那贺芒女”“发心季口化主圆学”“大济河清三年太岁在甲申七月八日讫功”。碑左侧面刊小字一列44字，“时大元至正三年仲夏良日住持大明院沙门德渊同乡僚闫敦武等同竖石日再移古碑永为后志王世荣移刊”。

石佛寺北齐造像刊经碑气势恢宏，造像精美，刊经之辉煌、书法之雄浑为不多见。清代以来，碑学兴盛，《山左金石志》《环宇访碑录》《山左访碑录》《山左汉魏六朝贞石目》等著作以及《巨野县志》均进行了著录和考证。此碑的再发现，丰富了山东地区北朝时期刊经碑的资料，对于研究与其周边的河南、河北等地造像刻经的相互关系有着重要的意义，同时，为研究我国汉字发现演变和书法艺术提供了珍贵的实物资料。

菏泽市碑刻遗存众多，有不少碑刻名品保存完好，图案生动、雕工精妙。如鄄城亿城寺北齐造像碑、鄄城县亘古泉碑、鄄城王宗朋思慕碑、鄄城县仪鸿钧精雕八仙德行碑、鄄城书法雄劲箕桥碑、鄄城黄兴隶书德教碑、鄄城孔祥熙题合龙碑、郓城任清河追思碑、郓城夏辛西墓精雕石像、巨野县华严三圣庙堂碑、牡丹区马垓马新贻透雕墓碑、东明石星祠堂珍石刻等。众多古遗存名品，都有很高的历史价值和书画艺术研究价值，有的被公布为市级和省级历史文物，有的碑文可补州志县志之漏，弥足珍贵。

五、名家掌故——菏泽书画流韵

菏泽书画是艺术的园林，五彩纷呈。这里书画历代名家辈出，群星闪耀；书画名作琳琅满目，美不胜收；而且还有脍炙人口的翰墨佳话，雅趣无限，流传古今。

商相伊尹画九主

伊尹，名叫阿衡，又叫伊挚，今菏泽市曹县莘冢集人，相传他是一代贤相。画了九种不同品德的君王形象，以警示商汤及其后人力辟昏庸，要执政清明。他运用绘画手段，达到了为政治服务的目的，历史上誉为“伊尹画九主”，堪称首开绘画辅政之先河。

据传，在原始社会末期，莘冢集一带，生活着华夏民族中的一个部落——有莘氏。庚辰四月八日，有莘氏之女，把他养大，都叫他“伊”。伊是有莘人土话，用在语首的助词，习以为常，伊字便成了伊尹的姓。长大后，因他的动作猛烈，像一只大鹰，众人都为他起名叫挚。古挚与鸷通，就是猛的意思。做官后又叫伊尹。

伊尹相貌出众，处事很有心计，是中国上古时代的政治家和军事家。暴君夏桀执政，国内君臣离心，百姓骨肉分散。伊尹通晓尧舜之道，又善于运筹策划，有志辅成汤灭夏，救民于水火之中。伊尹想求见成汤，却苦于没有门路。于是就去给有莘氏之女（成汤的妃子）做陪嫁男仆，背着饭锅砧板来见成汤，借着谈论烹调滋味的机会向成汤进言。

成汤听伊尹分析透彻，方略精到，与自己心中所想的不谋而合，不禁暗喜。又考虑到夏王朝毕竟是正统，已统治四百余年，不知其虚实，因而不敢轻易说出自己的想法。

伊尹见成汤不语，知道成汤还有所顾忌，又说道：“要灭夏，必先知夏，奴仆愿意入丰都察看夏之政情，侦察地形。”成汤大喜。伊尹轻声说道：“为使夏桀信我，商王可以如此……”第二天，有士兵来报告成汤说：“伊尹逃出景薄（亳）城奔夏。”成汤故作大惊道：“有这等事，快快追捕。”待成汤率兵追出城，伊尹已逃远了。士兵举箭要射，成汤阻止道：“让我亲手来射死这叛逆！”成汤取弓箭，瞄了许久，一箭射去，不中，要再射，伊尹早已跑得没影了。

伊尹到了夏都斟寻（今河南洛阳偃师区），夏桀见他办事能干，谈吐不凡，又是一个被成汤追杀的人，就信任他，让他在夏做了官。

伊尹目睹了残暴与荒淫，百姓生活的悲惨。夏桀与他的宠女性妹喜，终日寻欢作乐。民间百姓则苦不堪言，无休止的劳役，无度的赋税，使国民饿死大半。夏桀却还以天上的太阳自诩。

三年后，伊尹对夏王朝的情况已了如指掌，于是辞官回到有莘氏之国。成汤见他守约回来，遂封他为右相，策划灭夏大计。

成汤问计于伊尹：“国内粮不足，该怎么办呢？”伊尹说：“桀不忧天下，钟鼓女乐就有三万，且都穿着文绣衣裳。我们亳都中有很多女子擅长刺绣，可组织起来搞刺绣，绣一匹的报酬可得粟百钟……”成汤依计办理。数年后，夏王朝更加穷困，而商王成汤却粮食充足。伊尹又让成汤把多余的粮食救济诸侯国一些濒临死亡的百姓，于是，到处传颂着成汤的“仁慈”，各诸侯国纷纷归附于商。成汤成为东方八国诸侯之首领。

公元前16世纪初，帝癸二十八年，伊尹辅佐成汤在景亳会盟诸侯，发动灭夏战争，夏桀在有女戎氏旧地被打败，奔逃到鸣条，全军崩溃，夏亡商立。为了使君臣同心治国，伊尹作《咸有一德》，劝告君臣都要有统一的美好品德，以达到齐心合力的境界。大概也就是这个时期，他又亲笔“画九主”，以诫成汤。太甲元年，他还作《伊训》《肆命》和《徂后》来谏训太甲。但太甲临政三年后禁不住多方诱惑，变得昏乱暴虐，违背成汤法度，败坏祖传德业，伊尹就毅然挺身而出，朝会诸侯，代行政务，主持国事，把成汤的孙子太甲帝流放到成汤的墓葬地桐宫去面对祖父英灵，去反省悔过。

三年后，太甲悔过自责，重新向善，伊尹又把他接回朝廷，把朝政复还于他，从此，太甲修养道德，诸侯臣附，百姓乐业，伊尹很赞赏，就作《太甲训》三篇，赞颂太甲，尊其为太宗。

伊尹享年百岁而逝，成汤第四代孙沃丁帝以天子之礼厚葬伊尹于亳都平利（今菏泽市曹县东南殷庙村）。“伊尹画九主”的故事最初见于《史记》，称“伊尹从汤言素王及九主事”。外向《别录》亦曰：“九主者，有法君、专君、搅君、劳君、等君、寄君、破君、国君、三岁社君、凡九品，图画其形。”说的皆为伊尹画九主的故事，故潘天寿著《中国绘画史》称其“已开人物画之故实与写真之先声矣”。

知县千里求虞书

唐初，菏泽市成武县出了个清正廉明的知县宋师干，县城里孔子庙那块珍贵的《庙堂碑》就是由他亲自操持而立的。

宋师干出身贫苦之家，自幼靠“啃窝头喝凉水”，读完了“五经”“四书”，还能写一笔好字。在22岁那年，他得知京城长安有个书文俱精妙的“大学问家”虞世南，便虔诚地九次登门拜师求教，虞世南深为所感，收到门下，悉心指点，宋师干紧抓良机，昼夜勤学苦练，字文均迅为长进，不久便一考而进士及第，放任成武知县。

宋知县到任后，体察民情，奖励农桑，仅两年时间，就把成武县治理得富裕平安，百业兴旺。趁着好年好景，以书、文真才实学入仕的宋师干，更不忘“天下文官祖，历代帝王师”的孔圣人，于是便倡议在本县城孔圣庙内立碑永记。为了求名家书写碑文，他当然不会忘记恩师虞世南，便择了个良辰吉日，亲赴长安，开始了千里求字的艰苦行程。在封建社会，一个堂堂知县千辛万苦地刻碑求书，实为罕见难得。宋师干一路晓行夜宿，饥餐渴饮，在当时交通工具还很不便的情况下，所付出的艰辛是可想而知的。

虞世南没有让虔诚的弟子失望，当即亲笔为其书写了碑文。为了使成武乡民尽快目睹自己恩师的大家手笔，宋师干不顾游山玩水和个人安逸舒适，而是冒风险搭乘黄河客船顺流而下，昼夜兼程，不料刚入山东地界，突遭狂风恶浪，客船一下被打翻河心。幸亏宋知县好水性，一手紧护怀揣的碑文，一手从滔天浊浪里奋力钻游，终于游到岸边，急急掏出珍护的碑文纸张，可惜已湿沾得一塌糊涂。

乡民们看了知县历尽艰难捡回的破纸残字，无不深为叹息。看到大家失意无奈的神情，宋知县毅然决定再返长安。正在这时，传来惊心噩耗：虞世南撒手西归。众人伤悲，宋知县更是痛得当堂昏厥。

《庙堂碑》怎么办？宋知县含悲忍泪一拍定音：“立！越是这样越要把千古之碑立好！”有的主张就用那残卷刻碑，有多少字刻多少字，别有纪念意义。有的认为这样不妥，碑文残缺，有失圣人尊严，也有憾于书法大家虞世南的在天之灵。这时有个举人突发奇想，提议说：“知县大人是虞大人高徒，其笔法深得恩师真传，何不由他将残卷补齐，这也是对虞大人的真切怀念，一举双得。“大家一致拍手赞妙。宋知县马上派人去长安请到虞世南为长安孔庙亲书的碑帖，恰好与所残碑文相同，喜不自禁，便日夜临摹，足足用了半年工夫，终于补齐碑文，众人看了，竟是真假难辨，天衣无缝，齐声赞绝。于是请来功技精老的石匠倾力刻凿，于是便立起了成武“孔子庙堂碑”，后称“东庙堂碑”，与其相呼应的便是长安《孔子庙堂碑》，那便是“西庙堂碑”，如今都是书坛的珍贵传世之宝。

书圣后裔书联姻

王维翰，书圣王羲之的后裔，落户于宋代济州巨野县（今菏泽市巨野县）城南王庄，能诗善画，书承家教，名贯一方。

谢天香，原为汴梁城内名门闺秀，知书达礼，后在宋金战乱中背乡离井，母女流落巨野，为当时城内“第一歌妓”。

在巨野城西北角城隍庙后，曾经有一座古亭，叫“秾芳亭”。据史书记载，它始建于唐代。当年，亭上挂着一块横匾，上写“秾芳亭”三个大字，字体苍劲雄浑、古朴厚重，是唐代大书法家颜真卿的手笔。这个亭是城乡民众庆丰收、祭神兴社、聚餐会饮的场所。每年秋后，这里人山人海，非常热闹。不少文人名士云集到这个亭里饮酒对弈，谈诗论文。后来因兵荒马乱，天灾人祸，百姓无法安生，不再成社聚会，游人越来越少，亭子年久失修破败不堪，那块横匾也无影无踪了。

宋高宗绍兴十一年，宋金达成“绍兴和议”，政局一度稍稳，人民得到休养生息，年景也一年年地好起来，就又重修古亭，恢复了亭前的祭赛聚会活动，而且规模越来越大。然而那“秾芳亭”三个大字的横匾却没有补上。因为是大书家颜真卿写过的匾额，谁还敢在那地方狗尾续貂啊？所以，亭子虽已恢复旧貌，却有实无名，仍是一座无字亭。

有一次，集会庆祝的日子快到了，几位德高望重的老者相聚在一起，商量如何补写亭名。决议不再挂匾，改立石碑，并定下请城南王庄的秀才王维翰书写。王秀才是书圣王羲之的后裔，素负才名，能诗善画，写得一手好颜体。几个老者登门拜访，具礼求书，王秀才欣然答应，约定在祭赛那天赴会书碑。

祭赛那天，天高云淡，风和日丽。秾芳亭前，人山人海，锣鼓喧天。因为有王秀才现场书石，好多文人雅士都来了，大家又请来济州名妓谢天香陪酒献艺。谢天香本是东京汴梁的大家闺秀，幼儿时父亲病故，母亲又被金兵掳去，孤身无主，便随奶母离开汴梁，避居济州巨野县城内。随着岁月的流逝，谢天香出落得人才俊美，能歌善舞，加上她天资聪颖，早年间跟随父母，耳濡目染，琴棋书画，样样精通。后为生活所迫，成为巨野城内第一流的歌妓。不少官宦乡绅、纨绔子弟想占她的便宜，但谢天香秉性高洁，不慕豪富而独喜文士，对那些庸庸碌碌之辈全不放在眼里，立志守身卖艺，靠诗书管弦维持生活，一边留心找寻志同道合、可托终身之人。对于王维翰的人品学问，她早就听说过，只是闻名未见面，心想今日的酒会，正是相识的机会，所以她较其他的陪客来得还早。

日已近午，老者早已聚齐，邀请的一些陪客也都来了，唯独王秀才迟迟未到。酒宴已设好，谢天香来到几位老者面前，询问宴会何时开始。老者说：“今天是宴请王秀才，他人未到，碑未写，怎能开宴？”谢天香听了，心想：“我流落在异府他乡，屈身为妓，虽技艺精湛，谁人知道？听说王秀才心胸磊落，甚讲信义，不知何故迟迟未到？我何不借此良机施展一番。”想罢，瞥一眼放在碑旁的墨砚，复来到几位老者面前。说：“小女子自幼也学过几笔，既然王秀才还没来，何妨借他的大笔一用，先试写几个字，以为抛砖引玉？”老者说：“提斗尚在王秀才那里，急切哪里去找？”谢天香微微含笑，一伸手从兜里摸出绣花手绢，缠成笔状，往朱墨池里蘸得墨饱，向石碑正中，写下“秾芳”二字，但见笔画沉雄，精力内含，字字开张，如棉裹铁，俨然真卿重书。围观的人无不赞赏。恰在这时，一阵马蹄声响，人群骚动，说：“王秀才来了！”谢天香便住手停书。

王秀才来到石碑跟前，一眼瞧见“秾芳”二字，不禁拭目凝视。惊问道：“这两字写得出规入矩，不知是哪位大家所书？”众人把目光投向谢天香。天香从从容容，施礼言道：“奴不自揣，闲此作耍，秀才见笑了。快把它抹去吧。请王秀才重写。”王维翰连连摇头：“不可！不可！这两字写得龙跃天门，虎卧凤阁，潇洒情趣，已入化境，去之可惜。令我重写，亦未必及此。”众人以为王秀才见怪，齐声附和：“还是抹去请王秀材再写吧！”王秀才坚决不肯，就对谢天香说：“你的书法真好啊！还是请你把亭字写上，以成完璧吧！”谢天香见王秀才心意笃实，不是浅薄无知之辈，早把脸儿羞得绯红，决不愿再写。众人见他们一个不愿抹去重写，一个不愿把字写完，只得说：“既然这样，那就请王秀才把亭字配上，岂不是珠联璧合”。王秀才说：“不知方才所使何笔？请借来一用。”谢天香说：“哪里是笔呀！”说着，递过来缠好的手绢，上面还滴着墨水哩。王秀才接过来，握绢在手，略一沉思，向石碑上一挥而就。众人一看，这三字上下配合，浑然一体，如出一人之手，无不惊叹。

书碑完毕，众人入座饮酒。席间，谢天香见王秀才仪表不俗，谈吐大方，便想和他倾心一叙，怎奈当着众人，只好殷勤劝酒。王秀才见谢天香天生丽质，举止端庄，料非庸脂俗粉，就趁着酒兴，口占一绝：

异香怜才误青楼，握绢为笔书成优。

迟步有缘亭字配，上下一体称风流。

谢天香听罢，知王秀才虽然称赞自己的才华，但对自己的身世尚有误解，略一沉思，遂步其韵也以一绝奉和：

久慕名门后裔手，暗摹闲抹自含羞。

感君慧眼识戏书，身在青楼仍绣楼。

吟罢，众人齐声喝彩。二人互相敬酒，至席散依依难别。几位老人看出二人心思，日后便出面牵合赤绳，一说即成，有情人终成眷属。新婚宴尔，夫妻情深意浓，书画弹唱，别有洞天。可是王秀才总有隐情在心，认为谢天香虽才貌双全，但毕竟曾堕青楼，名声有损，实为佳玉有瑕、美中不足，实为心头一件难却的憾事。一天酒后，便在画柳题诗之际，写出“昔日章台曾舞腰，行人无不折枝条”憾怨之句。谢天香是何等聪明的一代才女，一眼看出夫君心中的隐疼，旋即接笔续写：“今日已入丹青手，一任狂风不动摇。”表示坚贞的夫妻之情。王秀才顿感愧疚，连忙向妻子施礼致歉。从此，夫妻恩爱有加，情深意笃，后王维翰金榜题名，走向官场，但夫妻依然相敬如宾，夫唱妇随，书画添趣，白头偕老。他们经“秾芳亭”书法联姻的故事也成为千古美谈，著名古典小说集《二刻拍案惊奇》还专门记述了此事。关汉卿据此写成杂剧《谢天香》。

御史作画惩污吏

何尔健（1554—1610），字明甫，号乾室，明代曹州（今菏泽市）城内人。官至大理寺丞。一生居官清廉，刚正不阿，世称“铁面御史”。

何尔健对贪官污吏深恶痛绝。辽东税官高淮依仗职权，横征暴敛，造成当地百姓离乡外逃者络绎不绝，泣饥号寒的人群堵塞道路。1602年（明万历三十年），何尔健出巡辽左，耳闻目睹如此惨楚景状，愤而作画《苦民图》，列举高淮种种敛财害民的不法罪行，呈献朝廷。同时采取断然措施，逮捕高维爪牙恶吏余东翥，随即将其处死示众，并布告天下以示警戒。高淮对此虽恼恨至极，但无计可施。虽有权势网络，也不得不收敛嚣张气焰。为了摆脱窘境，甚至违心地暗以重金行贿收买何尔健，又被何尔健凛然回绝。这个不可一世的贪官污吏手段用尽，颜面全失，威风扫地，不久便羞愤而死。

何尔健作画惩污吏的故事迅速传遍朝野，吓得他前往巡察之地的贪官污吏闻风挂印而逃。山东税使陈增想用市侩小人孙示洪所献土地建立养马庄，借以将其拉入官署。何尔健出巡山东驻扎常山，查清此事后立即致书朝廷，公开披露曝光，吓得陈增立即停止逆行，还田于民，又把孙士洪这个行贿送地的世侩小人赶出了官署。

何尔健少有大志，博览群书，通宵不辍。他能诗善画，人称“文如万顷波涛，气吞云梦”。1589年（明万历十七年）中进士。初为鄢陵（属河南）县令。是时黄河决口，百姓流离失所。何尔健单骑匹马，自带干粮，遍访灾乡，千方百计接济受灾民众，长达四个月不返官署，自己却被折腾得“百目黧黑，形容枯槁”。他还自掏俸禄，捐助建学，兴办教育，使这处穷乡僻壤万民乐业，很快得以大治。特别是他作画惩污吏的故事，在曹州一带传为佳话。

雷鲤隐曹挥豪笔

雷鲤，字白波，又字惟化，号半窗山人，明代著名书法家，工书画，深受神宗欣赏，曾任礼部郎中。

雷鲤秉性刚直，触怒权贵，被迫弃官出走，隐居于曹州单县。在此期间，他深为本地的淳朴民风所感，按捺不住一腔书法激情，挥毫泼墨，留下不少脍炙人口的高雅趣话。

雷鲤初到单县黄岗，鹑衣百结，敝衣破履，俨然流浪乞丐一般。镇上有个茶馆，他就在那里当伙计，起早晚睡，倒是勤快得很，换来一日三餐，似乎心安理得，相当的满足。

茶馆西邻是座关圣帝庙，庙前平置一块偌大的青石板。一天早晨，香客们突然发现有人用西瓜皮在那青石板上写下“一部春秋”四字，只见那四个苍劲大字虎势龙态、潇洒奔放，绝非寻常人手笔，围看的人越来越多，无不赞叹叫绝。有的说，这准是名人大家偶过留笔，有的说是关圣帝有意显灵。最后大家很快形成一致意见：立即请人将字迹原般墨描勾出，就在那大青石上雕刻成碑，立于庙堂，一时间轰动四方，引来观瞻者络绎不绝。

后来雷鲤终于暴露真实身份，人们才恍然惊悟。原来，雷鲤发现庙前那块平展展、光溜溜地大青石，心里顿想，真是一方挥笔大书的绝好材料！顿感书兴大发，实难禁抑，但所处无笔无墨，奈何？突然眼前一亮，见石上正好有新鲜西瓜皮数块，于是便操一瓜皮在手，掰出棱角，“唰唰唰”，在大青石上顷刻挥出“一部春秋”四个传世大字。

单县城南黄岗镇黄河故道大堤上，有一座大王庙。为了记载大王庙的兴修过程和祈福避灾，当地乡民们准备在庙前立碑。

这是仲春的一天，艳阳高照，和风宜人。茶馆主人对在此打工的伙计雷鲤说：“大王庙要请名人书写庙前碑文，听说还有上好的酒肉侍候，咱们瞧个热闹去吧！”一听说书写碑文，又有好酒好肉，雷鲤心里就痒痒的，跟着茶馆主人，直奔大王庙。

两人来到庙里，信步登上大殿，殿内却还空无一人，但见香案上已备好文房四宝，火炉上已煮好的鹅肉和一旁的陈酿老酒散发着诱人的香气，酒坛旁置一条上写“书碑文者食鹅肉佳酿”的字条，雷鲤一生最喜食鹅肉、饮美酒，心里不禁又是一痒。茶主人却在一旁说：“好香的鹅肉！好香的美酒！可惜咱俩不会写碑文。如果咱俩能写，这些酒肉真够咱俩享用个痛痛快快的！”

雷鲤心里再是一痒。三痒难耐。雷鲤扯过鲜嫩喷香的鹅脯就要往嘴里送，茶馆主人连忙拦住说：“咱俩若是吃了喝了，这碑文你可写？”雷鲤慨然应答：“写就写！有何难哉？”说罢，两人就在大殿中大吃大喝起来，不多时便肉饱酒酣。此时的雷鲤已神凝气足，意贯丹田，于是便操笔濡墨，挥挥洒洒，将碑文一气呵成。此时，也酒醒大半，方勾起满腹郁积之愤，又想及官场险恶、世态炎凉，自己又是为何隐居于此地，于是顿生醒悟，欲将所书碑文抹去。

正在这时，只见茶馆主人一招手，庙堂执事和乡民们一齐拥出，向雷鲤施礼拜求：“今日置酒，实特有源情，请您书写碑文，方法不当，万望海涵。”并再三恳请置饮。这时雷鲤才知道，当地民众已对他略识端倪，尊护有加。为不负众望，此时此地，此情此景，他再也顾不了许多，便提起笔来，在右下角写下“建安雷鲤”的四字落款。至此，大家才知道这位隐居的高人贤士，原来就是大名鼎鼎的书法家雷鲤。

“建安雷鲤”四字，书刻在石碑右下角的莲花图案里，仔细观察，方能发现，由此也可见他的隐名之意。

在菏泽市单县，一直流传着这样的乡谚俚语：“张家的牌坊、李家的匾，王家院前的大旗杆。”说的都是当地传世不衰的名胜古迹遗存，号称“单县三绝”。其中“李家匾”便是明代大书法家雷鲤亲笔所书。

当年雷鲤因直言犯上，得罪朝中权贵，被迫弃官避祸来到单县。很快爱上了这乡风淳朴的地方，和这里的群众和睦相处，如鱼得水，甚感欣慰舒畅。当时，单县城东关李家是望门大户，虽家业丰厚，却是诗书传家，亲善乡邻，并不仗财依势，故在当地口碑颇佳。雷鲤和这家也多有来往，谈书论画，视为知己。这年恰逢“大比之年”，李家两位公子双双考中进士，这在当地可是轰动一方的盛事。为表示隆重祝贺之意，乡亲们特邀雷鲤为双进士之家亲笔书写“进士”匾悬挂门前，雷鲤赞赏李家的家风和为人，慨然应允，欣然命笔，气足墨饱之际，“进士”二字一挥而就。这“进士”二字按繁体写法，本来是一繁一简，结构悬殊，很难安排得和谐融洽。经雷鲤独具匠心地运笔，却是精巧匀称，浑然一体，笔力刚劲雄峻，潇洒奔放，“李家匾”的名声很快广为传播，引来观瞻者络绎不绝，被称为“天下一绝”。

雷鲤在单县留传下来的墨迹还有“藏经阁”三字碑和藏经阁碑文等，现珍存在单县文物管理所内。

赵树屏作画救灾民

赵树屏，清乾隆年间人，字翔汉，别号墨琴老人，清代画家，监生出身，原籍曹县，后迁单县。赵树屏多才多艺，淡泊自安，不入考场，把书画当作人生第一乐事。长期隐居田园。本人有田产，轻金如土，仗义疏财，事亲至孝，慷慨助力。晚年守居父母墓旁，研习书画，效法宋代大画家郑新南画技，擅画竹、兰，形神逼真，画意深邃，当时颇负盛名。乾隆四十九年（1784）至五十一年（1786），单县连遭三年大旱，禾田不收，野草吃尽，树皮剥光，无数百姓饥饿而死，贪官污吏却乘机横行。他悲愤难忍，毅然将单县灾情，做成诗画。《饥民图》是赵树屏在进京前数日于郊野观察到的真实写照；《逃荒图》中骨瘦如柴的饥民三五成群，携儿女，蹒跚于路。《弃子图》《卖女图》《鬻妻图》等画着生离死别的饥民，牵衣顿足、呼天号地、悲恸欲绝的情景；《相食图》是一乞儿饿死荒野，瘦骨嶙峋的饥民正贪婪地割着尸肉。每幅画上分别题有诗句：

逃荒诗

流离载道说艰辛，何处慈航好渡津？

试看携男负女者，可惜多是故乡人。

弃儿诗

长路饥寒不可当，哀哀何处告穹苍？

忍痛抛下心头肉，两地哭声堪断肠。

相食诗

郊外乞儿尸未寒，脔刀分割任伤残，

可怜死后还解尸，白骨排天不忍看。

鬻妻诗

几年恩爱两鸳鸯，此日离群天一方，

临去牵衣魂欲断，双双血泪满胸膛。

卖女诗

薪桂米珠谁与商？穷黎无计度年荒。

可怜十五及笄女，身价不偿半斗粮。

赵树屏做好《饥民图》后，心情激荡悲愤，不怕路途遥远，背着诗画夜宿晓行，冒死进京。几经周折，才把诗画进呈给有关权臣，终于选派山东莱芜知县陈鹏飞兼任单县知县，赈济灾民，挽救众生，单县饥荒得以缓解。单县地方学宪赐赵树屏“耆龄孺慕”匾，死后建坊建祠纪念他。晚年居单县，自号墨琴老人，著有《墓门诗草》，一生把作诗书画为娱乐。他画的《饥民图》及所题《饥民诗》悬挂在单县鸣琴书院，现其诗尚存。

丁宝桢留书障东堤

清末山东巡抚丁宝桢，以智杀慈禧太后大红大紫的贴费太监安德海而直声顶天，名震朝野；他还能在朝政腐败透顶时期，“躬督官绅员弁监筑长堤”，封堵住肆虐泛滥20年的黄河，救数十万黎民百姓于水火；同时他又是一位不愿显山露水的书法家。现存于牡丹区李村镇兰口村黄河堤畔的“障东堤碑”，即由他亲笔撰写和书丹。

清咸丰五年（1855），黄河在河南省兰阳县铜瓦厢决口改道，折转东北，横穿运河，于山东省垦利县注入渤海，使长期南行夺淮入海局面归于终结。当时由于清政府内部关于黄河到底从何处入海争论不休，又值太平天国和捻军农民起义兴起，政财皆吃紧，更无心力顾及黄河，结果任其泛滥横溢。初决口时，主流在东明、菏泽、鄄城之间；同治三年，北趋靠近金堤；同治十一年（1872），又折回郓城与郓城以南，前后泛滥成灾长达20年，千里沃野变成荒野与沼泽。当地民众背乡离井，乞讨外流，苦不堪言。

光绪元年（1875），时任山东巡抚的丁宝桢，力集帑银54万余两，调动府丞州县佐贰等各级官员72名，组织庞大的军民大军，破残冰，冒风雨，顶骄阳，“手足皲圻”，“面目焦黧”，“踔厉不少休”，经长达5个多月搏击，筑起封堵黄河泛滥的南大堤即障东堤，西起东明谢集，东止梁山十里堡，“全长二百五十余里。堤高十四尺，身厚百尺，顶宽三十尺”，首次封住了南侵肆虐的滔滔黄河，使一方百姓恢复了休养生息之地。

障东堤竣工，百姓感恩戴德，特立“障东堤碑”以志歌功颂德和世代纪念。丁宝桢也是无限快慰，欣然命笔，以他那颇具颜魏精髓的铿锵书体，亲自撰书碑额和碑文。阳面为“障东堤”三个大字，苍劲有力，字字生辉；阴面为“新筑障东堤记”碑文，极为工整，韵味十足。全文是：

光绪纪元，岁在乙亥。余既南塞菏泽贾庄，复躬督官绅员弁监筑长堤，障横流而顺下，以顾运道、卫民田。军民欢跃赴功，坚冰初泮，手足皲圻，骄阳如炙，面目焦黧，虽疾风甚雨，踔厉不少休。五阅月而堤成，起东明谢家庄，迄东平十里铺，蜿蜒二百五十余里。堤高十四尺，身厚百尺，顶宽三十尺。计堤一里用土方若干、正杂物料若干，因民力而计里授食，调兵勇以助不足。在工监督府丞州县佐贰等凡七十二员，武职称：是工，惟其坚，用，惟其省。

工用物料有稽，凡费帑银五十四万余两。事之成也，在工人士请纪诸石。余维同治癸酉，河决直隶东明，历伏经秋，全河夺溜，南趋，弥漫数百里。山东江南毗连，数十州县民人荡析，运河两岸胥被冲刷，溃败几不可收拾。今幸借民力，独告厥成功。而南堤得以兴筑，庶几民安其居，运道永固，因名之曰“障东”，而纪其大略如此。冬十月朔日。山东巡抚丁宝桢撰并书。

牛千古题写天国旗

清朝末年，声势浩大的太平天国起义，从根本上动摇了晚清的腐朽统治。太平天国战旗猎猎。这战旗上的“太平天国”四个刚劲正楷大字，出自“书坛奇杰”牛千古之手。

牛千古（1803—1854），字奇观，曹州府定陶县（今菏泽市定陶县）黄店镇牛楼村人。据传，他是宋代抗金英雄岳飞帐下骁将牛皋之后，是书香兼武功世家。伯父牛文、父牛豹文皆习武。牛千古自幼苦读“四书”“五经”，博览经史子集，学识渊博。牛千古的书法吸取了汉晋隋唐以来诸名家的长处，融会贯通，自成一家，取欧、颜、柳诸体之长，刚劲有力。他楷书、行书、草书诸体皆善，但尤善于擘窠体，其字刚劲有力，富有立体感。狂划“鸟飞月窑池、鱼跃海中天”，是他的代表作。其用笔急促短栩，迅牵疾掣，折锋三顿，如巫峡怒涛，奔腾狂啸，颇有“飞流直下三千尺”之势，难怪后人用“行行炫目，字字惊心”来赞扬他的字。

书如其人。他的书法落笔不俗，钢筋铁骨，表现他爽直、刚正不阿的性格特点。他厌恶功名利禄，不愿随俗流传，闭门读书，专心习字。40岁后的牛千古由于家庭中落贫困，不得不以卖字为生。他北过山海关，南到吴楚一带，漫游了大半个中国，其书法受到了朝野人士的好评。

为了书法，牛千古不惜挥尽家产。起初，他购买书法用品，纸用车载，墨用缸盛。后数十亩田产用尽，无钱买纸笔，他就自制麻刷在门板上习字。以熬小盐为生时，他就以扫帚作笔，大地为纸，挥臂作收，练字达到痴迷地步，书法也到炉火纯青境界，被时人称作“书坛奇杰”。

一次，开封巡抚为母亲祝寿，特制一管大笔，请牛千古书写一幅一丈见方的“寿”字，当“寿”字写出后，轰动汴京，向其求书者，应接不暇，巡抚为了酬谢，问他是要官还是要钱，他淡然一笑说，我只要你这支大笔。

牛千古没有家室，只有一义女，当他40岁以后，便负书担囊，卖字为生，外出漫游。在离家之前，到女儿家探望，适逢女儿正在织布，在女儿下机做饭之际，他将所织白布扯下，取出笔墨，挥毫题字作书，女儿回房见所织布匹，皆为墨染，恸哭不止，千古命其去卖，得银高出布价数十倍。女儿又织布请他书写，却不再书写。在漫游期间，一天只卖字三幅，所标价款，不准还价，如有还价，再不卖给此人。清咸丰二年（1852），他登临武汉黄鹤楼，俯瞰奔流的江水，目睹国运衰败，民不聊生，信手写了一首反清诗篇，毅然投奔太平军。因其书法名闻遐迩，反清意志坚决，深受太平军官兵器重。天王洪秀全看到牛千古书法，也盛赞不已。当时太平天国内并不无文人，但相比之下，其书法均不在牛千古之上，都没有他的正楷大字，苍劲有力，于是天王洪秀全最终拍板，天国旗上的四个撼天大字便由牛千古一气呵成，激励太平军将士奋勇向前。

曹氏翰墨接古今

清末民初，古曹州有句俗语：“字不压曹。”意思是说：在菏泽论书法成就，当推曹家。这曹家指的就是曹以爟和他的翰墨家族。

曹以爟，山东菏泽市佃户屯乡曹楼村人，书香门第。清咸丰三年进士，任福州知府多年，书习“二王”、欧、柳、赵，熔众家之长于一炉，自成一派，以正楷称世。其风格秀美，结构严谨，富书卷气。名载北京国子监碑文。

其子曹垣，在清室任军机章京、工部郎中。他书承父艺，真草隶篆均有功力，尤以正楷称著。从他本人《年谱》知：曾在故宫写过楹联；曾任慈禧太后60大寿总理事，寿堂匾额楹联，多出自他的手笔。编有《辞林二妙》《四时分韵》两本书。《辞林二妙》是当朝历代翰林、状元诗词之总集，皆是蝇头小楷。是很珍贵的文史资料。《四时分韵》是他一生书法技艺的总集，约24000余字，皆正楷手书，从起笔住墨、点、竖、撇，到骨架结构，布局谋篇，讲得精辟透彻，通俗易懂，实为书法理论之珍品，被曹氏家族视为传家至宝。

可惜在1967年“文革”中，被视为“四旧”，付之一炬。

曹垣之子曹铁如，亦善书法，20岁时被选为优贡。民国七年之后的20余年间，他历任湖北省济水、黄冈，河南省信阳，山东省潍县、即墨等县县长，在各地留下大量笔迹。

清末民初，曹垣父子曾有一段时间在菏泽闲居，为每年正月十五盛大的灯彩会撰写谜语、楹联、匾额，给传统灯节增添光彩。

曹铁如之子曹豫仙，自幼随父在北京读书。他继承家传笔法，善正楷。其风格严谨、端庄。在书画领域，他涉猎甚广，20世纪30年代，曾拜师著名工笔画家于非闇，攻重彩花卉，造诣甚高。1989年于非闇的女儿于致贞、门生田世光，给曹豫仙80大寿的贺信称：“大师兄艺高寿长。”同时他还跟齐白石学金石篆刻，中华人民共和国成立后为他在首都刻字厂搞专业篆刻，打下坚实的基础。

曹豫仙之次子曹艺林，是中国书协北京分会会员、中国老年书画研究会会员、北京中山书画社社员。其正楷犹存祖上之风骨。曾在1984年北京市“振兴中华”书法比赛中获奖。他的另一幅正楷，在北京书协和日本白扇书道会联合举办的第二届中、日书法联展中，获《千页日报》社长奖（即一等奖。）

曹氏翰墨艺术，至今已传五世，历时150余年。虽然他们的创作道路不同，却都体现着曹氏一门端庄严谨、潇洒舒展，淳厚而不涩，灵透而不浮的独特风格。

邓树屏《书法心得歌》

邓树屏（1873—1944）字诗慵，又字时慵，菏泽市城内原考棚南街人。出身书香世家，是晚清最后一批秀才，青年时期已具有良好的书法基础。废科举、兴学堂后，他赴省城济南优级师范深造，毕业后于济南中学任国文和书法教习。此时，他魏笔书法大见功力，求书者甚多。1912年鼎革之后，返乡任菏泽县教育科科长，举办学堂多有建树，尤为提倡女子读书，创办女子学校，并使自己亲属带头上学，为全县所称道。后弃教从军，任冯玉祥部旅部书记官。因书法与冯玉祥将军结缘，被冯调到身边任秘书，后擢升为秘书长。

邓树屏不仅以书法见长，其文章、道德也为冯将军所重视。冯每有涉外出访，必要邓树屏相随。1926年，冯玉祥赴苏考察，邓即为主要随员。曾受到苏联当时的领导人加里宁、伏罗希罗夫及列宁夫人的接见。邓树屏随军辗转，其书法也得以远扬。正如他自撰的对联中所说：“身行万里半天下，书法汉魏两晋间。”其后，他年事渐高，冯玉祥对其特别照顾，推荐他到河南宜阳、山东日照两县任县长。60岁后，邓树屏返归故里，仍不辍握管挥毫，魏体之外，多写汉隶，兼及小篆、行、草，各有特色。

邓树屏以魏书见长，笔力遒劲。后博采众长，自成一体，非楷非隶，行笔圆转而有力。既有魏笔的精神，又有篆隶的余韵。他一生写下了大量的作品，遍及冀、鲁、豫、陕各省。特别值得称道的是，1932年黄河于临濮集决口为患，菏泽地面一片汪洋，百姓墙倒屋塌，田园尽毁，流离失所，景况极为凄惨。邓树屏目睹此状，忧心如焚，他慷慨解囊，鼎力救助。为筹救灾钱款，他更秉其所长，连续书写作品500余幅，将所得现金2000余元，全部捐献赈灾。

邓树屏63岁时，根据一生实践，以韵文撰写了《书法心得歌》（又名《书法密决》）。全文凡二十五章，对于书法的源流演变，历代书法家及个人书法之布白、书势、运笔、指法及选购碑贴等均有论述，且用魏体工笔书写。

1944年冬，邓树屏于家中病逝，终年72岁。

“曹南王”赛画海棠寺

菏泽市往南约20余里有个毛海村，村东原有一座古寺，名叫海棠寺。据说因为这个古寺里栽种很多梨花海棠，每到春风吹来，粉红鲜丽的海棠花绽满枝头，把一座偌大寺院装扮成花团锦簇世界，所以每到此时，香客游人如潮如涛，好不热闹。

更有一批批文人雅士，不仅如痴如醉地欣赏满寺海棠，尤其要聚精会神享受“三清殿”东西两厢那气象恢宏的精妙壁画。那壁画是运用敦煌石窟的绘画笔法，东壁画的是“封神演义”中“罚西岐”的连环故事，只见那云雾缭绕之中，元始天尊门下的昆仑十二弟子和通天教主门下的道徒仙众，腾云驾雾，上天入地，各显神通，栩栩如生。西壁画的是“三国演义”组合图像，从“三英战吕布”“煮酒论英雄”，到“三顾茅庐”“火烧赤壁”“水淹七军”等，水火交织，惊心动魄，使人如临其境、似闻其声。而创作这两厢巨幅壁画的，却是“书画之乡”曹州（今菏泽市）的两位民间艺人“曹南王”王骆和“画匠刘”刘成。

据说，当初海棠寺主体建成，本来要重金邀请江南名家来作壁画，却有两个本地民间艺人找上门来，毛遂自荐，声称只收材料费，不收画工银，如画得不合众意，甘掏重金另聘高明。作画开始，中间一道大幕隔开，两位民间画家“各自为战”，谁也不许窥视对方，一场无声无息的“壁画大赛”就这样不宣而战，激烈展开。从此，王、刘二人起早贪黑，尽心竭力，站在那高高的脚手架上施展着各自的浑身解数。那时没有电灯，大殿中又光线很差，作画的颜料还要自己制作，其艰苦程度是可想而知。经过整整3个月的苦战，“曹南王”熬得两眼红烂，“画匠刘”累得咯血不止，终于大功告成。“揭幕”那天，特请了当时的画界权威、名家和众多的民众代表现场鉴评。大幕拉开，人们几乎惊呆了，先是“呀！”“咦！”赞叹，接着便是经久不息的热烈掌声，连“权威”和“名家”们也连连赞许：“好！”“好！”

海棠寺由壁画而声名远扬，以后又加之海棠花盛，所以人们都称海棠寺为“三妙寺”，即壁画的精妙、塑像的神妙和海棠的美妙。可惜这样一座“三妙寺”，却败祸在寺里的一帮淫僧花和尚手中。

事情是这样的，海棠寺以“三妙”名声大起，远近香客闻名而来，信男善女络绎不绝。可是渐渐地，有的美貌少妇从这里神秘失踪，而且人数越来越多。人们开始怀疑寺中的和尚，但明察暗寻，也不见破绽或蛛丝马迹。一天傍晚，有个卖木梳的小贩路过寺门前，被两个鬼头鬼脑的小和尚喊进寺中，以重金买去不少梳子和篦子，和尚们还一再叮嘱：“千万不可对外说起！”小贩是个有正义感的人，越想越觉得“秃头和尚买梳子”定有文章，回去和乡亲们一说，都认为失踪女肯定是和尚搞的鬼。于是一声锣响，聚众向海棠寺拥去。和尚们也非等闲之辈，竟持械相拒。曹州历来又是“武术之乡”，民众们都是自幼习武，个个有一身功夫，很快便打破海棠寺“山门”，将和尚僧众全部捆绑起来。经过仔细搜查，终于在寺内发现了“地宫”（即和尚们暗修的地下室），救出全部被抓来的女性。民众们把和尚押送官府，强烈要求严惩。过去的名寺大刹一般都是受“皇封”的，地方官员和百姓对他们奈何不得。据说后来将海棠寺和尚罪行上报朝廷，请示如何处置，皇帝却发恻隐之心，说是“出家之人，罢了吧”。原意是，他们是出家的人，也不容易，就不治罪了，算了吧。可是众怒难平，百姓说啥也不答应，聪明的当地民众和地方官共同想出个巧妙对策，利用口语的音义异同，把“罢了吧”篡改为“耙了吧”，便把那些作恶多端的坏和尚一个个挖坑埋在地里，只露出脑袋，然后用快马拉着耕地用的铁打耙往来奔跑，将罪和尚全都耙死了。其后，把海棠寺付之一炬。只是可惜了那绝妙的壁画未能传世。

陈作梅书画皆精品

陈作梅（1881—1957），字鼎岭，号云山樵子。他出生在成武县桃花寺村一个清贫的书香之家，自幼秉性忠厚，聪颖好学，很得清末秀才、孔府教师陈子俊的赏识，被选入成武县学堂读书。在此期间，他不但学习刻苦，而且酷爱书画，遍访地方名士如何召棠、何庆琛父子等，终日执笔不辍。

自成武县学堂毕业后，他应聘教书。民国初年，经好友赵德懿介绍，到北京琉璃厂出售书画。不久周自齐掌管北洋财政部，陈作梅又入幕财政部任秘书数载。1920 年，其同乡好友李元亮出任山东烟台海关监督，他又应邀入幕李氏海关监督任秘书之职。1924 年直奉战起，战火波及烟台，他辗转回到家乡，应聘到成武县学堂教书。

1939 年 7 月，成武县城沦陷，他不甘受日本鬼子的奴役，回家乡桃花寺定居。家乡人民不愿当亡国奴，组织农民武装，在李堂村严惩了日寇凶顽。日伪伺机报复。一天深夜合围桃花寺村，把群众集合起来拷打、过电，景况惨不忍睹。陈作梅不甘受日伪的凌辱，投井自尽被大家救起。尔后经在济南的朋友董其昌函示，遂赴泉城，靠出售书画度日。1945 年日寇投降后，复回桃花寺定居。又逢解放战争，地方混乱，一时学校停办，他便在自家的土楼上办了私塾，教一批青少年读书写字。中华人民共和国成立后，他很关心教育事业，常被请到桃花寺学校书写标语，宣传党的教育方针，为发展党的教育事业献出了垂暮之力。

陈作梅先生一生以书画称世。他的作品在济南和北京等地很受书画爱好者的喜爱，也得到书法家们的赞赏。他治学严谨，学识渊博，绘画上山水花鸟皆精，书法上真草隶篆均妙，以颜、柳、苏、朱为基础，兼及钟、王、魏碑，又吸收了清末赵之谦及任伯年的精华，形成了自己的风格。字体朴拙潇洒，笔势刚劲而流畅，名冠一方。

陈作梅先生对书画理论也有很深的造诣。著有《论说定字》一部，对写字的“神、气、骨、肉、血”等法有独到见解，深深影响和启迪了一大批书法爱好者，被赞为书坛上一部不可多得的经典。

王禹偁夜访贤人

王禹偁，字元之，北宋济州巨野（今菏泽市巨野县）人，官至翰林院学士，直史馆知制诰，直接为皇帝起草诏令。他为官清正刚直，勇于革新，又是当时著名的文学家、大诗人和书法家。由于他直言敢谏，八年间曾三次遭贬黜，后被贬谪到黄州，因政绩显著，被当地人民敬称为“王黄州”，赢得“纵横吾宋王‘黄州’”的美誉，并留下许多广为传颂的动人故事。

28岁的王禹偁考中进士后，被任命为成武县主簿，主管户口财税及狱讼。

他忽然接到一个无头案：城西李庄有对新婚夫妇被杀。王禹偁更衣换帽，装扮成一个相面先生，带着一个书童，来到城西十几里的九女集，摆起了“文王八卦”的摊子，以此招揽过往行人，了解案件线索。中午时分，一个又矮又瘦的老汉来到封摊前，既不相面，又不求卦，盯着他主仆二人打量了一会儿。正当王禹偁感到纳闷之时，老汉哈哈大笑，随口说了个顺口溜：“庄前一片林，林中有歹人；月夜抢美女，英雄救钗裙。”唱罢扬长而去。王禹偁越琢磨越感到蹊跷，思量这老者绝非凡夫俗子，似诗似谶的顺口溜里一定大有文章。便连忙收拾卦摊，尾随而去。到了一片枣林，眼见老汉进了一间泥土屋。王心想，我与这老者素不相识，冒昧跟踪已然不妥，如再去打扰有失大礼，只好暂回县衙再说。

回到县衙以后，他反复背诵了几遍老者念的顺口溜。虽浅显易懂，但所指何意，百思不得其解。想来者定看出我装扮的破绽，故意留下话茬试探，也许与那案子有关。决定夜访贤人。晚饭后，他们主仆二人再次来到枣林泥土屋，轻轻扣了三下柴门。老者披衣开门，见是白天在九女集摆卦摊的先生，心里早已明白了八分，笑嘻嘻地让进屋内。王禹偁先自致歉：“学生冒昧，深夜打扰，还望海涵。”老者举止斯文，还礼得体，完全没了白日那副癫狂相。落座后，王禹偁先背了一遍老人唱的顺口溜，然后深施一礼，恳切求教：“弟子才疏学浅，不解其意，特来讨教。”老者以礼相还，拈须笑道：“如果我没走眼的话，客人应是巨野才子，新上任的王主簿，那只不过是一首藏头诗而已，何劳主簿亲自造访。”王禹偁恍然大悟：惭愧，枉称神童才子。庄前一片林，林庄也；余三句相连，乃林月英也。两人越谈越投机。王见老者谈吐非凡，气宇轩昂，再三询问方知，老者竟是名震京城的马御史。因其为人耿直，惩贪官杖恶吏，不畏权贵，得罪皇上，遂辞官隐居乡间。在那件无头案子发生当天，他就明察暗访，终于掌握了案情。原来林庄有个恶霸林月英，横行乡里，无恶不作。李庄的一对新婚夫妇三回门，他见媳妇长得俊俏，强行将小夫妻领回家中，以贺喜为名，用酒灌醉新郎，杀死后将头扔进村外井里，霸占了新媳妇。新媳妇受辱不过，乘隙上吊身亡。马御史辞官故里，不便过问，白天在集上看到王禹偁的举动，猜知是县官私访，特意唱出那首顺口溜。至此真相大白，王禹偁为民除了一害。

晁补之翰墨铸辉煌

晁补之（1053—1110），字无咎，号归来子，北宋济州巨野县晁路口村（今菏泽市巨野县独山镇刘固子村人）。著名文学家和书画家，曾任吏部员外郎、礼部中郎兼国史编修和实录检讨官等职。

宋代在中国书画史上是一个空前兴盛时期，以“唐宋八大家”之一苏轼所倡导的“仕人画”（即文人画）异军突起，盛极一时。此时晁补之正青年英发，受到苏轼的特别青睐，常与其绘画题诗，更使得风华正茂的晁补之踌躇满志。广为传诵的晁补之两首题画诗，一是《和苏翰林题李甲画雁二首》；

二是《自画山水留春堂大屏题其上》。第二首是自题其画，从题意上就可看出，他对自己的画作颇为自负：“胸中正可吞云梦，盏里何妨对圣贤，有意清秋入衡霍，为君无尽写江天。”诗中也可看出他的“绘画观”也和苏轼倡导的“仕人画”理论是一致的，即贬“形似”而重“意似”，“荒怪物像外”（苏轼《题文与可墨竹》诗句），突出表现绘画的神韵意气。

晁补之还有一首唱和苏轼题李甲画《雁》的诗：

画写物外形，要物形不改。诗传画外意，贵有画中态。

我今岂见画，观诗雁真在。尚想高邮间，湖寒沙璀璀。

冰霜已凌厉，藻荇良琐碎。衡阳渺何处，中沚若烟海。

这首题画诗，专门发挥了诗画艺术理论中的象外学说，颇得艺术辩证法的精髓，见解很精辟。绘画要写出物象以外的形貌，但要使物形不改；题画诗要传达出画外的含义，可贵的是要画出物象的神态。赞扬李甲的画是符合上述这种审美要求的艺术品。李甲画和苏轼诗都能达到“要物形不改”“贵有画中态”的美学标准。李甲画的“意外趣”，也就蕴含在画面之中。

晁补之在本诗里发表的艺术观点，既强调艺术性与真实性融合，又主张神似与形似并重，将实的形象与虚的联想统一起来，虚实相生，无限妙境由此而形成。他的说法，使形、意、神的关系，得到合理的、辩证的解释，理论中的象外说。

晁补之自幼聪明好学，17岁时已文采飞扬，诗书画皆能，名噪一方。这年他随其父晁端友赴任所，住杭州新城，恰逢时任杭州通判的诗文书画大家苏东坡前来巡视，一经接谈，苏轼就觉这个少年才子谈吐不凡。晁补之初来乍到，面对江南风物之秀和钱塘山川胜景，顿觉激情迸涌，即景而作《钱塘七述》，苏轼大加赞赏，感叹说：“轼欲有所赋，见此可搁笔也。”既是他的大度与自谦，同时也说明他对晁补之的由衷之赞。他还称赞晁补之：“博学俊伟，绝人远甚，必显于世！”深受集诗文书画于一身的苏轼垂青与熏陶，晁补之诗文书画更有长足进步，很快便与黄庭坚、秦观、张耒等齐名，世称为“苏门四学士”，一时间名震朝野。

神宗元丰二年（1079），晁补之举进士，在开封及礼部别院应试，皆名列前茅。宋神宗阅其文后说：这是个造诣很深的人，可改变浮浅轻薄的文风。

晁补之才气飘逸，博学强记，诗文书画，皆具工力。他的论文注重“事功”，论政、论史，无不切合实际，更切中时弊。

晁补之的词比较出色，他学习苏东坡的词风，发展了豪放词派，而且题材广泛、风格高雅，有坦荡之怀、磊落之气。其作品有《临江仙·信州作》《盐角儿·亳社观梅》《洞仙歌》等，他的词境界澄澈辽阔，清丽豪放，想象丰富，气象万千。

现存晁补之诗歌有600多首。写得比较好的是他写景抒怀诗。例如《吴松道中二首》之一：“晓路雨潇潇，江乡叶正飘。天寒雁声急，岁晚客程遥。鸟避征帆却，鱼惊荡桨跳。孤舟宿何许？霜月系枫桥。”这首诗写于深秋时节，诗中写因征帆而鸟避，因荡桨而鱼跳，将动景融入静景之中，使江上景色增添无限生机。

晁补之对《楚辞》也很有研究，有论述屈原、宋玉以来辞赋的《辩离骚》20卷，《续楚辞》20卷，《重编楚辞》16卷。

晁补之的散文文笔流畅，其中最著名的是《上皇帝北事书》。这篇万言书是讲平辽之策的，表现了强烈的爱国热情。文章引古论今，辩论滔滔，条分缕析，语言典雅，堪称宋代文化论兵的典型之作。《四库全书总目》评晁补之的著作说：“古文波澜壮阔，与苏氏父子相驰骤；诸体诗俱风骨高骞，一往俊迈、并驾于张、秦之间，亦未知孰为先后。”

晁补之的主要著作有《鸡肋集》70集，《晁氏琴趣外篇》6卷，《春秋左氏杂论》1卷，《广象戏图》1卷，《无咎题跋》1卷。

晁补之所以有如此成就，是和他的家教、家风分不开的。晁氏家族有一部辉煌的历史。他的父亲晁端友，字君成，北宋进士，官至著作佐郎。他的高祖是北宋有名的晁迥，曾做刑部尚书、工部侍郎、礼部尚书。其曾祖父晁悫，官至尚书祠部员外郎，知制诰。其祖父晁仲偃，曾任凤翔通判。补之的叔父端礼、从叔端颜、端中、端禀也都是北宋进士。从弟晁咏之、晁载之、晁说之、晁冲之都是进士，对文学都有造就。其子侄辈也有不同的成就。

晁补之仕途坎坷。初任澶州（今河南省濮阳市）司户参军，又任北京国子监教授。宋哲宗元祐初年为太学正，后任秘书省正字，迁校书郎。后以秘书阁校理通判扬州。宋徽宗时，任户部员外郎，礼部郎中兼国史编修和实录检讨官。蔡京专权时，被指控为“苏轼奸党”，贬河中（今山西永济）知府，又贬应天府通判，再贬监信州盐酒税。崇宁二年（1103）免官回家乡巨野。回乡后，修一园名曰“归来园”，自号“归来子”。园内亭轩堂室皆取名于“归去来兮辞”，大概是他看透官场险恶，向往陶渊明那样一种田园生活的心态表白。

晁补之为官清正，能体察民情，想民所想。他出任齐州（今山东济南）知州，当时那里社会秩序混乱，民不聊生。他到任后经过深入细致调查，摸清情况，有的放矢，授以方略，指导有关官吏很快使社会安定下来。他还主持修复了“唐宋八大家”之一曾巩兴建的齐州名胜北渚亭。在被蔡京以“党籍案”贬为河中知府期间，他积极为当地百姓筑桥修路谋福利，深受百姓大众拥戴，还为他画像建祠堂，以作长久拜会。

大观四年（1110），晁补之被重新起用为达州（今四川达县）知州，又改任泗州（今江苏宿迁）知州，不久病逝，年仅58岁。

晁补之实不愧书香名门世家。他的从弟晁永之、晁载之、晁说之、晁冲之皆进士及第，能书善画，名震朝野，被时称“晁门四杰”。纵观晁补之家族，从晁迥北宋太平兴国（976—874）中进士，至晁百谈南宋淳熙（1174—1189）年间，先后20余人以文笔彪炳史册，14人进士及第，代代都有金榜题名，像这样书香翰墨，承续不衰，以文笔真功铸满堂辉煌达200年之久的翰墨世家，堪称奇迹，实属罕见。

张即之书法《息心铭》

南宋书法呈衰颓之势，此时较有成就的书法家是赵构（宋高宗）、吴说、吴琚、张即之、陆游、范成大等，其中尤以张即之为最。

张即之（1186—1263），字温夫。他是南宋参知政事张孝伯的儿子，以其父恩泽而授承务郎，举进士，历任两浙转运司，司农寺丞。其书法学米芾而参学欧（欧阳修）、褚（遂良）的体势笔法，知名于当时，今存的墨迹见于两类，一类是大字书写的古人诗句，如《杜甫诗卷》《古松诗卷》等；另一类是中楷书经卷，如《金刚经》《华严经》《佛遗教经》等。在今菏泽市成武县即保存有张即之亲笔所书的《息心铭》珍贵碑石一座。

张即之是南宋后期首屈一指的大书法家，他的父亲张孝伯、叔叔张孝祥均为书法大家，张即之的书法承继家学，锐意创新，其书法瘦劲俊逸，奇削精龙，名重当朝。南宋“瑞平”“淳祐”年间荐绅“琴棋书画四绝”，“书绝”便是张即之（杨嗣翁为“琴绝”，越中父为“棋绝”，赵子固为“画绝”），由此可见张即之书法在南宋的地位及影响。

张即之的《息心铭》是其罢官后的作品，内容颇为消极，但寓有哲理。如首作“无多虑，无多知，多知多事，不如息意。多虑多失，不如守一。虑多志散，知多心乱。心乱主恼，志散妨道。勿为何伤，其告攸长”。其文末又云：“端坐树荫，厌生患老，随思随造，心想若灭，生死长绝。不生不死，无相无名。一道虚寂，万物齐平。”哀莫大于心死。张即之《息心铭》也正是当时人们以南宋王朝偏安江南一隅，不思复国，醉生梦死，气数将尽而又回天无力、无奈心情的真实写照，同时也反映了他被罢官之后心灰意冷、万念俱灰的心态。

《息心铭》书法的笔力峭挺瘦硬，奇伟秀拔，笔画精细，对比强烈，豪放飞动，结体巧妙，笔约意丰，形散而神凝，点画流通而贯连，清新活泼，鬼巧见奇，质量尤高。

《息心铭》是张即之书法的代表作。

田氏兄弟孝书荆树堂

明代书法以“台阁”风靡一时，“复古之风”盛行，“帖学”受宠。至明后期，才呈现开拓创新、群雄并起的书坛新局面。其中，明末“四大家”邢侗、董其昌、张瑞图、米万钟的出现，产生极大影响，而又以董其昌为最。董受吴门书画氛围陶冶至深，以平淡古朴的笔法，形成一代书风，书与画皆为一代宗师，一直影响到清代中期。米万钟出自米氏家学，擅长行草，用章草笔意。邢侗草书多临“二王”颇为古韵，时称“南董北邢”。同时代的“曹州名士”田峤、田峨兄弟，工诗善书，与董其昌、米万钟、邢侗往来唱和，交谊匪浅，所著《荆树山房文集》影响深远，时人又有“江南一董（其昌），江北二田（峤、娥）”之说，由此可见田氏兄弟书法的造诣之深与影响之大。更可赞的是，兄弟二人所建的“荆书堂”，不但书法家传不衰，而且忠孝仁厚家风永继，其中“田氏兄弟孝”书“荆树堂”至今传为美谈。

荆树堂乃田氏家祠，位于巨野章缝镇东西大街中段，约建于明隆庆至万历年间，原占地5亩许，为典型的北方外跨式四合院建筑。岁月蹉跎，后院等附属建筑已倾，主体四合院尚保存相当完整。临街面阔九间仍为原来风貌，均青砖砌壁，布瓦覆顶。其中大门三间，阔10.35米，进深7.15米，七架列式梁柱结构硬山建筑，高台作基，青石筑成，屋顶采用大式瓦作，雕脊跑兽，飞檐起翘。廊枋上阳琢文字，左“木本”、右“水源”、中刻“派衍青齐”。门上方高悬“荆树堂”匾额，金光灿灿，赫然醒目。院内正堂三间面阔11.13米，进深6.5米，亦七架列式硬山建筑，青砌撕缝，雕梁画栋，立吻增辉，更显庄重。两侧设有配房，皆五间，配房与正堂之间又各设月亮门可通跨院和后院。院中拜夏由四列16根木柱承擎，重梁起架，青瓦覆顶，前接卷棚，直至正堂。左右延及两庑，覆盖整个天井，夏日不曝，冬雪不侵。整个建筑群结构严谨，布局巧妙，细微处显现考究，古朴中透着灵秀，雅静深致，肃穆庄重。

荆树堂原称荆树山房，系田氏七世祖田峤、田峨兄弟二人的书斋。田峤，字云岳，号宗甫，岁进士出身，长于文章；其弟田峨，字斗岳，号瞻甫，万历戊子科举人，工诗善书。二人皆为曹州名士，与当时的董其昌、米万钟、邢侗等文化名人往来唱和，交谊甚密。著有合集《荆树山房文集》传世，影响深远，享有“江南一董（其昌），江北二田（峤、峨）”的美誉。其子孙亦多有成就者，“印累累，绶若若，文武闱掇巍者，连续不绝”；“家益饶，壤沃屋润，廓邑中称巨室者首推田氏”，成为显赫一时的名门大户。有了富裕的经济基础和良好的人文条件，田氏“首创家祠，制祭器，聚众而时享”。遂辟书斋，加以增修扩建，更名荆树堂。荆树山房、荆树堂盖源于“田氏分财，忽瘁庭前之荆树”的历史故事。古有田真、田庆、田语兄弟三人同居，妇欲分异，共议将堂前粗磊繁茂的紫荆树亦破而为三。一日清晨，忽见荆树叶垂憔悴，众皆惊诧。田真谓弟说：“木一同株，若分析则憔悴，况人？兄弟而可离，是人不如树也。”兄弟三人，深为感动，紫荆树旁，抱头痛哭，决定不再分家。从此，居家和睦，荆树复荣。田氏家祠取名“荆树堂”，意在使子孙后世不忘先祖史实，同心合力，礼记躬亲，“荆树堂上兄宜弟，绿服庭中子悦亲”。

荆树堂后院原有书馆，东北侧为王姥娘庙。王姥娘为本支田氏之祖田子成父子的救助恩人。田氏原籍青州。明初，青州指挥使田子成，因谏言被谤，挂印遁逃，肩挑幼子投奔先前定居于巨野县田家庄的长兄。及晚，子成隔帘听到嫂问兄长：“二弟此来，是暂避还是长住？”子成察嫂意，遂告知：“片刻便走。”是夜，寒风呼啸，大雪纷飞，邑之大户王承辅之妻，忽梦两只猛虎卧于双碑泊（今田桥镇田桥村东北）桥下，猛然惊醒，恰值子夜时分，心中疑惑，即唤佣人同去探视，只见桥下，一副挑担，父子相拥，遂引领归家。王氏见子成父子气度非凡，又怜其落难之时，便好心收留于家，待子成如兄弟，视其子福顺若己生。王氏膝下唯有一女，福顺及长，便招赘为婿。田氏后世子孙不忘外祖母王氏恩泽，故于祖祠内别置一区建王姥娘庙。峤、峨兄弟诗文丹书，勒石镶壁，甚为壮观。

历四百余年风雨，荆树堂可谓存之不易。20 世纪 50 年代至“文革”中，王姥娘庙及书馆相继被毁，古籍藏书付之一炬，诸多刻石亦遭毁坏或散失。近年来，田氏后裔积极找寻散佚的遗物，田峤、田峨丹书刻石 4 帧及部分手迹，现已入荆树堂保存。2002 年，族人又集资对现存建筑进行了修缮，使这一历史古迹再增光辉。

魏希徵戏台写楹联

魏翰林，名希徵（1646 — 1715），字子相，号山翁，清代康熙年间郓城

（今菏泽市郓城县）城北魏路口村人，康熙十五年中进士，接着被点翰林，曾任东宫侍讲，为太子胤祯等皇子皇孙讲学。

魏希徵工诗文，善书法。他出身清贫，其书法为劳苦大众所喜闻乐见。他曾为姑母亲书碑文，文字朴素简洁，对一个贤德善良的农村妇女赞誉十分得体感人。他还亲为家乡潘溪渡露天大戏院撰写楹联。上联是："天地台，日月灯，风雷鼓板，人世间一大会场"；下联是："尧舜升，汤武隆，恒文强伯，古今来几辈人物。"横批是："归去来兮。"全联不仅字写得潇洒狂劲，令人叹为观止，而且一气连用13个名词字，真实而夸张，形象而诙谐地把露天戏院的特点描绘得惟妙惟肖；下联阐述戏文内容；横批巧妙地借用成语，把演戏一进一出的情景一语勾画了出来，实在绝妙。

魏翰林少年聪慧，在慈母和启蒙老师的严格教导下，在外祖父、舅父的影响下，他勤奋好学，刻苦攻读。12岁入庠（县官办学校）为生员（秀才）；20岁中乡试科本省解元（乡试全省第一名）；30岁中殿试二甲一名进士（即第四名）。选翰林院庶吉士，此后授编修，参加了《平定方略》《明史》等史书的编纂。后历侍讲，充东宫日讲官，教授过皇太子胤禛（即以后的雍正皇帝）。曾两任（一说三任）大主考，升左春坊左中允、翰林院侍讲学士。

魏翰林为人忠孝，一腔正义，秉公办事，正直敢言。他为官清正廉洁，两袖清风，重名节，轻富贵，好善乐施，生活俭朴，经常吃粗茶淡饭，穿土布衣。他同情劳苦大众，平易近人，言语诙谐，文章幽默，才思敏捷，才华横溢，集众多美德于一身。所以，他深受郓城一带百姓的爱戴，郓城魏氏宗族也深以为荣。

魏翰林出生在一个贫苦农民家庭里，祖父魏大顺一生务农，在魏翰林出生前五年染时疫（传染病）而死。其父魏法除务农外还善木工，在魏翰林尚在襁褓中时又死于时疫，当时其兄魏希赞才6岁。家中"所余者悄然四壁，呱呱两孤而已"。（《魏希徵·母训十六章·弁言》）。在家庭生活极其艰难困苦的情况下，其母陈氏"外持门户，内供馒粥，机声灯影"，伴随泪水，苦力挣扎。其间也不断受到他外祖父家的接济。其外祖父陈克典，字唐宪，郓城城北潘溪渡附近陈栈村人，为当时理学名儒，教书为生。其大舅父陈大臣，二舅父陈小臣皆明末举人，大舅父曾任明朝河南阜阳知县，闺中陈氏，“性忱聪圣，又所处眉山父子兄弟间，诗书之训饫闻之”。（《魏希徵·母训自育》）

魏翰林的童年虽艰难辛苦，但却受到母亲、外祖父、舅父的良好教诲和影响。“……学语时，母口授三字经及五七言诗……四五岁，母语以某诗为古人作，某诗为外祖父、舅氏作，各说大义，嗣乃授以四子之书及就外传，遂从本经读起。”（《魏希徵·母训十六章》）

魏希徵中举后，家庭生活仍十分困难，其兄早逝，靠他设馆教书，再加老母、寡嫂、妻子三人辛勤纺织才能勉强糊口，家里连一个多余的铜钱也没有。康熙十五年，是大比之年，魏希徵30岁，正在郓城南50里的郭楼村教馆，他很想进京应试，但苦于没有盘缠钱。正在发愁，不想一个偶然的机会结识了翟庄（郭楼附近的一个小村）一位忠厚仗义的农民翟云汉。翟云汉见魏先生为人忠义，满腹文章，又写得一手好字，便卖了一头牛犊和十丈白布，慷慨资助魏希徵赴京应试。

进京应试，书文皆精，一举得中，被点了翰林，从此踏入仕途。在官场生活十载，他目睹了封建社会官场的钩心斗角、尔虞我诈、贪污受贿、腐化堕落、趋炎附势等现象，深谙其黑暗和腐败。

魏希徵任东宫侍讲时，所教的都是皇子皇孙，后来的雍正皇帝胤禛也在内。他教学认真，一丝不苟。胤禛贪玩厌学，成绩不佳。一次魏希徵提问胤禛，胤禛回答不出，魏希徵毫不留情地罚他站。恰巧康熙皇帝巡视东宫，见太子罚站，很不以为然，说：“读书坐天下，不读书也坐天下，何必如此！”随即令胤禛坐下。魏希徵据理直言：“读书则为尧舜，不读书则为桀纣。”康熙听魏希徵言之有理，马上令胤禛继续罚站，并和魏希徵攀谈起来，魏忘记了太子罚站的事，使胤禛站了一个早晨。胤禛恼怒，待康熙皇帝走后，在魏希徵门上贴了封条。魏希徵被封在室内，不敢出来，一连7天，差点被饿死。室内可吃的东西都吃了，据说还吃了花瓶中桃枝上的干巴小桃。幸亏同僚奏知康熙皇帝，才把魏希徵解救出来。这更使魏希徵感到封建社会官场的昏庸和险恶。60 岁时，借故辞官，返归故里，晚年过着田园隐居的生活。

据传，魏希徵曾写了《母训十六章》《安分守己，听天由命》和《窝窝赋》等诗文，这些作品均为其亲笔手书，字文并绝，传世久远，尤为广大民众所喜爱。

《母训十六章》当是其母陈氏去世后，作者工笔书写的悼念文章。文中历数了母亲从 16 个方面对作者的教导、歌颂了其母的贤德以及在主持门户、家庭生活、教子成才等方面所起的重要作用，表达了作者对母亲的深切怀念之情。

《安分守己，听天由命》赋，是作者退职还乡后所作，是对他一生做人经验的总结，表达了作者“乐于天命”的思想。

《窝窝赋》首先写窝窝的来之不易，再写窝窝在人们生活中的重要地位，继而写窝窝的形状、色泽、特征以及制作过程，对窝窝极尽赞美。最后表达了作者有窝窝吃足矣的知足常乐、安贫乐道的思想。通篇隐含着对劳动人民的同情，对荣华富贵的蔑视。一个普普通通地窝窝在作者的笔下却典故层出，警句不穷，洋洋二百多言，且字字金石，实在难得。

“军旅大笔”赵德懿

赵德懿（1888—1960），菏泽市成武县张楼乡赵小庙村人，其书法和文才深得梁启超、蒋介石、诸玉璞、何思源等人的赞许和器重，被誉为“军旅大笔”而广有影响。

赵德懿，家道小康，自幼随赵东磊读书，后随其父廪生赵东兴入岁贡乔文梓家求学。因其聪颖好学，且多事名师，未及弱冠之年，考中成武县最后一科秀才。他琴棋书画、诗词歌赋无所不通，成为方圆百里有名的才子。

科举制度废除后，他先是弃学从医，后去北京，在中国交通银行住月余，以其书法文笔的扎实功力，被选入翰林院任供事之职。

1911 年，大清王朝寿终正寝。民国改元，赵德懿遂入大理院任书记官。这时，担任民国第一教育总长的蔡元培先生，对全国教育进行了一系列改革，他提出停止祀孔，废除读经。赵德懿深受儒学影响，思想守旧，对于蔡元培的教育改革颇为不满。尤其是停止祀孔一项，更使他很不满，便连夜起草了一篇讨伐蔡元培的檄文，公开发表在全国报刊上。一时间全国十八省的尊孔势力，矛头齐指蔡元培，致使蔡元培先生被迫辞去了教育总长之职。

1917年，张勋复辟，引起了全国人民的反对。段祺瑞自马厂兵分三路进攻北京。梁启超亲赞戎机，与支持张勋复辟的康有为断绝了师生关系。赵与梁有深交，他的书法和文笔很被梁所看重，在“讨张”征战中，赵随军行动，充分运用他的大笔，发挥了很大的鼓动作用，并提醒梁启超在断交宣言上的语气要委婉些。尤其是对“大焉之武夫”这句话。但梁启超却义无反顾地把宣言发表出来。

1925年12月，李景林、张宗昌、褚玉璞组成“直鲁联军”。第六军中将军长、“靖武将军”褚玉璞很崇尚赵德懿的书法和才华，亲请赵入其军幕，任第六军少将秘书。

1926年1月，“直鲁联军”向军阀孙传芳进攻，赵协助“直鲁联军”副司令褚玉璞指挥40万大军，始终坚持在第一线作战。打一仗，胜一仗，把孙传芳部一直打到了长江以南。后来，“直鲁联军”又沿津浦路北进，攻打冯玉祥部，战事颇为顺利，一直打到沧州。冯玉祥在“直鲁联军”各部门夹击下撤出天津。褚部率先入城，占领了都督府。张作霖随即任命褚玉璞为直隶督军兼直隶保安司令，赵德懿任直隶督办公署秘书长兼保安司令部秘书主任。这是赵德懿一生最辉煌的时期，他那“军旅大笔”的称号也广传开来。

1928年上半年，军阀混战，蒋介石、冯玉祥、阎锡山、李宗仁等新军阀联合起来攻打张作霖部，4月，褚玉璞主力受挫，褚只身逃往大连，暂离军旅。

蒋介石对赵德懿的书法和文才也早有所闻，就授意赵的挚友、国民党要人吴铁城去游说赵入国民公安总监担任要职。吴与赵虽有深交，但他费尽唇舌，赵就是不同意，因为他对蒋介石很不满。吴说：“识时务者为俊杰，此北伐一战难道鲁臣没有一点认识吗？”赵爽朗答道：“成功者侥幸，天败者必然！”吴铁城听后大笑不止。后经吴的一再劝说，赵才答应到国民党郑州军政大学担任高级讲师。赵熟读兵书战策，对历代兵家著作颇有研究，但不愿为蒋介石卖力，所以到郑州任职不久，就借故转到济南齐鲁大学国文系任教。

1937 年，发生了震惊中外的卢沟桥事变。未及一年，华北各省相继沦陷。日本侵略者也了解到“军旅大笔”的名气和影响，就利用种种渠道和手段拉拢他，甚至以委任“山东省长”相利诱，他坚决不从。后来又让他当民政厅厅长，依然被拒。

在一次省政府召开的各厅局长会议上，赵德懿例行参加。但却显出一派凄苦寒酸的样子。铁杆汉奸秦汉荣见他挖苦说：“鲁臣史，要本事你有本事，要才华你有才华，省长、厅长你不干，但穿戴派头上也得像模像样，有个阶级关系吧？”“阶级关系？”赵听后怒发冲冠：“亡国奴还有啥阶级关系？！”秦启荣等听后窘态百出，尴尬无比，只好一溜了之。

1945 年 8 月，日寇投降后，国民党派何思源任山东省主席。何也很钦佩赵的文笔才华，特登门拜访，想让他重新出山担任要职。赵审时度势，没有答应。

1948 年 8 月，济南解放后，他带着全家，回到了阔别 40 年的故乡赵小庙。

中华人民共和国成立后，赵德懿作为民主人士，被省政府荐举到菏泽师专任古典文学教员。因他患眼疾，不久即复回家乡，被选为成武县第一届和第二届人大代表。

赵德懿晚年很关心地方教育事业。1950 年以中央委员成仿吾为团长的“老区考察慰问团”一行到赵小庙，他向慰问团提请，于 1952 年建立了成武中学赵小庙分校，这是中华人民共和国成立后成武县在农村的第一所中学。

赵最出众的书法艺术才能还是他的魏碑体书法。自清代中叶提倡魏碑书体以来，清末至民国此书风大盛。赵博采众家之长，形成了自己奇肆险峻、舒畅流丽的独特风格。

他不光擅长魏碑，真、草、隶、篆也很精妙，而且他有很高的仿古之技。他一生出门在外 40 年，大起大落好几次，经济拮据时，都是以出卖书画度日。有时心血来潮，他就仿照古人的笔迹写上一幅，落上历代名家的款，足以乱真，总能卖出好价钱。他的字有的一幅竟值 500 大洋。可是当他有钱，赎回自己押在当铺的书法作品时，不管别人称赞这幅字多么珍贵，他竟当面把它撕毁，并说：“这是鄙人的拙作。”使众人瞠目结舌。

第二节 珍品生辉

一、馆藏书法

菏泽作为著名的书画之乡，不仅留下了本地书画名家的大量传世之作，而且汇聚了全国各地历代书画名流的许多真迹珍品，馆藏书画作品宏高，使得书画之乡的艺术殿堂更加流光溢彩。

明代

文徵明·行书中堂

文徵明（1470—1559），名璧，字徵明，又字徵仲，号衡山，长州（今江苏苏州）人，曾官翰林待诏。诗文、书画精绝一时，长于山水画，兼工花卉人物。书法精劲秀美。文学上与祝允明、唐寅、徐祯卿并称为“吴中四才子”。文徵明是备精诸体的书法家，楷书、行书尤其精好。楷书法度谨严，笔锋挺秀，结体端庄。小字可与赵孟頫媲美；大字行书师法黄山谷，深得昂茂郁拨的姿韵，苍秀跌宕，骨韵兼善，与祝允明、王宠并重于当时，其特点在于把流俗书体变得文雅清秀，流畅行笔达到完美境界。

文徵明《行书中堂》，纸本，纵 342 厘米，横 93 厘米，自书七律诗一首：“天上楼台白玉堂，白头来作秘书郎。退朝每傍花枝入，儤直遥闻刻漏长。铃索萧闲青琐静，词头烂熳紫泥香。野人不识瀛洲乐，清梦依然在故乡。”款为徵明，白文图章为文徵明印，朱文图章为衡山。

王铎·草书豹奴帖轴

王铎（1592—1652），字觉斯，号十樵，又号嵩樵、痴庵等，河南孟津人。明天启二年（1622）进士，清兵入关后，至南方任福王弘光朝东阁大学士，后入仕清，官至礼部尚书。

王铎书法诸体悉备，楷书师法钟繇、颜真卿，端平庄重，灵巧秀俊。行书吸取米芾之长，师承与董其昌相似，却形成不同风格，其笔法沉着含蓄、刚柔相济。结体章法独具特色，字形险奇，或东倒西歪，或头重脚轻，章法大小错落、疏密相间、纵横能收、险中见正，形成跌宕起伏、对立统一的艺术效果。

王铎《草书豹奴帖轴》，绢本，纵267厘米，横53厘米，凡3行58字。草书“豹奴帖”（见《淳化阁帖》），“豹奴此月，唯省一书，亦不足慰怀也……”通篇一气呵成，笔势连绵流畅，刚柔相济。章法颇具特色，字形奇险，大小错落，疏密相间，不平衡的字通过字与字之间和谐的安排求得平衡，左下署款：“王铎”；其下朱文图章：“王铎之章。”白文图章：“大宗伯印。”

张瑞图·草书中堂轴

张瑞图（15世纪前期），字长公，号二水，福建晋江人，万历进士。其书法成就很高，擅长行草，他在师法钟、王的基础上，独辟蹊径，用笔多主硬侧峰，风格奇宕，自成一格，与邢侗、董其昌、米万钟合称“晚明四家”。

《草书中堂》字芯高157厘米、宽52厘米，绢本。以行草书五言诗一首，曾再次装裱，装裱前字幅上头损毁20厘米许，共损去字5个，现存35字：“×树寒云色，茵陈春藕香。施凉生廪芙，仓蕈××凉。野鹤清晨出，山精白日藏。蟠××水府，百里独苍苍。”左下角落款为“果亭山人瑞图”，打白文“张瑞图印”和朱文“大学士章”各一方。

纵观整幅作品，笔势连绵流畅，酣畅淋漓，一气呵成，字形奇险，刚柔相济，一派大家风范，具有很高的艺术欣赏价值，现为国家二级文物。

清代

郑板桥·行书轴

郑燮（1693—1765），字克柔，号板桥，扬州兴化人，乾隆元年进士，官山东范县知县，后调潍县，因为民请赈罢归，晚年居扬州，卖画为生，是古今公认的诗、书、画三绝的艺术大师。

郑燮《行书轴》，纸本纵84厘米，横26.5厘米，原题曼堂老人所绘牡丹，后分割流传。诗曰：“十分颜色十分红，顷刻名花在眼中。富贵若凭我笔底，不愁天起落花风。”表现出诗人对穷苦百姓的同情。

郑板桥将篆、隶、楷、草四体糅合在一起，自称六分半书，长撇大捺，纵横捭阖及欹侧的体势由黄山谷脱出。横捺画末端明显的波磔，使字态翩翩自得，这是用八分书的笔意，点画时而庄重沉缓，徐行作楷书，时而勾连婉转飘逸为草书，长横、长竖执笔挺健如竹之劲节，得“横鳞竖勒”之妙，撇捺画如兰叶，葳秀拔飘舞，点如石上点苔，圆浑厚重，其结体突破常规，作夸张变形的处理，或长而窄，或短而宽，疏、密、敛、放、自由活泼。其章法更是欹正相生，大小相杂，宽窄不拘，疏密穿插，或秀逸，千姿百态，如秋花倚石，野鹤戛烟，自然成趣。全篇看来，如“乱石铺街”，浑然一体。

刘墉·行书轴

刘墉（1719—1804），字崇如，号石庵，山东诸城人。乾隆年间进士，官至体仁阁大学士。精通经史，诗亦遒练清雄，只因书名太高，常遮掩其文才。其书集群贤之大成，推为一代书家之冠，时有“浓墨宰相”之称。擅行、楷，较有创造性，《松轩随笔》说他“初从松雪入，中年后自成一家，味厚神藏，貌丰骨劲，不受古人牢笼，超然独出”。他的书法，融合了赵孟頫的圆润、董其昌的生拙、苏轼的丰肥、颜真卿的浑厚，形成独具一格的风貌，外似丰圆软滑，实则内涵刚劲、骨肉兼备。他专用狼毫笔，喜在光滑腊笺上写字，字体又很丰厚，这就愈显柔和饱满，不露筋骨，墨色重而沉郁，富有“静”趣。至晚年，变得“超脱极瘦”。由于有些字写得过于肥腻，也有“墨猪”之俏。

《行书轴》，纸本（洒金笺），纵100厘米，横31厘米，书凡28字。字距、行距皆宽松，且大小不一，疏密有致，诗文王安石所作：“杨柳鸣啁绿暗，荷花落日红酣，三十六陂春水，白头想见江南。”款识为“石庵”。全篇疏疏落落，有顾盼之美。入锋简捷洁净，运笔沉酣稳重，动势不大而笔力雄伟。笔锋着纸短而意蕴深厚，锋芒处处收敛，使得筋骨内含。点画皆如绵里裹铁，体势清腴处，似植骨于颜真卿，拙中含美质，可谓淡中入巧。康有为说：“石（庵）出于董，然力厚思沉，筋摇墨聚，近世行草作浑厚一路，未有能出石之范围者，吾故谓石集贴学成也。”

何绍基·行书轴

何绍基（1799—1873），字子贞，号东洲。别号东洲居士、湘南道州人，书法成就甚高，评者谓“凌轹百代”。

《行书轴》纸本，纵 58 厘米，横 28 厘米，凡 98 字，用笔深厚凝重，深涩刚健，给人入木三分之感，可谓血浓肉丰，筋健骨老，蕴含着脱胎于周金汉石的古拙老辣之气。体态颠恣欹斜，其郁勃雄伟的气势，直从颜真卿行楷中化出，反复观之，从容的笔下波澜起伏，章法散落天成，如星斗满星，更见错综参差之妙。从唐至清，千余年间，但像何绍基这样真正彻悟颜书精髓而能自吐新韵者寥寥无几。潘伯鹰先生称他“是一个开辟书苑新天地的英雄”，的确当之无愧。

李鸿章·行书联

李鸿章，字少荃，安徽合肥人，道光二十七年（1847）进士，曾任清末两江总督、湖广总督、两广总督、直隶总督兼任北洋通商务大臣、武英殿总裁等。他一生功过突显，以镇压太平天国和捻军起家，代表清朝廷先后签订丧权辱国的《中俄密约》《辛丑条约》等。他在赈济灾民、治理河道方面也做过好事，特别是常“思以西国新法导中国以求自强，先急兵备，尤加意育才”，很想采用西方先进科技使本国强盛起来，他只要听说欧美有什么新产品问世，必然千方百计买来，特别是先进武器。他还积极推动修建铁路、机器制造、开发矿产等先进产业，他还是清朝军事学校的创始人，但在晚清腐朽统治下，他的这些进步作为注定要失败。李鸿章文采不俗，书法很有功底。

莫友芝·小篆条幅

莫友芝（1811—1871），字子偲，号郘亭，又号紫泉，晚号眲叟，贵州独山人，书斋名影山草堂。清代著名的藏书家、学者、诗人、书法家。在文字训诂、音韵、版本目录、书画鉴定方面有精深造诣。

莫友芝精于书法，为清代十大书法家之一。黎庶昌评其书“分篆高骞，冰斯雄睨”。当代书坛泰斗沙孟海先生在其《近三百年书学》一文中评道：“学邓石如篆书的莫友芝最好，赵之谦、吴熙载其次。”浙江美术学院教授陈振濂先生对其书评道：“贵州曾出了一个莫友芝，其作品精到之处，不在赵之谦、杨守敬、张裕钊之下面或有胜之。”不同时代的学者、如此高规格的书家，如此异口同声的盛赞，可见莫友芝的书法成就绝非浪得虚名。

翁同龢·楷书对联

翁同龢（1830—1904），字叔平，号松禅，江苏常熟人，官至协办大学士、户部尚书。擅长楷、行书，《霎岳楼笔谈》云：“松禅早岁由思白（董其昌）以窥襄阳（米芾），中年由南园（钱澧）以攀鲁公（颜真卿）。归田后，纵意所适，遂成一家，用笔比较奇肆率意，结体宽博开张。有些字融汇赵、董之意，写得潇洒。

郑孝胥·行书联

郑孝胥（1860—1938），字苏戡，又作苏堪、苏勘、苏龛，又字太夷，号海藏、苏庵，又号夜起庵主，室名海藏，闽侯县（今福州）人。历任翰林院庶吉士、工部营膳司、吏部稽勋司主事等职。光绪十五年考取内阁中书，出任清政府驻日使馆书筑领事。为两广总督，被破格任命为“总理内务大臣”，后改任“懋勤殿行走”，为溥仪讲《资治通鉴》，东北建立伪满洲国，郑孝胥出任伪军政部总长及“文教部总长”。民国二十三年（1934），溥仪正式“登基”，郑孝胥改任伪满洲国“国务总理大臣”，民国二十四年（1935）辞官退隐。次年，创办“王道书院”。民国二十七年（1938），卒于长春，终年79岁。

郑孝胥以擅长书法著称，民国初年即名重一时，取碑、帖之长化为己有，融会贯通，自成一家，形成独特的艺术面貌。郑孝胥在各种书法中尤以楷书和行书见长。他的楷书以唐楷为根基，点画工整，结构严谨。在结体上，他创新求变，把魏碑的剑拔弩张、呆板可畏之势变成了刚柔相济、稳健飘逸之姿。其“欲右先左，欲上先下”的逆锋起笔与“无往不收，无垂不缩”的回锋收笔，在他的楷书中表现得十分明显。他主张“楷隶相参”，在楷书中融入隶书的笔意，遒劲雄厚流露出北碑的余酌。郑孝胥最成功的书体是行书。他早期的行书中宫收紧，体势开张，横肩外耸，折脚内收。晚年，写六朝字，笔力坚挺，他的作品既有精悍之色，又有激荡之气。

罗振玉·甲骨文联

罗振玉（1866—1940），字叔言、叔蕴，号雪堂，晚年号贞松老人，浙江上虞人，早年曾奉召入京做官。平生喜考古，曾发现并破译甲骨文，对中国文字考古研究做出了巨大贡献。其书法擅篆、隶、楷、行，尤以甲骨文入书法著称，为收藏家所重。

罗氏甲骨文字体，其用笔坚拔，化甲骨文笔画为另一种书法，用笔之美感，充分显示了罗氏甲骨文书法的独特魅力。

袁桐·篆书横幅

袁桐，字琴南，号琴甫（一作琴圃），又署琴居士，清钱塘（今杭州）人。官直隶河工通判。工小楷篆书，尤擅隶法，下笔奇态，类陈鸿寿。篆刻师钟鼎、汉砖，胎息甚古。金碧山水得仇英遗意，设色花卉雅韵欲流。

康有为·对联

康有为（1858—1927），原名祖诒，字广厦，一字更生，号长素，别署西樵山人。广东南海人，光绪进士，授工部主事，曾领导戊戌变法和支持张勋复辟，后病死青岛。一生著述甚众，其书法主要表现在行楷上，面貌变化不大，却很有个性。

《对联》为纸本，纵 179 厘米，横 47 厘米，书“愿度众生苦，神从诸天游”两句，用笔绷横跌宕，沉浑老辣，点画拗峭苍厚，撇、捺、钩顺势而成，舒展飘洒，得气骨开张之势。款“天游化人康有为”，白文图章“康有为印”。

民国

冯玉祥·隶书联

冯玉祥（1882—1948），字焕章，原名基善，原籍安徽巢县（今巢湖市）人，国民党一级陆军上将，曾任国民党行政院落副院长兼军政工干部部长。抗日战争期间，先后任第三战区和第六战区司令长官司。他是国民党中的开明者，曾因反蒋两度被开除国民党籍，他提倡民主，力主抗日，做过不少有利于国家和民族的好事。1948 年 9 月 1 日因客轮在黑海失火而遇难。著有《抗日游击战术问答》《我的读书生活》《我所认识的蒋介石》等。喜爱书法，颇具功力。

二、馆藏绘画

元代

钱选·羲之爱鹅图

钱选（1248—？）字舜举，号玉潭，吴兴人，元泰定年间进士，入元不仕，流连诗画以终，富有民族气节。人物画学李公麟，山水学赵伯驹，花鸟学赵昌，画风接近北宋风格，尤其擅长折枝花卉，用笔工整细致而又显得柔和端庄。着重描绘隐士名贤，寄托着他在遇到亡国环境中的沉痛心情。

《羲之爱鹅图》，纸本，纵123厘米，横61厘米，左下款曰“吴兴钱选舜举”。此图取材于宋代书圣王羲之爱鹅的传说阵中巨石参天，怪石竦立，一老妪携鹅躬行于青石桥上，举目羲之，而带慈笑，羲之坐在石几旁，凝神于鹅，左手轻抚案纸，右手握笔砚上浓墨饱蘸，诗情画意顷刻涌出。赵孟頫称他的画“虽风格似近体现时赋色姿媚”，是一种追求洒脱奔放而又具有宋画传统的画风。

图中的怪石巨树，小溪石桥，石几上白桃清茶，以及书童所抱扇旁立的悠闲姿态，都给人一种世外桃源的感觉，是钱选不满元朝统治、逃避现实、以绘画自我抒发意趣的心理写照。

明时的绘画，派别纷杂，综为“浙派”和“吴派”两大画派。明初，虽然恢复了皇家画院，但书画创作受到严重束缚，侍奉宫廷的画院作品，追踪宋代院体画风，并波及社会上形成“浙派”，兴盛于永乐、宣德和弘治中。以长于山水画的戴进、吴伟为主要代表。同时代的花鸟画家，则以吕纪、林良为首。

明代

沈周·两人松下坐图轴

沈周（1427—1509），字启南，号石田，晚号白石翁，人称白石先生。明代江苏常州人。未应科举，学识渊博，交游甚广，极孚众望，平易近人，乞诗乞画者“屡满户外”。“贩夫牧竖”向他求画，从不拒绝。有人做他的赝品，求为题款，也欣然应允。“吴门四家”（沈周、文徵明、唐寅、仇英）之一。《吴郡丹青志》称其“绘为当代第一，山水、人物、花卉、禽兽悉入神品”。以笔墨变化出于元代名家而享盛誉，被称为吴派创始人，文徵明、唐寅都是他的弟子。其作品用笔力韵兼胜，厚重凝练，古朴天真，影响并推动了明代写意花鸟画的发展。他为人宽厚大度，门生众多，诸多名画家出其门下，奠定他吴门宗师地位。

《两人松下坐图轴》，纸本，纵 128 厘米，横 60 厘米，画中两人端坐松下巨石之上，远处山峦隐现，水天一色，一叶孤舟钓于水上，景色虽然平凡，但构图简明清爽，富于创造性，具有较强的真实感，笔墨浑厚，大气磅礴而又富有浑朴天真、风韵潇洒的意境，右上诗款恰到好处，诗曰："两人松下坐，但见苔如发。惟应携茗来，烹去煮明月"，恰切地描绘出大自然清新隽美的魅力和画家为景致所感，飘逸欲仙的艺术境界。

吴伟·八哥图轴

吴伟（1459—1508），字次翁，号小仙，江夏（今武汉）人。幼时流落海虞（今常熟），为人收养伴其子读，常窃弄笔墨，17 岁时，画名渐起，擅画山水人物花鸟，被宪宗、孝宗先后两次召用。

《八哥图轴》，纸本，纵 144 厘米，横 78.5 厘米，右上款"江夏吴伟笔"，朱文图章为"吴伟"。画中虬枝劲展，中部三部八哥立于树上，跷着鸣叫，上部一只八哥作欲飞状，另一只自画外振翅飞来，陡增了几分生气，与苍劲的枝干形成强烈的对比。画法淋漓，用笔奔放而富有变化。吴伟以技法纯熟而称名于世，明孝宗曾赐他"画状元印"。传说一次酒醉作《松风图》，弄翻墨汁，于是信手涂抹，刹那间山峦林木，风云毕现，宪宗称他"真仙笔也"。可见他的绘画技法之娴熟，已到了炉火纯青的境地，在画史上占有十分重要的地位。

唐寅·云山古刹图

唐寅（1470—1523），字伯虎，字子畏，号六如居士，别号"桃花庵主"，自称"江南第一风流才子"。江苏吴县人。29 岁中应天府（今江苏南京）解元（即省考第一名）。后入京会试，以考场舞弊案受累下狱，仕途无望，遂放荡江湖，玩世不恭，终日诗酒，致力于绘画。与张灵、祝允明、文徵明、徐祯卿相友善。诗文书画，才气横溢，晚年筑室"桃花坞"，曾题诗自述："青山白发老痴顽，笔砚生涯苦食艰。湖上水田人不要，谁来买我画中山。”其诗、书、画皆精，师古而不泥古，重师法造化，而自成风貌，其作品严谨缜密，行笔潇洒清逸，山水、人物、花鸟、楼阁无一不佳，与沈周、文徵明、仇英并称为“吴门四家”，而又独树一帜，是明代中期画坛众望所归的大家。

《云山古刹图》，绢本，纵81厘米，横32厘米，图中奇石交错，树木繁茂，云雾缭绕，鸟行林间，瀑布自山上跳泻而下，源不可尽，清溪穿流于木桥乱石之间，两游人松下小憩，一客拖缰步行桥上，足见山路幽僻。半山云雾之中，一片古刹若隐若现，判若人间仙境。左上诗曰：“古刹藏深雨，危桥度乱泉。相逢无俗客，不见有人烟。”落款为“唐寅画并题”。其下白文图章为“唐寅制印”。整个画面布局错落有致，繁而不乱，结构严谨精密，波法细劲错综，起落得势，保持着宋画传统特点，而在笔墨上又较多变化，熔浙、吴两派风格于一炉，表现出秀润、清丽、柔雅的独特艺术风格。

吕纪·三鸶图轴

吕纪，字廷振，号乐愚，一作乐渔。四明（今浙江宁波）人。生于1477年，卒年不详。花鸟画初学边景昭，后摹信唐宋诸家，始臻其妙。弘治（1488—1505）中应昭入御用监，孝宗时由传奉升至锦衣卫指挥，成为明代画院里花鸟画家的领袖。

他的绘画艺术，造型准确生动，设色精丽，凡草木花鸟，生意流动，泉石波景，点染烟润，有造化之妙，尤工翎毛。用笔大都工致严谨，但在工中又别具一种活泼洒脱之趣，对宋体画有所突破，和写派的林良齐名。

《三鸶图轴》，纵209厘米，横119厘米，绢本设色，图绘秋水，荷莲、芙蓉，岸边一株苍柳，形将半枯，顶上勃发出新枝。树下三只鹭鸶或走或立，树上三只黄鹂追逐鸣叫，左上角柳叶的间隙，三只柳莺展翅轻翔。画面右下方款书“吕纪”二字，左上方有朱文“皇明姻室，怀柏清玩”印鉴一枚。

柳树躯干用笔苍劲有力，柳莺之羽毛用色彩层层晕染，十分细腻，三只鹭鸶，或漫步河岸，或曲颈回首，驻足静立，或止于树干，精心梳理洁白的羽毛，神态各异，形象生动。所绘芙蓉，花红叶绿，设色艳丽，加之树上追逐嘻鸣的黄鹂，与枯柳残荷形成强烈的对比。远景以淡色渲染，不见笔痕，意境深远。《三鸶图轴》当属吕纪花鸟画中的上品。

据传该画原为清宫中藏品，袁世凯将其送给曲阜孔令贻，孔又转赠郓城大地主李秉训，土改时流落民间，1959年4月征集入藏。已收入即将出版的《文物精华辞典》。

仇英·青绿山水图轴

仇英（1498—1552），字实父，号十洲。江苏太仓人。擅长笔山水、人物、仕女，有出色造型能力，丽而不滑，艳而不俗，“精丽艳逸，无惭古人”，是吴门家中最受欢迎的画家。

《青绿山水图轴》，绢本，纵102厘米，横41厘米。右下有“十洲仇英”款，朱文图章为“十洲印”，画面将人物活动与山水风景结合起来，在远山背景下，乡间小道曲折延伸，两人骑行于前，一人牵驴背行，翁孙共路，荷担同行，远处山村云绕，梨花盛开，把民间精细不苟的画风与院体画的严谨艳丽融为一体，工整细丽而又具装饰风格。连最轻视院体画的董其昌谈到仇英的画时亦说：“仇实父是赵伯驹后身，即文沈亦未尽其法。”

王震·青绿山水

王震，字威远，弘治进士，累升河南参政，平群盗，转左右布政，升应天府尹，致仕归。但生卒年代及籍贯不详。

王震《青绿山水》，绢本，高196厘米，宽126厘米，笔法受李唐和浙派的影响，山石树木无不传其神。其中人物有骑驴寻梅者，有席地而坐观梅者，有主有仆，逼真生动。画面左上角落款为：“辛未仲冬写于珠树堂，西畸王震。”打有白文印“王震之印”和朱文印各一方，朱文印字迹已不清，画芯略有损坏，但无碍画面。

徐渭·葡萄图轴

徐渭（1521—1593），字文长，号天地，又号青藤道人，或署名田水月，浙江山阴（今绍兴）人，性情纵放，少年屡试不第，中年后曾任浙闽总督胡宗宪幕僚。后期以严嵩同党下狱，一度发狂。诗文书画，均称名家，一生坎坷，晚年卖画度日，贫病交加而终。擅花鸟，兼能山水、人物和水墨写意，气势奔放，不拘绳墨。画中题诗，借题发挥，常泄愤懑。其写意花鸟画，更为放纵，笔简意浓，影响深远，开启明、清以来写意画法新途径。“扬州八怪”等多受其影响，数百年势头不衰。

徐渭《葡萄图轴》，纸本，纵 91 厘米，横 42 厘米。右款青藤道人，朱文图章为徐渭，右下印为湘管斋。画面大部空白，下半部只有青藤一支，所绘葡萄也只在右上，使人想画外葡萄丰硕。用笔恣肆狂放，气势纵横，随意点染而又不失形象真实。画左题诗云：“昨晚滂沱雨过，葡萄长得能大，天台五百罗汉，一个与他一个。”意趣盎然。他的画，给花鸟画的思想内容及表现形式都增添了新因素，对后来花鸟画的发展有着深远影响。

周时臣·山水松树中堂

周时臣，字秉忠，号舟泉，明代隆庆、万历年间（1573—1620）苏州人，所创瓷窑，世称“周窑”。他在昌南（今景德镇）筑窑烧瓷，擅仿古器，尤精于仿造定器，每出一品，四方竞购。所仿定鼎和文王鼎炉、兽面戟耳彝炉，均很逼真，虽善鉴别者亦为所惑，千金争市。有次他见常某有古定瓷鼎，便以手揣度其分寸，用纸摹画其纹饰，半年之后便仿造出来，与真无异。淮安人杜某欲得其器，昼夜想念，形诸梦寐，最终以千金购得其仿制品。周时臣出身于士大夫阶层，曾自题小像诗：“曾读父书非混世，也随儿戏漫登场”，可见其为人放浪形骸。在苏州也以画著名，人称其画“绘事苍秀，追踪往古”。又能烧造白釉陶印，印文古雅，纽作辟邪、龟象、连环等，皆用火范，成色如白定。

石涛·山水图

石涛（1642—1718），原名朱若极，字石涛，法名原济（元济），号苦瓜和尚、大涤子、清湘老人等，广西梧州人，明宗室后裔，明亡后为僧。长于山水与兰、竹、花、果，强调绘画须“不似似之”，即艺术作品源于生活，高于生活，具有进步意义。

《山水图》，纸本，纵 91.5 厘米，横 65 厘米，左上款“清湘大涤子”，白文图章为“清湘石涛”，图中山峦叠嶂，古木参差，草堂瓦舍隐约其间，白瀑清溪，迴曲流淌。笔墨纵姿，脱尽窠臼，充满郁气勃然的景象，形成纵放挥洒、清新超脱的画风，奔放、奇险、沉郁、苍莽兼而有之，笔墨变化很多，灵活自然，犹如随意点染，信手而出。在构图上，截取了最具特征的一段，给人强烈的感受。其绘画艺术使“四王”甘拜下风。王时敏说：“大江之南，无出石师右者。”王原祁也说：“海内丹青家不能尽识，而大江以南当推石涛第一，予与石谷，皆有所不逮。”

文徵明·采芝图

《采芝图》画芯高 187 厘，宽 100 厘米，绢本，青绿山水间有人物和楼台建筑。画幅左下方有落款：“实父仇英制”，打有凹葫芦形朱文印“十父”一方。虽系赝品，但技艺较高，饶有仇英笔意。画的右上部有文徵明的题款：“海天东曙映蓬莱，千尺奇峰百尺台。画阁冲霄丹碧灿，琼楼高耸玉京裁。苍松古柏千旬甲，瑞芳琪花四季开。满目烟霞多啸傲，白云深处采芝回。”落款：“徵明”，打有白文“文徵明印”和朱文“衡山”各一方。

周之冕·芙蓉双鸭图轴

周之冕，字服卿，号少谷，长州人，据说“勾花点叶”的花鸟画画体为他所创。

周之冕《芙蓉双鸭图轴》绢本，纵 141 厘米，横 42 厘米。右上款“周之冕写”，图章上方已不能辨。图右下方一双鸭子共列前行，神态怡然，数朵芙蓉，由画外伸来，占据了画的上方，两根芦苇，交错于芙蓉之间，巧妙地衬托了芙蓉的艳丽和娇嫩，右下一方岸石，平衡了整个画面。鸭子羽毛的勾画非常精细，栩栩如生。

[清代]

许仪·杏林三鹭图

许仪（1599—1669），字子韶，号歇公，又号鹤影子，江苏无锡人，官至中书。擅画，山水、人物、花鸟、鱼虫，无一不精。没骨点簇得宋徐崇嗣之法，尤擅写照。其款下印章多以手画成。善篆，刻印亦称能品。

《杏林三鹭图》轴，纸本，纵长 169.5 厘米，横宽 141 厘米，图绘山溪间两株野杏，枯木逢春，虬枝苍劲，芳华满树。怒放的杏花与空蒙的山色、寂静的溪水形成鲜明的对比。树下三只鹭鸶立于石上，形态各异，逼真传神。右边提款“锡山许仪写”，其下白文图章二方“子韶、歇公”。

曹垣·麻姑献寿图

曹垣，清初画家，生卒年日不详，字星子，长州（今属湖州）人，寓居杭州。善画人物、山水、花卉。每欲举笔，即先酣饮，故常有意外之笔。其父曹振、伯曹羲俱为明末著名的画家。

《麻姑献寿图》，绢本，设色。纵 362 厘米，横 150 厘米。图绘苍松虬枝劲展，针叶葱茂，千株树干穿插相映，远近有别，浓淡相同。画面下部山石突，流水潺潺草绿花香。麻姑仙子婀娜而立，神态端庄娴淑，左手持灵芝，右手执鲜花于鹿前，小鹿伸颈张口，欲食不得。麻姑身后又一只梅花鹿半掩半露，援蹄昂首扭劲，俯视而望。画中人物的衣着、纹饰，花鹿的绒毛及松针等细处都描绘细致逼真，用笔柔劲适度，设色清丽秀雅，勾染结合，可谓匠心独运，极为传神。左上题“茂午畅月曹垣写”，下钤两枚印章，一为阴刻“曹垣之印”，一为朱文“星子”。

龚贤·山庐飞瀑图

龚贤（1618—1689），又名岂贤，字半亩，又字野逸，号紫杖人，江苏昆山人，为“金陵八家”之首。富有民族气节，一腔坚贞寄于画中。善画山水，师法董源、二米、沈周，用笔苍劲古拙，秃毫中锋，方而不板，活而不滑，“铁杆银勾”，独具一格。用墨浓重浑厚，黑白对比强烈，形成独特的“白龚”画风。所画山水大都取材于南京一带风光，着意表现丰饶明丽的湖光山色。布置丘壑，追求奇而安，实景幻景统一，景象明秀而壮阔。

《山庐飞瀑图》，绢本，纵 169 厘米，横 65 厘米，右款“龚贤”，白文图章“半千”。图中崇山峻岭之间一条银瀑飞流而下，直落深涧，涧旁苍松晶立，一茅庐藏于松石间，似为仙居，墨色深厚且浓淡有别，层层渲染，烘托出山崇云深、苔青树古、俗人弗至的仙境氛围，于深沉雄厚、丰茂郁然之中给人一种如临仙境的感受。

朱耷·八大山人松轴

朱耷（1626—1705），原名由桵，释名传綮，字个山，后名耷，号雪个、驴屋，最后号“八大山人”，江西南昌人，明宗室，江西宁献王朱权的九世孙，祖父为弋阳王，父亨嘉。明亡后朱耷削发为僧，中年转僧为道，怀明抵清，破衣佯狂，以书画遣其寄托。山水画宗法董其昌，兼取黄公望、倪瓒，浑朴酣畅而逸气横生，但画作枯索冷寂，荒漠中透雄健简朴，笔情狂放，不规成法，横涂竖抹，皆呈豪迈。花卉鱼鸟作品，形象洗练，造型夸张，表情奇特，构图险怪，笔法雄劲泼辣，墨色淋漓酣畅，有出人意表之艺术特色。花鸟画成就最高，一花一叶，一鸟一石，结构奇特，生意盎然。其艺术成就主要是不落俗套，自有惊人创造，给后人极大影响。

《八大山人松轴》，纸本，纵 122 厘米，横 46 厘米，全图为一松树傲立，冠小干高，枯枝纵横，以其身世自喻。笔法简练奇特，用笔如绵里藏针，既有骨坚如铁，又丰隆圆润、遒韧有余，形成质朴厚重、高度凝练而又带有粗放狂怪气息的独特风格。白文图章“八大山人”，其款连缀成“哭之笑之”，以表明他哭笑不得的精神状态和对清王朝的仇视。

王翚·山水长卷

王翚（1632—1717），字石谷，号耕烟散人，又号剑门樵客、乌目山人、清浑老人等，江苏常熟人，“清初六家”中成就最高的画家。他出身文人世家，祖上五代均善画，家学渊源；自幼爱画，曾师张珂、黄公望；后受王鉴赏识，收为弟子，又荐于王时敏指教，渐成一代大家。王时敏赞其曰：“集古人之长，尽趋笔端，故能妙绝千古。”他融汇南北诸家之长，专心精意，不肯苟简，确有集大成之功，早年画名即震江左。60 岁时被康熙召幸主持《南巡盛典图》的绘制，深受康熙豪赏，遂名满天下，时人赞誉为“海内第一”，成为画坛主要人物。

《山水长卷》，绢本，图绘山高路险，栈道绕梁，远山深蒙，溪流入湖，商贾涉行，乡民穿梭，艄公力渡，渔舟网沉，一片繁荣模样。一石一水，皆有位置，画面明快生动，林木爽健，岩石灵活，多用小笔，形成一种清新细丽的画风。在画法上用元人笔墨，不见浓墨大笔，但又糅取宋人那种曲折繁密的构图，再加上长卷的形式，使王翚纯熟的技法得以充分施展，遂成妙笔。

王原祁·秋山图

王原祁（1642—1715），字茂京，号麓台，王时敏孙。清康熙九年（1670）进士，官至户部侍郎，江苏太仓人，清初画坛“六大家”之一，特别为康熙皇帝赏识，曾以画供奉内廷并充任《佩文斋书画谱》总裁和《万寿盛典》总裁，鉴定当时的古今名人字画。其画法，得王时敏、王鉴传授，亦循古以黄公望为依，遂其画风又有别于家传。张庚在《国朝画征录》中评他的画：“熟不甜，生不涩，淡而厚，实而清。”他先笔后墨，由淡而浓，由疏而密，干笔积墨，画面融和厚重，“墨中有色，色中有墨”，给人以“云气腾溢，模糊蓊郁”之感。用笔凝重中有张力，沉雄中有动感，元气淋漓，自称笔端有“金刚杵”，但章法过于拘泥。

王原祁《秋山图》，纸本，纵89厘米，横51厘米，款“麓台祁”，图章白文“王原祁印”，朱文“麓台”。此画乃观黄公望良常《草堂图》后学其布局，追忆而作。自题：“癸已春见大痴良常《草堂图》，机抒迥异，常恪学，步有年，愈趋愈远，乙未长夏复追忆作此，苦心经营，终未得其神韵也。”

禹之鼎·人物图轴

禹之鼎（1647—1709），江郁人，擅长肖像，一时名家小像，多出于他的手笔。

《禹之鼎人物图轴》，绢本，纵103.5厘米，横46.7厘米，左题“甲辰夏卯仿元人法，广陵禹之鼎”，下圆，方两图章，白文，为“之”、“鼎”两字。图绘妇孺与卖花廊，妇携雏将子观花，少女抚门静视，二童子隔窗而窥，形态逼真，呼之欲出。人物面部勾线细秀，两颧微用脂赭晕染，显得秀媚古雅，飘逸生动。衣纹树石用兰叶描，清秀宜人。

黄鼎·寒山泉流图轴

黄鼎（1650—1730），字尊古，常熟人，王原祁弟子，游历甚广。

《寒山泉流图轴》，绢本，纵161厘米，横485厘米，图章朱文“尊古”，白文“黄鼎之印”。右上题诗曰：“彤云布野冻痕浮，玉树千林一望收，仙客不嫌寒到骨，馋岩还去看泉流”，是此画主题。图绘枯树冰石、冬泉静流，处处验人清冷之感，章法上富于变化，风格苍劲沉着。

张之万・山村古刹中堂

张之万，字子青，直隶南皮人（今河北省南皮县人），道光二十七年（1847）以一甲一名中进士，授翰林院修撰，咸丰二年（1852）出督河南学政，累迁内阁学士，擢礼部侍郎，兼署工部。张之万尝与太常寺卿许彭寿等总结历代帝王及垂帘事迹，汇辑成《治平宝鉴》，以备帝王借鉴自省。同治元年（1862），他署理河南巡抚，在河南汝州、开封等地多次围剿捻军。之后调任江苏巡抚、迁浙闽总督。光绪八年（1882）任兵部尚书，调刑部。光绪十年入军机，兼署吏部，光绪十五年，授体仁阁大学士，转东阁，赐双眼花翎，并赐用紫缰（清代对于皇室近支和有功勋的官员，特许骑马用紫缰）。光绪丁酉年（1897）卒，年 87 岁，赠太傅，谥文达。

张之万生平襟怀旷远，不见欣戚之色；其在师中，临危制变，不动声色；善于择将，拔张曜、宋庆等于稠人之中，这些将领均以战功显明于世；居政 13 年，让功推能，人尤称其相度。

焦秉贞　郎世宁・车马山水图轴

焦秉贞，济宁人，是康、雍年间的宫廷画家，郎世宁（Joseph. Cast. Glinge），意大利人，27 岁来中国，历经康、雍、乾三朝，专以绘画供奉内庭，人马、花卉、羽毛、畜兽无所不能。

《车马山水图轴》系焦、郎合作，绢本，纵 128 厘米，横 66 厘米，左下题小楷“乾隆庚申夏清和月奉敕臣焦秉贞、臣郎世宁合笔恭画”。上有“乾隆御览之宝”“雍正御览之宝”，皆朱文。

车马为朗士宁所绘，五马奔驰，人驾于车上，造型准确而富有质感。背景为焦秉贞绘，松石画法细致。

蒋廷锡・花卉扇面

蒋廷锡（1669—1732），字扬孙，号南沙，长熟人。在雍正年间，官至文华殿大学士，其画风恽格转为规矩庄重，为士大夫所贵。

《花卉扇面》，纸本、金笺，长48厘米，宽23厘米，枝叶勾画精致，设色艳丽，自题“甲辰四月仿元人设色，南沙蒋廷锡”。图章为“蒋廷锡”“朝朝染翰”。

边寿民·花鸟册页

边寿民（1671—1750），一名维祺，字颐公，江苏淮安人，善画花卉翎毛，尤以泼墨画雁著名。

《水墨花鸟册页》，纸本，33厘米×30厘米，凡十二页，“寿民”“绰绰老人”“绰翁”款，“民”“绰翁”印。所绘芦雁，菊、荷、石榴皆生动传神。雁或飞鸣俯冲，或静憩搔姿，皆情趣自然。郑板桥评他的画：“画雁或分明见雁鸣，缣缃飒飒荻芦声。笔头何限秋风冷，尽是关山离别情。”可见他是用画曲折地表现内心的思想感情。

高其佩·指墨画

高其佩（1672—1734），字韦之，号且园，辽宁铁岭人，官至刑部侍郎，又为都统，创用指头画法，人物、山水、花鸟皆精。其墨法得力于吴镇，形象近吴伟，以减笔写意法见长，尤喜画钟馗，人物形象极为生动。其花鸟指画，随意点染的干湿墨色，飞动不露笔痕的粗细线条，将鸟羽的蓬松、老树的苍劲，表现得十分出色，赢得不少追随者，形成“指头画派”，历久而不衰。

《指墨山水轴》，纸本，纵205厘米，横51厘米，图绘远山肃立，松石相映，江水漫流，人行桥上。画家以指代笔，蘸墨挥洒，造型简练概括，线条劲硬粗莽，具有运用毛笔所难达到的泼辣而坚实的风格，在画坛上可谓出奇制胜。

周硕·牡丹图轴

周硕，生卒不详。湖北襄樊人，清康熙年代书画家，擅长国画、花鸟、山水兼及人物，具有多方面艺术才能，常在探索中求新意，兼采古今名家所长，形成自己的独特风格。其作品淳厚朴实，清而不腻，艳而不俗，常饱含激情，具有较高收藏价值。

《牡丹图轴》，绢本，画面纵195厘米，横98厘米。没骨彩绘，工写兼致，设色采用白、红、粉、黄、绿、紫等矿物颜料，所绘牡丹至今仍光彩夺目，艳丽如初。图中牡丹或蓓蕾含苞，或初吐芳华，或盛开怒放，千姿百态，五彩缤纷，风姿绰约，生动逼真，给人以百花之王所固有的富丽堂皇、雍容华贵的视觉震撼力和美的享受。其枝干苍古傲立，疏密有致，理法严密，富有骨气，具有蓬勃而又浓郁的生命力，其叶脉清秀洒脱，反转向背，肆意烘托，使整个画面呈现一派盎然生机，是牡丹绘图中不可多得的佳作。画左署款："康熙己春仲，盘水周硕写于绿怡轩中"，下有朱文印一方。

宁榴龄·梧桐图轴

宁榴龄，清康熙时书画家，生卒年代不详。

《梧桐图轴》，纸本，水墨写意。纵157厘米，横51厘米。画面为嶙峋怪石旁有两株高大梧桐树，参天而立，枝繁叶茂。笔墨简练，技法娴熟，用笔自然而流畅，笔墨淋漓豪放而浓淡相宜。远近层次分明，布局合理，显示了作者浓厚的绘画功底。左边落款："宁山墨农宁榴龄写于曹南世家精舍，时康熙乙亥秋也"，白文印章"宁榴龄印"和朱文印"大千"各一方。

刘焜·山水中堂

刘焜，清康熙时期曹县人，生卒年代不详。

该幅作品，纸本，画芯高173厘米，宽92厘米，为水墨写意山水，勾勒、点染，其技法颇为娴熟。右上部落款"刘焜"，打白文印"刘焜之印"，朱文印不清。

邹一桂·牡丹富贵图

邹一桂（1686—1772），号小山，无锡人，乾隆年间累礼部侍郎，其画多来自写生。

《牡丹富贵图》纸本，纵137厘米，横73.3厘米，绘牡丹、竹石等。上题："琼箫碧落吹瑶海露掌清辉散玉盘"，款"小山邹一桂"。

金农·白描枇杷图轴

金农（1687—1764），字寿门，号冬心，杭州人，寄居扬州最久，早年好古，精鉴赏，擅长书法，50岁后始从事绘画。

《白描枇杷图轴》，绢本，纵87.5厘米，横39.5厘米，铁线白描，有雅抽古朴之妙。自题：宋勾龙爽工写山枇杷，用淡墨勾勒，点染为蕊，亦神品，昔年游京师，过王少空宅见之，相传真空相国旧物，上有相国平生第一玩图记，近闻已归之豪古矣。予追想风格，画于僧窗，垂枝累累，晚翠如沐，恍坐洞庭五月凉也。乾隆二十三年首春，七十二翁杭郡金农自号留山民笔，记是日苦心。师从蜀中来，予涤东魏于和砖砚，试张仲士佛幌轻烟，作此小幅，及晡而逮因附书云。印“金氏寿门”。

高凤翰·绿云丛轴

高凤翰（1683—1748），字西园，号南村，晚号南阜老人，山东胶州人。他善写花卉，并能画山水，擅长草书、刻印，做过歙县县令，与郑板桥是好友。传说郑板桥书画上很多印章，都出于高凤翰之手。去官后流寓杭州，55岁后右手病废，改用左手，更号“尚左生”，刻印“丁巳残人”“老痹”等。山水画师法宋人，景致写实，笔墨矜慎。右手残后，变奔放纵逸，与“扬州八怪”同风。晚年画风更趋苍劲古朴，用笔硬健，别具一种奇拗劲逸格调。

《绿云丛轴》，纸本，纵90厘米，横40厘米。绘怪石芭蕉，自右臂麻木病废后用左手画成。图章“左军司马”“左臂”“西园”“臣翰印信”等，上有题跋。

王荦·山水

王荦，字耕南，号稼亭，又号梅峤，清吴（今江苏苏州）人。康熙三十八年（1699）尝作《夕阳渔舟扇》，五十一年（1712）仿赵孟頫《春山叠翠图》，五十三年（1714）仿李成《山庄霁雪图》，五十六年（1717）所仿元人《松溪水阁扇》，现藏故宫博物院。

冷枚·人物条幅

冷枚，清康、雍、乾时代著名宫廷画家，字吉臣，号金门画史，山东胶州人，焦秉贞的弟子。对其人物仕女画，《胶州志》卷三十载：“工丹青，妙设色，画人物尤为一时冠”，亦能画楼台殿宇画和山水。冷枚所画人物工丽妍雅，笔墨洁净，色彩韶秀，其画法兼工带写，点缀屋宇器皿，笔极精细，生动有致。

唐光·荷花鱼藻图

唐光，又称唐于光，字子晋，号匹士，清初画家，江苏常州人。工画荷花，深得宋代徐崇嗣笔意，并不断创新，是清初没骨画派承上启下的重要人物，传世作品甚少。

《荷花鱼藻图》，纸本，设色，没骨画，纵长118厘米，横宽62.5厘米。上画莲叶翠绿葱郁，风枝荷花亭亭玉立，似出水芙蓉，或芳菲盛开，或含苞待放，几尾小鱼摇头摆尾，在水中自由自在嬉戏遨游，形象逼真，栩栩如生。数点浮萍，几株水藻，更使画面平添几分生机。画面左上题“庚午秋日仿宋徐崇嗣笔，毗陵唐”。下钤两枚印章，皆为篆书，一枚为阳刻“唐于光”，一枚为阴刻“字子晋”。整个画面色彩明快，构图生动，浓淡适宜，恰到好处，富有极强的艺术感染力，是唐光传世作品中不可多得的精品。

吴寅·寿禄一品图

吴寅，清代著名画家，字晓初，又字止山，江苏羲徵人。其山水、人物深得其岳父尹昌万之法；善书法，学赵、孟，兼精篆隶。

奚冈·湖山秋爽图轴

奚冈（1746—1803），字纯章，号铁生，钱塘人，与方薰称“浙西两高士”，不应科举，以布衣终生。

《湖山秋爽图卷》，纸本，横255厘米，纵31厘米，图绘山静人寂，晚霞映林，钩舟横陈，大雁南飞。构图清新，用笔豪放，淋漓潇洒，自成一格。左上有自题诗一首，款“铁生奚冈”，印为“铁生”“蒙泉外史”“奚冈之印”。

赵之谦·梧桐图

赵之谦（1829—1884），字叔，浙江绍兴人，出生于商人地主家庭，咸丰举人，擅长花鸟画，兼善书法、篆刻。

《赵之谦梧桐图》，纸本，纵242厘米，横60厘米，款为“同治乙丑八月，赵之谦”，白文图章为“赵之谦”和“赵叔”。图绘一株上不见顶下不见基的大梧桐，枝叶繁茂，下衬鸡冠、菊等花卉，设色艳丽，对比强烈，躯干、枝叶与花卉密而不乱，中部树干疏而富有骨气，具有蓬勃而又沉郁的生命力。

任薰·梅竹手卷

任薰（1835—1893），字阜长，萧山人。任熊弟，画学陈洪授风格，兼工人物、山水、花鸟。

《梅竹手卷》，纸本，横262厘米，长35厘米，绘梅、竹、水仙，用笔劲挺，设色妍雅，章法新颖，有着精深的写生功夫。“癸亥十二月，任薰舜写”，白文图章“萧山任薰”，并有钱台、补勤老人题跋。

吴谷祥·寒林溪桥图

吴谷祥（1848—1903），字秋浓，嘉兴人，师文徵明而有自己风格，终生卖画。

《寒林溪桥图》，纸本，纵150厘米，横41厘米，图绘峻岭之间，枯木遍布，木桥架于曲溪之上，行人骑驴而过。题曰：“为爱寒林环曲水，骑驴不忍过溪桥。”“秀水吴谷祥”款印。

松年·荷花图

松年，字小梦，生活于清末民初，曾任单县知县，因不善逢迎，不久罢官，流寓济南，以书画自娱。其所画山水、花鸟、人物、兰竹皆自成一家，尤善用水，作品颇饶秀韵，字亦矫健不群，著有《颐园论画》，对于绘画多有自己的见解。

《荷花图》，纸本，画芯高47厘米，宽43厘米，纯以水墨画成，技艺颇高。在上角款“香远益清”，打一朱白相间的“松年之印”。此幅与一扇面装成一轴，扇面以没骨法画芙蓉翠鸟，扇面左上角落款，打朱文印一方“少华写生”。

第三节　星光灿烂

一、汉唐宋元书画家

“江山代有人才出，各领风骚数百年”，菏泽作为地灵人杰的书画之乡，翰墨名家频出，他们融入中华书画艺术队伍的盛大阵列，演绎中国书画艺术的万千气象。他们犹如中华书画艺术参天大树上永不萎落的绿叶，给后人撑起享用不尽的余荫。

汉代

秦汉两代是以皇权为中心的封建一统王朝的开建和发展时期，特别是两汉，以追求壮美风格和使美术为政治服务系绘画的基本指导思想。从萧何大修未央宫，并曰："非壮丽无以重威"，到文帝于承明殿画出轶草、进善旌、诽谤木、敢谏鼓，武帝画《周公辅成王图》，宣帝麒麟阁画君臣像，明帝云台画"二十八将"等，都是在宣示皇家"成人伦，助教化"的绘画指导思想，菏泽市发掘出的秦汉遗存画像石和墓壁画，也充分展现了这一宗旨和高超的艺术造诣。

在书法方面，秦汉是度高韵胜的篆、隶书统治时代。至两汉，草书开始步入书法艺术的殿堂，楷书和行书也初露端倪，直至魏晋两代。确切地说，中国书法艺术自汉起开始告别混沌期，而到东汉则走完过渡期，正式跨入繁荣昌盛的阶段，使之最终成为举世瞩目的独特文化艺术。石碑作为书法的载体，起到了对书法艺术特有的展示、保存和传续作用，其遗存可谓丰富多彩、琳琅满目。现存于菏泽市成武县"张寿墓碑"，就是"体法百变，独步古今"的汉代大家蔡邕亲笔所书，被誉为"汉隶妙品"，有极高的书法艺术研究价值。

在这一时代，东汉济阳定陶（今菏泽市定陶区）人张驯，就与蔡邕一道共定六经文字，为菏泽书坛先驱。

张驯（？—192），字子俊，东汉济阴定陶（今山东定陶）人。少游太学，拜议郎，曾与蔡邕共定六经文字。擢侍中，中平元年（184）迁大司农。

张驯在少年时期就进入太学学习，能够熟练地背诵儒家的经典著作《春秋左氏传》。出太学后，先是以《尚书》教授学生，后以其才学得到了灵帝的赏识，辟名为议郎。当时，朝廷爱好经术，注重儒学，社会上形成了不同的经学派别，各派之间，你争我吵，莫衷一是。因为当时儒家经典没有形成固定的传本，再加上各传本"文字多谬，俗儒穿凿"，难免要"贻误后学"。鉴于此，熹平初年（172），议郎蔡邕提出了校正六经文字的建议，张驯等人协助蔡邕经过四年艰苦校订抄写，至熹平四年（175）终于完成了六经文字的校订工作，为汉代的经学研究和传播做出了突出的贡献。

张驯还是一位贤良之臣。他在升任侍中后，就利用自己常在灵帝左右的便利条件，直言相谏，陈政得失，从不回护，得到了灵帝的嘉赏。光和二年（179），迁丹阳太守，以其治绩卓著于中平元年（184）入朝拜为尚书，后双迁大司农，掌管粮食、货币等国家经济大权。汉献帝初平三年（192）死于任上。张驯身处乱世，能够洁身自爱，是少有的贤良之臣。

魏晋南北朝

魏晋南北朝历时370年，由于连年征战，时局动乱，“出门无所见，白骨蔽平原”，社会经济发展遭到严重破坏，但意识形态却有异乎寻常的发展。特别是“三教同源”新学说的形成，对书画艺术的发展起了重要规范作用，开创了中国书画史上一个光辉灿烂时期。

书法艺术上，以曹魏钟繇为代表的真楷书，完成了由隶书到楷书的过渡，“苦攻笔法，至于呕血不顾，为古今书人第一”，终开书坛历史新篇章。在摆脱分隶和章草影响，以行书别开生面，要首推东晋王羲之父子所起的重大作用。王羲之被称为中国书法史上的“书圣”，在中国书坛上占有极重要地位，其草书浓纤折中，真书势巧形密，行书遒媚劲健，千变万化，而体势自然，对中国书法艺术发展具有继往开来的巨大贡献。他的《兰亭序》书作，被誉为“天下第一行书”，标志着晋代乃至中国书法史的最高成就。在这一时期，东晋名相卞壸（今菏泽人），他也是此代的书坛名家，其草书“聚古而老”，名冠朝野。

这一时期的绘画艺术变化虽不如书法明显，但一改其前的政教主旨，变为与文艺篇相配合的故事画或景物抒情之作。由于佛教西来，全国风从，佛画对绘画主题和技法也产生很大影响。至西晋，史称已到书画成熟期。顾恺之、戴逵、陆探微、张僧繇以及北方的杨子华、曹仲达、田僧亮诸大家，都是这一时期的佼佼者。曹仲达即今之菏泽市定陶县人，其佛画与吴道子齐名，时称“吴州当风，曹衣出水”。他既善佛画，又长于泥塑，自辟蹊径，独树一帜，所作佛画有“曹家样”之美称。与当时张僧繇的“张家样”和吴道玄的“吴家样”、周昉的“周家样”并称“四家样”，在唐代风靡一时，敦煌壁画即深受其影响。

卞壸　（281—328），字望子，济阴冤句（今山东菏泽）人，东晋初著名大臣，政治家，累事三朝，两度为尚书令。

卞壸出身名门望族、官宦之家。祖父统，曾任琅琊内史。父卞粹，字玄仁，兄弟六人并登宰府，有“卞氏六龙，玄仁无双”之誉。在父辈的熏陶下，壸自幼刻苦攻读，博览群籍，弱冠之年即誉满乡里，有大器之目。

318 年，晋元帝即位建康，卞壸为从事中郎，委以官员选拔升迁之责，深受宠信。后历官太子中庶子、散骑常侍、太子詹事、御史中丞等职，前后居师佐之位，尽匡辅之节，颇为王公大臣敬畏。323 年，明帝立，壸升为吏部尚书。次年，以平王含功加中军将军，封建兴县公；不久又升为领军将军。325 年，明帝病危时，壸任宰相，与司徒王导同受顾命，辅佐幼主成帝执掌朝政，并被加封为给事中、尚书令。

卞壸还是一位出众的军事家。东晋之初，战事频繁，卞壸亲披甲胄，督阵指挥，赫赫军功，为当世所无。

卞壸还是一位书法家，尤善草书。唐窦《述书赋上》云：“望之之草，聚古而老。落纸筋盘，分行羽抱。如充牛刀多士，交连杂宝。”《淳化阁法贴》卷三有壸草书一帖，六行，五十六字。其书作传有《文墨帖》《大观帖》等汇帖。

曹仲达　北齐曹（今山东定陶西北）人。官至朝散大夫。

曹仲达能画梵像，北齐称最工。相传其画佛之妙，颇有灵感。亦善人物故事。宋郭若虚《图画见闻志》论“曹吴体法”中，将曹仲达与吴道子并提，云：“曹之笔，其体稠迭，而衣服紧窄。”而“吴之笔，其势圆转，而衣服飘举”。即“吴带当风，曹衣出水”的来源。唐人以为其“曹家样”与张僧繇的“张家样”，都是别体之作，并起范本作用。传代作品有《卢思道像》《斛律明月像》《慕容绍宗像》《弋猎图》《齐神武临轩对武骑图》等。

隋唐五代

隋唐五代是中国书画发展史上的又一重要时期，华美的天国憧憬，纸醉金迷的宫廷享乐，气壮山河的征战开拓，与俊逸飘洒的歌舞升平和举杯唱吟交织在一起，形成了一种只有在盛世和开放时期才能产生的雄风，造就只有在物质丰富和思想自信社会才能出现的丽质。这个时代书画的巨大成就与总体风格，体现一种堂堂正正中的华美与规矩精细中的雄浑。以展子虔、尉迟跋质那、吴道子、张萱、张璪、李思训等为代表的画坛名家和以欧阳询、虞世南、褚遂良、薛稷、张旭、怀素、颜真卿等为代表的书坛巨匠，开创了中华书画艺术的空前繁荣时代。

至五代，受兵火战乱影响，书画艺术不可避免受严重影响，呈现凋落衰败之象，但仍能承唐末余绪，出现杨凝式这样的“书之豪杰”，也出现了周文矩、顾闳中等人物画名家和荆（浩）、关（仝）、董（源）、巨（然）这样的山水画“大笔”。

在这个历史时代，菏泽大地不仅竖起由“初唐四大家之一”的虞世南亲笔所书盛唐“第一碑”——孔子庙堂碑（即“东庙堂”碑），立起文、书、刻皆精绝的“三绝碑”——大周任史君屏盗碑，还涌现出丁飞举、张通和贾膺福等一代书画名家。

丁飞举 字翰之，唐曹州冤句（今菏泽市）人。工书法，通老子、庄周之学，善养生，能鼓琴。居钱塘龙泓洞左右。陆龟蒙《甫里先生集》称其“纶巾布袭，貌古而意澹”。好古文，乐闻歌诗，时时书细字，作文纪事，皆有楷法。

张通 唐河北河间人。官曹州刺史。善画，所画山水、杂画俱精赡。

贾膺福 唐曹州冤句（今山东菏泽）人。敦实子。历官左散骑常侍、弘文馆学士。《金石录》称其八分书笔法精妙，小楷尤工。有《大云寺皇帝圣作碑》《唐修封禅记》传世。

宋代

宋代书法承隋唐五代之余绪，大起大落。有人说，两宋时期，中国书法进入“郁郁乎文哉”，抒写性意的时代，书法冲破法规藩篱，恢复自然天性，掀起声势浩大的尚意，书风，开创宋代书法独特风貌。最能体现其成就的，是北京中后期“四大家”，即苏（轼）、黄（庭坚）、米（芾）、蔡（襄）。“四大家”继五代杨凝式、李煜、彦修而起，一扫唐代平正严谨之书风，渐入欹侧纵肆，“左右纵横，如摇双橹”，“八西出锋，变化多端”，再掀中华书法艺术发展新澜高波。

宋代是中国绘画史上一个空前兴盛时期，画院派得到高度重视，绘画得以空前发展。特别是苏轼提出的“士人画”（即文人画），贬“形似”而重“意似”，突出表现神韵意气，不过于计较形似和色彩，“荒怪物像外”，主张即兴创作，兴之所至取其意气所到，不拘于物象的外形刻画，要求达到“得意志形”“像外传神之境界，从而使中国绘画艺术别开新生面，推向新高峰。

在宋代，菏泽出了王禹偁、晁补之、燕肃等一代书画名家。其中燕肃的画备受苏轼赏识，称之“浑然天成，粲然日新”。晁补之则是“苏门四学士”之一，受到苏轼的特别青睐，常与其谈诗论画。南北宋时期，不仅以“晁门四杰”名震朝野，而且其家先后有20余人以文笔彪炳史册，14人进士及第长达200年翰墨飘香，铸满堂辉煌为史所罕见。

李昭 字晋杰，山东鄄城人。以恩科仕江州德化尉。长于画墨竹。自云：“他人以萧疏为能，余以重密为巧。吾之墨竹一派不让湖州。”又善墨花小笔。谱能山水，学范宽。篆尤精，学《三坟记》。卒于江南。

张齐贤 （943—1014），字师亮，宋曹州（今山东菏泽）人。进士。淳化二年（991）参加政事。真宗即位（997），拜右仆射。谥“文定”。工书法，擅毫翰。书迹见于《群玉堂法帖》中。

王禹偁 （954—1001），字元之。山东巨野人。太平兴国八年（983）进士，累官至左司谏，知制诰。出知黄州，后徙蕲州。

王禹偁工诗文，善画，鄱阳松青阁画店有所画《五老会立图》，颜色苍古，殿宇闳丽，笔法褶皱，有吴道子家数。

燕肃 （961—1040），字穆之，曹州济阴（今属山东菏泽）人。北宋科学家、画家。肃祖籍青州益都。其父燕峻，慷慨任侠，广结义士，在曹州济阴安家，娶妻生子。肃不到六岁，峻即去世。肃虽年少孤贫，但其勤奋好学，曾游学睢阳学舍，后中进士，官至龙图阁直学士、礼部侍郎。

燕肃精天文、物理。曾创莲花刻漏，计时准确，颁布行全国。又造指南车，记里鼓车，先于欧洲一千多年。工画，善山水、寒林，师法李成，传世作品有《寒山积雪图》等。苏东坡称其画：“浑然天成，粲然日新，已离画工之度数，而得诗人之清丽。”太常寺有所画屏风，玉堂、刑部、景宁坊居第及许、洛二地佛寺皆有其画壁。故宫博物院现藏有其画迹《春山图》《寒山积雪图》等。

晁端彦 （1033—？），字美叔，宋济州巨野（今山东巨野）人。工诗，善书法。黄庭坚云：“若美叔即与右军合者，优孟抵掌谈笑，乃是孙叔敖邪？”张耒诗云：“晁公声名三十载，余事笔纵传法帖。”

晁端中 （1051—1110），字元升，宋济州巨野（今山东巨野）人。官至雄州防御推官。10岁能为古诗，善草书。

晁补之 （1053—1110），字无咎，自号归来子，宋济州巨野（今山东巨野）人。端有子。元丰二年（1079）举进士，官至礼部郎中，出知河中府。

晁补之才气飘逸，嗜学不倦，诗文奇卓，书、画不凡。所画山水多自题诗，留春堂山水大屏上题云:“胸中正可吞云梦,盏里何妨对圣贤。有意清秋入衡霍，为君无尽写江天。”陈师道独爱重其墨迹，尝咏其扇云：“前身阮始平，今代王摩诘。偃屈盖代气，万里入咫尺。”又尝增添莲社图样，自以意先为之山石位置向背作粉本，以授画史孟仲宁，令传模之。闲居济州金乡，葺东皋归去来园。楼观堂亭，极为潇洒，尽用陶（潜）语名之。自画大图，书记其上，书尤妙。著有《鸡肋集》70卷等。

晁说之 （1059—1129），字以道，号景迂，宋济州巨野（今山东巨野）人。元丰六年（1083）进士，建炎初以待制侍读而终。

晁说之工诗，善画山水，长于寒林雪景，尤工画芦雁。黄庭坚尝题其雪雁云：“飞雪洒芦如银箭，前雁惊飞后回盼。凭谁说与谢元晖，休道澄江静如练。”世唯知崔白芦雁，不知说之尤妙。画迹有《黄叶村庄图》《秋渚聚禽图》等。著有《景迂生集》12卷等。

元代

元代是中国书画由宋入明的转折期，为时虽不长，但“化晋韵入唐法，逆宋意开明态”，托古改判，名家如云，一扫南宋衰颓之势，为中华书画增添了光彩的一页。

元代书法成就虽不十分突出，但却突显鲜明的时代风貌，概括起来，其特色正如清王文治所论：“书法至元人，别具一种风气，唐之宏伟，宋之险峻，洗涤殆尽，而开中和恬适之致，有独到之处。”

元代的绘画，在继承隋唐五代和北宋的基础上又有进一步发展，其显著特点是“文人画”的兴起，强调“古意”和“士气”，反对“作家气”，摒弃南宋院体即所谓“近体”，主张师法唐五代和北宋，在创作理论上进一步发展了苏轼、米芾、文同等文人画的传统。

元代的书画大家当首推赵孟頫，他不仅是元代画坛众望所归的领袖人物，而且在书坛独领风骚。他提倡复古，崇尚唐人，强调书画同源。他善画人物、鞍马、山水、花鸟等。在书法方面，工篆、隶、真、草各体，早年学宋高宗的书法，中年后取“二王”和智永笔势，晚年兼师法李邕、颜真卿及米芾之长，形成结构严整、运笔姿媚的“赵体”。他书写的《道德经》《胆巴碑》《洛阳赋》《兰亭七三跋》《四体千字文》及《玄妙观重修三门记》等，流美洒脱，园转遒劲，被评赞为如“花舞风中，云生眼底”。《元史·本传》称其“遂以书名天下”，当时的大书法家鲜于枢推崇其为“本朝第一”。

史性良　字显甫，元山东郓城人。累官至中书平章政事。陶宗仪《书史会要》云：“书有晋人法度，亦能大字。”

朱淳甫　元济阴（今山东菏泽）人。居曹之乐平坊，世业丹青。夏文彦《图绘宝鉴》云：“山水、人物、树石俱精，亦写梅竹，有佳致。”

杜从训　字仪方，元山东郓城人。官司至江阴州尹。书效苏、黄。

商挺　（1209—1288），字孟卿，号左山，元曹州济阴（今山东菏泽）人。至元六年（1269）官同佥枢密院事，八年（1271）升副使。赠鲁国公，谥“文定”。工诗，尤善隶书。

商琦　字德符，元曹州济阴（今山东菏泽）人。成宗（1295—1307）召备宿卫，授集贤学士，泰定元年（1324）迁秘书监。

商琦善画山水，《画史会要》称其“师李营丘，得用墨法”。兼工墨竹，自成一家。至正二年（1342）尝作《嵩阳访真图》。北京故宫博物院藏有其《春山图卷》。

商璹 字台元，号逊斋，元曹州济阴（今山东菏泽）人。琦从弟。安恬不仕，《画史会要》称其善画山水，得破墨法。窠石最佳。

二、明清民国书画家

明代

明代是中国书画艺术史上又一重要阶段，是在沿着宋元传统基础上的继续演变与发展。特别是随着政局的稳定，经济的发展，有力促进了书画艺术的繁荣，名家流派频出。

在书法艺术上，“复古之风”盛极一时，“帖学”流行，“台阁体”风靡，以祝允明、文徵明、王宠等为代表的吴门书派，强调书法体态，其狂草寄宕潇洒，奔放雄健，上塑苏（轼）黄（庭坚）旭（张旭）素（怀素）；其楷书严谨精绝，古朴隽永，堪与赵孟頫及晋代大家比美。加之明末邢侗、董其昌、张瑞图、米万钟“四大家”的崛起，对后世书法都产生了极大影响。

明代绘画流派纷呈，各领千秋。戴进为代表的浙江派，沈周、文徵明为首的吴门派，董其昌、赵佐等形成的松江派、华亭派、苏松派，以及蓝瑛创立的武林派等，各种画科全面发展，表现手法皆有创新，特别是被称为“吴门四家”的沈周、文徵明、唐寅、仇英，形成明末主流，成就显著，影响深远。

现馆藏于菏泽的沈周《两人松下坐》、文徵明《采芝图》、唐寅《山居对弈图》《春山古刹图》、仇英《山水图》、朱耷《八大山人松》、石涛《山水图》等，都不失为稀世珍品，为书画之乡增色不少。在明代，菏泽还出现了曾任工、户、丘三部尚书加太子太保的书法家石星，历任户部侍郎、工部郎中、吏部考功司员外郎、广东按察司使的书法家穆文熙，曾任左佥都御史“诗、书、画博洽精妙”的于若瀛，曾任苏州知府而以卖字救济灾民的书法家石巍，史称“铁面御史”，文、诗、书皆工绝的何应瑞等。明代书画家雷鲤也曾避难隐居于菏泽书画之乡，且引发一个个脍炙人口的书法故事。

石巍　（1446—1487），字民望，号雪斋，曹县安乐里人。

年少时，读书于老家石庄（今曹县城西四里）村北新驿寺（即兴隆寺，寺旁为驿站）中，明成化十七年（1481）进士，官至苏州知府，是一位理学名家和书法家。

成化二十年（1484）秋，曹县歉收，民乏粮。石巍擅长书法，便用公务之暇，书写条幅，令人携其外售，以资助族人平安度过灾荒。

穆文熙　（1532—1617），字敬甫，山东东明人。明朝大臣，文学家。嘉靖四十一年（1562）举进士，历官行人司行人、工部郎中、吏部考功司员外郎、广东按察司使、户部侍郎。

1567年，穆文熙任工部郎中时，同乡好友石星以吏科给事中上疏直谏皇帝过错，惹得皇帝震怒，命予廷杖，令权阉滕祥监杖。因祥与星有隙，遂指挥往死处打。文熙以身相护石星才得以不死。文熙将石星拉到家里，相对而哭，接着竟一同挂冠归里，当时朝野争夸其气节。

万历年间，文熙任吏部考功司员外郎。御史部永春因巡盐河东时得罪了宰相张四维，适值考核京官，四维竟将永春列入有过官员中。文熙不平，同四维争论，四维坚持己见。文熙感慨地说："大明的宝训可以抹杀，权相的意旨却不可夺，还做这个官干什么？不能尽职尽责，就该离开岗位，现在是时候了。"于是，与永春同赋归来。（永春，长垣人，文熙同年）

几年后，由于兵部尚书张佳胤推荐，文熙再起任广东按察使，转南京户部侍郎，以父老终养请归，遂不复出。归里后，在城东修筑别墅"逍遥园"，日夕游娱、书法其间。

文熙是著名的文学家、书法家，著作宏富，注释有《七雄策》，编纂有《文浦玄珠》《百将提衡》，著述有《逍遥园诗文集》十卷；另有文稿《左传抄评》，载入《四史洪裁》。其书作多有石刻存世。

穆光胤　（1554—1618），东明城内东街人，系穆文熙之子，明朝著名的书法家。书法碑刻遗存较多，泰山岱庙石刻有其碑文。

石星　（？—1599）字拱辰，号东泉，山东东明人，明朝大臣。嘉靖己未（1559）进士。从政40年，经嘉靖、隆庆、万历三朝，累官给事中、大理寺丞、太仆卿、右副都御史、工部尚书加太子太保、户部尚书、兵部尚书加太子太保等职。为官期间，曾为家乡做过一些好事，因而他在东明县是一个家喻户晓的人物，被称为“石大人”。

1567年，穆宗刚即位，沉湎酒色，荒废政务，星上书，穆宗勃然大怒，认为是毁谤自己，命于金殿杖刑六十，贬斥为民，回到家乡。1573年，神宗即位，星冤终得昭雪。

昭雪后，星由给事中晋升大理寺丞。星和张居正政见不合，曾上书劾张，皇帝不听，遂又辞官归里。10年后，居正卒，星又赴京居官，这次一直提到工部尚书加太子太保。1590年，星改任户部尚书。次年，边境多事，朝廷又任命星为兵部尚书。

1592年日本关白（相当于摄政王）丰臣秀吉率兵10万大举入侵朝鲜，登釜山，陷平壤，朝鲜八道几乎尽没。朝鲜王李蚣向明朝告急求援。明朝廷认为中朝乃唇齿相依，不能不救，星也力主一战。明军入朝后，在朝鲜军民的配合下，光复平壤，收复开城，日军放弃王京，退守釜山。

日军于是年二月再次进犯朝鲜，朝鲜使臣又来哭诉求援。这时首辅赵志皋竟把和议失败的责任全部推到石星身上。神宗在盛怒之下，立即下诏将石星下狱论死，妻孥发配广西。1599年，石星病死狱中。

石星不但是一位政治家、军事家、文学家，而且还是一位著名书法家。其书作多有石刻存世，其登临东明县学宫所写的《空阁凌空题咏》一诗流传至今。

何应瑞　（？—1646），字至符，号大嬴，明万历三十八年进士。曹州（今菏泽）人。

何应瑞曾任户部主事、河南参政、江西臬司、粤西左布政使、太常卿，后迁升工部尚书。何应瑞擅长诗词、古文，工于书法，著有《江藩政论》《扶江奏牍》。

于若瀛　字文若，号念东，巨野县人（今巨野县太平乡于官屯村人），于锦之子，明朝官吏，中进士后，由主事转河南巡道，升太仆少卿，督东路马政，又升左佥都御史。

他为官敢于直言、廉洁正直。诗文、书、画博洽精妙，与东阿于文定齐名，时称“山东二于”，著有《弗告党集》《超阁草》20卷。

雷鲤　字白波，又字惟化，号半窗山人，明万历年间建安人。著名书法家，工于书画，深受神宗欣赏，任礼部郎中，曾隐居单县。

雷鲤秉性刚直，因触怒权贵，弃官流落民间，辗转来到单县，在城南黄岗镇隐居一段岁月。他初到黄岗，鹑衣百结，敝衣破履，住在一个茶馆里当伙计，劈柴烧火提水很勤快。雷鲤逸闻颇多，至今仍为单县人所传颂。尤其是题写单县黄岗南黄河大堤上“大王庙”碑文一事，在关帝庙前青石板上题写“一部春秋”的故事，更是脍炙人口。

雷鲤在单县流传下来的墨迹还有“藏经阁”三字，当初曾悬嵌于大佛寺，现珍藏于单县文化馆。

孙国栋　字柱岩，明长山（今山东邹平）人。贡生，曹州训导。《长山县志》云：“博学嗜古，凡遇金石、遗文及名画、古器不惜倾囊购之，日以校雠异同为快。”

孙鲸　字海巢，明山东无棣人。岁贡生，郓城教导。喜鼓琴，善泼墨山水。《无棣县志》云：“尝作《竹下一人图》，神采飘逸，绝出尘埃。”座于官舍。

清代

清代是我国最后一个封建王朝，书画艺术呈现出特定的时代风貌。

清代书法，从“帖学”的渐次衰微到“碑学”的异军突起，从篆隶中兴至书法境界大开，书法艺术全面繁荣，光照千秋。清代书法主要可分两大流派：一是以傅山、朱耷、石涛等人为代表的“阁帖派”，特别是朱耷、石涛等画家的书法创作，开创了前所未有的书画新景观。另一派是以“扬州八怪”、邓石如、伊秉绶、康有为、何绍基、赵之谦、吴昌硕等为代表的“碑学派”。碑学另辟户牖，是中国书法史上至为重要的事件。在“扬州八怪”（汪士慎、李鱓、黄慎、金农、高翔、郑燮、李方膺、罗聘）中，又以“三真”（真艺、真气、真趣）、“三绝”（诗绝、书绝、画绝）、“六分半”（书法融石刻、楷、草、隶等为一体）的郑燮（郑板桥）名气与成就为最，他“不仙不佛不圣贤，笔墨之外有主张”，其“六分半”书体与传统书法大相径庭，是变革帖学的大胆尝试，无疑是“碑学”兴起的前奏。至晚清，则是“碑学派”的一统天下。康有为、何绍基、赵之谦、吴昌硕等名家辈出、群星光煌。

清代的绘画，“文人画”日益与居画坛主流，山水画及水墨写意画盛行。清初，皇室扶植的“四王”（王时敏、王翠、王鉴、王原祁）为代表的“正统派”和以“四僧”（弘仁、髡残、石涛、朱耷）为代表的“反正统派”影响为最。其后，“扬州八怪”接过“四僧”及龚贤为首的“南京八家”“反正统”大旗，以革新面目崛起于画坛，其作品不拘一格、狂放怪异，具有较深刻思想性和炽热的感情，对近现代的花鸟画都有着深远影响。

菏泽市的清代书画名品馆藏尤为丰富，其中龚贤《溪山胜景图》《山庐飞瀑图》、金农《枇杷图》、王荦《山水图》、赵之谦《梧桐图》、翁同龢楷书对联和李鸿章对联都具很高艺术价值。清代的菏泽书画名家荟萃，其中军机章京口部郎中曹垣，清宫楹联、寿堂匾额，多出其手笔。书法名家杨如炯，深得颜真卿、赵孟頫真传，湿白和飞白兼用，开创出自己的独有风格。曾任福州知府的曹以爟，熔“二王”及欧、柳、赵书体于一炉，独树义帜。书画名家赵树屏，以书画为民请命，在大灾之年勇作《饥民图》《饥民诗》，冒死进京，直达朝廷，为民赢得救命的赈灾款粮，被民众世代赞颂。

朱虚　字介庵，清曹州（今菏泽）人。顺治四年（1647）进士，官司理。善画。《图绘宝鉴续篡》称所画“山水萧疏，脱略蹊径”。

苏毓眉　字遵田，号竹浦，一作字遵山、号信浦，清山东沾化人。顺治十一年（1654）举人。曹州学正。善画山水，有右丞、云林之风。能诗歌，著有《牡丹谱》《可园集》《啸竹居诗草》。

黄道炯　字治斋，郓城大黄垓村（现属嘉祥县）人，书法家。清乾隆庚寅（1770）科副榜。一生酷爱书法，曾先后仿学王羲之、王献之、黄庭坚字体，后独成一家，字苍劲有力，开始为乡里写碑文楹联或名商号匾牌等，声望日高，曹州、济宁州、东昌府、泰字等地常有人求字。乾隆皇帝朝泰山时，看到黄道炯的书法，大加赞赏，遂差人来郓城通知黄道炯在泰安岱庙东御座召见，钦赐举人。朝中六部官员，因帝王偏爱，破例按进士对待。曾任甘肃省崇阳知县，又任甘肃省安定知县。居官六年，年迈返里，以书法自娱，在鲁西民间流传下很多对联、中堂等墨迹。

杨如炯 字子超，郓城县刘官屯人，善书法。清嘉庆诸生，自幼家贫，在大方砖上用笔蘸水练书法。学练颜真卿、赵孟頫字体，并从传统书法基础上创新，独具风格。特点是湿笔和飞白兼用，字型古朴苍劲。鲁西各县绅士，请他写字的络绎不绝。他性情孤僻，不与权贵往来，后虽为候选训导，但无实职。他以卖字作川字，游山玩水，遗下大批手迹。晚年在本村设馆教书法，终老田园。

赵树屏 字翔汉，自号墨琴老人，清山东曹县人，工书、画。他事亲至孝。父母死后在坟边盖屋守墓，房子坏了，又盖上房子守居终生。并著有《墓门诗草》。

他仗义疏财，为扶助穷人，田产被疏散净尽。赵树屏淡泊自安，不进考场。一生诗画为娱乐。他效法宋代大画家郑新南的画技。竹子、兰草画得尤其逼真传神，令人叹为观止。乾隆四十九年至五十一年（1784—1786）单县大旱，田禾无收，贪官污吏乘机横行，灾民凄惨饥饿之状，无语形容，野草被吃净，树皮被剥光，每天都有携男担女者号天哭地，背井离乡，无数人家被逼迫卖儿卖妻，甚至到人吃人的地步。赵树屏每天耳闻目睹许多悲惨景象，痛楚难抑，愤然将单县灾情做成诗画，准备赴京请命。他将一幅幅饥民图配上《饥民诗》挂于单县鸣琴书院，令观者黯然泪下。

后来，他背上诗画，冒死进京。夜宿晓行，历尽磨难赶到京城。儿经周折，将诗画呈予有关权臣，京里派了山东莱芜知县陈鹏飞来单赈灾，挽救了众生。单县地方学宪赐以“耆龄孺幕”匾额。逝世后，皇上下旨建坊旌表，崇祀贤孝祠。

牛千古 （1803—1854），字奇观，曹州府定陶县（今定陶县黄店镇牛楼村）人，清代书法家。

千古出身书香兼武功之家，自幼苦读“五经”“四书”，继而博览经史子集，成了当地有名的饱学之士。

牛千古的字吸取了汉晋隋唐以来诸名家的长处，融会贯通，自成一家，取欧、颜、柳诸体之长，刚劲有力。他楷书、行书、草书诸体皆善，但尤精于擘窠体，其字刚劲有力，富有立体感。狂草“鸟飞月窑地、鱼跃海中天”，是他的代表作。其用笔急促短栩，迅牵疾掣，折锋三顿，如巫峡怒涛，奔腾狂啸，颇有“飞流直下三千尺”之势，难怪后人用“行行炫目，字字惊心”来赞扬他的字。

书如其人。他的书法落笔不俗，钢筋铁骨，表现他爽直、刚正不阿的性格特点。他厌恶功名利禄，不愿随俗流传，闭门读书，专心习字。40 岁后的牛千古由于家庭衰落贫困，不得不以卖字为生。他北过山海关，南到吴楚一带，漫游了大半个中国，其书法受到了各地朝野人士的好评。

牛千古不但爱好书法艺术，同时还是一个忧国忧民的有志之士。他胸怀对清政府腐败政治的不满，于清咸丰二年（1852）毅然参加了太平军。1854 年，51 岁的牛千古卒于军中。

范逢恩　字紫泥，号荫亭，山东省东明县城内人。清乾隆年间进士，曾任翰林院庶吉士、户部陕西司主事、川东兵备道等职。善书法。

张鸿钧　（1824—1890），东明县东明集镇人，清道光年间秀才。善书法，一生任私塾教师。

刘于丰　字林松，号墨林，郓城丁垓（现属嘉祥县）人，后迁居王垓。画家。清同治贡生，他酷爱绘画艺术，自学成才，山水、花鸟、人物，无不擅长。他曾南游江南，结识了苏杭的一些画家并与之切磋技艺。其画风超群，丰姿俊逸，栩栩如生，翩翩然似有仙骨。晚年专画“围场”，由工转写，线条清晰，设色鲜艳，有大量作品传世。后设馆乡里，教画诲人，在其门生中，连考中十余名秀才。他的好友刘可继作诗一首题在刘于丰的作品上：“不事繁华不染尘，襟怀洒落任天真。胸中自饶无穷趣，只借丹青作隐论。”

刘依仁　（1850—1921），字相于，号湘游渔，东明大屯乡丁嘴村人。

年十五应童子试，以书法工整受提学贺寿慈之知，补博士弟子员。光绪乙酉年，以廪生选取拔贡。考不第，遂致力于书法。起初师法颜柳，继习东坡，勾勒纵横，无不得心应手。曾得清朝贺玉甫、夏子松两尚书器重，有“字压八府、文擅畿南”之批。史料载两尚书曾以茶包、扇囊、对联、文房四宝馈赠，赠句云：“贤契得此全无用，助尔添修五凤楼。”作品流传颇广，一时称为杰构。晚年州判河南，馆于道员刘雨田家。清亡后，归隐故里，杜门读书，不入城市。民国十年卒，年71。

曹以爟　山东省菏泽市佃户屯乡曹楼村人，书香门第。清咸丰三年（1853）进士，任福州知府多年，书习“二王”、欧、柳、赵，熔众家之长于一炉，自成一派，以正楷称世。其风格秀美，结构严谨，富书卷气。名载北国子监碑文。

李经野　（1855—1943），字草夫，号曹南钝士，山东曹县龚楼乡土地庙村人（清为菏泽辖地），光绪九年（1883）进士，官至廉州知府。

李自幼家贫，曾沿途乞讨，生活困苦，可见一斑。十年寒窗，终一举成名。清光绪五年（1879）中举，光绪九年（1883）会试，荣登三甲九十一名进士，次年被任命为户部主事。光绪三十二年（1906）任户部贵州司员外郎，同年被提升为福建司郎中兼财政处提调内仓监督。

李与徐继儒、姚舒密、陈继渔为莫逆之交，共同组织曹南诗社，并将唱酬诗集集成《唱和集》12卷付梓出版。后又亲领门人姜儒卿参与编修曲阜、单县县志，并指导姜编写《汉儒学案》，填补了中国史学的一项空白。

李强于著述，擅长书法，辞官归里后，即匿迹田园，督课子孙，成就后进。暇时从事书法词赋，虽著作繁富，但刊印甚少，屡次兵燹，所能存留者仅只鳞片爪，殊难整理。其书法散在鲁豫两省，或可少见。

徐继孺　（1858—1917），字又稚，号悔斋；双号苏门山人。山东曹县城南徐楼人。童年考取秀才，15岁入选拔贡，任黄县训导。光绪十六年（1890）登进士第，经殿试入翰林院（为清末曹州三翰林之一，另两位翰林为曹县李经野、成武姚舒密），服务三年，授翰林院编修，出任陕西省副主考，光绪二十年改任河南学政。三年秩满，调山西省汾州任知府。他基于民族意识，并受山西省巡抚毓贤的影响，在汾州境内杀外国教士 7 人。事发，清廷震惊，敕命杀徐以谢洋人。他仓皇逃跑，隐居河南辉县苏门山（又称百泉山），自号苏门山人，著书不再用印。他隐居三年后潜回故里，地方伪报死亡。工书法，尤以草书著称，得力于欧柳。著述有《曹南文献录》《徐悔斋文集》《师教谏言录》。

姚舒密 姚舒密（1863—1925），字释筠，亦为师云，成武县今大田集镇西姚楼（时属巨野）人，出身官僚地主家庭。清光绪辛卯科举人，甲午恩科中进士。

光绪三十一年（1905），姚舒密出任都察院浙江道监察御史。上任伊始，就以“任用私人及扩张铜元局”上书弹劾浙江巡抚聂衡山。聂系曾国藩的女婿，光绪二十九年调任浙江巡抚，以办理铜元局无起色为由撤去总办刘更新，由其故旧朱幼鸿接任。聂朱勾结，中饱私囊。姚舒密不顾聂曾两家门生故吏满朝，具疏弹劾，朝野震惊。聂被罢官不服，福州将军复查，仍维护原案。姚舒密不畏权势，闻名遐迩。

光绪三十三年（1907），姚改任衢州知府，治事三载，颇有政声。宣统二年（1910）调河南省银行总监。辛亥革命后，引退曹县，定居城内蛤蟆街，并于安庄置田千余亩。

姚舒密一生忠于清廷，1899 年，觉察袁世凯有野心，曾上书弹劾。1916 年，袁世凯称帝后，曾派员请姚出山，姚拒不受聘。

姚擅长书法，鲁西南民间有其墨迹存世。菏泽十里铺卜子夏祠堂有其书卧碑一通，多有摹拓，至今不衰。

曹垣 山东省菏泽市佃户屯乡曹楼村人，曹以爟之子。曾在清室任军机章京、工部郎中。他书承父艺，真草隶篆均有功力，尤以正楷著称。曾在故宫写过楹联，曾任慈禧太后六十大寿总理事，寿堂匾额楹联，多出自他的手笔。编有《辞林二妙》《四时分韵》二书。《辞林二妙》是当时历代翰林状元诗词总汇，皆是蝇头小楷，甚是珍贵史料。《四时分韵》是他一生书艺总集，约 2.4

万字，皆正楷手书，弥足珍贵。从起笔用墨，点、横、竖、撇到骨架结构，布局谋篇，讲得精辟透彻，通俗易懂，实为书法理论珍品。

时庸励 字吉臣，清山东单县人，同治三年（1864）举人，曾为吴式芬幕客。光绪十四年（1888）吴式芬子重熹知陈州。邀其主讲陈州书院。

时庸励曾考订吴氏父子所藏碑牌，辑为《各省碑目》（稿本存山东省博物馆）。又撰《嵩山石阙》一卷。吴式芬著《捃古录金文》，多有时氏考订之功，付梓时，又作校勘订稿。时氏被称为晚清四大音韵学家之一，后人辑有《单县时氏音韵》遗著等。

杨兰阶 山东省东明县五营乡人，晚清拔贡，有诸多书法作品流传于世。

油子幹 山东省东明县胡庄乡人，晚清年间书法家，书法作品流传社会甚多。

民国

从中华民族备受屈辱的清末到动乱不息的民国，中国书画文化不可避免地受到影响，但这棵具有极顽强生命力的艺术之树，历尽风雨雷电和冰刀霜剑，仍不屈不挠地昂然挺立，顽强向上。特别是书法艺术，在极为艰难的环境条件下，却能保持多姿多彩的进展局面。随着封建文化的解体、西方文化的传入，新文化运动迅速兴起，书法成了单纯的艺术创作活动。康有为的书法理论，深深影响了他的四位得意弟子梁启超、徐悲鸿、刘海粟和萧娴，还有声名远播的书坛名家曾熙、李叔同、于右任、沈尹默等，其书法皆粗放中有柔腻，刚劲而不失流畅，形成独特时代风貌。

在民国时期，菏泽涌现出邓树屏、田伯平、李曾裕、何思源、曹铁如、曾慕堂、李眉川等一代书画名家。其中曾任冯玉祥将军秘书长的邓树屏，博采众长，独成书体，流传很广。其《书法心得歌》论述精透，弥足珍贵。号称"曹州三大画家（田伯平、苏群波、李眉川）"之一的李眉川，极为崇尚郑燮的人格和书画技法，潜心钻研临摹，终得真谛，所画竹、兰、山石俨如板桥手笔，极受世人推崇，流传甚广。

李曾裕 （1853—1932），字敦伯，号友白。山东省东明县人。清光绪己卯（1879）科举人。

他幼年读书颖悟过人，书法极具天赋。初学作文，其文清秀异常，15岁应试得府案首。大名郡陈颖获令其书程子，四箴二十八大楷，悬于贡院厅内，宗师甚为赞赏。他书攻颜、柳、欧、赵，草书学“二王”，行书专习米芾，兼涉名家，天长日久，荏苒经年，获益匪浅。观其作品魄力雄强，气象深穆，笔法超越，点画峻厚，意态奇逸，精神飞动。

李曾裕学识渊博，于清宣统三年（1911）纂修宣统《东明县志》，并作《清宣统三年〈东明县志续〉序》。晚年自号清逸老人，作杂诗800余首，有部分流传于乡里。

曹铁如 山东省菏泽市佃户屯乡曹楼村人。清光绪二年优贡。曹垣之子。善书法，20岁被选为优贡。民国七年之后的20余年间，历任湖北省济水、黄冈，河南省信阳，山东省潍县、即墨等县县长，各地均有其遗墨。中华人民共和国成立后，被国务院聘为中央文史馆馆员。

刘葆珂 （1870—1943），字鸣梓，山东单县城内刘偶首（东关街）人。宣统元年（1909）己酉科恩科拔贡。民国初年后任河南省阌乡知县、直隶（河北）饶阳县县长、新城县县长、山东省咨议局成员、黄河工程局局长等职。辞官后在单县创办读书会，一时从学者甚众。他为官清廉，为人正直，讲道德，重操守，系单县一带的学者、名流，与朱鸿铎齐名。在他的教诲和影响下，其子刘星南、其孙刘凤翰抗日报国，光荣捐躯。

刘葆珂自幼酷爱书法，功夫极深，上溯汉魏，遍临晋、唐诸家，尤其工于欧体正楷和钟绍京小楷《灵飞经》，他临写的《灵飞经》达到了乱真、超真的地步。其书法特点，笔力遒劲，结体严谨，俊秀超群。他的楷书的一个突出特点是端庄正规而活脱灵动，为一般人所不及。

刘戴仁 （1873—1938），字荇浦，山东省东明县大屯乡丁咀村人。自幼身入邑庠，旋里授教至晚年。博学好诗，尤工书法，书法作品流传甚广。

李锡范 （1874—1960），山东省东明县胡庄乡五霸岗人，晚清年间秀才。书法家，其书法作品有诸多存世。

邓树屏 （1875—1944），字诗，又字时。山东菏泽市城内原考棚南街人。

曾任冯云祥将军之秘书长，菏泽地区著名书法家。他出身书香世家，是晚清最后一批秀才之一。

邓树屏随冯玉祥多年，曾随之到苏联考察。他随军辗转，其书法也得以远扬。并曾任河南宜阳、山东日照县长之职，为官廉正。60 岁返归故里，仍不辍握管挥毫。

邓树屏以魏书见长，自成一体。一生作品甚多，传冀、鲁、豫、陕诸地。

邓树屏 63 岁之后，据其实践，以韵字撰写《书得歌》（又名《书法秘诀》）一书。全文凡 25 章，对于书法的源流演变，历代书法家及个人书法之布白、书势、运笔、指法及选购碑帖等均有论述，且魏体工笔书写，弥足珍贵。

刘洪照　（1876—1954），字旭初，东明县大屯镇丁咀村人，自幼好学，尤工书法，身入邑庠，一生从教。其书法作品流传甚广。

王雨霖　（1879—1956），字咸庆，山东省东明城关镇王寨人。秀才，私塾教师，对易学颇有研究，其书法作品多有流传。

田伯平　（1888—1950），名稳，字伯平，笔名锄月散人，山里庄夫，老圃等，山东菏泽人。幼入私塾，酷爱书画，拜曹州普陀寺高僧袁溪（衲人）为绘画启蒙老师。民国初年考入国立山东艺专，毕业后，随即北上入京华，结识了在京的画家齐白石、王梦白等，后离开北京漫游大江南北，体察大自然，写生作画。客居杭州接受在国立杭州艺专任教的潘天寿、李苦禅、诸乐三邀请，在杭州艺专开国画讲座，切磋技艺，互赠作品。此后，离开杭州一度居住于开封，其作品在古都汴京流传甚广，并有《田伯平国画作品选集》问世。

1937 年抗战爆发后，离汴返回故里菏泽，隐居在菏泽城内南门里“北极画室”，潜心作画。田伯平 20 世纪 40 年代中期已蜚声画坛，当时与在菏泽的苏君波、李眉川号称“曹州三大画家”。著有画论《自言自语》（1949 年 9 月 26 日完稿），主张“现在东西各国文化交流，写生描影，日在进步，画理画意，非昔日可比，今日作画，固不可忘记前贤，亦不可溺守旧法，须知西画贵写生，中画尚写意，西画讲光线，中画重气韵，西画取肖像，中画状神异。今后作画要将中西熔铸一炉，经过个人心灵运化打成一片，使形似神韵同现画面……”这时期田伯平任教于菏泽体仁中学，同时组织北极画社，培养艺术青年（版画家晁楣、山水画家聂耕都是他的学生）。作画力求创新，笔墨洒脱，布局奇崛，作品清新淡雅，意境高华绝俗。中华人民共和国成立前夕，接受老画家李苦禅邀请，践挚友何思源之约，积极准备赴京展示艺术才华，不幸病魔缠身，未能成行，抱病作《苍松翠竹图》。田伯平的代表作品有山水长卷《山林秋爽》《群山秋色》《高粱大豆图》《雨竹》《松鹤图》等。

曾慕堂 （1893—1977），名纪爰，字慕堂。山东省郓城县张集乡曾楼村人。郓城一中教师，县政协常委。慕堂先生从教40余年，治学有方，经其培养学生中不乏栋梁之材。如徐雷健（原山东省委组织部部长、副省长）、曾耀坤（原国家银行行长）等。先生德高望重，不愧为一代师表。

慕堂先生在求学期间受马世章老师的影响，酷爱书法，每于课余之暇，读帖练字，真、草、隶、篆四体皆精，笔力遒劲，追踪汉唐，实为清代郓城二炯（杨如炯、黄道炯）之后异军突起，独树一帜。其书法作品多次在省、地、县展出，名扬鲁西南。求字和请教者络绎不绝。先生诲人不倦，培养了一大批书法人才，如荆学钦、马洪林、姜传薪、曾德生、马约、仝义茂、曾庆珍等，对书法艺术均有很深的造诣。1959年退休后举办夜校，兼开书法课，培养了许多有文化又爱好书法的农民。至今仍有不少人模仿其字体，足见其影响之深。

何思源 （1895—1982），字仙槎。山东省菏泽市当典街人。民国初入山东省六中。1915年考入北师大。毕业后，留学美、德、法等国。1925年回国后任中山大学教授、法学院院长。1928年，任山东省政府教育厅厅长，1944年12月任山东省政府主席，1946年10月任北平市市长。1949年对北平和平解放做出重要贡献，毛泽东说他是“真正代表了民意”。

中华人民共和国成立后，何思源坚决拥护共产党的领导，积极参与国事。历任中国人民政协第二、三届全国委员会委员、中国国民党革命委员会中央委员等职，先后在人民出版社、世界知识出版社、全国政协会刊编辑部从事编译工作，笔耕不辍，译著颇丰。其中有《卡尔·马克思》《保罗·郎之万》等16部译著。他还致力于《德语文法》等编纂工作，撰写了大量文史资料。

何思源对书法艺术有着浓厚的兴趣，在长期的公务生涯中，临池不辍，潜心细研。他取法颜、欧，用功尤勤，形成了其笔力遒劲、结构端庄、布局严谨的艺术风格，深得大家赞誉。

李眉川　（1902—1975），原名耀珠，字眉川，男，山水画家，以字号成名，菏泽市东门里人。

1928 年，李眉川考入山东省美术专科学校，毕业后留在济南民众图书馆工作。在此期间，他除作画外，还习书法，尤以汉隶、魏碑称著。1934 年，他回到菏泽，从事美术教育工作，先后任南华中学、菏泽简易师范等学校的美术教员，县图书馆职员，10 余年间，为菏泽培养了一批美术人才。现在活跃于画坛的聂耕、杨冠芬等，都是李眉川的得意门生。

20 世纪 40 年代，他的竹子、兰草，已声震菏泽。其作品曾流入日本，得到了日本美术界的赞誉；美国美术界也通过耶稣教堂进口了 500 余幅李眉川的竹子、兰草、山水画。

1949 年菏泽解放后，李眉川在菏泽一中任美术教员。因他在美术方面成绩突出，1950 年至 1956 年，先后被选为平原省人民代表，菏泽县第一、二届人民代表。

1952 年至 1959 年，李眉川在菏泽县文化馆专门从事美术工作，他的作品多次参加省、地美展，其中大型（长 8 米、宽 1 米）组画《今昔菏泽》，选取桥梁、屋舍、公路、坑塘等几项建筑，反映了菏泽解放前后的巨大变化，表现了他热爱新生活的盛情，荣获 1953 年山东美术创作一等奖。1958 年，他的竹子、兰草被选送到中国美术馆，受到美术界的重视，著名美术家刘开渠曾与他切磋技艺，给予鼓励。

1959 年至 1969 年，李眉川先后在山东美术研究所、济南石膏雕塑厂工作。这是他艺术的成熟时期。他的国画《河西桃花河东柳》，于 1959 年参加华东地区美术联展，荣获创作奖。《虚心友石》《溪畔竹兰》《山涧瘦竹》《远眺》《草丛三友》等作品 20 世纪 60 年代多次参加广州的出口商品交易会，先后出口美国、日本、新加坡、马来西亚、澳大利亚等国家 2500 余幅，为国家争得了荣誉和外汇。直到李眉川在家养病期间，外商还要和山东省外贸公司订购绘画合同。

李眉川深得郑板桥画法的真谛，写景状物，惟妙惟肖。他的画讲究工笔，从不任意挥泼笔墨。他的竹子，其干壮而不流粗俗，其叶瘦而充满生机，每个竹节的洽连处，皆用两道横墨，中夹一条细线，且略粗于竹干，给人以立体的逼真感。兰草本是一种经济价值低廉的野草，李眉川却赋予它高贵的生命力。一墩墩的兰草，其叶有正有斜，自然、柔和，蓬蓬勃勃，构图大胆泼辣，墨色縠染极有层次，给人以葱郁之感，再配以山水、竹石，更觉自然有趣。

李眉川绘画，善于在平凡的景物中写出无限的天地，赋予花草虫鱼、竹石山水以浓厚的诗意。风情潇洒、意态优容，给人以轻松愉快之感。他画的雏鸡是赞美纯洁童心的诗篇。他的《虚心友石》，则通过并不复杂的画面，让人联想到一种哲理。在小桥流水旁，左边是一簇蓬蓬勃勃的兰草，右边是几株挺拔青秀的翠竹，远处一座奇峰陡立的山峦，让人一看，就体会到：对己虚心，对人实心，是做人的美德。他笔下的竹石花草，村舍耕牛，无不风格鲜明、声情并茂。欣赏李眉川的画，似乎置身于恬静、安谧的大自然中，听着鸟虫唧啾鸣叫，呼吸到小河边湿漉漉的空气。

李眉川善于把书法的营养融注于画面，书骨的劲健美、彩墨的韵律美，都得到充分的表现。书画互见，极饶风致。不但使人领会到书画家的写意手笔，也提高了国画的美学价值。

彭东周　（1905—1964），字洛斋，山东省东明县大屯乡人。一生从医。爱好书法，遍临诸帖，能写真草隶篆各体，尤擅小楷，在抗日战争时期，颇有名气。有诸多字迹留世。

孔文箴　（1906—1976），号庆德，菏泽市巨野县，大义镇曲桥村人，后移居王店村。

他自幼聪颖好学，酷爱书画，1935 年济南艺专毕业。1939 年去北平拜师访友，经本邑举人孔宪泰介绍，投拜金石名家张之余为师。在张的指导下作画百幅，于 1940 年在北平展出，得到张大千、张善孖兄弟的重视，成为大千、善孖兄弟的座上宾。同年，经中国国画协会主席周养庵（清进士）举荐，吸收为中国国画协会会员。

1941 年，孔义箴为广交朋友，扩大绘画视野，于中国传统绘画基础上另辟新的蹊径。随拜内廷供奉瞿兰西为师，学习油画与水彩画；拜祁景西为师，学习花卉。其间曾与郭传璋、马晋、王青芳、胡爽安结为兄弟，共磋技艺。不数载，其造诣熔中西于一炉，开创新画风，树立新画派。

1945 年受几位师傅和师兄弟的重托。孔义箴去天津建立书画联络点，获清遗老翰林学士金北楼赏识。与李苦禅合作举办画展数次。1948 年天津解放，曾得到文艺理论家王朝闻嘉许。然是时家庭经济情况拮据，加之父亲年迈多病，遂由津返里，定居济宁，以写小照卖画为生。1951 年，经人介绍，在巨野师范任教。1958 年退职。后去东北与李若禅、王朝闻共谋生计，滞留于农村。1972 年再次由东北返里，于济宁工艺美术厂搞创作指导。1976 年 9 月因心肌梗死，逝世于内蒙古海拉尔市其二儿子孔繁鹏处，享年 70 岁。

孔义箴画风朴实，严守传统而不循旧规，山水、人物、花卉皆擅，小照尤为突出。形神逼真，衣纹潇洒，见墨见线，融西法明暗于国画线条中，笔墨清新，布局稳妥。山水宗法宋之马远、夏圭，笔力遒劲。赭墨点染、朱翠相罩，树木苍翠。层次分明。更以湿笔烘托，云气蒸腾、意境深远。北京中囿画院郭传璋教授，于 1987 年 12 月得知孔文箴已逝世十多年，叹惜道："文箴兄之画风，既讲究线条之功力美，又融西法的明暗于线条中，突破前人窠臼，于传统基础上开辟新蹊径。马骀之后，有文箴兄、传库、马晋、青芳、爽安，而以文箴兄成就最高。奈天年之不永，穷困一生。为新画风奔走呼号，然未享永寿，不得再叙友情，岂不能哉！"

赵非石　（1907—1991），著名画家，山东单县徐寨镇人，生前居住台湾。

他童年在家乡单县读私塾，聪颖过人。1928 年他与同学崔星五一起去济南爱美中学师范美术班学习三年，毕业后又在北京国立艺院学习深造。在单城镇察院街小学任校长期间，把他的同学崔星五聘为专业美术教师。还经常与好友朱子馨切磋国画技艺，在绘画方面日臻成熟。后又在济南东鲁中学任美术教师，在单县县立中学任校长。1942 年去台湾任教。

赵非石师从国画家齐白石、陈半丁、李鹤寿，以画花鸟、人物为主，万以画鹌鹑见长。他的代表作有《百鹑图》《牡丹凤凰》等，曾参加国际画展，获得国内外人士的赞誉。在台湾期间，他曾用三年多的时间，专心致志地从事《百鹑图》的构思和绘画。该画卷长 16 尺，宽 2 尺，画面上的百鹑栩栩如生，无论飞鸣或嬉戏喧闹，其态各异，生动活泼，世人视为当代珍品。

1988 年赵非石返回单县家乡探亲，在单城举办他的画展，以后又在山东省府济南举办画展，均受到省内外人士的好评，并将他的杰作《百鹑图》献给了山东省人民政府。病故后，按照他的遗愿，安葬于故乡。

孔端甫 原名繁君页，笔名鲁翁，锻夫，成武县孔楼村人，生于 1914 年，山东省著名书画家、美术教育家。

孔端甫自幼继承家学业，8 岁即随其伯父和堂叔学习书画。在小学读书时，又拜师于民间名画工张风年学习工笔人物。16 岁拜我省著名书画家陈作梅为师，学习花鸟、山水及书法。1936 年以榜首考入河南艺术专科学校，勤奋攻读，刻苦学艺，在著名画家雷吻虹的直接指导下，花鸟、山水、人物或工或写均打下了深厚功底。

艺专毕业后，长期致力于美术教育。抗战及解放战争时期，先后任教于山东省立第十四联合中学、私立俭堂中学、山东省立第二临时中学。中华人民共和国成立后，历任山东省立鲁中南师范学校、山东省立曲阜师范学校及曲阜师范学校艺术系国画教师。

孔端甫数十年如一日，一面从事美术教育，一面致力于美术创作，均取得丰硕成果。20 世纪 40 年代执教于“临二中”，曾组织“伙湖画社”，利用课余指导学生学习书画，开展美术创作，创办《秋湖画刊》，宣传抗日救国。50 年代致力于连环画、宣传画创作，热情讴歌新生活和工农兵，先后在《大众日报》《工人日报》《前哨》等报刊发表连环画《拔去了眼中钉》《英雄的五虎村》《胜利百号地瓜》《黄花岭封山造林以后》《工人输血救农民》等，以及《小组讨论》《不服老》《万紫千红》等宣传画、封面画百余幅。1957 年，受山东省教育厅委托，编著了中师《图画》教材上、中、下三册，由省教育厅内部发行，作为全省中等师范学校美术课试用课本。其后重点创作花鸟画，兼及人物画，许多作品曾在省多届美展展出。1964 年，其作品《出工》在全国美展展出后，由人民美术出版社出版，并收入《华东山东年画选集》。同年，年画《过春节》《学妈妈》等又在《大众日报》发表。

孔端甫辛勤工作，成绩卓著，1957 年 3 月，被推选为出席山东省首届工会积极分子代表会议的代表。同年 9 月，又出席了在北京召开的全国首届工会积极分子代表会议，受到了奖励，并在中南海怀仁堂受到刘少奇、朱德、周恩来、邓小平等中央领导人的亲切接见。

第二章 书画盛世

第一节 翰墨飘香

一、书画之乡的五大亮点

曹州书画院：书画之乡的标志

曹州书画院坐落于菏泽市区广福南街、环城公园南环线之北。创建于1985年10月，占地16000平方米，建筑面积9000多平方米，是集书画研究、创作、展览、交流、收藏于一体的文化事业单位。现为全国地市级规模最大的书画院。

曹州书画院建筑群体既有传统的民族特色，又有现代的园林风格。院内藤廊回环，亭榭飞翘，假山突兀，喷泉汩汩，松竹斗奇，百花争妍，景观幽雅，宜书宜画，已成为菏泽对外开放的窗口。北侧主题楼一楼设东西两大展厅，面积900多平方米。先后举办各级各类展览、活动1000多次，共接待国内外参观游人近200万人次。先后两次组织画师赴中南海创作书画作品65幅，外出办展60余次。院内南侧的曹州碑廊全长近500米，镶嵌碑刻500多块，内容以反映菏泽风光、赞美曹州牡丹为主题，是全国以歌咏牡丹为主题最长的碑廊，作品多出自当代书画名家之手。并镌刻了部分历史名人的肖像和事迹，也刻制了数位伟人和先贤的手迹，具有强烈的民族性、鲜明的地方性和高超的艺术性。曹州书画家作品陈列馆内，长年陈列的馆藏作品，均系菏泽书画名家之精心创作，代表了菏泽书画艺术的最高水平。院东侧的晁楣版画艺术陈列馆则是我国第一座版画艺术陈列馆，所藏80幅精品是中国版画家协会副主席、黑龙江省版画院院长晁楣先生（菏泽籍）为家乡无偿捐赠的。这些作品以当年人们开垦“北大荒”热火朝天的创业场面和壮丽景观为主要内容，融历史性、艺术性为一体，展示了晁楣先生高超的版画艺术水平和风格。由此，书画院被誉为“艺苑奇葩”“画宫无双”“民族文化的基地，书画艺术的殿堂”。原全国政协常委、中国书法家协会副主席刘炳森先生写诗赞道：“灵根天降鲁西南，魏紫姚黄墨牡丹。更著曹州书画府，莅临皆有十分缘。”

书画院东北侧还建有著名抗日将领赵登禹纪念馆，展厅面积300多平方米，陈列有赵登禹烈士生平事迹介绍、历史照片、领导人题词等，大量翔实的文字和图片资料，再现了菏泽籍抗日名将赵登禹的光辉形象，是菏泽市爱国主义教育基地之一。

曹州书画院的独特魅力，吸引着八方来宾。建院以来，共接待国内外参观旅游客人100余万人次。原全国人大常委会委员长万里，原中共中央政治局常委宋平，中共中央政治局常委、中纪委书记吴官正，原中共中央政治局常委、全国政协主席李瑞环，原中共中央副主席李德生，原全国人大常委会副委员长廖汉生、李锡铭、王光英、陈慕华、姜春云，原全国政协副主席吴学谦、万国权，全国人大常委会副委员长何鲁丽等30多位国家领导人先后视察曹州书画院，并给予了高度评价。

曹州书画院1985年聘请舒同为首席顾问，苏毅然、崔子范、许麟庐、于希宁、刘炳森、刘艺为名誉院长，院外画师120多名。院内画师曾两次应邀赴中南海为中共中央办公厅、国务院办公厅及人民大会堂创作书画作品83幅。在中央、省级报刊发表书画作品2000余幅，入选国家、省级展览600余幅，举办各类展览500余次，外出办展60余次。先后编辑出版了《刘炳森楷书曹州书画院碑记》《当代中国花鸟画集》《曹州碑林作品集》《曹州书画院》《庆祝曹州书画院建院二十周年全国名家作品集》《中日韩三国书画作品集》等大型精装画册。2000年4月，中国文联党组书记高占祥大型牡丹摄影作品展在该院成功举办。建院以来，《人民日报》、中央电视台、《大众日报》、山东电视台、中国香港卫视中文台以及日本、韩国、美国等国的100多家新闻单位对书画院及书画家进行专题介绍和报道。

1992年，曹州书画院被国家旅游局收入《中国旅游信息库》。1997年，入编中国文物学会、中国旅游协会、中国风景名胜区协会、中国博物馆协会主编的《中国著名风景名胜旅游景区大观》，被列入全国著名景区景点500家之一。2000年中国文联在曹州书画院设立“中国文联文艺家生活创作基地”。

巨野农民画：群众智慧的结晶

巨野县书画艺术历史悠久，最早可追溯到秦汉，至宋代，“苏门四学士”之一的晁朴之，不仅与集诗文书画于一身的大家苏轼诗词唱和，而且往来甚密，同时他还是绘画“像外论”的主要倡导者，一度名冠朝野。落户巨野的书圣王羲之后裔王维翰，在秾芳亭以书法联姻一代才女谢天香，更是脍炙人口的翰墨佳话。巨野的清代名臣刘藻不仅诗文名世，而且书画兼工、名闻遐迩。至清代和民国时期，形成了一个以刘藻为代表的书画家群体，留下了大量的碑帖、画本。

中华人民共和国成立后，巨野县书画艺术发展尤为迅速。20世纪六七十年代，巨野县以黄恩涛、王世超、董森、梁福根、邹德玲、刘新义、王广云、李世群、姚桂元、黄呈晋等为代表的广大书画艺术工作者，植根巨野这片热土，在继承传统的基础上，紧扣时代脉搏，以丹青妙笔抒发理想情怀，描绘幸福生活，创作了大量优秀绘画作品，多次在全省、全国美展中获奖，从而把巨野县的民间书画艺术又提高到一个新水平。在他们的带动和影响下，巨野县农民绘画队伍迅速壮大，形成规模，久盛不衰。群众性的各类书画组织遍布全县，书画研究会、美术家协会、麟州书画社等组织已成为广大书画爱好者学习交流的场所，全县集创作、销售、装裱于一体的大型绘画点达30余处。

2000年12月24日，国家文联命名巨野县为“中国农民绘画之乡”，时任国家文化部副部长、文联党组副书记、常务副主席的高占祥特发信致贺。

2001年，中国巨野农民画协会、中国巨野农民画销售总公司成立。集创作、培训、装裱、展销为一体的巨野农民画，形成相当规模的书画产业。2002年，投资6500万元，建设了巨野农民书画院，成了巨野县农民书画研究会。至

2021年12月，巨野县拥有中国美协会员18人，山东省美协会员64人，中国书协会员13人，山东省书协会员32人。市、县级会员900余名，建书画创作基地70多处，形成书画专业镇4个、专业村50多个、专业户322个、44家基层画院、160余家书画培训机构，从事书画创作、装裱、销售等书画产业人员由原来的1000余人猛增到15000余人。绘画作品的产销值以每年500万元的幅度强劲递增。

巨野县农民书画院，是一处融培训、交流、学习、娱乐为一体的大型农民绘画学习培训基地，初步形成了以县农民书画院为核心、以乡镇书画院为骨干、以村级书画室为网点的培训格局。乡镇级农民书画院达到全覆盖，年培训农民画师1500余人，村级规范化书画室达到65处。龙堌镇书画院常年授课教师15人，年培训学员500余人。

2018年6月，巨野县书画院为上合组织青岛峰会迎宾大厅创作了巨幅工笔牡丹画，画面宽15.5米，高4.2米，整幅画面雍容大气，华贵端庄，惊艳峰会。2018年11月，来自巨野县的巨幅工笔牡丹画《锦绣春光》，再次在中国进口博览会上大放异彩。连续两次亮相国家重要外事活动，为国争光的同时，也让巨野县工笔牡丹画进一步走向国际国内市场。

巨野农民画已走红全国，饮誉海内外。全国建立了600余个销售网点，全国各级知名画院、画店收藏和销售的工笔牡丹画中，80%为巨野农民画。著名的北京荣宝斋、琉璃厂，广州友谊商店，西安鼓楼书画市场，济南齐鲁画店、文物总店等都在经销巨野农民画。2005年，巨野工笔山水画销往日本、韩国、新加坡，工笔牡丹画在美国打开市场；远在中东的约旦文化客商苏百贺·戴哥赫斯跋涉数千里前来这里商定大宗购画。2005年11月，山东省文化交流团赴法访问，所带的巨野农民工笔牡丹画引起轰动，100余幅作品很快销售一空。2006年1月15日，姚桂元组织一批巨野农民画去香港展销，其中包括百米长卷水浒和三国人物画，引起很大轰动，赢得日本、美国、韩国、东南亚诸国等一大批订单。两位韩国画商又专程来巨野，达成长期销售巨野农民画意向。仅2006年，销往国内30多个大中城市和世界10多个国家的农民画作就达30万余幅，产值4000余万元。

单县楹联：书法传承的民俗

楹联，是我国广大人民群众所喜闻乐见的一种特殊文学样式。它对仗工巧，音调和谐，并与中国特有的书法艺术和雕刻艺术相结合，成为人民群众生活的一部分。随着其应用范围的不断扩大，人们不仅在春节期间的房院门上，建筑物的楹柱上张贴对联，而且友人之间互相交际和庆寿时也广泛应用之。

2002年，中国楹联学会授予单县“楹联之乡”荣誉称号。素有楹联之乡的单县，楹联创作历史悠久。湖西革命烈士陵园就有两副为革命烈士墓题写的挽联，李贞乾烈士墓前的挽联是：“当年神州陆沉义旗举苏北唤起千万健儿开辟抗日根据地，今朝河山解放懿范垂湖西激励广大群众巩固人民共和国。”吴大明烈士墓前的挽联是：“过草地走雪山披肝沥胆救祖国，战章缝挫强敌碧血丹心为人民。”

单县在6500多米长的古护城堤，修建了4座走廊，3座亭台，将1万余副楹联雕刻在枕石、廊柱、亭台上，并建起了四面楹联墙和一面楹联故事墙，其中廊柱山刻有单县历史名人赋联1000余副。

1990年，单县楹联学会成立。该学会十分重视古楹联的挖掘抢救工作，先后整理古代楹联艺术家的事迹40余篇，收藏古楹联载体30余件，古联200余副，楹联故事50余则，为楹联文化增加了光彩的一笔。2003年，单县楹联学会组建了中华对联文化研究院，深入开展楹联学术研究和楹联知识普及工作，并创办了院刊《对联文化》。学会举办全国性的征联比赛活动。2000年举办了“单文杯”全国第十届楹联大赛，应征作品2.5万副。迄今，单县已成功举办了15届全国楹联大赛，累计征收参赛作品40余万副，其中新加坡、马来西亚、美国等海外侨胞应征作品千余副。2005年春节，单县刘有礼在中央电视台春节联欢晚会上现场向全国征联，更提高了单县楹联之乡的知名度。

2004年受中国楹联学会委托，单县编撰了《中国楹联二十年作品精选》，收录对联作品5万余副，成为收录最多的一部联集。近年来，编辑出版了《中国对联集成山东卷单县分卷》，收录古碑刻、木刻等古今名联2000余副。

该学会重视扩大创作队伍，对青年作者加强培养。10余年来他们以通信、寄发材料、举办讲座、开研讨会等形式培养青年作者。楹联创作队伍中，年龄结构老、中、青、少皆有，既有年逾九旬的老翁、老妇，又有十二三岁的小学生。全县已有10个乡镇建立了楹联分会，会员达到1000余人。随着会员数量的增加，水平也不断提高，近年该县加入中国楹联学会的会员已达13人，其中有2人被选为理事。这在全国县区中都是唯一的。中国楹联学会名誉会长常江动情地说，单县楹联文化长廊可以申请吉尼斯世界纪录。

东明书法：培育人才的基地

东明县是黄河入鲁第一县，文化底蕴丰富，人才辈出。晋朝侍中卞壶是一位大书法家，宋朝宰相张齐贤书迹见于《群玉堂法贴》，明朝三部尚书石星，其书作多有碑刻问世，嘉靖进士穆文熙是一位书法家，也是一位诗人，诗书并茂。穆光胤是明代著名书法家，泰山岱庙石碑中有其笔记。清朝书法家刘依仁多有作品传世。民国时期的李曾裕、刘戴仁、刘洪照、王雨霖、李钖范、彭东周等人，都是各显一时的书法家。

中华人民共和国成立后，特别是改革开放以来，东明书法更是呈现出前所未有的热潮，东明籍书法名家辈出。如首都师大中国书法文化研究院院长刘守安，湖北省书法家协会副主席张健、河南中国画研究院副院长徐耕耘、曲师大美术学院院长徐正、台中大道书画协会会长井松岭、台湾花莲市书协主席杨崐峰、郑州市老年书协副主席毛秉乾、郑州市妇女书协主席毛鸿雁等，在书法方面都有很深的造诣。

东明人杰地灵，书法教育薪火相传。早在明代中叶和清代，县城内就建有“扶义书院”和“漆阳书院”，作为生员习练书法的重要场所。晚清盛行私塾，全县各村私塾中都开设有描红练字课，对学生进行书法启蒙。

东明县多年来，一直十分重视书法的培训和普及工作，通过各种形式，培养书法人才。各类学校均开设了书法课，东明一中和实验中学还设立了书法专业班、专业特长班。县实验中学书法特长生本科过线人数每年都在30人以上，已成为闻名的书法特长中学。2010年3月，县实验中学被中国书法家协会命名为“兰亭中学”。2010年3月，东明县被中国书法家协会命名为“中国书法之乡”。

东明县十分重视书法培训，县老年大学书法培训班、红文书院、丹峰画院、北石书院等社会培训机构20多处，每年定期邀请中国书法培训中心刘文华、首都师大书法研究院院长刘守安等十几位书法名家定期来县讲课，点评作品，指导创作，全县书法创作水平有了明显提高。中国书法家协会会员、博士生导师刘守安，中原油田书法家协会副主席杨根喜，中国书法家协会会员、菏泽市书法家协会主席翟永华等众多知名书法家，都是从东明这片书法艺术沃土上走出来的佼佼者。

东明县历届党委、政府领导高度重视文化事业发展，县各级书法组织机构健全。1986年成立了东明县书法协会，1994年成立了东明县老年书画协会，2005年成立了东明书法家协会，这些书法组织的建立，为书法事业的发展壮大提供了广阔平台。书法创作队伍不断壮大，社会影响日渐提高。至2021年。东明县已有中国书法家协会会员32名，“兰亭中学”为高等院校输送本科书法生300余名、硕士研究生39名、博士生1名，全县书法创作骨干2000多人，书法爱好者1.6万余人，形成了一支老、中、青、少共同参与的书法队伍。如今，县直和乡镇建立了16个分会，不少村级也建立了书画协会。东明县每年都举办多次书画展，举办了东明书画进京展，赴省城济南书画展。承办了菏泽首届隶书展，参加作者600多人，创作和展出作品3200多件，另有60件作品赴韩国、日本、泰国、新加坡、马来西亚、加拿大等国家展出。有600多人参加了中国书协、中国文联、省书协、省文联主办的各种展览，有20余人入选国展。东明县在全国、全省各种书法大赛中屡屡获奖，不仅展示了东明书法创作的整体实力，折射出东明书法艺术发展的脉络，也标志着东明书法艺术创作的稳步前进。

东明县书法创作的基础设施良好，目前，县建有庄子书画院，2001年10月建成，占地面积4600平方米，建筑面积1200平方米，采取宫殿式古建筑，雕梁画栋，蔚为大观。老年活动中心占地2100平方米，建筑面积524平方米。庄子书画院碑林建于2001年，碑刻60多块，既有明清书法名家作品，也有启功、沈鹏、欧阳中石等大师力作。东明博物馆碑林建于2003年3月，占地1.3公顷，藏有明清以来100多块碑刻。东明高村黄河历史文化碑廊，建于2001年3月，占地1.3公顷，有自明清以来历次黄河决口堵复碑40余块，以及治河疏略、河防治略、黄河记略等古人名碑。

东明县委、县政府将书法作为县的一大品牌，竭力进行培植，先后出资100多万元，组织开展对外交流，印刷出版了一批大型精美的书画集，并出刊了“庄子故里书画报”，制定了每年向做出突出成绩的会员进行现金奖励的制度，并将书协的活动奖金列入了县财政预算。

东明县创建“中国书法之乡”的成功，凝聚着书法队伍的执着追求，也是东明书法事业健康快速发展的成果，对东明文化事业、文化产业的发展起到了积极的推动作用。

碑林碑廊：昭示后人的墨宝

在菏泽历史上，有着许许多多的碑刻。这些碑刻大多是墓葬碑、寺院碑、节孝碑等，也有少数的颂德碑和感恩碑。而形成碑林的碑刻，大多是墓葬碑和寺院碑，少则三四块，多则几十块，甚至数百块，形成规模大小不等的碑林和碑廊。在这些或独立或成群的众多碑刻上，都刻有形体各异、大小不一的书画力作，有着很高的书法绘画艺术价值。

曹州书画院碑廊　坐落于菏泽曹州书画院院内，分别于1985年和1995年两期施工落成，全长近500米，刻碑500余块，为目前全国最长的碑廊。碑廊内容多以赞颂国花牡丹的历代诗词为主，其中有历史名人的手迹，也有舒同、启功、臧克家、黄苗子、唐云、沈鹏、刘炳森、武中奇、沙孟海等现代书法大家的作品，同时还刻制了数块名贵牡丹品种的图案，以丰富多彩的艺术风格和表现形式，形成了一个集古今书法家作品之大成、融牡丹文化于一体的亮丽景观，吸引着成千上万游客前来观光，为弘扬民族传统文化、培养书画艺术人才发挥了重要作用。

2005 年，随着菏泽市区环城公园一期工程的竣工，曹州书画院碑廊改造重建于环境优美的环城河上面的廊道上。廊体为全木质仿古式结构，其下流水潺潺，其上画廊曲折回转，500 余块名家墨迹碑刻步移景换，丰富了书画之乡的底蕴和内涵。

菏泽市李荣海美术馆新馆 于 2017 年落成，占地 4.2 万平方米，建筑面积 1.3 万平方米。美术馆园林格局，馆、廊、亭、榭，湖水环绕，曲径通幽，景色宜人，整体建筑既有古今元素，又有南北风格，汉白玉牌坊、聚贤广场与东西南北门楼、堂馆、长廊、水榭、半步塘、八字桥、廊西小院、耕夫书屋、牡丹写生园，形成风格统一、高雅和谐的艺术与自然景观。内有八个展厅，一楼四个厅承接举办国内外艺术作品展览。这里有五百块名家书法石刻，记录近一个世纪书法艺术传承发展的轨迹，诗词歌赋，翰墨丹青，牡丹文化，桑梓情怀，人生哲理，启迪来者，记载历史，传承文明，弘扬中华文化，丰富人民的精神文化生活。

庄子书画院碑林 始建于 2001 年，位于东明县城庄子书画院内。碑林现有碑刻 100 余块，真草隶篆五体皆备。古代部分集有王铎、郑板桥、吴昌硕等大师的作品，均为难得的稀世珍品；另有东明乡贤穆光胤、刘依仁、李曾裕等明清遗作，亦属不可多得的墨宝。现代部分集有赵朴初、舒同、启功、沈鹏、欧阳中石、刘炳森、潘天寿、艾青等名家力作，还收有当今活跃在书坛的菏泽名家及东明后起之秀的作品。庄子故里、五霸会盟遗址、汉光武帝刘秀诞生地等纪念碑，见证着东明历史的悠久；“胡耀邦总书记视察东明”“中国武术之乡”“中国西瓜之乡”“东明率先实行责任田”等纪念碑，展现了东明今天的辉煌。这些碑刻或墙体镶嵌，或笔直屹立，古朴典雅，精美绝妙，与书画院建筑相映成趣、浑然一体，成为东明县一道亮丽的人文景观。

东明县博物馆碑林 坐落在城南风景秀丽的万福公园内，建于 2002 年。

院内容碑近百块，有近期出土的记载东明历史的明清古碑，也有涉及该县历史沿革、人文名胜、书画精品及大事举要的新刻碑。尤其是江泽民为东明黄河公路大桥题写的手迹，也被刻石以志。全国庄子研讨会在东明召开时，著名专家学者何兹全、余敦康、孔繁森等赞美庄子的题记，更加丰富了碑林的内涵。

东明高村黄河历史文化碑廊　东明县高村黄河碑廊坐落在东明黄河右岸大堤，始建于2001年3月，占地1.3公顷。现藏中华人民共和国成立后历届中央领导视察黄河的题碑和纪念菏泽、鄄城、东明明清以来历次决口堵复碑40余通。

碑廊以“黄河高村抢险纪念碑”为主体，配套建设了治黄历史碑廊和现代治黄碑廊。以纪念碑为景物轴线，左右两侧是两个四角亭分别与东西碑廊相连接，廊内横梁上绘有34幅黄河抢险方法图。东长廊内有毛泽东、江泽民、李鹏、田纪云、钱正英、张含英、王化云、袁隆、龚时暘、綦连安、鄂竞平、亢崇仁等国家领导人和水利部、黄委历届主任及山东河务局领导对治黄工作的题词。西长廊内立有纪念历代治水的高村合龙处、高村决口简介、禹王碑、东明高村土寨碑、汉朝贾让治河三策疏略、宋朝苏辙和欧阳修的治河疏略、元朝欧阳元河防记略、东明黄河记略、东明黄河水灾记等古今名碑。尤其是禹王碑更显得珍贵。黄河流域现存摹刻的禹王碑仅有三通，除此碑外，一存于西安碑林，一存于开封禹王台。该碑系马开玉于清光绪十九年（1893）摹写刻成。碑身高1.9米、宽0.75米、厚18厘米。禹王碑的译文和白话文，记载了黄河两岸人民治理黄河所留下的宝贵文献资料，内容翔实有力，词句简练，情感动人，吸引了不少中外游客。

鄄城将军题词碑林　位于鄄城县红船镇孙老家村东孙膑纪念馆院内，依次林立的40多通石碑上，刻有部分中国人民解放军将领分别为孙膑纪念馆的题词，形成一道庄严肃穆的景观。其中，杨得志上将的题词是“研究孙膑兵法，振兴鄄城经济”；张爱萍上将的题词是“胸中自有雄兵百万”；杨成武上将的题词是“战国名将齐之栋梁”；张宗逊上将的题词是“简藏雄兵”。人们漫步其间，将军题词书法琳琅满目，就像进入了孙膑兵法博物馆。

二、翰墨传情的珍闻佳话

（一）书画珍闻

牡丹画展动京城

1985 年 3 月 25 日上午，“曹州牡丹专题书画作品展览”在北京中国美术馆隆重开幕。中共中央政治局委员、书记处书记杨得志，全国政协副主席肖华，中国书法家协会主席舒同为展览剪彩。中共山东省委书记梁步庭，中国书法家协会副主席周而复在开幕式上致辞。中顾委常委段君毅、轻工业部部长杨波、全国政协常委魏传统，以及山东省在京有关领导高克亭、郭贻诚、陈雷、徐文园等和北京各界人士 500 余人参加开幕式。这次展览共征集全国 28 个省、市、自治区的书画作品 500 余幅，在京展出近 300 幅。其中有舒同、刘开渠、黄胄、楚图南、沙孟海、崔子范、董寿平、许麟庐、周而复、赵朴初、胡絜青、应野平、于希宁、于阳春、潘素、费新我、王个簃、吴野洲、喻继高等著名书画家的作品。这种以牡丹为专题的书画展览在全国还是第一次，其档次之高，规模、影响之大，都是罕见的。展出期间，从日理万机的党和国家领导人，到普通的干部百姓，从世界各国的驻华使节，到不同国家的游人，都引起极大关注。越南领导人黄文欢闻讯观赏了展出的作品。连中国美术馆的同志都说：“我们这里常年搞展览，但像这样如此引人的还是第一次。整个展出期间观众达 10 万余人次。”

精品走进国务院

1989 年 12 月 15 日，曹州书画院书画家创作的 33 幅绘画、书法精品被送往中南海，在交接仪式上国务院颁发了作品收藏证书。这次被国务院收藏的 33 幅绘画、书法佳作，是同年 7 月应国务院有关领导邀请精心创作的。收藏的绘画作品以牡丹为主，山水、花、鸟兼备，既有精雕细刻的工笔画，也有浓墨重彩的写意画。书法以洒脱的行草为主，风格清新淡雅，格调明快。

其中一些巨幅画卷是经过画家几个月的艰苦努力、几拟草稿而成的。这些作品将陈列在总理办公室、总理会客室、武城殿、紫光阁等场所，以替换原有的作品。

两岸联展一家亲

2001 年 4 月 16 日，由菏泽市牡丹区政协书画联谊会和中国台湾书画艺术参访团联合举办的“海峡两岸书画作品菏泽展”在曹州书画院举行。中国台湾书画艺术参访团一行 26 人出席开幕式。

这次书画展共展出书画作品 100 余幅，其中中国有台湾选送的作品 40 余幅，菏泽作品 60 幅。展厅的第一幅作品是山东省政协副主席崔维琳的题词：“弘扬中华传统文化，促进祖国统一大业。”接着是中国台湾美术家和书法家的作品，其中有台湾参访团领队耿广德先生的楷书：“群贤毕至菏泽盛会，书画集锦牡丹色艳。”刘朝贤先生的篆刻别具一格：“中华儿女自力更生亦文亦武鼓舞中兴，万众期望云霓在天大同共进文化宣扬。”盼民族富强和祖国统一的心声跃然纸上。杨明志先生的国画《童年纪趣》则富有浓郁的乡土气息，流露出作者思念故乡、怀念亲友的心绪。菏泽画家的作品则多为牡丹。耿广德先生兴奋地说：“在牡丹之乡欣赏牡丹画分外亲切。”著名影视艺术家李仁堂先生和国画家孙咏新先生也特意送作品参展并出席开幕式。

世界名家菏泽行

2002 年 8 月 25 日至 31 日，来自德国、意大利、罗马尼亚、奥地利、土耳其等五国艺术家，赴中国参加“中外艺术家迎奥运绿色行动菏泽行”活动。参加活动的国外艺术家全部是东西方艺术交流协会会员，其中该协会主席、德国画家德芙·莱丝女士，罗马尼亚美协主席俊·沙力斯特奥随团来到中国。在为期 8 天的艺术交流中，20 多位中外艺术家深入城乡体验民风民俗，激情绘画创作，并将创作的 60 余件艺术作品，于 8 月 31 日在菏泽市博物馆展出。展后把 60 余件艺术作品全部赠送给菏泽人民。

画乡组建艺术城

2006 年初，巨野县筹备建立文化产业项目库，其中“中国农民绘画之乡——巨野工笔牡丹艺术城”的建设项目，已呈报山东文博会的申报项目山东省文化产业项目库，并被菏泽市定为市级文化产业重点项目。

“中国农民绘画之乡——巨野工笔牡丹艺术城”选址在巨野新城区会盟路。“艺术城”内设展览馆、培训研究中心及书画院、中国农民绘画艺术研究会艺术家俱乐部、书画工作室等，还将建设书画一条街和画家村。画家村可容纳200多位农民画师在这里创作。艺术城建成后，巨野县将成为国际性的工笔牡丹画产销集中地。

（二）书画佳话

舒同墨宝耀花乡

原中国书法家协会主席、著名书法家舒同，对书画之乡菏泽有着特殊的感情，曾多次亲临菏泽考察，并留下众多的书作墨宝。20世纪70年代，菏泽县（今牡丹区）政府在菏泽广福南街古城墙南侧立地名标志碑，舒同就写了“菏泽市”三字作正面碑刻，至今仍立于刘民公路入城口处的绿地花圃中。

1983年，山东省政府拨款重修曹州牡丹园，舒同挥毫泼墨题写了“曹州牡丹园”五个大字，作为曹州牡丹园两个古典式大门的匾额永留后世。1985年，菏泽兴建全国地市级一流书画院——曹州书画院，舒同又题写了“曹州牡丹甲天下”七个大字表示祝贺，后被刻碑分别立于曹州牡丹园和曹州书画院两大景点内。

1987年，菏泽酒厂开发生产牡丹酒等系列新产品，舒同挥笔写诗一首曰：“菏泽牡丹菏泽春，衔杯赏卉宴佳宾。花称国色香第一，酒暖神州席尚温。”此外，在菏泽还有不少单位和个人收藏了舒同的墨宝。

李苦禅题字励后人

著名国画大师李苦禅对菏泽籍画家吴东魁的画作十分赞赏，当他看了吴东魁的《藤萝鹦鹉图》和《栖荫图》两幅画作后，分别题写了“笔墨气韵十足，大有发展前途”和“青年画家如作家之成熟，前途不可估量，当多写多作”的题字。1985年5月，吴东魁在北京举办画展，李苦禅大师又欣然提笔为其题写了“吴东魁画展”五个大字，以示祝贺。

何水法以菏作故乡

中国美术家协会会员、浙江省美协理事、浙江花鸟画协会副主席何水法，在他还是20多岁的小伙子的时候，就不远千里只身来到菏泽牡丹园写生。他回忆起第一次来菏泽的时候深情地说：“1975年我第一次来菏泽，菏泽还很穷，但菏泽牡丹好、朋友好，所以就把菏泽看作是我的第二故乡。我跟菏泽有缘，跟菏泽牡丹有缘。”从此，他工作再忙也要隔几年就来菏泽走走看看，并说每次来都有回乡的感觉。1988年，他为菏泽博物馆捐赠画作30幅，资助博物馆建设。2002年，他又无偿捐赠巨幅《国色天香》牡丹图。2005年4月，听说菏泽要建山东首家慈善书画院，他又亲自来菏泽捐赠3幅国画作品，并担任了菏泽慈善书画院名誉院长。至此，他已11次来菏泽，4次在菏泽办画展，多次办讲座。

孙其峰牡丹写生住农家

1971年春天，著名花鸟画家、天津美术学院院长孙其峰专程赶到山东菏泽，到曹州牡丹园写生作画。当地政府和许多书画爱好者争相为其安排宾馆，但他最终却选择了“牡丹园”附近一座十分简陋的农家宅院住了下来。当时该家有个8岁的小男孩，受他的影响，每天晚上也要在作业练习本上画画。孙其峰院长见了十分高兴，问他想不想学画画，那男孩说：“想。”就这样孙院长就认真地教起他来，临走还把自己的画笔和画板留给了这位小朋友。从此这位小男孩就真的爱上了作画，后来还真的成了一名画家。他就是现为中国美协会员的中国民族画院专业画家赵小竹。

于希宁菏泽传艺作课堂

著名花鸟画家、原山东省美协主席于希宁，在自己坚持美术创作的同时，还以热心培养、提携后人备受人们称道和尊敬。从20世纪80年代初期起，连续多年都亲自来菏泽指导学生弟子写生作画，并在民间留下众多画作珍品。

崔子范亲临花乡绘牡丹

1984年，著名画家崔子范亲临菏泽写生作画，并现场为当地书画爱好者和实习写生的学生现场作画演试，留下不少名品佳作。

娄师白传艺留珍品

1962 年 4 月，著名画家娄师白、胡絜青、王小古等一同来到菏泽，白天去赵楼牡丹园赏花写生，晚上回城挥笔作画，在菏泽留下了许多国画珍品，并为菏泽许多书画爱好者授课传艺。

王小古授艺育桃李

著名花鸟画家王小古自 1962 年随娄师白来菏泽写生作画后，便与菏泽结下了不解之缘。1978 年，菏泽地区艺术馆举办首期牡丹画谱培训班，王小古亲自来菏泽担任教师。4 个月的时间里，他为 13 名学员讲课授艺，带领学生写生作画，指导学生绘制牡丹品种画 110 幅。此后，他每年都要来菏泽指导学生作画，在菏泽培养了一批牡丹画画家，被颂为菏泽牡丹画的启蒙人。1980 年，他和他的菏泽学生共同绘制的牡丹画谱 41 幅，结集由上海美术出版社出版。

黄成晋赴川画小平

2004 年 11 月，巨野县巨野镇吕庙村农民画家黄成晋接到中国画研究室的邀请函，邀请他参加在四川展览馆举行的“百名画家画小平”大型国画珍品展活动，以纪念和缅怀一代伟人邓小平。这次国画珍品展是经中共中央宣传部和中华人民共和国文化部特批，由中国画研究室组织全国 100 名著名画家参加的一次大型展出活动，黄成晋则是山东省被邀请的唯一一名画家。

晁楣佳作献家乡

版画艺术大师晁楣，原籍菏泽市牡丹区。现任中国版画家协会副主席、黑龙江省美协名誉主席、黑龙江省版画院院长，是闻名全国的北大荒版画学派创始人。

1989 年秋天，他携画回到家乡菏泽举办了“晁楣版画艺术展”。1992 年，曹州书画院为其建造晁楣版画艺术陈列馆，晁楣一次性向家乡捐献版画作品 80 余幅，并亲笔书写了“乡情似海”的墨宝，以表达自己深切的乡情和亲情。从此，晁楣版画艺术陈列馆作为全国第一座版画艺术陈列馆，成了展示菏泽书画之乡风采的一个闪亮窗口。

李荣海捐建学堂报乡里

2006 年 5 月 28 日，中国美术家协会副秘书长、中国书协理事、原曹州书画院院长李荣海专程从北京回到故乡，在曹县磐石宾馆举行的捐赠仪式上，向曹县仵楼乡捐赠人民币 20 万元，用于建设一所希望小学，以回报家乡人民的养育之恩。

上官超英和平之旅获殊荣

2006 年初，“世界华人美术家环球绘画和平之旅”代表团赴柬埔寨，菏泽画家、山东省美协副主席上官超英应邀随团参加，并荣获三金，即柬埔寨“国王文化奖金奖”“皇家文化奖金奖”“吴哥文化奖金奖”。活动中上官超英主笔绘制了巨幅国画作品“中柬人民友谊之花长存”。

同年 10 月 23—30 日，在和平之旅第二站俄罗斯之行中，上官超英荣获俄中友谊贡献奖。国花牡丹《将军之风》被誉满世界的著名俄罗斯国家博物馆“特季亚科夫画廊”收藏，这是该馆 150 年来第一次收藏中国人的作品。此作品将陈列在该馆的“现代大师馆”。

2007 年 4 月 27 日—5 月 16 日，正值俄罗斯—中国文化年之际，应俄罗斯文化委员会邀请，在著名俄罗斯国家戏剧博物馆举办“上官超英赵思才花鸟山水画展”，并进行现场表演。对此 4 月 28 日，中央电视台晚间新闻曾予以报道，新华社发了通稿。

崔庆国央视讲授画牡丹

1995 年，刚由曹州书画院走向北京的崔庆国，应中央电视台之邀，在《夕阳红》栏目《书画赏析》节目主讲《怎样画牡丹》十期电视授课讲座，在全国，特别是在北京老年书画爱好者中引起极大反响和关注。

1999 年，由他创作的《富贵常青》挂上天安门城楼，成为中华人民共和国成立 50 周年大庆用画之一，同时选入天安门《世纪珍藏》大型画册。

三、书画之乡的坚实根基

（一）书画院馆

菏泽市博物馆

菏泽市博物馆是菏泽市唯一的综合性博物馆，位于菏泽市华英路537号，占地面积13000平方米，建筑面积3800多平方米，展厅面积2000平方米，是山东省爱国主义教育基地、菏泽市爱国主义教育基地和山东省科普教育基地。

馆藏文物丰富，品类众多，共收藏了包括瓷器、陶器、金属器、玉器、木器、骨角器、纸本绢本等质地的文物藏品10417件（套）、18374件，形成了相对完整的藏品体系，反映了菏泽历史文化特色，与本馆宗旨、使命相符。馆藏文物上起龙山文化时期下至民国时期，形成了不断代的文物藏品链条，对研究菏泽历史文化发展提供了丰富的实物资料。菏泽地处中原文化向海岱文化交汇的地带，菏泽历史文化遗存是两地文化交融演化的产物。馆藏陶器，特别是龙山文化陶器，对于研究龙山文化分布、龙山文化的地域特色、龙山文化的发展演变有着重要的实证价值。两汉陶器品种丰富，有着明显的地域特色。安邱堌堆发现的岳石文化遗存，被考古学界称为安邱堌堆岳石文化类型，为研究龙山文化的去向提供了重要的资料。菏泽地区龙山文化遗存多达300多处，馆藏龙山文化陶器、骨角器等藏量丰富，系统反映了龙山文化在菏泽的存在状况，有着较强的文化体系，历史文化研究价值高。岳石文化遗存在菏泽地区多有发现，它在横向方面填补了岳石文化在鲁西南地区的空白；在纵向方面填补了鲁、苏、豫、皖地区夏代考古学的空白，填补了鲁西南地区考古学文化龙山时期与商文化之间的缺环，对于研究夷夏分界等一系列中国文明起源的重大问题提供了科学的证据。2010年发掘出土的元代瓷器，数量大、窑口多，特别是龙泉窑瓷器和景德镇瓷器数量、品种较多，具有显著的时代特点，对于研究元代瓷器的发展提供了不可多得的标准实物资料。这些文物藏品，具有很高的历史、文化、科学、艺术价值，具有全国意义。

文物精品众多，如商代青铜器提梁卣、商百乳雷纹圆鼎、东周蟠虺纹玉瑗、西汉铭文戈、东汉螭纹玉带钩、东汉青釉盘口壶、东晋褐釉鸡首壶、唐寅绢本山水图、明代犀牛角杯、元木质内河船、元青花龙纹梅瓶、元卵白釉堆塑龙纹高足杯、元青花菊花凤凰纹盘、元磁州窑白地褐彩龙凤纹罐、元钧盏托、清白釉红彩钟馗迎福纹鼻烟壶等都是珍贵的文物精品。

基本陈列“撷珍·菏泽市精品文物陈列”精选文物展品300余件，分祖源文化、堌堆文化、大汉溯源、沉船遗珍、元代古船等板块，再现了菏泽源远流长和博大精深的古代历史文化。配合市政府重大活动和重要节庆日活动，除了搞好春季菏泽国际牡丹花会和秋季林交会系列书画展览外，还通过临时性展览积极进行政治宣传、文化宣传和科普宣传，承办的“科学发展观大型图片展”“珍惜权利——预防职务犯罪大型图片展”在社会上引起强烈关注；“‘牡丹杯’全国名家书画展”是菏泽市保留文化项目常年举办；“‘暑假里的笑’——全市少儿书画展”“预防网瘾·健康成长挂图展”等受到全市少年儿童的热烈欢迎。

菏泽市博物馆面向社会免费开放，为全市人民提供陈列展览、免费讲解、语音导览、馆校共建、历史文化宣传教育等公共服务，是省市爱国主义教育基地、省市科普教育基地、市少儿活动中心单位、驻菏高校美术教育基地。

2014年以来，先后实施了元代沉船出土文物本体保护修复项目、元代木质内河船本体保护修复项目、元代沉船出土文物预防性保护项目、馆藏珍贵文物本体保护修复项目。陈列展览提升改造项目、馆藏珍贵文物数字化保护项目、珍贵文物预防性保护项目正在实施中。这大大改善了馆藏文物保藏环境，提升了基本陈列质量。

在宣传推广方面，除了在官网、官微宣传菏泽市历史文化和本馆工作动态以外，还和市电视台、报社以及自媒体联合进行菏泽市历史文化社会教育宣传工作。

李荣海美术馆

2011年菏泽市人民政府设立李荣海美术馆，事业编制，2015年规划建设新馆，牡丹区政府划拨文化用地，2016年8月开工，2017年11月落成，占地4.2万平方米，建筑面积1.3万平方米，位于菏泽市广州北路一百六十八号。

“牡丹百年韵古风，石奇木秀醉花红。池上菖蒲水中蛙，松风摇竹鸟争鸣。”李荣海美术馆园林格局，馆、廊、亭、榭，湖水环绕，曲径通幽，景色宜人，风光独好。建筑既有古今元素，又有南北风格，整体建筑灰墙筒瓦，赵孟頫书“丹青翰墨”汉白玉牌坊，王羲之书“群贤毕至”聚贤广场与东西南北门楼、堂馆、长廊、水榭、半步塘、八字桥、廊西小院、耕夫书屋、牡丹写生园形成风格统一高雅和谐的艺术与自然景观，大堂气派壮观，陈列着清华大学王洪亮先生创作的大型铸铜雕塑毛泽东等长征九将领《红军长征胜利会师的指挥者们》，陈列着艺术大师李鸿昌先生的紫砂系列名壶。15米高大堂直通八个展厅，二楼四个厅陈列李荣海先生书画诗文之精品力作，一楼四个厅承接举办国内外艺术作品展览。全国最长碑廊500块名家书法石刻，记录近一个世纪书法艺术传承发展的轨迹，弘扬中华民族文化基因精神，诗词歌赋、翰墨丹青、牡丹文化、桑梓情怀、人生哲理，启迪来者，记载历史，传承文明，丰富人民的精神文化生活。

三面湖光满院国色，四壁翰墨一廊铭文。传统、厚重、大气、高雅，宜展、宜览、宜书、宜画。为中国北京国际美术双年展藏品展巡展中心，中央数字电视书画频道展览中心，菏泽学院美术研修教育基地，菏泽学院国学教育基地。按照国际美术馆管理要求规范管理，举办展览定位高端，承接举办国内及国际大型综合性展览、名家作品展及名家作品联展。陈列藏品展、名家作品展、碑廊铭文石刻展、百年牡丹多元文化之胜景，迎接八方宾客，游人尽享艺术之高雅。

菏泽市慈善书画院

菏泽市慈善书画院成立于2005年4月18日，是山东省首家慈善书画院，隶属菏泽市慈善总会。

该院以弘扬人道主义精神、发扬中华民族优良传统、展现艺术家慈善风采、为艺术家和艺术团体参与慈善事业提供平台为宗旨，以接受捐赠和拍卖艺术作品为主要形式，汇聚慈善资金，并用于推动慈善事业的发展。目前，已有来自泰国及我国北京、山东、江苏等国内外的100名书画友人加盟书画院，李荣海、何水法、吴东魁、刘继武、张乃兴等资深名高的书画家受聘出任名誉院长和顾问。

慈善书画院成立以来，加盟艺术家们立足社会，服务慈善事业，组织书画艺术创作，举行书画笔会，积极增进与国内外书画界的艺术交流，接受捐赠作品。现已接受捐赠的书画作品500件。

菏泽市文博书画院

文博书画院隶属于菏泽市文化局。该院自成立以来，先后协助菏泽市人民政府主办第二、三届并承办了第四届“牡丹杯”全国书画名家作品展，相继承办何水法弟子十人画展、张民生书画艺术回乡汇报展、著名画家王熹教授书画展等多次大展。书画院特聘著名学者、国家文物鉴定委员会副主任委员史树青先生，著名画家雷正民、于志学、张志民、何水法、张良勋、赵望进、赵梅生先生等诸多名家为名誉院长、艺术顾问。

菏泽牡丹画院

菏泽牡丹画院成立于2006年9月，经菏泽市民间组织管理办公室注册，隶属菏泽市文化局。现有画师50余人，其中国家级美协会员6人、省级美协会员20余人。画院成立以来，对画师加强了业务培训，先后举办了写意牡丹培训班和社会主义新农村创作班，并于2006年10月组织部分画师到太行山采风写生。画院于2007年4月菏泽国际牡丹花会期间，在菏泽市博物馆举行了“中国菏泽牡丹画作品巡回展”首展，共展出牡丹画精品90余幅。6月下旬，在菏泽曹州书画院举办“庆祝香港回归10周年菏泽市书画邀请展”。

东明庄子书画院

东明县庄子书画院建于2001年10月。坐落于东明县万福公园内，北有万福河水潺湲东流，南有新石铁路横贯东西。院内草坪如茵，花木苍翠，位置优越，环境清雅，是宜书宜画的良好场所。

庄子书画院占地面积4600平方米，建筑面积1200平方米。正厅九间，采用宫殿式仿古建筑，周围以汉白玉雕柱环绕，庄严凝重，正厅上方悬挂有全国人大常委会原副委员长田纪云题写的“庄子书画院”匾额；东西廊房各五间，以精巧优雅、婉转流畅为主调；面南朱门上，悬有享誉海内外的著名学者任继愈先生题写的“庄子书画院”匾额。院内墙体上镶嵌着墨迹石刻，皆为名家手笔，字字珠玑。院内中间有中央美院制作的庄子坐像，两侧六块碑石左右并列。书画院整体布局雄而有韵，秀而有骨，“虽由人作，宛若天成”。

庄子书画院现有画师30人，其作品多在全国性重大展赛中参展，许多作品被国家级馆、院收藏。书画院现收藏古今名家书画真迹300余件。

鄄城孙膑书画院

鄄城孙膑书画院成立于1994年7月，属政府主办的专门从事书画研究、创作、展览、交流、培训、联谊等工作的艺术机构。

1997年11月，孙膑书画院在北京中国历史博物馆成功主办了“孙膑杯国际书画大展”，在国内外引起较大反响。这是山东省县级书画院首次在国家博物馆举办的大型书画展览活动。

鄄城尧王书画研究院

鄄城尧王书画研究院成立于2001年。会员已发展至80余人。

2001年7月，为庆祝建党80周年和庆祝尧王书画院成立而举行了首届展览，114名书画作者的436幅作品参加了展览，其中美术作品192幅，书法作品244幅。

曹县书画院

曹县书画院2001年动工兴建。该院坐落在山东银香伟业集团驻地——曹县五里墩村，占地面积10000平方米，总建筑面积3000余平方米。院舍建筑古朴典雅，清幽亮丽；周围果园环绕，花草飘香，环境宜人。

曹县书画院以弘扬民族文化，促进书画艺术交流，研究探索书画技艺，培养造就书画艺术人才为宗旨。现有画师35人，其中省书协、美协会员28人，中国书协会员4人，中国美协会员1人。另外特聘10余名全国著名书画家为书画院高级艺术顾问、名誉院长。

建院以来，成功举办了十几次大型书画展，外地书画家以及德国、加拿大的国际友人，多次来院参观指导、交流艺术，对发展曹县书画艺术事业、构建和谐社会起到了积极的推动作用。

2003年12月,光明日报出版社出版了《曹县书画院开院庆典书画作品集》。

曹县商汤画院

商汤画院于1994年成立，隶属曹县文化局。建院以来，积极联络海内外书画同人，广泛开展多种形式的书画活动。2004年，华夏文化艺术出版社出版发行《商汤画院作品集》。多次主持策划全国书画邀请展、邀请赛，并资助10余位书画家出版个人专集及办展。开发“周公砚”“周氏书画”等中华周礼文化系列产品，被全国三大周公庙所收藏。

曹县商都书画院

商都书画院于1996年6月成立。该院多次举办全国性展览活动，其中较有影响的有“商都书画院建院两周年全国名家精品展”,此展得到了中国书协、山东省书协及各省名家的大力支持，展出作品达100余幅。商都书画院还多次与各地书画院联合举办笔会、书画展等多种联谊活动。

成武伯乐书画院

成武县伯乐书画院成立于1996年春。

伯乐书画院积极参加全国、省、市各级书画艺术团体组织的笔会、写生、走访、培训等活动，共组织笔会、写生培训等活动30多次。

2005年春，在菏泽市“地税杯”书画大奖中，一举囊括了所有书法、绘画一等奖，并获二等奖、三等奖、优秀奖多项，市文联专门为伯乐书画院召开了作品研讨会，14位作者被聘为曹州书画院画师。有8位画师被吸收为省级以上美协会员。出版了《伯乐书画院书画作品集》。

郓城水浒书画院

郓城水浒书画院成立于2003年，是一个集书画研究、创作、交流、教育、展览、收藏于一体的艺术机构。它秉承水浒文化的优良传统和深厚底蕴，着力推广全国各流派书画艺术家,举办书画展览和学术交流活动,提供书画修复、装裱、保养等服务。

该院成立以来，本着“兼收并存，精益求精”的原则，致力于把书画院办成书画创作、艺术交流、互通信息、推介人物、培训新人和精品收藏的开放性园地，高水平、高品位、高质量地为广大书画家及书画爱好者服务。先后多次组织书画家深入农村、工厂、学校采风，创作出许多讴歌新时代的书法和绘画作品，并多次举办不同规模的展览活动和各种类型的学术讲座。

定陶陶都范蠡书画院

陶都范蠡书画院成立于1999年1月15日，有书画师20余人。该院建有展厅和办公、创作场所，既可举办展览，又可培训办学、艺术交流。该院对定陶县书画艺术的发展起到了积极的推动作用。

（二）书画协会

菏泽市书法家协会

第一届菏泽市书法家协会成立于1988年10月，书协主席为张剑萍，副主席为谢孔宾、曹克强、李荣海、李贵钦、陶吉为、王丰新，王丰新兼任秘书长。

1999年5月，第二届菏泽市书法家协会，李荣海任主席，陶吉为、侯玉麟、蔡孝斌、葛向阳、杨秋平、翟永华、郭继常任副主席，侯玉麟兼任秘书长，曹钰、娄尚坤、肖华、刘文彦为副秘书长。1999年12月因李荣海调至中国文联工作，协会于2001年3月17日进行改选，改选后的菏泽市书法家协会主席为侯玉麟，副主席为陶吉为、蔡孝斌、葛向阳、杨秋平、翟永华、郭继常，秘书长为曹钰，副秘书长为娄尚坤、肖华、刘文彦、武进军、李彦振、胡远胜、潘东立。

2008年8月，第三届菏泽市书法家协会，主席：侯玉麟，常务副主席：翟永华，副主席：杨秋平、葛向阳、曹钰、王泽启、王严、王志国、黄中航。秘书长：曹钰。2010年6月，市书协进行了改选，市书法家协会主席：曹钰，常务副主席：翟永华，副主席：杨秋平、王泽启、王严、王志国、黄中航、潘东立、李锐、马长安、武进军、谢瑞。主席团委员：张福桥、鲁世杰、王银堂、张广军、张海同、渠继忠、胡聚刚、牛广成、尹献社。秘书长：刘文彦，驻会副秘书长：李贺。

2020 年 7 月 10 日，第四届菏泽市书法家协会，主席：翟永华，副主席：黄中航、潘东立、李锐、武进军、谢瑞、鲁世杰、张海同、刘鲁旭，秘书长：鲁世杰。曹钰被聘为书协名誉主席，杨秋平、王泽启、王严、王志国、马长安为书协顾问。

目前，菏泽市书协已形成了一个既有广泛群众基础又有一批专家带动的书法创作群体。会员共在中国书法家协会主办的历届“全国兰亭奖”“全国书法篆刻作品展”“全国篆刻展”“全国刻字展”“全国正书展”“全国行草书展”等全国最具权威的展览中入选、参展、获奖。

菏泽市美术家协会

菏泽市美术家协会成立于 1998 年 9 月。协会聘任陈光、李延良、韩广洁、贾凤英、曹长明为名誉主席；杨冠芬、许汝良、罗永臣为顾问。选举梁兆存为主席，上官超英为常务副主席；于鲁俊、李瑞祥、张琦、王福增、黄恩涛为副主席；孙建东为秘书长，许震凯、汪亚辉、庄冬青为副秘书长；成弘夫、陈鹏同为常务理事。2014 年 9 月 4 日，菏泽市美术家协会第二次会员代表大会，选举产生了第二届理事会和新一届主席团，选举孙建东为主席，李同安、李明晋、杨文斌、何树林、周倩（女）、刘超、史瑞林为副主席，庄冬青为秘书长。2020 年 7 月菏泽市美术家协会换届选举，主席孙建东，副主席刘超、丁远远、张研、田言华、周倩（女）、吕国亮、樊海鹏，秘书长李益兵。先后举办了菏泽市美术家协会第一、二届会员作品展，“菏泽市首届美术新作展”，“菏泽市中国画山水、油画风景作品展”，“迎澳门回归油画、水彩（粉）画作品展”，举办了“菏泽市庆祝中华人民共和国成立 50 周年书画作品展”“菏泽市庆祝建党 80 周年书画展”“山东省美协国画创作培训班（菏泽）学员结业作品展”“中国·菏泽牡丹画作品巡回展”等。先后举办四次美术培训班，五次采风写生活动。

菏泽市李荣海艺术基金会

菏泽市李荣海艺术基金会2014年由菏泽市民政局批准成立，为市级慈善组织，2021年被评为4A级。其宗旨：培育青少年艺术家、扶持年老艺术家、奖励优秀艺术家、救助困难艺术家。设立五年一届的美术奖、书法奖，举办各种形式的书画交流活动。先后举办菏泽市李荣海艺术基金会美术奖书法奖作品展、菏泽市李荣海艺术基金会年度奖励大会及其他艺术活动十余次，授奖作品150件，授奖艺术家112人次，用于奖金等公益活动268万元。支持我市“花开盛世”大型牡丹艺术展览，救助菏泽学院困难大学生等。

菏泽市李荣海艺术基金会受到了社会各界的关心、关注和支持，捐赠善款和书画艺术作品，有力地助力了基金会的本金充盈，不断增强菏泽市李荣海艺术基金会服务社会的能量，李荣海艺术基金会为我市文化艺术事业的发展做出了新的贡献。

2014年12月31日，举办“2014年度菏泽市李荣海艺术基金会奖励大会”，共奖励菏泽籍及在菏工作生活的艺术家12人，奖项20个，颁发奖金80000元整。2016年3月26日，共奖励2015年度菏泽籍及在菏工作生活的艺术家15人，奖项20个，颁发奖金91000元整。2016年10月30日，在菏泽市广播电视台演播大厅隆重举办“菏泽市李荣海艺术基金会首届美术奖、书法奖获奖书画作品展”。全国20多个省市，以及中央美院，中国美院等八大美院菏泽籍书画家参与。终评共选出美术、书法参展作品85幅。其中金奖2件，银奖5件，铜奖9件，颁发奖金218000元整。2018年1月26日，举办“2016年、2017年度菏泽市李荣海艺术基金会奖励大会”，共奖励菏泽籍及在菏工作生活的艺术家21人、32个奖项，颁发奖金111000元整。2019年12月29日，“菏泽市李荣海艺术基金会第二届美术奖、书法奖作品展”，本次作品展，共收到菏泽籍及在菏泽工作的书画家作品400余件，获奖作品15件，颁发奖金350000元整。从2020年开始，每年度对菏泽学院美术和设计学院因种种原因，家庭经济困难，影响学业的20名贫困大学生，每人资助人民币2000元。2020年救助贫困大学生20名，共发救助金40000元整。2021年3月19日，“2018

年至 2020 年度菏泽市李荣海艺术基金会颁奖大会”。奖励菏泽籍及在菏工作生活的艺术家 33 人、47 个奖项，颁发奖金 130600 元，获奖艺术家都是在全国大型展览中获奖的优秀艺术人才。

2021 年 4 月 7 日，举办“花开盛世 2021 中国牡丹之都（菏泽）牡丹美术书法作品大赛”。菏泽市李荣海艺术基金会出资 109600 元资助本次活动。本次活动评出牡丹金奖美术书法各 1 名，一等奖美术书法各 2 名、二等奖美术书法各 4 名、三等奖美术书法各 6 名。

2021 年 9 月 29 日，“中国梦 · 国花颂”中国画牡丹作品展，菏泽市李荣海艺术基金会出资 50000 元。共萃取了菏泽本土 65 位画家的 65 幅牡丹画作。

菏泽市政协书画联谊会

菏泽市政协书画联谊会的前身为“山东省政协菏泽地区工作委员会书画联谊会”，成立于 1991 年 4 月，有 80 多名书画家为成员。同年进京举办了“菏泽地区政协书画展”，后与天津市政协联合在天津举办书画展。1992 年成为山东省政协地市书画联谊会成员单位。1994 年 4 月承办山东省政协书画联谊会年会。2003 年 4 月，政协书画联谊会换届，同时更名为“菏泽市政协书画联谊会”。

菏泽市政协书画联谊会以政协委员为主体，广泛汇集全市及海内外知名书画人士，是具有统一战线性质的联谊组织。其宗旨是：以书画为媒介，发展爱国统一战线，通过交流，繁荣书画艺术，广泛联谊交友，活跃政协工作，为全市改革开放和经济建设服务。

2005 年 10 月联谊会主编出版了大型精装本《菏泽书画》。

菏泽市老年书画协会

菏泽市老年书画协会成立于 1992 年 2 月，现已发展会员 1400 余人，其中有国家老年书画协会会员 284 人，省老年书画协会会员 227 人，并已成为中国老年书画研究会和山东省老年书画研究会的团体会员。通过研讨书画理论和技艺，举办书画展览等各种活动，广大会员的书画水平得到显著提高。2004 年从征集会员 1000 幅作品中遴选出 609 幅，结集出版了《菏泽市老年书画选集》。

牡丹区书法家协会

牡丹区书法家协会成立于1998年9月，书协主席团由郭继常、曹钰、郭士学、张世明、魏忠平、谢瑞6人组成。2003年11月换届，换届后的书协主席团由曹钰、郭士学、张世明、魏忠平、马远华、谢瑞、武进军、成文政8人组成。

牡丹区书法家协会成立以来，坚持出精品、出人才的工作思路，积极鼓励广大会员参加由山东省书法家协会和中国书法家协会主办的高规格的书法展览。通过参展锻炼了队伍，提高了水平，推出了人才。

牡丹区美术家协会

牡丹区美术家协会成立于2003年，首届会员代表会议选举侯彦华为主席，郝春勇、桑贤文、李卫忠、周宝进、王雪峰、董平、张延斌、王君武为副主席，王道俊为秘书长。

协会成立以来，紧紧围绕美术创作、交流、人才培训等工作，积极开展活动。2004年3月编辑出版了《首届牡丹区美展作品集》，4月举办了“牡丹区首届会员作品展”。2005年4月组织部分会员赴太行山开展写生活动，创作写生作品30幅。2006年在举办区美协第二届美展的同时，再次出版了第二届美展作品集，同年举办美术创作培训班，有力地推动了全区美术创作活动的开展。

牡丹区政协书画联谊会

牡丹区政协书画联谊会成立于1991年，并举行了一系列联谊展出活动。

1995—1996年，连续两年组织举办了第四届、第五届国际牡丹花会书画展览。

1997年4月，为迎接香港回归，征集全国29省、市、自治区和港台书画名家作品600余幅，举办“海峡两岸迎香港回归书画展”，展出作品314件，吉林市政协、合肥市政协、淮南市政协、郑州市政协的领导，旅台菏泽同乡会全体人员及当地书画界人士共计200余人参加了开幕式。展后编印出版了

《今日庆还珠——海峡两岸迎香港回归书画展作品选》。

1998年4月，联谊会在曹州书画院举办“中华书画名家作品邀请展”，31个省、市、自治区近百家市地政协参与了征稿工作，共征集书画作品900余件，展出310件。

2000年12月7—10日，联谊会在四川泸州举办“中国牡丹之乡——菏泽书画作品展”，展出以牡丹书画为主的作品70余幅。

2001年4月，联谊会与中国台湾台中市艺文交流协会联合举办“海峡两岸书画作品菏泽展”，共展出作品120幅，其中中国台湾省作品40幅。

牡丹区老年书画协会

牡丹区老年书画协会成立于1987年。协会多次聘请名家举办书画讲座、老艺人传授装裱技术，以小组为单位举行书画展览和作品评析等活动。协会除每年春秋举办两次展览外，还先后与开封、安阳、濮阳、阜阳、长治、延安等市，联合举办书画展和笔会，编辑出版了《牡丹区老年书画选集》。每年春节前夕，协会都组织送书画下乡活动，为群众义务作画、写春联。

定陶区美术家协会

定陶区美术家协会成立于2004年10月，第一届理事会选举产生了主席、副主席和秘书长。协会成立以来，多次开展会员作品展和美术培训活动。

定陶区书法家协会

定陶区书法家协会于2004年10月召开第三届理事会，选举了新一届领导成员。杨秋平为主席，李新建、刘石为副主席，李新建兼秘书长。

东明县书法家协会

东明县书法家协会于2005年7月成立。彭惠卿为主席，翟永华为常务副主席，王岳汉、黄中航、肖华、李勍、毕红文、巩海涛、孟宪同任副主席。鲁世杰为秘书长。

协会成立后，组织有创作能力的书法爱好者30多人，进行了三次观摩学习，并请鲁迅美院教授胡小石进行点评指导，所创作品参选“山东省第四届书法篆刻展”，东明县有8人入展，是该县参加山东省历届展览中入展最多的一次。协会还创办了《书法文化报》。

东明县美术家协会

东明县美术家协会于2013年9月30日成立，主席：穆绪刚，副主席：彭惠卿、毛天申、尹文卿、陈银生、李亚平、司南、巩文学、段景银、王建民、黄茂盛、马传寅、郭强，副主席兼秘书长：陈银生。2018年11月换届，主席：李亚平，副主席：司南、巩文学、段景银、王建民、黄茂盛、马传寅、郭强，秘书长：单文峰。

至2021年，现有中国美术家协会会员2人，山东省美术家协会会员9人，菏泽市美术家协会会员33人，东明县美术家协会会员88人。

东明县美术家协会成立以来，广大美术工作者在繁荣美术创作、扩大美术交流、加强美术队伍建设等方面，均取得了显著成绩。

协会成立至今，先后已成功地组织举办了中国梦·黄河情美术作品汇报展等10多个展览，共展出作品达1000余幅。协会成立8年来，先后组织会员参加全国、省、市、县美术作品展览活动60余个，共展出作品400余件，获奖100余件。

东明县政协书画联谊会

东明县政协书画联谊会成立于1992年9月。次年12月29日，主办了庆祝东明黄河公路大桥建成通车书画展，原全国政协副秘书长、中国书协常务理事孙轶青，省政协副主席周振兴等为书画展剪彩；全国政协常委、中国书协副主席刘炳森，中国书协常务理事夏湘平，中国书协理事、山东省书协副主席张业法分别题词祝贺。这次书画展共展出作品180件，有江泽民为东明黄河公路大桥题词原件，有该县民间珍藏的明清时期著名书画家王铎、郑板桥、李经野、刘依仁、李曾裕等的书画珍品。

1995年6月，山东省沿黄河县（市、区）政协迎香港回归书画联展在东明政协展出。8月，为纪念世界反法西斯战争暨抗日战争胜利五十周年，庆祝该县被国务院命名为“中国西瓜之乡”，东明县政协书画联谊会举办了大型书法绘画展览，2000余人参观了展览。

东明县老年书画协会

东明县老年书画协会于1994年8月成立。协会成立后，先后组织主办大型书画展和参加联展10余次，并于2000年编辑出版了东明县第一部大型书画集《庄子故里书画集》，共选收上下近500年的255位作者的作品355幅。该画集获菏泽市“五个一”精品工程奖。

2002年11月，在北京中国科技馆主办了“庄子故里东明县书画进京展”，共展出书画、篆刻作品260幅。2004年9月，赴京参加由中国老年书画研究会主办的“纪念邓小平诞辰100周年全国老年书画展”，在其选送的作品中，彭惠卿获一等奖，毛天申、乔汉获二等奖，刘运堂获三等奖，并获20个优秀奖。

该协会先后荣获文化部文化艺术人才中心和中国老年书画研究会授予的老年书画协会先进集体奖，中国老年书画研究会授予的老年书画协会优秀组织工作奖，山东省文学艺术界联合会、山东省美术家协会、山东省书法家协会、济南电视台授予的老年书画协会最佳组织奖，还被中国老年书画研究会评为先进团体会员单位。

郓城县美术家协会

郓城县美术家协会1988年成立，2004年县美术家协会主席程世苏，副主席王兴印、王新河、曹京华、杨学祥、张立，秘书长：商宏奇。2014年换届，县美协主席：程世苏，副主席：何岱俊、高亮、张立、王兴印、王新河、侯殿挪，副主席兼秘书长：商宏奇。

参加国家级和省市级美展有30多次。中国美术家协会会员、郓城县美术家协会名誉主席王福增的国画作品《雄风》《清韵》分别在菲律宾和加拿大获精英奖，王秀宝的国画作品《玉兰》1988年在中国美术馆展出并获优秀奖；1988年在泰安举办王福增画展；2000年举办“水浒杯中国书画大展”，收到全国各地和日本、美国、加拿大等国的作品2000余幅；2001年在曹州书画院举办“水浒故里书画名人作品展”，全国近百名郓城籍和曾在郓城工作过的书画家作品参加了展出。

2008年6月，举办“水墨丹青迎奥运”系列活动。2010年6月，举办了庆祝中华人民共和国成立 60 周年书画作品展。2011 年 6 月，举办纪念中国共产党建党 90 周年水浒文化艺术展演活动，其中“魅力郓城书画展”汇集了郓城籍书画家的精品力作近 200 幅，在曹州书画院进行展出，参展作品并结集出版。2013 年 12 月，举办“水浒文化”全国名家书画邀请。2018 年 12 月举办“纪念‘改革开放四十周年’书画精品展”。2019 年 9 月在水浒好汉城成功举办了“中华人民共和国成立 70 周年‘翰墨寄情’绘画精品展”。2021 年 6 月，举办“庆祝中华人民共和国成立 100 周年”大型书画精品展，作品并结集出版。至 2021 年，郓城县的国家级会员 5 名，省级会员 15 名，市级会员 38 名，县级会员 90 余名。

郓城县书法家协会

郓城县书法家协会 1989 年 9 月成立，主席：曹克强，副主席：马毓武、朱希钦、王兆元、马鸿霖，秘书长：许思雨。1998 年 11 月，郓城县书法家协会改选，县书协主席：渠继伟，副主席：苏久芳、李宪臣，秘书长：郭伟。2012 年 9 月，郓城县书法家协会换届，县书协主席：渠继伟，副主席：李庆元、樊庆彦、郭伟、王文秀、李念东，秘书长：李念东。

郓城的书法有着广泛的群众基础，县书法家协会成立之后，积极鼓励有实力的创作骨干参加国家级及省级书法培训，在交流中开阔眼界，汇聚艺术精华。其中，渠继忠在中国书协书法培训中心研修班学习，作品连续两年被评为一等奖，2004 年初被批准为中国书法家协会会员。现有国家级书法家协会会员 1 人，省级会员 8 人，市级会员 20 人，县级会员 74 人。

2000 年举办了“水浒杯中国书画大展”，2001 年在曹州书画院举办了“水浒故里名人作品展”。

郓城县政协书画联谊会

郓城县政协书画联谊会于 1988 年 8 月成立，会长贾道英，副会长马鸿霖、王福增等。

联谊会组织会员多次开展书画创作、交流、笔会活动，举办书画展览 10 次。先后到鄄城、巨野、牡丹区、梁山等地进行书画交流活动。出版了《水浒书画荟萃》。配合县老年书画协会，出版了《郓城老年书画集》。协助李龙奇出版《石刻水浒人物画集》。

鄄城县书法家协会

鄄城县书法家协会成立于2005年12月，范宗魁为主席，石贤仓、张建军、王玉兰、高贤益为副主席，胡聚刚为秘书长。现有会员43人，其中省书协会员7人。

鄄城县美术家协会

鄄城县美术家协会成立于2004年7月。主席察志勇，副主席梁邦奎、董竹林、李自平、宋礼江，秘书长李子臣。2020年7月5日，选举新一届理事会成员，美协主席梁邦奎，副主席甚叶庆、李达、李子臣、张观宇、张光强、李强、候本彪，秘书长张观宇。现有会员153人，其中省级会员11人，市级会员20人。

鄄城美协举办和参加了一系列展览活动，并取得良好成绩。2019年7月举办庆祝建党98周年书画展，2019年10月，参加菏泽市职工书画比赛，7人获奖。2019年9月，举办庆祝新中国成立70周年书画作品展。2020年6月，举办迎“七一”书画作品展。2020年，有4幅作品入围全国美展。2021年4月，参加菏泽市牡丹美术作品大赛，1人获奖。此外，还举办了多次个人书画展，张继允、张观宇等十多人在全国和省市书画大展中获奖。

鄄城县书画协会

鄄城县书画协会于1987年11月成立。目前会员发展至150余人。该协会自成立以来，每逢重大节日都举办大型书画展，并以发现人才、培养人才为宗旨，培养了一大批年轻的后备人才。

雷泽书画工艺美术协会

鄄城雷泽书画工艺美术协会成立于2003年10月，是以退休职工和农民为会员的群众性组织。协会成立以来，先后多次举办书画作品展，积极开展艺术交流活动，并参与了许多名胜古迹、景点的碑文撰写以及书画碑刻工作。

曹县书画协会

曹县书画协会成立于1985年，张剑萍为首届书画协会主席。在其带领下，曹县的书画事业蓬勃发展，涌现出一批有影响的书画家，如侯西成、张树林、吕健德、葛向阳、朱相成、袁家宝等。张剑萍调任曹州书画院副院长后，曹县书画协会进行换届改选，由葛向阳担任书画协会主席。2004 年，协会进行第三次换届改选，谢建民任协会主席，徐广征、樊海鹏、刘照剑、周卫东任副主席，王银堂任秘书长。

曹县书画协会成立以后，每年举办书画展览两次，选送优秀作品参加国家和省市级书画大展，组织开展各类书画活动，为培养造就书画人才，发挥了重要作用。

曹县美术家协会

第一届曹县美术家协会成立于 2010 年 4 月，主席：樊海鹏，副主席：邢芳彬、张国赞、周卫东，秘书长：鲁卫民。

第二届曹县美术家协会成立于 2020 年 8 月 14 日，主席：樊海鹏，常务副主席邢芳彬，副主席：张国赞、周卫东、李海莲、鲁卫民（兼秘书长）。

曹县美术家协会自成立以来，与曹县书法家协会共同开展了一系列书画展和对外书画交流活动，参加并入选国家级和省级书画展并获奖。2011 年在菏泽市博物馆举办了“翰墨情”曹县书画精品展，2019 年，分别在济南山东省文化馆、菏泽市博物馆举办“古城墨香”曹县书画精品展，截至目前，曹县美术家协会、书法家协会共有国家级会员 23 人，省级会员 45 人。

曹县书法家协会

第一届曹县书法家协会成立于 2010 年 4 月，主席王银堂，副主席王跃真（兼秘书长）、葛峰、周卫东、方广运。

第二届曹县书法家协会成立于 2020 年 8 月 14 日，主席谢建民，常务副主席徐广征、鲁洪林，副主席王跃真（兼秘书长）、周卫东、葛峰、方广运、庞恩献、李建村。

曹县书法家协会自成立以来，与曹县美术家协会共同开展了一系列书画展览和对外书画交流活动，积极参加国家级和省级展览，并入选获奖。2011 年在菏泽市博物馆举办了“翰墨情”曹县书画精品展，2019 年分别在济南山东省文化馆、菏泽市博物馆举办“古城墨香”曹县书画精品展，受到社会好评，截至目前，曹县书法家协会、曹县美术家协会共有国家级会员23人，省级会员45人。

曹县老干部书画协会

曹县老干部书画协会成立于1985年5月，协会会员发展到140多名。这个书画群体于1988年5月和1991年5月两次被省委、省政府授予“先进集体”称号，三次被市委、市政府评为优秀集体。2003年4月成立党支部，2005年、2006年连续两年被市、县评为先进党支部。1992年参加中华老年书画大奖赛，获一等奖3人，二、三等奖8人。1993年参加“中华老年书画大奖赛”，获一等奖5人，二、三等奖7人。在1997年首届“中国书法美术精品展”中，3人获金奖，2人获银奖，2人获铜奖。2001年参加北京“中华魂”书画展，5人的作品被邀在中国历史博物馆展出，8人的作品在国务院发展中心与环保总局联展中获金牌。2002年参加全国老年书画大展，有7名会员获金牌、8名会员获银牌、8名会员获铜牌。

单县美术家协会

单县美术家协会成立于2000年11月，选举马成连为主席，孙喜民、苏健、赵辉为副主席，苏健兼秘书长。协会成立后，先后举办了迎新世纪书画展，六一儿童书画展，英、法少儿美术作品巡回展，老年书画展等。

单县书法家协会

单县书法家协会成立于2001年。选举耿伦元为主席，刘有礼、王彦林、曹言礼为副主席，曹言礼兼秘书长。协会成立后，经常开展书法培训、展览、交流活动。

单县政协书画联谊会

单县政协书画联谊会成立于1992年。联谊会成立后，先后举办了“首届湖西书画联谊会书画展”“单县古今名人书画展”等展览活动30余次。

成武县美术家协会

成武县美术家协会成立于2006年1月。首届代表大会选举牛玉堂为主席，丁宗科为秘书长，宋鲁林为副秘书长。

协会成立后，召开了20余次理事会，发展基层协会3个，先后举办了庆五一书画会和庆七一、十一等书画展览和笔会。在青岛创办了“宝云阁”画廊。组织会员参加了“慈善书画万里行”活动并获先进单位荣誉称号，全县书画培训、创作、展览和联谊活动不断取得新成果。

成武县书法家协会

成武县书法家协会成立于2006年1月。协会首届第一次代表大会选举产生，协会第一届领导成员：刘继增当选为主席，牛广成、徐庆德、谷鹤、张天良、汪雁征当选为副主席，李俄景为秘书长。2007年4月，协会召开第二次代表大会，增选孔德政为书协副主席；成立成武县书法家协会硬笔书法委员会，孔德政兼任主任。协会有会员120名，其中市级会员28名、省级会员10名。

协会成立以来，开展了为民义务写春联、送书法下乡、深入工业园区书法采风等活动。举办庆祝建党85周年画展、迎花会书法展、成武县首届书法展。组织书法骨干到合肥观摩全国第二届兰亭书法展，八一建军节期间慰问驻军，向各级慈善机构募捐书法作品，并开展了多次对外书法交流活动。会员作品多次入选国家级、省级和市级书画大展，其中有的作品获得大奖。

成武县郜都书画联谊会

成武县郜都书画联谊会成立于1997年，定期举办培训班和书画交流活动。与济南历城区书画家联合举办了书画艺术交流展。作品先后参加了由中国美协举办的全国书画展，并入编精品集，5人出版书画作品集；并走出了一批青年书画家。

巨野县书法家协会

巨野县书法家协会成立于1993年，吕其俭任主席，邬德玲、张广提任副主席，秘书长刘一心。2001年召开第二届书法家协会代表大会，邬德玲为主席，丁彦、葛卫东、徐龙苍、张福桥、宁全知、李锐为副主席，张福桥兼秘书长。

协会成立后，每年都举办暑期培训班，常年书法培训班有两处，每年培训300多人，提高了书法创作水平。书法家李锐在巨野城市群雕六根文化柱上分别用真、草、隶、篆、魏、行六种字体记述的麒麟文化六个典故，成为巨野一个重要城市文化标志。

巨野县美术家协会

巨野县美术家协会成立于1993年，刘昌杰任主席，王世超、董森任副主席，马涛任秘书长。

协会成立后，广泛开展美术培训、创作、展览活动，全县范围有各种形式的培训班100余处，每年培训2000多人，使巨野美术创作水平有了大幅度提高，每年参加省级以上展览的作品300幅以上。从1995年5月开始，有组织地开展写生活动，到泰山、沂蒙山、太行山等名胜风景区写生，并举办了泰山写生展和太行山写生展。

协会每年举办书画展10余次，展出作品1000多幅。有十几名画家入选国家级的书画名人大辞典，10多幅作品被人民大会堂、中国美术馆、中国历史博物馆收藏。2001年建党80周年之际，巨野80位画师以80种牡丹造型用80天创作的《中华大富贵》被天安门管理局收藏。2006年4月，由黄恩涛设计的“西狩获麟”城市群雕落成，长22米、高11.8米，麒麟腾云驾雾，孔子人物造型栩栩如生。2006年5月出版了巨野近400名画师创作的《巨野书画集》，为巨野书画之乡打造了一张亮丽的名片。2006年王军强编绘的《汉字创意》由人民美术出版社出版。

四、书画装裱与流通

书画装裱遍布全市

装裱艺术在我国具有悠久的历史和鲜明的民族特色。装裱是书画收藏、流传和欣赏的必经环节，而装裱水平的高低、绫绢色彩的选择与装裱形式的设计，直接影响着作品的艺术效果。历代书画珍品，即使糟朽破碎，甚至糜烂成团，经过装裱师的高技装裱，也能焕然如新。

菏泽的书画装裱业起于何时，由于至今没有发现资料记载，所以无从查考。据健在的老人讲，清末民初菏泽城内及各县城已有装裱店出现，但寥若晨星，且规模极小，多是临街一门小店而已。

中华人民共和国成立后，菏泽城内较早从事书画装裱的有李超杰、孙会亮等，但人数依然很少。改革开放后，随着菏泽工艺美术厂装裱车间的投产和南华文化城、马垓文化街、巨野农民书画一条街先后形成，书画装裱业也随之兴旺起来。据初步统计，目前，全市共有书画装裱店铺300余家，与之相比，一个百万人口的城市也只能“望其项背”。菏泽之所以有这么多的书画装裱场所，与当地人的文化素养、风尚习俗不无联系。如有的青年男女谈婚论嫁，书画没有装裱出来就得推迟婚期；逢年过节家家户户要挂字挂画；老年人过生日，儿女或亲友要送贺书贺画；看望要好的朋友要赠送书画；退下来的老同志要轮流挂一挂自己收藏的书画作品；机关、工厂、学校以及宾馆酒店的厅室墙壁，无书无画自觉文明度不够，城乡家庭不挂书画自感雅情不足，等等。再加上一大批书画家举办展览和部门专业性展览作品及书画流通装裱，这样，全年可达15000余幅的装裱量。

菏泽书画装裱代表人物有：

王宝堂，1955年出生于山东省菏泽县（今牡丹区），现为山东省工艺美术学会会员、山东省书画装裱研究会会员。他长期从事书画装裱及研究、国画花鸟绘画工作，对古旧书画的揭裱、修复及鉴定有一定的造诣。尤其是黑距牙、黑包边等艺术属于他的独创，为广大书画装裱者所习仿、书画爱好者所喜爱。1990年8月在泰安举办的山东省首届书画装裱技艺作品大赛中荣获二等奖。他本人被录入《中国书画装裱艺术大典》《科学中国人才库》《书坛画苑名人佳作选萃》等多部书典著作。

武进军，1966年出生于山东省菏泽县（今牡丹区），1982年入菏泽工艺美术厂装裱车间学习书画装裱艺术，后到天津杨柳青、北京荣宝斋等处学习，技艺不断长进。现为中国书画装裱研究会会员，山东省书画装裱研究会会员。

为了形成自己独特的风格，他打破用水平线竖直线的四平八稳装裱的传统，不断创出不落窠臼的新款式，把曲线、斜线、不规则线引入裱面，既稳定了画面，又使裱面与画面达到天然的契合，平添了无尽的艺术魅力。其创造的“横幅竖裱法”还被收入《中国书画艺术装裱大辞典》。他一改传统裱面的灰淡平直的调子，大胆用一些明快的色调，使裱面具备了活跃的动感和迥远的深意。他撰写的《现代装裱创新浅见》《略谈装裱工艺的款式》等论文，在巨幅装裱和揭裱等高难工艺上实现了新突破。

张元国，1966 年出生于山东省巨野县，1988 年入菏泽工艺美术厂，师从武进军学习书画装裱技艺，1992 年创办菏泽秋实画院。他装裱的字画作品，配色讲究，质量达到了平、薄、齐、柔、匀、静、雅的效果，受到了业内人士的一致好评。他在坚持自学的同时，曾到天津、郑州等地遍访装裱名师，广交书画装裱界的朋友。

为进一步提高装裱技艺，张元国到北京荣宝斋请名家指导，荣宝斋的装裱大师王一品对他装裱书画的评价是：装裱细腻、柔软平整。

王月利，女，1968 年出生于山东省巨野县。幼承庭训，喜好书画。1987 年调入曹州书画院，创办曹州书画院书画装裱社，从事书画装裱工作至今。其装裱技艺精湛，注重因画施艺，以烘托拓展书画作品意境；对托心剪接、制作及其绫边搭配等，追求精益求精，以强化画幅立体感和艺术魅力。裱作风格寓清秀于雄浑厚重之中，藏联想于精细规整之内。

她曾 30 多次承接大型书画展览装裱工程，如第六届全国花鸟画邀请展、菏泽市纪念毛泽东诞辰 110 周年书画展等。从业以来，共装裱名家书画作品近 3 万幅，装裱设计大牌、展板近千个，揭裱古代、近代名人字画数百幅，受到各界人士的好评。她注重加强与外地书画装裱业的交流与协作，1995 年应广东省深圳市福田文化艺术公司邀请，举办书画装裱讲座，并现场表演，拉长了行业之间的协作链条。

书画流通市场广阔

菏泽南华文化城

菏泽南华文化城建于 2003 年，位于菏泽古城中心商贸密集区，周边水域半围，环境优美，粉墙红顶，风格独特，交通便捷，商贾云集，有着深厚的文化底蕴和得天独厚的市场区位优势。文化城建筑面积 2.8 万平方米，有可经营门市近 200 间，画廊店铺 100 余家，并与全国各大书画市场建立了广泛的交流合作关系，在苏、鲁、豫、皖周边地区产生了较大影响。目前，二期工程正在规划筹建，目标是建成江北地市级城市最大的书画文化市场，使之成为菏泽书画经济的一大窗口和亮点。

菏泽马垓文化街

马垓文化街，位于牡丹南路，菏泽汽车总站南，形成于 20 世纪 80 年代，已有 30 多年的历史。这里文化氛围浓厚，以字画装裱揭裱为主，菏泽书画界许多知名书画家们，都曾在这里挥毫泼墨、耕耘习作。店铺里的师傅都是从事书画修复、揭裱、装裱等工作出身，经验丰富。这里还有经营各种品牌宣纸、笔墨纸砚的文房用品店，逢星期六、星期日，这里又成为古董文玩和古籍旧书的交易市场。

巨野书画一条街

2005 年，中国农民绘画之乡——巨野县，为打造全国书画艺术绘制销售基地和国际工笔牡丹画生产销售集散中心，采取政府补贴房租、减免税费等优惠政策，在古城中心地段着力打造书画专业市场——书画一条街，很快吸引了近百家书苑画廊开张营业。目前在巨野县已经形成了具有两条书画街、一个书画产业基地、四个书画专业镇、一个专业示范村的书画产销基地，年销售书画作品 50 多万幅。

第二节　名家荟萃

一、蔚为壮观的书画队伍

中华人民共和国成立前，菏泽从事书画创作的人员大都是流散在社会上的工艺匠人及少数文人墨客，他们均属于书画业余爱好者。中华人民共和国成立后，随着文化事业的发展，各级文化部门都对书画事业给予高度重视，地、县均成立了群众文化机构，并配备了书法美术专职干部。地县艺术馆、文化馆纷纷举办不同形式的书法美术培训班，开展书画培训、创作、展览及评奖活动,形成了一支书画家队伍群体,并涌现了一批较有影响的书法美术工作者。

自 20 世纪 80 年代以来，菏泽市、县两级先后成立了书法家协会、美术家协会，成为众多书画家和书画爱好者挥毫泼墨展示才艺的舞台，大批书画工作者还积极参加了国家级和省级大展，并屡屡入选获奖，涌现了许多后起之秀，菏泽的书画美术事业有了一个更大的发展。

至 2021 年，全市有中国美术家协会会员 77 人，中国书法家协会会员 80 人；山东省美术家协会会员 313 人，山东省书法家协会会员 386 人；市、县两级书画协会的会员 6000 余人（均不含市域外菏泽乡人）。今介绍中国美协、中国书协和省美协、省书协的部分书画家，以及市美协、市书协推荐的部分后起之秀。

（一）中国美术家协会会员名单（77 名，2021 年）

上官超英	于鲁俊	王　进	王忠义	王福增	成弘夫
许汝良	李同安	李明晋	袁家保	梁兆存	黄恩涛
张书鸾	邓平芝	郝明然	丁远远	李子玉	孙文启
赵建军	陈鹏同	周庆汉	祁傅德	冯训文	宋文波
邢建君	孙建东	刘西林	何乃奇	田　原	张　研
张　镛	庞银时	樊海鹏	葛　慧	何树林	仲　蕾
刘伯熙	孙自安	李　瑛	李联起	张奎方	赵长玉
徐晓伟	孔庆臣	刘贞麟	高潭印	曹玉香	邢芳彬
徐　亮	王玉东	李益兵	姚改朝	田　立	刘智军
郝洪亮	荆匡胤	姜红霞	解天成	王从玉	代宝印
吕国亮	李海莲	张庆跃	张雪云	张　颖	陈麒麟
周卫东	侯春美	姚树昭	袁敬渊	韩怀宽	侯福常
曹先凯	张　辉	王书慧	陈颜阁	李红军	

（二）中国书法家协会会员名单（80名，2021年）

张剑萍　谢孔宾　刘　勇　李贵钦　曹　钰　谢　瑞
成文政　鲁世杰　王占寅　张海同　黄体刚　吕福龙
郭继常　刘德举　张广军　徐　平　范茂林　武进军
宋　宁　高卫兵　于海娟　尹国民　葛兆生　侯西成
娄尚坤　徐广征　刘照剑　殷萧华　谢健民　周卫东
鲁洪林　王银堂　葛　峰　翟永华　李　勍　黄中航
巩海涛　毕红文　彭惠卿　王岳汉　李福禄　孔德宇
张伟杰　黄荣恩　李银领　杨刚亮　张建军　刘鲁旭
杨永起　蔡孝斌　王志国　耿伦元　王玉强　张世珍
张怀举　渠继忠　段做强　赵　勇　李　锐　丁　彦
李　莹　郑百从　刘　萌　李华超　庞东华　张福桥
杨秋平　刘　石　吕鸿印　朱为民　牛广成　谷　鹤
申俊青　陈颜阁　张君亮　张国帅　李荣海　张树林
侯玉麟　张世明

（三）山东省美术家协会会员名单（313名，2021年）

于鲁俊　马成连　马桂馥　上官超英　王忠义　王秀保
王柏松　王　进　王福增　田　原　卢　峰　周卫东
冯占魁　孔宪聘　石玉昌　成弘夫　许汝良　许震凯
刘昌杰　孙建东　孙中存　孙永平　宋希敏　宋　庆
邢贞华　毕群生　杨文彬　张保勇　张　琦　张鸣岐
李明晋　吴　林　吴玉善　李顺亮　李同安　李昆玉
李士敏　李瑞祥　严建国　罗永臣　周西坤　周庆汉
孟　亚　赵天楼　陈麒麟　陈鹏同　胡世岩　姚桂元
梁兆存　梁福相　郝良彬　郝昭然　徐景贤　袁家保
黄恩涛　智文任　程百顺　董　洲　董伯固　董　超

葛向阳	樊海鹏	樊春莹	刘　超	李秀敏	张书鸾
察志勇	王世超	王兴印	邓平芝	刘西林	吴慎远
张庆跃	张奎方	袁延佩	刘玉修	李　瑛	高　卓
丁　远	田言华	刘秀忍	邢建君	狄东占	宋文波
张　锦	张延滨	张揆成	何树林	史瑞林	李益兵
李子玉	祁　祯	苏　健	赵水庆	侯彦华	赵建军
高观凌	周维民	张　伟	王圣鹏	徐凤秋	姚爱红
庄冬青	杨雪岩	王国华	鲁伟民	宋广居	于　灏
马凡庆	卞佩玲	牛玉堂	王军武	孙庆丽	李　生
周　倩	张泽钦	王雪峰	吴玉玲	杜中良	李玉凤
张　颖	李卫忠	成　磊	解天成	梁邦奎	冯训文
邢芳彬	侯金鹏	侯雨修	胡宝玉	王亚一	刘秀玲
吕国亮	李联起	赵长玉	徐安友	黄伟频	童　西
逯雪伟	孙　战	张　研	董　霖	刘新义	杨丽梅
仲　蕾	徐双太	李　达	张兴华	黄国强	孔庆臣
张国赞	孙自安	庞银时	赵庆丽	徐召忠	郭志强
郭良元	武　展	王彤云	王　瑞	王保祥	宁丽君
司保全	朱峰新	乔为领	宋聚祥	周传忠	袁敬渊
黄丁一	刁国强	张　璐	孔凡朋	许洪兴	于玉军
王玉东	牛瑞祥	叶景刚	田　立	刘伯熙	闫书领
杨志军	杨秀芝	沈永革	张　辉	张光强	张建国
张效文	张淑亚	周红岩	邢亚峰	赵笑力	侯殿挪
丁宗科	王　涛	王从玉	葛　慧	董玉山	王召义
王安昌	车秀环	闫红岩	张洪岐	张雪云	李红军
侯卫国	侯少华	荆国胤	赵玉臣	徐晓伟	郭持宝
陶宗智	高潭印	曹玉香	彭秋焕	王　贞	王　伟
王怀涛	王拥军	王钦全	王海峰（王胜利）		文明红

田永慧	刘连平	刘慧英	牟宗民	李德杰	杨宪陆
谷风环	张　通	张艳军	段作强	高贤稳	侯福常
郭美君	曹培亮	王志立	王瑞莲	王瑞清	代宝印
刘贞麟	刘高俊	祁海军	李广利	杨文进	罗盼生
姚改朝	胡咏梅	姜红霞	郭念同	崔朝宾	单文锋
程世苏	任来选	马星鸿	侯春美	王瑞英	赵志旺
徐　亮	申艳丽	赵　敏	郝洪亮	陈更美	黄香莲
王书慧	祖士常	郭晓图	段春晓	刘智军	于海梅
马伟华	卢　宪	刘海霞	李海莲	沈凤霞	张　泉
张晓彤	张　敏	赵洪熙	姚树昭	袁文娟	董　哲
韩怀宽	裴薇薇	魏兰兰	夏兴聚	段香荣	洪海燕
刘宏伟	毕艳丽	陈永科	裴朝忠	李亚平	高奇军
祁秀英	高　岩	段景银	朱启玲	王思浓	张天军
曹宪凯	陈颜阁	洪晓雁	回恒伟	李巧玲	刘　静
刘　伟	刘喜云	吕国平	王会丽	张观宇	赵东民
郑华南	周晓红				

（四）山东省书法家协会会员名单（386 名，2021 年）

于法杰	张剑萍	谢孔宾	李贵钦	陶吉为	曹　钰
谢　瑞	成文政	上官超英	黄体刚	孔伯镜	李保忠
刘　勇	王　严	岳济格	张海同	杨中英	侯　扬
王　帅	张修敏	杨晓军	王宗普	张建新	燕新芳
魏忠平	郭士学	付兴鲁	曹东林	王剑生	周文生
高国庆	王秀禄	孙传仁	武进军	潘　强	孙继灵
胡延胜	王玉峰	蒋维信	马庆福	吕福隆	王　进
陈福安	杨松年	户向宾	闫玉国	李宗章	范茂林
王占寅	师玉峰	刘东亮	郝远进	王洪举	尹献社

刘玉良	曾庆诗	李彦振	刘秀中	侯彦华	洪继勋
王耀国	刘庆华	张争妍	谢玉菡	黄海燕	朱学堂
孙忠生	李永辉	黄信华	王泽启	初仕鹏	孙春景
李红彦	刘厚勤	赵　青	马长安	王洪钦	徐　平
李保光	张建科	刘德举	肖建鹏	王德海	孙大愚
蔡　昌	徐福成	葛兆生	郭继常	丁志刚	许志强
潘东立	刘文彦	张广军	王清起	周俊华	田习文
陈汉先	高卫兵	侯义华	胡翔龙	孙存良	刘　琛
李明远	周民生	王同民	郝建华	刘银生	李爱国
冯向华	孔　灿	袁景才	张洪魁	宋　宁	刘永凤
杨东明	刘宝泉	姜守民	田玉堂	乔方臣	孙治国
李　贺	张　辉	于海娟	张林生	刘传峰	赵佩国
刘　达	王玉磊	乔廷龙	史长华	穆建军	张振忠
张广忠	陈　涛	司保全	王富强	丁明学	孙治宇
郭晓图	侯玉麟	吴德修	韩建新	金振声	张世明
许庆山	邵春山	孙锦乡	侯西成	葛向阳	李玉琦
王春生	娄尚坤	徐广征	刘照剑	张继海	鲁洪林
韩玉君	吕怀珍	米盼生	高福来	刘　杰	王守智
谢健民	石　桥	伊广俊	刘珍秀	王银堂	王力生
王耀真	方广运	李建村	葛　峰	马先龙	李含洲
王鸿昌	李祁箐	张云涛	庞恩献	邢建君	练德峰
魏志亮	董中华	王忠亮	刘宴军	刘玉坤	张爱彬
张忠亭	李　震	杨公俊	于海荣	秦传强	蓝守云
孔繁霆	张贵生	董太生	许全营	孟庆华	王拥军
马松梅	邵长磊	王宝贵	岳　阳	张华民	庄洪灿
朱路长	池宗成	李清德	翟永华	李　勍	黄中航
巩海涛	毕红文	彭惠卿	萧　华	王岳汉	李温良

鲁世杰　李福禄　马利亭　马兴彩　刘庆华　郭　剑
唐保仓　许凤修　孔德宇　毛天申　牛喜凡　倪国华
单文锋　胡红生　韩　松　李银岭　尹怀波　乔国伟
王洪强　张伟杰　黄荣恩　孟宪同　闫书领　孟昭平
郑社起　王建国　刘学斌　杨刚亮　裴天祥　尹新臣
李师筑　崔恒志　陈玉贵　段国夫　李聚宝　曹国民
毛安民　朱云龙　潘民生　商国善　杜尚韬　唐世波
崔书营　刘印忠　王留根　刘永猛　崔庆寅　刘世平
高贤益　张建军　石贤苍　汤　峰　刘希信　范宗魁
黄新启　刘鲁旭　胡聚刚　刘率东　卞景斌　杨永起
李勤玉　王玉兰　伊和君　牛广成　梁保玉　李长印
谷　鹤　刘继增　张流源　张天良　宗树君　高明亮
朱坤杰　张传训　侯新鲁　田知民　苗传新　赵广东
孙学文　申俊青　刘统纪　王　豪　张国帅　徐庆德
蔡孝斌　王志国　刘庆珍　谢培哲　曹言礼　耿伦元
樊洪亮　张士珍　王英稳　张弼勰　孔浮沉　秦令国
赵凤华　周建军　贾爱勇　王玉强　张怀举　许金友
王彦林　姜信一　曹克强　渠继伟　渠继忠　王文秀
苏久芳　李宪臣　郭　伟　崔念武　李龙奇　许思雨
王庆民　颜明章　李念东　梁东泰　王性成　杨　震
巨广山　李庆元　曹京黎　赵　勇　魏文博　冯　振
吕复敏　丁　彦　张福桥　葛卫东　李　锐　王希亮
李德喜　庞　欣　蒋东坡　郑百丛　袁绍密　李华超
李　莹　刘　萌　庞东华　祝　宇　薛　飞　李　龙
王　剑　杨　建　崔藤议　姜保起　侣继田　邬德玲
董　森　杨秋平　刘　石　李新建　齐　兵　王禄新
吕鸿印　朱为民　秦卫东　邵珠芳　崔长居　刘占祥

孔令生　谷同民　耿雁峰　乔　领　宁雪君　程　杰

许中和　王昌原

二、市内部分美术家

崔星五（1906—1991），山东省单县人，早年毕业于济南爱美中学，师从国画名家周爱州研习国画。

崔星五习画师法自然，师法造化，善于在心慕唐、宋以来诸多古代名家画技中博采众长，并敢于创新，逐渐形成了山水画笔法超逸、境高界幽、韵味悠长，花鸟画笔意豪纵、娟洁明静、清淡毓秀的艺术风格。其画作不仅在民间深受好评，而且流传至美国、日本、智利、菲律宾、新加坡、印度尼西亚等十几个国家和地区。

崔星五终生从事美术教育事业，桃李满天下，培养了一批颇具影响的美术专业人才。

杨冠芬（1921—2000），女，山东省菏泽市牡丹区人。生前为山东省美术家协会会员、曹州书画院副院长、二级美术师、山东省文史研究馆馆员、原菏泽市（今牡丹区）政协委员、山东画院高级画师。

杨冠芬出身书香门第，自幼酷爱传统书画、诗词、古典文学。1948 年任中学美术教师，1953 年在河南省开封美术大学进修二年。早期画工笔仕女、人物、花卉。1959 年 4 月创作人物速写组画《托儿所》，参加山东省美术展览并获奖。后致力于墨竹、兰草，所作《竹兰长青》等百余幅作品参加国内外美术展览，数十幅被国务院、亚运会和日本友人收藏。其作品在日本、新加坡、菲律宾、美国、英国、法国、西德、澳大利亚、加拿大等国家和中国香港地区展出，深受好评。《雪竹》参加 1989 年 9 月由中央文史研究馆、故宫博物院举办的全国文史研究馆书画联展，《风竹·露竹》于 1990 年 7 月被中共中央办公厅怀仁堂收藏并颁发荣誉证书，《晴竹》参加 1989 年 9 月为纪念孔子诞辰 2540 周年而举办的专题国画展并被收藏，《墨竹》参加 1985 年 3 月山东省第一届妇女书画美术展览并获三等奖。

许汝良，笔名平山道翁，1933 年出生于山东省单县。菏泽市艺术馆教授，中国美术家协会会员、中国版画家协会会员、中国工艺美术家协会会员、山东美协常务理事、山东版画家协会副主席、山东省科普美协理事。

著有《木刻入门》一书，出版《许汝良画选》。其探研的《独版套色版画》，打破版画界几百年来流传的传统制作程式，在版画界反响强烈，广受赞誉。40 多年来发表画作和论文 500 余篇。作品多次被国家对外文委和中国美协选送到欧洲、非洲、大洋洲诸国展出。套色版面《春游牡丹乡》参加山东省庆祝中华人民共和国成立 30 周年美术作品展览，被评为二等奖；国画《国色天香》在纽约举办的中国和平统一杯国际书画大赛中获金杯奖，被收入《当代华人大师艺术精粹》画集；《虎啸》参加纪念周恩来诞辰一周年全国书画展览，荣获一等奖：《国色天香》《安居图》在泰安和香港地区第二、三届世界华人艺术大会上，分别获国际金奖和特别金奖，并被授予“世界杰出华人艺术家”称号。工笔国画《和平富贵图》《安居图》等作品参加国际名家美展，在中国、拉丁美洲、欧洲及东南亚诸国巡展之后，分别被编入《国际名家美展专辑》二卷至七卷。2000 年 4 月，在菏泽成功策划、承办有中国、韩国、日本、泰国、加拿大、马来西亚、新加坡等 10 国和地区书画名家参加的国际名家美展，并为展出作品在台付梓出版撰文作“序”。多年来，在从事国际暨两岸文化艺术交流中，贡献卓著。百余幅作品被日本、泰国、澳大利亚等国外博物馆、美术馆和收藏家收藏。

梁兆存，字恒森，号永昌，自署池砚斋主，1943 年出生于山东省梁山县。著名牡丹画家，中国美术家协会会员，山东省美术家协会理事，山东画院高级画师，曾任菏泽市文联艺术创作研究室主任、菏泽市美术家协会主席，一级美术师。

梁兆存早期曾学习国画、版画、连环画、壁画、装帧艺术及书法篆刻，后专攻国画人物画创作，兼作山水和花鸟画，尤喜牡丹。其作品个性鲜明，独具一格，且工笔、写意并举，集诗书画印于一体。长期以来，他创作了大量作品。早在 20 世纪 70 年代，就曾多次参加全国美展，并多次获奖。有

600余件作品见之于国家及省级报刊；数十幅作品被收入大型画册、画集；10余件大型创作被全国人大常委会、国务院、文化部、中国奥委会等收藏；30余件作品被推荐赴日本、韩国及东南亚诸国展出。1993年，《牡丹仙子游春图》入选首届全国中国画大展；1994年，《富贵昌盛图》入选第八届全国美展；1995年，《盛唐仕女赛马图》入选第四届全国体育美展，并分别获得全国美展佳作及省级美展一、二等奖；1996年，《春趣》入选全国牡丹精品画展，《牡丹图》入选全国扇子艺术大展；2001年，《高山仰止》入选第四届当代中国山水画作品展，《国色天香》入选新时代中国画作品展，《花鸟》入选中国近代书画展。

周庆汉，笔名周铁，1943年出生于山东省梁山县。毕业于山东师范大学艺术系，后在南京艺术学院进修。曾任菏泽学院美术系副主任、菏泽市政协委员。山东省画院高级画师、中国美术家协会会员、山东省美协会员。

周庆汉长期从事艺术教学和创作，坚持师法自然、师法造化的创作道路。长于水墨写生，作品质朴大度，浑然天成，气韵生动，有深沉的意境和神韵，有鲜明的时代气息。其代表作品有耕牛、荷花、竹子、牡丹、山水和戏剧人物等，曾在加拿大“枫叶奖”国际水墨画展获佳作奖；在“鲁艺杯”全国师范院校教师美术作品展获优秀奖；在全国“希望之光”书画大奖赛获优秀奖；在山东省美展获二等奖；在纪念毛泽东诞辰110周年中华书画艺术展获优秀奖。

徐景贤，1944年出生于山东省鄄城县。原菏泽市（今牡丹区）文化馆馆长，研究馆员，国家一级美术师，山东省美术家协会会员。著有《徐景贤中国画集》。

徐景贤于1963年从事美术工作，1974年至1984年在山东人民美术出版社出版《李自成鏖战开封》《饭店内外》《石彦与凤凰》《不宜动土》等四本连环画。后师从诸家，博采众长，刻苦钻研我国的传统绘画技法，且努力吸取西方的一些表现手法，丰富其作品的表现力，从而形成了自己清新向上的艺术风格。其国画作品多次参加国内外大展并获奖，被文化部、中国文联艺委会授予世界华人艺术家荣誉称号。个人简历及作品被载入《世界华人书画篆刻大辞典》《中国当代美术家名人录》等数十部大型画集及辞书。

成弘夫，1945年出生，山东省菏泽市牡丹区人。毕业于菏泽师范专科学校（今菏泽学院）中文系，结业于天津美术学院全国花鸟画研修班，中国美术家协会会员，曾任菏泽学院艺术系中国画教研室主任、教授，著有《成弘夫山水画集》。

1989年，成弘夫赴中南海为国务院创作《长青图》；1991年，作品《母·子·月》入选第一届全国当代中国山水画展，作品《梅雀图》入选第六届全国当代中国花鸟画展；1993年，作品《夜》入选第二届全国当代中国山水画展；1995年，作品《大山的孩子们》参加当代中国山水画名家邀请展；1996年，作品《谧》参加中国水墨画篆刻展（澳门）；1997年，作品《破晓》参加第三届全国当代中国山水画展，获优秀奖；1998年，作品《黄土悠悠》入选“中亨杯”全国书画大展，获铜奖；1999年，作品《欲晓》参加庆祝中华人民共和国成立50周年暨迎接澳门回归全国诗人、书法家、画家作品展，获优秀奖；2000年，作品《黄土魂》入选世纪风情全国书画大展，《太行深处》入选第四届全国当代中国山水画展，获荣誉奖；2002年，作品《大山深处》入选西部辉煌全国中国画作品提名展；2003年，作品《土林》入选第七届少数民族传统体育运动会美术、书法作品展，《厚土》入选“海潮杯”全国中国画作品展，获铜奖；2004年，作品《大山的孩子们》入选首届中国美术家协会会员中国画精品展。

王福增，号大雨，1946年出生于山东省郓城县。1983年加入中国美术家协会，国家一级美术师，山东画院高级画师，曾任菏泽市美术家协会副主席，菏泽市首批专业技术拔尖人才，著有《王福增画集》。

王福增以人物画为主，其仕女图在中外享有盛名，另在花鸟、山水画方面亦有很深的造诣。他继承传统而不泥古，勇于探新而不狂放，注重以形写神，形神兼备。其作品风格飘逸俊俏，细腻隽永，情感深邃，雅俗共赏。自1967年开始在省级以上报刊发表年画、国画、连环画等，作品多次参加全国性美展、出国展出和国际性大奖赛并获奖。《书记学手艺》出展于法国、意大利等西欧多国，并被《人民日报·海外版》重点介绍。《我也是三好》入选第六届全国美展并获第三届全国年画展三等奖。《雄风》《清韵》分别在菲律宾和加拿大获精英奖。山东省领导人出访美国、全国政协领导人出访叙利亚，都曾携其仕女图作为礼品。其20多幅佳作分别流传美国、法国、德国等11个国家和中国台湾、中国香港。其个人简介已被大型辞书《美术辞林》《中国当代书画家名人大辞典》《东方之子》《世界当代书画家篆刻家大辞典》等数十部辞书所收录。

毛天申，字飞云，笔名愚之，号苦墨，1946年出生于山东省东明县。天津书画学院国画系毕业。东明县政协委员、一级美术师。其书画传及国内外，并在多种大赛中入选获奖。曾参加中国书画联谊赴日大展、华风书画赴日展、中国书画赴加拿大展、赴港澳台展，并多次受邀去日本办展和进行文化交流。作品《远瞻》被中日文化友好协会会长福田一郎收藏。作品入编《中国美术家选集》等40余部大型画册，个人简介编入《当代艺术界名人录》《中国书画家大辞典》等多种典籍。

张琦，1948年出生，山东省菏泽市牡丹区人。20世纪60年代毕业于山东省艺术学院，师承于希宁、柳子谷、宗维成诸先生，擅写意花鸟。其中国画作品多次入选国内外美术展览并获奖，多幅作品被艺术权威机构收藏。出版的主要作品有《牡丹传说》《春韵》《小品集锦》等。传略入编《中国美术家大辞典》《当代书画篆刻家大辞典》《世界名人录》等辞书。现为中国工艺美术家学会会员、山东省美术家协会会员、山东画院高级画师，菏泽市博物馆研究馆员，曾任菏泽市美术家协会副主席。

陈鹏同，又名陈鹏，号白堂主人。祖籍山东省菏泽市，1948年出生于北京市。1986年结业于广西艺术学院研究生班，中国美术家协会会员。

20世纪80年代末至90年代初，多次应邀为全国人大、国务院、中央军委、人民大会堂、中央文史馆等单位创作大幅作品并收藏。作品和传略被收入《世界名人录》《世界华人博览大典》等书典画册，并有《陈鹏同画集》由天津人民美术出版社出版。曾任菏泽市艺术馆美术部干部、研究馆员、山东省高级画师，政协山东省第八届委员会委员。现为中国和平统一促进会艺术委员会委员、文化部艺术中心画家。

黄恩涛，号山阳子、大野书屋，1948 年出生于山东省济宁市。1984 年毕业于山东艺术学院美术系，2005 年定居北京黄恩涛艺术工作室。中国美术家协会会员、山东画院高级画师、菏泽市美术家协会副主席、曹州书画院特聘教授，研究馆员，菏泽市专业技术拔尖人才。

创作实践 40 年，擅长中国人物画、连环画、山水花鸟画。传统功力深厚，造型风格独特，笔墨苍劲洒脱，色彩清新泽润。1972 年，国画《鉴定新产品》入选山东美术作品展，国画《红色喇叭家家响》参加全国美展并出国展出，后由中国美术馆收藏。1973 年，国画《社社队队粮满仓》入选全国美展并出国展出，由中国美术馆收藏。1974 年年画《能文能武》、1975 年《大学毕业生》、1976 年《健康成长》、1977 年《聚精会神》分别由山东及北京人民美术出版社出版。1978 年，木版年画《我是工地点炮手》入选全国美术作品展，并在日本、法国、意大利等国巡回展出，由中国美术馆收藏。1979 年，年画《假日》入选《山东年画获奖作品集》。1980 年，国画《红娘传书》由上海美术出版社出版。1981 年连环画《李自成》《夜访谷城》，1982 年《计斩坐山虎》，1983 年《朱仙镇大捷》由山东人民出版社出版。1984 年，年画《龙凤呈祥》由山东人民出版社出版。1989 年，花鸟《脂红》《冰凌罩红石》入选《曹州牡丹诗画集》，由山东美术出版社出版。1990 年，国画《云壑涧泉图》入选山东美术家协会会员作品展。1991 年，国画《一方水土》入选全国第六届当代花鸟画邀请展。1993 年，纪念毛泽东诞辰 100 周年《光照千秋》由山东友谊出版社出版。1995 年山水画《江天楼阁图》、1994 年《锦绣河山》由山东友谊出版社出版。1995 年，国画《西狩获麟》由北京人民美术出版社出版。1998 年国画《孔子行教图》参加北京大学百年校庆展。2003 年创作城市雕塑《战神蚩尤》。2004 年国画《晨读》获山东省庆祝中华人民共和国成立 55 周年“将军杯”书画展银奖。2005 年创作城市大型群雕《西狩获麟》。

郝明然，1950 年出生于山东省东明县，1985 年河南大学美术系毕业，曾任东明博物馆馆长，庄子书画院副院长。中国美术家协会会员，国家一级美术师，山东画院高级画师。

郝明然1996年随山东文化代表团赴泰国、马来西亚、新加坡及香港、澳门进行文化交流，举办书画联展。其作品1993年1月获山东省文化厅书画展一等奖；1996年6月获全国首届扇子艺术大展优秀奖；1996年4月获文化部中国展览中心当代花鸟画展优秀奖；2001年2月入选中国美协世纪风情中国画展；2001年6月入选中国美协新时代中国画展；2002年7月国画被澳洲中国美术馆收藏；2002年9月入选中国当代百虎画展；2003年4月国画被中央电视台收藏；2003年9月入选中国美协“海潮杯”中国画展。

祁祯，1952年出生于山东省鄄城县。曾任菏泽地区文联副主任，现为中国美术家协会会员、国家一级美术师、山东画院特聘高级画师。

20世纪70年代，在部队工作的祁祯先随花鸟画家曹庚生先生习画，又投师于王小古先生门下，还专程到杭州求教于陆抑非先生，系统研究中国画艺，博览宋至明清各家流派画作，兼收众家之长，渐渐形成了自己工整秀润、清丽明朗的艺术特色。其巨幅工笔花鸟画作《春酣》入选法国国际青年艺术节展览，并被巴黎一位著名收藏家购藏，后又有《富贵长春图》《春意盎然》《春色》等十几幅作品先后在日本、印度、法国、美国等国家展出。《玉兰孔雀》《长春图》等20余幅作品曾参加全国、全军大型美展，并入编《中国军史艺术家大辞典》《美术辞林》《中华名人录》等书典著作。

于鲁俊，1954年出生，山东省菏泽市牡丹区人。1982年毕业于曲阜师范大学美术系，获文学学士学位。1984年任菏泽地区艺术馆副馆长，1992年任菏泽地区文化局办公室主任，1994年任曹州书画院副院长。现为中国美术家协会会员、国家一级美术师、山东省画院高级画师、山东省农民书画研究会理事。

于鲁俊的主要连环画作品《中国历代皇帝》于1992年由山东省美术出版社出版，《从政史鉴》于1993年由山东美术出版社出版，《中国历史知识画览》于1995年由明天出版社出版，《故事与启事》于1996年由明天出版社出版，《水浒画传》于1997年由山东省美术出版社出版，《佛教画藏》于1997年由东方出版社出版，《五千年历史故事画库》于2000年由未来出版社出版。

主要国画作品《会春图》1987年获山东省“群星”杯美展一等奖，《冈底斯山的呼唤》1999年获“鑫光杯”迎澳归全国中国画展优秀奖，《孔子与弟子侍坐图》入选2000年全国中国画展，《蓝天净土》入选2000年新世纪全国中国画展，《大富贵》入选2002年中国牡丹艺委会全国牡丹书画作品展，《永恒》入选2003年全国第二届中国画展，《情系雪域的家园》入选2003年中国美术金彩奖作品展。《富贵花说》《富贵平和》分别在2005年、2006年入选中国美协会员第二届精品展，《黄河壶口赞》入选全国美术作品提名展。

他先后在安徽、广东、河北、中国香港等省区举办个人画展。2003年应外交部邀请作画，永久收藏3幅；2004年在韩国举办中国画展；2006年《富贵平和》被人民大会堂收藏；2007年《北京晚报》专题介绍《于鲁俊以心画牡丹》一文。

许震凯，1954年出生，山东省定陶县人。自幼酷爱绘画，朝夕研习，数年不辍。1975年入原菏泽市（今牡丹区）文化馆从事美术创作辅导工作，1983年进入山东艺术学院学习，1991年调入曹州书画院。

国家一级美术师，山东画院高级画师，菏泽市政协委员。许震凯擅长人物画，工笔和写意兼备，水墨重彩各显其妙。他常以古诗意入画，画中人物造型朴拙，布局简妙，用笔飘逸洒脱，于水墨氤氲中透发出一股静远高逸之气。其作品多次入选国内各级画展，并有多幅作品被选送新加坡、日本、韩国和中国香港等地展出。有20余部连环画作品由国内多家出版社出版，如《雾都报童》《中国历代皇帝》等。参与创作的套书《水浒画传》由山东美术出版社出版，并获山东省“五个一”精品工程奖；参与创作的大型套书《中国历史画鉴》由明天出版社出版，并获国家“冰心图书大奖”；参与创作的大型套书《佛教画藏》，他承担700余幅，由东方出版社出版。这些作品能将传统艺术的精神内涵与现代生活的审美取向结合起来，强化线与墨色的丰富性与表现力，力求绘画语言的清新、完美及鲜明的个性。

王进，1954年出生于山东省曹县。现为中国美术家协会会员、北京齐白石艺术研究会会员、山东画院画师，菏泽学院艺术系教授。

王进 1982 年毕业于曲阜师大艺术系，后入北京画院研修班深造。擅长写意人物画，兼攻山水、花鸟及书法艺术。在博大精深的中国艺术海洋中，他把秦汉时期的古朴稚拙、艺术的富丽与明清时期的灵动精到结合起来，并容纳西方艺术之精华，使作品既洒脱飘逸，又凝重朴厚。多年来，他先后到梁山、东平、黄山、华山、青海等地写生，贴近自然，使其书画作品更具有生活气息。

其作品曾参加全国第六届花鸟画邀请展、全国迎奥运书画大奖赛等重大活动。1989 年在济南举办个人书画展，还先后在《大众日报》等报刊发表作品百余幅。

李子玉，1954 年出生于山东省定陶县，青年时代就读于天津美院，后入中国画研究院深造，现为中国美术家协会会员，中国牡丹书画艺术委员会委员，中国民族画院画家。

主攻花鸟、山水，其画构图讲究笔墨、章法和色彩的配备，师法自然，借画抒情，赋予别具一格的魅力。1992 年 8 月，作品《黄山云海》入选四海同心书画展在台北展出；1998 年 9 月，作品《太行魂》入选全国书画家展评并获优秀奖；1999 年于山东美术馆举办个人画展；2000 年 9 月，作品《春光烂漫》入选文化部举办的全国书画展；2003 年 8 月，作品《山花》入选中国美协第十七次新人新作展，9 月《富贵荣华春满园》入选中国美协举办的永结同心主题艺术展；2004 年 4 月，作品《春晖》入选中国美协举办的“菜乡情”全国书画展；5 月，《富贵花开》入选中国美协举办的“2004 年全国中国画作品展”；2005 年 12 月，作品《荷花》入选“2005 年全国中国画作品展”；2006 年 11 月应邀赴韩国展出。

毕群生，1954 年 12 月出生，山东省菏泽市牡丹区人，1976 年毕业于山东艺术学院美术系，受教于著名画家于希宁等诸位教授。毕业后长期从事专业美术创作，2004 年晋升为国家一级美术师。他的作品多次参加国内大展，《从政史鉴》获中国青年优秀图书提名奖；《水浒画传》获山东省“五个一”精品工程奖；《春酣图》《盛世花艳》分别由人民大会堂、中央电视台收藏。大量作品由中国美术出版社总社、作家出版社、山东美术出版社、山东友谊书社、西安未来出版社等多家出版社在国内外出版发行。

察志勇，笔名老樵，1955年出生于山东省鄄城县。先后毕业于山东师范大学汉语言文学专业和中国艺术研究院美术学专业，硕士研究生学历。现为国家一级美术师、山东画院高级画师、山东省美术家协会会员、菏泽市专业技术拔尖人才。

察志勇作品艺术风格雄浑、博大、苍莽、高逸，传统功力深厚，画面充溢着浓郁的书卷气、金石气和现代审美气息。他擅长写意花鸟、山水、动物画，兼工人物画，属当代中国画坛实力派画家。

1992年2月始，作品先后入选国际中国画展、首届东方书画艺术大展、“中华杯”、“希望杯”全国书画比赛、“中华魂”全国书画艺术大展、“世纪之春”全国书画大展并获一、二等奖。获全国、省、市各类书画大展一、二、三等奖10多次。其传略和作品入编《当代中国花鸟画集》等20多部海内外大型辞典、画集。2000年1月和2005年5月，两次被中共菏泽市委、菏泽市人民政府评选为菏泽市专业技术拔尖人才。

上官超英，1957年出生，现为山东省美术家协会副主席，中国美术家协会会员，国家一级美术师，中国人民大学十佳书法研究生，曹州书画院副院长。首创中国超大写意画，获“中国花鸟画成就奖”“俄中友谊贡献奖”，柬埔寨“国王文化奖”金奖、“皇家文化奖”金奖、“吴哥文化奖”金奖，“山东省泰山艺术奖”。2006年被读者评为“当代最具学术价值和市场潜力的青年国画家”及“中国书画报道”年度人物。

1998年、1999年应中共中央、国务院邀请赴中南海、怀仁堂创作巨幅国画，受到国家领导同志接见。作为中国美术家代表团成员多次出国考察办展，参加中国美术家协会等单位组织的“世界著名华人美术家环球绘画和平之旅”。曾在国内外举办个展40多次。中法文化年活动期间作品在法国参加“中国风情画展”，俄罗斯中国文化年期间应邀在莫斯科举办“中国美术家上官超英、赵思才作品展”。2007年作品《国色天香》被希拉克总统收藏。100余幅作品被中国国家博物馆、中南海、怀仁堂、人民大会堂等单位及德、韩、罗马尼亚等国收藏，国画《将军之风》被世界著名的俄罗斯特季亚科夫画廊收藏，是该馆 150 年来首次收藏中国人的作品。

《美术》杂志社、中国艺术研究院美术研究所等举办上官超英画展理论研讨会 16 次。人民美术出版社等出版上官超英画集 8 部，《美术》《中国画》《美术观察》等刊发作品 519 幅，作品入编 100 余部画集。2007 年集创作、交流、展览于一体的 800 平方米“上官超英超大写意画室”在菏泽建成。

中央电视台曾播放《上官超英与他的超大写意》10 分钟专题，并作为央视特邀嘉宾在演播大厅现场作画，接受 80 分钟《国色天香话牡丹》专题采访。新华社多次发通稿、《人民日报》《人民日报·海外版》等多次报道。

李明晋，1957 年出生于山东省郓城县。毕业于山东艺术学院国画系，现为曹州书画院专职画家、中国美术家协会会员、国家一级美术师。

其国画作品《巍巍太行》获北京 2000 年奥林匹克第一届国际书画艺术大展赛优秀奖；《千古太行》参加迎香港回归全国书画大展，获佳作奖；《太行深处风景异》获中国西部大地情中国画大展优秀奖，并入选“亚亨杯”全国中国画大展。《黄土情》入选“亚亨杯”全国书画大展，《悠悠黄土情》入选中国画三百家全国大展，《戈壁情》入选第二届全国中国画大展，《深山朝圣图》入编《中国山水画名家技法分解图典》，《秋江独酌图》入编《中国当代著名国画家精品选》，《神游西部》入选第二届中国美协会员国画精品展，并入编画集。2006 年出版《李明晋山水画集》。

李同安，1957 年出生，山东省菏泽市牡丹区人，现为中国美术家协会会员，国家一级美术师，山东画院高级画师，曹州书画院专职画家、展览部主任。

其作品《金秋》1999 年获“中华人民共和国成立 50 周年暨迎接澳门回归全国诗书画大展”成就奖，《金秋系列之一》与《儒生本色》2000 年入选“中国美协第十四次新人新作展”，《池塘吟秋》2002 年获“西部辉煌全国中国画提名展”优秀奖，《凝》2002 年获“奇迪杯”全国第五届工笔画大展优秀奖，《儒生滋味》2003 年获第二届中国美术金彩奖优秀奖，《春华图》2003 年参加纪念毛泽东诞辰 110 周年全国百位知名国画家特邀作品展，《春满园》

2004年获纪念齐白石诞辰中国画提名展优秀奖，《玉颜洗凤露》2005年入选第十六届国际造型艺术家协会代表大会美术特展。

曾在济南、曲阜、邯郸、黄山、九华山、泉州、嘉兴等地举办花鸟画个展和联展。作品入编大型专业画集20余部，40余幅作品在专业报刊上发表，另有《李同安画集》等4部专著。

杨文彬，1957年出生，山东省菏泽市牡丹区人。现为菏泽市博物馆副馆长、菏泽市美术馆馆长，菏泽市政协委员，山东省美术家协会会员，国家一级美术师。

杨文彬擅国画，工写意，在专业研究和专业创作中精益求精。他师古法今，认真探索国画艺术规律，以牡丹为题材创作的国画作品，气韵流畅，匠心独运，体现出高深的艺术造诣，多次在国家、省、市级报刊上发表。他创作的《水泊秋韵》《沂蒙颂》入选全国第一、二届当代中国山水画展，并收入画集；《醉春图》入选中国牡丹画精品展；《国画花鸟》被中国台湾书画学会选展；《新翠图》入选中国诗书画大展（1999卷），由中国文联出版社出版；《曹州春色》2002年参加全国山水画邀请展；2003年参加中华热土书画大展全国诗书画大展，均入选展览画集。山东电视台、《大众日报》曾多次专题报道他的艺术成就。自1999年以来，他先后主持设计了中华人民共和国成立50周年菏泽建设成就展、全国青年美术书法作品展、中原书画院第一届“五子碑”书画展、迎港归历史图片展等，其中中华人民共和国成立50周年菏泽建设成就展荣获山东省文化厅优秀奖。

何树林，1958年1月生于山东省曹县，现为山东省美术家协会会员、国家一级美术师、曹州书画院副院长。

其作品多次入选文化部、中国文联、中国美协等举办的全国大型书画展览。2003年在烟台、威海举办画展。2006年，作品参加中、日、韩三国书画作品展。同年7月在深圳、东莞、佛山举办画展。2007年1月在南昌、景德镇举办画展。

多幅作品被一些美术专业单位或国家重要单位收藏，其中作品《国色春融》被人民大会堂收藏，《墨牡丹》被中央电视台收藏。多幅作品被专业刊物、美术书籍、书画作品集出版发行，其中作品《寒香》入编中国书画名家技法研究丛书《中国花鸟画临摹与创作》一书。作品《冠群芳》《雨中丰姿别入神》入编中国画库丛书《牡丹》一书。作品《大富贵》入编《当代书画名家作品邀请展作品集》等。

王忠义，1961 年出生于山东省巨野县。现为中国美术家协会会员，中国文物协会文物修复委员会委员，华夏书画院特邀一级画师，山东省画院高级画师，国家一级美术师。

1991 年，《王忠义画集》由天津人民美术出版社出版；1997 年，作品《铁骨发新枝》被人民大会堂收藏；1998 年，作品《无限风光》被毛主席纪念堂收藏；1999 年，《王忠义写意花鸟画集》由香港红蓝出版公司出版；2000 年，作品《冰骨玉肌耐岁寒》获中国美术家协会主办的中国书画精品展佳作奖；2000 年，作品《鸿雁清风》获中国美术家协会主办的“亚亨杯”全国书画精品展银奖，并入编作品集；2000 年，作品《雨后清香发》获新世纪全国书画精品展优秀奖，并入编作品集；2000 年，作品《春酣》入选由中国美术家协会主办的“国土情　民族魂”中国书画精品大展，并入编作品集；2004 年，作品《风沙漫漫》获首届中国美术家协会会员中国画精品展铜奖，并入编该精品展作品集；2004 年，作品《岁寒三友》《阳春》入编由国际文化出版公司出版的《中国花鸟画百家》。此外他还曾应邀参加全国第六届至第十届中国花鸟画邀请展，其个人简介及作品入编《当代艺术界名人录》。

赵建军，1962 年出生，山东省菏泽市牡丹区人，现为中国美术家协会会员，山东省美术家协会会员，曹州书画院特聘画师，中国田原画会理事。

其作品《翠影》获 2004 年全国中国画作品展优秀奖；《华夏清风》入选纪念邓小平诞辰 100 周年全国美术作品展；《凉山纪事》入选第二届全国少数民族美术作品展；《竹》入选第二届“菜乡情”全国中国画作品提名展；《太湖情》入选“太湖情”全国中国画提名展；《清风峻节》获 2006 年李苦禅纪念馆开馆暨全国中国画提名展优秀奖。其中《华夏清风》发表于 2005 年《美术》杂志第 6 期。

孙建东，1962 年出生于山东郓城县。毕业于山东艺术学院，结业于浙江美院油画研修班。就职于菏泽市文联，任副主席（二级调研员）。现为中国美术家协会会员，第十次全国文代会代表，山东省美术家协会理事，山东省美协花鸟画艺委员会副秘书长，山东省书法家协会会员，山东省国画院副院长，山东省中国画学会常务理事，山东省油画学会委员，菏泽学院美术与设计学院兼职教授，菏泽市政协书画院副院长，菏泽市政协委员。

其国画、油画作分别参加国家级展览 4 次、省级展览 30 余次，组织举办全市美术作品展近百次，举办个展、联展 8 次。

邓平芝，女，1966 年出生于山东省巨野县。现为中国美术家协会会员，山东省美术家协会会员，菏泽市专业技术人员拔尖人才。

其作品《玉宇天香》入选中国美协主办的“中亨杯”全国书画大展，《秋韵》入选中国美协主办的 2000 年全国中国画作品展，《银花似海》入选中国美协主办的 2002 年全国中国画作品展，《晚秋》入选中国美协主办的“海潮杯”全国中国画大展，《竞艳》入选中国美协主办的第十七次新人新作展，《节节高》入选中国美协主办的 2004 年全国中国画作品展，《醉秋图》入选中国美协主办的 2001 年全国中国画作品展，《碧海银花》获中国美协主办的全国第五届工笔画大展收藏奖，《希望的田野》获中国美协主办的全国青年书画展铜奖，《乡音》获 2005 年第二届当代花鸟画邀请展优秀奖。

张书鸾，女，1970 年出生，菏泽市牡丹区人。1991 年 7 月毕业于菏泽师专美术系，1996 年 8 月结业于中央美术学院中国人物画技法创作研修班，1997 年 9 月结业于山东省美术家协会举办的中国工笔画创作研修班。现为中国美术家协会会员。

张书鸾自幼喜爱丹青，尤钟情于人物、花鸟画。近年来，她致力于工笔花鸟的学习和探索，坚持在传统范畴中谋求个性、现代意味中寻找风格，在作品构图、色彩、意蕴等方面，追求一种或适应于时代特点、或适用于人文情怀的笔墨境界和表现方法，画艺不断提高。

1997 年，作品《人物》入选山东省美协举办的山东省第二届中国画工笔画展；1999 年，作品《十月》入选中国美术家协会举办的中国画三百家画展；1999 年，作品《清霜图》荣获中国美协举办的全国第二届中国花鸟画展优秀奖；2003 年，作品《故园》入选中国美术家协会举办的全国第二届中国画展。

丁远远，又名丁远，1976 年出生于山东省曹县，1999 年毕业于曲阜师范大学美术系，获学士学位。现为中国美术家协会会员，曹州书画院专业画家。其作品多次参加全国大展，其中《渴望》入选“迎奥运”全国中国画展；《童年的秋天》入选全国第五届工笔画展；《春晓》入选 2004 年全国中国画展并获优秀奖；《春晓 · 二》入选第十届全国美展山东展区展并获铜奖；《憨戏》入选全国青年国庆书画展；《三月三》入选第二届全国少数民族美展；《春风》入选纪念齐白石诞辰全国美术作品提名展；《春》入选第二届“菜乡情”全国中国画提名展；《漫秋》入选第十六届世界造型艺术大会美术特展；《春塘拾趣》入选“长江颂”全国中国画提名展；《谷雨初晴》入选“太湖情”全国中国画提名展并获优秀作品奖；并有《秋思》等作品被人民大会堂等收藏。

李益兵，毕业于天津美术学院，中国美术家协会会员，山东省美术家协会会员，山东省菏泽市美术家协会秘书长，菏泽市美术家协会工笔画艺委会副主任兼秘书长，牡丹区青年美协副主席。一级美术师，菏泽市博物馆、美术馆画师。

张研，中国美协会员，菏泽市美协副主席，菏泽市美协人物画艺委会主任，曹州书画院创作部主任，山东知名画家。曾多次参加山东省美协、山东省画院举办的绘画、学术研讨会、交流会、写生等活动，两次邀请参加山东省美协和山东省画院大型历史题材创作《鲁西南战役》和《山东省水利历史名人——薛九龄》。

2009 年作品《五月》获中国美协主办的百家金陵美展金奖；2009 年作品《五月五》入选第七届全国体育美展等 10 余次；2012 作品《农具》入选中国文联主办的新人造型艺术展；2019 年作品《命运的聚焦》获第十三届全国美展进京作品；2019 年作品《命运的聚焦》获山东省美展优秀创作奖（一等奖）。

多年来其积极参加国家、省、市举办的画展，以及全国各地的大型画廊，网络传播和画家交流展等活动。并在全国各地举办联展、邀请展、个展。多数作品被国家美术馆、纪念馆、博物馆、国外使馆、大型画廊、企业家和个人收藏等。

樊海鹏，毕业于天津美术学院，现为中国美术家协会会员、菏泽美术家协会副主席、菏泽市美协工笔画艺委会副主任、菏泽市美协人物画艺委会副主任、曹县美术家协会主席，曹县文化馆（美术馆）馆长。

荣获山东省“齐鲁文化之星”荣誉称号，作品在中国美协主办的全国性展览中，20余次入展并有作品获奖。

田立，中国美术家协会会员，菏泽市美协副秘书长，菏泽花鸟艺委会主任，菏泽一中高级教师，山东省教学能手。

1971年出生于山东郓城，1993年毕业于天津美术学院。作品多次荣获国家奖项，成功举办多次个人画展。

邢芳彬，汉族，1970年生，中国美术家协会会员，山东省美术家协会会员，中国国家画院张志民工作室画家，菏泽市美术家协会副秘书长，菏泽市美术家协会山水画艺委会主任。

吕国亮，醉石斋主人，又名吕厚远，号“洞庭田夫”，山东巨野人，生于洙水河畔。自由喜爱绘画，初习西画，后专攻国画，30多年来笔耕不辍。从传统入手，又不失创新，集多家艺术之长，形成了鲜明的绘画风格。多年来自己创作之余，又传道授业，已有多名学生在中国美术家协会主办的展览中入选、获奖。曾获国家艺术基金奖励。

现为中国美术家协会会员，中国工笔画学会会员，菏泽市美术家协会副主席，巨野县书画院专职画家。

樊春莹，1973年4月出生于山东郓城，大学本科，曹州书画院画师，山东省美术家协会会员，中国艺术研究院特邀书画师，作品多次参加国家级和省级展览，多次获奖、出版和收藏。

1990年，从祁祯老师学画工笔花鸟。1995年10月，作品《国色天香》

参加山东省文化厅主管、省民族文化学会主办的评选活动，被评为“山东省首届十大杰出青年国画家”。1995 年 12 月，作品工笔牡丹参加山东省文化厅赴京举办的山东农民画展中，被评为一等奖。1996 年 10 月，作品《醉春图》入选中国艺术研究院“1996 年度优秀书画作品集”。1996 年 10 月，作品《国色天香》参加“全国农民书画大奖赛”（上海）获三等奖。作品参加了山东省美术家协会主办的“山东省第五届新人新作展”（1997 年 1 月）、“迎接香港回归·山东省美术书法作品展”获二等奖（1997 年 10 月）、“山东省第二届中国工笔画展览”（1997 年 12 月）、“第二次中日女画家交流展”（1998 年 4 月）、“山东省跨世纪中国画精品展”（2000 年 1 月）、“山东省首届中国画双年展”（2002 年 12 月）。1996 年 10 月，作品《昆山夜光》参加中国美术家协会主办的“‘交通杯’全国书画大赛”获二等奖，作品被收藏。1996 年 12 月，作品《倾国》参加文化部社会文化司和港澳台司主办的“迎接 1997 香港回归中国书画作品大奖赛”获优秀奖，作品被编入《获奖作品集》。1997 年 11 月，作品《国色天香》参加文化部社文司于中国美术馆主办的“当代中国工笔画大展”，作品被收藏。2000 年 2 月，作品《高洁无华》参加中国美术家协会主办的“世纪·中国风情”中国画大型画展，作品编入画集被收藏。2005 年至 2006 年，在北京画院莫晓松画室进修一年，受教于著名工笔花鸟画家王庆升教授。2016 年至 2017 年，在天津美院霍春阳教授传统绘画艺术工作室进修二年。2006 年 6 月，在北京画院进修期间，作品《冷月映花魂》入选中国美术家协会主办的“全国第六届工笔画大展”。

三、市内部分书法家

陈克强（1908—1975），别名陈毅斋，山东省菏泽县（今牡丹区）人。少时即爱书法，楷书从柳公权《玄秘塔》入手；后习《勤礼碑》，行书学黄山谷；草书宗法二王，隶书学《张迁碑》。

陈克强几十年习书不辍，承古习今，融会贯通，书艺精湛，真、草、隶、篆皆工。其书作浑厚、豪放、朴拙、有力，在鲁西南一带负有盛名。陈克强在潜心研习书作的同时，又注重培养书坛新人。其弟子陶吉为等受其教诲，在书法艺术上成就卓然。

孔伯镜，名庆寰，以字行。1927 年出生，山东省定陶县人，现为山东省书法家协会会员、山东省中山书画研究会顾问（曾任副会长）、曹州书画院书画师、扬州书画院书画师。

一生从事语文教学，兼任书法课。临写魏碑、篆、隶诸家名帖。

曾多次参加国内外书画活动，作品曾获奖、出版、刻石。有的作品被地方及中央机关收藏，20 世纪 90 年代作品收藏于聂荣臻元帅纪念馆、民革中央机关。2000 年曾书写抗日名将赵登禹将军纪念碑文、曹州名胜古迹桂陵之战义战亭匾额。2001 年获中日书法名将金奖，参加韩国鸡笼山画院书画国际展并被收入出版作品集。2000 年获世界华人书法人才称号。2006 年应邀为北京人民大会堂作巨幅屏风行草书《岳阳楼记》。2007 年春，参加中日邦交正常化 35 周年书画展，其作品被《日本书法》刊载，日中韩艺术文化交流会会长土井白亭配有专题评论。其许多作品作为礼品流传到港台地区及东南亚、欧美诸国。

20 世纪 90 年代前后，曾应中日友好协会之邀，3 次赴日参加书法交流。

张剑萍，1928 年出生于山东省鄄城县，少年就读于山东省第二联中。1950 年 3 月分配到河南省浚县任高小教师，7 月调鄄城县文化馆工作。1953 年 6 月调入曹县，先后任文化馆副馆长、文化局副局长。1990 年 9 月调入菏泽曹州书画院，1993 年 12 月离休。曾任曹州书画院副院长、山东省书法家协会理事，菏泽市书法家协会主席。现为中国书法家协会会员。

张剑萍少时酷爱书法艺术，初学柳、赵，后以“二王”为宗，兼习历代诸家名帖，篆、隶、楷、行、草各体皆工，尤以行草见长。20 世纪 80 年代初，作品先后参加晋冀鲁豫四省书法联展、黄河流域十省书法联展。1984 年，作品先后在德国、芬兰展出。1987 年和 1988 年，两进中南海，为中共中央办公厅和国务院办公厅作书多幅。1989 年，作品参加韩国主办的国际书法艺术联合展，分别到日本、韩国、马来西亚、新加坡和中国香港、中国台湾等地展出。1991年初，应日本日中友好协会邀请，先后到日本神户、大阪、东京等地进行书艺交流。

其作品和传记先后选入中国书协主编的《当代中国书法艺术大成》《中国现代书法界名人辞典》和《国际书法艺术联合展作品集》《当代书法家诗词墨迹选》《当代书法家辞典》等。1984年《大众日报》对他的书法作了专题评介。1984年以来，先后出版了他的《古诗行草集粹》与《张剑萍书法集》（之一、之二、之三）等著作。

张剑萍为菏泽市最早的中国书法家协会会员，书品人品并重，书道精深，并注重提携后人，深受世人尊敬。

谢孔宾，号明心斋主人，1930年出生于山东省单县。1958年毕业于曲阜师范学院中文专科，曾任菏泽师专（今菏泽学院）教授。现为中国书法家协会会员、山东省书法家协会会员、山东省高等院校书法家协会常务理事，曾任菏泽地区书法家协会副主席，现为菏泽市书法家协会顾问。

谢孔宾初习唐楷，继追魏晋以至秦汉、商周，下涉宋元明清历代碑帖，兼及金文、甲骨卜辞、书史、书论等。善行草书，能熔铸碑帖，以浩然之气运笔。其主要著作有《书法教程》《中国书法原理》，论文有《师古今师造化——漫谈书法学习三途径》等。书法作品曾获鲁南书画社举办的国际书法大赛一等奖，并入选《中国书画作品选》。另外发表书法作品刻碑数十件，分别被翰园碑林、黄河碑林、圣泉碑林收藏。部分书法作品流传到日本、菲律宾、美国、加拿大等国家和中国台湾地区。

张水石，1932年生于山东省菏泽县（今牡丹区）。习书数十年，潜心研究古碑名帖，对魏碑用功尤勤。多年来，他对《广武将军碑》《龙门二十品》《郑文公碑》等名帖，心摹手追，锲而不舍。其书作古拙森严，字体方正，点画伸缩自如，富有天趣，显得凝重而多变；笔笔有情，字字异态，各臻其妙，奇纵天成。张水石的魏碑作品在当地尤负盛名，曾多次参加全国及地方书法大展并获奖。

彭惠卿，字春风，1932年出生于山东省东明县。现为中国书法家协会会员、菏泽市老年书画协会副主席、东明庄子书画院常务副院长、东明县书法家协会主席。

彭惠卿初学欧颜，后转学“二王”，五体均有涉猎，尤善小楷。对历代小楷进行系统研习，取其清雅、朴茂，逐步形成自己形体扩展、灵动、俊秀、清刚的艺术风格。其书法作品先后于2001年获中国文联、中国书协联办的“中国根”全球华人书画大展三等奖；首届中国老年书画展一等奖；2002年获庆祝建军75周年全国书画摄影展特等奖；2004年入选由中国书协主办的全国第八届书法篆刻展；同年获由中国书协主办的首届全国书法大赛优秀奖、庆祝中华人民共和国成立55周年暨纪念邓小平诞辰100周年全国老年书画大展一等奖；2005年获书法导报社国际年展二等奖，同时入选全国第四届正书大展。

张世明，1940年7月出生，山东省菏泽市牡丹区人。大专文化，退休教师。

其不少作品在全国大展中参展获奖或被报刊发表、选编入书以及被收藏。如全国第三届楹联展，首届“杏花村杯”电视大展赛，全国首届职工书画大展等均有作品参展，第七届全国少数民族传统体育运动美术、书法大展其作品获铜奖；在中国文联庆祝中华人民共和国成立50周年全国书画大展中其作品获一等奖，在文化部社会文化司主办的中国国际科技文化成果博览会书画大展中获金奖等。

张世明现为中国书法家协会会员、山东省书法家协会会员，曾任菏泽市书法家协会副主席。

蔡孝斌，字圣图，号半农，一号守拙斋主，1947年出生于山东省单县。1982年毕业于山东工业大学。中国书法家协会会员，曾任菏泽市书法家协会副主席，山东画院画师，曹州书画院画师，曹州美术馆特聘理事兼画师。

蔡孝斌的书法坚持走传统的路子，其小楷潇散古朴，具晋唐神韵；隶书古茂稚拙、雄厚俊逸，具两汉风骨；行草则笔健气雄、沉着痛快，多明清风范。

1997年11月在山东省美术馆举办个展，其作品入编山东省优秀中青年书法家丛书，出版有《蔡孝斌书法作品集》。作品入选全国第八届中青年书法篆刻家作品展，全国第二届行草书法大展，全国第四届现代刻字艺术展，并多次获奖。作品散见于《中国书法》《书法导报》等报刊。

侯西成，1949 年出生于山东省曹县，现为中国书法家协会会员，山东省书法家协会会员，中国文联书画艺术中心书画家。

其作品先后参加全国第六届书法篆刻展，全国第五、第六、第七届中青年书法篆刻家作品展，首届中国书法兰亭奖展，并有作品荣获第三届国际文化交流赛克勒杯中国书法竞赛一等奖、迎香港回归中华书画摄影大赛一等奖、迎澳门回归暨庆祝中华人民共和国成立 50 周年全国书画大赛一等奖。

部分作品入选《中南海珍藏书法集》《山东 50 年美术书法精品集》《历届全国书法篆刻展全国中青年书法篆刻展获奖作品集》《全国书法名家墨迹》等书典，并为不少中外博物馆院所收藏。

李贵钦，1952 年出生于山东省曹县，现为中国书法家协会会员、山东省书法家协会理事、菏泽市书法家协会顾问、菏泽市书画研究会副会长。

李贵钦自幼受家传酷爱书法，临池不辍，学书分楷、行、草三个阶段。初从晋唐入手，后博学古今各家，近十年来主攻行草。在学书过程中，多次受刘艺、柳倩、蒋维崧、夏湘平等著名书法家指教。其作品多次在省级以上报刊发表，不少作品流传到美国、日本、加拿大、德国、菲律宾等国家和台湾地区，有的被中南海收藏；曾在菲律宾获中华诗书画国际展览精英奖，在北京获中国艺术界名人作品展示会系列大展优秀奖，作品编入《中国美术家书法家作品大汇》并获金奖。个人简介和作品已被收入《世界华人文学艺术界名人录》《中国古今书法家辞典》《中国当代艺术界名人录》《中国当代书画家大辞典》等大型辞书。

杨秋平，别署木鱼石室，听云阁。1961 年出生于山东省菏泽市。现为中国书法家协会会员，山东印社理事，山东省书法家协会篆刻委员会委员，曹州书画院画师，菏泽市书法家协会副主席，定陶县书法家协会主席。

作品曾入选全国第二、四、五届篆刻艺术展，首届国际篆刻艺术交流展，全国第七届中青展，西泠印社第二、四、六届评展，全国第八届书法篆刻作品展，全国篆刻艺术展获铜奖，“羲之杯”全国书法大奖赛获三等奖，“林散之奖”

南京书法传媒三年展获佳作奖。近年来，其作品又被入选《书法导报》国际书法篆刻年展，第三届全国书法百家精品展，西泠印社首届中国印大展，纪念中国共产党建党 85 周年全国书法大展，第二届中国书法“兰亭奖”艺术展等。

作品、传略编入《中国印学年鉴》《中国印谱》《中国当代篆刻家辞典》等。

翟永华，1962 年生于山东省东明县。先后研修于中国美院、中国书法院。中国书法家协会会员，山东省书法家协会理事、楷书委员会委员，菏泽市书法家协会主席，菏泽市政协书画院副院长，菏泽市政协委员，菏泽市专业技术拔尖人才。

作品先后入展第六、七、八届全国展，首届中国“兰亭奖”书法展，第七届中青展，首届、二届扇面展，第二届正书展，第四届新人展，首届全国书法百家精品展，首届青年展，第三、五届楹联展，第二届流行书风、流行印风展等 20 余次国家级展览。2012 年被评选为全国当代 30 位最具学术价值与市场潜力的书法家。2016 年在中国国家画院国展美术中心举办“传承与经典系列——翟永华书法展”。2017 年应邀参加中国当代书画 30 家全国巡展。2019 年 5 月应邀参加在北京保利国际会展中心举办的“时尚经典·当代书画名家邀请展”。

黄中航，号渔村，1964 年出生于山东省东明县。现为中国书法家协会会员。曹州书画院画师、东明县书法家协会副主席、菏泽市专业技术拔尖人才。

自 1986 年始，黄中航师从当代著名书画家魏启后先生，并先后得到蒋维崧、沈鹏等名家赐教。他习书先从颜入手，后兼习诸家，真草隶篆多有涉猎。20 年来，他临池不辍，逐渐形成了结体奇异、线条儒雅、意境简远高古的艺术风格。先后入选首届中国书法“兰亭奖”书法篆刻作品展，中国书协主办的全国第七届中青、全国第二届楹联书法大展，世界华人书法展，全国第八届书法篆刻展，全国第一届大字书法艺术展览，“三晋杯”全国首届公务员书法大赛，第三届中国书法篆刻电视大赛获奖作品展等国家级展览。10 次入选日本东京都美术馆主办的国际文化交流展、东洋书道展，并 4 次获得金牌奖。大量作品被日本、新加坡、韩国、英国、美国等 10 余个国家和中国台湾、中国香港的艺术馆及收藏家收藏。个人简介及作品被收入《世界当代著名书画家真迹博览大典》《世界名人录》等 30 余部大型辞书。

1991 年、2000 年，分别在济南军区展览馆中国美术馆举办个人书法展览。1999 年由中国画报出版社出版《黄中航书法集》。

娄尚坤，字无复，号老聋，1965 年出生于山东曹县。初习隶书，后从师于王墉先生，研习书画艺术，专攻篆刻。1997 年入中央美院深造，系统学习书画理论，涉猎诸家书体，艺技渐进。其刻印取法甲骨文，结体奇倔，刀法瘦劲，多有精品，多次参加山东省及全国各类书法大展。作品 1988 年荣获全国第二次青少年书法大赛金奖，入选首届国际篆刻作品展，全国第四届篆刻作品展，全国第七届中青年书法篆刻作品展，2002 年全国魏碑书法大展。2003 年出版《娄尚坤作品集》。

侯玉麟，1966 年出生于山东省曹县。中国书法家协会会员、山东省书法家协会理事、曾任菏泽市书法家协会主席、曹州书画院专职书法家。

他主攻魏碑，旁及隶书、行书。魏碑以方为主，结体峻拔、跌宕，以求庙堂之气。隶书以《好大王碑》为基调，杂以魏碑用笔，求浑厚、古拙之像。行书静中寓动，动中寓静，结体视章法大小伸缩，力避流滑、媚俗之风。

其作品先后获“书圣杯”国际书法大赛一等奖，“牡丹杯”国际书画大赛书法一等奖，“玉峰杯”全国书画大赛书法一等奖，“芦湖杯”全国书画大赛一等奖，“和平杯”全国首届青少年书法大赛一等奖等。作品被国务院办公厅、中南海、怀仁堂收藏。

谢瑞，号铁石轩主，1968 年出生于山东省东明县。现为中国书法家协会会员、山东印社社员、曹州书画院画师。

其作品入选全国第六届中青年书法篆刻家作品展、首届国际篆刻艺术交流展、全国篆刻展、第四届篆刻展，获“桂林杯”书法篆刻大赛优秀奖、山东省首届篆刻展三等奖，作品收入山东省青年书法篆刻优秀作品集。有多件作品在专业报刊发表，并有作品被多家图书馆、博物馆收藏。

徐广征，1968 年出生于山东省曹县。曾从事教学和文秘工作多年，系中国书法家协会会员、山东省书法家协会会员、曹州书画院特聘书画师。

徐广征学书初习唐楷，后专攻行草，其行草节奏明快，行气贯通，结体疏密相间，时纵时敛，似平原走马，又如逆水行舟，用笔豪迈、洒脱不羁，如行云流水、神定气足。

作品曾参加第二届中国书坛新人作品展、全国首届行草大展、全国首届扇面书法艺术展、世界华人书画展及中韩书法交流展等，并在国家、省、市书法大赛中多次获一等奖。《中国书画报》《书法报》《现代文秘》《联合日报》等，曾专题介绍其书法艺术成就。

渠继忠，现任郓城县政协科教卫体委员会办公室主任。中国书法家协会会员，山东省书法家协会隶书委员会委员，郓城县书法家协会主席，曹州书画院画师。

多次获得全国、省书法奖项，取得多项荣誉，成功策展三届“大美齐鲁——山东省中青年书法精品展”等；获“齐鲁文化之星”称号，享受山东省政府特殊津贴。

巩海涛，字青云，1970 年出生于山东省东明县。毕业于山东省干部管理学院，现为中国书法家协会会员。曾先后函授于石家庄艺术学院和中国书画函授大学，并于 1999—2000 年研修于中国美术学院书法专业。

其书法初习唐楷，后追“二王”，以求自然、俊逸之姿，继而浸淫魏碑、汉隶，在雄强浑穆、质朴中求索。其作品曾参加全国第二届正书展、世界华人书画展、全国第四届新人新作展、全国第八届中青年书展、新世纪全球华人书法展、全国第二届行草展、纪念邓小平诞辰 100 周年书法大展、全国首届大字展、全国青年书展、山东省第三届书展。并有作品获山东省第五届“振兴中华杯”青年书展一等奖、全国第二届行草展三等奖、山东省第五届青年书展二等奖、祖国颂全国书法大展金奖、1998 年中国书法首届兰亭奖。

毕红文，1970 年出生于山东省东明县。中国书法家协会会员，东明庄子书画院书画师。他潜心翰墨，以唐人为法。1995 年赴中国美术学院学习书法专业。书法以“二王”行草为宗，旁涉金文、简帛书、章草、北魏墓志，力求清雅秀逸、古拙散淡的书风。其作品曾参加中青展、新人展、正书展、行草展、楹联展、百家展等国家级重大展览10余次，获中国书法家协会主办的全国第八届书法篆刻展览提名奖、中央电视台2004年书画展金奖、山东省书法家协会创作贡献奖。

曹钰，字与天，别署冰心堂主人，1970年出生于山东省菏泽市牡丹区。中国书法家协会会员，山东省书法家协会刻字委员会委员，山东省青年书法家协会理事，曾任菏泽市书法家协会主席，菏泽市政协书画联谊会理事，曹州书画院画师，牡丹区政协委员，牡丹区书法家协会主席。

学书从篆隶入手，继承传统，入古出新，逐步形成了雄深苍浑、朴厚奇崛的艺术风格。书法、刻字作品先后参加全国第七届书法篆刻展、第二届中日书法精品展、首届中韩书法艺术展、新世纪全国书法美术精品展、“鱼水情”全国首届双拥书画艺术展、全国第一届大字艺术展、第五届全国刻字艺术展、第八届国际刻字艺术展、全国第四届正书展、“三晋杯”全国首届公务员书法大展，并多次获奖。作品被人民大会堂、山东省博物馆、周恩来故居、邓小平故居、聂荣臻元帅陈列馆，荣毅仁、迟浩田等收藏。

王志国，1970生于山东省单县，现为中国书法家协会会员、中国楹联学会会员、中国楹联学会楹联书法艺术委员会委员、山东省书法家协会会员。书法作品入选首届牡丹杯当代书画名家作品大展、全国第八届书法篆刻展、山东省庆祝党的十六大召开精品展、山东省纪念中国共产党建党82周年书画精品展、第六届山东省青年书法篆刻展、第四届全省书法篆刻展等。并有作品被美国、加拿大、韩国、新加坡等国友人收藏。

刘照剑，号犁云、犁云草堂、南月梅堂斋主。1971年出生于山东省曹县。供职于曹县文化馆从事书法专业创作，中国书法家协会会员、中国楹联学会会员、中国楹联学会书法艺术委员会委员，曹县专业技术拔尖人才。

其作品曾入选全国第六届中青年书法篆刻作品展、全国第一届扇面书法艺术大展、全国第一届大字书法艺术大展、全国第一届“书圣文化节”名家作品邀请展、全国第一届楹联自撰联书法大展、国际书法篆刻作品展、“中亨杯”和“亚亨杯”全国书画大展、纪念孔子诞辰2550周年全国书画大展。并有作品先后获庆祝中华人民共和国成立55周年全国楹联书法篆刻大展创作一等奖、全国第十二届“群星奖”山东展区铜奖。2001年，《刘照剑书法集》由中国文联出版社出版。

李勍，又名李红岳，1971年出生于山东省东明县。现为中国书法家协会会员、曹州书画院画师、菏泽市书法家协会理事、东明县文化馆副馆长。

李勍幼承家学，酷爱书画艺术。他致力于书法、篆刻的研习创作，诸体皆工，尤擅行草、小楷。其作品曾入展中国书法家协会主办的全国第七届和第八届书法篆刻展览、第七届全国中青年书法篆刻展览、第四届全国书坛新人新作展、全国第三届正书展、第四届楹联展、首届“杏花村杯”全国电视书法大赛，还曾荣获世界华人书画展铜奖、第三届和第五届国际文化交流赛克勒杯中国书法竞赛二等奖，并被评为“十佳书法家”。

刘石，1972年出生于山东省定陶县。现为中国书法家协会会员，菏泽市书法家协会理事，定陶蠡湖书社社长。

书法作品入选全国第二届新人新作展，全国首届扇面书法展，全国第二届楹联书法展，纪念邓小平诞辰100周年全国书法展，全国青年美术书法作品展，第三、四届中日书道交流展，中韩日书法展等。著有《刘石书法艺术》，合著有《十人书法集》。

成文政，1975年4月出生，山东省菏泽市牡丹区人。1995年毕业于天津美术学院，现为中国书法家协会会员，菏泽市青年书法家协会副主席，山东印社社员，曹州印社理事，菏泽市牡丹区书法家协会副主席。

1998年，其篆刻作品入展全国第四届篆刻展；同年入中国书协培训中心篆刻研修班学习。书法作品入选全国第三届楹联展；篆刻作品入选西泠印社第四届篆刻评展；篆刻作品入选山东省第三届书法篆刻展；书法获第四届中国书法篆刻电视大赛优秀奖。2001年，篆刻作品入选山东省首届篆刻展；2002年，书法作品入选全国第四届楹联展。2004年，篆刻作品入选全国第八届书法篆刻展。

鲁世杰，1977 年出生于山东省东明县，大学本科学历，中国书法家协会会员，山东省书法家协会会员，东明县书法家协会秘书长。

主攻行草，于篆隶楷等均有涉猎，书风追求清新隽永，朴茂古雅，书学主张广收博采，深积厚累，法古而不囿于古，体现新的笔情墨趣。作品曾获全国“第十四届大学生艺术节”书法篆刻一等奖，山东省“第六届大学生艺术节”书法篆刻一等奖，全国“语文杯”书法篆刻大赛特等奖。作品入选全国首届草书展，全国首届“杏花村杯”电视书法篆刻大赛，全国第五届“新人新作书法篆刻展”，全国第二届“羲之杯”书法篆刻大赛，全国第八届书法篆刻展，全国首届行书展，山东省第四届书法篆刻展。

李锐，1979 年出生于山东省巨野县，就职于山东省巨野县工商局。中国书法家协会会员，巨野县书法家协会副主席。

其书法作品先后入选全国第八届书法篆刻展，“三晋杯”全国首届公务员书法大赛，纪念红军长征胜利 70 周年全国书法展，第二届中国书法兰亭展，迎奥运千龙书法展（特邀），迎奥运千福书法展，“秦皇岛之约”全国书法邀请展（特邀）。

徐平，山东东明人，1956 年出生，1982 年山东大学毕业。幼承家传，少年励志，笃定笔墨，至今 50 余载。从唐楷入手，遍临历代名帖，承魏汉之风，先“二王”，继颜柳，再米黄，灿临叠摹，不懈一日。尤其 1982 年入山东大学学习，师从蒋维崧先生，技犹精进。1980 开始在报刊发表作品并参加全国首届大学生书画作品展，1985 年中国书画报以《功到自然成，笔力自沉雄》专文介绍书法作品。先后在《书法导报》《书法》杂志等国内专业报刊上发表书法艺术论文多篇，比较系统研究了张即之的楷书艺术、王铎书法作品的艺术美等。2008 年以来先后在菏泽、日照等地举办个人书法艺术展，2014 年受江苏省委宣传部邀请，在南京举办了“大河之风——徐平”徐平书画联展。中国书法家协会会员，山东艺术学院客座教授，曲阜师范大学艺术学院客座教授。

四、市外部分美术家

何方华（1918—2003），原名何芳华，笔名何方，菏泽城区人，著名爱国民主人士何思源先生之长子。生前是中国美术家协会会员，重庆市国画院画师，重庆市第一届至第八届政协委员。1937年，他高中毕业，适值日寇侵华，遂于1938年奉母南迁至重庆，考入了从南京迁往重庆的中央大学艺术系，受业于徐悲鸿、吴作人、陈之佛、傅抱石、黄君璧、张书旗诸大师，兼学西画和国画。1942年毕业后，任教于成都四川省立艺术专科学校。

中华人民共和国成立后，改任于四川美术学院，从教50年。

何方华的花鸟画继承传统，博采众长，画风朴实清新，雅俗共赏，富有时代生活气息。《田野风光》《似曾相识燕归来》等作品在四川省和重庆市展出获奖。由四川美术出版社出版的《墨竹画法》《何方华画集》《何方华画牡丹》等画集，均在书画界广受好评。

何方华对家乡菏泽有深厚的感情，并力所能及地为家乡的文化艺术事业做贡献。无偿赠送乡亲的画，至少有500余幅。

刘鲁生（1918—2004），原名刘如阜，菏泽市牡丹区人。1939年考入中国国立艺术专科学校，1944年毕业后，他先后在四川、山东从事美术教育工作和创作。

他的画作构图奇伟而宏阔，笔墨苍健，赋色清雅。特别是山水画，宋元为宗，变以明清，天丘大壑，烟云映掩；讲究笔法，崇尚意境，追求苍劲、古朴的艺术风貌，自有一种恢宏的浩然之气，高远的林泉之致，荡漾于画面。兼作松石竹木，亦清劲秀润，画风高雅，引人入胜，耐人寻味，使人观画面而得可游可居、身临其境之感。

1982年与于太昌合作为人民大会堂创作《泰山烟云》大型国画。有《刘鲁生画集》于1984年出版。

刘鲁生生前为山东艺术学院美术系教授、中国美术家协会会员、山东省美术家协会艺术顾问。他曾当选为山东省第六届、第七届人大常委会委员，山东省政协委员，曹州书画院名誉院长，曲阜书画院名誉院长。

聂耕，1928 年出生于山东省菏泽城内。1958 年毕业于山东师范学院艺术系，1960 年任济南市文联美术干部，1972 年任山东省实验中学高级教师，1986 年曾受聘于山东师范大学美术系任兼职教授，1993 年受聘于山东教育学院任美术系教授，从事美术教育工作 50 余年，1990 年退休。

聂耕早期从事西画创作，中年以后转攻国画山水。1999 年出版《孔子故里名胜画集》。自 1956 年以来，其油画、年画、国画作品《千佛山》《孔庙》《毛主席在北园》等先后 40 余次入选省和国家级美术大展。

1958 年以来，以他为组长的编写组先后编写《山东省中学美术试用课本》《中学图画教学参考书》《中学生欣赏画册》《小学美术知识辞典》等典籍。

井松岭，1928 年出生于山东省东明县，居中国台湾台中市。献身教育 30 年，先后举办个展 14 次。先后受聘于多家院校教授国画，同时有两种画集行世。

井松岭书画俱精，曾任中国台湾台中大道书画学会理事长，中国台湾书画学会常务理事，台中甲骨文学会、古文学学会顾问。

晁楣，1931 年出生，山东省菏泽市牡丹区人，国家一级美术师、教授。中国北大荒版画学派重要创始人、领导组织者和代表性人物。中国美术家协会理事、中国版画家协会副主席，黑龙江省美术家协会名誉主席、黑龙江省版画院院长，中国美术馆学会核心组成员、全国城市雕塑领导委员会成员，中国当代美术史编撰委员会委员。

其作品参加历届全国美展，并获优秀创作奖、银奖、金奖和荣誉奖。曾在 60 多个国家和地区展出，有 300 余幅被国内外美术馆和博物馆收藏。先后出版个人画集六种、文集三种。

晁楣是国务院政府特殊津贴第一批享受者，并获“国家优秀中青年专家”称号。曾获日中艺术交流中心贡献金奖，黑龙江省中华文化发展终身成就奖，美国密执安州州立艺术交流突出成果奖，鲁迅版画奖，黑龙江省首届文艺终身成就奖，中国 2006 年度造型艺术成就奖。

山东省菏泽市建有“晁楣版画艺术陈列馆”，黑龙江省哈尔滨市建有“晁楣艺术馆”。

张得蒂，女，1932年出生，山东省菏泽市牡丹区人，著名人士张会若之女。1949年以优异成绩考入北京中央美院雕塑系。4年后入该院研究生班。毕业后，留该院雕塑研究所工作。

1978年后，她的艺术创作走向辉煌。曾为北京、上海、深圳、台湾等十几个省市及菲律宾、澳大利亚等国家创作大型雕塑。1986年，以她为主创作的《宋庆龄纪念像》获得首届全国城市雕塑最佳奖。1985年，她的作品《东方的邀请》在意大利举行的“拉维纳艺术”国际雕塑赛中，荣获意大利共和国总统奖。

其作品曾先后在日本、意大利、刚果等20多个国家和中国香港地区展出，多次在国际、国内获奖，发表学术性文章10余篇。1992年以来，《张得蒂作品选集》《雕塑教程》等专著出版。

张得蒂女士为中央美院教授、中国文化部艺术专业人员高评委委员、全国城市雕塑艺术委员会委员、中国美术家协会理事、中国雕塑家学会理事等。

庞媛，女，1937年出生，山东省菏泽市牡丹区人。中央工艺美院教授、中国美术家协会会员。

1963年毕业于中央工艺美院染织系。非常注重“外师造化，中得心源”，主张一手抓传统，一手抓生活。她广游祖国的名山大川，为其绘画创作打下了基础。她精于工笔，其作品构图热烈、明快、稳重，内含大气，给人一种蓬勃向上的力量。

杜冰，笔名鲁石，原名杜广谦，斋号观月楼，1937年出生于山东省郓城县。1996年毕业于浙江美术学院国画系，国家一级美术师、教授，享受国务院政府特殊津贴。

鲁石的画风豪放雄浑，气势磅礴，画面绚烂强烈，郁郁苍苍，无论是大画或者小画，整幅画面墨气萦绕、生机勃勃，个人面貌十分强烈。

鲁石先后在日本、法国、美国、中国台湾、中国香港等地举办过个人画展，多次获大奖。

张铁军，1938年出生，曾供职于山东省东明县文化馆，河南省开封市文联研究室主任，中国美术家协会会员，开封市美术家协会副主席。作品《做九图》获省银奖，《鱼乐图》入选新加坡中国画展并被收藏。《好日子》获省一等奖，入选全国第九届美展。1997年应台湾作家艺术家联盟邀请，赴台举办个人巡回展。

鲁风，原名杨守森，1939年出生于山东省鄄城县。1964年毕业于贵州大学艺术系，分配到贵阳市美术研究所从事工艺美术设计工作。

1980年调贵州国画院从事专职创作。1984年任贵州新闻图片社副主任，主持组建贵州美术出版社工作。1986年返回贵州国画院。其主要作品有《鲁风花鸟画集》等。

鲁风为中国美术家协会会员、贵州省美术家协会副主席、贵州花鸟画研究会会长、国家级美术师。

孙景全，1940年出生于山东省郓城县。国家一级美术师，教授，山东省美术家协会会员，水浒画院院长，山东画院高级画师。

孙景全在大学攻读了五年油画专业，后潜心耕耘于画苑，出版和发表过大量油画、国画、年画及美术评论等作品，尤以水浒人物画为人瞩目。1987年山东美术出版社出版其《水浒英雄谱》一书，由著名书画家范曾题写书名并写前言。其大型唐三彩壁画《梁山英雄聚义图》入选第七届全国美展。

张朝民，号一民，1944年出生于山东省东明县。供职于河南省开封市文化艺术学校，系中国美术家协会会员。

1961年应征入伍，1965年转业到开封市戏曲学校（1985年升格为开封市文化艺术学院），从事美术、书法教学工作，其作品在各级大赛中多次获奖，在豫东、鲁西颇有影响。

曹明冉，1947年出生于山东省单县，1980年从教于菏泽师专（今菏泽学院）美术系，1987年入中央美院进修，现为山东省财政学院教授。

曹明冉攻写意，善花鸟，画风规整细腻，清雅灵秀，神韵透溢。其作品曾多次参加全国美展，并在马来西亚、新加坡、美国等国家和中国香港举办画展，出版有《曹明冉画集》四部。

李荣海，字耕夫，号艺海斋主人、耕夫草堂，1950 年出生于山东曹县。1975 年毕业于淄博艺专，1985 年创建曹州书画院并任院长。1999 年调中国文联，历任菏泽市文化局副局长，菏泽市曹州书画院院长，菏泽市文联主席，山东省第九届人大代表，中国文联事业发展部常务副主任，中国美术家协会分党组成员、副秘书长，中国美术家协会理事，中国书法家协会理事，中央国家机关书画协会副主席，国家友好画院院长，研究馆员。

李荣海在书坛享有盛名，其作品多次参加全国及省级展览，并在日本、新加坡等国家和中国香港地区展出。1992 年草书入选全国五届展，巨幅行草《毛泽东七律长征诗》等 6 幅作品被中南海收藏。人民美术出版社出版《常用行草字汇》《李荣海书法楹联作品展》《李荣海花鸟画扇面作品集》《李荣海诗词楹联书法作品集》。应邀为中国翰园碑林、黄山碑林、云南石林碑林、西湖碑林等 20 多处碑林书写碑文。2011 年菏泽市人民政府设立菏泽市李荣海美术馆，2017 年牡丹区委区政府规划李荣海出资建设菏泽市李荣海美术馆新馆和全国最长碑廊，2012 年曹县人民政府规划建设以李荣海斋号命名的耕夫草堂，2014 年民政部门批准设立菏泽市李荣海艺术基金会，2015 年菏泽学院设立李荣海艺术研究中心，1998 年评为山东省“十佳”文艺家，2020 年菏泽市人民政府授予“桑梓情怀、德艺双馨”荣誉称号。其作品、传略被编入《当代中国书法艺术大成》《中国当代书画家名人大辞典》《当代科学家辞典》《中南海珍藏书画集》等 36 部辞书。

杜春生，1953 年出生于山东省菏泽市。现为中国美术家协会会员，曲阜师范大学美术学院教授，硕士生导师。其专著《中国人物画新思考》由黄河出版社出版，作品多次参加全国美展并获奖。

吴东魁，字昊天，号清瘦人，1954 年出生，山东省菏泽市牡丹区人。1978 年考入山东省轻工美术学校深造。1984 年调入《中国报道》杂志社任美术编辑。1988 年受聘文化部侨联画家。

吴东魁的作品传统功底深厚，气势博大恢宏，豪放不失法度。他作画墨润奔溢，不求法规，笔随意变，情趣横生。其山水、动物、花鸟、人物，画风超俗，笔法灵脱，空虚若现，独具风格。中央电视台先后为他拍摄播放了专题片《天高任鸟飞》《吴东魁笔墨技法》《吴东魁绘画艺术》等。他还与国内名家同道出版画册多本。1993年应中南海画册编辑委员会邀请创作了《毛泽东诗意画挂历》。他的作品曾被人民大会堂、中南海、毛主席纪念堂、钓鱼台国宾馆等收藏、悬挂。并多次被国家领导人作为礼品馈赠国际友人。

徐正，1955年12月出生，山东省东明县人，1975年毕业于山东艺术学院美术科。1982年毕业于曲阜师范大学美术系。1983年入中国美术学院国画系学习。1991—1992年入中央美术学院国画系学习。现任曲阜师范大学美术学院院长、教授、艺术学硕士生导师。山东省美术家协会理事，美国斯德哥摩学院客座教授，菏泽学院客座教授。

其美术作品多次参加国家、省部级展览，并多次获奖。出版多部连环画作品及美术书籍，著有多部著作。1994年，《徐正画集》由山东友谊出版社出版；1995年，《中国历史知识画览》由明天出版社出版，获全国第七届冰心儿童图书大奖；1997年，连环画集《水浒全传》由山东美术出版社出版，荣获山东省“五个一”精品工程奖；中国画《潇洒林下风》获全国首届扇面艺术精品展优秀奖，中国画《源泉》获山东省“跨世纪中国画名家作品展”优秀奖，2003年，《日照海滩的钓鱼者》入选首届中国粉画作品展览，并被苏州美术馆收藏；同年，黄河出版社出版《徐正素描集》；2004年，《织布姑娘》获第十届全国美术作品展览山东展区二等奖；同年，出版《徐正水墨人物画》。

董玮，祖籍山东省巨野县，出生于1955年。现为中国美术家协会会员，山东省工艺美院副教授，山东省政协书画院画师。

毕业于山东工艺美术学院、中央美院研究生班。其作品曾入选1980年全国青年美展，香港回归全国美展并获一等奖，中华全国第六届年画展并获铜奖，2002年全国小品扇面精品展获优秀奖，2005年亚细亚女性艺术大展等。1990年举办个人画展。其作品入载《中国画年鉴》《山东美术家》《山东美术家全集》等典籍。

杨育才，笔名杨子，1956年出生于山东省郓城县，中央美院结业，国家一级美术师，中国美术家协会会员，国家人事部艺术家学部艺术委员，中国文联书画交流中心一级美术师。其作品曾多次参加全国性展览和在国外展出，专著《杨育才画集》《杨育才墨竹》先后出版发行。

李龙潭，1957年出生于山东省郓城县。现为中国美术家协会会员，山东省工艺美术学院教授，山东工艺美术学院造型艺术学院书记、副院长，山东壁画艺术研究院常务理事。

1980年从师于张朋先生研习中国画，主攻大写意花鸟、人物。画风淳朴厚重、笔精墨简、境高意远。作品多次参加省级及国家级各类展览，9次参加国际大展，获美国社科人文协会颁发的“世界第十次美术大展”三等奖，获世界华人艺术大奖“国际荣誉金奖”，大型壁画《兴国科教路》参加全国首届壁画大展，并收入《中国壁画百年》一书。从教以来出版艺术类专著3部，2002年中国画报出版社出版《李龙潭画集》，2004年人民日报出版社出版《李龙潭作品集》。

崔庆国，1957年出生于山东省郓城县，先后毕业于山东省工艺美术学校和天津美术学院。擅长花鸟，兼攻山水人物，画风注重传统，并力求创新。现为中国民族艺术书画研究院副院长，中华艺术促进会理事，九州文化传播中心高级画师，北京市对外友好协会理事，烟台师院兼职教授。

作品多次参加国内外画展和大奖赛，多次获奖。多幅作品被中南海、国务院、天安门、人民大会堂和国内外收藏家收藏。1992年山东人民美术出版社出版《崔庆国画集》；1993年5月在中国美术馆举办个人画展；1994年中国人民美术出版社出版《崔庆国画集》牡丹专辑；1995年在深圳博物馆举办崔庆国百幅牡丹专题画展；同年在中央电视台《书画赏析》节目中主讲“怎样画牡丹”；1997年编写《怎样画牡丹》技法工具书（三峡出版社出版）；同年11月应邀去日本东京学艺大学进行艺术交流；1998年在香港集古斋举办个人画展；1999年作品《富贵常青》入选天安门城楼为中华人民共和国成立50周年大庆用画之一，并入选天安门《世纪珍藏》大型画册；同年5月为中央军委大楼创作《顶天立地富贵太平》大型作品；同年12月在广东省中山市举办《迎澳门回归——崔庆国牡丹专题》展览；2000年至2004年分别在深圳、广州、佛山、东莞举办个人画展；2003年，应中央电视台之邀，再次主讲“怎样画牡丹”。

田博庵，原名田柏安，字庚石，1958年出生，山东省菏泽市牡丹区人，先后毕业于山东省工艺美术学校、菏泽师专艺术系，1985年调入曹州书画院任专职画师。现为郑州嵩山书画院创作部主任、专业画家，中国美术家协会会员。

主攻大写意花鸟画，其画风注重传统、立意新颖，追求深沉、老辣、浑厚、朴拙、雄健、酣畅之美。作品具有强烈的地域特色和东方意趣。多次参加全国、省级美展并获大奖，作品《泼彩荷花》入选全国首届花鸟画展，《嵩岳秋色》入选中国美协主办的庆祝澳门回归书画展，并获优秀作品奖。作品《嵩岳情深》《山野》《春浓图》《硕果图》《秋浓图》等分别入选由中国美协、文化部等主办的画展美展。曾3次获河南省美展一等奖。出版有《田博庵画集》等。

李长文，字笔壮，号纳天斋主，1958年出生，山东省菏泽市人，大学文化。现任新加坡神州艺术学院高级顾问，深圳市青联委员、《深圳商报》美术编辑。曾荣获“世界杰出华人艺术家”称号。

自1987年调入深圳以后一直活跃在当地画坛，1994年起独创中国画的“冲墨撞彩”画法，受到艺界广泛关注。曾数十次在国内外举办个人画展及多次参加国内外举办的大展大赛，其中《朝酣》获“联合国世界和平教育者画展”金奖，《泼墨荷花》获“世界杰出华人艺术家作品大展”特别金奖，《新雨》获“共和国社会主义文学艺术50周年研讨会”一等奖，《花荫情侣》获“山东省青年美展”一等奖，其传略入编《中国当代名人录》《世界华人艺术家大典》等近70部大典。《人民日报》《光明日报》《北京日报》等诸多传媒对他的事迹做过报道。1998年8月《李长文画集》由河南美术出版社出版发行。中国美协《美术》杂志社为其主办了“李长文艺术研讨会”。

高永谦，号无为居士，1959年出生于山东省单县，现为中国美术家协会会员。擅长山水画，多次沿黄河故道写生。毕业于中央美术学院国画系。

他的作品画韵典雅，意境幽远，集诗、书、画融为一体，相互贯通、相得益彰。其创作的黄河故道风情系列画，入选山东省美术家协会主办的1992年新人新作展览并被收藏。其作品多次参加国家和省级画展并获奖。

潘鲁生，1962年出生，山东省曹县人。1983年毕业于山东省工艺美术学院，后入中国艺术研究院研究生部攻读硕士学位，南京艺术学院攻读博士学位。曾任山东省第八、九届青联常委，第十届青联副主席；全国第九、十届青联委员。中国美术家协会理事，全国美展评审委员会委员。现为山东工艺美院院长、教授，山东省美术家协会副主席，山东省专业技术拔尖人才，享受国务院政府特殊津贴。

2004年瑞典皇家工学院专门举办潘鲁生彩墨艺术展。其学术研究成果先后荣获中国艺术研究院优秀成果特别奖，首届国家科学基金项目优秀成果一等奖。作品先后入选第七、八、九届全国美术作品展。

曹桂生，1962年出生于山东省单县。现任陕西师范大学美术研究所所长、美术学院第一副院长、教授、硕士研究生导师，中国美术家协会会员。

1985年毕业于西安美术学院国画系；1996—2003年在西安交通大学艺术系任教。2002年任艺术系副主任，硕士研究生导师。2003年任西安艺术学院副院长。出版专著1部，教材5本。有50余幅美术作品参加各级美术作品展览，并多次获奖。

赵小竹，1963年出生，菏泽市牡丹区人。1981年10月应征入伍，利用业余时间潜心于书画事业，曾受教于孙其峰、张蒲生诸师。

其艺术成就载入《中国当代美术家名人录》《中国当代书画家大辞典》等辞书。作品曾百余次在全国书画大赛和展览中获奖，并出版了《赵小竹国画选》《赵小竹画辑》《赵小竹花鸟画集》等挂历和画集。

赵小竹现为中国美术家协会会员、山东省青年美术家协会常务理事、中国青年书画人才研究会山东分会会长、山东省青年书画院高级画师。

徐耘耕，1964年出生于山东省东明县。现为河南省中国画研究院特邀画家，开封书画院专职画家，中国美术家协会会员。作品曾多次入选全国、省级大型美展并获奖，其中多幅被韩国、日本、菲律宾、澳大利亚等国家和港台地区收藏。

张岩，1965年出生于山东省单县，1989年毕业于山东艺术学院美术专业，同年分配到陕西师范大学，2005年获西安美术学院美术学硕士学位。现为陕西师范大学美术学院教授、硕士生导师。10余年来，他致力于中国古今字画的研究，在《文艺研究》《中国书法》等刊物上发表业务论文近30篇。

张乃兴，笔名翰青，1965年出生于山东省巨野县。1995年毕业于中央美术学院国画系硕士研究生花鸟画专业。后在解放军艺术学院研修人物画。

1996年4月应邀在家乡菏泽市博物馆举办个人画展。其作品陆续参加各种展览并获奖出版。工笔人物画《紫荆飒英姿》入选第九届全军美展，山水画《晨雪》入选北京市美展。

张乃兴现为中国人民解放军艺术学院美术学教授，中国美术家协会会员。

石峰，1969年出生于山东省单县。现为中国美术家协会会员，《时代国画》主编，中国美术创作院美术馆副馆长。其作品先后荣获2000年全国书画家新作展佳作奖，“民族魂国土情”全国书画大奖赛优秀奖，2003年全国中国画作品展金奖。还参加了21世纪中国画澳大利亚展、当代中国画展赴法国展、黄宾虹奖获奖画家作品展、第十届全国美术作品展、当代中国山水画学术展、全国名家学术邀请展、当代中国山水画名家学术邀请展等。

五、市外部分书法家

杨昆峰，1919年出生于山东省东明县，曾任台湾省花莲市书法家协会主席。著名奇石收藏家、竹笔发明制作家，有五艺俱美之佳称。其书法作品受近代草圣于右任先生之熏陶，古朴典雅，苍劲有力，别具一格，其书法墨迹流传甚广，国内外多有收藏。

毛乘乾，字子健，笔名伴石。祖籍山东省东明县，1919年出生于河南省长垣县。

纵览毛秉乾的作品，形式多样，章法新奇，墨彩变幻，笔畅神逸。观其书《沁园春》则若长虹亘天，神采飞扬；写《黄河颂》则如高山落瀑，飞流直下；书陆游诗则笔酣墨饱，老辣遒健。

毛秉乾作品深受日本、美国、东南亚诸地收藏家所喜爱，曾荣获河南省行草书一等奖、河南省首届龙门奖银奖、中原书法大赛二等奖。作品曾入选《国际书法篆刻展作品精选集》《全国第二届书法篆刻展》。为许慎、韩文公、岳飞、郑和等历史人物祠和黄陵纪念馆所作书法楹联被收藏，并参加日中友好书画家百人展、大阪中日书法展、广岛新春画道作品展。作品刊印于日本出版的《中国当代墨宝集》，加拿大出版的《中国当代名家墨宝集》。1991 年河南美术出版社出版《毛秉乾书法选》。毛秉乾为中国书法家协会会员。

刘巍，字鸿德，1920 年出生于山东省单县，祖辈书香传世，家境殷实。1948 年迁居台湾屏东。

其书法以正楷、隶、篆为主，笔力苍劲。2000 年曾应邀为潍坊国际碑林撰书多幅作品，刻立 35 座名碑，特建“书法刘巍园”。另于天津黄崖关刻立刘巍“黄崖关诗赞碑”。

1997 年菏泽曹州书画院扩建碑廊，他托请菏泽旅台同乡会会长高秉涵代捐美元 2 万元，曹州书画院特意为其建“鸿德亭”。1999 年单县重印民国版《单县志》，他又捐赠美元 1.2 万元。2005 年，刘巍先生出版《隶书金刚经》等著作。

宋锡仁，1922 年出生于山东省东明县，1948 年毕业于南京中央大学历史系，为中国书法家协会会员。曾任四川省委宣传部副部长、四川省社会科学联合会党组书记等职。

边健如，1924 年出生于山东省郓城县，原中国人民解放军陆军二一一医院政委，1983 年离休。中国书法家协会会员，黑龙江省书法家协会理事。曾主编《中国历代皇帝墨迹选》。

赵心鑑，字自明，笔名赵文，号四戒居士，知止斋主，1928 年出生于山东省郓城县，后居台北，为台湾省书法学会会刊总编辑。

虽人生沧桑，历尽坎坷，但追求翰墨之志不衰，用功尤勤，先习唐楷以奠其基，转习汉隶魏碑以求其变，后出行草以述其情，尤对《石门颂》、板桥体喜爱有加，心慕手追，以求真谛。他用板桥体所书《渔村夕照》稳健有力，笔墨酣畅，洋洋洒洒，蔚为大观，深受方家好评和大众喜爱。故土情深，频频往返海峡两岸。不少书法作品被收入典籍，一些作品散见于家乡菏泽民间。

耿广德，字兴华，又名昆山。1928 年出生，山东省菏泽市牡丹区人，1945 年初，国难当头，受家乡抗日英雄赵登禹将军爱国精神之感召，毅然投笔从戎。1948 年考取陆军官校第 23 期，1968 年转任教职，在台中师范专科学校任职直至 1982 年退休。

1992 年他应书画好友罗永华、宋向华、井松岭、马相伯教授之邀，参与组织成立台湾省书画学会并首任理事。1996 年举办海峡两岸书画交流联展，分别在台中、台北和北京、西安巡回展出，其书法作品获得好评。1997 年，他应济南中山书画研究会秘书长刘武君先生之邀，参加纪念孙中山先生书画作品展，其作品分别在济南、北京等地展出。

张健，1943 年出生于山东省东明县，毕业于武汉大学中文系，曾任湖北省政府研究室研究员。湖北省老年书画研究会常务副会长，湖北省书法家协会理事，中国书法家协会会员。

其书法作品曾获 2002 年“首届中国书法兰亭奖”，首届“敦煌杯”全国书法大赛奖，并被授予书法百家称号。并有作品入展全国第五届楹联展，全国第二届扇面书法展，获全国楹联展创作一等奖。

仝相和，1948 年出生，祖籍山东省郓城县。现为中国书法家协会会员，中原油田书协主席，河南省书协理事，国家一级美术师。自 1998 年以来，有近百幅作品在国家或省部级书画展赛中参展或获一、二、三等奖，并有《仝相和书法作品集》出版。

刘守安，1949 年出生于山东省东明县。在山东大学、曲阜师大学习和工作期间，曾得到著名书法家蒋维崧、包备五教授的悉心指教，数十年如一日，博采众长，持之以恒，进取不止，其书作颇有声誉。调京后，又在欧阳中石教授的指导下工作，其行书作品具有自然、流畅、洒脱之特点，内蕴飘逸、峭拔之气势，颇受大家赞誉。

多年来，刘守安有众多书法作品及论文发表于《人民日报》《书法导报》《中国书画报》《书法艺术》等报刊；其书作为国家及地方博物馆所收藏，被人们称为学者型书法家。

刘守安曾任曲阜师大中文系教授、《齐鲁学刊》编辑部副主编、主编；山东省美学学会会长、山东书画家学会副会长、山东高校书画协会副会长等。现为北京首都师范大学中国书法文化研究所副所长，书法专业研究员、导师，中国书法家协会会员。

刘保进，1950年出生于山东省成武县，二炮某部副政委，正师职，大校军衔，教授、硕士生导师。先后在二炮指挥学院、南京政院、国防大学和中央党校学习进修，在研究生书法理论班和中国书协书法创作班学习。

刘保进现为中国书法家协会常务理事，其书法作品在国内外书展中40余次获奖，并在美国、法国、日本、韩国和中国香港等地展出，被授予“中国书画百杰”“中华书画艺术名家”和“世界华人艺术名家”等荣誉称号。其个人简介载入《中华名人大典》《世界名人录》和《世界人物辞海》等大型人物名典。

吕建德，字公度，号遗韵斋主，1951年出生于山东省曹县。现为中国书法家协会会员、孔孟之乡青年书协副主席、济宁市书画院院长、研究馆馆员。

楷书从唐碑入手，对颜、柳诸体进行过较深的研究。后受“二王”及北魏石刻的影响较大。他的小楷得力于王献之《玉版十三行》，又汲取王羲之《黄庭经》古朴典雅之风骨，行笔凝重，古朴清丽。其草书和行书，师宗“二王”，旁及米芾、王铎诸家。他的书法师古而不泥古，具有强烈的时代气息。

吕建德的书法作品多次在国际和全国书法大赛中获奖。其中在“中意杯”“书圣杯”国际书法篆刻大赛中均获一等奖。作品入选全国第三、四届书法篆刻展览。其传略被收入《中国书法家大辞典》。

张树林，1955年出生于山东省曹县。自幼酷爱书艺，1978年曲阜师大美术系毕业，现为中国书法家协会会员、山东省书法家协会理事、日照市书画院副院长、日照市书法家协会副主席兼秘书长。

其书作发表、获奖颇多。1986 年 4 月获中国书法家协会、中央电视台主办的全国电视书法竞赛成年组二等奖；1986 年 8 月荣获全国青少年书法篆刻首届神龙大奖赛青年组优秀奖，同年荣获全国青少年首届书法银河大奖赛二等奖。

刘继武，号云禅（云中一禅），1955 年出生于山东省单县，现为中国书法家协会会员，第二炮兵政治部创作室书法创作员。

在 30 年的军旅生涯中，形成了自己书体方正凝重、笔势奇古朴拙的艺术风格，其作品多次参加全国、全军大展，并于 20 世纪 80 年代回乡在菏泽举办了书法汇报展。

刘继武诗书俱工，诗的言志、言情，书以抒怀，二者相得益彰，更将其书艺推向了一个更高的美学境界。

毛鸿雁，女，1955 年生，祖籍山东省东明县，郑州画院专职书画家，中国书法家协会会员，郑州市女子书画家协会主席。其书法作品多次入选全国书法篆刻展、中日妇女书法展，曾荣获海峡两岸迎回归妇女书画展二等奖，全国诗人书画家大奖赛优秀奖。

孙西贞，号大润斋主，1958 年出生于山东省巨野县。现为中国书法家协会会员，东营市美术家协会副秘书长，东营市书法家协会副主席。

李一，1962 年出生于山东省定陶县，中国艺术研究院研究员，中国美术家协会理论委员会秘书长，中国艺术研究院书法研究室主任，《美术观察》杂志副主编。

王育红，1969 年出生于山东省东明县。在中原油田文联工作。中国书法家协会会员，齐白石艺术研究会会员，中石化书法家协会常务理事。其作品曾在全国第七届书法篆刻大展中获奖，入选纪念改革开放二十年全国美术书法摄影艺术大展。他先后荣获部级“德艺双馨”文艺家称号，中国石油艺术最高奖——“艺术之花”奖。

张善友，字风行，祖籍山东省东明县，1971 年生于河南省开封市，中国书法家协会会员。1986 年与 1994 年先后就学于河南省工艺美术学校及中央工艺美术学院。其篆刻作品在全国第八届书法篆刻展中获提名奖，在全国中青年书法大赛中获金奖，在“长城杯”全国书画大赛中获金奖，入选全国第五届篆刻展、第三届天津全国书法百家精品展，并有作品收入《中国当代书法篆刻大观》。出版《当代中青年篆刻家五人作品集》《全国第八届书法篆刻百名精英谱》等书。

第三编

中国民间艺术之乡

概　述

民间艺术是指由那些没有受过正规艺术训练，但掌握了既定传统风格和技艺的普通老百姓所制作的艺术。它以天然材料为主，就地取材，以传统的手工方式制作，与民俗活动密切结合，与生活密切相关，带有浓郁的地方特色。一年中的八时八节等岁月时令，从出生到死亡的人生礼仪，衣食住行的日常生活，都有民间艺术的陪伴。

菏泽历史悠久，文化灿烂，是中华民族的重要发祥地之一，这里拥有丰富的民间艺术资源，是菏泽历史文化延续发展的重要载体。菏泽境内大量的民间艺术，历尽沧桑岁月，得到较好的保护和传承。

菏泽的民间艺术，内容十分丰富，涵盖了传统手工技艺、民间戏曲、民间曲艺、民间音乐、民间舞蹈、传统美术、传统美食制作等诸方面。按照制作技艺的不同，又可分为剪刻类、塑造类、织绣类、编织类、绘画类、雕镌类、扎糊类、表演类、装饰陈设类等。其基本特点是，不脱离地域特征，与人们的生产生活密切相关，依托人本身而存在，以声音、形象和技艺为表现手段，并以身口相传而得以延续。这些民间艺术，是菏泽优秀传统文化的奇葩，是菏泽历史文化的活化石，蕴含着菏泽人特有的精神价值、文化意识和创造力、想象力。

每一个民间艺术，都经历过坎坷而漫长的岁月，都曾留下过一个个动人的故事传说，每一门民间艺术的背后，都闪烁着民间艺人的心血与智慧，凝聚着岁月与人生的坎坷沧桑，从不同层面折射着民间艺人高超的技艺和巧夺天工的水平。他们具有吃苦耐劳、艰辛创造的优良作风，对技艺精益求精、一丝不苟的求实精神。他们是能工巧匠，对自己的产品精雕细琢，将毕生岁月奉献给了一门手艺、一项事业。

菏泽是著名的民间艺术之乡，民间艺术常以丰富的品种、千姿百态的形式和精湛的地域艺术特色而闻名，这是祖先留给我们的一笔十分宝贵的财富。正是一批批、一代代的民间艺人，将自己的毕生心血和智慧，全部倾注到他们的作品中，才使得菏泽的民间艺术如此精彩，展现出多姿多彩的民间艺术文化，成为民众生活中不可或缺的重要组成部分。

菏泽的民间艺术，数量多，题材广，内容丰富，影响深远，有很高的技术含量，在非物质文化遗产保护中，占有很重要的地位。民间艺术大多属于非物质文化遗产的范畴。仅以民间艺术中的非物质文化遗产来说，截至2020年，菏泽现有列入国家级非物质文化遗产名录的达32项，列入省级非物质文化遗产名录的达112项，列入市级非物质文化遗产名录的达345项。有22人为国家级非遗项目代表传承人，73人为省级非遗项目传承人，362人为市级非遗项目代表传承人。菏泽在国家、省两级非遗名录和国家级非遗项目代表传承人三个方面，均居山东省首位，全国地市级第二位。牡丹区、曹县、巨野、郓城等县区还先后被文化部、国家有关部门命名为“民间舞蹈之乡”“唢呐之乡”“秧歌之乡”“中国农民绘画之乡”“中国工笔画之乡”“中国曲艺之乡”“中国民间文化艺术（杂技）之乡”“中国民间文化艺术（古筝）之乡”“山东省民间文化艺术之乡”。这充分说明，菏泽是名副其实的中国民间艺术之乡。

在非物质文化遗产名录中，除民间文学、体育、民俗之外，绝大多数都属民间艺术的范围。其中鲁锦、剪纸、面塑、泥塑、柳编等传统工艺，山东琴书、落子、渔鼓、花鼓、坠子等民间曲艺，舞龙舞狮等民间舞蹈，鼓吹乐、鼓筝乐、黄河号子等民间音乐，木版年画、绳艺等传统美术，单县羊肉汤、烧牛肉等美食制作，都是有代表性有影响力的菏泽民间艺术。这些民间艺术，是菏泽地域文化中的宝贵财富，是劳动人民智慧和汗水的结晶，有些民间艺术，被赞誉为传统绝活，从不同层面折射着民间艺人的智慧和文化。

鲁锦，是鲁西南农家妇女家织的粗布，它是山东省独有的一种民间纯棉手工纺织品，具有浓郁的乡土气息和鲜明的民族特色。自元明时期，随着棉花的种植，鲁西南人民就将织绣工艺运用于棉纺，形成了鲁西南民间织锦。鲁锦主要产地在鄄城县，2008 年 6 月被国务院列入国家级非物质文化遗产名录。鲁锦图案精致古雅，色彩绚丽，品种繁多，花鸟虫鱼，图案场景，千姿百态，应有尽有，犹如一幅幅典雅大方、古朴粗犷的工艺和生活用品。鲁锦和与之相关的民俗活动，共同构成了内涵丰富的鲁锦文化。鲁锦所具有的纯棉质地、手工织造、民族图像三大特点，以及其天然的织造原料、复杂的传统技艺、绚丽的图案艺术和浓郁的民族特色，让人深刻感受到民间艺术的人文底蕴和魅力。目前，鲁锦及其制品已畅销欧美及亚洲 60 多个国家和地区。

菏泽剪纸，历史悠久，遍及城乡，在民间广为流传，多出于农家妇女之手，趣味浑朴天然，广泛用于春节的窗花、结婚的喜花、丧葬中的纸活、社火表演的道具、刺绣作品中的底样，内容上多以传统的花草、动物、人物、戏曲为主。菏泽的剪纸艺术在全省全国的大赛中屡获大奖。

菏泽面塑，俗称捏面人，是以捏、塑、堆、纳等方法为主制作的民间艺术品，艺人以手施艺，靠手工方法造型，常结合彩绘装饰方法，在塑形后再施以彩绘，以增加艺术品的欣赏性、象征性和吉庆祥和的气氛。菏泽面塑历史悠久，源流可溯及尧舜时代，清代曹州艺人多次离家去上海、厦门、广州、香港捏塑面人，并出国到东南亚等各国卖艺表演。菏泽面塑作为一种独特的艺术，驰名全国，声扬世界。

菏泽泥塑，是本地一种古老的民间艺术，它以泥土为原料，以手工捏制或磕模方法成形，以人物、动物为主。人物神态各异，惟妙惟肖，栩栩如生。泥塑彩塑的鲁迅与祥林嫂、蒲松龄写聊斋、西游记人物、水浒人物、牡丹传说故事等，成为泥塑彩塑中之珍品，曾多次获国家级省级奖项。1995 年著名民间彩塑艺人赵东民被联合国教科文组织授予“民间工艺美术家”称号。

菏泽条柳编，是民间实用的工艺品之一，距今已有上千年历史。千百年来，劳动人民为了生存，就地取材，创造出许多编织技法和原材料加工技术，并使之在实践中不断发展完善。条柳编技艺，是用杞柳条和麻绳或全用杞柳条经纬交织编造而成生活用品的一种技艺，编织技术精巧，样式美观大方，结实耐用。产品种类很多，广大农村随处可见。条柳编制作流程较为复杂，不同器物的编制方式各有不同。菏泽的条柳编以曹县、成武为中心，产品不仅远销京、津、苏、浙等地，而且远销国外，出口多个国家和地区，深受国内外用户欢迎。

菏泽民间曲艺，作为一种表演艺术，是用口语说唱来叙述故事，塑造人物，表达思想感情并反映生活。它是由民间口头文学和歌唱艺术经过长期发展演变而形成的一种独特的艺术。曲艺的艺术形式相对比较简单，由一人或几人说演，辅以小型乐队伴奏，舞台表演上不像戏剧演员有固定角色，而是一人多角、一人一台戏的特点。菏泽曲艺流派众多，各具特色，形成了曲坛上百花争妍的繁荣景象。主要曲种有山东琴书、落子、花鼓、渔鼓、坠子、弦子鼓、木板大鼓、梨花大鼓、花鼓丁香、莺歌柳书、皮影戏等。这些曲种各自独立存在，曲艺表演可以在舞台上进行，也可划地为台随处表演，曲艺演员与听众关系更加密切，使听众享受到如闻其声、如见其人、如临其境的艺术美感。菏泽的民间曲艺，融入了浓郁的菏泽风土人情和地方特色，在山东在全国都享有声誉。可以说是最接地气的文学艺术，它诞生于民间、活跃于民间，一直扎根在群众之中，从田间地头、地摊茶社，到登上大舞台，走进广播电视，接入互联网，始终深受人民群众的欢迎，如今新秀不断涌现，老艺术家也焕发了青春，为曲艺舞台创造着新的辉煌。菏泽的民间曲艺，在山东在全国都享有声誉，它犹如一颗闪烁的明珠，在文艺百花园中闪闪发光。

菏泽民间舞蹈，是在民间形成并流行于民间的艺术形式，它由人民群众自创、自演，表现地区的文化传统、生活习俗及劳动人民的精神面貌。舞者或伴随乐器而舞，或以乐器为道具，边舞边演奏。舞姿激越奔放，矫健优美，动作古朴大方，刚劲有力，具有浓郁的乡土气息和地域特色。菏泽的民间舞蹈，不仅历史悠久，题材广泛，内容丰富，形式多样，而且数量众多。主要有舞龙舞狮、高跷、抬阁、旱船、担经、三皇舞、羊抵头舞、精灵皮、蹦伞、竹马舞、马叉舞、商羊舞、二鬼摔等。民间舞蹈最突出的特征就是它的民俗性，有节令习俗舞蹈、生活习俗舞蹈、礼仪习俗舞蹈、信仰习俗舞蹈、劳动习俗舞蹈等。

菏泽的民间舞蹈艺术极为丰富优美，是中华民族艺术宝库中的璀璨明珠。

菏泽民间音乐，是劳动人民在生活和劳动中自己创作和演唱的歌曲，它以口头创作、口头相传的方式生存于民间，并在流传过程中不断提炼而日臻完美。民歌音乐气氛热烈，形象生动，表现手法丰富多样，富有变化，有多种题材与形式。主要有鲁西南鼓吹乐、民间丝弦乐、鼓筝乐、包楞调、黄河号子、夯歌号子、牛屯鼓乐、成武大鼓、商汤鼓角、十不闲等。曲目十分丰富，风格简朴、粗犷朴实，多用于民间的婚丧嫁娶、迎神庙会、各种喜庆等民俗活动。菏泽的民间音乐拥有非常高的文化价值，它凝聚着菏泽优秀传统文化的精粹。

菏泽名吃制作技艺，是菏泽民间艺术的重要组成部分。菏泽古称曹州，是中国食祖伊尹故里。菏泽人一向注重饮食文化，有许多特色美食制作技艺，都有着几百年上千年久远的历史。特产名吃的形成与发展，与菏泽的文化历史、地理环境有关，这里气候温和，良田万顷，物产丰富，交通便利，文化发达。到过菏泽的人，都会对这里的传统名吃赞不绝口。菏泽名吃品种繁多，用料讲究，风味独特，制作精细，经济实惠，色香味形俱佳。一道道带有菏泽地域特色的特产名吃，已成为菏泽的名片，成为菏泽民间艺术的一朵奇葩。本书的介绍，将让您领略菏泽名吃制作技艺的独特魅力，感受菏泽悠久厚重的民间艺术文化。

保护、传承、利用好这些民间艺术，对于继承和发扬菏泽优秀文化传统，促进文化多样性发展，繁荣文化事业和文化产业，建设文化大市强市，具有重要而深远的意义。

第一章　民间织绣印染　剪纸艺术　扎糊技艺

第一节　民间织绣印染技艺

一、鲁锦

鲁锦是鲁西南民间织锦的简称，是鲁西南农家妇女家织的粗布，它以优质的棉花为原料，把棉花纺成线，再染成各种颜色，放在传统的木织机上精织而成。鲁锦的主要产地在鄄城。它是山东省独有的一种民间纯棉手工纺织品，具有浓郁的乡土气息和鲜明的民族特色。鲁锦具有悠久的织造历史，元明时期，随着棉花在黄河流域的大面积种植，鲁西南人民将传统的葛、麻、丝、织绣工艺糅于棉纺，形成了鲁西南棉锦。自明代传承至今，清代时这一工艺达到炉火纯青的境界。据史书记载，濮州（即今菏泽鄄城）织造的织花布曾作为贡品进献朝廷，成为皇家御用之物。这种土生土长的农家织锦，在锦衣玉食的统治者面前，成为珍贵的宝物。在中央美术学院研究所民间工艺品标本室里，至今还收藏着清末鄄城鲁锦数百个品种。鄄城鲁锦主产地为鄄城县的旧城、李进士堂、大埝、箕山、左营、凤凰、临濮等乡镇。它是山东西南部地区独有的纯棉手工提花纺织品，具有图案精致古雅、色彩绚丽、品种繁多、质地细密、舒适耐用的特点。鲁锦的手工织造工艺极为繁杂，从植棉纺线到上机织布，大大小小要经过 72 道工序，它以 22 种基本色线可以变化出 1990 多种绚丽多彩的图案，堪称千变万化、巧夺天工。每道工序里还有很多子工序，可以想象得出，织锦中蕴藏着多少繁杂的劳动。其独特的手工提花织造工艺和色彩鲜艳对比强烈的图案艺术与山东其他地区的手工织布有着明显的区别，具有鲜明的地方特色。鲁锦产品纹样由最初的斜纹、条纹、方格纹等发展到枣花纹、水纹、合斗纹、鹅眼纹、猫蹄纹等较为复杂的纹样。鲁锦常用的颜色有大红、桃红、湖蓝、靛青、绿、棕、紫、白、黑、黄等。极为可贵的是其染色是采用天然的植物染料，色谱比较齐全，更具有绿色环保的特质。

在漫长的织造岁月中，心灵手巧的鄄城农家妇女不断地创新、改进鲁锦工艺，逐渐形成了现代鲁锦融提花、打花、挑花工艺于一体与浑厚中见艳丽、粗犷中见精细的独特风格。鲁锦的图案意境就是用各种各样的几何形来体现，而不是具体的事物形象。通过抽象图案的平行、重复、连续、间隔、对比等变化，形成特有的节奏和韵律。鲁锦在社会生活中应用广泛，使以婚嫁为主要代表的民俗活动变化更加丰富多彩。它和与之相关的民俗活动一起共同构成了内涵丰富、博大精深的鲁锦文化，在国内外都产生了深远的影响。曾荣获山东省民间工艺美术品博览会金奖；“金博士”杯全国青年工艺美术品制作大奖赛优秀奖；菏泽国际牡丹花会唯一的指定地方著名特产品；2005 年 1 月荣获“泉城杯”山东省第二届旅游商品创新设计大赛金奖。2005 年 12 月，鄄城鲁锦再次荣获第三届山东省游泳商品创新设计大赛金奖，成为我省唯一蝉联两届大赛金奖的产品。

鲁锦在保持传统特色的基础上，与现代技术、现代设计相结合，开发生产出适应现代人生活情趣和审美需要的工艺壁挂、家纺、服装服饰、箱包手袋四大类五十多个品种的产品。

2008 年 6 月鲁锦被纳入国家级非物质文化遗产名录。

1995 年鄄城县建立了“中国鄄城鲁锦艺术博物馆”。2012 年成武县伯乐坊鲁锦有限公司，从事鲁锦衬衣及床上用品等专业生产加工。

在当今社会崇尚回归自然的消费潮流中，鲁锦所具有的纯棉质地、手工织造、民族图案三大特点显得尤为珍贵。鲁锦产品集纯天然的织造原料、传统的制作工艺和独特的鲁锦艺术于一身，让人深刻感受到中国优秀传统文化的人文底蕴。目前，鲁锦及其制品已成为国际纺织市场的抢手货，畅销欧美及亚洲 60 多个国家和地区，为国家创得大量外汇。

二、蓝印花布

东明蓝印花布手工技艺已有200多年的历史，始于该县大屯镇龙山集村。龙山集村孙氏蓝印花布，历代均是父亲传儿子，以口传身授的方式进行传承，第五代传承人孙朝彬13岁随父亲学习蓝印花布制作技艺，现已年逾花甲。

民间蓝印花布全凭手工染制而成。其染制程序是，先制作镂空花版刷桐油加固，然后用刮刀将石灰和黄豆面合成的糨糊，透过花版刮在布上，晾干后将布叠起来投入染料锅内染色。待布着色晾干，搓掉石灰豆面，蓝底白花清晰可见，犹如蓝天白云，给人一种简朴、素雅、清爽、宁静的美感。

蓝印花布的种类主要有被单、包袱、床帷子、门帘等十几种。这种靠手纺、手织、手染的民间工艺，以纯真而又朴素、鲜明而又和谐的蓝白之美闻名于世，在农家生活中具有广泛的实用价值。

蓝印花布的纹样题材，一般以花卉鸟虫为主，也有简洁的几何图形。其图案形象生动、结构简洁优美、寓意深刻丰富、风格独特鲜明，含有吉祥之意，如“凤戏牡丹”“麒麟送子”“喜庆有余”等，深受百姓喜爱。

三、鲁西南刺绣

刺绣是中国古老的手工技艺之一，古称针绣，又称“黹”“针黹”，是用绣针引彩线，按设计的花纹在纺织品上刺绣运针，以绣迹构成花纹图案的一种工艺。因刺绣多为妇女所作，故又名“女红”。我国的手工刺绣工艺，已经有2000多年的历史。据《尚书》记载，远在4000多年前的章服制度，就规定“衣画而裳绣”；至周代，有“绣缋共职”的记载。鲁西南民间刺绣在农村普遍存在，据开发区陈集镇崔庄村刘春梅讲述，本村的刺绣已相传二三百年了。

刺绣多出自农村妇女之手，在过去尤以姑娘为多。刺绣不但是美的艺术，且寓意深刻。如绣花枕头“鱼戏莲花”，鱼象征男性，莲花象征女性，暗喻男女婚配结合；绣出的鞋垫、枕顶、门帘、虎头鞋帽，美观大方，既有剪纸效果，又有刺绣特点，深得人们喜爱。手工刺绣的图案工整绢秀，色彩清新高雅，针法丰富，雅艳相宜，绣工精巧细腻绝伦。就刺绣的针法而言，极其丰富而变化无穷，共有9大类43种，主要有齐针、抢针、套针、施针、乱针、滚针、切针、平金、打点、打子、结子、网绣、冰纹针、挑花、纳锦、刻鳞针、施毛针、穿珠针等，采用不同的针法或多种针法结合会产生独特的手工刺绣艺术效果。

纹样大多采用传统的民族图案，富有装饰性。色彩丰富鲜艳，针法严谨，虚实适宜，立体感强，平整光滑。所绣对象有花蝶、鲤鱼、龙虎等。

第二节　剪纸艺术

民间剪纸是劳动人民为了满足自身精神生活的需要而创造，并在他们自己当中应用和流传的一种艺术样式。它生存于劳动者深厚的生活土壤，体现了人类艺术最基本的审美观念和精神品质,具有鲜明的艺术特色和生活情趣。曹州剪纸历史悠久，遍及城乡。曹州剪纸的形式多样，单色、套色、立体等手法相互运用，内容多以传统吉祥图和戏曲人物为主，花鸟动物中常常加进象征文化符号的琴棋书画等，有浓烈的地域文化特征。反映出人们对大自然的热爱和对美好生活的向往。剪纸实际也就是在纸上镂空剪刻，使其呈现出所要表现的形象。作者凭借自己的聪明才智，在艺术实践和生活实践中，将这一艺术形式形成了以剪刻、镂空为主的多种技法，由于剪纸的工具材料简便普及，技法易于掌握，有着其他艺术门类不可替代的特性，因而，这一艺术形式从古到今，深得人民群众的喜爱。

菏泽民间剪纸，题材多取自民间神话、传统故事中的花鸟、人物、生肖、动物、花果、婚礼、生活场景等。菏泽剪纸充分体现了鲁西南黄河流域的风土人情，具有浓郁的地域特点，广泛的群众基础，高超的艺术技巧，使它在文化百花园中独树一帜。

2016年5月，菏泽市中华文化促进会剪纸艺术委员会成立，葛秀英任会长。至2021年已举办六届“菏泽剪纸艺术展”。菏泽剪纸人才辈出，各县区都有技艺高超、风格各异的剪纸艺人，尤其是葛秀英、郭红、刘爱华、常凤玲、杨秀玲、周艳丽等一批剪纸艺术家，创作出一幅幅精品力作。他们的作品，构图精巧，造型别致，栩栩如生，充满了浓郁的乡土气息。他们多次应邀参加全国性剪纸大赛，荣获全国金、银、铜奖和许多荣誉称号，有的还办班授课，举办个人艺术展，出版专著。这些老中青剪纸艺术家和大批剪纸爱好者，创作出一幅幅生动形象的精美作品，蕴含着丰富的文化价值。

第三节　扎糊技艺

扎是一门将绘画、草编、竹扎、贴糊、泥塑、彩绘等技艺融为一体的独特民间手工技艺，它起源于春秋战国时期，距今已有两千多年的历史。年画、剪纸、面塑、纸扎被誉为鲁西南民间艺术“四绝”。

纸扎在民间有很多不同的称谓，如纸活、扎罩子、扎彩、彩糊等，广义的纸扎包括风筝、彩灯、竹马旱船、匾额、彩门以及舞具、门面装潢等；狭义的纸扎指的是丧俗纸扎，主要是用于祭祀及丧俗活动中所扎制的纸品；成武纸扎主要就是这种丧俗纸扎。

成武县伯乐镇康庄行政村的纸扎艺人康红才（已故），有着高超的纸扎技艺，他在本地及周边县市都很有名气，他的儿子康兴华自幼随他学习纸扎技艺，现在仍从事本行业，据康兴华介绍学习纸扎技艺都是以口传心授的方式进行的，成武现在从事这一行业的如宋现伦等人，都是他父亲康红才的徒弟，纸扎技艺传至他们这一代已经是第五代了。

各县区都有纸扎艺人，巨野县巨野镇郭庄郭贵光、赵官屯唐祚网、唐好义、唐再峰都是著名的纸扎艺人。

纸扎作品的制作过程比较复杂，每道工序要求得都很细致，因为只有这样纸扎作品才能精美。纸扎工艺选用上好的高粱秸秆、竹篾、竹竿、苇子秆为主要材料；各种纸张（金银纸、彩纸、印花纸、皱纹纸）、麻绳、墨、糨糊等为辅助材料。先用高粱秸秆、竹篾按物品的形体捆绑成形，俗称“扎骨架”；

再用各式样纸、布裱糊在各自位置；最后一道工序也是最为关键的一道工序，就是彩绘、装饰纸扎，它决定着纸扎作品艺术水平的高低，纸扎艺人用各自的艺术才能和绝活装饰纸扎，他们会用各种彩纸做成丰富多彩的图案粘贴在上面，把各式各样的纸折花装饰上面，这样一个生动、逼真，充满乡土气息的纸扎作品就算完成了。这些纸扎作品有着色彩艳丽、造型拙朴、寓意明快的艺术特点，而且种类繁多、样式各异，丧俗纸扎作品有“棺本罩”“金山”“银山”“摇钱树”“花圈”“贡楼阁”“金童玉女”“牌坊”“牛”“马”等传统纸扎作品；现又出现现代的一些样品如轿车、电视机等；文娱活动用品有“龙灯”“腰灯”“花篮子”“竹马旱船”“绣球”等。这些纸扎作品不仅有着丰富的文化内涵，还有着鲜明的艺术特点和浓郁的乡土气息，充分显示了劳动人民的艺术才智。

第二章　塑形类艺术　编织工艺　雕刻技艺

第一节　塑形类艺术

一、曹州面塑

曹州面塑俗称捏面人，是一种传统的造型艺术。它以小麦精粉和江米面为主要原料，加入适当颜料，分别和成不同色彩的面团，用锅蒸熟后配上适当防腐、防蛀、防干燥等，借助于工具，用手捏制成各种栩栩如生的塑像，是一种富有观赏装饰价值的艺术珍品。

曹州面人制作工艺以菏泽市牡丹区穆李村为中心，遍布全国各地，在山东、北京、上海等地影响最大，故有“天下面塑出穆李”之说。

曹县桃源、安蔡楼等地还有捏制江面人的艺人，是用江米面捏制的色彩绚丽、造型多样、风格独特的艺术形式，用以娱玩和祭祀等民俗活动。

曹州面人，历史悠久。它是在古代祭田地、敬鬼神的“花供”基础上发展起来的，相传已有近 2000 年的历史。清咸丰二年（1852），江西弋阳的米塑艺人王清源、郭湘云游艺来到曹州穆李村（位于今菏泽牡丹区马岭岗镇），与当地面塑艺人郝胜、杨白四合作，把米塑与面塑结合起来，吸取当地花供中人物的制作方法，用可塑性很强的小麦面粉和质地黏糊的糯米粉为原料，掺入各种颜料捏出的面人更好看、劲挺，色彩、造型更细腻。

全国面人有三大流派，即山东的李派、北京的汤派、上海的赵派。三派各具特色，山东的李派即曹州李派一直独占鳌头。曹州面人经过几代艺人的传承发展，至民国期间技艺十分成熟，出现了著名的代表人物“文武二李”。“文武二李”指穆李村技艺超群的李俊兴、李俊福兄弟，其中李俊兴擅长捏才子佳人，李俊福擅长捏武将侠客。菏泽是我国面塑艺术发源地，全国各地的面塑艺人都与曹州面人艺人有着师承渊源,在技法上都曾受到曹州面人的影响。

曹州面人具有浓郁的地方特色，它作为民间面塑艺术，是庙会文化、乡土文化的代表，是我国民间艺术百花园中的一朵艳丽多姿的奇葩，具有永久的生命力和极高的艺术价值。

二、曹州泥塑

曹州泥塑主要在郓城、牡丹区、鄄城、东明等县。郓城泥塑分布于郓城全县及山东济宁、泰山、济南、菏泽等十余个地市,周边辐射至江苏徐州、天津、浙江、湖南衡山，山西五台山、新疆等近十余个省市、自治区。

郓城泥塑历史悠久，源远流长，起源于春秋战国时期，兴盛于唐宋、辉煌于明清，郓城泥塑流派之多，流传之久，传承不一，尤以葛氏雕塑最具有代表性，因历史原因，先期雕塑已无文献记载，葛氏雕塑自清嘉庆年间至今已有七世传人。泥塑是郓城雕塑艺术的缩影。一直应和着历史的发展，两汉以后，随着道教的兴起和佛教的传入，多神化的奉祀活动使社会上的道观、佛寺、庙堂兴起，直接促进了泥塑偶像的需求和泥塑艺术的发展。经过历史的演变，岁月的积淀，一代又一代的郓城泥塑艺人不断探索、不断发展，终使郓城雕塑以独特的艺术魅力、细腻的形象刻画、传神会意的制作手法而独树一帜，名传四方。20 世纪 80 年代以后，改革开放使这门古老的艺术又焕发了青春，雕塑艺术得到了长足的发展。其技艺也由前人秘不外传的保守模式得到了解放，一改过去数人作业、行走江湖的模式，开门授徒，言传身教，使一大批中青年艺人投身到这门艺术中来，艺术队伍不断扩大。以七世弟子郑玉章、葛惠斌为代表的艺缘斋彩绘雕塑，在继承和发扬前人传统艺术的基础上大胆创新，将很多高新材料应用到工艺中来，如前人所用的色彩颜料为土粉，他们则改进为油彩荧光颜料。还有很多声、光控和集成技术也被他们适当应用泥塑作品中，使泥塑相应产生了声控光导及语言动作，取得了很好的效果，使郓城泥塑的知名度得到了飞速的提升。

郓城泥塑的基本用料泥土需精心准备，一般选用带些黏性又细腻的土，经过捶打、摔、揉，有时还要在泥土里加些棉絮、纸或蜂蜜。泥塑的模制一般分为四步：制子儿、翻模、脱胎、着色。制子儿就是制出原型，找一块和好的泥，运用雕、塑、捏等手法，塑造好一个形象，经过修改、磨光、晾干后即可，有些地方还要用火烧一下，加强强度。翻模就是把泥土压在原型上印成模子，常见有单片模和双片模，也有多片模。脱胎就是用模子印压泥人坯胎，通常是先把和好的泥擀成片状，然后压进模子，再把两片压好泥的模子合拢压紧，再安一个“底”，即在泥人下部粘上一片泥，使泥人中空外严，在胎体上留一个孔，使胎体内外空气流通，以免胎内空气压力变化破坏泥胎。最后一道工序是着色，素有“三分塑，七分彩”之说。一般着色之前先上一层底色，以保持表面光洁，便于吸收彩绘颜色，彩绘的颜料多用品色，调以水胶，以加强颜色附着力。

郓城泥塑作品一般从脚捏起，从下到上，由里到外，分段组合，一气呵成。在彩绘上则以细腻的笔触，从头到脚，按神话传说的形象和传统风格细塑精雕，从人物表情到衣服褶裥做精致的描绘，个性鲜明，造型生动，装饰精美，浑然天成。俗语说的“神由人造”，原因概出于此。另外，郓城泥塑技艺还有一个绝招，那就是传统的贴金沏粉，堪称独一无二。

纵观郓城泥塑的工艺流程，主要分为雕塑和彩绘两大部分。

雕塑：坐台—立桩—斗绑把子（即安插胳膊）斗上大泥—找依纹—上细泥—细部刻画（即脸部刻画）—风干。

彩绘：打底色—上土粉—再打底—沥粉—栽线—上底色—烘染—过粉—贴金—挤黑—朱嘴—开眉点眼。

牡丹区牡丹办事处赵楼村赵继仲、赵东民父子，是著名民间彩塑艺人。赵继仲生前为菏泽市政协委员、中国民间艺术家协会会员、中国红楼学会会员。自幼酷爱泥塑艺术，1956 年被省手工业局调往济南，同面塑艺人李俊兴组建面塑社，跟济南雕塑家黄囿源学艺。从 1957 年开始，为省市各展览会、馆做了多种彩塑展品，曾为北京人民大会堂塑过“跃进马”。1959 年，在中央工艺美术学院跟著名彩塑家“泥人张”学习彩塑。1960年他的泥塑《蒲松龄写聊斋》《鲁迅与祥林嫂》在济南市首届工艺美术展览中获奖，其中《蒲松龄写聊斋》被蒲松龄纪念馆收藏。先后为全国及本省工艺美术展览会、馆塑过雷锋、鲁迅、孔子、西游记人物等。1985年受内蒙古喀喇沁旗之聘，雕塑了水浒一百单八将，被《光明日报》赞为“神态各异、惟妙惟肖，……是《水浒》研究的重要成果”。赵继仲熟悉牡丹，热爱家乡，亲手雕塑了许多牡丹传说故事。生前泥塑着彩的《葛巾玉版》，人物丽质丰润，凝思遐想，栩栩如生，成为彩塑中之珍品。在他的影响下，其子赵东民，也取得不俗的成就，1995年赵东民被联合国教科文组织授予“民间工艺美术家”称号。

鄄城县泥塑技艺较高的艺人，有临濮乡康刘庄的康富贵、旧城的许怀忠，塑造的各种神像情态传神。新泥塑艺人杨兆洪曾参与曹县大型泥塑“收租院”的塑制，20世纪80年代独立完成了梁山108将的泥塑，赴省进京展出，受到专家的好评，被中国美术馆和山东省工艺美术研究所收藏。东明县海头乡的张风顺，塑造的泥塑形象生动，造型夸张，手法精熟，深受人们喜爱。

三、陶塑

（一）成武黑陶制作技艺

黑陶，诞生于我国新石器时代晚期，距今已四千多年，是黄河中下游原始文化的杰作。黑陶制作技艺是由古人制砖、制瓦的技艺演变而来。成武老黑黑陶即王保祥黑陶。王保祥，字光瑞，号老黑。1989年，他创立了光瑞陶瓷研究所，着手研究发掘古代黑陶文化。他将其父——我国瓷刻艺术大师王同贵先生的瓷刻艺术与古老的黑陶文化相结合，在继承中发展、博采众长，研制出了新一代的艺术黑陶，赋予了古老的黑陶以时代气息。

老黑黑陶的制作主要分三个步骤来完成。第一步选料：选用得天独厚、质地优良黄河冲积下来的纯净而细腻的红胶土为原料，因为这种红胶土可塑性好。泥土取出后经过晾晒、风冻、淘洗、沉积这样几个过程，再用纱布过滤制成泥坯。第二步加工：老黑黑陶的加工有成形与雕刻两大工序。①成形：

又有手工和轮制两种技法，老黑黑陶是将泥坯运用手工技法拉制，然后再晾晒、压光。②雕刻：过去的黑陶多数使用压印、拍印、刻画、附加堆纹等，老黑黑陶则主要使用镂空与浮雕，这就完成了黑陶的成形工作。第三步烧结：黑陶的烧结分三个阶段：烘干排湿阶段、提温成熟阶段、着色阶段。

老黑黑陶在继承传统工艺的同时又有了大胆的创新，其成品无釉而乌黑发亮，胎薄而质地坚硬，造型优美，叩之如磬，具有黑、亮、薄、硬四大特色。较之古黑陶，可谓青出于蓝而胜于蓝。制作的黑陶远销日本、美国、新加坡等 20 多个国家和中国港、澳、台地区，作为摆放于居室环境中的艺术景观，是人们用于礼送的高档工艺艺术礼品。为国内外文化交流做出了贡献。

（二）郓城黄泥古陶制作技艺

黄泥古陶制作工艺在菏泽已有几千年的历史，最早可以追溯到新石器时代。菏泽市郓城县武安镇沈桥村的黄泥古陶制作工艺，历代以口传身授的方式进行传承，现在可以查证的传承人有七代。现在的第七代主要传承人好强，自 16 岁就跟随姥爷李在山（黄泥古陶第六代传承人，现已去世）学习黄泥古陶制作工艺，现年 34 岁，在继承中不断探索创新，很好地传承了黄泥古陶技艺。

菏泽民间黄泥古陶的传统制作工艺非常难，它全部是手工工艺，主要材料选用黄河下游冲积平原地下 5 — 8 米处的黄泥，从选材料到后来的烧制成功，需要 20 多道工艺，集雕刻绘画于一体，把中国悠久的文化艺术和制陶工艺相互融合。古陶烧制起来也很难，成品率最多达到 50%。早期的黄泥古陶烧制大件如大缸、大盆等，现在主要烧制经济适用、美观的套件和单件泥制陶器，如茶具、茶罐、烟灰缸、花瓶等，有的花瓶还镂空雕饰。一个个造型各异、古朴生香，或精雕细刻，或粗犷豪放，器上饰纹的图案或秀丽或神秘，或繁复或简明。

黄泥古陶表现了中华民族的神话传说和独特的审美情趣，表达了人们的美好愿望和积极向上的生活心态，体现了外观的物质形态与内涵的精神意蕴和谐统一，实用性与审美性和谐统一，材质工技与意匠营构的和谐统一，处处散发出诱人的艺术魅力。

四、糖塑（吹糖人）

又叫“棒虚”“杆挑”。是我国传统的民间艺术。据传，由明太祖朱元璋的谋臣刘伯温发明，传到民间已有600多年的历史。这种行当本小利大，是旧社会穷人谋生的手艺，但技术性强，工序多，要求高。

吹糖人有两个关键性技术。一是熬糖稀，主要原料是小米、大米（或玉米）、大麦芽等，把米淘净入锅，添上适量的清水，熬到一定程度，再加大麦芽，继续加温，直至达到糨糊状。然后倒到特制的淋缸内，置于支架上，架下放上缸或盆，像淋醋一样淋下稀浆。淋完后将稀浆倒入锅里，加热熬成糖稀。熬糖稀要掌握好火候，恰到好处，老了嫩了都吹不成。糖稀熬成后倒在磨光的石板上，冷却成固体，切块，备用。使用时再用特制的小锅加温，使稀块成为能立态的糖稀，艺人便可操作使用。二是吹糖人，这是艺人最保密、学者最难学、外行人看了也说不清、道不明的技术。艺人从不断加热的小锅里取点糖稀，手舞足蹈，嘴里念念有词，两手把糖稀上下左右拉动，拉长了变短，短了再拉长，留出个长蒂，放在嘴里慢慢吹气，两手操作造型，要鸡吹鸡，要狗吹狗，要马成马，要猴成猴。技术高超的艺人，可吹出数十种动物，而且神态各异，惟妙惟肖，栩栩如生。如往糖稀里加些色素，吹出来的飞禽走兽五颜六色，活灵活现，更加逗人喜爱。

东明县长兴集乡黄杨寨村邢氏先人邢书贵，早在清咸丰年间学会了吹糖人的手艺，并以此养家糊口，代代相传。中华人民共和国成立前夕，邢家十六七人都操此业，有的走村串巷，有的赶集上会，有的在城里租房设铺。当时，邢家在河南开封小南门设铺吹糖人，生意相当红火，收入颇丰。中华人民共和国成立后他们分得了土地，纷纷弃艺务农，唯有60多岁的邢津义、邢雨合二位继承了这项绝活。而今干此行当的人越来越少，是亟待抢救的民间艺术。

成武县的伯乐、孙寺、苟村等乡镇仍有不少人从事这一行业。他们大都骑着自行车，带着木箱，里面装着原料和工具，他们敲着锡锣走村串乡。代表性传承人王方胜、胡彦明、胡新存等，伯乐袁庄的王方胜和徒弟胡彦明20世纪50年代曾应邀到山东艺术学院进行现场表演，王方胜徒弟30余人。

第二节　编织工艺

柳编技艺，是用杞柳条和麻绳经纬交织编结而成生活用品的一种技艺。

曹县居民长期以来形成了使用当地盛产的杞柳条编制各种农用、家用器皿的习俗。农民生产生活中使用的大大小小的盛器都是自己动手编制而成，男人负责编制大型的筦篼、簸箕、筐、篮，妇女编制一些小型筦篼、簸箕、筐、篓。有些技艺娴熟的农民编织的器皿质量好、样式新，很受大家欢迎，于是他们把编好的成品等拿到集市上销售用来换取粮食等生活用品，柳编技艺逐渐成为当地农民普遍掌握的一种手工技艺。曹县倪集乡岳楼村、魏庄村以柳编编织技艺而闻名。旧时，两村家家户户以柳编为生，形成独特的柳编技艺。

据《曹县县志》记载，曹县乡间居民很早就有种植杞柳、编织器具的习俗，它主要是采用柔韧的灌木杞柳条，以巧手加工成薄匀的条，编织而成。明末清初，民间编织的筦篼、柳箱、筐、篮、升、斗、簸箕、筐箩等，编织技术精巧，产品样式考究大方，结实耐用，产品远销京、津、苏、浙等大商埠。清末以后，柳编艺人遍布全县，达千余人。柳编也成为曹县农村重要的家庭副业，农民在闲暇之余借助家传的手工技艺，利用本地出产的杞柳条，编织各种生活生产用具，如筦篼、簸箕等。

其传统品类主要包括筦篼、簸箕、油篓、鸡蛋篓、菜篮、食篮、虾篓、斗、升、笊篱、盖垫等，专门用于逢年过节出门串亲和日常生产生活使用，或盛放粮食、瓜果、蔬菜、禽蛋肉虾等，有的还专门用作粮食计量用具。

柳编编织技艺的制作流程、制作环境较为复杂，不同器物的编织方式也不尽相同，大致分为备料、编结、修整三部分。传统的柳编编织在制作时，无论什么时节均在地窖中进行编织，其目的主要是保持杞柳条湿润，不易折断，易编织。

柳编技艺产于曹县已有几百年的历史，它凝聚了曹县广大劳动人民的智慧和汗水，历经数代民间艺人的传承、革新，成为曹县传统手工技艺中具有广泛代表性的手工技艺形式，其实用价值、审美价值和社会价值得到普遍认可。

曹县的柳编编织技艺是简单的工具与高超技艺的结合，是实用性与审美的结合，通过编织技艺的革新，在编织结构上和制品形式上创造出许许多多不同类型的产品，满足了群众生产和生活需要。

郓城北的刁西村，条柳编技艺有上百年历史，主要原料是用当地盛产的簸箕柳，刁怀友、刁星朝、刁星民、刁星朗等人，编织的簸箕、簸兰、巴斗子，产品美观，结实耐用，花色式样新颖，深受群众欢迎。

巨野田庄镇曹庄村张连明、张福运父子，成立了巨野县国华工艺品有限公司，条柳编产品畅销欧、美、澳、东南亚及中东，深受国外客商赞誉。

第三节　雕刻技艺

一、砖塑

雕砖为鄄城彭楼镇彭楼村谢家祖传，从清代乾隆年间开始，世代相传，现已四世，闻名方圆千里。凡有建庙、修祠之举，无不来鄄城谢家订货。砖塑制作，分蹬泥、打泥板、雕塑、烧制等几步，全是手工制作。使用工具简单，不过一把木尺和刻塑用的木刀。其技艺传承主要以父子间的口传身授。男性是砖塑的技艺继承人，没有与之相关的文字记载。

砖塑具有鲜明的地方特色和民族特色，其内容丰富多样。把戏曲砖塑收集起来就是一部形象的戏曲故事集，一般用于庙宇、祠堂等仿古建筑物的门头和山花部位。它是菏泽地区独有的建筑装饰，技法以浮雕和圆雕为主，内容表现全靠作者的双手捏塑完成，充分显示了民间砖塑艺人将戏曲故事中最受人们欢迎的人物和典型的场面，创作为砖塑，从而在更大的范围内流传。在物质文化生活极为艰苦和贫乏的条件下，这类砖塑艺术丰富了人们的精神文化生活,成为一部形象直观的启蒙教育教科书,其积极意义也是不可低估的。

谢家砖塑，是泥土揉制的艺术瑰宝，2008 年被列为中国第二批国家级非物质文化遗产，2018 年，谢家砖塑第五代传承人谢新建被评定为省级非遗传承人。鄄城砖塑以正房前出厦山墙墙垛上的戏曲砖塑、山墙上端的花鸟动物砖塑为主，也兼及房顶上的五脊六兽。砖塑的制作和使用有严格规定，有功名的大户人家才可以使用游龙盘旋的滚龙脊，一般百姓家使用荷花水禽内容的莲花脊。鄄城砖塑，是中国古建筑雕刻中一种重要的艺术形式，在人类学、民族学、民俗学、民间工艺美术及雕塑艺术研究中，都具有重要的科研价值。

二、刻瓷雕塑

刻瓷是我国陶瓷传统装饰艺术，因需用刀具在瓷器上镂刻绘画、写书法而得名。刻瓷艺术是一种汉族传统手工艺术，因为陶瓷与雕刻的结合使得作品兼具“金石之韵”与“笔墨情趣”并最终产生观之有形触之有感的独特艺术魅力。

成武刻瓷始于清初。清初期间汉族民间已有人专门从事刻瓷行当，这期间陶瓷行业已经分化出了专门从事刻瓷分支，大多以平刻为主，基本技法均采用点线构图，因而在艺术表现力方面显得单调、单薄。至乾隆后期，由于经济昌盛和文化生活的需求，皇宫中设置了“造办处”成立了“镌瓷坊”，专业制造宫廷御用刻瓷工艺品。一些达官文人助推了刻瓷艺术的发展，他们在瓷板、瓷瓶、瓷盘上以刻画书法、山水、花鸟、草虫等为题材，展示了其时代文风及“绣瓷”祈福愿望。至此，刻瓷艺术真正发展成陶瓷艺术的一门重要分支。20 世纪 70 年代，山东成武、青岛、淄博等地刻瓷相继发展。专业和业余刻瓷队伍不断壮大。他们是在中国传统刻瓷的基础上，不断创新，改进工具，完善工艺，形成了独特的艺术风格，成为我国刻瓷艺术的主流。原成武县美术厂有 60 余人从事手工刻瓷，技法多以平刻、点、线、面构图，形式简单。成武刻瓷在材质选择、工具运用及着色方法上都有所创新，达到了技术和艺术的统一。在艺术表现方法上，多以刻为主，利用多种工艺综合装饰，路子越走越宽，取得了良好的艺术效果。如山东美术大师楚成文研制的堆、刻结合的宝石瓷《一览众山小》刻瓷瓷板，山峦形体凸起，立体感强，层峦叠嶂在淡褚色宝石瓷的衬托下，色彩尤为和谐，形成独有的风格。刻瓷传承人智绪明、王保祥的刻瓷作品也屡获全国艺术展览大奖。成武刻瓷的最大突破，也是其最大特征在于它突破了传统刻瓷中有点、线、面的局限，而又创新出多层次“套刻”技法，产生出“浅浮雕”艺术效果。

三、木雕

曹县木雕与中国传统木雕一脉相传，明清时曹县木雕技艺已颇为成熟。传统的曹县木雕以曹县城关和孙老家镇最为有名。孙老家镇李庄村蔡秀芳，是曹县云龙木雕工艺有限公司董事长，也是山东省级非物质文化遗产曹县木雕传承人。曹县木雕技艺精湛，图案纹样构思巧妙，是研究曹县传统民俗文化的形象资料。曹县木雕制品涵盖生活用品、祭祀用品和艺术品等多个领域，发展传承到今天，已有七大类近四千个品种，其中木雕屏风、挂屏、立体艺术台屏、神龛、罗汉、佛像以及各种家具雕刻装饰组件等艺术性较高的制品，是近年来曹县木雕行业在传统雕刻基础上的一个创新。

曹县木雕花纹图案种类繁多，有悬雕、透雕、浮雕、圆雕、平雕等，题材多以吉庆祥瑞寓意的内容为主。形象简洁明快，造型精工逼真，古朴之中见精美，大俗之中见雅韵。它是适应当地民众生产生活、祭祀信仰需求而产生的。逢年过节、婚丧嫁娶、日常生活，要用各种木雕模具来制作点心，如制作祭祀供品、中秋印制月饼、制作祝寿寿馍等。家具、牌匾、屏风等家用物品以及神龛等也以各种木雕作装饰。

四、骨雕牡丹

骨雕工艺是我国传统民族工艺的一种，是中华民族文化遗产中的一朵奇葩，有着极其悠久的历史。据史料记载，早在夏、商、周以前就有制作简单的骨饰品。特别是商代以后骨雕制作的器皿、骨饰品达到了很高的水平。

菏泽骨雕牡丹是用骨雕的传统工艺与现代工艺相结合，它既有传统风格又具有现代优雅的特性。骨雕牡丹，依照菏泽牡丹九大色系、千余品种的神韵形态，精选黄牛、骆驼之骨骼，采用手工工艺精雕细凿，刀法细腻剔透，造型新颖逼真，色彩光艳照人，风格独特，赏心悦目，宛如天成。

牡丹是富贵花，象征着幸福、吉祥，给予美好寓意感。骨雕艺术作为牡丹文化的载体，它不褪色、不变形，有较高的欣赏与收藏价值。

五、雕塑篆刻

郓城雕塑流派之多，流传之久，传承不一，其中以葛氏雕塑最具代表性。自清嘉庆年间，由葛连能为代表的葛氏雕塑博采众长，归其流派，形成了自己形神兼备的流派风格，作品对后世颇有影响，如山西五台山、香山寺、清凉寺、历山庙雕塑、江苏徐州云岫庵、南岳衡山十殿阎君、金山寺佛像雕塑、天津塘关公祠、浙江海盐孔子大型雕像等。“文化大革命”期间，郓城雕塑受到打击，雕塑被视为牛鬼蛇神，被列为专政的对象。这一时期的艺人只好另谋生路，远走他乡。20 世纪 80 年代以后，在地方政府和文化主管部门的关怀下，郓城雕塑艺术得到发展，一改过去数人作业，行走江湖的传统模式，开门授徒，言传身教，使一批中青年艺人投身到这门艺术中来。在继承和发扬前人传统艺术的基础上大胆创新，再出新意，艺术队伍不断扩大。以七世弟子郑玉章、葛惠斌为代表的艺缘斋彩绘雕塑，常年施工于各地名胜寺院、旅游景点，队伍人数近百人，作品主要以传统佛道教历史演义故事人物为题材，做工细腻，形态逼真，或威武慈善或婀娜轻盈，栩栩如生，深受高僧大德、方家居士之肯定。在科技飞速发展的今天，很多高新材料被应用到工艺中来，如前人所用的色彩颜料为土粉，现在改进为油彩荧光颜料，声、光控集成技术也被应用其中，产生了声控光导及语言动作。

近年郓城李龙奇成绩较为突出。他自幼酷爱书法篆刻，师从李刚田先生，后又得全国篆刻大师刘江指点，其书法和篆刻水平日新月异。2001 年他在泰安电力学校读书期间，萌发了将早已耳熟能详的水浒人物通过篆刻这一独特的形式表现出来的想法，他买来数百块福建寿山石，利用休息时间，用刻刀刻出一百零八个栩栩如生的水浒英雄人物。

清末及民国年间，许多家具如桌、椅、床、木屏风等雕刻工艺相当精致，部分建筑物如垂珠、明柱、门窗等也都雕刻得别致有趣。中华人民共和国成立后，民间雕刻延续不衰。1989 年，定陶雕刻艺人李延祚在重修的仿山百神殿等古建筑上雕刻的神话人物和动物等栩栩如生。

“核雕”就是利用桃树的果核经过一系列工艺程序和雕刻者的鬼斧神工，使这样一种常见的桃核变成了一件精美神奇的艺术品。核雕艺术品主要原料是桃核，经过去肉晒干精选后，通过防腐处理，雕刻者用刻刀、锉刀，采用镂空、浮雕的雕塑方法，在很小的桃核上雕刻优美的造型。核雕一般雕人物、花鸟、十二生肖等图案，以它独有的特色，将这些形象巧妙地表现出来，给人一种精致乖巧、形象逼真、惟妙惟肖的艺术效果。

六、琉璃瓦及屋脊兽

琉璃瓦以色彩斑斓、华贵实用而著称，最早产生于唐宋时期，距今已有一千多年的历史，是中国建筑装饰文化的代表之一。定陶县黄店镇黄西村“黄店琉璃瓦”选用当地特有的黄泥（黄胶泥）为原料，经手工淘洗，拉坯、绘画、雕刻等工艺，最后采用独特的封密方法烧制而成。其制作之精良、造型之优美，深受广大群众的喜爱。为了使这一中华瑰宝得以发展传承，第七代黄店琉璃瓦传人黄复启，自 1982 年以来一直致力于钻研工艺，改进和创新了工艺流程，严格调制，精雕细琢，采用古法烧制，相继开发制作了仿古琉璃瓦系列产品。并赋予了新的生命内涵，焕发了新的光彩。

屋脊兽是窑烧制品，选合适的土和成泥，和熟，能站住人，呈豆腐块。两块模具安装好放入泥，用脚踩实。打开再描画一遍，挖空、磨光、根据天气情况掌握时间，阴干后装窑，先文火，再大火，再靠火，挂色、打水池、再泥封，慢阴三天成水雾，慢晾，先掏开窑门，不烫手时再出窑。主要产品有花脊、龙吻、二龙戏珠、鸡等仿古建筑用的陶制品。

第三章　民间工艺品　民间美术　民间舞蹈

第一节　民间工艺品

一、古筝制作

2008年，郓城县被文化部命名为“古筝之乡”，同时也是古筝制作之地。在郓城水浒好汉城乌龙院景区西边，有一座古筝坊，这里摆满了不同款式风格的郓城古筝，这里便是郓城古筝的制作场所。古色古香的古筝坊店铺装饰，与质朴典雅的古筝相得益彰。

郓城的制筝作坊建于明洪武三十年（1397），郓城北刁庄刁氏先祖刁琅从山西洪洞县移民此地时，带来此项手艺。据《刁氏宗谱》记载，先祖刁琅在移民途中，巧遇一流浪的李姓制筝艺人，遂拜其为师，定居于郓城北7公里刁庄后，建起了第一家制筝作坊。

郓城古筝的制作十分考究，分选材、剖解、阴平、烘烤、刨板、黏合、组装七道流程。仅组装一项就分为扣框、串门、上底、镶边、上东山、粘花、抹腻子、喷漆、上码、上弦、调音等十一道工序。经历代传承，工艺日渐精湛。郓城筝的用料为10—20年生青桐树，还必须是生长在沙壤土质上的青桐树。树身高不能低于5米，地上一米处直径要达到50厘米以上，树干的小头直径不少于40厘米。特别是板材阴干法和烘烤，具有非常严格的绝密工序。

在筝的品种上，唐筝多为12弦，元、明、清筝多为14弦、15弦。在与筝乐演奏艺人的长期交流切磋中，不断改革研制，现在的郓城古筝已发展到16弦、18弦、21弦、23弦、26弦等5个品种系列，可演奏的音域更加宽广，极大地丰富了郓城古筝的品种。

受刁庄制筝作坊的影响，郓城涌现出一大批长期活跃在现当代乐坛的著名古筝演奏家，如黎邦荣、黎年俊、张念胜、樊西雨、张为昭、张应易、王殿玉、赵玉斋、张燕、高自成、赵登山、韩廷贵等。他们所用之筝，均出自刁庄制筝艺人刁望河父子之手，现在的省级非遗古筝制作24代传承人是刁望河。1930年，刁庄制筝作坊第23代传人刁秀欣，亲自为国乐大师、郓城盲人艺术家王殿玉制作了一台18弦白碴筝。王殿玉视为珍宝，他的演奏名震上海，出现了少见“曲尽人不散”的轰动场面。筝在我国乐器史上是很重要的乐器之一，早在春秋战国时期便出现了古筝乐器，制作工艺更是流传已久，郓城古筝被誉为世纪杰作。在郓城县陈坡乡黎仝庄，如今还保存着明代万历年间的一架十六弦古筝。自清朝以来，筝在山东大地更是迅速发展，特别是菏泽市的郓城、鄄城一带很普及，菏泽民间有“城内大户多有瑟，城外村村都有筝”的说法，郓城则享有“书山戏海，筝琴之乡”的美称。刁庄古筝典雅大方，音色纯正，音域宽广，经久耐用，深受海内外演奏名家的喜爱。郓城制作的古筝，还远销美国、日本、新加坡、韩国、朝鲜等十几个国家和中国台湾、中国香港地区。

二、毛笔制作

聚魁笔庄毛笔制作技艺距今已有200余年的历史。据史料记载，毛笔是由战国时期秦国大将蒙恬所创，蒙恬的贴身随从刘寅（刘氏制笔先祖）的第62代传人刘万增，于1809年身怀绝技，辗转来到曹州（今菏泽），创建了“刘聚魁笔庄”，同时招收徒弟传授制笔技艺。当时笔庄位于最繁华的商业街平正街10号（今南华北街11号），所制毛笔销往山东、河南、河北、安徽、江苏等周边五省30多个地市，远销北京、广州等地，并漂洋过海远销南洋。制作工艺水平精湛，名气日盛，直追当时上海的“李鼎和”、北京的“李福寿”、天津的“戴月轩”等几大全国著名笔庄。产品历经清代、民国及中华人民共和国成立初期，始终长盛不衰。刘聚魁笔庄以其悠久的生产历史、优秀的制作品质、良好的使用效果，被近现代文人墨客视为上等佳品。

刘聚魁笔庄制作的毛笔分羊毫、兼毫、紫毫、狼毫四大类；有长锋、中锋、短锋，大楷、中楷、小楷等区分，共100余种。

羊毫笔性能柔和，宜写正、草、行篆、隶各种书法和泼墨山水、写意花卉；兼毫笔刚柔相济、得心应手，适用写中小楷书、工笔人物画像、修饰照相、工业制版等；紫毫笔富有弹性、圆转如意，适用于中小楷书、工业画稿等；狼毫笔刚健有力，宜书宜画，适用于泼墨山水、写意花卉，亦可写各种书法。

刘聚魁笔庄的毛笔制作技艺极其考究，工艺烦琐，过程精细。原料主要精选特定区域的狼尾、羊毛、石獾、汉松尾、紫毫、过冬鼠须等，品质皆为毛笔原料中一流；然后经过分毛、脱脂、去绒、装毛、修毛、梳毛、垫毛、齐毛、成头、初步使用、装杆等100多道工序。刘聚魁笔庄的毛笔制作过程主要有设计、选料、配料、拔毛、水作工、结头、蒲墩、装套、择笔、品检笔锋、上笔套、刻字、包装等十多个步骤。所制作的毛笔尖、圆、齐、健，四要兼备，“尖”指笔尖要锋利，笔锋愈深长愈佳，所谓锋毫毕露、尖锐无比。“齐”是指整体的笔毫，要均匀整齐，将笔头之前锋压平，其锋顶毫端，应齐整无参差，合时乃尖如一点。“圆”是指笔头的造型，要端正饱满。整支笔吸水后提起，自然圆浑乃为佳品。“健”是指毛的品质，要能刚柔适度，配料要相辅相成，笔锋、笔腰、笔腹、力点要均匀始能运笔自如、挥洒顺畅，转折、逆锋不枯涩，行如流云。毛笔软硬适中，深得当地书法名人、历届官府的好评和赞扬，有墨客为之书文：遍寻羊毫无佳品，试笔喜逢刘聚魁。

20世纪50年代，由于“公私合营”，刘聚魁笔庄被合并到其他行业，一度沉默，但刘氏制笔工艺在刘氏家族中却从未放弃，得到了坚守传承。据菏泽“刘聚魁笔庄”第5代传人刘家章回忆，刘聚魁笔庄位于平正街（今菏泽南华街）10号，有木楼房屋六间，其童年是在木楼度过的，父亲刘汝成和二叔刘汝生及其10多名学徒负责在木楼制作毛笔，生意十分兴隆，经常加班到深夜。改革开放后，刘家章在菏泽重树“刘聚魁笔庄”老字号，苦心传承经营，使这一百年制笔品牌和工艺重现菏泽，为古城菏泽留下了难得的文化瑰宝。书画文化是中华民族传统优秀文化，聚魁笔庄毛笔制作工艺是中国毛笔制作业中的一朵奇葩，具有保留传承的重要历史价值。国家教育部要求中小学校全面开展毛笔书法课，为中国毛笔发展提出了新要求。毛笔作为中国书法绘画事业的必需工具，使得其与书画艺术结下了不解之缘，促进了中国书画事业的繁荣，进而拉动和促进经济文化的发展。随着人们文化生活水平的提高，作为人们喜爱的艺术品，毛第正以其独有的使用特性和艺术欣赏特性成为人们珍贵的收藏之宝。

2014 年，菏泽市中华文化促进会樊庆堂、樊庆新、张桂林对聚魁笔庄毛笔制作技艺进行了深入的挖掘整理，这一具有重要文化价值的老字号民间艺术，已被批准为市级非物质文化遗产。

三、龙灯制作

龙灯的制作技艺是曹县古老的民间传统手工技艺之一。曹县倪集乡王吕集村龙灯制作老艺人称：当地从清乾隆年间开始就有龙灯制作和龙灯表演习俗了。其祖辈已精于龙灯扎制技艺，他们是从祖辈手上学到的龙灯扎制手艺。龙灯制作和龙灯表演为其家族带来了荣耀。盛世舞龙灯，每次舞龙灯兴起的时候都是国运昌盛、人民安居乐业之时。

龙是古代传说中的神异动物：蛇身、鹿角、鹰爪、马脸，能呼风唤雨，也能为人间降福消灾。龙灯制作与舞龙起源甚早，上古时期就有春、夏设土偶龙、木偶龙祈雨祭龙的仪式。汉代时出现了舞龙祈雨的习俗。最初的龙灯制作与舞龙灯是作为祭祀和娱神活动而出现，四季祈雨舞各色龙灯，祈求龙王保佑风调雨顺、五谷丰登。据董仲舒《春秋繁露》卷十三记载：“物故以类相召也。故以龙致雨……”当时四季祈雨，春舞青龙，夏舞赤龙或黄龙，秋舞白龙，冬舞黑龙。龙灯的制作与使用也有相应的规定。如春旱舞大苍龙，长一丈八尺，放在中央，再做七条小龙，各长四尺，放在东面。龙首均朝向东方，龙与龙之间相距八尺，舞者为孩童，先要吃斋三天，然后穿青衣舞龙。汉代画像砖中也有舞龙场面。当时舞龙道具比较笨重。

据史料记载，到唐宋时，龙灯制作以及舞龙灯逐渐演化成民间喜庆节日的娱乐活动。据唐《明皇杂录》云："上在东都移仗上阳宫，设蜡烛连属不绝，结绘彩为灯楼……其灯为龙凤虎豹之状，自古至今，于此为盛。"南宋吴自牧《梦粱录》记载临安（今杭州）上元节舞龙情形："……以草缚成龙，用青幕遮草上，密置灯烛万盏，望之蜿蜒，如双龙飞走之状。"可见当时龙灯制作技艺已趋成熟。

龙灯制作有日龙、夜龙之分。曹县倪集乡王吕集村制作的龙灯属于夜龙，多在夜里举行。

四、民间打鼓制作

成武民间大鼓相传已有几百年的历史，其大鼓的制作多采用传统的工艺，被称为"踩鼓"。踩制一面较理想的大鼓要通过设计、原料选择、原料加工等十几道工序，每个环节都要求精益求精，才能够做出造型美观、鼓声浑厚的民间大鼓。

制作民间鼓大多选择在农历的三四月，因为此时的天气最有利于对鼓皮湿度的掌握。制作大鼓所需的材料：①制作鼓腔的木料。木料的选择对鼓音的质量影响极大，要选用木质较好软硬适宜又有弹性的木料，本地大都采用桑木。②鼓皮。鼓皮的好坏决定着鼓音的质量和鼓的寿命，要选用有韧性、拉力强，无伤痕的牛皮，鲁西南大黄牛最适宜。③鼓钉。制作一面大鼓需要鼓钉 800 余个，都是本地特制的鼓钉，钉帽的直径为 2 厘米，钉长约 3.5 厘米。④鼓环、鼓鼻、铓板等辅助材料。这些材料都为铁制品，对大鼓起着坚固作用的同时又美观了大鼓。

成武民间大鼓制作流程：①鼓腔的制作。这道工序工作量最大也最为复杂，包括木板制作、弯板制作、弯板合缝、鼓腔合缝、紧鼓圈、净鼓腔、安装鼓环、鼓鼻与铓板；②鼓皮制作。用生石灰块 10 余公斤放入一大缸内加水（不能加满）石灰焚好后搅匀，放入牛皮浸泡，牛毛脱落后捞出，去掉残余内油，展平放入清水洗涤、浸泡；③蒙鼓皮，也叫"踩鼓"。方法是在鼓的正上方系几根绳子，先由一人光脚上鼓，双手抓住绳子，双脚在鼓上踩踏，把鼓皮踩松时，踩鼓人从鼓上下来，其他人同时对角把鼓皮拉紧，然后再由两人同时上鼓去踩，这样边踩边紧，直到鼓皮踩得不能再紧为止，一面踩好后再踩另一面，然后用鼓钉固定好，割去多余的鼓皮，去掉箍圈，一面民间大鼓就算做成了。

成武民间大鼓制作经过数代民间手工艺人的研究和创新，制作工艺逐渐完善，成武县东门里大鼓队自制的一面直径为两米多的大鼓，被《农村大众》《农村生活报》《新闻图片周报》《菏泽日报》以及省市电视台誉为“鲁西南第一大鼓”，这充分显示了成武民间大鼓制作的高超技艺。

五、鄄城人发制品

人发是鄄城县的一大特色产业，形成于20世纪70年代。80年代初，鄄城金堤人发皮毛市场是全国较早的专业市场之一，后转移到郑营、富春人发市场。全县有人发购销加工队伍近6.5万人，人发经营专业村30多个。收购人员跑遍全国各地，并在各省市设点代购，有的延伸到越南、缅甸、印度、俄罗斯、巴基斯坦、吉尔吉斯斯坦等周边国家。目前，全县已初步形成了一条以市场为依托、以农民为主体、以企业为龙头，购销良性循环、贸工农协调发展的产业格局。目前，鄄城已成为全国最大的人发购销加工集散地。

人发加工主要是把选购来的杂乱头发、发辫等加工成高档发制品的生产过程。档发加工程序十分严格，制作过程如下：采购辫子发，辫子发按长短分档，经酸处理，染成色发，用三帘机缝制，制成格式发套。主要产品有发卡、发帘、发套、发板、发把、蕾丝头套、鱼线发、棒棒发、鱼线环发帘、指甲发、发卡子、发发帘等，成品档发颜色鲜艳，有黑、银灰、橘黄、橘红等色。

目前，鄄城人发加工也正从家庭作坊式的生产管理向正规化、专业化的方向发展。一部分依托市场发展起来的人发购销大户开始走出家庭作坊，踊跃投资办厂，由人发购销向档发初加工、半成品和成品深加工发展，走上了二次创业的路子。如今的鄄城人发产业，不仅安排了6万农村剩余劳动力就业，而且也成为鄄城经济的一大支柱。

六、皮毛玩具

皮毛玩具主要生产经营猫、狗、羊、马、牛、兔、鹿、虎、豹、熊、熊猫、骆驼、羚羊、松鼠、狐狸、狼、狗熊、猴子、猩猩、猫头鹰、鸵鸟、树熊、袋鼠、长颈鹿、斑马、企鹅、鸳鸯等各种真皮真毛动物及各种声控真皮仿真动物，品种繁多。产品形象生动逼真，带有浓厚的中国民间工艺色彩。各类裘皮动物造型独特，设计考究，精选上等皮料，手工细致入微，染色饱满炫目，栩栩如生，充分展示了中国传统工艺品的艺术魅力和中华民族的文化特色，具有很高的装饰效果和观赏、收藏价值。畅销全国各地，并出口美国、日本、韩国、俄罗斯、加拿大、德国等十几个国家地区，深受客商的青睐。

我市皮毛玩具制作，主要是市开发区的陈集镇，牡丹区都司镇的西马垓、徐庄，胡集镇的东马垓。

七、旋木玩具

鄄城旋木玩具已有300余年的历史，生产中心是郑营乡的哗啦棒槌刘庄和引马乡的马庄。

采用当地的柳、梨、枣、槐等木质原料，选取两年至三年生无疤节虫眼的树干，剥去中段外皮（两头不剥皮，以防干裂），经风干，使含水量在50%以下。过干会造成加工困难，过湿会造成变形或干裂。将原木锯成需要的规格，在车床上旋成毛坯。

经过几百年的发展演变，旋木玩具已从单一的“哗啦棒槌”发展到60多个品种。利用木材本色，略施彩绘，便成为生动活泼的不倒翁、耳报神、哗啦棒槌、响蛋、木罐、小猴吃桃等玩具；利用木材细白的颜色，施以火烙，便成为古朴典雅的梅花鹿、睡猫、小鸡等摆件；利用木材的韧性，掏空毛坯，绘以水墨丹青，又可做成既实用又大方的笔筒、茶盒等用具。还可制成刀、枪等玩具。

哗啦棒槌刘庄老艺人刘维卿，早年旋制各种传统玩具，近几年也旋制新式器具和观赏品。他的作品精致美观、玲珑可爱，很受顾客欢迎。常推车挑担赶会出售，有时到河南、河北、山西等地去卖，也常有商贩登门收购。

八、北狮皮制作

鄄城县彭楼镇的北狮子制作技艺，历史悠久，远近闻名，迄今已有1000多年的历史。据考，它是北方狮皮造型的代表之一，技艺传承较为完整。在鲁西南大地，黄河两岸，雷泽湖畔，负有成名，久传不衰。

据李氏宗谱记载，宋朝初年，什李村先祖李开山，出门访友，途中见两头狮子正和一怪兽大战。怪兽非常凶猛，不一会儿两头狮子则败下阵来。先祖见那怪兽形体奇异，体形雄浑，头大尾小，不知是何野兽如此凶猛，于是李开山回到家中，仿此模样，用棉布、麻绳等物，做了一对怪兽皮，取名“四不像”。武艺之人顶起来玩要，甚是有趣。因其形象奇特，头上尽是疙瘩，嘴巴大而宽又能张合，还能咬人，重量达40多斤，玩起来虎虎生威。（跳桌、跃凳、前滚、后翻）深受群众欢迎，四邻八乡都来观看，无不称奇。

经常玩耍“四不像皮”易损坏，三五年就得更换新的，先辈们几经改进，能用十几年，仍不理想。又经几代人的改进，最后用旧时的鞭炮捻子纸层层糊起来（一头要六斤纸）晾透，晒干为一体，结实耐用，几十年不坏。其制作虽工序繁多（32道）制作周期长（需75天完成），但非常结实，现有一对狮子皮已有120多年（现存市博物馆）。后来先辈们根据众人的意见，更名为“狮子”。

什李的“狮子”远近闻名，形状也是堪称一绝。历代天旱求雨取水、庙会、喜庆……方圆上百里乡村民众都来请什李“狮子”助兴。什李“狮子”、马叉表演时，总是人山人海，锣鼓喧天，泣鬼惊神，惊天动地。也正是如此，历代人们把狮子、马叉安放在屋脊上，用来镇宅辟邪，一直沿用至今。

什李的褙狮技术，遵先辈古训，从不外传，至亲、珍爱“狮子”的求要几次的，也是褙好给他们，所以千百年来，什李的三宝：狮子、马叉、西瓜灯，远近闻名，形状别具一格，堪称一绝。济南第一任火车站站长，观看什李三宝后，惊叹稀奇，免费让什李的“狮子”马叉，坐火车到各地演出。当今，什李村正在积极挖掘这一宝贵遗产，为弘扬中华武术而努力。

九、鲁西南传统木艺

明、清时期，地处鲁西南曹县孙老家镇徐菜园村的徐姓木匠们迫于生计，在山东、河南、安徽一带从事家具制作，他们遍访名师，取长补短，嘉庆十年（1805）徐氏先祖徐上元充分掌握了这门技艺，经过口传心授与后人，至今已传承九代，现在主要传承人为徐光炳。

鲁西南传统木工制作技艺是基于传统文化的积淀和老手工艺人的口传身授，结合地方风俗和艺术审美观点而逐渐成熟，是富有地方特色的传统木结构家具的重要载体，曹县孙老家镇徐菜园村徐氏家族的先人们，以这种制作木结构家具赖以营生的手艺，世代传承发展着，并在当地享有盛名，附近村庄居民嫁女、乔迁新居添置新家具，均请他们制作。

鲁西南传统木工制作技艺，以典型的明清古代传统木工技艺中的家具传承为主，制作的家具结构简明扼要、紧凑和谐，主要部件瘦劲利落、挺拔有力，如此整体线感呼之欲出。线脚乍看较简单，不外乎平面、凸面、凹面，线不外乎阴线和阳线，但是悉心观察可发现其中是变化多端的。如线脚中使用的香线、捏角洼线等，单纯、清晰、饱满，给家具增添了爽利的线性感，而即使是一些浮雕、透雕，也是由各式线的变化构成的。另外，马蹄形的各式脚式，椅子的背板、搭脑、扶手和联帮棍所形成的线条美也自然流畅，与家具造型和谐统一，使家具形体发展到高峰。

十、裘皮手工技艺

裘皮手工艺品制作工艺极其复杂。

熟皮制裘工艺：要将收购的生羊皮、兔皮等制作成熟皮，要经过腌制、晾晒、浸水、回鲜、去肉、脱脂、软化、鞣制、烘干等。制作裘皮手工艺品工艺，先用抹子（制作模型的一种工具，根据所需的尺寸大小手工制作），纸浆，结合各类动物的生活习性，用手塑造出立体的动物形态（称为内胎模型），如站、卧、睡、奔跑等姿势，这一环节至关重要，也是技术的核心部分，可直接影响到工艺品的整体外观及效果。然后将鞣制成熟皮的羊皮、兔皮毛等用胶水将内胎模型包裹，最后安装眼睛和鼻子，每个产品从开始制作到完成需要20道工序左右，所用工具包括抹子，剪刀，镊子，用熟皮鞣制完成后的羊皮、兔皮等，乳胶，艺眼。

裘皮手工艺品生产历史久远，从元明时期回族穆斯林自西域迁移而来，熟皮制裘工艺便成为穆斯林的传统加工项目，到清朝初期，在熟皮制裘工艺后的熟羊皮、兔皮的基础上加以研发，逐步制作出裘皮挖画、平面黏画、半立体粘画到后来的立体仿真裘皮工艺品。在源远流长的历史长河中，经数代人的艰辛钻研，不断创新，使工艺日益完善，直至现在多种鲜活逼真、千姿百态的工艺品层出不穷，系列精品独树一帜。

作为流传数百年的手工艺，历经数十代老艺人的互传亲授发展至今，具有很高的文化价值。从产品的种类和艺术的水平，可以看出历史变迁的轨迹和当时的生活水平，也充分反映出社会的进步给传统工艺带来的变革。

第二节　民间美术

一、曹州木版年画

木版年画是用传统的木版水印方法印制的年画，题材大都是以民情风俗、神话传说、花卉人物、鱼虫鸟兽为内容，由于木版年画一般是在过年或喜庆节日时张贴，因此内容以欢乐吉祥为多，寄托了人们对于美好生活的向往，祈求人寿年丰、招财进宝、镇邪除妖。木版年画内容首先以人物为主，以门神见长。门神有历史名人，神话人物，如秦琼、敬德、包文正，及天官赐福、福禄寿三星等。其次是《西游记》神话故事和花鸟虫鱼，无论人物还是花卉，造型都优美大方，生动逼真，特别是门神中的秦琼、敬德，从体态到神情都能给人一种既慈祥善良又杀气腾腾，颇具镇妖除邪之神的感觉，深受老百姓的喜爱，畅销山东、河南、河北一带。

清末，单县始有木版年画。为黑线绘图。复色、平印，色彩艳丽，对比强烈，加之黑印轮廓，显得比较调和，给人以轻快感，刻线刚柔相济，色彩明快单纯，构图装饰适当，主题内容突出，具有中国艺术的风格特征。内容多为“门神”“灶神”“天官财神”“二十四孝”，还有风景、花鸟、走兽、婴戏等；再一类是历史风俗画，如《送亲娘》《白蛇传》《将相和》等。婴戏方面的有《五子登科》《九连登》《三星福禄寿》《福字图》等。还有《富贵白头》《锦堂》《凤穿牡丹》《丹凤朝阳》等寓意吉祥之画。木版年画在鄄城也很盛行，有不少的木版年画制作技艺传人。单县民间版画以龙王庙的张文谦、孙溜的李凤云、徐寨的王成田、蔡堂的张广跃、城关的贾尊礼等人的年画为佳。

牡丹区的木版年画，清末民初时期步入高峰，清光绪六年《菏泽县志》记载：“元旦皆于院落结棚插竹，陈酒脯供神，门贴画像。祀灶于灶陉，设纸像祭之。祀祖先于祠堂，无神主者亦设纸像致祭。”这一记载中提到的门贴画像、纸像、神主等，先后对应着曹州木版年画中的门神、灶神、家堂及三代宗亲。此时，牡丹区的乡村与城市年画印制同步发展，乡村有大量民间作坊，城市亦有年画画店存在。1993 年《菏泽县志》记载：“1917 年（民国六年）明记三房印刷馆在城内平正街建立，创办人为聊城东昌府人吕兴三。”范慕韩主编的《中国印刷近代史》介绍同时期的“聚星楼印刷社”，该社为“黄宗汉 1919 年开办于菏泽县，初建时以木板印制年画、家谱、色纸等，后增置石印、铅印设备”。

20 世纪 40 年代末的解放区时期，冀鲁豫二专署文工团成立了两个农村画店，刻印了十几种新年画。在牡丹区农村，大付庄付氏曾有长期的年画制作历史，目前可见有堂号的有义成老店与玉盛老店。小留镇当地刘氏印制年画的技术由宋堂村传入，堂号为同盛老店。大屯村吴氏以纸扎制作为主，兼制扇面画、神像画等题材。

据 1999 年《定陶县志》记载，清末及民国年间，定陶境内有多处制作木版年画的，尤以马集乡最为有名。张湾、一千王、陆湾、牛屯、孔连坑、堌堆刘庄、胡庄等地也有年画生产。

成武韩铺木版年画始于清光绪年间，脱胎于东昌府木版年画。成武民间自古在春节有张贴年画和门神的风俗，俗称“老灶爷”。清光绪年间，韩铺张继兰的高祖开始刻印制年画，至今张继兰仍保留当时的画板一套，后带动村里其他人大量印制，主要销往周围各县区乡镇。韩铺木版年画具有年画、门神画二者融为一体的特点，既具有年画的艺术风格，又起到门神的作用，全用木版套印，用红、黄、灰、青、黑 5 种基本色，整个画面五彩缤纷，装饰性强，人物面部不着色，使其形象更加突出醒目。九女集张氏木版年画的创始人是其先祖张使延，设堂号同兴老店，至今已传承第四代，并另收有 4 名徒弟。除自印自售外，中华人民共和国成立前后，张使延还曾带领本村十余名印工携年画版前往外地印制年画。大翟楼翟氏年画为民间艺人翟谨延始作，民国年间，自单县习得木版年画制作技艺。翟氏外出印制年画范围较大，20 世纪 60 年代曾先后前往河南永城、山东东平等地，显示出木版年画广泛的市场需求。

郓城木版年画始于明洪武元年（1368），从山西往山东一带移民时，一些年画艺人也随之来到郓城。清道光二年（1822）左右，天津杨柳青年画传入此地，对当地影响很大。清末郓城唐塔附近就有一处画舫，县城的画廊、铺子都出售其画。中华人民共和国成立前，在高樊庄、水堡、杨寺等地还活跃者几个画舫。郓城木版年画的分布，根据有关资料，水堡、杨寺、杨堂、樊庄、赵庄、黄安一带，形成了郓城县西部重要的年画生产区域，其传承人张继贤（杨堂）、薛传仁（樊庄）、赵修德（赵庄）师从杨寺艺人张存福。县城东部则聚集在大人附近，曾氏开设的横晟马子店最为知名。南部戴垓村名气甚大，传承人戴长标在 1996 年被联合国科技文组织授予“民间工艺美术家”称号。县城北的肖皮口、侯集、宋庄、良友口也是木版年画的主要生产地。

巨野县木版年画在长期的历史发展中，形成了几个重要的生产村落，相比其北部的郓城县，整体画店规模较小，地域分布也没那么密集，但基本满足了当地民众的需求，且品类齐全，门神、灶神、财神、纸牌、罩方画等均有涉及。就地理分布来看，门神、灶神等年画生产以北部的马庄为中心，水浒纸牌则以县城南部的丁海村为中心,罩方画则以马庄的套印为主要生产地。其他知名者有栾官屯毕式、唐街唐氏、戴楼崔氏等。马庄从事年画制作的有孔氏和郭氏，“文革”时期画版被焚毁，“文革”后恢复刻版。孔氏一族还曾制作套版印刷的罩方画，包括花鸟长条、龙凤长条、戏曲人物、图案长条等题材，成为除郓城戴垓外有一个套版印刷罩方画的作坊。郭氏画店现老艺人郭兆营在农闲时仍有生产。丁海村是水浒纸牌的重要生产地，且曾作为滕州水浒纸牌的代加工地。据传县域东仲山镇有以印制大幅中堂为主的年画作坊，域北田庄亦有印制罩方画者。

曹县的木版年画，其渊源一是来自河南朱仙镇的神画；二是来自天津的杨柳青。主要流布地在韩集、邵庄、苏集、普连集等村镇。另外，曹集镇、古营集镇、孙老家镇亦有年画生产，但多与纸扎铺兼作。张破钟村、梁庙村还保留有墨线印版和八仙线稿。

东明县北部的双井村和南部的后渔沃村，是两处重要的年画村，双井村的王氏、孙氏、单氏家族历史上均有过木版年画的制作，且参与人数众多。现还保存有大郝寨印制的戏曲年画《鲍金花打擂》、双井村印制的《关公像》、沙堌堆常汉卿刻制的戏曲年画线版、双井村印制的《双头灶》《文武财神》线稿等。

鄄城县木版年画至迟在清末已有生产，至民国时期的二三十年代达到高峰，最知名成就最大的当属红船口复兴永画店，在一定程度上成为曹州木版年画的生产核心区。该画店传人曹洪诺的祖父曹河宴是画店创始人，曾前往当时的寿张县拜师学艺。复兴永画店所绘制的具有独立风格的年画稿样，成为之后曹州地区诸多画店复制、效仿的对象。鄄城周场村也是重要的年画生产村，该村周氏、刘氏在历史上有着较长的木版年画生产历史，当地年画自河南浚县传入，全村有几十户从事年画制作。

菏泽市博物馆的李永良，长期从事文化艺术工作，2000 年退居二线后，开设了古旧书籍门市和网上书店，与曹州木版年画结下不解之缘，开始了长达 20 多年的收藏保护和研究工作，投入了大量的精力和财力，目前已珍藏宋金、明清、民国以及抗战时期和中华人民共和国成立以来曹州木版年画及雕版等逾万幅，其中不乏精品。他愿意把全部珍藏捐献给国家，并希望成立专门博物馆，出版曹州木版年画精品集。

二、曹州绳编

山东古曹州“曹州绳编”简称“牌花”。它起源于明清时期曹州辖区的名门望族绣楼之中的“女功”绳结技艺。“牌子”长约4寸，宽寸许，厚如铜钱，上有图文，以结装饰，以示“牌子”活的种类、等级。牌子活是古代后宫及皇亲国戚为了向民间名门望族征集庆典、婚嫁、重大节日等专用的吉祥陈设品及日用品采取的一种形式和方法。同时，也是民间向皇家及皇家后宫献礼、进贡的身份资格证明。

古曹州“牌子·花活”当时与“牌子绣活”“牌子绒绣”并称古曹州“绣楼女功”的三大绝活之一。是当时曹州诸名门望族及大家闺秀出阁前必修课程。它与普通民间流传的“巧活”“挤花活”（现称中国绳结艺术、中国结）在系法上有本质区别。

古曹州“牌子·花活”多以现实生活蓝本，以田园情趣为对象，以仿生作品为主流，孤芳独影。生活气息浓郁，又不失高雅气派。做结人从小就要经长期的言传、身教、有一套成熟的家传训练方式对她们进行手感、毅力，耐心及观察力、模仿力的培养，使他们在漫长的成长过程中通过实践积累经验，方能完成从“毛活”到“细活”最终能独立创作精美绝伦的“成活”过程。这些善良、朴实、聪慧、胸怀博大的女性们几乎是用毕生的精力在进行创作，她们的作品多带有鲜明的艺术个性，每件作品都是她们丰富的内心世界的独白，并通过作品向世人展示着坚毅的不朽人格。因此才有数百年流传的“年年有新品，岁岁有奇迹”的佳话。她们创作的精品多数都不易模仿和重现，传承更为困难。

古曹州“牌子·花活”的表现形式所显示的情与智慧，正是中华民族古老文明中的一侧面，是中国民俗文化中璀璨夺目的一朵奇葩。

在曹州“牌子·花活”明清时期的代表作“绳结牡丹”工艺技法（因古曹州盛产牡丹、本工艺因此而生）已复原成功。

古曹州“牌子·花活”工艺技法的发掘、整理复原，有着不容忽视的艺术价值和现实社会意义。它作为现代装饰工艺、服饰工艺、陈设品及日常实用工艺的母本工艺之一，将体现其应有的经济价值、艺术价值。

三、曹州堆绣

曹州堆绣起源于唐宋，盛行于明清，在定陶流传已有400多年历史，流行于河南、河北、山西、陕西、甘肃等省。

现在，曹州堆绣仍集中于定陶县陈集镇，具有浓厚的鲁西南地方风格。

曹州堆绣主要以佛像、神话人物、仕女、花鸟士祥图等为表现对象。用丝、麻、棉、毛等织品为质材，经过剪、贴、裹、堆、染等主要工序堆成的纯手工艺品。其工序有图案设计、裁剪堆贴、绣制等工艺，堆绣有高堆和平堆之分，高堆更有立体感，画面层次分明。其特点是色彩绚丽、质感饱满、做工考究、具有很强的鉴赏性、工艺性，是古今重大节日用的吉祥陈设品。曹州堆绣经过多年的传承，仍保持了传统堆绫贴补的规范，保留着绘画、浮雕、抽丝、贴线等多种技法，其作品以其独特的技艺，精细的做工和颇具民族特色的图案而著称。

曹州堆绣的特征，其一它是名门望族之家重要的女工，是鲁西南一带民间工艺独有的绣楼文化；其二曹州堆绣在自身发展中形成了不同的类别，由最初的家族女儿之间的“赛花活”演变为皇家垂爱的高级工艺；其三曹州堆绣源于鲁西南民间文化，有着浓郁的乡土气息；其四曹州堆绣流传脉络清晰，有比较完整的艺术工序，体现了民间工艺与人们精神生活的有机结合，是人们在长期生活实践中创造并传承下来的优秀艺术；其五曹州堆绣传承严谨，工艺水平高，生活情趣浓，表现题材形象鲜明，更彰显其华丽和高贵；其六曹州堆绣是民间吉祥文化的代表作，体现了民间传统工艺的神韵。

曹州堆绣具有较高的艺术和学术价值。曹州堆绣从普通的堆绣作品，到结构复杂的牡丹、花鸟等生活气息浓郁的作品，无不体现着布艺高超精绝的手工艺术。同时，曹州堆绣的产生发展、兴盛，衰微，脉络清晰，相关资料丰富，是研究堆绣艺术的活体标本；堆绣体现着鲁西南一带女性长期在闺阁练就的含蓄、端庄以及在爱情表达上的委婉、隐晦的形式，是研究当地民风民俗的最好佐证；曹州堆绣除具有诸多实用和装饰功能外，还被人们赋予一定的象征意义，有着招福纳祥、神秘达意的作用，含意深远。

四、水浒纸牌及雕版印刷

宋江起义失败后，人们为了纪念他们的英雄事迹，有的编写成了戏剧、故事，比如元代曲剧作家关汉卿，凡是宋江在剧中出场，开场白都是：“家住水堡在郓城，姓宋名江字公明，人称山东及时雨，梁山寨上称英雄。”

而在郓城水堡村，却研究出一种“水浒叶子戏纸牌”。他们根据朝廷擒拿宋江起义英雄所出的赏银数额，将一百单八将人物、姓名、形象、手持兵器等，融入纸牌游戏之中，以纪念自己的起义英雄。

此牌的制作为雕版印刷，起源于元代，至今已有600多年的历史。据《曹州府志》记载，宋江起义100多年之后，宋江故里水堡村的齐氏、付氏、杜氏三家，出于对起义领袖宋江及众多英雄人物的怀念，总想发明一种既能寄托哀思又便于流传的纪念品，终于研制出一种特殊的纸牌，这就是水浒纸牌的来历。

水浒纸牌雕版印刷工艺，是与历史上水浒英雄联系在一起的，可以说，没有“梁山一百单八将，七十二名在郓城”的历史文化背景，也就没有雕版印刷水浒纸牌的出现。无论是独特的印刷工艺，还是所承载的历史文化内涵；无论是遍布全国的影响，还是妇孺皆仰的英雄崇拜情结，郓城县水堡村的雕版印刷水浒纸牌，都堪称民间制作工艺一绝。它对于历史文化的传承和水浒文化的研究，以及探讨传统雕版印刷工艺的产生和发展，都具有很高的历史和科学价值。

几百年来，随着销售量的增加和向外移民，水浒纸牌的影响不断增大，水浒纸牌已流传到全国21个省市区。目前在河北、安徽、江苏、河南、浙江、山西、新疆及东北三省等地，水浒纸牌仍是一种深受群众欢迎的娱乐工具，同时也是人们对水浒英雄的一种怀念。

水浒纸牌共120张，制作者根据当时官府赏银数量，将水浒一百单八将分门别类地编排出三种牌艺，即万字牌、条字牌、丙字牌。宋江的皇榜赏银数额是九万贯，所以万字牌的首张牌页便是九万宋江，最后是一万燕青，依序排出九万至一万各4张。条字牌的首张是九条卢俊义，而后是一条张顺。丙字牌的首张是九丙吴用，而后到一丙张青。还有红花子牌，他是梁山寨起义的第一届首领王伦，两头红印花牌是第二届首领晁盖，黑瞎子牌就是阎婆惜，他们三个人的牌各四张。至此，一百二十张纸牌的设计就算完成了。

据《郓城县志》记载，水浒纸牌最鼎盛时期，全村共有制作作坊100多家，每天的产量可达1万副，前来从事交易的远近客商如水如潮，可谓“车水马龙到水堡，往来只为水浒牌”。

五、麦秸画

麦秸画又叫麦秆画、麦草画，是始于隋唐时代的宫廷工艺品。它和剪纸、布贴一样是一种剪贴艺术。利用麦秸自然光泽和抢撕成丝的特性，经烫色或染用经过：“熏、蒸、漂、刮、推、烫、剪、刻、编、绘”等多道工序，一般不着色，根据需要进行剪裁和粘贴而成。麦秆画具有光泽透亮、装饰效果好、艺术感染力强等优点，制作出的人物、花鸟、动物栩栩如生、活灵活现、古朴典雅、惟妙惟肖，富有立体感、层次感，散发出自然光泽，让人赏心悦目。一般运用国画形式构图，嵌贴于镜框内，作为欣赏品。成武县秋实麦草工艺厂生产的麦秸画产品有座屏、挂屏、屏风、牌匾、旅游纪念等十余个系列，上千个品种，这些产品分别在省市文博会等活动中受到专家和消费者的青睐。

六、粮画制作

东明粮画历史悠久，相传其源流可溯及唐代，它是从二月二“围仓”习俗和“花馍”米豆装饰衍生发展起来的，距今已有1700多年的历史。近200

年来东明粮画的发展，以东明县武胜桥镇孔北城村为中心，遍及鲁西南地区，影响冀、鲁、豫、皖、苏周边几省，并流布全国。在200多年的发展中，历代传承关系均是师傅带徒弟，以口传身授的方式进行传承，现在可以查证的传承人已有八代，现在第八代传承人韩国瑞，现年35岁，自幼随外婆赵桂芳学习粮画制作。

东明粮画，亦称“粮艺”“谷艺”“豆塑画”“米画”等，原料为粮食、草籽、菜籽、花种等颗粒。主要分为三大类：原色粮画；染色粮画；合成色粮画。其制作流程有：选种、防腐处理、晾晒烘干、变色处理、制作图样、打磨底板、拼黏画面、修补晾干、保护层处理、装裱等。其制作工艺十分复杂，具体主要分为对接、拼接、斜接、压接、竖接、重叠、堆砌、匀撒、剪切、雕刻等。

东明粮画以手工制作，采用传统的民间工艺，表现出如书法、国画的笔墨韵味，同时具有较高的观赏性和美化人们生活的实用意义。其题材一般以书法、国画、花卉、鸟虫、吉祥图案为主，采用自然界中不同的形体，以丰富多变的手法制作出造型精美、栩栩如生、寓意明快、风格独特，并含有吉祥之意的作品，深受人们的喜爱。

东明粮画不仅仅丰富美化人们的生活，它更是民族文化的一种象征，它是艺术与生产相统一、物质和精神相结合的产品，它可供我们了解不同时期的风土人情、社会制度、礼仪风俗和文化特征，又是研究一个民族物质文明、精神文明和民间艺术的重要依据，是中华传统文化中宝贵的遗产。

七、挂毯

艺术挂毯是一种有着较高艺术欣赏价值的高档室内装饰用品。它有着悠久的历史，据考证，4000多年前，在今天的新疆等地已有手工编制的记载。

成武艺术挂毯，以各种化纤、纯毛、真丝、头发等不同档次的原料精制而成。在设计上，成功地移植了中国传统书法、雕塑、国画的技法和西方油画的风格特点，并通过绘画形式对国内外摄影名作进行再创作。在色彩上，以柔和色调为主，以细腻的色彩过渡和明暗对比的手法见长。其色泽协调，层次明晰，色调优雅明朗，光亮感强，具有生动丰富的写实效果，深受消费者欢迎，部分产品已远销美国、意大利等国家和地区。

第三节　民间舞蹈

一、狮子舞

菏泽狮子舞兼有南北方狮子的特点，属中间地带的狮子，颜色以黄为主。其形神兼备，风格清新，带有浓郁的鲁西南文化特色，舞蹈动作欢快简洁，配器生动流畅，通过狮子的扑、闪、腾、挪，把狮子的兽性与灵性表现得淋漓尽致。舞狮人通过抓痒、亲昵等动作，把狮子的喜、怒、哀、乐渲染得恰如其分，通常有单狮表演、双狮及 4 只狮子以上的群狮表演。

狮子舞源于清末年间，鼎盛时期为20世纪50年代，是一种集娱乐、武术、杂技、信仰、竞技等为一体的综合性民间艺术形式。

狮子舞基本情节有出山、盘坡、过桥、探涧、爬坡、登峰、产子、嬉戏等八段。狮子舞以模仿狮子动作为主，从狮子穿球开始，有狮子理毛、抖毛、挠痒、打滚、戏珠、抢球、竖顶球、扑球、狮子罗汉、罗丝转、狮子倒立、上山式、下山功等数十种动作。

狮子舞编舞结构层次分明，共分三段：其一，表现了雄狮在睡醒后悠闲、潇洒、懒洋洋地在地上杂耍，内容包括伸懒腰、抖毛、挠痒、眨眼、打滚等；其二，领狮人与雄狮的嬉戏、玩耍、挑逗，包括上桌、下桌、窜桌、桌上拿顶、衔马扎等，表现狮子好奇、爱动等惹人喜爱的性格侧面；其三是狮子舞的高潮，即上天梯、过天桥的表演。全舞以严谨不漏的结构，把舞蹈动作表现得条理清楚，层次分明，步步向上，丝丝入扣，圆满地体现了整个舞蹈的主题。

狮子舞为双人扮狮，一人引球，狮崽一般为七八岁男童扮演，参加舞狮的数量由庆典活动规模而定。因商汤鼓角在此流行，故伴奏多用锣、鼓等打击乐器，每个舞段都配以固定的锣鼓点。

狮子舞表演形式分大场和小场两种，大场即“踩街”，边行走边表演部分动作；小场是在空地上扎场表演全部动作和一定套路的动作。可在地面上表演，也可以在桌子上表演，在广场表演时可摆放三层桌子。在“踩街”中，如遇乡亲摆桌邀请，狮子必须先“拜门子”后表演，表演结束后，主人便向演员馈赠糕点、香烟、茶水，以示感谢。

狮子舞流传至今深受群众的喜爱更重要原因在于狮子舞动作不论难易程度如何，而对演员来说体力消耗很大，素质要求很高，舞狮者深有体会地说：“狮子步步都是舞，舞狮招招显功夫。”因此狮子舞一直是一种深受广大群众喜爱的体育锻炼形式和手段。

但目前随着人们娱乐手段的增多，狮子舞老艺人的辞世，此项民间舞蹈处境也艰难，所以也亟待保护。

狮子在中华各民族人民心中为瑞兽，象征着吉祥如意，从而在舞狮活动中寄托着民众消灾除害、求吉纳福的美好意愿。

在长期的流传中，通过民间艺人不断的创造，舞狮动作难度加大，艺术性更高。东明的狮舞属北方狮子舞，在当地有“文狮”“武狮”之分，“文狮”动作细腻，诙谐，主要表现狮子的活泼及嬉戏神态，如抢球、戏球、舔毛、挠痒、打滚、洗耳等；“武狮”则重技巧和武功的运用，如腾、闪、跃、扑、登高、走梅花桩等高难动作。

东明狮子舞能跃上三张方桌，在桌面上表演，既惊险又显勇猛。如《双狮醉酒》是中国北狮传统套路的重大改革，它打破了舞狮没有主题的传统。东明狮舞在全国各级舞狮比赛中获奖，在国内外都获得很高的声誉。

成武舞狮有近千年历史，清朝乾隆年间最为兴盛，多在庙会、求雨、婚礼及节庆期间表演，活动最多的时候是春节前后，从正月初一到十六，是活动的高潮。

郓北陈栈村以陈明堂为首的舞狮队，在20世纪50—80年代十分有名气，该村也是二郎拳大师陈连田的故里。每逢春节后的正月二月、庙会及婚庆事宜，都会请舞狮队表演助兴。

据舞狮艺人金振东、孙冠林介绍，舞狮有大、小狮子各两头，大狮子的头上有红结者为雄狮，有绿结者为雌狮。大狮子需要两个人表演，而小狮子只需一人表演。表演开始一般是“滚绣球”，主要表现双狮的温驯和嬉闹场面。场地上放一八仙桌，狮子在逗狮人的引领下，上下“翻腾窜跳”的翻滚动作，表现出狮子的威武勇猛。继而又自由表演“擦痒”“打立站”“抗肩蹭痒”“卧式喘气”“理毛舔臀”等动作又表现出狮子可爱可亲的性格。接着是“滚地爬坡”的舞狮高潮处，二狮子在领狮人的指挥、引逗下，依次做“狮上桌”“狮越桌”“高台打立站”等高难度惊险动作，两狮子还可以穿插做追逐或争抢绣球等即兴表演，乐队此时紧锣密鼓，把表演推向最高潮。小狮子围着大狮子做各种调皮的动作，大狮子弄儿为乐，尽显天伦，非常好看。

尾声时，领狮人与二狮配合交流，做一些人狮戏闹的轻松表演。如“亲球”“倒拉球”最后亮相收场。

舞狮是吉祥的象征，能表达人们美好祝愿和幸福向往，并寓意着除害、消灾的寄托。

舞狮用打击乐伴奏，开始用战鼓，后来为了衬托狮子的大气威猛，加入了大鼓、大钗，给人一种震天动地的感觉。

二、龙灯舞

龙灯舞是中国汉族民间舞蹈，因舞蹈者持传说中的龙形道具而得名。龙的形象源于中国古代图腾，被视为民族的象征。传说中龙能行云布雨、消灾降福。据汉代学者董仲舒的《春秋繁露》记载，当时已经有了形式比较完整的龙舞. 在祈雨雪的祭祀活动中，春季舞青龙，夏季舞赤龙或黄龙，秋季舞白龙，冬季舞墨龙；龙可长达数丈。经过 2000 多年的创造发展，中国民间龙舞已具相当高的技巧（包括扎制艺术），表演形式也丰富多彩。

龙灯舞是中国传统节日中流行最广的民间舞蹈，世界上华人聚居区也常以龙舞来表现社区传统文化。用竹篾和绸布扎成龙头、龙身（分为九节）和龙尾，彩绘龙鳞，每节龙身中都装有烛灯。起舞时，一人手持彩球（象征宝珠）在前领舞，其他多人持龙头、龙身和龙尾下的木柄随舞，表演“二龙戏珠”“金龙蟠玉柱”等。龙舞多在节庆之夜舞弄，以锣鼓、唢呐伴奏，同时施放烟花爆竹，蔚为壮观。“龙舞”表演开始后，以跑阵为主，有双龙交错跑；有四边形的“开四门”；有龙头向前、龙体左右对称盘圈形的“凤凰展翅”；有双龙相对、扭“8”字形的“长蛇阵”；有对角盘扭的“八宝”“三碰头”“卧龙搅珠”“三环套两环”等。表演时，两条龙追逐着两颗宝珠，时而昂首如飞腾于云天之上，时而低回若游于波涛之中。

东明龙灯舞让人们感受到了民间广场舞蹈的恢宏气势和刚强柔美的特征。原与民俗紧密相连，套路丰富，动作谐趣，道具构思巧妙，服饰简朴大方，造型夸张，体现了团结合力、造福人类、与天和谐的精神。

定陶境内居民有舞龙娱乐、求雨的习俗。每年的春节过后，人们就开始准备舞龙。龙灯舞是一种集体舞，表演时每节的演员必须协调一致，按同一节奏舞动，舞龙的人为身强力壮的小伙子。表演的同时燃放焰火，在焰火的点缀下，条条巨龙摇头摆尾，变化无穷，妙趣横生。舞龙的最好日子是正月初七、十五、十六和二月二。

单县的龙灯舞以钻牌坊表演为新奇，每年旧历正月初七和十五为活动日，表演时在牌坊下面放焰火，火花直冲牌坊顶部，将牌坊装点得瑰丽多彩，数十条巨龙翻滚着从牌坊正门穿过，有的摇头摆尾，有的如腾似飞，变化无穷、妙趣横生。

成武县老艺人张鸿彦制作的舞龙嘴口灵活，能张能合，龙尾摆动自如，栩栩如生。舞龙表演时在龙珠的导引下，表演“穿花”“翻花”“盘花”“双龙戏珠”“金龙扫地”“腾云驾雾”“龙打滚”“龙转底”等各种动作，伴着震天的鼓点，十几人共同合作穿插跑场，场面红火，气氛热烈，扣人心弦。

三、商羊舞

商羊舞，是发源于鄄城县境内北部地区的一种古老的民间舞蹈，流传于李进士堂镇、旧城镇一带，以李进士堂镇杏花岗村最为著名。据考证此舞源于商周时期，成熟于春秋战国时期，宋明时期是鼎盛期。

商羊舞原生态是古老的求雨仪式，结合商羊鸟的动作演变而来的一种民间舞蹈形式。每年三月三或久旱不雨时，十里八乡的群众聚集在杏花岗三官庙前从庙里抬出关老爷的塑像，搭戏台、扎大棚，大棚上画上龙的形象，举行盛大的祈祷仪式，商羊舞便是祈祷仪式的主体，求雨时，每人手拿一对“响板”，上结艳丽鸟羽，模仿商羊鸟的各种蹦跳动作进行表演。

此舞为集体舞，一般用12—16人为宜（男女各半）。每人上穿彩衣，下穿彩裤，腰系彩带，手拿响板，上系铜铃一对和红缨结成的花一朵，脚脖上各系铜铃一对，在乐队的伴奏下，舞蹈队员手持响板跳舞，模仿商羊鸟的动作，双手持响板有节奏地撞击，发出脆响，模仿商羊鸟的叫声，进行表演。舞蹈主要队形变化有：①上山（即集体上场）；②下山（即集体下场）；③卷箔（向内转圈，交插队形）；④二龙吐须（男女两队由中心向外反转）；⑤绞麻花、商羊戏水等。表演的动作主要有：①行走动作（基本动作双手持响板在胸前竖立撞击，一足抬起跳动向上）；②泰山压顶（女队员蹲下手持响板撞击，男队员站立手持响板，响板头向下击节，表现商羊鸟的欢快起舞）；③抵头（男女队员各持响板分两队，响板头互相抵着，并击之，传说商羊鸟抵头，天空就会下雨），还有商羊腿、前仰后合步、前跳步、后弓步等。

伴奏乐器以前是以鼓为主的民间打击乐器（鼓、锣、钹、镲、梆等），所以商羊舞也叫商羊鼓舞。后来，人们又根据气氛和场合的需要加进了民间乐器（笛、笙、二胡、坠琴等）。乐队一般由十几人组成，结构为：坠琴一把、二胡两把、笙两个、堂鼓一面、锣两面、梆一对、大镲两对等。其曲目主要是以祭祀仪式乐为主。后来受民间音乐和地方文化影响，形成了独具地方特色的商羊舞专用伴奏音乐，音乐的领奏乐器为鲁西南极具特色的民间乐器坠琴，它音色浑厚、高亢，富有较强的表现力。音乐的节奏节拍与商羊舞的动作组成了完美的结合。

东汉王充《论衡·变动》云：“商羊者，知雨之物也，天且雨，曲其一足起舞矣”；蒲松龄的《聊斋志异》跳神篇则对“商羊舞”有了舞蹈的记载：“妇束短幅裙，屈一足，作商羊舞。”可见商羊鸟的出现是一种水祥吉兆，人们见商羊鸟出现，就知道雨要降临。每当天旱久不雨时，人们就盼望商羊鸟的出现。人们就自扮商羊鸟，戴面具，拿响板，结彩铃，模仿商羊鸟的动作，舞蹈蹦跳。这种模仿商羊鸟求雨的动作与传统的祭祀仪式逐渐结合在一起，经过鄄城先民们的不断升华、完善，逐渐成为一种民间舞蹈——商羊舞，并且这种活动除了在天旱求雨时进行外，还形成了固定的举行日期——每年三月三，自商周起，世代相传至今。

该项目，已被纳入国家级非物质文化遗产名录。

四、三皇舞

三皇舞，是发源于鄄城县境内北部地区的一种古老的民间舞蹈，流传于李进士堂镇、旧城镇一带，以李进士堂镇杏花岗村最为著名。

据考证此舞源于三皇五帝时代，此舞为集体舞，一般用16—20人为宜（男女各半）。女穿彩衣，腰系彩带；男披兽皮或树叶形舞衣，头戴柳条圈或彩条，手持牛胛骨表演，并由两名演员扮演野牛，均披黄衣，头戴牛头饰。表演时，分男女两组列队出场，在乐队伴奏中表演各种动作。舞蹈的动作纯真粗犷，舞蹈共分八段，每段动作都有不同的寓意：

（一）爬行站立。表现先民们由爬行逐渐演变为能独立行走。

（二）围兽狩猎。表现先民们集体协作，围剿野牛与野牛搏斗并取得胜利。

（三）下山。舒展双臂，以轻盈的舞步下山到平原定居。

（四）农作。表现播种五谷。

（五）采桑。模仿采桑养蚕。

（六）祭祀。展现祭奠崇拜三皇及祖先。

（七）联欢。边歌边舞。

（八）尾声。

舞蹈以鼓为主的民间打击乐器（鼓、锣、钹、镲、梆子等）伴奏。并加进了民间乐器（笛、笙、二胡、坠琴等）。演奏乐曲大多是民间小调。乐队一般由十几人组成，结构为：坠琴一把、二胡两把、笙两个、堂鼓一面、锣两面、梆一对、大镲两对。

三皇说，即天皇、地皇、人皇。出于谶纬，《史记·补三皇本纪》《太平御览·皇王部》及《路史》均有表述。三皇是神话传说中人物，是先民们心目中的远古领袖，是先民们崇拜的精神偶像。在漫长的远古时代，洪水泛滥，凶禽猛兽到处横行，先民们的生活活动受到严重威胁。为了躲避灾害，他们往往十几人或几十人群居，共同劳动一起捕兽捉鱼，生活条件极其艰苦。他们凭着简单的劳动工具，集体协作，来对付自然界的种种灾难，一旦狩猎成功或农桑获得了劳动成果，便共同享用所获得的食物。一部分食物用来祭祀心目中的三皇，以求他们的保佑与护持；另一部分食物分而食之。分食之时，人们伴随着有节奏的敲击声，有的兴奋地喊叫，有的吹着口哨，边吃边舞，逐渐形成简单而粗犷的三皇舞。

该项目，在 2009 年被纳入山东省非物质文化遗产名录，国家级正在申报中。

五、担经

“担经”是鲁西南一带以娱神、娱人、诵经为内容，以歌舞表演、祭祀活动为载体，含有历史、宗教、民俗、艺术等诸多文化内容的一种传统民间文化活动。

历史上，成武县逢庙会常有年迈的妇女，肩担香火，口中念念有词。后来担子被改成一寸宽、五尺长的竹片，用布或绢制成莲花盆、大鲤鱼、花灯笼、花篮等饰物分挂担子两头，也有的一手托着莲花盆，一手拿着一把彩扇，边舞边唱小曲，以招揽看客，向进香人化缘求善，这种活动就是“担经”。

担经伴随着民间传统庙会而产生和发展。它由担经人和民间艺人继承前人艺术，在综合演出实践基础上，通过流传、加工、润色，变得更具民间特色。担经是一种表演艺术，它是音乐和舞蹈的结合，经常演唱一些民歌、经歌、时令小调、戏曲、曲艺，表演的舞蹈，也具有较高的艺术价值。山东民歌《包楞调》就出自担经曲。

2009年7月，中央电视台来成武专程录制了《担经·包楞调》，在中央台“走齐鲁，看全运”栏目中播出；紧接着《担经·包楞调》又在山东省第二届中老年文艺调演中荣获二等奖。

担经的服装有的穿道姑服装，脚穿红、绿彩鞋，有的穿彩装、扎斗篷，头上多有点缀。舞姿随着担子的颤动而起舞，舞步比戏曲的碎步稍大，有“剪子股”“铁锁链”等串场形式。为了将担经这一民间艺术发扬光大，成武县于2008年把《担经·包楞调》以民间表演的形式首次搬上舞台，参加了山东省“谁不说俺家乡好”地方电视文艺大赛，受到了评委专家的好评，荣获最佳节目奖，山东卫视多次播出。

担经是一种民间表演艺术，它是音乐和舞蹈的完美结合，一些民歌、经歌、时令小调等，都具有较高的艺术价值。担经人的表演边唱边舞，形成了独特的民间舞蹈艺术表演，特别是担经曲《包楞调》，已作为山东民歌的代表性曲目在全国唱响，现在又由独唱发展为合唱、舞曲、器乐曲，编入《中国民歌》，具有很高的学术价值。

担经音乐旋律优美抒情，曲调有十多种。这种民间艺术主要在民间传统庙会上表演，成武县的很多庙会都有担经表演，鄄城县较多的表演地是阎什镇的沙河庙会、郑营乡的信义庙会、彭楼镇云寺庙会等，一般在三月三等时节表演。担经表演的形式主要分两种：一种是一人或少数人小范围吟唱；另一种是在宽阔的场所集体表演，表演者身穿彩衣，担着经挑进行表演。

该项目，在2009年被纳入山东省非物质文化遗产名录。

六、抬阁

抬阁是人们极喜爱的一种民间文化活动，抬阁艺术表演盛行于濮水之滨，与庄子钓台为邻的一个古老的小村子里——临濮镇崔楼村。

抬阁旧称“两龙会”，每隔12年演出一次，据家庙石碑记载，本村老艺人创造了抬阁的道具模样，让铁匠照样打了五套抬阁道具，逢年过节招来青年人玩抬阁。在方桌上固定竖立铁棒，桌上固定二人，年龄在10岁左右，分别扮演两个戏剧人物角色，穿上戏剧服装，不露道具迹象的两个戏剧人物。一人用手托着另一个人，上面的人站在花扇上、宝剑上翩翩起舞，由四个人抬着缓缓而行。使观众产生一种悬念、惊奇、美不胜收。抬阁的道具有：一个方桌、固定铁架的木桩、固定表演人物的铁架，各个故事人物的服装。

抬阁是集历史故事、神话传奇于一体，融绘画、戏曲、彩扎、纸塑、杂技等艺术为一身的民间大型舞蹈。抬阁顾名思义就是人们抬着一个用竹木或铁质材料扎制成的类似“阁”的架子进行表演。“阁”分为平阁、高阁。

绑阁时，首先在方桌上固定竖立铁棒，桌上固定二人，年龄在10—12岁，分别扮演故事中的两个人物角色，穿上人物服装，利用道具和表演者的衣服饰品等遮掩架子，使观众看不到架身，给人以表演者真的站在空中的感觉。一人用手托着另一人在上面表演，上面的人站在花扇上，或站在宝剑上，翩翩起舞。人在桌上表演各种动作，由四人抬着缓缓而行。在抬阁的前面有乐队和抬盒小官等的衬托，在每架阁的四方各有旌旗一面，彩旗30—50面，抬起阁来彩旗飞舞，鼓声震天，十分引人注目，在抬阁行进中，每架阁须12人轮换抬，这样一架阁表演需30人左右。抬阁造型优美，场面壮观，加上锣鼓相伴，十分气派，几百年来这项艺术一直为人们喜爱。

上阁表演多为儿童，儿童体轻，可减轻抬阁负担，而且上阁表演的孩子更易受人宠爱，常表演的故事有《吕洞宾戏牡丹》《白蛇与许仙》《梁山伯与祝英台》《赵匡胤千里送京娘》《哪吒闹海》等。

抬阁表演艺术是独特的民间造型艺术，它以夸张的造型、惊奇的动作，给人以充分的想象空间，充分表现了群众创造性智慧。

该项目，现在已被纳入菏泽市非物质文化遗产名录。

七、郓城高跷

郓城高跷兴起于明末清初，迄今已有400余年的历史。高跷舞，道具是木制的拐子，高4尺左右，表演者用麻绳将拐子系于膝下，脚踩木跷比常人高出一截。在漫长的历史和生活进程中，不断吸取众家之精华，丰富和完善自己，逐渐形成了自己的地域风格和民族特色。其扔、跨、蹲、别、拧等技巧，夸张、诙谐、热烈、火爆，充分展现了鲁西南人的豪放特性。

高跷从表演风格上可分为“文跷”和“武跷”两种，文跷重扭、踩、唱和情节表演；武跷重炫技功夫表演，但更多的是文、武混合表演。高跷队的表演，通常边走边舞，技术娴熟的高跷班子，还可以表演单叉、双叉、劈腿、翻身、鹤立等各种高难动作。文高跷主要曲目有“憨宝观灯”“白蛇传”等，唱腔粗犷豪放，动作夸张滑稽，令人捧腹大笑；武高跷主要表演“老翁捕鱼”“赶黑驴”“扑蝴蝶”“过仙桥”等。

菏泽市各县区都有很多高跷团队，高跷表演也在随时而变，往往和秧歌舞结合在一起演出。除娱乐健身外，还经常受邀参加一些民俗活动和庆典活动。高跷的伴奏乐器主要有大鼓、大铙、二铙、镗锣、手镲、尖子号等。随着高跷名声远扬，来拜师学艺的人越来越多，同时也随着郓城人口流动，郓城高跷不断往外传播，山东、江苏、安徽、河南、河北以及东北三省，都有高跷爱好者。高跷早已成为中国民间广泛流行并深受人民群众喜爱的艺术表演形式之一。

八、旱船

旱船，作为民间表演艺术形式之一，是一种模拟水中行船的民间舞蹈。逢年过节，菏泽境内各县区都较为流行，“旱船”是依照船的外观形状制成的木架子。在这种船形木架周围，围缀上绘有水纹的棉布裙或是海蓝色的棉布裙。跑旱船时，表演者中有一名“艄公”划桨引船，在前头带路，做出各种各样的划船动作。而乘船者在表演中，往往是走快速碎步，这样能使船身保持平稳的状态前进，犹如在水面上漂动的船那样，颇为形象地塑造出水面行船的情景。

逢年过节，各县区民间都流行这种舞蹈，是群众喜闻乐见的娱乐民俗节目。

九、羊抵头鼓舞

羊抵头鼓舞是一种古老而独特的艺术。它源于战国时期，属于山西盘鼓的一个流派。明永乐四年随移民从山西洪洞县传入东明县大屯镇王菜园村。

羊抵头鼓舞在其发展演变的过程中，将舞蹈、武术、打击乐、吹奏乐融为一体，使其从内容到形式愈加丰富，更具有观赏性和娱乐性。羊抵头鼓舞因其表演时四鼓相对，似羊抵头而得名。表演乐器除大鼓外，还有尖子号、大镲、大锣等吹奏和打击乐器，表演起来锣鼓喧天，场面热烈，气势磅礴，令人振奋，引得观者如潮。

十、撅老四

撅老四是一项历史悠久的传统民间娱乐形式，据考证撅老四起源于明代永乐年间，距今已有600多年的历史。据当地传说："老四"是一位明朝地方官，爱民如子，清正廉洁，经常带着太太下乡村体察民情，察访民间疾苦，并自己创编一些节目与百姓同欢同乐。撅老四就是根据当时的情景，由群众集体创编而成的一项民间艺术形式。因其幽默滑稽，惊险刺激，而深受广大劳动人民的喜爱，使其代代相传，流传至今。

撅老四起初称为"抬老四"。用一根长约五米的柳椽或竹竿，由两个人抬着，老四坐在中间，表演多种惊险动作。后来在柳椽或竹竿两头又各加了一个横木，前后由四人或八人抬着进行表演。撅老四的表演具有一定的故事情节，主要是表现老四带着太太及兵役下乡察访民情，关心百姓疾苦和百姓同欢同乐的情景。表演时所有演员均戏曲扮妆，服装和脸谱及所用道具都极具个性化，富有民间生活气息。老四、太太等主要演员均丑角扮妆，具有强烈的喜剧效果。

撅老四是一项极具特色的传统民间艺术形式，是当地人民历代相传，积久而成的一种文化形态。撅老四在其长久的历史发展演变过程中，与当地的历史环境、地域环境、世风民俗、思想观念、生活情趣等有着千丝万缕的联系。将民间舞蹈、民间音乐、杂技、游戏、戏曲等艺术融为一体，其表演动作幽默滑稽，语言诙谐风趣，内容丰富多彩，风格淳朴自然。充分体现了劳动人民乐观向上、朴实勇敢的民族性格。具有较高的艺术审美价值和较强的娱乐功能。

20世纪80年代初，东明县当地群众将人抬改作撅车，大大突破了传统的表演模式，不仅节省了人力，而且极大地增强了表演的惊险刺激程度，拓展了表演空间，使其更具有观赏性和娱乐性。

十一、竹马舞

竹马舞是回族群众的一种重要民俗文化载体，主要分布在曹县侯集回族镇，是回族人民融入社会大家庭的一个有力佐证。这种表演起源于明朝（1619）是当时侯集镇的回族先民们为庆丰收、闹新春的喜庆活动而创作，历经社会变迁、战火洗礼，至今已有300多年历史。

竹马舞表演，前有旗、锣、伞、扇开道，紧跟着大号、战鼓、大铙、大镲、锣等烘托。在大号嘹亮、战鼓震天声中，演出队伍随之而来，列队有致，护会人员两边保驾，如皇帝出宫。队伍后边有大鼓和铜制响器敲打随和，煞是热闹。全场演出的演员有五六十人，表演的线路是古代战场上作战时多种阵法的变化。开始之时，演员用马鞭向观众丹凤三点头，以示尊敬。初起似行云流水，至大阵变化时如万马奔腾、粗犷豪放、大气磅礴。阵势雅名已失传，其俗名有两钐门、十字进、夹底墙、套搭弯、珍珠倒卷帘、连环扣等。

竹马的表演在跑动时，各角色分工明确，各司其职，配合默契，以走场为主，有“双进门”“开四门”“水溜溜”“绕八字”“蛇蜕皮”“十字靠”“剪子股”“跑圆场”“三龙出水”“南瓜蔓”等十余种表演者通过表情、姿态，表现剧情和人物性格。表演时，伴奏乐器多为锣、鼓、镲等打击乐器。这种活动已逐渐发展成为一种内容更鲜活的寓教于乐的回族民间娱乐健身运动。

竹马舞是曹县回族先民们聪明才智和创造力的结晶，艺术风格独树一帜。具有十分重要的历史借鉴、科学研究、艺术观赏、保护传承价值。

十二、马叉舞

马叉：长柄兵器，叉头两旁又分出两刃，形似镗。茅元仪《武备志》卷一百零四、何良臣《阵记·技用》均有记载。小说中经常看到的刀、枪、剑、戟、斧、钺、钩、叉，击技法有拦、挑、崩、砸、滚、搬、捣、搓等。相传释迦牟尼在练功的时候用其来活动筋骨。

马叉舞是集体育、游艺与杂技于一身的民间表演性项目，在曹县广为流传。在曹县当地有一句顺口溜“北关的狮子，南关的叉，还有侯集的好竹马……”，现如今马叉舞已演变为一种休闲娱乐的活动。

这项相传始于清朝的传统民间艺术，在曹县发展至今已有百余年历史。在此期间，因其广受群众喜爱，根植于民间，所以随着历史的脉动。

据马叉老艺人讲，早在清光绪二十八年（1902）之前，马叉这门民间艺术就传入了曹县曹城办事处南关，成为当地重大节日、民间花会的重头戏，深受老百姓的喜爱。

20世纪30年代，曹县就成立了马叉会，当地居民为精湛的马叉表演所折服。

中华人民共和国成立后，曹县马叉会除春节外，遇有重大的庆祝活动都会上街演出。

20世纪50年代中期，受种种因素影响，“马叉会”一度销声匿迹。

改革开放后，曹县马叉舞协会的老艺人又重拾技艺，培养了一批传承人。近年来，曹县马叉舞协会经曹县曹城办事处南关社区赵广德组织，队伍逐渐壮大。

至今，曹县的马叉舞已经传承发展到第四代。

伴随着清脆悦耳的叉环相撞发出的丁零声，一根根马叉在胳膊、后背、身体等处上下翻飞，“仙人洗面”“转鱼”“张飞梗马”与武术相似的马叉招数陆续上演。一根根3斤多重的马叉在艺人们的手中，似乎活了起来，自始至终马叉都是在不停地旋转、翻滚当中。初春的季节，乍暖还寒，身着单衣的艺人们并没有一丝寒意，卖力地表演已让他们的额头挂上了汗珠。

曹县马叉舞表演，充分地继承和发扬了古老的原生态民间艺术，通过马叉几代传人的不懈努力，马叉演出不断推陈出新，更具有观赏性、艺术性。

十三、二鬼摔

“二鬼摔”又称“二鬼打架”，是流传于民间的一种较为古老的舞蹈形式，一般和龙灯、狮子、竹马、旱船、高跷、独杆轿等舞蹈形式一起表演，多在庙会、庆寿、求雨、庆丰收或传统节日出现，活动最多的时候是一年一度的春节前后，从正月初一到十六，是活动的高潮期。据统计，成武有十余支民间艺术表演队都表演过“二鬼摔”。成武镇西关老艺人徐伯俊等人都是表演“二鬼摔”的高手。

“二鬼摔”的道具是两个“鬼”胳膊缠绕在一起，脚都穿上靴子，看上去像两个人的四只脚。表演者穿上道具并固定好便开始表演。此时你会看到两个“小鬼”紧紧抱在一起，打得难分难解，特别是那些风趣的动作，一会儿是僵持，一会儿是互相摔倒，就像真有两个人在打架。表演结束后，表演人亮相，大家看到的是一人表演，有时是一女子表演，都感到惊喜并给予赞叹。“二鬼摔”有着浓郁的地方特色，是节庆日、庙会不可缺少的一种表现形式。

十四、蹦伞

“蹦伞”艺术是流传于曹县一带古老的民间舞蹈，主要集中分布在曹县境内的阎店楼镇陈楼寨村、安才楼镇孙开村、郑庄镇仲堤圈、梁堤头镇、磐石办事处闫庙社区、曹城办事处西关社区等处。此外，还辐射影响到菏泽市及周边地区，如河南商丘、开封，江苏徐州，安徽的蚌埠，山东的菏泽全境等。

据县志记载，“蹦伞”艺术历史悠久，在曹县至少有已有600余年的历史。是山东省民间艺术中不可多得的舞蹈形式。

“蹦伞”艺术实际上是远古时期祭祀仪式沿袭下来的一些“肢体语言”，后经民间艺人不断加工整理、挖掘、传承，形成了现在的面貌。“蹦伞”艺术传承发展至今，更多地突出其娱玩性功能，同时“蹦伞”也应用在婚丧习俗中，随附于“花轿”舞出现。

“蹦伞”舞分为“文伞”和“武伞”两种，有极高的文化价值。它从远古祭祀时的简单肢体语言，演化成为以武术架势为基础的舞蹈动作，承载着浓厚的民俗情结。从动作到内容，充分显现着独特的地域色彩，“蹦伞”舞把戏曲、武术、当地其他民间舞蹈中的动作融入其中，给人以美的享受。

中华人民共和国成立以后，“蹦伞”艺术在人们日常生活中的娱玩功能逐渐显现出来。多是一村组成一会，成员由本家族长辈或有名气的民间艺人担当。过去玩友班全部由男扮女装，至今仍有一些村庄保留着这一传统的做法。1954 年，曹县安蔡楼镇孙开村老艺人王振明表演的“蹦伞”舞被拍成新闻纪录片；1955 年，曹县阎店楼镇陈楼寨村陈风全老艺人表演的“蹦伞”舞参加了山东省农民音乐舞蹈会演,同年又参加了全国群众音乐舞蹈观摩大会。近年来，郭全江老艺人带领曹县的“蹦伞”艺人多次参加省内外文艺会演，为弘扬民族文化、保护民间艺术、文化遗产做出了贡献。

十五、精灵皮

“精灵皮”，老百姓又叫“打响竹”，是流传于单县一带的一种古老的民间舞蹈。古时的单县城西南是四大历史名泽之——孟渚泽，渔业发达。人们为庆祝和期盼渔业丰收，节庆时架着花船，穿戴起鱼、虾、蚌、龟、鹤等衣饰，在锣鼓的伴奏下，模仿水族精灵的动作，翩翩起舞。

“精灵皮”为集体舞。精灵皆为水族扮相，有鱼、虾、龟、蚌、鹤、青蛙等。在行进中，前面有二人“打响竹”，二人甩火球开道，一人推车轮开场，六人举灯牌，后面紧随扮“水”者八人，花船四只，水族们紧随花船左右，追戏花船中的渔夫渔姑。表演中表演一些情节戏，寓教于乐，令人捧腹。

“精灵皮”只有在春节“送火神”“元宵节”及重大节庆时进行表演。每到春节正月初七“送火神”、正月十五“元宵节”的晚上，单县城灯火通明，舞龙灯，放烟花，放河灯，放云灯，百姓倾城而出，热闹非凡。

“精灵皮”是富有地方特色的民间舞蹈，具有群众性、节令性、娱乐性、即兴性等特征，即“精灵皮”深受当地群众喜爱，世代相承，与群众产生了深厚的感情；“精灵皮”一般是在农闲时进行排练，在春节、元宵节时进行表演；演出时，不论是表演者还是观看者都能得到较大的娱乐和艺术享受；因以“口传身授”为传承方式，在舞蹈、曲式、乐器等方面都有即兴表演，有较大的随意性。

“精灵皮”具有民族学、民俗学等重要的研究价值：其起源、发展，与当地的世风民俗息息相关，具有鲜明的民俗内涵；其表演题材涉及神话传说之民间传奇故事等诸方面，具备了古俗传承的历史价值，体现着自身的历史文化积淀。

十六、孔楼杂技

杂技是我国一项民间传统技艺，相传起源于五帝时期。有专家考证，蚩尤所创造的“角觝戏”，就是杂技的前身。据《史记》《皇览·冢墓记》《巨野县志》等史书记载，巨野是蚩尤主要活动地区之一，蚩尤冢遗址在今县城东北 3 里处，因此巨野的杂技历史可上溯到 5000 年前。

据考古发现，在鲁西南地区出土的汉画像石上就有表现顶功技巧的图案。其中有一幅东汉墓画像石的图案分上下两部分，上部为驯鸟图，下部为驯象图。6 人坐于象背，1 人立于昂起的象鼻。可见杂技至汉代已初具雏形。《巨野县志》记载，明代万历年间，大义镇孔楼村的孔广梅、孔广丽等首先携村人外出撂摊卖艺，不久便学徒大增，渐成风气。至清代更加盛行，仅孔楼村就同时有五六个武术杂技班社。学徒出师后便自由结合，游走江湖打拳卖艺，多于苏、鲁、豫、皖和江南城乡活动。1930 年，老艺人孔凡令和妻子韩仰芝辗转于大江南北，结识了素有“盖江苏”之称的杂技名家吴凤英，并邀至孔楼村担任教练，对孔楼杂技进行规范创新。自此，孔楼杂技声名鹊起，声威大震。

孔楼早期著名的杂技艺班名曰“山东大兴棚”，由数十名技艺高超的演员组成，后分成两支活动，一支由孔凡令带领去南方各省，称孔班；另一支由邱振才领班，称邱班，活跃在山东、河北一带。1953 年，以邱班为基础，成立“山东胜利马戏团”。1955年更名为“巨野县杂技团”，1959年调往菏泽归地区，称“菏泽专署杂技团”。1962年春，巨野县以孔班为基础，第二次组建专业杂技团，仍称巨野县杂技团。1979年，杂技团在县政府支持下，增添了马匹并制成大棚，服装道具亦焕然一新。这个有优秀青壮年演员50余人的艺术团体,在大江南北的十多个省市及山海关外的几十个县区巡回演出。这时期名气较大的演员有孔庆库、孔庆常、赵加臣、孔凡红、吴金聚、陈德文、王美荣、孔庆熙、孔庆勤、逯颂莲、孙爱香、孔巧莲、孔祥会、赵华山等。1987年春，根据上级“一县一团”的精神，县杂技团被撤销。但艺人们并未停止活动，他们自由组班仍坚持杂技艺术生涯。而原来以业余形式在民间活动的艺人和不断涌现的杂技新人，较以前更加活跃。如以赵华山等为首的原文化馆杂技团至今仍常年在东南亚和欧洲各国巡回演出,社会效益良好，经济收入颇丰。

巨野孔楼杂技的众多演员和节目技艺在国内外有着重大影响。1958年6月，巨野县杂技团演员孔宪利、杨翠霞在济南南郊宾馆为毛泽东、朱德、陈毅等国家领导人演出，他们表演的《对口悬人》节目受到了一致称赞。20世纪70年代初，孔凡春、孔瑞平曾跟随周恩来总理在亚洲国际贸易会上为国际友人表演；邱爱莲的“体操表演”1976年赴美国、法国、苏联、新加坡表演后，又赴古巴、西班牙、厄瓜多尔等国家表演多次。孔瑞平的《单手顶碗》于1984年4月赴加拿大、1985年赴日本演出。孔丽莉的《狮子舞》、孔庆任的《顶坛子》、孔宝珠的《钻火圈》、孔忠民的《水流星》和邱德义的《晃碟子》，同于1985年11月赴美国、日本、加拿大演出。孔秋芝、孔忠民、孔玉瑞等1990年赴美国、朝鲜、西班牙、梵蒂冈演出。1992年，孔秋兰代表国家赴朝鲜庆贺金日成80寿辰演出，受到金日成主席亲切接见。1997年邱健的《软钢丝》在华东六省杂技大赛中获一等奖。孔红涛、孔秋华、邱英、邱平、孔清云等曾多次赴俄罗斯、挪威、瑞士等国家演出，并于1997年参加香港回归慰问演出。1999年，邱健、邱宝、邱红、解庆国等在美国夏威夷为爱国人士张学良表演节目并合影留念。

巨野孔楼杂技的传承学习主要以大义镇孔楼村为中心，并影响到周边龙堌镇、柳林镇、营里镇、章缝镇、巨野镇的20多个村庄及郓城、成武、菏泽、嘉祥、金乡等地区。巨野孔楼杂技艺人遍布国内各大杂技艺术表演团体，有的执教于吴桥、聊城等规模较大的杂技艺术学校，有众多演员出国演出。由于孔楼村男女老幼自古就有习武练艺之风，经代代传承，影响广泛，已成为普遍性的群众活动，孔楼村所在的大义镇2004年7月被山东省文化厅命名为“民间杂技艺术之乡”，2008年被国家文化部命名为“中国民间杂技艺术之乡”。2008年6月，“孔楼杂技”被公布为省级非物质文化遗产名录。

第四章　民间曲艺　民间音乐　民间特色名吃

第一节　民间曲艺

一、山东琴书

山东琴书又名“唱扬琴”，早期称作“小曲子”。约在清雍正年间，发源于鲁西南菏泽地区，迄今已有270年左右的历史。

1933年，著名艺人邓九如与张心乐在天津青年会演电台录音，将扬琴正式定名为“山东琴书”。山东琴书有南、北、东三个流派，东北两路均源自南路，菏泽作为南路山东琴书的发祥地，一直是山东琴书的流布重地。

山东琴书的发展，大约经历了三个重要阶段，即由早期的文人自娱，到民间的业余玩局，后来发展为职业演唱——撂地说书。

早期“小曲子”时期，以自娱性演唱为主，演出形式并不固定，一人也可，多人也可，最多可达十余人；乐器以古琴、古筝、扬琴为主，坠琴、琵琶、月琴、简板、碟子、四胡、笛子等均可参与伴奏。演出场中间放一条桌，上摆茶水，演唱者半圆围坐，先奏几支器乐曲牌，然后演唱曲目。曲词重文采，说白极少，连缀使用的曲牌多达300余支。曲目以24回《白蛇传》为主，另有少数短篇。

据史料记载，元、明以来，山东境内俗曲流行，鲁西南地接中原，此间亦盛俗曲，“小曲子”最初就是精于音律的文人，利用当时流行曲调编演曲目逐渐形成的。明末清初，鲁西南单县、曹县的刘楼、尚楼、老爷楼、柳井一带，有些文士名流，喜好唱曲，连缀曲牌，编写唱词，抓筝抚琴弹唱自娱。曹县刘楼的富户还专门盖了竹楼，中砌水池，修琴台于水上，专供抚琴抓筝演练小曲，自名“琴筝清曲”。其唱词文雅，文学性较强。清雍正十三年（1735），郓城县的王尚田已自成一家，开始授徒。郓城陈乃端所存该县“琴筝清曲”谱系中就有“雍正十三年，头辈师爷尚田，擅通琴书画，闻名东平湖”的记载。据《曹县方志》记载，该县梁堤头村，乾隆末年（约1786年前后）就曾出现过“小曲子”名家梁启祥。后来曹县、郓城、菏泽、鄄城、巨野等地，“小曲子”演出一直兴盛不衰，而后发展益盛，逐渐流布全省。

“琴筝清曲”这种艺术形式不久即冲破文人雅士的小圈子，在当地农民中传习流布，由起初风雅的“携琴访友”，渐变为农闲或节日集会的自娱性“庄稼耍”或曰“玩局”。在清代末年，这种业余玩局的琴书演唱班社，在鲁西南一带的农村十分盛行，这时期的演唱仍保持着“琴筝清曲”时的书词文采，注意音乐性的特点，唱腔优美，曲牌繁多，有着浓重的文人雅士弹唱抒怀的情趣。随着“小曲子”在民间流传日盛，出现了乾隆末年曹县的梁启祥，而后出现了曹县的袁沛然、郓城的刘道友，光绪年间曹县的苗金福、李清兰、侯沛然、王梦典，郓城的刘继荣、陈怀教、房金铃、管延廉，菏泽（今牡丹区）的张采启、冯孝贞等演唱名家。

光绪末年，灾荒连年，曹县苗金福为生活所迫带领爱徒聂兆林等开始下海作艺，从此结束了自娱性演出，同时期下海的还有郓城的刘继荣、金乡的李凤兴等，遂有了“唱扬琴”“打扬琴”等名称。至此，“小曲子”由业余玩局，变为撂地说书的职业性演唱。由于演唱性质的变化，带来了山东琴书在演唱内容、形式以及音乐唱腔上的重大变化。音乐结构由原来的曲牌联唱，变为以“凤阳歌”“垛子板”“汉口垛”“上河调”“银纽丝”“梅花落”等所谓“老六门主曲”为主的主插式连曲结构，并加以板式变化，穿插使用其他曲牌。唱词语言变得通俗易懂，演唱风格也由以前的纤柔细腻变得活泼质朴。演出形式也发生了变化，精简了人员，逐渐定型成沿用至今的以扬琴、坠琴、古筝、软弓胡为主要伴奏乐器，有敲琴挎板和操坠琴者主唱的表演形式。

进入民国之后，鲁西南涌现出了不少琴书知名艺人，如菏泽的张彩启、杜奉德、房金玲、苗金福、刘老继，济宁地区的李若光、张鹤鸣等，这些艺人的演唱风格以其充满田园情调特有的艺术魅力促成了“南路”琴书的形成。

南路山东琴书的主要伴奏乐器为坠琴、古筝、软弓京胡、三弦等乐器、演唱者还是自操乐器的演奏者，又要担当书中的各种角色，有声有色，配合演唱，还有人用竹筷敲着碟子随腔伴唱，那动听的音乐，婉转的唱腔，穿插上起时伏的伴唱，使整个演出气氛非常热烈活跃，引人入胜。

南路山东琴书有曲牌200多个，开场器乐曲牌24支，演唱曲牌有“凤阳歌”“垛子板”“上河调”“垛子板”等；演奏曲牌有“大八板”“降香牌”“梳妆台”等。

南路山东琴书在郓城、成武、曹县有着深厚的群众基础。如今，活跃在成武的琴书班子主要有白浮镇的贾家班、天宫镇的王家班和孙寺镇的付家班。这些班社多次在市县组办的大型文艺演出中获奖。2012 年，成武县选送的山东琴书《文明乡村促和谐》参加了首届国家级非物质文化遗产山东琴书保护成果展演出，受到了文化部专家的好评。80 岁的老艺人吴爱云被评为菏泽市首批乡土文艺人才和“菏泽民间曲艺家”荣誉称号。

据《郓城县志》载：“琴曲始出于书香之家。”相传明初郓籍李子慎等人善抓筝弹琴，独创许多曲谱，流传于民间，后经艺人多年创演而成。经过几代人的演变发展，“琴筝清曲”渐渐冲破了文人雅士的小圈子，在当地农民中流传开来。由起初风雅的“携访友”变成农闲或节日聚会的自娱性“庄稼耍”或“玩局”。至清代末年，这种业余玩局琴书演唱社，在郓城一带农村十分盛行。

随着山东琴书在民间流传日盛，清光绪年间，陈怀教在刘官屯、张官屯、史垓、韩垓、潘渡、张楼、五界首王楼等 10 余村收徒传艺，形成了普及全县的郓城琴书。人们创编移植了一大批群众喜闻乐见的新节目，丰富了演唱内容。音乐结构由原来的曲牌联唱，变为以唱“凤阳歌”“垛子板”两种曲调为主，并以板式变化、穿插使用曲牌，唱词变得通俗易懂，演唱风格也由以前的纤柔细腻变得活泼质朴。

从形式上看，琴书属于坐唱形式的曲艺。演唱时坐成“八”字形，扬琴居中，其他乐器分列两旁。演员各持乐器，自拉自唱。在故事的发展中，演唱者多以角色出现，并有生、旦、丑的分工。塑造的人物，立体感很强。

作为这一阶段的重要标志，山东琴书由郓城农村进入了运河漕运重镇——济宁，并陆续传入邻近的徐州、商丘、开封等地。一时间，济宁的土山、运河两岸成为山东琴书名家荟萃之地，并扩大影响，遍及山东各地。陆续发展形成了鲁东以广饶、博兴为中心的“东路琴书”和鲁北以济南为中心的“北路琴书”，鲁西南一带的琴书遂称为“南路琴书”。南路以茹兴礼及其创始的“茹派”最具代表性，演唱不用花腔巧调，行腔深沉，咬字真切，节目多为愤世之作；北路以邓九如及其创始的“邓派”最具代表性，表演善用方言俚语，于淳朴中显幽默，平易中求韵味；东路以商业兴、关云霞夫妇及其创始的“商派”最具代表性，唱腔优美动听，富于变化。

为了进一步发展曲艺演唱，1950 年冬，郓城县成立了 18 人的曲艺队，由赵教先任队长，周庆兰（艺名四洋琴）任副队长，置有各种道具。1953 年，将琴书、大鼓、坠子、渔鼓、评书（带快板）、落子 6 种曲艺划分为 4 个演唱组，主要演员有周庆兰、汪保田、何淑玲、吕传丰、李春元等。吕传丰的大鼓，李春元的落子，陈乃端、何淑玲、宛化伦的琴书等，名闻遐迩，曾多次荣获省级大奖。1955 年，琴书开始化装登台演唱，经常配合形势排演现代戏。“文革”时期县曲艺队解散。1978 年后县曲艺队虽然没有恢复，传统曲艺又蓬勃发展起来。1980 年，全县民间曲艺队发展到 38 个，演唱人员 300 余人。1990 年，全县民间曲艺队共有 121 个，演唱人员发展到 1343 人。

郓城潘渡镇樊坝村老艺人刁星方，是著名的山东琴书演员，培养了樊焕义、樊鑫、樊庆贵、四嫚、凤云、玉阁等一批新秀。他还是一位有影响的古筝演奏家，常在庙会、农闲时节抓筝弹琴，合乐演奏。20 世纪 50 —70 年代，他演唱山东琴书常以古筝伴奏，节奏明快富于变化，旋律优美柔和，深受群众欢迎。

中华人民共和国成立前，曲艺演唱都是艺人走村串乡，中华人民共和国成立后才逐步发展到登台化装演唱。1957 年在唐塔路老郓城剧院东侧建起曲艺厅，有座位 200 个。1966 年关闭。1981 年，县文化馆将原来的农业展览厅改建成曲艺厅，购置连椅 102 张，可容观众 440 人，并添置幕布、灯具、扩音等设备，可供本县和外地曲艺队演出。

山东琴书为民间小曲联唱体，共有小曲 200 余支，最盛行时，演唱曲牌和演奏曲牌达到300多个，以“上合调”“凤阳歌”“梅花落”最为常用。

传统曲目分牌子曲、中篇、长篇3类。牌子曲较早的有全部《白蛇传》《游湖》《雷峰塔》《许仙晚会》《盗灵芝》《雷峰塔杭州送子》等；中篇在山东琴书中最具代表性，有《王定保借当》《三上寿》《梁山将》《秋江》《白玉楼》《巧中奇》《哭长城》《杜十娘》《樊梨花投唐》《杨八姐游春》《吕洞宾戏牡丹》《大陪送》《双销柜》《李天宝吊孝》《站花墙》《兰桥会》《登云休妻》《鸿鸾喜》《拾玉镯》《三打四劝》《王汗喜借年》《清官断》《刘秀落难》《拦花轿》等100多个；长篇多为移植改编，如《杨家将演义》《包公案》《大红袍》《王天保下苏州》等。

中华人民共和国成立后，山东琴书有了新的发展，成为流行于大江南北的主要曲种。

南路山东琴书以其独特魅力对丰富人民群众的文化生活起到了重要作用，具有民俗、地方方言、文学、俗曲等多种研究价值。山东琴书在菏泽农村普遍流行，民国初，佀朝君在旧城镇七里庙成立琴书社，其后，红船、临濮等十多个村庄相继成立琴书社。山东巨野琴书代表性艺人有陶庙镇韩庄的韩传敬、营里镇毕楼的毕泗陈、毕泗柱，麒麟镇郭翠萍，谢集镇陈为明夫妇。曹县名艺人有古营集苗金福，缪堤圈王郎子、侯伯然，1957年高世真参加山东曲艺会演获二等奖。定陶县黄文焕清雍正十三年（1735）收徒传艺，有7个琴书艺社，中国人民共和国成立后发展到20余个琴书社。20世纪五六十年代，南路琴书艺人李若亮、李湘云父女两次参加全国曲艺会演，被电台录音灌制唱片。菏泽曲艺队主要演员王振刚、胡化山、毕美三次参加全国调研，1981年9月在全国优秀曲艺节目观摩演出中，荣获创作、作曲、演出三个一等奖。2001年，菏泽市文化局马家振创作的《送锦旗》，参加山东省庆祝建党80周年文艺调研获金奖。

二、山东落子

山东落子主要流行于菏泽，波及山东全省及周边省份部分县。

山东落子起源有两种说法。一说是宗教活动向世俗化说唱过渡而成。最早出自隋末唐初僧侣募化所唱的“落花”曲子，唐代叫“散花落”，是用来宣讲佛教教义的。至宋代才有贫人乞食歌唱的莲花落，到明代又在一般“莲花落”基础上产生了叙事莲花落。二说山东落子是清嘉庆年间由乞丐沿门乞讨的唱调演变而成。

山东落子乡土气息浓郁。伴奏乐器简单，仅有竹板、铜钹两种。演唱形式早为三人表演，中间一人是主要表演者，手持一面铜钹，用小木棒敲击伴奏，其他二人手持竹板和节子击打节奏。后来，逐渐演变成由一人自打自唱的形式。演唱中时有表演，技艺高的艺人演唱到高潮处，将左手的钹抛得很高，随后转身打个飞脚接住再唱，成为山东落子特有绝活儿，也是最吸引人的地方。山东落子属于吟唱型的板腔体结构，散韵相间，唱白自由，有较强的任意性，语言比较口语俚俗；基本句式以七字句为主，伴奏过门随意，演唱者可根据情节气氛与情绪表达需要，自由决定其长短，还善于吸取当地戏曲、小调和其他说唱的音乐曲调。山东落子演唱曲目丰富，多是流传于民间的历史故事、文学典故、民俗趣闻等内容，其粗犷、泼辣、直白的演唱风格，显示了当地人率直剽悍的精神气质。

山东落子主要活动于农村集市庙会，属于民间文艺，具有浓郁的地方特色。郓城落子艺人李春元，吸收花鼓、渔鼓曲调，行腔质朴，别有情趣。定陶落子演员蔡海江，1980 年参加菏泽地区曲艺会演获二等奖。巨野葛店镇大冯庄冯庆海、大义镇王路口村褚福林，曾获得过国家级、省级奖励。鄄城城关张拉庄张希林、吴教明、曲教严，成武邵珠才等人演唱风格豪放粗犷，深受群众欢迎。

三、坠子书

坠子又名“坠子书”“玉虎坠”“渔鼓坠”“山东坠子”，是鲁西南广为流传的一种传统曲艺形式。

坠子产生于清光绪年间，至今已有 100 多年的历史。坠子在形成过程中，由于流行区域和其他艺术形式影响的不同，有东路坠子、西路坠子、北路坠子之分。早期全由男演员演唱，约于光绪三十一年（1905）有了女演员，创造了不少新腔。1926 年以后，著名坠子演员乔清秀、程玉兰、董桂芝等先后出现，扩大了这一曲种的影响。

坠子书保持着朴素的乡土风味和浓厚的生活气息。形式简单、唱腔丰富、内容广泛、质朴生动，生活情趣浓厚，以生活伦理、社会公德和惩恶扬善见长，极具地方特色，有着欢快、风趣、通俗易懂的独特风格，因而深受广大群众喜爱。

菏泽各县区都有坠子艺人的演出。巨野县坠子书受鲁西南方言和小曲的影响，形成了鲜明的地域风格。巨野目前已知最早的坠子书艺人是景本仙，外号“景瞎子”，巨野县新城乡人，活动于清道光至民国年间。

巨野县坠子书具有较高的艺术审美、文化传承、教育感化等价值，同时承载着该地域民族文化的血脉和精华，长期以来从道情、渔鼓、山东大鼓、山东琴书等曲种移植、继承了大量优秀书目，以后又创编、积累了一些独具特色的书目。有长篇、中篇、短篇 200 余种，保存了不少流传悠久的艺术精品。五四运动以后，以及抗日战争和解放战争期间，都编唱了不少具有进步思想内容和鼓舞群众斗争意志的作品。中华人民共和国成立后，在整理传统优秀节目、编写反映现实生活的新作、改革音乐、表演艺术等方面，都取得了显著的成就。

成武县，据老艺人讲述，坠子是在民间说唱“莺歌柳书”和“道情书”相结合而发展形成的，演唱者一人左手打檀木或枣木简板，边打边唱；也有两人对唱的，一人打简板，一人打书鼓，还有少数是自拉自唱的。唱词基本为七字句，伴奏者拉坠琴，有的并踩打脚梆子。坠子在形成的过程中，吸引了不少三弦书和山东大鼓艺人，唱腔添加了山东梆子、山东枣梆等很多戏曲元素，风格上不再拘泥于原有的形式，形成了鲁西南独特的风格，大大提高了观众的欣赏情趣。

坠子从酝酿到形成，一直在民间流传，保持着朴素的乡土风味和浓厚的生活气息。长期以来从两夹弦、山东梆子、道情、三弦书、山东大鼓、山东琴书等曲种移植、继承了大量优秀书目，以后又创编一些独具特色的书目，有长、中、短篇 200 余篇。20 世纪五六十年代，菏泽几乎每县都有曲艺队，而坠子是最主要的曲种。

巨野县自 1972 年县文化馆成立曲艺队以后，坠子书有了长足的发展，较有名气的艺人坠子书演员朱红新、阎大凤、朱桂莲，琴师苑元信、杨守善等，这些艺人曾多次参加省市及国家级会演，并获得较高荣誉。

成武的坠子演唱非常活跃，张楼、白浮、伯乐等乡镇都有坠子世家，特别是坠子名家司相臣，在鲁西南一代享有盛名。其徒弟张保忱创作并演唱的坠子《慰英魂》《听墙根》《俩鸡蛋》《领奖台上》等作品分别在山东省曲艺大赛中屡获大奖。邵珠才、司艾荣多次在市、县曲艺调演中获奖。

坠子传入鄄城、郓城已有 100 多年的历史。

现流传于鄄城、郓城民间的坠子，是经过历代艺人不断改进，由传统的坠子书结合地方戏曲演唱形式演变而成。初期，坠子演出形式简单，一般是一人使用渔鼓（用长 1 米左右、直径 13 厘米左右的竹筒和猪膀胱制作而成）伴奏演唱。现在演出使用坠琴、三弦、简板、书鼓、振子等乐器伴奏，演唱形式也改为一拉一唱、一人拉二人对口唱，唱腔分为四句腔、十二道韵，以浑厚深沉、抒情细腻、旋律跌宕、韵味醇厚为特点。由于唱腔添加了很多戏曲元素，风格上不再拘泥于原有的形式，提高了观众的欣赏情趣。

郓城的坠子艺人除农忙外，一年四季都在农村演出，有的还到外省演出。如武安镇林庄坠子艺人邢成法、刁瑞婷夫妇，是市曲艺家协会会员，20 世纪六七十年代，收徒 10 名，农闲时曾邀二三班坠子艺人，先后去河南长垣、山西长治、河北清河等地农村唱戏，唱的曲目是《大红袍》《回龙传》《包公案》等，在一个县一唱就是二三年。

坠子独具特色的书目有长、中、短 200 余篇，现演唱的传统曲目有《水浒传》《武松》《打关西》《刘秀讨饭》《诸葛亮借箭》《关公斩六将》《乾隆私访》《响马传》等；新曲目有《胶东半岛游击队》《平原枪声》等。

坠子的主要特征：使用鲁西南地区的方言演唱，演唱曲调质朴无华，师传性强，表演内容多涉及乡村、农民生活趣事，贴近群众；坠子唱腔有慢板、中板、快板、一串铃、紧打慢唱、上把垛子、下把垛子等，随剧情变化抑扬顿挫、灵活多变。

2010 年 11 月 19 日，郓城水浒好汉城坠子艺人王合义、贾如生在山东地方文艺电视大赛决赛中，以坠子书《鲁提辖拳打镇关西》获单项文艺最高奖，奖金 10 万元。

坠子具有重要的历史价值。通过对坠子的研究，从中可以了解当地不同时期的经济发展和社会进步、文化繁荣的情况。同时，坠子还具有重要的文学价值。坠子曲目题材多样，涉及历史故事、神话传说、民间传奇、侠义公案、生活趣闻等各个方面，曲目结构、创作技巧等方面，如中篇运用扣子技巧，短篇运用语言、辙韵的技巧，都有很强的现实意义。

四、山东花鼓

山东花鼓又名“花鼓丁香”“花鼓腔”“打花鼓”，局部地方也称为“端拱”，是一种以花鼓为主要伴奏乐器、对口走唱的民间说唱艺术形式，颇为群众所喜闻乐见。它遍布鲁西南广大农村，以郓城为最多，著名老艺人名演员有马立、谢如泉、张可风等，招收弟子众多，弟子大辫在鲁西南享有盛誉。

山东花鼓历史悠久，南宋耐得翁所著《都城纪胜》即有记载：“杂扮或曰杂班，又名钮元子，又名技和，乃杂剧之散段。在京师时，村人罕见入城，遂撰此端。多是借装为山东、河北村人以资笑。今之打和鼓、捻梢子、散要皆是也。”元明时期，花鼓常被官府视为“淫词荡调”而屡遭禁演（见《元明清三代禁毁小说资料》），但从侧面可以看出它在民间却是得到百姓喜爱的。

明代以后，山东花鼓以安徽砀山为中心，在苏、鲁、豫、皖四省接壤地区流行，并逐渐形成了带有区域性的不同的风格流派。流行于苏北、鲁南一带的称为“苏北花鼓”，流行于豫东一带的成为“河南溜”，流行于淮南、皖北一带的称为“淮北花鼓”，流行于鲁西南、鲁北一带的称为“山东花鼓”，其中以“淮北花鼓”和“山东花鼓”为主流。

20世纪30年代，山东花鼓艺人所组成的诸多演出班社中，最著名的当数定陶艺人杜学诗（艺名“黑云彩”）的黑云彩班。杜学诗（1900—1976），12岁拜沛县花鼓艺人“半碗蜜”（姓陈）为师，主攻舞桩（即旦角）唱做，鲁西南一带流传“南地来，北地来，谁也不压黑云彩”，杜学诗之妻杜学莲随夫学艺，成为鲁、苏、豫、皖花鼓界“四大名旦”（王桂芳、郭震芳、尹艳喜、杜学莲）之一，夫妻在菏泽、济宁等地广收门徒，演出活跃。1926年前后，花鼓班以有碍风化被查禁，迫使杜学诗与苏北王香典（艺名小兰子）、王香田（艺名大兰子）、汶上曹言贵等流动到上海跑马场演出，一年后转道亳州、阜阳、界首一带，后又转兖州、泰安、聊城、德州、济南一带，在济南大观园演出时，听众赠“艺冠华北”的牌匾，影响进一步扩大，其女儿杜雪琴、女婿杜庆才等，均成为山东花鼓著名演员。

清中叶前后，流行于郓城一带的山东花鼓，形式上已经发展比较完备。少数以一人击打花鼓演唱，多数则是二人多口演唱，成为山东花鼓的主要演出形式。二人对口一男一女，男角叫作“鼓架子”，多是挎花鼓，着便装，束腰带，双手舞动鼓槌，配合身段动作及曲调节奏进行敲击，演唱时插科打诨，以语言表情幽默风趣为特点；女角俗称“包头”“舞桩”，初均由男性演员扮演，化装彩扮，戴满头绣球，两条彩球飘带飞舞胸前，乌黑长辫垂于脑后，上穿彩衫，下配五彩缤纷之飘带罗裙，足踩小跷，手持折扇（或用彩绸，花手绢），演唱时手扶男角肩，边歌边舞。兼有一人多角特点，时出时进，配合默契，曲调欢快，节奏紧凑，活泼风趣，在农村集市、庙会演出备受欢迎。

清代末叶，郓城的花鼓已出现戏曲化倾向，不少地方由“一人多角”式的对口演唱，发展成为几个人分角演唱，新增添的人手多兼操大锣、小锣、铙钹、梆子等打击乐器。虽无丝弦伴奏，但吸收了山东梆子、柳子戏等地方剧种的部分锣鼓经，增强了打击乐伴奏的表现力，演出气氛热烈、活跃。演出人数一般不超过10人，演出场面则有“紧七慢八、六人瞎抓”之说。

郓城20世纪五六十年代有十几个花鼓班社活跃在黄河两岸。城南有丁长老艺人张可风、谢汝泉及其弟子大辫、李集王爱春为代表，城北有侯集镇郭垓的赵明建及其弟子赵五妮、郭奇军夫妇、宋兰亭、杨八、登山等，县城北10里刁庄的花鼓很有名气，刁秀海是领班，并兼导演、司鼓，曾口授10多个剧目。主要演员有刁秀运、刁怀顺、刁望林、刁风存、刁瑞婷、刁怀雪、刁怀金、刁秀豪等。刁庄的花鼓后改为两夹弦，刁秀运是山东省非物质文化遗产花鼓项目传承人，在花鼓和两夹弦中反串女角，扮相俊美，声音婉转动听，深受农村观众喜爱。每年农闲季节，县城及较大集镇中，到处可见花鼓班社演出。从“花鼓进了庄，家家不喝汤”的民谣，可以反映出花鼓在当地受群众欢迎的程度。1957年郓城著名花鼓艺人谢汝泉，参加山东第一届曲艺会演，演出《小二姐做梦》获演唱三等奖。“文化大革命”时期，花鼓演出基本停止，20世纪70年代再次繁荣，80年代郓城县城有三个花鼓班社同时演出，90年代至21世纪初，郓城及其他县市民间业余花鼓演出仍然十分活跃。

山东花鼓的打击乐伴奏，由开台锣鼓和唱念锣鼓两大部分组成。开台锣鼓的主要作用是演出前招揽观众，鼓点有“老三番”“新三番”“阴阳锣”“遍地金”“凤凰三点头”等十多种。唱念锣鼓则是各种板式唱腔、专用曲牌以及说白时穿插使用的锣鼓经，变化灵活，长短不一，约有30余种。其唱腔音乐虽较为固定，属于板式变化体结构，但由于自由吟唱，有较大的灵活性、伸缩性。主要板式有“平调”“寒韵”“砍头撅”及“货郎调”“拐磨子”“赶脚调”“采茶调”等固定曲调。其唱词多为七字句、十字句。常以散板起唱，语句极为口语、俚俗，以多用衬字、衬词、衬句为特色，被称作“九腔十八昂”。

山东花鼓传统曲（书）目甚多，其内容多是反映男女爱情、家庭伦理道德的悲欢离合故事，情节简单，语言朴实，通俗易懂。段儿书有《货郎段》《小二姐做梦》等百余个，中长篇书有《休丁香》《风筝记》《金钗记》《陈三两爬堂》《玉杯记》等40余部。

五、郓城渔鼓

渔鼓艺术出现在郓城，最早是在明万历四十六年（1618），至今已有近400年的历史。

岁月桑田，兴衰有序，伴随着历史的发展变革，郓城渔鼓也在日臻完善中逐渐形成了带有鲜明地域特色的曲艺说唱艺术形式。

清中期，郓城渔鼓艺术进入了鼎盛期，即由“丘祖龙门派”，郓城“教”字辈大师朱教文创造的渔鼓艺术巅峰阶段，于是就有了表现对渔鼓迷恋、喜爱程度的民间顺口溜：“渔鼓进村响三响，庄稼不锄自个长。”清光绪二十八年（1902）秋，以郓城为轴心的中原渔鼓艺人应“龙门派”“来”字辈传人霍来真的邀请，汇聚天津展艺，郓城“荣”字辈艺人陈荣香率先在渔鼓伴奏中引入坠胡，使渔鼓的表演形制与唱腔声韵均有了焕然一新的变化，一时被誉为“京津独门技，中原渔鼓花”。从此，郓城渔鼓也被称为“渔鼓坠”，并很快向东影响到聊城、济宁、泰安、德州、济南等地区，向西则扩散到自郑州以东的大半个河南省。

20世纪20年代，郓城徐桥盲艺人王殿玉学习古筝演奏之前，曾拜渔鼓大师王元山为师学习渔鼓，后由古筝演奏出名，常年在沪宁京津等大城市演出，名扬全国，被誉为“丝弦圣手”。但其偶尔也会于间隙中即兴演奏渔鼓，并以郓城方言吟唱，著名画家张大千先生观其演出，曾当面称其为“当代奇才”。抗战时期，在时任中共郓城县委书记徐雷健的支持下，郓城组织了第一个民间艺术团体“东鲁雅乐团”，协助做党的抗日救亡工作。王殿玉及其他渔鼓名家王元山、曾明才、季福合等都是其中的主要成员。

1938年，由代师长陈光率领的八路军115师686团（杨勇任团长），自太行山过黄河入郓后第一仗就拔掉了日伪军盘踞的樊坝据点，中共郓城中心县委书记梁仞仟（中共七大代表）带渔鼓艺人12人到部队慰问演出。“元”字辈渔鼓艺人王元山的演唱技艺深得部队领导的喜爱，团长杨勇兴至情浓，当场取过王元山的渔鼓，提笔在鼓筒上写下：“千年道情附渔鼓，渔鼓可作道情人。”可惜此渔鼓在“文革”中被作为“四旧”烧毁，实为郓城渔鼓界的一大憾事（现仅存约20厘米残筒，由其弟子贾如生珍藏）。

郓城渔鼓的舞台语言为“郓城土话”。演唱特点属于按字行腔，字少音多，唱词不同，行腔亦异，或古朴高远、或深沉苍凉、或优美凄婉。郓城渔鼓的板式为5鼓3板，即所谓“凤凰三点头”。唱腔上又有“道情”“正腔”“悲腔”之别，业内素有“9腔18调72哼哼84哎哎”之称，虚字拖音可达数分钟，这一点与其他地区的渔鼓唱腔略有不同。

郓城渔鼓演唱剧目仍以极具道教色彩的《韩湘子上寿》《三度林英》《吕洞宾戏牡丹》《郭举埋儿》《盘道》《吕蒙正赶斋》《八仙庆寿》《八仙过海》《李世民游阴》《闹龙官》《降人生》《刘全进瓜》《蟠桃会》《单小邱》《酒色财气》等为主，有时也开《珍珠汗衫记》《金簪红绫记》《西游记》之类的连场长篇书。

六、木板打鼓

木板大鼓是流行于曹县、鄄城一带的一种曲艺鼓书形式，又名小口大鼓、清口大鼓、梅花调、老木板子、老北口木板、怯大鼓、鼓碰弦儿、弦子鼓儿、木板西河调、憋死牛等。木板大鼓的唱词通俗易懂，唱腔简练有力，富有健康活泼的地方色彩。演唱时可以单口唱，也可以对口唱，伴奏只用木板和一面小鼓，不用其他乐器。它具有比较完备且富于变化的板式和刻画各种人物及不同情趣的曲牌。常见的曲牌有“四大口”“南城腔”“四平调”“流水板”等10余个，即所谓“九腔十八调”。这些曲牌，或委婉清秀、或优美动听，或庄重严肃、高亢激昂，刚柔相济，雅俗共赏。其基本板式有“大板”“二性板”“三性板”“散板”等。演唱形式极简单，不用弦索伴奏，一人即可演唱。演唱时左手打简板，右手打鼓，腔调与苏北大鼓相近。唱腔低快慢根据演员的嗓音自由掌握，只要有板就行。木板大鼓传统书目初以短、中篇为主，后来出现了长篇。其中，段子戏仅在开演正本前作为垫戏演唱。段子戏有：《夺篱》《夺鱼》《拴娃娃》《白云庵》《老鼠告猫》《劝人方》《湘子上寿》《度林英》《郭巨埋儿》《刘云打母》《丁香割肉》《古城会》《单刀会》《三婿上寿》《西厢》《朱买臣休妻》《目连救母》《赵五娘》《鸿雁捎书》《洞宾打药》《太公卖面》等百篇以上；中篇书目有《响马传》《二度梅》《五毒传》《葛红霞扫北》《武松传》《呼延庆打擂》《回龙传》《少西唐》《王起卖豆腐》《回杯记》《金环记》《金钱记》等近百部。演唱节目多大部书，如《东汉故事》《南北宋故事》《秦英征西》《响马传》《左传春秋》《吴越春秋》《英烈春秋》《金盒春秋》《走马春秋》《锋剑春秋》（以上统称六部春秋）、《薛家将》《杨家将》《呼家将》《飞龙传》《包公案》等数十部。

七、弦子鼓

弦子鼓，是山东大鼓在鲁西南的称法，它是我国北方最早的鼓曲形式。

据老艺人们说，弦子鼓起源于鲁北、鲁西北运河一带农村，后来逐步传播到鲁中、鲁西南，并流传河北省南部，河南省东部、北部广大地区。总之，弦子鼓即北方大鼓之鼻祖，流传于以菏泽为中心的广大鲁、苏、豫地区。

弦子鼓原称犁铧大鼓，因其伴奏乐器为犁铧碎片而得名。弦子鼓最初是敲击耕地用的犁铧碎铁片唱农歌，后来才加上大三弦和一个矮脚小平鼓，唱腔也逐渐得到丰富，发展成为一种说书形式。自《老残游记》之后，始谐音美，其称为“梨花大鼓”。

据成武弦子鼓老艺人田清学说：“弦子鼓始于明代弘治年间，演唱时，演员左手拿两块月牙钢板，右手击鼓，曲调优美动听”，它的板头有垛子板、三字紧、四开门、五字崩、六扇子、七开板等，以及一些民间小调。

弦子鼓的演唱形式多为单人站唱，也有二人对唱形式。主要伴奏乐器为矮脚小鼓、大三弦和月牙板（也叫梨花片）。演唱时演员右手执鼓键击鼓，左手操钢板敲击演唱，乐师以三弦伴奏。唱腔属板腔体，一般分慢板（又称头板）、二板（流水板）、三板、快板等板式。其书目主要是中篇，唱白相间，短段只唱不说。三个支派的唱腔与书目又各具不同的特点与风格。“老北口”派唱腔粗犷、豪放，其开头腔是用头板或类似头板的二板起腔，速度慢，尾音长，板起板落，咬字狠，吐字真，落音重，字密声促，善用顿音，其旋律似说似唱自然流畅，故有“老牛大摔缰”的俗称。“小北口”派的演唱风格，融入借鉴了一些西河大鼓的技法，较之“老北口”显得巧俏，委婉细腻，善说演

“文书”，唱中加叙。“南口”派的唱腔婉转悠扬，曲调华丽细腻，字少腔繁，节奏舒缓。除板腔体唱腔外，“南口”派还有一些曲牌体唱腔，叫牌子腔，分快慢两种，只在特殊唱段如《小黑驴》《小黑牛》《王二姐思夫》中使用。

成武县伯乐镇的田清学从10岁学艺，唱了一辈子弦子鼓，他吐字清晰，感情真挚，并从地方戏曲和民间小调中吸取营养，丰富了弦子鼓唱腔艺术，说唱的节目主要有《杨家将》《呼家将》等。弦子鼓是非常成熟的曲艺形式，其音乐唱腔独特，男腔顿挫有力，女腔舒展优美，具有很高的欣赏价值。目前，田清学的徒弟田知印等人仍传承着这一优秀曲种。

弦子鼓（山东大鼓）历史悠久，音乐唱腔独特，节目蕴藏丰富，地方色彩浓郁，它直接促发了山东快书的形成，并对“乔派”河南坠子和西河大鼓等的形成与发展产生过重大影响，具有很高的历史文化价值。

八、梨花大鼓

梨花大鼓起源于山东巨野、郓城一带，又称为“大鼓书”“山东大鼓”。后流行于山东、河南、河北等地，是中国曲坛上一枝别具风采的鲜花，深受群众欢迎。梨花大鼓历史悠久，大约清光绪年间开始进入市井。清末民初小说家刘鄂在《老残游记》中所写的黑妞、白妞（即刘小玉姐妹）皆为驰名犁铧大鼓演员。早期的梨花大鼓，因植根于民间，故多倾诉民间疾苦和表现农家故事。风格朴实，富有浓郁的乡土气息；曲调高昂，有“大花腔”“小花腔”“头句腔”“慢板”“二板”“上下高低歇口”等，唱词多为十字句、七字句，说、唱、道、白兼备，叙事抒情交融。梨花大鼓传统书目很多，长篇大书有《包公案》《海公案》《西厢记》等，另有《拴娃娃》《朱买臣休妻》《猪八戒拱地》等短篇小段。伴奏乐器很简单，一只扁圆形的木框皮面鼓，支在用竹棍支成的鼓架上，演员一手击鼓、一手打板，另有一把三弦伴奏。有的甚至不用鼓，一人自弹自唱，用脚打板击节，类似“单弦”的形式。传统节目主要是三国故事。

九、皮影戏

据考证，皮影戏起源于宋代，是我国传统的民间文化艺术。皮影的制作先是将皮革用桐油油漆数遍，使之硬化坚挺，绘上图案，用刀镂刻成剧情需要的各种人物、家禽、野兽、树木、花草、兵器、房屋等道具，用线牵引，安装上供人指挥动作的机关。演出多在晚间，上映时用布把舞台围起来，拉上银幕，观众在幕前，幕后点上面对银幕的明灯，演出人员在舞台后边银幕下方操作，按剧目情节，利用灯光，先后把道具的影子投放到银幕上，故谓之“皮影戏”。皮影戏的演技十分复杂，不但要在银幕上表演人物、飞禽、走兽的各种动作，还要模拟它们不同的声音，做到动作和声音的协调，天衣无缝。再加上鼓、锣、镲、笛、琴、弦等乐器的配合，烘托气氛，引人入胜。皮影演出的节目，多以连本戏为主，如《封神演义》《三国演义》《西游记》等，故事相连，声形并茂，颇具吸引力。因此，中华人民共和国成立前后皮影戏有很大的活动空间，不仅在农村深受欢迎，在城市也很有市场。后来，由于电影的普及，皮影才逐渐退出了历史舞台，演出团体也几近消失。目前已成为需要抢救的传统民间艺术。

东明县陆圈镇马主簿村原有皮影演出团体。该村皮影始于清咸丰年间，由该村彭氏先人彭瑞林从河南杞县引入,上映群众喜闻乐见的地方戏大平调。起初主要剧目有《铡美案》《铡郭槐》《二进宫》等，活跃在周围广大农村。由于当时皮影演出市场火爆,队伍不断发展壮大,到中华人民共和国成立前后,剧团由原来的八九人，发展到 30 多人，其中还有女性 7 人。使用的道具上千件，能演 20 多个剧目。活动范围东到菏泽、曹县，南到太康、杞县，西到新乡，北到大名，遍及城乡，每逢演出，人山人海。而且还培养了不少演技高超的艺术人才。如该团牛广兴，练就了一身绝活，表演皮影口能配唱，手能拉弦，脚能打梆击鼓，多种动作同时进行，成为皮影界出类拔萃的演艺高手。1957 年马主簿皮影剧团参加河南省首届曲艺木偶皮影会演，获得了优秀奖。

巨野的皮影戏最早是由大谢集镇张油坊村张氏家族于明洪武三年(1370)从山西迁民带来的。刚开始演唱的是上党梆子，后改为河南越调，为适应本地听众需要，又改唱为山东梆子。据皮影戏传人张元军老人（88 岁，现为张油坊村皮影戏剧团团长）介绍，皮影戏对表演者的技艺有很高的要求，每个演员除了要控制三四个影人的动作外，还要密切配合场上的配乐，兼顾旁白、唱腔。要练就过硬的皮影表演功底，除了师傅的言传身教，还要靠自己勤学苦练，直到积累大量的实际经验之后才能登台表演。因此，要组建一个皮影剧团，是一件非常不容易的事情。张油坊皮影剧团保存有明代流传下来的皮人一套，据说已有 400 多年的历史。这套皮人造型大方，轮廓挺拔，镌刻精细流畅，色彩纯正绚丽、对比强烈，人物描绘栩栩如生，堪称精品。可以表演《西游记》《封神演义》全套剧目。听剧组老演员回忆，以前村人张起娟当团长的时候，对唱腔不断进行改革，还带领剧组辗转于河南、河北、山西、陕西等地演出，所到之处，受到当地群众的热烈欢迎；有时在一个地方一住就是半个月，观众仍然不能满足。1956 年，张油坊村经政府批准正式成立“巨野县皮影剧团”，曾代表菏泽市参加全省文艺会演，获得地方剧种二等奖。以后又多次代表巨野县参加各级会演，均获得好评。张油坊村皮影剧团目前共有 15 人左右，团长张元军、张为英；演员有张元田、张为迁、张为胜、张新峰、张为仓、张宝喜、张善平、张为昌、张元江、张来存、张宝良、张善清、张宝立等。皮影戏是一种独特的民间戏剧形式。张油坊皮影剧团创始于明洪武三年，距今已有 600 多年的历史，流传有序，其中蕴含着几十代人的心血。皮影在人和物的造型上巧妙地将民间雕刻与绘画艺术结合起来，运用不同的艺术技巧表现人物的性格特征和“喜、怒、哀、乐”的表情特征，具有独特的动感与美感。该团所使用的皮人晶莹剔透、工艺精湛，已有数百年的历史，流传至今，弥足珍贵，本身就具有较高的文物价值和艺术价值。唱腔采用地方剧种山东梆子，方言特色浓郁，时而高亢激昂，时而缠绵低回，声情并茂，动人心弦。保护皮影戏，对于研究鲁西南民间音乐戏剧、地方民俗等具有较高价值。

定陶皮影，又名隔纸说书，起源于清朝末期张湾镇后冯村，至今约有 200 年历史，相对于山东其他地方皮影的近乎说唱艺术来言，定陶皮影则近乎地方戏曲，在山东皮影艺术中可谓独树一帜。冯氏先人于明朝迁居定陶，约在1821年，冯玉濮、冯玉福受剪纸艺术的启发创始了皮影，至今已传7代。第6代传人冯守坤，自4岁起就跟随祖父、父亲开始学演皮影。冯克献是定陶皮影的第七代传承人，也是市级非遗传承人。定陶皮影系用牛皮制作，形制巨大，高一尺有余，质朴粗犷，色泽古拙，刻工劲健，很接近鲁西南的剪纸风味，具有强烈的地方特色。由于牛皮的特殊质地，在制作过程中都要选用上等、年轻的公牛肚子两侧的皮作为原材料，这样的牛皮厚薄适中，质坚而柔韧，青中透明。加工成形后的皮影各部件，用软丝线打结固定，装订组合后上杆待用。雕刻时，不能镂空太多，适当留实，尽量做到繁简而不拖沓，艳丽而不空洞。每一个形象不仅局部耐看，而且整体配合也美，既充实又生动，构成完美的艺术整体。组合起来，场面人物突出，色彩、造型醒目，画面线条的显示细密繁复、疏密层次以及工艺都具有较强的可观性。一般影箱有七八十个身段，上百个以上的基本不重复的头部造型，如净角形象光是眼眉部分的变化，一幅影箱中至少有五六十种之多，充分表现出了人物造型的基本特征。同时在人物刻画上还吸收了历代壁画、雕塑、画像石等艺术成分，创作出的一幅幅皮影，让人看后叹为观止。大约在20世纪30年代，第三代传人冯瑞荣，把祖辈传下来的操纵方法总结成艺诀，对皮影艺术进行了丰富和发展。规范了演出道具，并沿用至今。所用布幕，多用生绢、生丝布，桐油滤过，框架大小为“3×7”尺，灯光用海碗吊灯，一灯多焓，明晃照人。增加了伴奏人员，演出时少则六七人，多则一二十人，上演剧目也达到了三四十出，并有了连台本戏，可连续演出月余。定陶皮影造型古朴典雅，民族气息浓厚，以其演出装备轻便、声腔丰富优美、表演精彩动人而著称，深受广大民众的喜爱。

曹县任家班皮影戏起源于清乾隆年间的常乐集乡任家庄。清乾隆年间，黄河大水泛滥，任家庄村人外出乞讨至山西，讨饭需要一门技艺，学习了皮影戏。曹县庄砦镇庄寨村任家班任银来是第八代传人，10岁跟父亲学习皮影技艺，40年来，在皮影的影人制作、剧目创新、传承与发展方面做出了突出贡献，极大地促进了皮影艺术的传承和发展。他将《武松打虎》《西游记》《三国演义》《困河东》《铡美案》等40多部传统剧目与皮影相结合，形式耳目一新。2014年4月，任银来被评为山东省第二批“齐鲁文化之星”，2019年被菏泽市总工会命名为“菏泽工匠”和“五一劳动奖章”获得者，2020年曹县任家班被菏泽市商务局评为“菏泽老字号”。

曹县皮影戏在音乐上广泛吸收了菏泽大平调的艺术因素，乐队以板胡、大油梆子为主奏乐器，文武场齐全，武打场面紧锣密鼓，影人枪来剑往，上下翻腾。文场的音乐与唱腔更是音韵缭绕，优美动听。皮影戏造型古朴典雅，演出装备轻便，声腔丰富优美，表演精彩动人，故事剧情生动有趣，深受民众的喜爱。

2013年，曹县皮影戏由33名演员2个分队，发展到67人5个分队，演出区域以山东、河南为主，扩展到湖北、重庆、广州等地。任银来还受邀参加香港非遗传承展演，影响力不断增强。截至2019年底，曹县皮影的相关企业已经发展到拥有十余个剧团、300余从业人员。不断研发皮影衍生品，开发了皮影工艺品，逐渐由单一产业向多元化产业发展，并取得了一定成绩。

十、莺歌柳书

菏泽是莺歌柳书形成最早的区域。莺歌柳书亦名莺歌柳子，是流传鲁西南、鲁南及豫东、苏北一带的民间说唱形式。它最早由产生于明代的柳子戏曲牌“莺歌柳”演化而成，另一种说法是在民歌小调基础上发展起来的。清嘉庆、道光年间已有莺歌柳书艺人程梦卜、程作舟闻名鲁豫，由此可知莺歌柳书距今已有200余年的历史。清末民初，莺歌柳书又与渔鼓腔相结合衍生出“坠子书”。

菏泽已知最早的莺歌柳书艺人是清末民初的曹县仲堤圈张瞎子，而后相继出现了曹县的张保亮、何立稳、郑玉昆、郑海泉和定陶的曹志田等艺人。郑玉昆晚年将莺歌柳书技艺倾囊传给了曹县的郑文祥和菏泽的高志军，目前这一稀有曲种只有这两人传承至今。

莺歌柳书演唱形式较为简单，多为一弹一唱。其早期唱腔音乐丰富多彩，而后期演变为单曲反复体的音乐结构形式。莺歌柳书直接促生了坠子书，对坠子书的音乐、曲目、演出形式、风格特点都有重要影响。莺歌柳书曲目十分丰富，且文雅规整、题材广泛、语言通俗、乡土气息浓郁，显示出曲目来源的多元性，对北方方言及民俗学的研究具有重要的学术意义。

莺歌柳书是北方曲艺中的稀有曲种，清中后期在鲁豫苏交界处颇有影响，民国初年急剧萎缩，豫皖等地分支已成绝响，现仅菏泽一地遗存，被称为“活化石”。

十一、花鼓丁香

单县位于鲁西南边境，与苏、豫、皖接壤，是有名的曲艺之乡，“花鼓丁香”便是流传在单县及其周边地区的优秀传统曲种之一。

花鼓丁香又名山东花鼓、打花鼓、花鼓腔、花鼓秧歌，是一种以花鼓为主要伴奏乐器，对口走唱的说唱艺术形式。以一人或二人对唱为主，伴奏乐器为花鼓、小锣、手钹、梆子，没有管、弦乐器伴奏。既有板腔体结构，也有曲牌。

花鼓丁香历史较为久远，有关“花鼓”歌舞形式的记载早在汉代就有，魏晋时代已经流行，到唐、宋代均有记载。元、明以后，花鼓以皖北砀山为中心，活跃于鲁、苏、豫、皖接壤地区。中华人民共和国成立后，单衍昌、刘兰芝、刘克银几人，组织建立了单县谢集镇齐砦花鼓班社。

花鼓丁香的主要价值：

花鼓丁香历史悠久，是当地人民长久以来的主要文化娱乐形式之一，具有浓厚的文化积淀。

花鼓丁香的演出曲目，地方特色强烈，具有方言学、社会学、民俗学、乡土文化等多种研究价值。

花鼓丁香音乐形象鲜明，既有传统曲牌，又有地方小曲，还有板式唱腔，有着较强的表现力，具有多种音乐学科的研究价值。

花鼓丁香衍生出多种地方戏曲，如两夹弦、四平调等，是众多戏曲剧种的直接母体，对于山东地方戏的发展产生过重要影响。

第二节 民间音乐

一、鲁西南鼓吹乐

鲁西南鼓吹乐作为我国北方鼓吹乐的一支大脉，久负盛名。鲁西南一带的菏泽市、牡丹区、单县等地因鼓吹乐从业人员多、班社多、影响大，被誉为“鼓吹乐之乡（俗称唢呐之乡）”。鲁西南鼓吹乐艺术历史悠久，建造于东汉末年的嘉祥武氏祠内有六块石刻碑生动地描绘了当时鼓吹乐曲的场面，其中左石室第三石有幅完整的鼓吹乐场面，可见当时鲁西南已有了相当成熟的鼓吹乐的演奏艺术了。鲁西南鼓吹乐是一种以唢呐为主奏的民间艺术。群众基础广泛而深厚。流传分布于鲁西南的广大城镇乡村，多以家族或近亲搭班。遇到民间婚、丧、喜庆等，他们被聘演奏。代表曲目有《百鸟朝凤》《抬花轿》《打枣》《一枝花》《锁南枝》等。鲁西南鼓吹乐是由吹管乐器和打击乐组成，唢呐又分为大、中、小三种，另有锡笛和铜杆，大唢呐的特点是发音深厚丰满，中音唢呐发音圆润柔和，小唢呐发音激昂高亢，锡笛和铜杆发音清脆明亮。唢呐常用的演奏技法有指花音、垫音、泛音、气顶音、气拱音、花音、滑音等。菏泽市现有 100 多家唢呐世家组成的民间鼓吹乐班社，鲁西南鼓吹乐是研究地方音乐不可多得的素材，具有很高的艺术价值、研究价值和实用价值。

鲁西南著名的鼓吹艺人有袁子文、任同祥、和贯贤、张玉柏、王学光、张玉芳、李广福，代表性曲目有《百鸟朝凤》《抬花轿》《打合套》《大笛搅》《一枝花》《锁南枝》等。

鼓吹乐在郓城有着深厚的群众基础，是颇受人欢迎、影响较广的民间器乐，多少年来兴盛不衰。无论城镇乡村，到处都有吹鼓乐班社。郓城有许多的吹鼓乐艺人世家，技艺代代相传，有的已有几百年历史。吹鼓乐班社多以近亲组成，演奏技艺也多在本家族内传授。吹鼓乐是一种风俗性的民间音乐艺术，它多用于婚丧嫁娶和各种喜庆场合，已成为当地一种风俗，同时也是地方戏曲必不可少的伴奏乐器。中华人民共和国成立以来，郓城吹鼓乐艺术有了很大发展,走向群众性文艺活动的大舞台,多次参加各种文艺会演并获奖。1992年6月山东省第三届中等艺术学校会演时,王玉英的唢呐演奏《乡村情韵》获得三等奖；同年10月，王玉英的唢呐演奏《花乡情》获得山东省文化馆站业务技能比赛三等奖。1996年1月，五界首少年毛强在山东省农民艺术节上演奏的唢呐名曲《一枝花》获得二等奖；同年1月，县文化局举办全县唢呐大赛，组建起郓城县民间唢呐协会。

东明沙窝乡东堡城村刘新记一家三代均以吹奏唢呐为生，声名远扬。三春集镇新兴集雷二焕与女儿组成的唢呐班，在河南的兰考、长垣等地有很高的声望。

在成武有十几家唢呐世家组成的民间鼓吹乐班社，其中汶上镇的冯家班，九女镇的焦家班、刘家班、杨家班最为出名，著名唢呐艺人冯明宪、冯贵臣、冯贵才、甄成行、梁世君、马进学、陈宝剑等人，曾参加山东省民乐调演并捧回大奖；冯兆存等唢呐艺人多次在国际牡丹花会开幕式上演奏，并荣获一等奖。

单县的鼓吹乐班大体可分为徐、部、高、田四大家。主要传承人有徐广爱、徐广云、部保福、田向东、高进法、高进忠等。鲁西南鼓吹乐现已批准为国家级非物质文化遗产保护名录。

鄄城县有专门从事唢呐吹奏的唢呐世家28家，唢呐艺人94人，其中分布情况为临濮镇田铺的王继玉班、富春的保印班；郑营的李行增班、李书良班、周洪臣班；麻寨的郭深月班、郭新贞班；彭楼王集的陈振合班、陈刘印班；旧城的肖明芝班、肖明臣班；箕山的王广亮班；红船胡庄的常士奎班等。

二、山东古筝乐

山东古筝乐有着悠久的历史，是中国古筝的重要组成部分和主要流派之一。菏泽是山东古筝乐的发祥地,筝乐历史悠久,尤其是郓城、鄄城一带素有“郓鄄筝琴之乡”的美誉。2008年，山东古筝乐入选第二批国家级非物质文化遗产名录，“琴筝清曲”项目于2018年入选山东省中华优秀传统文化传承基地。

2021 年 6 月，菏泽学院与郓城山东派古筝研究发展中心联合，在菏泽学院建立了“鲁筝艺术博物馆”，以山东古筝乐的史料、典籍、典谱、音像、乐器、筝家遗物、筝艺制作为主要收藏对象，并设有演艺厅、雅集厅，用于现场表演展示和艺术交流，全方位展现出山东筝乐的发展历程与艺术成就。

筝在菏泽、聊城一带有广泛的群众基础，古筝艺人常利用赶庙会、逢年过节以及冬闲时期，在家庭院落、寺庙等处合乐演奏。它带有鲜明的地域特色，极受人民群众的欢迎，菏泽民间传有“城内大户多有瑟，城外村村都有筝”的说法。现今，郓城县陈坡乡黎同庄还保存着明代万历年间的一架十六弦古筝，聊城市临清县金郝庄还发现清代同治十二年的手抄筝曲谱。山东古筝乐代表人物，菏泽有王乐涌、黎邦荣、黎连俊、张念胜、张为昭、赵玉斋、高自成、赵登山、张应易、韩庭贵等。

山东古筝乐在长期流传过程中，逐渐形成了华丽柔美、刚劲明亮、音韵浓郁的艺术特点。在形式风格上分为两个类别，一是古典乐曲，为“八板体”的曲式结构，它音调典雅，结构严谨，节奏明快，大都具有鲜明的主题和深刻的思想内容，民间称为大板筝曲。代表曲目菏泽有《汉宫秋月》《隐公自叹》《美女思乡》《莺啭黄鹂》《鸿雁捎书》《高山流水》等，聊城市有《流水激石》《三环套日》《双板》《单板》等。二是小板筝曲，它主要流行在菏泽，是近代依据地方说唱、民间小调改编而形成的，结构精练简洁，节奏富于变化，旋律优美柔和。代表性曲目有《凤翔歌》《天下同》《大八板》《降香牌》《飞花点翠》等。菏泽流传有古典筝曲十大套，小板曲 200 余首。

三、包楞调

《包楞调》是一种成武地方特色浓郁的民歌，是中国民间有花腔特色的民族歌曲。

历史上，成武多寺庙，每逢庙会善男信女到寺庙里求神拜佛、祈求平安，庙会热闹非凡。庙会上，当地有妇女挑担念经，边舞边唱小曲，唱词来自佛经、孝经、民间故事等或即兴创作，曲调是民歌或地方戏曲，《包楞调》就是其中的一种。

《包楞调》也称《包楞戏》，它的唱词很长，一唱就是几十段，现存的只是其中的一首诗组成的词句。这首诗是：晴空明镜，松峰凤鸣，星亭清静，景动风轻。诗的每个字组成四段词，共六十四段，歌词的格式严密：第一句末尾是白楞楞楞，第二句末尾是一点红，第三句是组诗中的字眼，第四句是紧包楞，歌词内容广泛：春夏秋冬、名胜古迹、君王贤士、乡土民情……犹如一幅史诗画卷。

成武大田集乡小程楼村由周金英口述、吟唱的《包楞调》，由今人魏传经采集改词，孙啸天记谱，艺人宋慧芳首唱了《包楞调》，接着姚月兰在山东省民歌会演上演唱的《包楞调》，引起专家的关注。随后，张英、郑宝华、彭丽媛、吴碧霞等歌手相继演唱了《包楞调》，把它推向全国。现已发展为舞曲、器乐曲等，并编入《中国民歌》，其学术价值已被音乐界公认。

四、牛屯鼓乐

牛屯鼓乐源于定陶县孟海镇牛屯村，广为流传于鲁西南及周边地区，距今已有数百年的历史。据《牛氏族谱》记载：“鼓乐祖师爷牛文灿，定陶县孟海镇牛庄人，明代秀才，万历二年在赴京赶考路上，与微服私访的万历皇帝不期而遇，曾结为金兰之好。后万历皇帝封官不受，赠其龙衣蟒袍一袭，朝中皆尊其为御老。”

早在17世纪初期，牛氏祠堂内就有鼓乐画像石三块，这三块画像石刻详细刻画了牛氏先人以鼓作乐、载歌载舞的庆典场面。牛文灿自幼喜爱鼓乐，独创自编的鼓乐曲牌《雷公闪将》《天公作美》《天下太平》《风调雨顺》《鸡上架》等流传至今。其配器也由最初单一的锣、镲，增加为后来的锣、铙、鼓、镲等传统乐器。

牛屯鼓乐在明朝时极尽辉煌，一直享有“牛屯鼓乐如响雷”的美誉。牛屯鼓乐鼓点发展十分成熟，音乐表现力强，且传承有序。鼓乐最具特色的是牛皮令鼓，又名“雷霆大鼓”，其鼓因其擂时发声奇特，响声如雷贯耳而饮誉鲁西南。

牛屯鼓乐经过几百年的传承演变，逐渐形成了一整套演奏技巧，是山东鼓乐的艺术延续，就其曲目而言，称得上是民间音乐中的不朽之作。

五、菏泽弦索乐

菏泽弦索乐是几件弹拨乐器和拉弦乐器结合在一起演奏的民间合奏乐。由于其风格典雅、历史悠久，有“雅乐”和“古乐”之称。弦索乐主要源于菏泽市的郓城、鄄城等县的乡村。

菏泽弦索乐通常有筝、琵琶、扬琴、如意勾（一种琴杆头上刻有古代宫廷“玉如意”的弓弦乐器）四件丝弦乐器合乐演奏，有时只有筝、扬琴二者合奏，或是筝与扬琴、琵琶合奏，亦有加入软弓胡、坠胡、二胡等合奏的形式，乐器组合灵活多样，演奏乐器可增可减。

菏泽弦索乐旋律音调优雅柔美、浑厚动听，既有古色古香的风格，又有鲜明的地方色彩。早期弦索乐演奏的著名代表人物，有马义温、王乐涌、黎邦荣、张念中、黎连俊、石登岩、张为台、张良之等。

菏泽弦索乐是国务院公布的第三批非物质文化遗产，距今已有1000余年的历史，融合了器乐、曲艺、戏曲等多种元素，是唯一活态传承的北方风格弦索乐。其乐器组合灵活，搭配自由，被称为东方的民间交响乐。弦索乐的代表曲目有碰八板、乡音和鸣、对开门、混江龙、海丽花、戏韵·高调风、东柳腔、苏堤月等。

省级非物质文化遗产传承人、国家一级作曲家苏本栋，组织成立了“琴筝清曲古乐社”，主要成员有赵登山、王振刚、胡化山等，多次应邀参加全国性大型音乐活动，并举办专场音乐会，将菏泽弦索乐推广成为菏泽市对外文化交流的响亮品牌。

六、鲁西南黄河号子

鲁西南黄河号子，是回响在黄河岸边的激情民谣，菏泽是黄河入鲁第一市，黄河在境内全长185公里，流经东明、牡丹区、鄄城和郓城四县。历史上有确切记载的黄河泛滥1500多次，改道26次，治理黄河，筑堤修坝，变成沿黄人民重要的任务。随着黄河筑堤工程的开展，农村夯实房屋地基用的石夯石硪被借用到修筑黄河大堤的工地上，年复一年的筑堤工程让黄河号子日趋成熟，成为修筑黄河大堤一种不可缺少的劳动文化现象。

黄河号子质朴浑厚，高亢嘹亮，是黄河文化的鲜明符号之一，根据工种选用不同分为：黄河夯硪号子、黄河船工号子、黄河搬运号子、黄河埽工号子等。起源同出一辙、相互辉映。菏泽市中华文化促进会韩广洁、彭忠、樊庆堂、李运斋挖掘整理的鲁西南黄河号子，被批准为省级非物质文化遗产。

黄河号子是产生并应用于劳动的民间歌谣。在集体性的艰苦劳动中，为了便于协调指挥，统一步伐，调节呼吸，释放身体负重的压力，常常发出吆喝或呼号。这些吆喝、呼号声是与生产活动直接联系的一种口头即兴创作，一领众和，曲调简单，节奏有力，表现力丰富。同时，饱受齐鲁文化的熏陶，特别是受到民歌、戏曲的影响，逐渐形成了有节奏又有旋律的黄河号子。黄河号子经历了远古时代的孕育、春秋时期的确立和明清时代的成熟发展。黄河号子音乐曲调高亢激昂、雄浑粗犷、节奏明快、气势磅礴，体现了嗓音形态原生性和喊唱气派民族性的重要特征；又是一种民间传统文化艺术，富有强烈的民俗气息和艺术感染力，具有独特的艺术特征，深受群众喜爱。

不同的劳动，就产生不同的劳动号子，夯歌号子是人们在修筑堤坝，建筑房屋时，为了打实地基而行夯时所唱的号子。据有关史料记载，它的形成已有1000多年了。夯是用质地坚硬的石料制成，有方墩形和圆滚形，夯上装置一长木柄，夯下方套有铁环，环上拴有麻绳，操作的领夯人掌握木柄，边领唱边指挥移动夯所要打的地方，合夯号的众人拉起麻绳，边唱边按领夯人的指挥起落石夯。关于夯号的风格特点，很多地方也和黄河号子差不多，只是没有黄河号子那样粗犷、高亢、嘹亮罢了。但它们有共同特点，首先节奏性明显强烈，曲调优美流畅，内容广博丰富。也有的号子领者说白，合者唱曲子式的号子。就是说领者开腔即说数板式的词，合者应时唱曲调，如开头（领）

白：伙计们甩起来吧，（合）唱曲词：甩呀甩起来呀……再就是有些领夯者很有才华，为了调剂劳动情绪，号子头大大发挥他的即兴创作才能，看见什么就创新词唱，逗得大家大笑，借以调剂情绪，鼓舞干劲，减轻疲劳。

夯号一般分快号和慢号，这和地势有关，比如说要狠狠砸实地基的多用慢号重砸，要把夯过的地基找平，就多用快号轻快地砸即可。夯歌号子具有高亢、嘹亮的特点，与当地民歌小调结合紧密，在号子声中一起拉绳子，夯就会飞在空中，一起松绳子，夯就会随腾空的惯性，狠狠砸下来。现在随着现代科学技术的发达昌盛，很多体力劳动已逐渐由机械化所代替，所以用不着人力夯来砸实地基，夯歌号子当然也就很少有人唱了，但夯歌号子却是前人在劳动中创造的古老音乐文化，具有浓郁的地方特色和鲜明的劳动节奏。

七、鲁西南民间大鼓

鲁西南民间大鼓主要分布在山东菏泽的成武、巨野、郓城、鄄城、单县、曹县、东明及济宁市的各辖区，辐射到山东、河南、江苏、安徽的交界地区。

民间大鼓是一种比较古老的乐种之一，相传已有几百年的历史，经过数代民间艺人的加工、提炼、修饰和创造，无论从制作工艺还是演奏技法上都在逐渐完善。鲁西南民间大鼓因制作用牛皮蒙鼓，所以也称“牛皮大鼓”，又因它的直径大的可达两米，像个碾盘，所以也称“碾盘大鼓”。据成武县志记载，成武县清末民初时期民间大鼓较为盛行。每逢重大节日、丰收喜庆、祭神求雨、庙宇开观、赶庙会、续家谱、送火神、闹元宵等活动，人们就敲起大鼓庆贺，鼓声能听十几里，如有特殊情况，像灭火救人、拿贼捉盗等急事，也以击鼓为号。据传这是沿袭了古代战争时的催阵鼓。

过去，除了荒乱年代外，群众在冬闲季节，差不多一进腊月就开始练习大鼓，一直练到正月十六，各个鼓队走上街头，纷纷展示自己的演奏技巧，看谁打得好，看谁打得花点多。特别是近几年成武举办的民间艺术节，大鼓配合秧歌队、唢呐队人显身手，鼓声能传十几里。

民间大鼓的鼓点都是老艺人口传的，没有文字谱，为了抢救这一文化遗产，成武县文化馆和大鼓老艺人池新乐、陈玉坤一起挖掘整理了一批鼓谱，这对大鼓的演奏传承起到了积极作用。

民间大鼓的鼓队有大队和小队，一般小队十几人，大队30余人。直径长的大鼓需两人对敲，配以大锣、大铙、大钹，从常用的鼓点来看，有的欢快、激昂、热烈、粗犷、强悍、紧张等情绪；从击鼓的技法上看，常用的有击鼓心、击鼓边、击鼓帮、单槌打、双槌打、轻槌点、重槌砸等技巧。

民间大鼓演奏人员的排列位置是：当面鼓，对面锣，左边铙，右边钹。司鼓后面一队人，敲着节奏跟人学。

它的鼓谱点常用的有：

《大得胜》《小得胜》《乒乓乓》《水罗音》《仓八》《八番子》《五铙二钗》《六铙四钗》《一调龙》《狗四咬》《一滴油》《一转转》《一说一》《一蹦翟》《一边得》《扎来扎》《一多多》《格老八》等100多个鼓点。鲁西南民间大鼓具有完整的鼓谱，自成一体，每个鼓点都能表达人们生活中的不同情绪，是民间艺人对生活表达的结晶，对研究民间打击乐具有不可替代的作用。

民间大鼓具有旺盛的生命力，它的鉴赏价值得到了广大民众的认可和喜爱，每到重大节日、开业庆典、闹元宵、庆丰收等场合，人们便擂起大鼓庆贺，这种民族风情是其他艺术形式所不能代替的。

在“文革”期间，鲁西南民间大鼓中断了近十几年，原有的大鼓和铜器大都损坏，这一民间文化艺术到了濒临失传的地步。

为了弘扬民族文化，挽救、挖掘文化遗产，1995年在有关领导的支持下，成武县有十几家大鼓队购置并自制了一批大鼓。据鼓队之间的交流获悉，菏泽、巨野、定陶、曹县等地的大鼓队也纷纷活跃在城乡。特别是成武县东门里大鼓队率先自制了一面直径两米的大鼓，被《农村大众》《农村生活报》《新闻图片周报》《菏泽日报》以及省、市电视台誉为“鲁西南第一大鼓”。

八、商汤鼓角

曹县商汤鼓角的分布主要集中在曹县，辐射影响到鲁西南大部、河南商丘、开封，安徽北部，江苏北部一带。

（一）商汤鼓角的历史渊源

远古时期曹县地处黄河流域，洪水泛滥、灾祸横生。人们为了祈求风调雨顺，常要祭天求神，鼓角的演奏是祭祀的前奏。曹县的鼓角文化可追溯到商代，故民间至今有“汤汤鼓（商汤鼓）”“汤汤锣”的称谓。

商汤鼓角中的“角”多为鲁西南黄牛角制成，应属哨嘴类乐器。在民间迎神赛会时，“角”在商汤鼓角中常用作行进队伍的前引开道，或用作鼓角开演的前奏。牛角号一鸣，虽只能发出一两个粗犷的声音，但人们马上就可以意识到商汤鼓角的演奏就要开始了。“角”在商汤鼓角的演奏过程中，通过它粗犷的音符来衬托演出的气氛。

商汤鼓角始于明代洪武年间，距今约有600余年的历史。以前曹县把敲击乐称为“响”和“雅乐”，最初的成员主要为“火神会”组织成员，乐技多为祖传，以家族为单位组成的班子，很少收徒，他们的表演形式分为朝台、串街、广场，一直延续至今。据《曹县志》记载，以前曹县各大集镇都有乐户，乐户有组织、有分工，曹县境内以县城为中心，划分为东、西、南、北四大方，大方下又分小方，乐户按方外出演出，演出得再好也不准超越划分好的方界线。每逢官方祭孔、祀天地，每月初一、十五的祀神活动，乐户都要义务出差。在民国十七年（1928）曹县成立“雅乐协会”。每逢正二月间开一次会。平时活动较少，多集中在春节前后，正月初六、初七，二月二参加祭祀仪式和娱玩。先在本村演奏，后与附近村镇换演以示团结，表演后主家馈赠茶烟糕点以酬劳。中华人民共和国成立后，曹县“商汤鼓角”得到了更好的发展和广泛的流传。解放初期，曹县“商汤鼓角”玩艺班知名度较高的就有380多个，著名鼓角演奏师郗子超、刘洪宾、杨振德等，多次被邀请到山东济宁，河南开封、商丘，江苏徐州等地，参加人民政府举办的大型跨省联欢大会、人代会、节庆大典的演奏。至“文革”以后，以王福奎、李秀敏夫妇为首的传统“商汤鼓角”演出队，正式成立为“曹县商汤鼓角艺术演出团”，演出形式也大为改观。王福奎8岁拜师于郗子超、杨振德，精心研究鼓角文化遗产，挖掘、整理“商汤鼓角”文化，通过20多年的潜心研究，先后整理出《风绞雪》《狮子三出洞》等10余篇“商汤鼓角”的老曲牌。多次到济南、郑州、徐州、亳州、开封、商丘、曲阜、菏泽等地演出，传授技艺。让更多的群众了解、鉴别、欣赏古人遗留下来的这一艺术财富。2001年中央电视台《民间艺术采风》栏目、山东电视台《文化传真》栏目，对曹县“商汤鼓角”分别做了专题报道。至此，商汤鼓角这项古老的民间艺术在曹县县委、县政府的大力扶持和保护下，正以其前所未有的发展态势传承与发展着。

（二）商汤鼓角的基本内容

远古时期曹县“商汤鼓角”的演奏风格是粗放激情，经过漫长的历史演变，风格转为优美、细腻、节奏明快。其艺术风格形式多变，既气势磅礴、轰轰烈烈，如千军万马厮杀疆场，又犹如高山流水、委婉动听。曹县商汤鼓角发展到今天，已经演变为既是精英文化的代表，又是乡村市井的边缘民俗文化的代表。

曹县“商汤鼓角”既可独立演奏，又可为一些民间舞蹈如“高跷”“蹦伞”“二鬼摔”等配合演奏。在演奏的同时摆开纱灯、牌子灯和“七星”“八卦”“龙”“凤”“黑虎”“麒麟”等牙旗，队伍极为壮观。适逢春节前后、二月二、庙会，当悠扬的号角响起，大家拿起家什，凑在一起鼓角齐鸣，热闹半天。一村引发，村村响应，震天动地，激荡人心，震响数十里。除夕夜更是通宵达旦玩个痛快。直到现在每逢重大节庆、庙会，鼓角老艺人还聚在一起摆开架势进行演奏。

“商汤鼓角”历史悠久，配以曹县当地民间舞蹈的表演更是给人以无限遐想的空间。演奏起来感染力强、号召力大，有很强的吸引力。它是曹县民间玩意中的一项重要的民间艺术。据《中国大百科全书音乐·舞蹈卷》记载，山东有三个主要鼓乐流派，曹县商汤鼓角当属西南路。它组合灵活多样，膜鸣、体鸣、哨嘴等乐器有机结合，地方色彩浓厚。口授传艺是曹县商汤鼓角的主要传艺形式，以前是家庭式的传艺，不收徒，中华人民共和国成立后由于人们思想开始解放，技艺高超的老鼓角艺人开始收徒传艺，使商汤鼓角的演奏技法得以很好地传承和发展。

在商汤鼓角的演奏中，变奏是基本的演奏方法，它有两个显著特点：一是高度的即兴性，口授谱只是乐谱的基本形态，演奏者在此基础上，运用各种变奏手法进行创作性的即兴发挥，使乐谱呈现万变不离其宗的多姿风貌，使简单的鼓点富有丰富的韵味，乐曲的精华部分大部分体现在即兴演奏过程中。二是多变性，一首曲谱往往有多种多样的变体，或一首曲谱融合多个曲谱的精华鼓点。

商汤鼓角的曲牌,通过老艺人的挖掘和整理,以突出表现鼓和角的曲牌有:《白马上城》《十八国临潼斗宝》《狮子三出洞》《乌骓双撕咬》《三点扑拉蛾》《山坡羊》《长流水》《闹花灯》《八角琉璃井》《凤凰三点头》《闹三国》《单口咬》《双口咬》《富贵不断头》等200多个。其中许多曲牌还蕴藏着深厚的历史渊源与传说，如《十八国临潼斗宝》是表现伍子胥会同十八国诸侯临潼酣战的故事，突出展现伍子胥英勇无敌的气概。这些曲牌所包含信息，为研究当时的社会政治、经济文化、民俗风情提供宝贵的信息资源。

综上所述，曹县商汤鼓角不仅是祀神、娱玩不可缺少的表演形式，还是当地民俗民风的一种重要载体。

九、成武儿歌

成武儿歌起源于成武，分布于鲁西南地区，传播全国各地。

（一）成武儿歌的历史渊源

成武县地处黄河流域，历史悠久，周时是东晋和中原文化的过渡地带，有着特殊的外界环境，民歌、民谣十分兴盛。而产生于成武孩子们在日常生活中或游戏时唱的歌曲，以及妇女们为幼儿唱的哄孩调是民歌中的一个亮丽的品种。

据史料记载，人类早期的民歌有些即产生孩子们的游戏之中，音乐史家常常把游戏作为民歌最早产生的来源之一，由此可见成武儿歌的历史已相当悠久。从音乐形态上看，音调、节奏都包含着许多原始性因素。有些儿歌与一定的民俗有关，不少儿歌的内容有着鲜明的时代特征，所以说成武儿歌和其他民歌一样都是世代相传，继承发展至今。

成武儿歌非常丰富，有100多首。山东人民出版社出版的《山东省民间歌曲选》中，在儿歌类的19首代表性歌曲中，成武儿歌就占7首，而《花蛤蟆》《黄豆歌》《蜻蜓你来吧》《扔啊扔》《你那营里尽俺挑》《打蚂蚱》等歌曲分别被全国多家音乐报刊转载。1963年，《歌曲》第4期发表了《花蛤蟆》，上海唱片厂录制了《花蛤蟆》，中央广播电台和地方广播电台不断播放这首儿歌，特别是中央人民广播电台那个影响了几代人的“小喇叭开始广播啦”的少儿节目的主体音乐，就出自《花蛤蟆》的音乐素材。后来《花蛤蟆》又被编入小学生音乐教材而走进了课堂。

（二）成武儿歌的基本内容

成武儿歌的结构都非常简练，素材单一，有着易学、易唱、易流传的特点，但表现手法却是多样的。首先从歌词上看，不论是起兴法，还是比喻法，都有所发挥。成武儿歌的歌词总是那么形象、生动。孩子们喜欢的小动物经常在首句中出现，如“花蛤蟆，绿蛤蟆，满坑的蛤蟆蹦又跳”“小麻嘎，尾巴长，娶了媳妇忘了娘”等都是以小动物开头起兴，引出儿歌的主题，这也是古代诗歌中常用的手法，有的拟人化，如把蜻蜓比作朋友：“你来吧，我给你买个大甜瓜”等。

成武儿歌的形式和类别，可分为叙事儿歌、游戏儿歌和摇儿歌三类。叙事儿歌比较突出的题材有时代性强，反映历史重大事件的儿歌，如《专打日本鬼》《日本鬼喝凉水》《打蚂蚱》等，生活叙事儿歌如《娶了媳妇忘了娘》《黄豆歌》《小酒盅》等；游戏儿歌如《花蛤蟆》《蜻蜓你来吧》《你那营里尽俺挑》《扔啊扔》等；摇儿歌有《催眠曲》等。这些儿歌不但易学易唱易流传，更主要的是它紧紧地和儿童的生活联系在了一起。民歌搜集家魏传经通过对生活的观察了解，记录了著名儿歌《花蛤蟆》的诞生过程：连降大雨的夏天，闷在屋里的儿童，站不稳，坐不住，又出去不得。他们心急地吆喝着：“天爷爷，别下啦，坑里的蛤蟆长大啦！”雨在儿童们的吆喝声中终于停了，雨一停，这些在屋里憋得心急火燎的孩子们一拥而出，跑到坑塘边，看到那些得了新水的蛤蟆，活蹦乱跳，鼓着肚子，万蛙齐鸣，儿童们也兴高采烈地模仿着青蛙唱起来：“绿蛤蟆，花蛤蟆，满坑的蛤蟆蹦又跳，喂哇，喂哇！……”儿童们边唱边动作，有的伸手，有的跺着脚，他们模仿着青蛙的跳跃动作，又不时做几个鬼脸。那种天真烂漫、风趣活泼的神态，塑造了儿童欢快可爱的形象，也成就了这首经典的少儿歌曲《花蛤蟆》。

再如《蜻蜓你来吧》是孩子们捉蜻蜓时唱的歌，手里拿着一根小细棍，追着蜻蜓边跑边唱：“蜻蜓蜻蜓你来吧，我给你买个大甜瓜；蜻蜓蜻蜓你走吧，我给你买个大苦瓜。”好像在和蜻蜓交流说话，要与蜻蜓交个朋友，这实际上反映了儿童的智慧。再如《你那营里尽俺挑》是十几个孩子平均分开，分甲营和乙营，各排一队，两营相距十来米对面站着，甲营一人唱：荫柳条，花到梢。乙营应：扫帚菜，米米蒿。甲营唱：你那营里尽俺挑。于是甲乙对垒，孩子们唱着儿歌玩得非常尽兴。成武县搜集儿歌百余首，其中题材生动、艺术特色鲜明的20余首已分别由全国各音乐报刊发表和音像出版社出版发行。

十、十不闲

十不闲是将戏剧演奏中的锣、鼓、板、弦等十余种乐器综合起来，由一人像弹钢琴那样独自操作，而又不失其音色声韵的一种艺术形式。演奏者一人顶十人用，利用手、脚与木架巧妙结合，吹拉弹敲，有条不紊，一人完成一台戏，演奏者十根手指都不闲着，故而叫“十不闲”。

十不闲是郓城县张营乡陈河口村民乐艺人陈德先发明的。陈德先1912年出生于一个贫苦农民家庭，父辈靠打短工扛活为生。他兄弟四个，排行老大，幼时上不起学，15岁即为人扛活打短工，18岁开始学戏，受教于山东梆子艺人王凤才。1954年春，陈德先与人搭伴去山西运城一带卖艺，由于当时他只会边拉弦边唱，没有硬乐伴奏，显得特别冷清。山西人爱热闹，喜欢锣鼓。那时陈德先就想，要是一个人连敲带打，边拉边唱，把软硬乐器都操弄起来就好了。从那以后，他白天卖艺，晚上独自钻研，边拉边唱，捎带敲锣打鼓。不久，他便发明了“十不闲”。

1957年，郓城县举行民间艺术调演，陈德先第一次在郓城大礼堂里演奏，以其精湛的技艺，优美的唱腔，尤其是他手脚并用的击打技巧，博得全场观众爆起一阵阵雷鸣般的掌声。1958年3月，陈德先参加山东省民乐、舞蹈会演，在舞台灯光下，他手脚不闲，又敲又打，连拉带唱，短短一段《杀庙》，博得数千名观众喝彩不断，荣获全省二等奖。演出结束后，当时的省文化厅厅长专门与他和他的乐器合影留念。

十不闲演奏的曲目主要有《杀庙》《宋江坐楼》《二进宫》《三娘教子》等。

第三节　民间特色名吃

一、单县羊肉汤

单县羊肉汤已有近200年的历史，它因其色香味俱佳，可口宜人，营养价值高而长盛不衰，享誉四方，成为单县饮食业的一大骄傲。

单县羊肉汤呈白色乳状，鲜洁清香，不腥不膻，不黏不腻，独具特色。单县羊肉汤名目繁多，品种各异。其肥的油泛脂溢，瘦的白中透红。天花汤健脑明目，适合老年人和神经衰弱者食用；口条汤壮身补血，最宜病愈大补；肚丝汤可细嚼慢饮，眼窝汤肉烂如泥，奶渣汤沙酥带甜，还有马蜂汤、三孔桥汤、腰花汤、肺叶汤、肥瘦汤等70多种，皆风味独特，各具其妙。

单县羊肉汤选料和烧制极其讲究，它选用本地产2—4年的肥青山羊为主要原料。尤其是单县东南大沙河两岸的“捶羯”“蒙羊”最佳。主要制作过程是先将50斤冷水添入锅内，水响后加入羊的全身骨架垫底，再放入25—30斤鲜羊肉和各种羊杂，羊杂下锅前须分别用开水氽，然后用大火烧开。去血沫后，再加入冷水10斤，开锅后撇去浮沫，再用3斤羊网油覆盖在羊肉上面，片刻再撇去一次血沫，而后将作料（白芷3两、桂皮1两、草果半两、良姜1两及陈皮、杏仁等20多种）下锅，熬40—60分钟即可，盛碗时加少许香油、桂子、丁香面、香菜、蒜苗末即可食用。

此外，烧制时锅内羊肉汤除保持沸腾外，还有两条关键：一是各种作料的运用，多了则药味出头，少了则腥膻杂味不除；二是要大火急攻使羊油融化，后与水互相撞击，达到水乳交融才能成乳状。如火候达不到，则水是水，油是油，水下而油上。凡熬制好的羊肉汤，勺子在锅里打个花，往下一舀，朝桌面一滴即凝成油块。

《本草纲目》记载：羊肉好吃膻闻，亦菜亦汤有补身之功效。单县羊肉汤配以水壮馍，被收入中国菜谱。

1936 年，伪山东省政府主席韩复榘来单县，点名品尝单县羊肉汤，临走特意装了七坛子，每坛子 50 斤，用汽车运到济南沈鸿烈处赏军。

1948 年 12 月 20 日刘伯承、陈毅元帅来单，及以后的党和国家领导人胡耀邦、乔石、杨得志、郝建秀等相继品尝了“单县羊肉汤”，都赞不绝口。1999 年 10 月，胡锦涛同志来单检查工作，也品尝了单县羊肉汤。

单县羊肉汤发展到今天，经过几代厨师的努力，不断发扬光大，已成为享誉四方的中华名吃。

二、曹县烧牛肉

“曹县烧牛肉”是曹县回族人民独创的，具有悠久的历史。自元朝以来，曹县烧牛肉便是民间餐桌上的一道名菜，它以鲁西南黄牛为制作原料，制作工艺独特。由于牛的个体硕大，出肉率高，当时的人们不可能短时间内把牛肉食完，余下的牛肉如时值炎炎夏季，牛肉极易腐烂变质，回族群众在漫长的生活中，人们逐步总结出用盐腌渍来延长其存放时间，再添加香料可以增加其味道鲜美。经历代传承发展，形成了今天的“曹县烧牛肉”。

元代已对“曹县烧牛肉”加工的描述，经过元代的“煮前腌肉”，明代的“急煮慢焖”，到明代中叶，“曹县烧牛肉”的“集市购牛、生牛宰杀、土缸腌渍、精选切块、锅煮、纯香油炸制”工艺，已臻完善。风味独特、久负盛名的“曹县烧牛肉”在明清时代就已驰名黄河两岸。它超出于一般熟食牛肉的口味，它色泽红润鲜亮，肉质鲜嫩、紧凑，无膻味，香味醇厚而不腻，食之口中余香留长。清代末年随着曹县商业、金融业的繁荣，许多达官显贵把它作为宴客的必备佳肴，“曹县烧牛肉”经回族商人带到全国各地，从而使“曹县烧牛肉”誉满华夏。改革开放后“曹县烧牛肉”的制作得到了很好的发展。

三、烧鸡

烧鸡以定陶烧鸡和郓城皮家烧鸡最有名。

定陶烧鸡色香味俱全，名声经久不衰，其主要特点：一是选料十分严格；许多药料是从东北、云南等地直接进货；二是制作烧鸡所用的成品鸡是农家专门圈养的3—5个月的菜鸡（土公鸡）；三就是制作工艺比较精细，主要程序包括清洗、配料、炖汤、烹炸、焖火等。定陶烧鸡源于明、清，距今已有400多年的历史，是鲁西南地区民间独有的肉食品。定陶烧鸡随着其自身发展，由最初的家庭作坊，逐渐演变形成特产礼品，有着浓郁的乡土气息，成为受百姓垂爱的高级食品。定陶烧鸡传承脉络清晰，体现了民间饮食文化与人们精神生活的有机结合，被人们在长期生活实践中创造并传承下来，是中国民间饮食文化的代表作。

皮家烧鸡制作流程，一是宰杀：将1500克以上的活鸡割断气管，放净血，用65摄氏度左右的热水烫，褪掉鸡毛，剥净腿、嘴、爪的老皮，从臀部剖开，摘去内脏，沥净血水；二是整形：将鸡双腿盘起，双爪插入腹腔，两翅从嘴中交叉而出，形似“鸡浮水面”；三是烹炸：将鸡全身涂匀糖色，入沸油锅中炸制，至鸡身呈金黄色时捞出；四是配料焖煮：煮前先在锅底放一铁箅，以防煳锅，再将处理好的鸡按老嫩排入锅内，配以料汤。煮时用旺火煮，微火焖，浮油压气，雏鸡焖6—8小时，老鸡焖8—10小时。烧鸡焖煮以原锅老汤为主，并按比例配制新汤，配料有花椒、大料、桂皮、丁香、白芷、草果、陈皮、食盐等，这样制出的烧鸡，外形完整美观，色泽金黄透红，肉质松软适口，且有开胃、补肾、助消化的作用。

四、郓城壮馍

壮馍为郓城名吃之一。其制作以牛肉或羊肉泥为主，配葱、姜、料粉、食油、盐等佐料搅成馅，把面拍拉成长条形，将馅抹在上面，折成卷状，然后拍扁压成椭圆形，放入加油的平底锅中煎制而成，外酥里软，鲜美可口，别具风味。

五、烧羊肉

羊肉营养丰富，是滋补御寒之佳品。

鄄城烧羊肉选用生长期一年左右的鲁西南优质青山羊为原料，辅以 16 味名贵中药材和精盐，把洗净的生羊肉放入铁锅，再加入 16 味名贵中药材，以果木为烧材加工而成，循环使用陈年老汤，待肉酥汤浓出锅。

鄄城烧羊肉不仅具有极高的营养价值，而且有利于养胃益气，有保健强体、延年益寿之功效，是宴席会客之佳品。

目前，以周俊轩为代表的烧羊肉传承人，正努力将鄄城烧羊肉这一品牌，做大做强，为传统技艺的传承和鄄城县的经济发展做出贡献。

六、水煎包

水煎包是菏泽特有的传统食品，称为“特有”是因为与外地油煎包干煎相比，它是水煎包。菏泽城内和各乡镇均有制作出售。前几年由银盛园出面申报，被命名为“中华名小吃”。过去，菏泽城内的煎包，以蒋家（回族）出名，其美誉得于蒋家与李家的合作，有“蒋家的馅，李家的面”这一说法。

出锅的包子油光金黄，个个带翅（煎时形成的锅巴），“包子翅少，算没煎好”和“吃包子尝馅子，一口咬个肉蛋子”的顺口溜，是吃包子的搭口感和品嚼感的写照。过去，煎包作为充饥、解馋和赠送亲友的礼品，特别是新麦收割后，妇女回娘家、串亲戚，买煎包作礼品的很多。现在煎包多为人们的早、午餐主食，农村仍作为赠送礼品。改革开放后，菏泽人把煎包锅支到全国多个大城市，与各地的人们共享这一美食。

七、成武酱菜

成武县是著名的酱菜之乡。传统的成武酱菜手工技艺起源于武氏宫廷小菜。清雍正年间，武氏后人始建“老银昌”酱园，乾隆赐名“紫琥珀”，慈禧太后赐匾“百年老店”。成武酱菜的生产工艺是传统手工技艺的代表作，在全国同行业中独树一帜。

成武酱菜生产工艺流程复杂，32 道工序需历经三年，每道工序环环紧扣，酱制过程中不使用任何添加剂，靠日晒夜露自然发酵、浸渍，形成多种特殊的芳香气味。酱菜产品风味淳厚、酱香浓郁，富含还原糖和氨基酸。此酱菜几百年来广受欢迎，常被作为馈赠礼品。

八、东明粉肚

东明香肚是东明的传统名吃，在当地又称为粉肚。

据《东明县志》载：“东明香肚始创于 1827 年初，由靳如兰开创六百居，主营香肚、香肠。”东明香肚至今已传承七代，其传承是以父亲传儿子的方式进行的。

东明香肚具有独特的制作工艺。煮制香肚需选用本地产一年左右的黑毛青皮猪的前、后腿肉，尤以本地西南黄河两岸的“黑鬏”为最佳。其主要制作过程是选用新鲜的猪前、后腿肉，切成宽约 1 厘米的肉条，放入火盆之中，根据肉的多少按一定的比例将绿豆粉浆、香料粉（白芷、当归等 20 余种）、香油、葱、姜等放入盆中，搅拌均匀，后将其装入处理干净的猪尿脬中，系口，再用布扎两层，呈球状，放入经年老汤中文火蒸煮 4—5 小时，之后将煮熟的粉肚捞出晾凉后将布解去。既可凉食，亦可加热后食用，肉质鲜嫩、香而不腻、风味独特。

东明香肚煮制的成败关键是火候的掌握和作料的配方。东明香肚第六代传人靳朝锁，自幼随父靳富山学习制作东明香肚，他制作的香肚咸香适口，并在香肚的基础上，研制出风干香肠、精肉卷肠等香肚系列产品。他制作的香肚、香肠曾获“山东省地方名吃”“菏泽市优质地方名吃”等称号。

东明香肚2002年被东明县人民政府列为重点保护传统字号，2003年被评为山东省政府采购肉食行业首选品牌。

2005年，东明靳记香肚第七代传人靳晓龙成立东明靳记食品有限公司，香肚生产虽然规模扩大，但所有原料和制作配方均采用传统工艺，保持原有风味不变。当年，东明香肚被评为菏泽市卫生食品，2006年被菏泽市国际牡丹花会评为指定地方名吃。2007年，东明靳记食品有限公司，被山东省工商行政管理局评为山东省农村产品质量和食品安全示范店。

九、吊炉烧饼

烧饼是菏泽的传统食品，菏泽各县区和各乡镇均有制作销售。菏泽城内赵家的烧饼尤为有名，曾被评为“地方名吃”。过去赵家的烧饼铺在菏泽城潘隅首西南角、付家北邻，铺名曾叫“祥玉成”，后迁到自家门口（鼓楼隅首南邻）。已传承100多年。赵家烧饼形圆饼厚，内为双层，习称双瓤，大瓤包小瓤，芝麻满盖、外焦里嫩、色好、口感好，深受菏泽人欢迎。党和国家领导人胡耀邦、赵紫阳、万里等来菏时，都曾品尝过赵家烧饼，赵紫阳还送匾一个，上题：“赵家烧饼，名扬四海。”菏泽现有几家烧饼都系赵家所传。

过去烧饼大多是五香芝麻盐和糖馅两种，现在有了辣味的、酱味的，还有了油炸烧饼等。“烧饼吃盖，包子吃馅”“烧饼夹肉，越吃越瘦”的顺口溜，是人们喜欢烧饼的最好例证。烧饼是人们解馋、充饥和赠送亲友的食品，现在人们把它当成了早、中、晚的主食、酒店筵席上的面食、夜市和小吃摊上的名吃。它便于携带和保存，又成了旅行食品，不仅当地有名，而且通过旅游、探亲人士的捎带，已远行全国各地，并走出了国门。

十、油炸馃子

油炸馃子是菏泽特有的名吃之一，菏泽各县区和各乡镇均有制作。据了解，连续传承时间最长的是我区都司集王家（都司集五王中最大一王姓）的油炸馃子技术，至少已传承了240多年。油炸馃子焦、脆、香，易存放。以前作为一种解馋或赠送亲友的点心，特别是麦收后（本地叫麦罢），买或用新麦换几个馃子，用鲜柳条一穿，提着回娘家、串亲戚，成为我区的一道风景。

油炸馃子采用传统制作工艺，原料主要有白面、油、碱、矾、盐和水等。炸制时，为成形好，要用大筷子撑批，出锅的馃子，正面像灯笼形。

十一、王屯灌肚

王屯灌肚制作工艺最早可以追溯到明代正统年间。明代王屯王氏六世祖王涛之长女王燕为皇后，所生子永贞做太子时，曾把王屯所产的灌肚作为贡品献给皇上。后来此制作工艺由祖辈经过历代传承至今，可谓历史悠久。其用料以新鲜青山羊羊头、羊肚为主，添加 20 多种药料，经老汤慢熬煮熟，之后灌装冷却成形。待客时切片，置于盘内，滴少许香油，就可食用。王屯灌肚营养丰富、健胃理气，具有增进食欲、强筋健体之功效。是宴请贵宾、馈赠亲友之佳品。目前，王屯灌肚在全国大多市场均有销售。

十二、马家羊肉垛子

曹县羊肉垛子，是曹县回族传统风味小吃，距今已有百余年的历史，据清真《全羊食谱》记载，羊肉垛子是由清朝回族宫廷御厨多次研究试制而成的一种清真食品，随着清王朝的灭亡，此配方流传民间，曹县羊肉垛子在传统工艺的制作基础上，精心研制、去粗取精。

它选用一岁龄左右的山羊，宰杀后去皮剔骨，将大块脂肪去除，将整羊大块肉板用盐揉搓后入缸腌制，并反复翻动，腌制好的羊肉从缸内取出洗净，沸水入锅，放入按组方配伍的作料袋，用木质燃料大火烹煮，水沸 20 分钟后再文火煨煮 30 分钟即可出锅，稍晾后进行压垛，其步骤是将肉平排堆放在压垛机底板上的白布上面，用布包好后，将压垛机上的压板下压，将肉汤压出，使肉垛渐渐压平，然后将上下夹肉板固定夹好，连肉一起放入冷柜，通过速冻，使肉垛充分冷凝呈垛块状，然后用特制的大片刀切成其薄如纸的薄片食用。此肉有不腥、不膻、不腻，色、香、味、形俱佳等特点。如夹在烧饼里，吃到嘴里香而不腻，而且气形两补。

羊肉垛子的制作方法是伊斯兰传统美食垛子羊肉的制作方法。根据现代营养理论，在其选料、腌制、烹煮、成形等一系列制作工艺上进一步优化规范，特别是在佐料组分上融入滋补成分，从而改善肉质口感及营养含量，形成曹县羊肉垛子的独特风味，使之成为具有药膳功能的保健滋补食品。

十三、左营绿豆丸

左营绿豆丸是鄄城县的一种传统名吃，源于清朝，迄今有200多年的历史。

左营绿豆丸制作工艺独特，操作程序和用料讲究。以饱满无霉粒、颗粒均匀、颜色油绿发亮的大毛绿豆为原料，用干石磨磕瓣，去杂，筛选后倒入瓦缸浸泡9小时，再去皮，控水沥干放到水石磨上磨浆。取适量葱姜丁、五香粉、食盐、大豆油勾兑搅拌均匀，腌制10小时后，放入绿豆浆中搅拌，搅匀后放入全麦粉再次搅拌，采用加厚铁锅，木柴为燃料，纯净色拉油炸制。第一步成形，第二步脱水，第三步炒酥，出锅后在干燥环境中自然冷却10小时后，金黄酥脆的绿豆丸就做好了，生产全过程不添加任何食品添加剂，属纯绿色食品。

十四、麻酥糖

曹县城西北的一些农村乡镇，制作独特的麻酥糖。

据曹县县志记载，麻酥糖起源于明朝，已有500多年的历史，因其味美可口，香酥脆甜，清朝顺治年间，成为贡品，得到皇上赏赐。为曹县独有的一种传统食品制作技艺。

麻酥糖制作老艺人说：在曹县本地，民间有吃麻酥糖祭灶王爷的习俗。当地居民农历腊月二十三祭灶神，把又黏又甜的麻酥糖（在当地俗称：祭灶糖）献给灶王，粘住灶王爷的嘴，让它“上天言好事，下地保平安”。

明洪武二年（1369），刘氏祖伯仲二人自山西平阳府洪洞县老鹳窝迁鲁，定居曹县西北韩集东北二里许，因系长门，故称大刘庄。现在，大刘庄村2000来号人，户户都会做麻糖。每年中秋节过后，挑一副担子，辗转于安徽、河南、湖北等地，春节前几天才能回到家。这种农闲时走街串巷的麻糖生意在大刘庄延续了近500年。现在，村里麻糖加工厂和作坊就有六七十家，说是芝麻糖专业村一点也不为过。

麻酥糖制作技艺做工讲究，程序复杂，温度要求高，每道工序的技术含量之高，是其他食品加工难以比拟的。每根麻酥糖中间都有129个小孔，和外地制作的实心麻糖绝不同，并且两端封口不通气。

麻酥糖有较高的市场价值，适合农村家庭生产，6个人的作坊每天可加工生产50—100公斤，每公斤成本2.5—3元，售价8—10元，是当地居民收入的重要来源之一。

十五、白酥鸡

成武县白酥鸡制作工艺历史悠久，沿袭迄今已有300多年的民间加工历史。从清朝初期开始，成武县内婚丧嫁娶、红白喜事、祝寿、宴请均离不开白酥鸡。历经几百年传承，越发彰显其特色。据《成武县志》第二十卷“风土民情”第六章第三节名吃中记载：白酥鸡，是县内特有的一道名菜。

白酥鸡成形为半球形，蒸制而成。分两部分，中间为暗红色，称“底子”，覆面为白色，称“顶子”。其制作方法是：用瘦猪肉、鸡肉、山药，绞碎并加入蛋清和绿豆淀粉，搅拌混合后，佐以麻油、细盐和五香料，继续搅打至上劲，称为“底子料”；将鸡脯抽去白筋，用刀背砸成细泥，再加入少量猪膘油、山药共砸，完全混合后兑入适量蛋清和绿豆淀粉，反复搅打，再放入细盐和少许麻油，继续搅打至适中，称为“顶子料”。料子做好后，进行成型。先将底子料做成直径15厘米左右的半球，再以等量的面子料涂于表面，使下薄上厚，并用光滑的竹片沾蛋液或清水抹光。上火蒸40分钟，中间要掀盖放气，以使蒸出的白酥鸡白嫩。成品脆嫩、酥软、鲜香。

白酥鸡制作工艺的传承一般是采用口授心传，随着时间的推移，能将原始的白酥鸡制作工艺原汁原味继承下来的已不多见。随着科学技术的不断进步，许多店铺制作白酥鸡开始了机械化生产，白酥鸡制作的工序减少、时间缩短，其原汁原味风貌荡然无存。因此，白酥鸡制作工艺面临的形势相当严峻、亟待进一步挖掘、抢救、继承和弘扬。

十六、糖果饯

民间手工糖果饯主要分布于菏泽市鄄城县境内，尤以红船镇红船村、旧城镇任庄村、城关镇郜庄村的技艺最为精湛。

糖果饯的前身是模制面质的动物造型，主要在鄄城民间春节时期“请新客”的独特民俗活动中使用。该风俗具有悠久的历史，模制面质造型早在明代就已出现，俗称“花馍”。随着白糖在民间应用的普及，逐渐地代替了以往的面制造型，演化为以糖为原料的风格独特的鄄城糖果饯。糖果饯的规模生产可以追溯到清代晚期，距今已经有100多年的历史。

糖果饯是以白砂糖为原料，经模制浇注而成的各种糖质造型。

（一）果饯模选料

制糖果饯的主要用具是果饯模。果饯模一般用梨木制作而成。首先根据果饯制作的大小要求选择长短粗细合适的梨木原木，然后根据果饯形状要求的把梨木原木剖成均等的几部分。为使果饯形状塑造更细致、逼真、生动，不同的形状的果饯模都由不同数量的模块组成。一般情况下，鸡、马、麒麟、寿星、寿桃、鱼、狮子、牌坊等采用两块木模组合即可。而塔、亭子等多边形的糖果模就要用四块至六块木模组合而成。专供果碟装盘使用的糖果饯个体很小，它使用的果模是由10—14条长条模组合而成。

（二）刻板

剖两开的原木可以直接在剖面上描绘墨线稿，剖四开至八开的原木还要先将剖开的梨木从树心向外挖出一个平面，再根据糖果饯的形状设计在上面画出墨线稿来，然后根据墨线稿用手雕刻出花纹，雕制时将果模的浇灌口留在果模的下端，果模的上端是组合严密的，防止浇灌时糖液从此流出。雕刻面经精心打磨平滑后就完成了糖果饯模的制作。果模的雕制要符合糖汁顺利浇灌的要求，避免出现果饯中空或浇灌不到位的问题。因为果模雕制完成后要组合使用，所以很重要的一点是保证每块木模的雕刻边缘与另一块组合的木模边缘衔接精确无误，防止出现糖果饯成品形态扭曲。专供果碟装盘使用的糖果饯模外形是长方体。是由 10—14 条木条雕刻组合而成，每条木模上刻有 8—10 个相同造型，通常是小马、小羊、小猴、小童子、小花篮等。木模的上端密封，下端留有浇灌口。

（三）泡板

糖果模板使用前要用清水浸泡。浸泡时间要看模板的保存现状。如果模板放置时间长，模板上出现裂纹的话，要浸泡 1—2 天，使裂纹弥合以后才能使用，如果是完好的模板，在使用前浸泡两个小时左右即可，作用主要是经水浸泡后糖果饯可以顺利地脱模。

（四）熬糖

糖果饯的原料是白砂糖。按照糖和水 3 ∶ 1 的比例，将原料加入铁锅内点火加热，边加热边用木勺搅拌使原料受热均匀，等到糖水沸腾，水花逐渐消失，糖液可以用木勺拉成片时即可。

（五）打环

将盛有熬制好糖液的锅离火，用木勺继续搅拌糖液。主要目的是让糖液降温，方便浇灌糖果饯时快速定型。同时要将锅内过快凝结的糖块打散，使糖液的冷却程度保持一致。这样还能使糖果饯成品口感更绵软。

（六）浇制

先将糖果模用铁丝箍组合紧密，然后将果模倒置，把糖液从果模开口处浇灌进去。浇灌完成后稍等片刻，将果模中心部分未凝固的糖液倒出，形成糖果饯的空心。然后再过大约 10 分钟的时间就可以脱模了。

糖果饯通常在红白事上使用。在鄄城有正月初二“请新客”的风俗，即当年成婚的新女婿在春节初二这天要到岳父家走亲戚，岳父这天要大摆筵席，并请女方本家兄弟和姑表兄弟作陪，这一民俗行为俗称“请新客”。前来作陪的姑表兄弟要带糖果饯赴宴。宴席结束上茶时，姑表兄弟们要按照年龄顺序逐一呈上各人带来的大型和小型的糖果饯。每个亲戚带来的果饯通常由大型的龙、马、鱼、公鸡、麒麟送子、宝塔、桃、狮子、牌坊等和部分小型果饯组成。分别代表了庆丰祈祥、马到成功、连年有余、吉祥如意、早生贵子、建功立业、长命富贵、刚强勇猛的美好寓意。最特殊的要属牌坊形的糖果饯，它的寓意具有重要的文化传统内涵，意在希望女方要牢记妇女三从四德的古训，以贞节烈女的品行作为自己的行为准则。岳父要在呈上糖果饯的时候告知新女婿，这是某某亲戚上的果饯，并请新女婿品尝。这种仪式也是加深新女婿对女方亲戚印象的一种方法。仪式过后，糖果饯由新女婿带走一部分，给各姑表亲戚作为回礼带走一部分。

在鄄城民间过丧事的时候，糖果饯的作用主要是作为给死者的供品。在鄄城县红船镇农村过丧事时，通常要有40碗的供品，一般是十碗鸡、十碗肉、丨碗馍、十碗糖果饯。果饯的组成主要是鱼、鸡、桃、马、羊、猪、观音、寿星、狮兵和塔，也有用八仙人物和观音、寿星组成十样。白事上使用的糖果饯除了在内容上与红事上不同外，果饯的大小也明显小一些，没有红事上的糖果饯的雄伟和张扬。

十七、糊粥

糊粥始创于清朝，制作严格，配料讲究，做工独特。一缸豆粥，需3.5公斤优质大豆，5公斤小米，甜井水50公斤。豆、米用清水浸涨后，用石磨磨成浆，过箩后放入盆中沉淀4小时，倒掉黄水，剩下粉子，将锅烧热后，用细箩过滤的豆浆入锅，豆汁开锅要扬沫，然后分两次将米浆入锅，边倒边搅，开锅后用文火煮10分钟左右，放入特制的瓦缸。食用时，用茄瓢舀。此粥营养丰富，具有止渴、滋阴强身之功效。

十八、肉盒

肉盒是一种带馅的面食，可以根据肉馅儿的不同，分为“猪肉盒”还是“羊肉盒”“牛肉盒”等；根据制作方法的不同可以说“炸肉盒”或“煎肉盒”。肉盒是广泛流行在菏泽的一种食品，其做法是用和好的面团做成一个薄圆片，然后拍成圆形或者椭圆形，也可以在油案上按成扁圆形，放入锅中用油煎熟或者炸熟，是一种做法简便、美味可口的油炸食品。郓城的樊家肉盒和定陶的陈集肉盒是比较有名气、很受顾客欢迎的食品。

十九、面泡

面泡是菏泽独有的传统食品，菏泽各县区和各乡镇均有制作销售。目前，传承时间较长的制作户是都司镇都司集王家（都司五王中最大一王姓），至少已有 240 多年。

面泡是白面加碱矾经摔面炸制起泡而成，故名面泡。炸制时用平底锅，下锅的面团高于油面，炸出的面泡呈束腰状，表皮金黄酥脆，内里呈蜂窝状，这是评定面泡质量的基本标准。凡内里带核（不能完全呈蜂窝状，有面疙瘩）的，说明质量差。现今，面泡已成为菏泽人早、中、晚的主食之一。

二十、合手包

牡丹区都司集王家合手包，是在历史传统食品大笼包的基础上发展而来，是面、肉、菜合为一品的快餐食品。约在 80 多年前，由都司集王培成创制。现在已传承三代，发展成为都司镇方圆几十里一种独特的地方名吃。

王家合手包与其他大包相比，选料讲究，馅子只有肉、绿豆粉皮和葱白，以芝麻香油调馅，造型圆润，熟后肉馅成蛋，馅汁渍满整个包内，而不渗出皮外，不黏不腻，搭口爽，嚼而香，回味长，鲜美适口。有句顺口溜叫：“吃包子，尝馅子，一口咬个肉蛋子。”就是形容吃王家合手包的景致。王家合手包的制作，如其名字一样，由两手合起挤压而成，包子腹部较圆，包角短小，包口不开裂，不像其他大包一样捏边，更不像现在的大包多为素馅。

合手包，以前是集市、庙会的主要食品，一可解馋，二可充饥，三可赠送亲友。说到解馋，以前那是老年人赶集上店最喜欢的一口，更是每年麦收后人们纷纷用新麦换来共享的物品。每逢集市一声吆喝“刚打扇的包子”，就会引来众多食客。

王家合手包传承到第二代王清海（王培成长子）时，得到较大的发展，王清海中华人民共和国成立后参加工作，把手艺带到都司供销社、卫生院和菏泽城，把合手包带给菏泽市民同享。

二十一、烫面包

烫面包是菏泽的传统食品之一，菏泽城内和各乡镇多有制作销售。烫面包因包子皮使用的白面是由开水冲烫和制而成，故名烫面包。

烫面包的历史十分古老，它是以白面为包皮的大笼包的变种。过去，面食加工户赶集上店流动制作时，因条件限制，发面不能及时使用时，则烧开水烫面包包子出售。后来，人们感到这种烫面的口味甚至优于发面，更加筋道有咀嚼感，所以就由面食加工户专门制作，形成了这一特有品种。

目前，烫面包在我区传承时间较长的是都司镇都司集王家（都司五王中最大一王姓），已有 80 多年。王家的烫面包制成虎头状，又称虎头包。

二十二、糖糕

糖糕是菏泽特有的名吃之一，菏泽各乡镇均有制作。据了解，连续传承时间最长的是我区都司集王家（都司集五王中最大一王姓）炸制的糖糕，至少已传承了 240 多年。油炸糖糕应该做到外酥里嫩，外起的酥皮一咬或一碰即掉，皮起泡的为次，里面的糖也必须化透，有糖粒的说明面没有饧好，通透度差，面发黏，口感差。糖糕在过去和现在都多作为解馋和赠送亲友的点心，特别是麦收后，妇女回娘家、走亲戚，大多买些糖糕，用鲜荷叶包上做礼品，打开吃时，糖糕已有了荷叶的清香味，男女老少皆宜，别有一种滋味。过去，王家几代人赶集、上庙会流动炸糖糕卖，成为赶集老人的解馋物和庙会唱大戏演员的膳食。

油炸糖糕采用传统制作工艺，原料主要有白面、油、糖和水等，炸至金黄色圆鼓状出锅，稍晾成扁圆形为佳。

二十三、胡辣汤

胡辣汤是一种汤类小吃。顾名思义，放入了胡椒和用骨头汤做底料的胡辣汤又香又辣，已经发展成为每个人都喜爱和知晓的小吃之一，一般早晨街头巷尾很多卖胡辣汤的摊子。油饼、包子、油条加酸辣胡辣汤就是一道美味早餐。

胡辣汤的做法是将面粉拌成稠糊状，以筷子能搅动为宜，隔 20 分钟顺一个方向搅 3 分钟，搅 1—3 次后面团比较有韧性后，放入清水盆中，用手轻轻地攥挤面团，直至成面筋，后放在碗中加水浸着，洗过面筋的水待用。海带泡发后洗净切丝，豆腐皮切成丝，菠菜择洗后切末，鸡蛋吊皮后切丝。将粉丝、海带、豆腐皮、鸡蛋皮，放入锅中加水 2 公斤烧开，将面筋拉成薄饼后，在开水中来回荡，使面筋成丝后落入锅中。将洗面筋的水搅匀，徐徐勾入锅内。待其稀稠均匀，加入食盐、味精、胡椒粉、姜末、菠菜末搅匀，汤开即成，食用时淋入香醋及香油。

二十四、糕点

一些上年纪的人都记得，当年单县的“恒隆糕点”形状美观，制作精细，味道香甜，营养丰富，因而县内外驰名。然而，相当一段时间，这种食品在市面上不见了，说起来，常有人怀想这个“老字号”。改革开放后，西关马家办起了“兴隆”糕点厂，他们聘请当年“恒隆”的老师傅，继承了“恒隆糕点”传统工艺，其产品又使人们捕捉到当年“恒隆糕点”的踪影。“兴隆糕点”现有 20 多个品种。除了一些传统糕点之外，还研制了一些独一无二的“特产型”糕点，其形、色、香、味俱佳。像“兴隆”的桂花酥、传统的大三刀、“蜂糕”更是家喻户晓，“梅花饼”“莲花饼”也是颇具特色。“兴隆糕点”，如今已成了单城人不可缺少的美食。一些外地人到单县探亲、访友、旅游观光，都乐意带点“兴隆糕点”回去。据经营者介绍，其产品已远销福建、北京、青岛、黑龙江等省城。单县城关供销社糕点厂其产品外形美观、味道可口。其中浆皮月饼、麻片、酥皮月饼均属优质产品。

郓城潘渡镇后樊坝樊焕思、樊兆东父子的糕点制作在郓城一带享有颇高声誉。20 世纪 30 年代，樊焕思拜李河口的冯月兰为师，冯月兰号称郓城糕点制作“第一刀”，冯的师傅是城东七里铺的伯孟海、伯孟江，七里铺的糕点制作被公认为郓城糕点正宗。樊焕思培养了樊兆东、樊兆山、樊兆岩、侯文明、王庆臣等徒弟，三四十年代，郓北潘渡 17 家食品杂货铺及玉皇庙、祝桥等地，都是聘请樊焕思制作糕点。中华人民共和国成立之后至 70 年代，樊焕思、樊兆东父子团队长年在郓城县供销社、潘渡供销社制作糕点，樊兆东又培养了樊庆民、樊兆伦、樊庆瑞、樊兆灵、樊兆鹏、戴广起等徒弟。一些老年人都记得并怀念六七十年代这个老字号，当年制作的糕点有 20 多个品种，样式美观，用料讲究，工艺精细，风味香甜，色香味俱佳，全县驰名。主要产品有：月饼，用料有精白面、绵细白糖、植物油、玫瑰酱、青红丝等，经过多道工序精制而成，外形圆而饱满，色泽金黄有光，皮馅丰满相贴，味道酥松甜美。麻片、桂花酥、到口酥等产品，香酥可口，脆而不黏，回味悠长。硬金棍、软金棍、羊角蜜、蜜三刀等，经过独特配方，采用传统工艺精制，内部炸得透，上浆足，呈半透明状，食之香甜可口。还有封糕、追沙、炉果、芙蓉（老来轻馃子）等，外形美观大方，色彩鲜艳夺目，见之就会使人垂涎欲滴，实为老少皆宜、逢年过节馈赠亲友之佳品。第三代传人樊庆民、戴广起 80 年代成立了郓城利民糕点厂，注册了商标，使这一传统名吃得到继承和发展，产品质量好，深受顾客欢迎。